AF096497

GEIRFÂU'R FFLYD

GEIRFÂU'R FFLYD (1632–1633):
Casgliad John Jones, Gellilyfdy, o eiriau'r cartref, crefftau, amaeth a byd natur

golygwyd gan
Ann Parry Owen

CAERDYDD
GWASG PRIFYSGOL CYMRU
2023

Hawlfraint © Ann Parry Owen, 2023

Cedwir pob hawl. Ni cheir atgynhyrchu unrhyw ran o'r cyhoeddiad hwn na'i gadw mewn cyfundrefn adferadwy na'i drosglwyddo mewn unrhyw ddull na thrwy unrhyw gyfrwng electronig, mecanyddol, ffotogopïo, recordio, nac fel arall, heb ganiatâd ymlaen llaw gan Wasg Prifysgol Cymru, Cofrestrfa'r Brifysgol, Rhodfa'r Brenin Edward VII, Caerdydd CF10 3NS.

www.gwasgprifysgolcymru.org

Mae cofnod catalogio'r gyfrol hon ar gael gan y Llyfrgell Brydeinig.

ISBN 978-1-83772-054-5
eISBN 978-1-83772-055-2

Datganwyd gan Ann Parry Owen ei hawl foesol i'w chydnabod yn awdur ar y gwaith hwn yn unol ag adrannau 77 a 78 Deddf Hawlfraint, Dyluniadau a Phatentau 1988.

Cysodwyd gan yr awdur.
Argraffwyd gan CPI Antony Rowe, Melksham.

Rhagair

Ar ddechrau'r 1630au, roedd yr ysgrifydd John Jones, Gellilyfdy (*c*.1580–1657), yn wynebu carchariad go faith yng ngharchar y Fflyd (Fleet) yn Llundain fel dyledwr. Mae'n bosibl nad dyma'r tro cyntaf iddo fwynhau lletygarwch y Fflyd, a threuliasai hefyd gyfnod dan glo yng ngharchar Llwydlo tua phymtheng mlynedd ynghynt, o bosibl am yr un rheswm. Ar ôl dysgu ei grefft fel ysgrifwr gartref yng Ngellilyfdy pan oedd yn ifanc, ymddengys mai mewn cyfnodau dan glo o'r fath yr ymarferai John Jones ei grefft, o bosibl gan ei fod yn rhy brysur gyda gorchwylion eraill bywyd pan oedd yn ddyn rhydd. Mae'n amlwg fod cyflenwad da o bapur ac inc ganddo yn y carchar, a bod ei gyfeillion yn barod i anfon eu llawysgrifau ato i'w copïo. Pan na fyddai deunydd copïo ganddo, yn enwedig ar ddechrau cyfnodau o garchariad, byddai'n parhau â'r gwaith geiriadurol a geirfaol yr oedd wedi cychwyn arno'n gynharach yn y ganrif, gan ymgynghori â'r llawysgrifau a gludai gydag ef mewn cist a bagiau lledr.

Cynnyrch cyfnod dan glo o'r fath, rhwng 1632 a chanol mis Mai 1633, yw Geirfâu'r Fflyd, a gofnodwyd gan John Jones mewn tri llyfr, sef llawysgrifau Peniarth 304, Peniarth 305 a Peniarth 306. Yn wahanol i eiriadur traddodiadol, lle mae'r geiriau wedi eu gosod yn nhrefn yr wyddor gyda chyfystyron yn dilyn, ceir yma 130 rhestr o eiriau ar amrywiol bynciau, yn cynnwys rhyngddynt dros 7,000 o ddangoseiriau, wedi eu trefnu'n thematig gan amlaf. Prin yw'r diffiniadau, ond amlyga lleoliad gair o fewn rhestr ei ystyr. Ceir geirfâu thematig o'r fath yn y cyfnod modern cynnar yn Saesneg ac mewn ieithoedd Ewropeaidd eraill, ond prin ydynt yn y Gymraeg ac ni cheir dim ar yr un raddfa â Geirâu'r Fflyd.

Mae'r rhestrau'n awgrymu dyn a chanddo ddiddordeb manwl mewn pethau, fel y gwelir wrth iddo restru rhannau peiriannau a systemau o bob math: o felinau dŵr a cherbydau i rannau cloeon. Mae'n ymdrin â phob agwedd ar y bywyd amaethyddol: offer o bob math, cnydau, cloddiau a chaeau, y da byw fesul un, gan gynnwys eu lliwiau, eu nodweddion a'r afiechydon a'u blinai. Ceir rhestrau hynod o ddiddorol yn ymwneud â bywyd y cartref a phensaernïaeth tai, ac ymdrinnir hefyd â chrefftwyr traddodiadol fesul un, gan enwi eu hoffer. Rhoddir cryn sylw i ddyn, i rannau ei gorff a'i afiechydon, ac i'r gemau a'r chwaraeon a'i difyrrai. Yn y trydydd llyfr rhoir y prif sylw i fyd natur, a cheir yno restrau maith o enwau coed a'u ffrwythau, llysiau, pysgod a physgota, adar, mân anifeiliaid a phryfetach.

Mae'r Geirfâu'n agoriad llygad i ni ar fywyd ac arferion yng Nghymru ar ddechrau'r ail ganrif ar bymtheg, yn ogystal â'i hiaith gyfoethog a thafodiaith y gogledd-ddwyrain yn arbennig. Nid yw'n syndod nad yw nifer o'r geiriau sydd ynddynt i'w canfod yn *Geiriadur Prifysgol Cymru* (nac yn unrhyw eiriadur arall), nac ychwaith fod y dystiolaeth gynharaf yn y *Geiriadur* dros nifer ohonynt yn perthyn i gyfnodau tipyn yn ddiweddarach ac fel arfer i'w canfod mewn llyfrau arbenigol.

Yn ystod 1632–3, blwyddyn gyntaf ei garchariad yn y Fflyd, rhoddodd John Jones ei holl sylw i'r gwaith hwn. Gallwn ddychmygu fod gwaith manwl o'r fath, a ofynnai am feddwl trefnus a chanolbwyntio llwyr, wedi bod yn gymorth iddo ddygymod ag amgylchiadau ei garchariad, a thrwy gynhyrchu gwaith mor sylweddol, sicrhau nad âi'r cyfnod yn ofer.

Cynnyrch ymchwil Cyfnod Clo 2020–1 fu'r gyfrol hon, a rhesymau digon tebyg a'i hysgogodd hithau: yr awydd i ymgymryd â phrosiect y gallwn ymgolli'n llwyr ynddo tra oedd trefn arferol bywyd ar chwâl, a'r awydd i sicrhau bod rhywbeth o fudd yn deillio o gyfnod mor anodd ei ddiffinio. Rhoddodd y gwaith hefyd fywyd cymdeithasol i mi, gan i mi fwynhau gohebu â nifer fawr o arbenigwyr yn y pynciau a drafodir, ac mae'r nodiadau yn gymaint cyfoethocach yn sgil y trafodaethau hynny. Hoffwn ddiolch yn arbennig i Gruffudd Antur, Maredudd ap Huw, Gareth Bevan, Richard Crowe, Jenny Day, Iwan Edgar, Angharad Elias, Dylan Foster Evans, Angharad Fychan, Carwyn Graves, Robin Gwyndaf, Elinor Gwynn, Marged Haycock, Daniel Huws, Richard Ireland, Diana Luft, Ceridwen Lloyd-Morgan, Rhisiart Owen, Paul Russell, Richard Suggett, Eurwyn Wiliam a Mary Williams. Rwyf yn arbennig o ddyledus i Mary Burdett-Jones ac Andrew Hawke am eu sylwadau gwerthfawr ar y gwaith a'u hanogaeth yn gyffredinol.

Bu cydweithio gyda Gwen Gruffudd ar fersiwn terfynol y gwaith yn bleser digymysg, ac rwyf yn ddyledus iawn iddi am ei gwaith manwl a'i hawgrymiadau gwerthfawr. Mawr hefyd yw fy niolch i Elin Haf Gruffydd Jones, Cyfarwyddwr y Ganolfan Uwchefrydiau Cymreig a Cheltaidd, am ei chefnogaeth; i'm cyd-weithwyr oll ar staff Geiriadur Prifysgol Cymru; i staff hynaws a chymwynasgar Llyfrgell Genedlaethol Cymru ac Amgueddfa Werin Cymru; ac i Llion Wigley a Steven Goundrey o Wasg Prifysgol Cymru am eu hawgrymiadau doeth ar hyd y daith.

Mae fy niolch pennaf i deulu Collen, am fod mor amyneddgar wrth i mi fod yn llawer rhy barod i ddianc 'i'r Fflyd' wrth baratoi'r gyfrol hon.

Fel man cychwyn ar gyfer ymchwil bellach y bwriedir y gwaith hwn, a hynny i'r darllenydd yn ogystal ag i mi fy hun.

Ann Parry Owen

Cynnwys

RHAGAIR v
DELWEDDAU xi
BYRFODDAU xiii

RHAGYMADRODD

1. John Jones: Bywgraffiad byr 1
2. Gwaith geiriadurol a geirfaol John Jones 8
    1. Gwaith geiriadurol 9
    2. Gwaith geirfaol 10
    3. Peniarth 308 11
3. Geirfâu'r Fflyd
    1. Y tair llawysgrif a'u cynnwys 14
    2. Y drefn thematig 18
    3. Natur a phwysigrwydd Geirfâu'r Fflyd 21
    4. Ffynonellau 23
    5. Y Cyfreithiau 24
    6. *Vocabularium Cornicum* 26
4. Geiriaduron thematig 29
5. John Jones a'r traddodiad geiriadurol Cymraeg 31
6. Iaith ac orgraff
    1. Iaith 36
    2. Orgraff ei Gymraeg 40
    3. Orgraff ei Saesneg 42
7. Diweddglo 43

DULL Y GOLYGU

Rhan I: Y Testun 45
Rhan II: Y Mynegai Nodiadol 47

RHAN I: Y TESTUN

Llyfr I: Peniarth 304

1 Am Dduw, y Nef a'r Engylion 53
2 Hinoedd: Oerfel a Gwres ... 54
3 Y Flwyddyn 55
4 Y Misoedd 56
5 Y Pedwar Defnydd 57

6	Dyn a'i Holl Ryw 61	43	Clawdd 100
7	Dyn a'i Rannau 64	44	Coed 101
8	Tŷ ac Anllodd 66	45	Offer Teuluyddiaeth 101
9	Neuadd 69	46	Clwyfau ar Ddynion 103
10	Hundy 70	47	Mesurau 105
11	Stafell 71	48	Pwysau a'u Perthynas 106
12	Cell 72	49	Chwaryau 106
13	Trull 72	50	Arfau 107
14	Cegin 74	51	Graddau Gwŷr 108
15	Popty 76		
16	Cyfrdy 77		*Llyfr II: Peniarth 305*
17	Amaerdy 78		
18	Odyn 80	52	Gof a'i Offer 109
19	Golchdy 80	53	Offer Saer Pren 110
20	Cigydd 81	54	Cowper: ei Offer 112
21	Eidion 81	55	Turnor a'i Offer 112
22	Twrch 81	56	Gogrydd: ei Offer 112
23	Mollt 82	57	Pledrydd a'i Offer 112
24	Oen bras 82	58	Saer Maen 113
25	Carw 83	59	Gwehydd: ei Offer 114
26	Llo 83	60	Pannwr: ei Offer 115
27	Gweithgell Merched 83	61	Teiliwr: ei Swydd 116
28	Dodrefn Tŷ 85	62	Barcer: ei Offer 117
29	Cynudlan 87	63	Crydd: ei Offer 117
30	Amaeth 88	64	Glwfer: ei Offer 117
31	Og 90	65	Cigydd: ei Offer 118
32	Car 93	66	Eilliedydd: ei Offer 118
33	Men 94	67	Grëwr: ei Swydd 119
34	Sled 94	68	Heusor a'i Berthynas 120
35	Ysgubor 94	69	Bugail a'i Berthynas 122
36	Beudy 96	70	Bugail Geifr 123
37	Marchdy 96	71	Meichiad a'i Berthynas 124
38	Crewyn 98	72	Peiriannau Anifeiliaid 124
39	Ffronc 98	73	Cŵn 125
40	Ceudy 98	74	Hyddod 126
41	Drecht 98	75	Carw Coch 126
42	Melin 98	76	Iwrch 127

77	Ysgyfarnog	127	107 Clwyfau ar Foch	133
78	Cwningen	127	108 Clwyfau ar Gŵn	133
79	Cath	127	109 Lliwiau ar Feirch	134
80	Dyfrgi	128	110 Lliwiau ar Eidion	134
81	Llwynog	128	111 Lliwiau ar Ddefaid	134
82	Blaidd	128	112 Lliwiau ar Eifr	134
83	Llew	128	113 Lliwiau ar Foch	135
84	Pardd	128	114 Lliwiau ar Gŵn	135
85	Gwiwair	128	115 Lliwiau ar Gathod	135
86	Ffwlbart	128	116 Lliwiau ar Gwningen	135
87	Ffured	128	117 Graddau Pobl	135
88	Bronwen	129	118 Amryw Eiriau am Oerfel	139
89	Bele	129	119 Amryw Raddau o Wres	140
90	Arth	129	120 Am Wahaniaeth Amseroedd	140
91	Byrrwch	129		
92	Llostlydan	129		
93	Asen	129		
94	Mul	129	*Llyfr III: Peniarth 306*	
95	Llygod	129		
96	Aelodau March	130	121 Perllanwydd a'u Ffrwyth	143
97	Eidion	131	122 Llysiau	147
98	March eto	131	123 Enwau Adar Dof	151
99	Dafad	131	124 Enwau Adar Gwylltion	152
100	Gafr	132	125 Pysg, eu Henwau a Physgota	154
101	Hwch	132		
102	Cŵn	132	126 Enwau Mân Bryfed	160
103	Cath	132	127 Mân Bryfed	161
104	Clwyfau ar Feirch	132	128 Enwau Meteloedd	161
105	Clwyfau ar Anifeiliaid	133	129 Cerrig a Main	162
106	Clwyfau ar Ddefaid	133	130 Amryw Liwiau	162

ATODIAD

    1 Amrafaelion henwae ar lysseuoedd yn lladin a Saesnec a Chymraeg ... 164
    2 Amrafel henweu i'r un llysiewyn ... 169
    3 Henwae llysie yn Gymraeg ac yn Saesnec ... 170

    4 Geirieu y'w doedyd wrth anifelied 177
    5 Henwae priodol ar ychen 177
    6 Henwae ar wartheg 177
    7 Henwae ar wyr yn ymrafaelio ar yr un henw 177

RHAN II: MYNEGAI NODIADOL 181

  Mynegai i Eiriau Ychwanegol 509

LLYFRYDDIAETH 531

Delweddau

trwy ganiatâd Llyfrgell Genedlaethol Cymru

Peniarth 296, 109^v: tudalen addurnedig .... clawr
Peniarth 304, iii^v: tudalen addurnedig xii
Peniarth 308i, i^r: hen orgraff John Jones a'i orgraff newydd 39
Peniarth 304, 74^r: defnydd o fachau i ddangos cyfystyron 46
Peniarth 304, ii^v: cyfarch y darllenydd 50
Peniarth 306, 147^r: tudalen olaf Geirfâu'r Fflyd.................................... 178
LlGC 24052E, 224: disgrifiad Lewis Morris o'r Maelgi 184
Peniarth 306, 111^r: *blobys*...206
Peniarth 308i, 132: diagram o'r *rhwyd lamp* 256
Peniarth 56, 67: Rhisiart Longford, *c.*1543, offer saer 273
Peniarth 56, 69: Rhisiart Longford, *c.*1543, offer saer 432
Peniarth 307, 21: un o batrymau inc John Jones....................................507

© *Amgueddfa Genedlaethol Cymru*

Dau ddyrnwr yn dyrnu â *ffust*, Trewyddel, Penfro 322
Toi *helm* â brwyn, Tal-y-bont, Caerfyrddin..366
Llyfnu tir ag *og*, Bryn Rhydd, Chwilog, Gwynedd 427
Ffermdy Craig-y-tân, Llanuwchllyn, Gwynedd, a'r *popty*
   wrth ei ochr 444
Priciau gosod 448

Peniarth 304, iii^v: tudalen addurnedig

Byrfoddau

(a) *Geiriadurwyr ac ysgrifwyr*

EG	Elis Gruffydd o blwyf Llanasa, sir y Fflint (*c*.1490–1556+)
HS	Henry Salesbury o Ddolbelydr ger Dinbych (1560/1–1632+)
JJ	John Jones, Gellilyfdy (*c*.1580–1657)
RhM	Rhosier Morys o Goedytalwrn, Dyffryn Clwyd (*fl*.1582–97)
SF	Simwnt Fychan o Lanfair Dyffryn Clwyd (*c*.1530–1606)
TLl	Tomas ap Llywelyn ab Ithel o Fodfari (m. *c*.1565/6)
TW	Llawysgrif yn llaw Thomas Wiliems o Drefriw (1545/6–*c*.1622)
WLl	Llawysgrif yn llaw Wiliam Llŷn (1534/5–80)

(b) *Llawysgrifau a chasgliadau*

AWC	Amgueddfa Werin Cymru
BL	Llawysgrif yng nghasgliad y Llyfrgell Brydeinig, Llundain
BL Add	Llawysgrif Ychwanegol yng nghasgliad y Llyfrgell Brydeinig, Llundain
Caerdydd	Llawysgrif yn Llyfrgell Ganolog Caerdydd
Cwrtmawr	Llawysgrif yng nghasgliad Cwrtmawr, yn Llyfrgell Genedlaethol Cymru, Aberystwyth
J	Llawysgrif yng nghasgliad Coleg yr Iesu, Rhydychen
J 16	Geiriadur Henry Salesbury *c*.1600: llawysgrif Rhydychen, Coleg yr Iesu 16. Trosir symbolau Salesbury i lythrennau heddiw. Defnyddiai × rhwng cyfystyron. *https://digital.bodleian.ox.ac.uk/* 'Jesus College MS. 16'.

LlGC	Llawysgrif yng nghasgliad Llyfrgell Genedlaethol Cymru, Aberystwyth
LlGC 13215E	Copi William Jones, *c*.1698–9, ar gyfer Edward Lhwyd o eiriadur yn llaw Henry Salesbury; mae'r geiriadur gwreiddiol bellach ar goll.
Llst	Llawysgrif yng nghasgliad Llanstephan, yn Llyfrgell Genedlaethol Cymru, Aberystwyth
Mos 204	LlGC 3064B. Diarhebion a gasglodd Thomas Wiliems, Trefriw, hyd tua 1620, ac y gwnaethpwyd copi teg ohonynt gan John Edwards y Waun rhwng hynny a'i farwolaeth yn 1626.
Pen	Llawysgrif yng nghasgliad Peniarth yn Llyfrgell Genedlaethol Cymru, Aberystwyth

(c) *Llyfrau a gwefannau*

AB	Edward Lhuyd, *Archæologia Britannica* (Oxford, 1707)
AradrGym	Ffrancis Payne, *Yr Aradr Gymreig* (Caerdydd, 1954)
B	*Bwletin y Bwrdd Gwybodau Celtaidd*, 1921–93
BNP	R. Davies, 'A Catalogue of the Brittish Names of Plants, sent me by Master Robert Dauyes of Guissaney in Flint-Shire', ar ddiwedd J. Gerarde, *The Herball, or Generall Historie of Plantes* (London, 1633)
BydAm	Huw Jones, *Cydymaith Byd Amaeth*, Cyfrol 1: *abal–cywsio* (Llanrwst, 1999); Cyfrol 2: *chwa–lyri* (Llanrwst, 2000); Cyfrol 3: *llac–rhywogaeth* (Llanrwst, 2001); Cyfrol 4: *Sabrina–Zetor* (Llanrwst, 2001)
CCCymrêg	Thomas, Beth a Peter Wynn Thomas, *Cymraeg, Cymrâg, Cymrêg ... Cyflwyno'r Tafodieithoedd* (Caerdydd, 1989)
CIech	S. Minwel Tibbott (gol.), Elis Gruffydd, *Castell yr Iechyd* (Caerdydd, 1969)
Cotgrave	Randle Cotgrave, *A Dictionarie of the French and English Tongues* (London, 1611)
CPriodor	William Owen[-Pughe], *Cynghorion Priodor o Garedigion* (Llundain, 1800), sef ei gyfieithiad o waith Saesneg Thomas Johnes o'r Hafod, *A Cardiganshire Landlord's Advice to His Tenants* (Bristol, 1800)

Cwm Eithin	Hugh Evans, *Cwm Eithin* (Lerpwl, 1931)
Cyf Profedig	J. ac E. Edwards, *Y Cyfarwyddyd Profedig i bob Perchen Anifeiliaid*, ail arg. (Wyddgrug, 1837)
D	John Davies, *Dictionarium Duplex* (Llundain, 1632)
DG.net	Dafydd Johnston *et al.* (goln), *Gwefan Dafydd ap Gwilym* (2006), *http://dafyddapgwilym.net*; cyfeirir at rif cerdd a rhif llinell.
Dict TGoods	*Dictionary of Traded Goods and Commodities, 1550–1820*, http://hdl.handle.net/2436/27193
DiwyllGC	Iorwerth C. Peate, *Diwylliant Gwerin Cymru* (Lerpwl, 1942)
DMLBS	Ronald E. Latham *et al.*, *Dictionary of Medieval Latin from British Sources* (Turnhout, 2015), https://logeion.uchicago.edu/
EDD	*English Dialect Dictionary Online* (Innsbruck Digitized Version of Joseph Wright's *English Dialect Dictionary*, 1898–1905), https://eddonline-proj.uibk.ac.at/
EEW	T. H. Parry-Williams, *The English Element in Welsh* (London, 1923)
Études 7, 8	Ida B. Jones (gol. a chyf.), 'Hafod 16 (A Medieval Welsh Medical Treatise)', *Études celtiques*, 7 (1955–6), 46–75, 270–339; *Études celtiques*, 8 (1958–9), 66–97, 346–93
EWD	D. Silvan Evans, *An English and Welsh Dictionary*, 2 gyf. (Denbigh, 1852; 1858)
GeirfaWLl	Trawsysgrifiad Roy Stephens yn 'Gwaith Wiliam Llŷn', PhD Cymru [Aberystwyth], 1983, Atodiad, o Eirfa Wiliam Llŷn yn Caerdydd 3.12 (1567×1574)
GeirGeg	S. Minwel Tibbott, *Geirfa'r Gegin* (Caerdydd, 1983)
GG.net	Ann Parry Owen *et al.* (goln), *Gwefan Guto'r Glyn* (Aberystwyth, 2012), www.gutorglyn.net; cyfeirir at rif cerdd a rhif llinell.
GHDafi	A. Cynfael Lake (gol.), *Gwaith Hywel Dafi* (Aberystwyth, 2015); cyfeirir at rif cerdd a rhif llinell.
GIG	Dafydd Johnston (gol.), *Gwaith Iolo Goch* (Caerdydd, 1988); cyfeirir at rif cerdd a rhif llinell.

GIGeth	Ann Parry Owen (gol.), *Gwaith Ieuan Gethin* (Aberystwyth, 2013); cyfeirir at rif cerdd a rhif llinell.
GLGC	Dafydd Johnston (gol.), *Gwaith Lewys Glyn Cothi* (Caerdydd, 1995); cyfeirir at rif cerdd a rhif llinell.
GLl	R. Iestyn Daniel (gol.), *Gwaith Llawdden* (Aberystwyth, 2006); cyfeirir at rif cerdd a rhif llinell.
GMBen	Barry J. Lewis a Twm Morys (goln), *Gwaith Madog Benfras ac Eraill* (Aberystwyth, 2007); cyfeirir at rif cerdd a rhif llinell.
GPC	*Geiriadur Prifysgol Cymru Ar Lein*, https://www.geiriadur.ac.uk/gpc/gpc.html
GSG	John Jones, *Gwerin-eiriau Sir Gaernarfon* (Pwllheli, 1907)
GView NW	Walter Davies, *General View of the Agriculture and Domestic Economy of North Wales* (London, 1810)
GView SW	Walter Davies, *General View of the Agriculture and Domestic Economy of South Wales* (London, 1814)
Gwerin Ffristial	Frank Lewis, 'Gwerin Ffristial a Thawlbwrdd', *Trafodion Anrhydeddus Gymdeithas y Cymmrodorion*, 1941, 185–205
Herball	J. Gerarde, *The Herball, or Generall Historie of Plantes* (London, 1597; 1633)
Housewife	Michael R. Best (gol.), *Gervase Markham: The English Housewife (1615)* (Montreal & Kingston, 1994)
HWS	Nesta Lloyd, 'A History of Welsh Scholarship in the First Half of the Seventeenth Century with Special Reference to the Writings of John Jones, Gellilyfdy', traethawd DPhil, Prifysgol Rhydychen, 1970
L&Sh	C. T. Lewis ac C. Short (goln), *A Latin Dictionary* (Oxford, 1922)
LWLM	Hugh Owen (ed.), *The Life and Works of Lewis Morris (Llywelyn Ddu o Fôn) 1701–1765* (d.ll., 1951); os oes dyddiad i'r cofnod, rhoddir ef mewn cromfachau.
LlB	Stephen J. Williams a J. Enoch Powell (goln), *Llyfr Blegywryd* (Caerdydd, 1961)
LlI	Aled Rhys Wiliam (gol.), *Llyfr Iorwerth* (Cardiff, 1960)
LlLlM	J. E. Caerwyn Williams (gol.), *Llên a Llafar Môn* (Llangefni, 1963)

LlS	Iwan Rhys Edgar (gol.), *Llysieulyfr Salesbury* (Caerdydd, 1997)
Llysieuwr	Delwyn Tibbott, 'Astudiaeth Destunol ac Ieithyddol (gyda Geirfa) o *Lysieuwr* Elis Gruffydd (Llawysgrif Cwrtmawr 1, tt. 165–321)', traethawd MA Prifysgol Cymru [Aberystwyth], 1957; dyfynnir o drawsysgrifiad Tibbot o'r testun yn Cwrtmawr 1, gan nodi rhif y ddalen yn y traethawd. Cofnodwyd y testun *c*.1545.
MED	*Middle English Dictionary* (diweddarwyd 11/2019), *https://quod.lib.umich.edu/m/middle-english-dictionary/dictionary*
ML	J. H. Davies (gol.), *The Letters of Lewis, Richard, William and John Morris of Anglesey (Morrisiaid Môn) 1728–1765*, 2 gyf. (Aberystwyth, 1909); rhoddir dyddiad y llythyr y dyfynnir ohono.
MWMT	Diana Luft, *Medieval Welsh Medical Texts* (Cardiff, 2020)
OCV	Eugene van Tassel Graves (gol.), 'The Old Cornish Vocabulary' (University Microfilms, University of Michigan, Ann Arbor, Michigan, 1962)
OED	*The Oxford English Dictionary Online*, *https://www.oed.com*
Paroch	Edward Lhuyd, *Parochialia*, atodiad i *Archaeologia Cambrensis*, 1901–11
Pen Gloss	Pen Gloss (*B* 1) = T. Gwynn Jones, 'The Welsh Bardic Vocabulary', *B* 1 (1921–3), 310–33; (*B* 2) = T. Gwynn Jones, 'Peniarth Glossaries', *B* 2 (1923–5), 135–48
Prif Feddig	John Evans, *Y Prif Feddiginiaeth* (Amwythig, 1759)
RWM	J. Gwenogvryn Evans, *Report on Manuscripts in the Welsh Language* (London, 1898–1910)
RWMS	Daniel Huws, *A Repertory of Welsh Manuscripts and Scribes, c.800–c.1800*, 3 cyf. (Aberystwyth, 2022)
TCC	J. Geraint Jenkins, *Traditional Country Craftsmen*, arg. diwygiedig (London, 1978)
TJ	Thomas Jones, *Y Gymraeg yn ei Disgleirdeb* (Llundain, 1688)
TR	Thomas Richards, *Antiquae Linguae Britannicae Thesaurus … Welsh–English Dictionary* (Briste, 1753)

Vert Fauna	H. E. Forrest, *The Vertebrate Fauna of North Wales* (London, 1907)
Walters	John Walters, *An English–Welsh Dictionary* (London, 1770–94)
Welsh House	Iorwerth C. Peate, *The Welsh House*, ail arg. (Liverpool, 1944)
Withals	John Withals, *A shorte dictionarie for yonge begynners* (London, 1553); *A shorte dictionarie for yonge beginners*, ail arg. (London, 1568)
WOP	William Owen[-Pughe], *Geiriadur Cynmraeg a Saesoneg: A Welsh and English Dictionary* (Llundain, 1793–1803)
WS	William Salesbury, *A Dictionary in Englyshe and Welshe* (Llundain, [1547]). Ychwanegodd John Dee gyfystyron, gw. R. Geraint Gruffydd ac R. Julian Roberts, 'John Dee's Additions to William Salesbury's Dictionary', *Trafodion Anrhydeddus Gymdeithas y Cymmrodorion*, 2001, 19–43
WVBD	O. H. Fynes-Clinton, *The Welsh Vocabulary of the Bangor District* (Oxford, 1913)
WWills	Stuart A. Raymond, *Words from Wills and Other Probate Records 1500–1800* (Bury, 2004)
WWInd	J. Geraint Jenkins, *The Welsh Woollen Industry* (Cardiff, 1969)
Y Bywiadur	*https://llennatur.cymru/Y-Bywiadur*
Y Crefftwr	Iorwerth C. Peate, *Y Crefftwr yng Nghymru* (Aberystwyth, 1933)

Sieciwyd hygyrchedd pob gwefan y cyfeirir ati ar 1 Tachwedd 2022.

Rhagymadrodd

1. *John Jones: Bywgraffiad byr*

Ganwyd John Jones tua 1580, yr hynaf o naw plentyn i William Jones a'i wraig Marged o Gellilyfdy ym mhlwyf Ysgeifiog, sir y Fflint.[1] Disgynnai ei fam a'i dad ill dau o deulu Coedymynydd, nid nepell o Gellilyfdy, teulu a olrheiniai ei ach yn ôl i Ednywain Bendew, arglwydd Tegeingl yn y ddeuddegfed ganrif a phennaeth un o bymtheg llwyth Gwynedd. Mae'n amlwg fod John Jones yn ymfalchïo'n fawr yn ei dras, a chyflwyna'i ach ar ochr ei dad yn llawn ac yn fawreddog ar ddechrau pob un o'r tri llyfr sy'n cynnwys Geirfâu'r Fflyd. Er enghraifft, ar ddechrau'r llyfr cyntaf, Peniarth 304, disgrifia'i hun, gan ddefnyddio ffurf Gymraeg ei enw, fel:

> Sion ap Wiliam ap Sion ap Wiliam ap Sion ap Dafydd ap Ithel Vychan ap Kynwrik ap Rhotbert ap ap [*sic*] Iorwerth ap Rhyrid ap Iorwerth ap Madog ap Edynywain Bendew arglwydd Tegeingyl ag un o bymthegllwyth Gwynedd ap Kynan feiniad ap Gwaithfoed fawr brenin Karedigion ag arglwydd Powys Gwent a Thegeingyl.[2]

Disgynnai nifer o deuluoedd diwylliedig sir y Fflint a Dyffryn Clwyd o'r un cyff, ac roedd John Jones yn ymwybodol iawn o'r cysylltiadau teuluol hyn. Roedd ei gyndaid, Cynwrig ap Robert o Goedymynydd, er enghraifft, yn frawd i'r Archddiacon Ithel ap Robert, prif noddwr Iolo Goch.[3] Am y teulu allweddol hwn yn hanes diwylliannol yr ardal, meddai Enid Roberts:

---

[1] Am ymdriniaeth lawn â bywyd a gwaith John Jones, gw. *HWS*; Nesta Lloyd, 'John Jones, Gellilyfdy', *Cylchgrawn Cymdeithas Hanes Sir y Fflint*, 24 (1969–70), 5–18; a chofnod arno fel ysgrifydd yn *RWMS* II, 'Jones, John (*c*.1580–1657/8)'. Dibynna'r sylwadau bywgraffyddol yma'n drwm ar y ffynonellau hyn.

[2] Pen 304, i^r–ii^r; hefyd Pen 305, i^r–ii^r a Pen 306, i^r–ii^r. Defnyddia John Jones lythrennau wedi eu tanddotio ac ambell lythyren wedi ei huwchddotio am lythrennau dwbl yn y tair llawysgrif hyn, ac mewn nifer o rai eraill y dyfynnir ohonynt; trawsysgrifir y llythrennau hynny â llythrennau dwbl yn y gyfrol hon, oni bai bod angen tynnu sylw at union ddarlleniad y llawysgrif: felly *ç* = *ch*, *ḍ* = *dd*, *ḷ* = *ll*, *ṗ* = *ph*, *ṭ* = *th*, *ụ* = *w*, &c. Ymhellach ar orgraff y Geirfâu, gw. isod §6.2.

[3] Am ymdriniaeth ddiweddar â'r teulu hwn, gw. Ben Guy, 'Writing Genealogy in Wales, c.1475–c.1640: Sources and Practitioners', yn J. Eickmeyer *et al*. (goln), *Genealogical Knowledge in the Making: Tools, Practices, and Evidence in Early Modern Europe* (München, 2019), 99–125.

Nid yn aml y ceir teulu mor epilgar gyda phob cangen yn ymroi i'r gwaith, yn noddi beirdd, yn ymhél â phrydyddu, yn llunio croniclau hanes, yn casglu achau ac yn copïo a thrysori llawysgrifau.[4]

Derbyniodd John a'i frawd iau, Roger, ran o'u haddysg uwchradd yn Ysgol Ramadeg Amwythig ac enwir y ddau ohonynt yn *Regestum Scholarium* yr ysgol: John ar 20 Hydref 1596 a Roger ar yr un dyddiad a hefyd ar 16 Hydref 1597.[5] Mae llyfr nodiadau a gadwodd John yn y cyfnod hwn yn yr ysgol yn dangos y gallai ysgrifennu Saesneg cwbl safonol am ei gyfnod, ffaith a fydd yn berthnasol i'w chofio wrth ddarllen rhai o'i ddiffiniadau Saesneg yn y Geirfâu.[6]

Erbyn diwedd yr unfed ganrif ar bymtheg roedd John Jones wedi dychwelyd i Gellilyfdy ond mae'n aneglur am faint o amser y bu iddo aros yno. Sylwodd Nia Powell fod rhyw John Jones yn gweithredu am ychydig flynyddoedd o 1600 fel *clerck* mewn deponiadau yn Llanfair Dyffryn Clwyd, ac awgryma ei bod hi'n ddigon posibl mai ein John Jones ni ydoedd.[7] Bid a fo am hynny, mae'n gwbl amlwg fod John Jones yn y cyfnod hwn wedi dod yn rhan o rwydwaith o bobl o'r un anian ag ef ei hun – ffermwyr a mân uchelwyr diwylliedig a chanddynt ddiddordeb dwfn mewn llawysgrifau ac a fenthycai lawysgrifau i'w gilydd gan fwynhau cyd-drafod eu cynnwys.[8] Er na châi eto fod yn rhan o gymuned mor

---

[4] Enid Roberts, 'Eisteddfod Caerwys, 1567', *Trafodion Cymdeithas Hanes Sir Ddinbych*, 16 (1967), 42; hefyd Enid P. Roberts, 'Llys Coedymynydd', *Cylchgrawn Cymdeithas Hanes Sir y Fflint*, 36 (2003), 82–95.

[5] E. Calvert, *Shrewsbury School Regestum Scholarium, 1565–1635: Admittances and Readmittances* (Shrewsbury, ?1892), 162.

[6] Gw. Pen 158, 121–216, a ddisgrifir yn *RWMS* I, 'Peniarth 158' fel 'A miscellany written by *John Jones* of Gellilyfdy in his youth, not later than 1600.' Am natur ei Saesneg, cymerer, e.e., y cyfarwyddyd canlynol ar sut i dynnu fflaw o bren draenen o'r croen, sy'n gwbl nodweddiadol o'r Saesneg yn y llawysgrif honno: *Ffor a thorn: If a thorne pricke you and the stubbe or any parte of yt remayne in the flesh take a shelde Snayle and slytt her alonge the belly and place the slytt about thorne or such like thinge and bynde it about with a linen cloth at night and in the morninge it will be oute* (Pen 158, 175).

[7] Nia Powell, 'Robert ap Huw: Clerwr Gwyllt o Fôn', *Hanes Cerddoriaeth Cymru*, 3 (1999), 42, 'Y mae'r awgrym posibl sy'n codi o'r deponiadau hyn fod John Jones, Gelli-lyfdy, yn Llanfair Dyffryn Clwyd yn Ebrill 1600 yn "clerck" ifanc yn un pryfoclyd, yn enwedig o gofio'r ffaith fod gan lawer o'r deunydd a gopïwyd ganddo'n ddiweddarach a'r orgraff a ddefnyddiwyd ganddo gysylltiadau â Llanfair Dyffryn Clwyd ac, yn wir, â Roger Morys yn arbennig' (a gw. hefyd yno n. 96).

[8] *HWS* 295 'In Dyffryn Clwyd at the beginning of the century the men who were collecting and studying manuscripts were ordinary country gentlemen many of whom were no more than fairly prosperous farmers; but they were unique because their interests were

ysbrydolus, byddai'n cadw ei ddiddordeb mewn llawysgrifau a'u cynnwys am weddill ei oes.

Ceir traddodiad fod John Jones wedi bod yn dwrnai,[9] sy'n awgrymu hyfforddiant cyfreithiol. Gan na cheir tystiolaeth iddo fynd i brifysgol, awgrymodd Nesta Lloyd iddo, efallai, fod yn 'student at one of the Inns of Chancery which were cheaper and less fashionable than the large Inns of Court'.[10] Erbyn 1610 ymddengys ei fod yn Llwydlo, ac os yw'r traddodiad yn gywir, mae'n debygol mai dyma'r adeg pan weithiai fel twrnai. Fodd bynnag, efallai ei bod hi'n fwy tebygol iddo ddal swydd fel clerc yng Nghyngor y Mers, sef y sefydliad pwysicaf o ran gweinyddu cyfraith a threfn yng Nghymru yn y cyfnod; cartref y Cyngor oedd y Porter's Lodge ar dir castell Llwydlo.[11]

Aeth rhywbeth yn amlwg o chwith, ac yn 1617 canfu John Jones ei hun wedi ei ddedfrydu i dymor o garchar gan lys Cyngor y Mers. Bu dan glo yn y carchar a wasanaethai'r Cyngor (ac a leolid dan yr unto ag ef) tan o leiaf 1624, gan dreulio peth o'r cyfnod, o bosibl, yng ngharchar y Fflyd yn Llundain hefyd. Eto i gyd, pan fu farw ei dad, William Jones, yn 1622, roedd yn ei ôl yng ngharchar Llwydlo.[12]

Ar ôl profi ewyllys ei dad, John, y mab hynaf, a dderbyniodd weddillion stad Gellilyfdy; ond gan ei fod yn y carchar hyd 1624, manteisiodd rhai o'i frodyr ar y cyfle a meddiannu ei dir, ac aeth hi'n helynt rhyngddynt. Pan oedd yn rhydd unwaith eto, mae'n amlwg iddo gael trafferthion i gadw ei ben uwch y dŵr yn ariannol, a phan dderbyniodd ddirwy enfawr o £200 gan Lys y Sêr ('Star Chamber') yn 1630, a methu talu, nid yw'n syndod iddo gael ei ddanfon i'r Fflyd – fel dyledwr i'r brenin y tro hwn – lle bu dan glo am y rhan fwyaf o'r degawd canlynol.[13] Dyma'r patrwm wedyn am weddill ei oes: i mewn ac allan o'r carchar, am ddyledion fel

---

scholarly and their numbers many. In their midst John Jones was amongst his own people; their status and their interests were similar.' Gw. hefyd Powell, 'Robert ap Huw', 30–52.

[9] Gw. *HWS* 2 sy'n cyfeirio at draddodiad o'r fath o'r 19g.

[10] *HWS* 2.

[11] Caroline A. J. Skeel, 'The Council of the Marches in the Seventeenth Century', *The English Historical Review*, 30 (1915), 19–27; a hefyd Michael Faraday, 'The Council of the Marches', yn Ron Shoesmith ac Andy Johnson (goln), *Ludlow Castle its History & Buildings*, arg. estynedig (Little Logaston, 2018), 69–82 (ac yn arbennig tt. 78–9 am y cyfnod pan oedd John Jones yn garcharor yno).

[12] *HWS* 3.

[13] *HWS* 4 'The final blow fell in 1630 when on top of his family and other troubles he was summoned to appear before the Court of Star Chamber where he was fined £200. He could not pay the fine and was declared a King's debtor, his property being forfeit to the Crown ... He was probably sent to the Fleet immediately.'

arfer, a chan amlaf yn y Fflyd, ond hefyd yng ngharchardai'r Fflint a Llwydlo. Y syndod mawr yw iddo briodi yn 1651 a dod yn dad i dair o ferched, ac yntau bron â chyrraedd oed yr addewid. Yn anffodus, ni chafodd gyfle i ddod i adnabod ei blant, oherwydd erbyn 1654 roedd yn ei ôl yng ngharchar y Fflyd, lle bu farw tua diwedd 1657.

Yn dilyn ei farwolaeth aeth llawysgrifau John Jones i lyfrgell Hengwrt at Robert Vaughan, gan anrhydeddu, yn ôl Edward Lhwyd, drefniant a wnaethpwyd rhyngddynt yn y gorffennol, sef y byddai'r naill neu'r llall yn gofalu am lawysgrifau ei gilydd, gan ddibynnu pa un a fyddai farw gyntaf.[14] Anodd, fodd bynnag, yw credu y byddai Robert Vaughan, a ddisgrifiwyd yn 'manuscript-hungry' gan Daniel Huws,[15] wedi gwneud cytundeb o'r fath gyda John Jones, gan wybod y byddai unrhyw lawysgrifau a âi i'w feddiant yn debygol o gael eu gwerthu i dalu ei ddyledion, ac y byddai'r casgliad o ganlyniad yn chwalu. Ond mae esboniad arall yn bosibl, sef bod casgliad llawysgrifau John Jones wedi mynd i Hengwrt yn dilyn ei farwolaeth gan fod Vaughan wedi benthyg arian iddo yn y gorffennol gan ddefnyddio'r llawysgrifau hynny'n warant.[16] Mae hyn yn llawer mwy credadwy; ac yn wir, awgrymodd Nesta Lloyd mai rhyw lên gwerin o stori oedd hanes y cytundeb, er mwyn amddiffyn enw da John Jones:

> it seems that there was current in Wales in Lhuyd's time a story that accounted for the transference of the Gellilyfdy manuscripts to Hengwrt in a way that was less distressing to the memory of John Jones than as mere payment for a monetary debt.[17]

Ar farwolaeth John Jones, felly, ymunodd Geirfâu'r Fflyd, ynghyd â degau o lawysgrifau eraill a oedd yn ei feddiant, â chasgliad sylweddol Robert Vaughan, a buont yn llyfrgell Hengwrt nes i Syr Robert Williames Vaughan adael y casgliad i'w gyfaill W. W. E. Wynne o Beniarth yn dilyn ei farwolaeth yn 1859. Yn 1904 prynwyd y casgliad cyfan gan Syr John Williams a'i roi i'r Llyfrgell Genedlaethol newydd yn Aberystwyth.[18]

Ar ôl degawd cyntaf yr ail ganrif ar bymtheg, mae'n amlwg mai yn ystod cyfnodau dan glo y gweithiai John ar ei lawysgrifau. Fel y dywed Daniel Huws:

---

[14] *AB* (1707) 225.
[15] *RWMS* II, 'Siôn Dafydd Rhys'.
[16] *HWS* 343–4.
[17] *HWS* 344.
[18] Ymhellach ar lawysgrifau Peniarth a'u hanes, gw. *RWMS* I, 'The Peniarth Manuscripts'. Mae'r llawysgrifau oll wrthi'n cael eu digido gan Lyfrgell Genedlaethol Cymru ac yn ymddangos ar ei gwefan, gw. *https://www.llyfrgell.cymru/*.

His ... legacy to scholarship... rests heavily on manuscripts that he wrote during the years of incarceration, 1617–24 and 1632–43. Outside these periods, there was no large-scale production of manuscripts after 1610.[19]

Yn ffodus i ni, bu'r cyfnodau dan glo hynny'n niferus ac yn hir; ac mae'n amlwg fod ganddo gyflenwad da o adnoddau wrth law, yn bapur ac inc, heb sôn am ddigon o olau ac amodau ffafriol i ysgrifennu ynddynt. Mae'n amlwg hefyd fod pobl yn fodlon benthyg eu llawysgrifau iddo i'w copïo, yn enwedig tra oedd yng ngharchar y Fflyd.[20]

Roedd yn gopïwr diwyd a thoreithiog, 'the most prolific copyist of Welsh manuscripts of the seventeenth century, and possibly of all time', meddai Dr Ben Guy,[21] ac mae'n sicr y byddai gwaddol llenyddiaeth yr Oesoedd Canol, yn farddoniaeth ac yn rhyddiaith o bob math, yn dlotach o dipyn oni bai am ei weithgarwch copïo ef.[22] At hynny, roedd yn gopïwr dibynadwy iawn, ac mae golygyddion testun heddiw yn rhoi pris uchel ar ei destunau ef, gan ei fod yn osgoi'r tueddiad a welir yn rhai copïwyr, a oedd yn fwy o ysgolheigion nag ef, i ddiweddaru a 'gwella' y testun a gopïent os nad oeddynt yn ei ddeall ac felly'n tybio ei fod yn wallus.[23] Ond roedd John Jones yn ffyddlon iawn i'w ffynonellau gan gopïo *lythyr yn llythyr*, meddai, sef fesul llythyren heb newid dim, ac eithrio diweddaru orgraff llythrennau unigol.[24]

---

[19] *RWMS* II, 'Jones, John (*c*.1580–1657/8)'.
[20] Wrth drafod y ffynonellau a oedd wrth law iddo yng ngharchar y Fflyd wrth iddo lunio'r llawysgrif achyddol Caerdydd 3.77, *c*.1640, meddai Guy, 'Writing Genealogy', 117, 'Cardiff MS 3.77 shows that the terms of his imprisonment in the Fleet allowed him the full use of his copying materials and ready access to manuscripts sent to him by his friends and relatives.'
[21] Guy, 'Writing Genealogy', 116.
[22] Am ddisgrifiad cynhwysfawr o weithgarwch llawysgrifol John Jones, gw. *RWMS* II, 'Jones, John (*c*.1580–1657/8)'.
[23] Wrth drafod y newidiadau a wnaeth Dr John Davies i destun cerddi Hywel Dafi wrth eu copïo i lawysgrif Pen 99, meddai A. Cynfael Lake, ' "O gedais lythr yn eisiau": Llawysgrif Peniarth 67 a'i Disgynyddion', *Llên Cymru*, 37 (2014/15), 11, 'Er bod y testun [yn Pen 99] yn un glân a'r copïo yn gywir, buan y daw i'r amlwg fod John Davies wedi diwygio'r hyn a oedd o'i flaen, a hynny mewn sawl ffordd.'
[24] Esboniodd ei ddull gweithio wrth y darllenydd yn Pen 111, 30: *urddasol Ddarlleydd llyma hengerdd a gefais i yn ysgrifenedig ... minneu ai hysgrifennais lythyr yn llythyr*. Meddai Nesta Lloyd, *HWS* 31, 'the standards of accuracy which John Jones set himself as a young man, his determination to copy "lythyr yn llythyr" what was before him continued until the end of his career. Even the apparent inconsistency of his varying orthography can be explained as an attempt to gain greater accuracy.'

Yng ngharchar Llwydlo yn 1617, felly, y cafodd John Jones ei brofiad cyntaf o fywyd y carcharor. Tua diwedd y carchariad hwnnw, rhwng 1622 a 1624, fe'i cawn yn cwyno'n hallt am yr amodau gwael i garcharorion yno: y ffaith fod gofyn iddynt dalu pris uchel am eu prydau bwyd, a oedd o'r safon isaf; fod hyd at wyth carcharor yn gorfod rhannu'r un gwely; nad oedd modd i'r carcharorion fynd allan i fwynhau'r awyr iach; ac ar ben hynny:

> That the Porter keepeth his coales and other baggages over the prisoners heades in a garrett full of holes in the floore the dust thereof fallinge one the prisoners in there bedds; & as they walke when they are vpp & as they sytt at meate the porters servants runninge thyther at all times of the day and sturringe those Coales and Baggages.[25]

Os nad oes elfen gref iawn o or-ddweud yma, mae'n anodd gweld sut y cyflawnodd John Jones gymaint o waith llawysgrifol o dan y fath amgylchiadau, a sut y mae'r llawysgrifau y bu'n gweithio arnynt yn y cyfnod hwn mewn cyflwr cystal. Fodd bynnag, câi dyledwyr yn gyffredinol eu trin yn llawer gwell na throseddwyr eraill, ac nid ystyrid eu carchariad yn gosb fel y cyfryw, fel yr esboniodd Mr Justice Page mewn achos yn 1729:

> A prisoner for debt is only taken like a distress and kept there until he or his friends can pay his debt for him. Imprisonment is no punishment, it is not taken as part of the debt.[26]

Lleolid y carchar a wasanaethai Gyngor y Mers y drws nesaf i'r Porter's Lodge, y ddau adeilad wedi eu codi dan yr unto yn 1552, gyda grisiau mewnol yn eu gwahanu.[27] Byddai'n braf gallu meddwl bod John Jones

---

[25] Ac ymhellach, *That the porter places his hawkes to mewe in the best rowmes of the prison & turned gentlemen to the Comon Jayle: the said haukes doinge great annoyance in breedinge flees to fill the prisone therewyth*. Cofnododd John Jones ei gŵynion yn Caerdydd 3.25, ac fe'u dyfynnir yma o Lloyd, 'John Jones', 8. Ar y llawysgrif, a ddisgrifir gan Daniel Huws fel 'a remarkable product of John Jones's obsessive personality', gw. *RWMS* I, 'Cardiff 3.25'.

[26] Fe'i dyfynnir yn Christopher Harding *et al*., *Imprisonment in England and Wales: A Concise History* (London, 1985), 78; ac wrth drafod y sefyllfa yn y cyfnod hwn meddir: 'Although ... there may have been a punitive element implied in locking debtors away until they could meet the demands of their creditors, such imprisonment has generally been seen as chiefly coercive in nature. Imprisonment could be terminated by the payment of the debt, and incarceration was accompanied by no other punishment of the individual involved.'

[27] David Lloyd, *Ludlow Castle* (Ludlow, d.d.), 4; a hefyd Ron Shoesmith a Nick Appleton-Fox, *Porter's Lodge, Ludlow Castle, Shropshire* ([Hereford], 1992).

1. JOHN JONES: BYWGRAFFIAD BYR

wedi cael caniatâd i groesi draw o'r carchar i esmwythder cymharol y Porter's Lodge yn ystod y dydd er mwyn parhau â'i waith fel ysgrifydd,[28] ac mai dyna sy'n esbonio'r ffaith fod digonedd o adnoddau ganddo wrth law, yn inc, papur a golau digonol, yn ogystal â'r ffaith fod y llawysgrifau a gynhyrchodd yn y cyfnod hwn mewn cyflwr mor lân.

Yn sicr, bu John Jones yn weithgar iawn tra bu yng ngharchar Llwydlo; ond o ran ei waith geiriadurol, awgrymodd Nesta Lloyd mai aildrefnu ac ailweithio gwaith blaenorol a wnâi'n bennaf yn y cyfnod hwn.[29] Er bod elfen gref o wirionedd yn hynny, nid dyna'r gwir i gyd, fel y gwelwn yn y man. Mae'n rhaid, felly, fod y llawysgrifau y bu'n gweithio arnynt yn y gorffennol ganddo wrth law.

Yn 1630, cafodd John Jones, fel y gwelwyd uchod, ei ddedfrydu gan Lys y Sêr i dymor yng ngharchar y Fflyd fel dyledwr y brenin, tan ddiwedd y degawd. Bu'r Fflyd yn gysylltiedig â dyledwyr ers y drydedd ganrif ar ddeg, ond erbyn cyfnod John Jones, a than 1641, roedd yn fwy enwog fel y prif garchar a wasanaethai Lys y Sêr.[30] Er y byddai John ar ddiwedd ei oes yn cwyno iddo gael ei gadw fel ci mewn cwb yn y Fflyd,[31] gallai'r carchar hwnnw, mewn gwirionedd, gynnig arhosiad digon cyfforddus i garcharorion, yn enwedig i ddyledwyr. Dibynnai'r amodau byw i raddau helaeth ar allu'r carcharorion i dalu am ragorfreintiau, a byddai modd ennill arian drwy ymgymryd â gwaith ysgrifennu, megis drafftio dogfennau apêl ar ran cyd-garcharorion.[32] Gwyddys am nifer o garcharorion a gyflawnodd weithiau llenyddol sylweddol yn y carchar, fel yr esboniodd Christine Winter yn ei hastudiaeth o garchardai Llundain ar ddiwedd yr Oesoedd Canol:

---

[28] Efallai na ddylid rhoi gormod o bwys ar y ffaith iddo nodi yn 1639 mai yn y 'Porter's Lodge', ddeunaw mlynedd ynghynt, yr yscrifennodd Pen 308i: meddai, td. xvi, *Ag fal hynn y terfyna y llyfyr hwnn ynghylch 18 mlynedd yn ol i mi ei dechreu ef yr hwn a ysgrifennais if yn y Porters lodge ynghastell Llwydlo 1639.* Mae'n ddigon posibl y cwmpasai'r enw 'Porter's Lodge' y carchar a'r rhan o'r adeilad lle cynhelid llysoedd y Cyngor.

[29] *HWS* 217.

[30] Gw. Walter Thornbury, 'The Fleet Prison', *Old and New London: Volume 2* (London, 1878), 404–16, 'After the abolition of Laud's detestable Star Chamber court, in 1641, the Fleet Prison was reserved for debtors only, and for contempt of the Courts of Chancery, Common Pleas, and Exchequer.'

[31] Gw. Pen 315, 73, lle mae John Jones yn cymharu'r Fflyd â charchar mwy cyfforddus y Fflint lle bu yn y 1640au: *there is noe tyranny used there agaynst prisoners as heare in London there is noe usinge of men there like doggs in a kennele as you doe in London a very considerable thing* (dyfynnir o *HWS* 5).

[32] Christine Winter, 'Prisons and Punishments in Late Medieval London', traethawd PhD, Royal Holloway, Prifysgol Llundain, 2012, 171ff.

we know that some men had access to writing materials and found incarceration conducive to creative writing, which endorses the suggestion that, at least for those prisoners who had outside support or independent means, prison conditions could be tolerable, perhaps even comfortable.[33]

Mae'n ddigon tebygol y byddai John Jones wedi gorfod talu am y fraint o gael amodau ffafriol i ysgrifennu, a thalu hefyd am y fraint o gael derbyn ac anfon gohebiaeth a llawysgrifau. Tybed a gâi ei gynnal gan noddwr o'r tu allan, megis Robert Vaughan o'r Hengwrt y cyfeiriwyd ato eisoes; neu a lwyddai i gynhyrchu digon o incwm ei hun, drwy ymgymryd â gwaith ysgrifennu dros eraill?

2. *Gwaith geiriadurol a geirfaol John Jones*

Mewn cyfnodau dan glo, yn enwedig ar ddechrau carchariad cyn i bobl ymateb i'w gais i anfon llawysgrifau ato i'w copïo, byddai'n rhaid i John Jones weithio gyda'r llawysgrifau a gludai gydag ef mewn cist a bagiau lliain neu ledr.[34] Dyma'r cyfnodau pan fwriai ymlaen â'i waith geiriadurol a geirfaol. Fel *llyfrau geiriydd* ('llyfrau geiriadurwr') y cyfeiria'n arferol at y testunau hyn, ac ymrannant yn ddau fath: (i) gwaith 'geiriadurol', sef rhestrau o eiriau digyswllt yn bennaf, wedi eu gosod yn nhrefn yr wyddor a'u dilyn yn aml gan gyfystyron Saesneg, Lladin neu Gymraeg; a (ii) gwaith 'geirfaol', sef rhestrau o eiriau cysylltiedig, yn aml ar bwnc neu thema benodol, weithiau wedi eu gosod yn nhrefn yr wyddor ond gan amlaf yn dilyn trefn thematig a heb ddiffiniadau.

Wrth drafod hanes geiriaduron thematig, esbonia Werner Hüllen fod ysgolheigion y bedwaredd ganrif ar bymtheg yn Lloegr wedi mabwysiadu'r term *semasiological* i ddisgrifio geiriaduron o'r math cyntaf, sydd wedi eu trefnu yn ôl llythyren yr wyddor (*sema* 'arwydd'), ac *onomasiological* ar gyfer yr ail fath, sef y 'topical type' (*onoma* 'syniad, pwnc'); yn Ffrainc, meddai, ffefrid y termau *analogue* ac *idéologique*.[35] Ni cheir gair

---

[33] Winter, 'Prisons and Punishments', 170, lle cyfeiria'n arbennig at Thomas Usk, George Ashby a Thomas Malory; cf. hefyd Rivkah Zim, 'Writing Behind Bars: Literary Contexts and the Authority of Carceral Experience', *Huntington Library Quarterly*, 72:2 (June 2009), 291–311.

[34] Ceir rhestr ddefnyddiol o'r dyddiadau y bu John Jones yn gweithio ar ei lawysgrifau geiriol yn *HWS* 195–6. Pan oedd yng ngharchar y Fflint tua 1643–5, meddai Lloyd, *HWS* 6, 'He had some of his manuscripts with him in trunks and bags made of linen and leather which he gave to his brother Pyrs and his cousin John Powell to guard.'

[35] Werner Hüllen, *English Dictionaries, 800–1700: The Topical Tradition* (Oxford, 1999), 16–22 *et passim*.

2. GWAITH GEIRIADUROL A GEIRFAOL JOHN JONES

am yr ail fath yn y Gymraeg, gan na fu geirfâu o'r fath yn rhan o'n traddodiad geiriadurol – eithriad yw gwaith John Jones fel y'i ceir yng Ngeirfâu'r Fflyd, ac ymddengys na chafodd y gwaith erioed gylchrediad y tu allan i waliau'r Fflyd neu lyfrgell Hengwrt, lle'r aethant yn dilyn ei farwolaeth. Er hwylustod, defnyddiaf y term 'geirfâu thematig' i'w disgrifio. Ond cyn troi atynt, edrychir yn fyr ar ei waith geiriadurol.

1. *Gwaith geiriadurol*

Yn ystod pum mlynedd cyntaf y ganrif, wedi dychwelyd i Gellilyfdy o'r ysgol yn Amwythig, bu John Jones yn copïo rhestrau o eiriau yn llaw nifer o ysgrifwyr o'r gogledd-ddwyrain. Ceir y gwaith hwnnw yn llawysgrifau Pen 295 (*c.*1600), Pen 296 (1606) a Pen 297 (1606). Bu'n ofalus i nodi llaw ei ffynhonnell, megis yr 'hen' Risiart Longford o Drefalun (*c*.1505–1586×1591), Rhisiart ap Siôn o Sgorlegan, Llangynhafal (m. *c*.1620), Tomas ap Llywelyn ab Ithel o Fodfari (m. *c*.1565/6) a Rhosier Morys o Goedytalwrn (*fl.* 1582–97),[36] a chan nodi hefyd, pan fo'n berthnasol, ym meddiant pwy yr oedd y gwaith pan gopïodd ef. Ysgrifwyr o genhedlaeth ei daid, yr ysgrifydd Siôn ap Wiliam, yw'r rhain yn bennaf, ac mae'n ddigon posibl fod rhai o'r llawysgrifau hynny wrth law yn llyfrgell Gellilyfdy. Bellach mae nifer o'r ffynonellau hyn wedi eu colli. Rhestrau o eiriau 'anodd' yn nhrefn yr wyddor ydynt yn bennaf, geiriau 'hen Gymraeg' o hen destunau, yn arbennig barddoniaeth, gyda chyfystyron mewn 'Cymraeg newydd' – gwaith a gysylltir yn aml ag enwau Gruffudd Hiraethog a Wiliam Llŷn.[37] Yn eu mysg ceir rhestrau o eiriau am arglwydd, gwaywffon, brwydr ac ati – geirfa hynafol sy'n aml iawn i'w chysylltu ag iaith Beirdd y Tywysogion yn y ddeuddegfed ganrif a'r drydedd ganrif ar ddeg, a geirfa a oedd yn amlwg braidd yn dywyll erbyn yr unfed ganrif ar bymtheg.[38] Mae'n debygol fod gwreiddiau geirfâu o'r fath yn ysgolion barddol yr Oesoedd Canol pan ffurfient ran o gwricwlwm y beirdd, geirfâu yr oedd disgwyl i fardd ifanc eu meistroli er mwyn cyfoethogi ei Gymraeg a sicrhau *amlder Kamberaec*, sef un o'r ffactorau,

---

[36] Ar yr ysgrifwyr a'u dyddiadau, gw. *RWMS* II, dan yr enwau; ac ymhellach ar Domas ap Llywelyn ab Ithel, gw. Guy, 'Writing Genealogy', 114–15.

[37] J. E. Caerwyn Williams, *Geiriadurwyr y Gymraeg yng Nghyfnod y Dadeni* (Caerdydd, 1983), 14–17; Roy Stephens, 'Geirfâu Wiliam Llŷn', *Llên Cymru*, 15 (1984–8), 308–19 ac am destun yr eirfa, gw. Pen 230, 3–73 (*c.*1560×1574) a *GeirfaWLl*.

[38] E.e. yn Pen 295, 86^r–88^v ceir rhestr hir o hen eiriau am 'Arglwydd', nifer ohonynt, fel *Dofydd, Hiriell, Peir, Peryf, Rybydd* yn ddigon cyfarwydd o waith y Gogynfeirdd, ond eraill fel *Ebyr, Barau, Arwyrain, Amdias,* yn dangos diffyg dealltwriaeth lwyr o'u gwir ystyr. Gw. hefyd sylwadau Williams, *Geiriadurwyr*, 17.

yn ôl y Llyfr Cerddwriaeth, a 'gyweiriai' gerdd, hynny yw, a'i gwnâi'n fwy celfydd a chywrain.[39]

Yng ngharchar Llwydlo yn 1618, aeth John ati i gyfuno'r rhestrau geiriau hyn, dwy neu dair rhestr ar y tro, i greu rhestrau newydd cyfansawdd, sef yr hyn a geir yn llawysgrifau Pen 298 (1618), Pen 299 (1618/19), Pen 300 (1618/19) a Pen 301 (1622/3), cyn cyfuno'r rhestrau newydd hynny ymhellach yn Pen 309i i greu un 'geiriadur' mawr, 1,366 o ddalennau (gydag oddeutu wyth dangosair ar bob dalen), pob gair yn cael ei ddilyn gan golon, fel petai'n disgwyl diffiniad. Ni orffennodd y gwaith[40] ac anodd fyddai anghyd-weld â Nesta Lloyd:

> It is impossible not to notice what a particularly laborious method of compiling a dictionary John Jones chose involving as it does a continuous recopying of the same material. Some words must have been copied six or seven times in all, and the end product is neither a good nor useful dictionary after all the energy expended on it.[41]

Ond wrth gwrs, nid oedd John yn brin o amser, ac mae'n debygol fod ymgolli yn y math hwn o waith manwl a threfnus wedi bod yn gymorth iddo geisio dygymod ag amgylchiadau dieithr a diflas ei garchariad cyntaf.

2. *Gwaith geirfaol*

Gwaith 'geiriadurol' yn bennaf, felly, oedd y rhestrau a gopïodd John Jones ar ddechrau'r ganrif yn llawysgrifau Pen 295, Pen 296 a Pen 297. Ond mae eithriad. Yn Pen 296, ar ôl gorffen copïo geiriau *allan o hen lyfr o'r eiddo fynghar Tomas Wynn o Earth*, ychwanegodd wyth rhestr o eiriau y mae'n eu disgrifio fel *sswrn o eiriau a gesgleis i fy hvn o henwae llyssye adar a phethev ereill*.[42] Perthyn y rhestrau hyn yn bennaf i'r ail fath o waith a ddisgrifiwyd uchod, sef gwaith 'geirfaol', rhestrau o eiriau ar themâu penodol: (i) enwau llysiau (dim pennawd) (110^r); (ii) *henwae adar* (115^v); (iii) *henwae holl offer Gwehydd a'i perthynasseu oll* (118^v);

---

[39] Williams, *Geiriadurwyr*, 15; G. J. Williams ac E. J. Jones (goln), *Gramadegau'r Penceirddiaid* (Caerdydd, 1934), xcii–xciii. Ceir casgliad o eiriau o'r fath gan Simwnt Fychan yn Pen 189, 7–13 dan y pennawd *llyma hen gymraec*.

[40] Disgrifir rhan gyntaf Pen 309i yn *RWMS* I fel 'The foundation of a Welsh dictionary by John Jones of Gellilyfdy, based on the contents of his Llyfrau Geiriyddion. Welsh or Latin equivalents for some words (as in the Llyfrau Geiriyddion) but for most, none.' Dilynir y dangoseiriau yn nalennau cyntaf y 'geiriadur' hwn gan gyfystyron Cymraeg, ac yn aml Saesneg a Lladin hefyd. Ond buan y rhedodd allan o stêm ac ar ôl tua ugain tudalen, prinhau yn arw mae'r cyfystyron – er eu bod yn cynyddu am ychydig wrth ddechrau ar lythyren newydd, fel petai'n ymroi o'r newydd i'r cynllun gwreiddiol.

[41] *HWS* 210.

[42] Pen 296, 108^v–109^r.

(iv) *Geiriev a gesgleis y chwaneg* (121ʳ); (v) *Geiriev y'w doedyd wrth anifelied* (123ᵛ); (vi) *henwae priodol ar ychen* (124ʳ); (vii) *henwae ar wartheg* (124ᵛ); ac (viii) *henwae ar wyr yn ymrafaelio ar yr vn henw* (125ʳ).[43]

Mae (i)–(iii) yn sail i dair rhestr lawnach yng Ngeirfâu'r Fflyd, sef **122** *Llyssieu*; **124** *Henwae Adar Gwlltion*; a **59** *Gwehydd: ei Offer*.[44] Rhestr gymysg o hen eiriau yw (iv) ac mae'n debygol iddo gasglu'r rhain ei hun o hen lawysgrifau, gan ddilyn arfer y geiriadurwyr eraill y bu'n copïo eu gwaith.[45] Hyd y gwelir, mae rhestrau (v)–(viii) yn unigryw, ni cheir mohonynt yng Ngeirfâu'r Fflyd ac mae'n ddigon posibl mai ef a'u lluniodd gan ddibynnu ar ei gof.

3. *Peniarth 308*

Yng ngharchar Llwydlo, tua 1621, datblygodd John Jones y gwaith ar y rhestrau thematig hyn ymhellach, a cheir ffrwyth y gwaith hwnnw yn Pen 308. Llawysgrif fechan ei maint yw hon, tua 10cm×7.6cm, wedi ei rhwymo'n ddwy gyfrol weddol drwchus, Pen 308i a Pen 308ii, a rhifiad dalennau'r ddwy'n annibynnol ar ei gilydd. Ychwanegodd benawdau a rhageiriau at y gwaith yn 1639, gan nodi mai yn y Porter's Lodge yng nghastell Llwydlo, ddeunaw mlynedd ynghynt, y cyflawnodd y gwaith arno. Yma ceir y gwaith paratoadol ar gyfer Geirfâu'r Fflyd.

Rhestrau 'geiriadurol' a geir gan fwyaf yn Pen 308i. Ar ddalennau 1–170 ceir rhestr hir o eiriau Cymraeg wedi eu trefnu A–Y; yna sawl rhestr anghyflawn, amrywiol eu natur, ar ddalennau 173–237. Mae'r rhestr gyntaf yn ddiddorol gan ei bod yn cynnwys llawer mwy o ddiffiniadau nag sy'n arferol yn ei waith, a'r rheini yn Gymraeg, Saesneg, neu gyfuniad o'r ddwy iaith. Gwelir bod orgraff ei Saesneg yn amrywio cryn dipyn – weithiau mae'n gwbl safonol am ei gyfnod (fel y gwelir isod dan *Godrychyn*); dro arall defnyddia orgraff Gymraeg i gyfleu seiniau'r Saesneg yn ffonetig (fel o dan *Plwcka*, *Slomyo* neu *Twtneisrwydd*).[46] Dengys nifer o'r diffiniadau ddawn geiriadurol, a byddai'n dda gwybod ai John Jones a'u lluniodd, neu ai eu copïo a wnaeth o ffynhonnell arall, ac os felly

---

[43] Ceir trawsysgrifiad o restrau (v)–(viii) yn Atodiadau 4–7 isod.

[44] Defnyddir rhif trwm i ddynodi rhif rhestr yn y golygiad (ni rifodd John Jones ei restrau); a chyfeiria rhif dilynol at rif y gair, neu'r geiriau, yn y rhestr honno (e.e. **59**.1 *Gwehydd ll. Gwehyddion*).

[45] Cf. y cofnod ar *Balaw: Gwaell a bwkwl arfau mewn llyfr arall o hynny y daw balawg* (121ʳ), gyda 'llyfr arall' yn awgrymu ei fod yn codi'r geiriau o fwy nag un llyfr.

[46] Ar orgraff ei Saesneg, gw. ymhellach §6.3.

ai dyna sy'n esbonio'r amrywiaeth yn orgraff y Saesneg. Dyma ambell enghraifft (gan nodi rhif y ddalen yn Pen 308i ar ôl pob un[47]):

Atoralw: tw cal wnto very hei. (1)

Godrychyn /ll/ godrychynion: Idle sreds of cloth, that taylors cut of and all such sreds be it lether, papyr, parsment or such like. (44)

Plwcka: Pwdyl or the thynn dwrt that is troden in the heigh way by horses and other things. (109)

Rhwyd lamp: a vydd mewn llanw mor yn afon o'r un wedd a'r kokyllrwyd ond i bod hi yn vwy o lawer a bod .3. phren y'w gwneythyr hi: ac a ddeil gwangiaid ac eogiaid. (131–2)

Rhathu: to rwbb, rhathu prid[d] o gadach, to rubb kley out of kloth. (135)

Slomyo: To kast exkremens very soft & wnnatuwral and thynn as Byrds and biests dw foyd. (137)

Twtneisrwydd: nesessarines, on ddat hath in a redines al things nesessa[rie] that âr in comon uws. (144)

Ysgafell: gorvaink ar ochyr kraig lle gallo un sefyll, a standing plas in a rock or in a market lle i sefyll dan ystlys ty ne val mewn ma[r]chenad ne ffair i bedler i ossod i werthu. (153)

Mae'n ddiddorol fod nifer o eiriau yn y rhestr hon yn rhai a gysylltwn heddiw â pharthau deheuol Cymru. Yn wir mae'n nodi ei hun ar bwys ambell air eu bod yn eiriau o Frycheiniog neu Forgannwg. Esbonia fod *erwyddu cae* yn ymadrodd o Forgannwg am *bangori kae* yn ei iaith ei hun, sef 'gosod' neu 'blygu gwrych';[48] a bod *mail* ym Mrycheiniog yn llestr a gyfatebai i *drŵp* mawr o 16 chwart ac a ddefnyddid i wneud bara, a'i fod yn fwy na *scal* ('ysgal') ac yn llai na *thrŵp* arferol, ac mewn gwirionedd yn debyg iawn i *noe*.[49] Mewn geiriau eraill mae *mail* ym Mrycheiniog yn llestr mawr sy'n cyfateb i *noe* yn sir y Fflint. Roedd John Jones yng Nghaerdydd ym mis Medi 1612 yn copïo Llyfr Llandaf ac yn yr un flwyddyn gwnaeth restr o berchnogion llawysgrifau ym Morgannwg:[50]

---

[47] Wrth ddyfynnu o'r llawysgrif rhoddwyd llythrennau dwbl yn lle rhai tanddotiedig, ac ychwanegwyd sillgollau yn y mannau priodol.

[48] Pen 308i, 13 (*c*.1621).

[49] Pen 308i, 87 (*c*.1621).

[50] *HWS* 3; Daniel Huws a Gruffudd Antur, *Rhestr John Jones Gellilyfdy o Berchnogion Llawysgrifau* (Aberystwyth, 2022).

tybed a glywodd y geiriau hyn ar y daith honno, ac a yw rhai o'r diffiniadau yn seiliedig ar nodiadau a gofnododd ar y pryd?[51]

Ar ddiwedd Pen 308i (tt. 241–395), ceir tair rhestr o lysiau dan y teitl *Amravaelion henwae ar lysseuoedd yn Lladin a Saesnec a Chymraec*, sef rhestrau a gopïodd yn ddiweddarach i Eirfâu'r Fflyd.[52]

Wrth gyflwyno ail ran y llawysgrif, Pen 308ii, meddai John Jones:

llyma beth o'm kyssefin gaskyl if o eiriau perthynassol i bennodau neilltuawl megis am Amaethuaeth, Teuluyddiaeth, Dodrefneu, Anifeliaid a'r fath bethau hynny.[53]

Felly dyma ddechrau gwaith newydd (*kyssefin gaskyl* 'casgliad cyntaf'), a'r ail ran hon o Pen 308 yw sail Geirfâu'r Fflyd. Ni cheir llawer o drefn ar y gwaith: prin yw'r penawdau a cheir nifer o fylchau a dalennau gwag ar gyfer ychwanegiadau. Eto i gyd, mae'n amlwg mai yng ngharchar Llwydlo y gwnaeth y prif waith meddwl o ran cynnwys y rhestrau – rhoi trefn ar y gwaith a wnaeth yn y Fflyd, ychwanegu ato, a gwneud newidiadau golygyddol wrth gopïo'r cofnodion: er enghraifft Pen 308i, 53 *Kynilin: peth i arwain gwellt anifeiliaid* (*c*.1621) > Geirfâu'r Fflyd **36**.30 *cynilin peth o breniau i arwain gwellt i anifeliad*. Esbonia hyn sut y bu iddo weithio mor gyflym yn y Fflyd a chwblhau'r holl waith mewn blwyddyn neu lai. Gwelir ei ddull gweithio wrth sylwi ar y marciau pensel a rydd wrth ymyl chwith gair yn Pen 308ii wrth gadarnhau ei fod wedi trosglwyddo gair i'r Geirfâu. Er enghraifft, yn Pen 308ii, 185–7, ceir geiriau yn ymwneud â'r gof a'i weithdy, a marc pensel wrth bob un yn dangos iddo eu copïo i Pen 305, 1ʳ–3ᵛ. Yr unig air sydd heb farc ar ei bwys yw *Barklod gof* (Pen 308ii, 187), ac o ganlyniad nis ceir yng Ngeirfâu'r Fflyd. Prin yw unrhyw air a hepgorwyd, ac felly go brin mai llithriad sydd yma ond yn hytrach benderfyniad golygyddol i beidio â chynnwys y *Barklod* gan nad yw, mewn gwirionedd, yn un o offer y gof.

---

[51] Mae'n debygol mai yn y de hefyd y daeth ar draws *A[fal] kidodyn* (Pen 308i, 118; **121**.52), sydd, meddai, yn dda i'w bobi ac at wneud seidr. Disgrifiodd Iolo Morganwg hwn yn ddiweddarach fel afal o swydd Henffordd; gw. y nodyn ar *afal cidodyn* yn y Mynegai Nodiadol.

[52] Copïodd y tair rhestr hyn i'r trydydd llyfr, sef Pen 306, 43ᵛ–89ʳ, a cheir trawsysgrifiad o'r testun hwnnw yn Atodiadau 1–3.

[53] Pen 308ii, i.

3. Geirfâu'r Fflyd

1. *Y tair llawysgrif a'u cynnwys*

Ar gychwyn ei garchariad yn y Fflyd yn gynnar yn y 1630au, ymddengys fod John Jones wedi rhoi ei holl sylw i'r geirfâu thematig y cychwynnodd y gwaith arnynt yn Pen 308ii yng ngharchar Llwydlo tua deng mlynedd ynghynt. Yn y Fflyd, trosglwyddodd y gwaith yn daclus i dri llyfr – llawysgrifau Pen 304, Pen 305 a Pen 306 (y cyfeirir atynt yn y golygiad hwn fel llyfrau I, II a III) – gan roi penawdau ar frig pob rhestr, a chynnwys rhai ffurfiau ychwanegol. Nododd ddyddiad cwblhau'r tri llyfr mewn pensel ar y diwedd,[54] ac yn ddiweddarach yn 1639 ychwanegodd goloffonau yn rhoi'r dyddiadau yn ffurfiol mewn inc: Llyfr I ar *16 dydd o Ionawr 1632* (sef dechrau 1633 yn ôl y calendr Gregoraidd); Llyfr II ar *15 o fis Mai 1633* a Llyfr III ar *16 dydd o Fai 1633*. Yr un pryd ychwanegodd hefyd rageiriau i'r tri llyfr, gan ddisgrifio'r gwaith fel *Casgl ... o eirieu perthynassawl i bennodeu neilltuawl*. Ychwanegodd hefyd *[f]yrddan cynhwysiad* ym mhob llyfr, sef rhestr gynnwys a'r penawdau wedi eu gosod yn nhrefn yr wyddor, yn wahanol i drefn fwy thematig y rhestrau yn y llyfrau eu hunain. Mae'n debygol mai er hwylustod i'r darllenydd y gosododd hwy yn y drefn hon. Mae'n amlwg fod ganddo ddarllenwyr yn ei feddwl ar gyfer y gwaith, o leiaf erbyn 1639, os nad yn 1632–3, ac mae'n cyfarch y darllenydd, *Anwyl Ddarlleydd*, yn y rhageiriau ar ddechrau'r tri llyfr.[55] Eto i gyd, prin yw unrhyw dystiolaeth i'r gwaith erioed gael ei weld na'i ddefnyddio unwaith iddo fynd i lyfrgell Robert Vaughan yn Hengwrt yn dilyn marwolaeth John Jones.[56]

Mae'r tri llyfr rhyngddynt yn cynnwys dros 7,000 o ddangoseiriau (bron i 20,000 gair yn gyfan gwbl) wedi eu trefnu dan 130 o benawdau.[57] Enwau yn cyfeirio at wrthrychau materol yw'r rhan fwyaf o'r geiriau, ond ceir hefyd ansoddeiriau a berfau perthnasol. Mae rhai rhestrau'n hir iawn ac yn cynnwys dros 200 o ddangoseiriau: er enghraifft **5** *Y Pedwar Defnydd* (234 gair); **117** *Gradde Pobl* (223); **121** *[P]erllanwydd a'i Ffrwyth* (263); **122** *Llyssieu* (217); **125** *Pysc, ei Henway a Physcotta* (204). Mae eraill yn

---

[54] E.e. Pen 305, 156ᵛ a Pen 306, 146ᵛ.

[55] E.e. Pen 304, iiᵛ.

[56] Mae'n amlwg i William Owen[-Pughe] weld rhyw waith geiriadurol neu eirfaol gan John Jones, fel y gwelir yn nhroednodyn 79.

[57] Yn y golygiad rhoddir yr un rhif i ddangoseiriau a gyplyswyd fel cyfystyron gan John Jones, ac felly mae nifer y dangoseiriau ym mhob rhestr yn uwch na'r hyn a awgrymir gan rifiad y golygiad: e.e. ceir tri dangosair yn **13**.27 *Mwys, Olmari, Nester: cwpbwrdd.*

llawer byrrach, wedi eu cyfyngu'n aml gan natur y pwnc: megis **78** *Cwningen* (3 gair); **80** *Dyfrgi* (2); **84** *Pardd* (3).

Rhydd y rhestrau gipolwg gwerthfawr i ni ar agweddau ar fywyd ac iaith ffermwr bonheddig o sir y Fflint ar ddechrau'r ail ganrif ar bymtheg, wrth iddynt hefyd ychwanegu'n sylweddol at eirfa hysbys y cyfnod ac at hanes geiriau nad oes gennym ar hyn o bryd ond tystiolaeth ddiweddarach o'u defnydd. Cynhwysant eiriau'n ymwneud â sawl agwedd ar fywyd bob dydd: y tŷ a'i nodweddion pensaernïol; yr ystafelloedd fesul un, ynghyd â'r dodrefn a'r offer a geid ynddynt; yr adeiladau cysylltiedig, megis y golchdy, yr amaerdy ('llaethdy') a'r odyndy; a cheir hefyd eiriau am y tywydd, gemau a chwaraeon, a rhaniadau amser, o'r flwyddyn i raniad diwrnod ac awr. Yna'r bywyd amaethyddol, gan gynnwys yr anifeiliaid, gyda sylw arbennig yn cael ei roi i wartheg, defaid a cheffylau, gan gynnwys rhannau eu cyrff, eu lliwiau, y clefydau a'u blinai a'r offer a ddefnyddid i'w rheoli. Ceir rhestrau'n trafod offer a theclynnau o bob math i drin y tir, megis yr aradr, yr og, cerbydau, pladuriau i gynaeafu a bwyeill i dorri coed a chloddiau. Arbennig o ddiddorol yw'r rhestrau unigol yn manylu ar offer y crefftwyr a'u gweithdai yn yr ail lyfr: y *Cowper* (**54**), *Turnor* (**55**), *Gogrydd* (**56**), *Pledrydd* (**57**), *Saer maen* (**58**), *Gwehydd* (**59**), *Pannwr* (**60**), *Taeliwr* (**61**), *Barcer* 'tanner' (**62**), *Crydd* (**63**), *Glwfer* (**64**), *Cigydd* (**65**) a'r *Eilliedydd* (**66**). G. J. Williams oedd un o'r unig ysgolheigion yn yr ugeinfed ganrif i sylwi ar y diddordeb anarferol hwn a oedd gan John Jones am ei gyfnod yn yr iaith gyfoes a'i thafodieithoedd, a hynny hanner canrif o leiaf cyn y byddai Edward Lhwyd yn ymddiddori ynddi:

> gwelwn y copïwr rhyfeddol hwnnw, John Jones o'r Gellilyfdy ... yn mynd ati i gasglu geirfâu tafodieithol ... ac megis gwŷr yr Amgueddfa Werin, ceisiai gasglu'r termau a ddefnyddid gan amaethwyr a chan y crefftwyr.[58]

Byd natur a gaiff y sylw pennaf yn y trydydd llyfr, Pen 306, a cheir yma restrau helaeth o enwau pysgod, adar, coed a llysiau, ymysg pethau eraill. Ymddengys fod diddordeb arbennig gan John Jones mewn pysgod, gan fod ei restr arbennig o lawn dan y pennawd *Pysc, ei Henway a Physcotta* (**125**) yn cynnwys llawer mwy o ddiffiniadau neu ddisgrifiadau nag sy'n arferol ganddo (a chymryd mai ef yw awdur y disgrifiadau hynny). Trefnwyd y rhestr hon yn fras yn ôl yr wyddor ac mae'n cynnwys unrhyw

---

[58] G. J. Williams, *Edward Lhuyd ac Iolo Morganwg: Agweddau ar Hanes Astudiaethau Gwerin yng Nghymru* (Caerdydd, 1964), 6.

anifail sy'n byw yn y môr,[59] gan gynnwys y pysgod cregyn a'r malwod, dolffiniaid, *Cephalopoda* a hyd yn oed y fôr-forwyn, y credid yn y cyfnod hwn ei bod hi'n bysgodyn go iawn.[60] Mae'r disgrifiadau yn ddifyr iawn, er enghraifft:

> *Blobys*: math ar beth llymric byw, tebic i ryw rith ac y sydd o liw rhudd neu felyn, ac a arweinir gann y lla[nw] i fynu ac i wared ac y sydd wenwynic i'w deimlaw (**125**.48)
>
> *Esgid y vran* yw y peth y mae y cwn coegion yn ei vwrw y wrthynt ac o hwnnw y mae y cwn yn magu ac yn myned yn gwn coegion (**125**.97)

Mae ei ddisgrifiad arbennig o lawn o'r *Abad* (**125**.44) yn ddiddorol, ac yn cyd-daro'n agos â disgrifiad diweddarach Lewis Morris (*c*.1745) o'r *maelgi*.[61]

Yn y trydydd llyfr hwn hefyd ceir pedair rhestr o enwau llysiau. Y gyntaf, **122**, yn fersiwn diweddaredig o restr a gofnododd John Jones yn wreiddiol yn Pen 296, 110ʳ–115ʳ (1606), lle'i disgrifiodd fel geiriau *a gesglais i fy hvn*.[62] Nid yw'n nodi o ble y cafodd y geiriau hynny, ai o un ffynhonnell neu o sawl un. Dilyna'r rhestr drefn yr wyddor Gymraeg yn fras, ond daw'r geiriau sy'n cychwyn ag *c*- (**122**.77–95) rhwng *h*- ac *ll*- gan mai *k*- oedd llythyren flaen yr enwau hynny yn Pen 296, 111ᵛ–112ʳ.[63] Yn Atodiadau 1–3 ceir trawsysgrifiad o'r tair rhestr arall yn Pen 306. Mae'r gyntaf (Atodiad 1) yn rhestr faith dan y pennawd *Amrafaelion henwae ar lysseuoedd yn lladin a Saesnec a Chymraec*; ynddi daw'r enw Lladin yn gyntaf a'i ddilyn gan amlaf gan yr enw Saesneg ac yna'r enw Cymraeg; er enghraifft:

> Betonica pauli veronica: Speedwell: Llyssie Llewelyn
> Hipatica liche, Nobl liverwort, Ston liver: Cynhylennydd
> Vermuli: Stone crope: y Vyriwic wendon: rai a ddywaid mae y wermod: eraill a ddywaid mae chwerwlys yr eithin ynt.

---

[59] Mae'r rhestr bysgod yn gyfuniad o ddwy restr a luniodd yng ngharchar Llwydlo, sef *kerdded pysg a'i henwau* a rhestr hwy, heb bennawd, o enwau pysgod a chregyn yn fwy penodol: Pen 308ii, 433–502 (a diwedd y rhestr, sef y geiriau ar ôl *Trud*, wedi ei golli). Ceir fersiwn cynharach o'r rhestr adar yno hefyd, Pen 308ii, 285–96, 417–29, sy'n seiliedig ar restr a luniodd yn 1606 yn Pen 296, 115ᵛ *henwae adar*, gw. tt. 10–11.

[60] Gw. ymhellach y nodyn ar *môr-forwyn: a meremayd* (**125**.163) yn y Mynegai Nodiadol a'r hanes am fôr-forwyn a welwyd ger Pentywyn yn sir Gaerfyrddin tua 1603.

[61] Gw. y nodyn ar *abad* yn y Mynegai Nodiadol.

[62] Pen 296, 108ᵛ.

[63] Yn yr un modd daw *c*- rhwng *h*- ac *ll*- yn y rhestrau llysiau yn Atodiadau 1–3.

Mae'r ail restr (Atodiad 2) yn fyr, ac fe'i disgrifir fel *Amrafel henweu i'r un llysiewyn*; enwau Cymraeg yw'r rhain i gyd, er enghraifft:

y Bengoch: yr Elinoc fawr: y Dinboeth: y Glaiarllys: un ynt
Llyriad mân: arddwrn Crist: Llwynhidydd: u[n] y[nt].

Disgrifir y drydedd restr (Atodiad 3), sy'n cynnwys dros dri chant a hanner o ddangoseiriau, fel *henwae llysie yn Gymraeg ac yn Saesnec*, ond mewn gwirionedd enwau Lladin sy'n dilyn yr enwau Cymraeg gan amlaf, ac yn achlysurol ceir enw Saesneg neu ddiffiniad Cymraeg, er enghraifft:

Gwallt y forwyn: Capillus veneris: Capilus virginis
y Gwenwyn glas: Llysewyn gwenwynic yn emyl mynachloc Llynegwestel
Crafanc y vran: Pes corvi, Ranunculus.

Gallwn fod yn sicr mai o ffynhonnell neu ffynonellau ysgrifenedig y cafodd John Jones y mwyafrif o'r enwau llysiau hyn. Mae nifer ohonynt i'w canfod mewn gweithiau meddyginiaethol y ceir tystiolaeth fod John Jones wedi eu gweld.[64] Eto i gyd, ni ddaethpwyd o hyd i dystiolaeth o ddibyniaeth ar unrhyw un testun penodol. Mae'r modd yr ymddengys iddo ddosbarthu, neu gamddosbarthu, rhai enwau dan yr un enw Lladin neu Saesneg yn awgrymu nad oedd ganddo wybodaeth arbenigol yn y maes, ac mae'n bosibl mai gwaith casglu gweddol fecanyddol o nifer o ffynonellau yw ei restrau. Eto i gyd, mae'n rhaid bod yn ofalus wrth ddehongli'r enwau – fel y gwelir o'r nodiadau, gallai ambell enw gyfeirio at sawl math o lysieuyn, gan amrywio'n aml o ardal i ardal, fel y gwnânt heddiw.

Mae'n debygol fod nifer o'r enwau llysiau yn tarddu yn y pen draw – ond nid yn uniongyrchol, efallai – o Lysieulyfr William Salesbury (*LlS*), gwaith a luniwyd tua 1574, yn gyfieithiad gyda pheth addasu, o ran o *De Historia Stirpium*, gwaith Leonard Fuchs a gyhoeddwyd gyntaf yn Basel yn 1542.[65] Nid yw llawysgrif wreiddiol Salesbury wedi goroesi, ond yn LlGC 4581B ceir copi a wnaeth Rhosier Morys yn 1597 o'r llawysgrif wreiddiol honno a gawsai ei benthyg gan Thomas Wiliems o Drefriw, a gwnaeth yntau gopi yn Caerdydd 2.973.[66] Awgryma Iwan Edgar,

---

[64] Gw. *RWMS* I, 'Peniarth 206', sy'n cynnwys testunau meddyginiaethol yn llaw Siôn Thomas Gruffudd (16g./17g.), y gwelir drwyddo arwydd tri dot John Jones, yn brawf ei fod wedi ei ddarllen.

[65] Gw. *LlS* xviii. Tynnir sylw yn y nodiadau at gyfatebiaethau rhwng ffurfiau John Jones a'r hyn a geir yn Llysieulyfr Salesbury. Am olygiad o'r Llysieulyfr, gw. *LlS*. Hoffwn ddiolch i Iwan Edgar, golygydd y Llysieulyfr, am yr ohebiaeth ddifyr a fu rhyngom ynglŷn â'r gwaith hwnnw wrth i mi baratoi'r gyfrol hon.

[66] Am drafodaeth ar y llawysgrifau sy'n cynnwys Llysieulyfr Salesbury, a'u cydberthynas, gw. *LlS* ix–xii.

golygydd diweddaraf y Llysieulyfr, y gall fod copi gwreiddiol Salesbury wedi mynd i afael Tomas ab Ifan o Hendreforfudd, a bod y copi hwnnw, neu gopi Rhosier Morys, wedi bod yn nwylo Robert Davies, Gwysanau. Paratôdd Davies restr o enwau Cymraeg ar lysiau ar gyfer argraffiad 1633 o *Herball* John Gerarde,[67] ac yn ôl Edgar, ceir yn y rhestr honno nifer o enwau llysiau na allant ond bod wedi eu tynnu o lysieulyfr William Salesbury.[68] Mae'r ffurf unigryw *Closilopps* (**122**.83) a geir yn unig gan John Jones a chan Robert Davies yn ei restr, '*Closilops:* Gillofloures', yn codi cwestiynau diddorol, yn enwedig gan fod y ffurf gan John Jones yn y rhestr gynharach a wnaethai yn 1606. Tybed a dynnodd ef a Robert Davies ar yr un ffynhonnell gyffredin, boed honno'n un ysgrifenedig neu'n un llafar?

Testun llysieuol arall o bwys, a ragflaenai destun Salesbury o ychydig dros ugain mlynedd, oedd *Llysieuwr* Elis Gruffydd, a gofnodwyd ganddo yn llawysgrif Cwrtmawr 1 tua 1545. Cyfieithiad yw hwn, gyda pheth addasu, o *The vertuose boke of Distyllacion of the waters of all maner of Herbes* (1527) gan Laurance Andrews a oedd yn ei dro yn gyfieithiad o *Liber de arte distillandi* (1500) gan Jerome Brunswick.[69] Mae'n annhebygol y byddai John Jones wedi gweld gwaith Elis Gruffydd;[70] felly lle ceir enwau yn gyffredin gan y ddau, mae'n debygol fod y ddau yn tynnu ar yr un ffynonellau llawysgrifol, neu'n fwy tebygol, yn gydgyfarwydd â'r enwau ar lafar.[71] Ceir nifer o restrau llysiau yn llawysgrifau ail hanner yr unfed ganrif ar bymtheg a dechrau'r ail ganrif ar bymtheg, ac nes bod gennym well dealltwriaeth o'u cynnwys a'u cydberthynas, anodd yw olrhain ffynonellau John Jones ag unrhyw sicrwydd.

2. Y drefn thematig

Yn gyffredinol, prin yw'r diffiniadau a geir yng Ngeirfâu'r Fflyd, a daw ystyr gair yn amlwg o'i leoliad mewn rhestr, gan fod geiriau gan amlaf yn cael eu rhestru mewn trefn synhwyrol gan adlewyrchu, o bosibl, broses meddwl John Jones wrth iddo eu cofnodi.[72]

---

[67] Gw. *BNP* (1633).
[68] Gw. *LlS* ix. Tynnir sylw at gyfatebiaethau yn y Mynegai Nodiadol.
[69] Ceir y testun yn Cwrtmawr 1, 165–321, wedi ei gofnodi rhwng 1545 a 1548/9; gw. ymhellach *Llysieuwr* xxiii–xxiv a *RWMS* I, 'Cwrtmawr 1'.
[70] *Llysieuwr* xix.
[71] Cf., e.e., y nodyn ar *byriallu conglog* yn y Mynegai Nodiadol.
[72] Am eiriaduron thematig yn gyffredinol, gw. isod §4; ac am ddefnydd y term 'thematig' i'w disgrifio yma, gw. tt. 8–9.

Edrycher, er enghraifft, ar restr 7 *Dyn a'i Rannau*. Cychwynnir â'r pen, gan symud yn drefnus hyd at ewinedd y traed. Cymerwn y geiriau am rannau'r goes, **7**.82–100. Enwir y *Clun* yn gyntaf, sef rhan uchaf y morddwyd; yna'r *Morddwyd*, rhan uchaf y goes yn gyffredinol, rhwng cymal pen y glun a'r pen-glin; yna ceir y *Glin*, *Padell glin* ('patella'), a *Llygoden y glin*, sydd o bosibl yn cyfeirio at ewyn neu gyhyr sy'n cysylltu â'r pen-glin. Mae'r ddau air nesaf, *Garr* a *Coes*, yn ddiddorol. Gellid defnyddio'r ddau yn gyffredinol am y cymal ar ei hyd, o'r clun hyd y ffêr, gyda *gar* yn air o darddiad Celtaidd (bellach yn anarferedig), a *coes* yn fenthyciad i'r Frythoneg o'r Lladin *coxa*. Ond mae lleoliad *Garr* a *Coes*, yn dilyn geiriau am y pen-glin ac yn rhagflaenu *Croth* y goes, yn awgrymu y gall fod ystyr fwy penodol iddynt. Yn ei eiriadur, diffiniodd William Salesbury *gar* fel y rhan o'r goes '*y tu kefyn ir glin*. hamme';[73] felly Thomas Wiliems yn ei eiriadur yntau, *poples* ... *Garh, camedh garh y tu ol yr glin*;[74] a diffinnir *coes* gan John Davies, Mallwyd, fel 'tibia', sef rhan isaf y goes.[75] O ran trefn, felly, ymddengys fod *Garr* yn cyfeirio at y ceudod y tu ôl i'r pen-glin, tra bo *Coes* yn cyfeirio at ran waelod y goes yn gyffredinol, rhwng y pen-glin a'r ffêr. Nesaf daw *Croth* y goes; yna'r *Meilwng*, a ddiffinnir mewn rhestr arall ganddo fel *Gwaell coes*, yr 'Achilles tendon', rhan gul y goes rhwng croth y goes a'r ffêr neu'r migwrn; yna'r *Ffêr*; y *Sowdwl*; *Mwnwgl troed* 'instep'; *Gwadyn troed*; *Bawd* a *Bys troed*; yna gymalau bysedd y traed, y *Cygn* a'r *Bigwrn*; ac yn olaf yr *Ewin*. Yr unig eiriau yn ymwneud â'r goes nas ceir yn eu lle disgwyliedig yw *Crimog* a *Crimp crimog* a geir yn ddiweddarach yn y rhestr (**7**.126–7); mae'n debygol iddo gofio amdanynt yn rhy hwyr. Defnyddir yr un drefn systematig, lle symudir yn drefnus o naill ran y gwrthrych i'r nesaf, er enghraifft, wrth restru rhannau ebill y saer pren (**53**.32–9); rhannau'r bwa teler (**57**.44–9); y bwa main (**57**.50–61); ac mewn rhestr arbennig o lawn o rannau'r drws a'r ddôr (**8**.135–70).

Gall trefn y geiriau fod yn arbennig o ddadlennol os maint, cyfaint neu hyd sy'n pennu'r drefn. Cymerer, er enghraifft, y geiriau am gasgliad o ŷd, gwair neu wenith adeg y cynhaeaf yn rhestr **31** *Og*, rhif 109 ymlaen. Cychwynnir gyda'r maint lleiaf, *Dyrnaid o yd*; yna *Tanfa o yd*, sef taeniad neu wasgariad; *Seldrem*, sef cymaint o ŷd ag a leddir ag un crymaniad; yna *Dram* sydd, meddai, yn gyfartal â *tri dyrned*. Ni lwyddwyd i ddod o hyd i *dram* yn y cyswllt hwn yn *GPC*, ond diddorol sylwi ar '*Dram*. A

---

[73] *WS* (1547).
[74] Pen 228ii, 310ᵛ, ac am *poples*, gw. *DMLBS poples* 'the ham, hollow of the knee, hough'.
[75] Gw. *D* (1632) '*Coes*, Crus, tibia'.

swathe of cut corn' yn ymdriniaeth Frederick Jago o dafodiaith Saesneg Cernyw.[76] Nesaf daw *Ysgub*, sy'n gyfartal â *dwy ddram*; *Stwccan* neu *Stoccan* sy'n *bum ysgub*; yna *Gafr*, *Ystwc*, *Cogwrn*, *Drefa*, *Coccyn*, *Mwdwl*, *Das*, *Cyrnen*, *Helm*, *Bera*, *Cruc*, pob un, gallwn dybio, yn cyfeirio at bentyrrau cynyddol eu maint ac amrywiol eu siâp gan orffen gydag *Ysgafn*, *o yd mewn ysgubor*, neu'n fwy arferol heddiw, *meisgawn* neu *beisgawn* 'pentwr o wair neu ŷd mewn ysgubor' (*GPC*). Defnyddir y dull meintiol hwn hefyd wrth restru mathau o gynwysyddion, fel llestri'r gwneuthurwr cwrw (**28**.104–26), a hefyd wrth enwi hydoedd, o *Bodfedd* (*Tri hyd y gronyn haidd yn y fodfedd*) hyd at *Gwryd* (**47**.2–13).

Yn rhestr **49** *Chwaryeu*, gwelir dull arall ganddo o drefnu geiriau, sef yn ôl is-fath. Ar ôl cychwyn yn y dull arferol gyda chyfres o eiriau cyffredinol, sef tarddeidiau'r gair *chware*, cawn chwe gêm ar gyfer plant: y tair cyntaf – *Buarth baban*, *Dwylo gwnnion* a *Minddu manddell* – yn ddifyrrwch i fabanod a'r plant lleiaf; a'r tair nesaf – *Chwirli gwgan*, *Mig ymgiddied* a *Cat i'r wern* – ar gyfer plant hŷn.[77] Nesaf ceir gemau sy'n seiliedig ar daro targed o ryw fath â phêl neu gylch, megis *Horling penn ffon*, *Coeta*, *Caelys*, *Nawtwll*, *Sittenna* a *Pedoli yr gaseg*, ac er na lwyddwyd i ddod o hyd i gyfeiriad arall at *Sittenna*, mae gennym o leiaf ryw syniad am natur y gêm honno. Cyfres o gemau yn ymwneud â tharo pêl â bat, llaw neu droed a ddaw nesaf: *Pel ddwylo*, *Pel draed*, *Tenys* a *Palet*, a'r ddwy olaf yn debygol o fod yn fersiynau ar 'real tennis' neu 'royal tennis', rhagflaenwyr ein tennis modern ni; yna *Rhymoc* ('yr humog') sydd eto'n gêm o daro pêl, ond y tro hwn â *human*, sef bat fforchog, fel y disgrifiodd John Jones ef yn Pen 298, 293 *Human: fforch i chware a phel* (1618). Mae'n bosibl mai rhyw fath o hoci yw *Bwrw yr gamog* ('bwrw'r gamog'). Gemau neu chwaraeon a ddisgrifir yn draddodiadol fel y Pedair Camp ar Hugain a ddaw nesaf, sef y campau yr oedd disgwyl i bob uchelwr gwerth ei halen eu meistroli, yn ôl y beirdd: *Seythu* â bwa saeth neu ddryll, *Rhedec*, *Neidio*, *Bwrw maen* a *Bwrw trossol*, *Taflu gordd*, *Taflu taflfaen* ac *Ymafelyd* ('ymaflyd'); ac ar ôl y gemau ymladd ag arfau amrywiol daw'r rhestr i ben â gemau bwrdd, *Gwyddbwyll*, *Towlbwrdd*, *Ffristial chwegwyr*, *Tabler*, a *Dissieu* a *Cardie* a ddaeth yn arbennig o boblogaidd tua diwedd yr unfed ganrif ar bymtheg. Gwelir y dull hwn o drefnu geiriau yn ôl is-fathau hefyd yn y rhestr o eiriau am y

---

[76] Frederick W. P. Jago, *The Ancient Language, and the Dialect of Cornwall* (Truro, 1882), 155. Tybed ai *dram* yw ail elfen y gair *seldrem* sy'n ei ragflaenu yn rhestr John Jones, gair na cheir tarddiad iddo yn *GPC*?

[77] Ymhellach ar y gemau a drafodir yma, gw. y nodiadau isod.

tywydd, lle ceir, er enghraifft, grwpiau o eiriau yn ymwneud â'r glaw (**2**.54–78), y gwynt (**2**.32–50) a'r rhew (**2**.79–92).

Mae'r drefn thematig hefyd yn ddadlennol yn y rhestrau sy'n disgrifio gwaith ac offer crefftwyr, fel yn achos rhestr **60** *Pannwr: ei Offer*. Ar ôl i'r brethyn gael ei wehyddu (**59** *Gwehydd: ei Offer*), eid ag ef i'r pandy i'w bannu ('curo, ffustio') a'i drin. Rhoddid y brethyn yn y *Cyff pandy*, sef cafn ac ynddo sylwedd yn cynnwys *lleisw* a chalch i dynnu'r olew o'r gwlân; yna câi ei bannu yn y cyff â *Gyrdd pannu*. Câi'r felin bannu ei throi gan *Olwyn ddwr*, a llifai'r dŵr i'r *Code dwr* a'r *Ladleu dwr* o'r *Cafn gwyllt* neu'r *Cafn ysgwt* gan droi'r olwyn. Daw'r rhestr i ben â geiriau'n ymwneud â phrosesau i orffen y brethyn – ei gribo i godi ceden arno, ei ffrisio a'i gneifio – fel ei fod yn barod i fynd at y teiliwr i'w droi'n ddilledyn, sef gwrthrych y rhestr nesaf, **61** *Taeliwr: ei Swydd*.

Er mai enwau gwrthrychau a geir gan fwyaf yn y rhestrau, ceir hefyd ferfau, ansoddeiriau ac enwau haniaethol sy'n gysylltiedig â'r enwau hynny, nifer ohonynt wedi eu hychwanegu gan John Jones yng ngharchar y Fflyd, pan drosglwyddodd enwau o Pen 308ii i'w gopi taclus. Teimlir ar brydiau fod yna elfen fecanyddol yn yr ychwanegiadau hyn ac o fynd ati i greu ffurfiau newydd: er enghraifft wrth drafod *hufen* ac *emenyn*, ceir y ffurfiau *Hufen, Hufennu, Hufennawc, Hufennawl, Hufenniad, Hufennedic, Hufenedigaeth; Emenynnu, Emenyn, Emenynnawc, Emenynnawl, Emenynniad, Emennynnedic, Emenynnedigaeth*.[78] Eto i gyd, er bod peth gwirionedd yn hynny, y syndod yw darganfod tystiolaeth annibynnol i'r rhan fwyaf o'r ffurfiau (er nad ydynt o reidrwydd wedi eu cynnwys yn *GPC*, oherwydd prinder tystiolaeth); a hyd yn oed os nad oes tystiolaeth i rai ohonynt, mae'n debygol yr ystyriai John Jones hwynt yn ffurfiau posibl. Go brin y byddai wedi bathu geiriau yn fwriadol, oherwydd, fel yn achos ei waith yn copïo llawysgrifau, cofnodi oedd ei fwriad, a byddai bathu wedi bod yn gwbl groes graen iddo.

3. *Natur a phwysigrwydd Geirfâu'r Fflyd*

Ceir yng Ngeirfâu'r Fflyd nifer sylweddol o eiriau y mae'r dystiolaeth gynharaf o'u defnydd yn *GPC* yn perthyn i gyfnodau diweddarach. O safbwynt yr eirfa amaethyddol a'r eirfa yn ymwneud â chrefftwyr traddodiadol a'u hoffer, daw'r dystiolaeth gynharaf yn aml o waith awduron fel Lewis Morris, Iolo Morganwg, William Owen-Pughe a Walter Davies (Gwallter Mechain), gan iddynt oll ymddiddori'n arbennig yn y pynciau

---

[78] 17.31–7, 41–7. Yn Pen 309ii, gwaith a wnaeth yng ngharchar Llwydlo yn 1623–4, ceir casgliad o eiriau yn nhrefn yr wyddor, a ddilynir gan eu tarddeiriau: e.e. yn dilyn *Bollt :ll: Byllt* ceir *Bolltawc, Bolltedic, Bolltu, Divolltu, Dadvolltu* ac *Advolltu*.

hynny ac ysgrifennu amdanynt.[79] O ran y crefftau yn ymwneud â gwaith merched yn benodol (megis nyddu neu gwnïo), cofier mai dynion gan fwyaf a gofnodai wybodaeth yn y llawysgrifau, ac felly nid yw'n syndod fod diffyg tystiolaeth cyn yr ugeinfed ganrif i rai o'r pwythau a restrir yn **61** *Taeliwr*. Mae'n rhaid casglu mai diffyg gweithiau arbenigol yn trafod pynciau o'r fath yw'r rheswm dros ddiffyg tystiolaeth gynharach, ac mae'r un peth yn wir yn aml yn achos y geiriau cyfatebol yn Saesneg. Er enghraifft yn y rhestr o offer y saer pren, ac yn arbennig yr enwau am y gwahanol blaeniau a 'jointers', mae'r cyfystyron Saesneg a rydd John Jones, *a smodding plan* 'a smoothing plane', *a ffôr plan* 'a fore-plane', ac *a dsiounter* 'a jointer', hwythau'n rhagddyddio'r dystiolaeth gynharaf dros y geiriau hynny yn yr *OED*.[80]

Gwelir yr un peth yn achos y rhestrau o glefydau mewn ceffylau, gwartheg a defaid (**104**, **105**, **106**), gan fod y llyfrau print cynharaf sy'n ymdrin â chyflyrau milfeddygol o'r fath yn perthyn gan fwyaf i ddiwedd y ddeunawfed ganrif ac i'r bedwaredd ganrif ar bymtheg. Cymerer, er enghraifft, y cyfuniad *Brath draenog* (**105**.13) a restrir gan John Jones fel clefyd mewn gwartheg, ond y ceir y dystiolaeth nesaf ohono mewn llyfr ar gyfer perchnogion anifeiliaid o ddechrau'r bedwaredd ganrif ar bymtheg, lle ceir *brathiad draenog* yn enw arall am 'Gafod yn y Pwrs' a 'Llaeth Coch', sef mastitis.[81]

Efallai mai un o'r prif resymau pam na roddwyd sylw i'r geirfâu hyn gan ysgolheigion diweddar yw'r ffaith nad oes cyfystyron i'r geiriau, a'u

---

[79] Tynnir sylw at weithiau perthnasol gan yr awduron hyn, ac eraill, yn y nodiadau: e.e. Lewis Morris, *LWLM*; llawysgrifau Iolo Morganwg (gan fanteisio ar gronfa gardiau Dr Richard Crowe yn ystafell Geiriadur Prifysgol Cymru); astudiaethau amaethyddol Walter Davies (Gwallter Mechain) yn *GView NW* a *GView SW*; a William Owen[-Pughe] yn *CPriodor*, sef ei gyfieithiad o waith Thomas Johnes o'r Hafod, *A Cardiganshire Landlord's Advice to His Tenants* (Bristol, 1800). Dywedodd William Owen[-Pughe] iddo weld gwaith geiriadurol John Jones yn llyfrgell Hengwrt, ac felly dylid o leiaf ystyried y posibilrwydd iddo godi rhai o'i ffurfiau oddi yno, er ei bod yn annhebygol mai geirfâu thematig John Jones a welodd. Meddai yn ei Ragymadrodd yn *WOP*, wrth gyfeirio at waith geiriadurol y gorffennol, 'the most valuable vocabulary, on account of its copiousness, was compiled about the beginning of the [seventeenth] century, by John Jones, who spent about forty years of his life in transcribing of ancient Welsh writings.' Nid yw'n nodi pa waith a welodd, ond tybed ai llawysgrif Pen 309i, sef llawysgrif fawr, yn cynnwys 1,366 tudalen, sy'n benllanw ei waith yn copïo rhestrau geiriadurol o lawysgrifau'r 16g.? Gw. *RWMS* I, 'Peniarth 309' a td. 10 uchod.

[80] Gw. y nodiadau ar **53**.85 *Cabolwestfil: a smodding plan*, **53**.84 *Rhagwestfil: a ffôr plan*, **53**.86 *Cysswllt westfil: a dsiounter*. O ran yr *OED*, dylid cofio bod eu tystiolaeth gan amlaf yn gyfyngedig i destunau print, yn wahanol i *GPC*.

[81] Gw. *Cyf Profedig* 74–5; ymhellach arno, gw. y Mynegai Nodiadol.

bod yn ymddangos ar yr olwg gyntaf fel rhestrau o eiriau cwbl digyswllt. Yn sicr maent yn gosod her i eiriadurwyr cyfoes, y mae'n llawer haws ganddynt ddyfynnu o eiriaduron traddodiadol, lle ceir cyfystyron clir a diamwys; ond yr allwedd yn aml i ddeall ystyr gair yng Ngeirfâu'r Fflyd yw'r drefn thematig.

4. *Ffynonellau*

Mae mwyafrif mawr y geiriau yng Ngeirfâu'r Fflyd yn rhai cyfoes ac yn debygol o fod yn eiriau a oedd yn rhan o iaith bob dydd John Jones a'i gyfoeswyr. Anodd fyddai anghytuno â barn Nesta Lloyd:

> These names for local crafts and their implements would be oral words which he heard in everyday use around him rather than words derived from a literary source.[82]

Ond mae eithriadau. Soniwyd eisoes am y rhestrau llysiau, sy'n ddibynnol i raddau ar ffynonellau ysgrifenedig. Mae'n bosibl hefyd fod traethawd a luniodd Rhisiart Longford ar felinau yn Pen 56 yn 1543, ac a gopïodd John Jones yn 1620, yn ffynhonnell, neu o leiaf yn fan cychwyn, ar gyfer rhestr **42** *Melin*;[83] ond gan nad yw ffurfiau'r ddau yn cyfateb bob tro,[84] mae'n ddigon posibl hefyd eu bod ill dau yn tynnu ar eirfa melina yn y gogledd-ddwyrain. Mae rhestr John Jones hefyd yn cynnwys geiriau mwy diweddar nag a geir yn Pen 56, er enghraifft *ladlau dŵr* neu *ladlau'r olwyn*, gyda *ladl* yn fenthyciad o'r Saesneg *ladle* yn cael ei ddefnyddio am 'one of the float-boards of a water-wheel' (*OED*), a'r dystiolaeth gynharaf o'r ystyr honno o 1611. Mae'n bosibl iddo fanteisio hefyd ar y rhestr o'r Pedair Camp ar Hugain yn Pen 56, a chynnwys nifer o'r campau hynny ar ddiwedd rhestr **49** *Chwaryeu*.[85] Yn yr un modd, efallai iddo weld, os nad copïo, traethawd ar geffylau yn Pen 86 (sy'n dibynnu'n drwm ar waith Saesneg Leonard Mascall (1587)): ceir rhai cyfuniadau gan John Jones a welir hefyd yn y traethawd hwnnw yn unig.[86]

---

[82] *HWS* 213.

[83] Ceir copi John Jones o'r traethawd hwnnw yn Pen 254, 19–29; am destun Rhisiart Longford, gw. Iorwerth C. Peate, 'Traethawd ar Felinyddiaeth', *B* 8 (1935–7), 295–301. Tynnir sylw at gyfatebiaethau rhwng rhestr John Jones a'r traethawd yn y nodiadau.

[84] Gw., e.e., y nodiadau ar *peusyllt*, *seildderi* a *hoelion cocys*.

[85] Gw. Pen 56, 28.

[86] Gw. y nodiadau ar *march glas ceiniogog* a *march llwyd llygoden*. Am y traethawd, a elwir *llyfyr marchwriaeth* yn Pen 86 (1575–1600), gw. Cecile O'Rahilly, 'A Welsh Treatise on Horses', *Celtica*, 5 (1960), 145–60 (yn arbennig 146–54). Gw. ymhellach *RWMS* I, 'Peniarth 86'.

5. Y Cyfreithiau

Mae dau ddosbarth arall o eiriau y gallwn fod yn gwbl hyderus mai o ffynhonnell ysgrifenedig y cafodd John Jones hwy. Y cyntaf yw geiriau o destunau Cyfraith Hywel. Mae'n amlwg fod ganddo ddiddordeb arbennig yn y gyfraith frodorol, a cheir rhestrau o eiriau ganddo o'r testunau cyfreithiol, fel a geir hefyd gan Thomas Wiliems yntau yn ei lyfr nodiadau, Pen 188.[87] Yn wir, ymfalchïai John Jones yn y ffaith fod pobl yn ei ystyried yn arbenigwr yn y maes ac yn ymgynghori ag ef, fel y gwnaeth yr hynafiaethydd Francis Tate, y cyfarfu John Jones ag ef, o bosibl, yn Llwydlo rhwng tua 1610 a 1617.[88]

Yn 1605–6 gwnaeth gopi yn Pen 224 o lawysgrif goll yn llaw Rhosier Morys a gynhwysai destunau cyfraith o'r drydedd ganrif ar ddeg a'r bymthegfed ganrif.[89] Yn ddiweddarach, yn 1619 (o bosibl yng ngharchar Llwydlo), copïodd i Llst 121 ddau ddarn o destun cyfraith o ddull Iorwerth (Gwynedd), sef hanner can tudalen cyntaf Llyfr Du'r Waun (Pen 29), a thestun cyfraith 'H' o Pen 164.[90] Mae'n debygol mai John Edwards o'r Waun (m. 1625) a roddodd fenthyg y Llyfr Du iddo.[91]

Ceir yn y cyfreithiau Cymraeg gyfoeth o eiriau'n ymwneud â bywyd materol y llysoedd Cymreig yn yr Oesoedd Canol cynnar. Manylant ar eiddo symudol o bob math, megis dodrefn, offer y tŷ, offer crefftwyr ac amaethwyr, gan nodi eu gwerth, neu'n fwy penodol yr iawndal y gellid ei hawlio amdanynt.[92] Os gwêl gyfle, ychwanega John Jones y geiriau hyn at ambell restr, neu eu defnyddio'n sail i ychwanegu geiriau cyfoes atynt.

---

[87] J. E. Caerwyn Williams, 'Thomas Wiliems, y Geiriadurwr', *Studia Celtica*, 16/17 (1981–2), 303, 'Nid annheg fyddai casglu fod gan Thomas Wiliems ddiddordeb arbennig yn y testunau cyfreithiol.'

[88] Gw. Nesta Jones, ' "Mr Jones" and Francis Tate', *Trafodion Anrhydeddus Gymdeithas y Cymmrodorion*, 1968, 99–109, yn arbennig 104.

[89] Gw. *LlI* xxvii–xxix a *RWMS* I, 'Peniarth 224', lle dyfynnir rhagair John Jones i'r llawysgrif: 'llyma lyfr kyfreithiau y Brytanied yr hwnn a ysgrifennis i allan o lyfreu ynghar Risiart Langfford o Drefalun y Maelor [d.1643] y naill lyfr a ysgrifenasse Roesier Morys ar llall oedd hen lyfr memrwn a ysgrifenasse Ierwerth ap Madawg ap Rahawt [Cotton Calig. A.iii] ag ar ol llaw Roesier Morys ydd ysgrifennis i y llyfr hwnn ag a ysgrifennis i y diffic a oedd yn llaw Roessier Morys o law Ierwerth ap Madawg'.

[90] Gw. *RWMS* I, 'Llanstephan 121'; G. Angharad Elias, *Yr Ail Lyfr Du o'r Waun: Golygiad Beirniadol ac Eglurhaol o Lawysgrif LlGC Peniarth 164 (H)* (Caergrawnt, 2018), xxvi–xxx.

[91] *HWS* 298–9.

[92] Gw. yn arbennig *LlI* §140–§145 (Llyfr Iorwerth, dull Gwynedd) a *LlB* 96–8 (Llyfr Blegywryd, dull Dyfed).

Er enghraifft gwelir yn rhestr **52** *Gof a'i Offer* nifer o eiriau sydd yn Llyfr Iorwerth (isod ar y chwith):[93]

Offer gof (*Lll*)	*Gof a'i Offer*
Eynyaun uaur	Eingion fawr **52**.10
Eynnyaun kyrryauc	Eingion gyrriog **52**.10
Megyneu	Megin *ll*. megineu **52**.8
Geuel gof	Gefel **52**.12
Ord	Ordd *ll*. yrdd **52**.23
Kamec	Cameg **52**.26
Kethraul	Cethrawl **52**.28
Kuynsyll	Cwnssill, Cwynsyll **52**.29
Trooryd	Troorydd **52**.32
Karnllyf	Carnllif **52**.22
Hayarnllyf	Haearnllif **52**.21
Breuanllyf	Breuanllif **52**.31

Yn nhestun cyfraith dull Iorwerth yn unig y ceir yr holl eiriau sydd yn y rhestr hon, sef ffynhonnell y rhan fwyaf o'r geiriau a dynnodd John Jones o'r testunau cyfraith.[94] Gallwn fod yn sicr fod rhai o'r geiriau, megis *cameg*, *troorydd* a *carnllif*, yn anarferedig erbyn dechrau'r ail ganrif ar bymtheg a'u hunion ystyr felly'n debygol o fod yn niwlog i John Jones, fel y maent i ninnau. Eto i gyd byddai geiriau fel *cryman* neu *wellaif* yn gwbl hysbys iddo.[95]

Gwelir ôl dylanwad y Cyfreithiau hefyd ar restrau o berthnasau teuluol ac o rannau neuadd[96] a defnyddiodd eiriau ohonynt ar gyfer ambell bennawd: er enghraifft **37** *Marchdy*, er mai *stabl* fyddai'n arferol erbyn ei oes ef; **8** *Ty ac anllodd* ar gyfer rhestr yn ymwneud â'r tŷ a'i bensaernïaeth, er bod *anlloedd* yn anarferedig yn ei gyfnod ef, yn ôl tystiolaeth *GPC*; a

---

[93] Gw. *LlI* 94 §141.1–4.

[94] Diolch i'r Athro Paul Russell am gadarnhau nad yw'r holl eiriau sydd yn y rhestr hon yn digwydd mewn unrhyw destun Lladin o'r Cyfreithiau ychwaith (lle mae'r drafodaeth yn Lladin ond enwau'r offer yn Gymraeg).

[95] *LlI* §140.26. Mae tystiolaeth *GPC* o hanes y geiriau hyn ar draws y canrifoedd yn werthfawr wrth geisio barnu a oedd gair penodol yn debygol o fod yn fyw yn iaith John Jones ai peidio; os tybir bod gair yn anarferedig ganddo, ac mai o ffynhonnell ganoloesol y'i cafodd, ceisir nodi hynny yn y Mynegai Nodiadol wrth drafod y geiriau unigol.

[96] Gw., e.e., y nodiadau ar **117**.195–8 *Ceifyn, Gorchgeifyn, Gorchaw* a *Nai ap Gorchaw* (cf. *LlI* §106.17–19 *braut a keuenderu a keuerderu a keyuyn a gorcheyuen a gorchau a ney uab gorchau*) a hefyd y nodiadau ar **9**.9–11 *Coryf, Uwch coryf* ac *Is coryf*.

40 *Ceudy* ar gyfer geudy neu dŷ bach (rhestr wag).[97] Efallai y credai fod statws arbennig i'r hen enwau hyn a'u gwnâi'n addas fel penawdau.[98]

6. *Vocabularium Cornicum*

Ymysg y rhestrau geiriau a gopïodd John Jones o law Rhosier Morys yn llawysgrif Pen 297 (1606), ceir rhestr â'r rhagair canlynol:

> Anwyl Ddarll[e]ydd llyma hen eiriav [...] Brythonaeg a dynwyd allan o lyfr Mr kop y rrain oedd yn ysgrifenedig o law Rroesier morys.[99]

Disgrifia'r rhestr fel un yn cynnwys *Geiriev wedi ev kasglv allan o hen lyfr or eiddo Mr Cop etc*.[100] Geiriau oedd y rhain, felly, a gododdd John Jones o lawysgrif yn llaw Rhosier Morys, yr oedd ef, Morys, wedi eu codi o lawysgrif ym meddiant 'Mr Cop'.[101] Cynhwysa'r rhestr eiriau Lladin yn nhrefn yr wyddor a chyfystyron *Brythonaeg* yn dilyn, sef y gair a ddefnyddir yn gyffredin gan John Jones a geiriadurwyr cynnar am Gymraeg a oedd yn hynafol erbyn eu hoes hwy:[102]

> Accetum: Gwinfellet
> Aculeus: Bros
> Advena: Denvnchvt
> Anulus: Bison.[103]

Dilynir y rhestr hon gan restrau byrrach o enwau pysgod, anifeiliaid, adar, llysiau a choed (geiriau a gynhwyswyd yng Ngeirfâu'r Fflyd),[104] ac ar y ddalen olaf, nodir:

> Ag fal hyn y terfyna hyn o hen eiriev a adysgrifennais o law Rroesier morys y /15/ dydd o fis Ebrill /1606/.

---

[97] Cf. *Lll* §93.21 *marchty*, *Lll* §48.20 *ty ac anlloed* (td. 144 'wealth, possessions, goods'), §25.8 *geuty*.

[98] Mae'n bosibl hefyd mai rhestr *henwe tai a llawer a berthyno uddunt* a geir yn Pen 223, 247–52, a gopïodd John Jones yn 1606–8 o restr yn llaw Rhisiart Longford oedd ei ffynhonnell ar gyfer rhai o'r penawdau, e.e. td. 249 *Odyndy, Kyvyrdy, Pobty, Krydddy* a ddefnyddir fel penawdau yng Ngeirfâu'r Fflyd.

[99] Pen 297, 184[r–v].

[100] Pen 297, 185[r].

[101] Sef, mae'n debyg, y casglwr llawysgrifau Syr Walter Cope (m. 1614), gw. ymhellach *RWMS* I, 115; II, 414, 448.

[102] Cf. Pen 295, 1, lle disgrifir geirfa yn cynnwys hen eiriau Cymraeg gyda chyfystyron Cymraeg cyfoes fel *hen eiriau or Brythonaeg ar y Gymraeg newydd*.

[103] Pen 297, 185[r].

[104] Ceir 19 gair dan y pennawd *volucres* (Pen 297, 196[r–v]); 12 gair dan y pennawd *pisces* (196[v]–197[r]); 18 gair dan *Bestie* (197[r–v]); 26 gair dan *herbae* (197[v]–198[v]); a chwe gair dan *arbores* (198[v]). Cynhwyswyd y rhain yng Ngeirfâu'r Fflyd.

Buan y gwelir mai geiriau Hen Gernyweg, nid Cymraeg, a geir yn y rhestrau hyn yn Pen 297. Deilliant yn y pen draw o'r *Vocabularium Cornicum*, sef geirfa Ladin–Hen Gernyweg a oedd yn gyfieithiad o eirfa Ladin–Hen Saesneg gan Aelfric (*c*.955–1020).[105] Geirfa thematig neu bynciol oedd hon, 'the earliest specimen of its kind', yn ôl Werner Hüllen.[106] Cofnodwyd y *Vocabularium* ar ddechrau BL Cotton Vespasian A.xiv tua diwedd y ddeuddegfed ganrif,[107] a chredid yn gyffredinol mai geiriau Hen Gymraeg oeddynt nes i William Jones, cynorthwyydd Edward Lhwyd, sylweddoli mai Cernyweg oedd eu hiaith, ac esbonio hynny mewn llythyr at Lhwyd ym mis Gorffennaf 1701.[108]

Rhywdro yn ail hanner yr unfed ganrif ar bymtheg copïodd Thomas Wiliems yr un geiriau i lawysgrif Pen 188 lle cadwai bob math o nodiadau bras ar eiriau ar gyfer ei eiriadur yn ddiweddarach.[109] Disgrifiodd Wiliems y geiriau hyn fel *Geiriæ wedy eu casglu alhan o hen lyver or eidho N. Cop. ac a gowsyd o Lann daf*.[110] Ac ar ymyl chwith y ddalen ceir dwy briflythyren fawr 'LL' a saif, mwy na thebyg, am 'Liber Llandaf' neu o bosibl 'Liber Landavensis'. Pan gynhwysai Thomas Wiliems y geiriau hyn yn ddiweddarach yn ei eiriadur, Pen 228, byddai'n eu labelu *li. lh. d.* = 'li[ber] lh[an] d[af]' neu *lib. land.* = 'lib[er] land[avensis]', neu debyg. Mae'n amlwg nad yr un yw'r 'Llyfr Llandaf' neu'r 'Liber Landavensis' hwn â'r llawysgrif a adwaenwn ni bellach fel LlGC 17110E.

Dyma, er enghraifft, ambell air a geir gan Thomas Wiliems yn Pen 188, yn y rhestr a gododd o lyfr Mr Cop:[111]

Coturnix. Rhinc
palumba. Cudon
Rosa. Breilu

ac a gynhwysodd yn ddiweddarach yn ei eiriadur, Pen 228:[112]

---

[105] Am olygiad o'r *Vocabularium Cornicum*, gw. *OCV*.
[106] Hüllen, *English Dictionaries*, 65.
[107] E.e. am y geiriau a ddyfynnwyd o ddechrau rhestr John Jones yn Pen 297, 185ʳ, gw. *OCV* #862 *accetum: guinfellet* 'vinegar'; #347 *aculeus: bros* 'point of a goad'; #335 *advena: den unchut* 'stranger'; #325 *anulus: bisou* 'ring'.
[108] Gw. Brynley F. Roberts, 'Edward Lhwyd in Cornwall', *Studia Celtica*, 53 (2019), 149.
[109] Disgrifiodd J. Gwenogvryn Evans, *RWM* I, 1015, y llawysgrif flêr hon fel 'Sir Thomas Wiliems's Common Place Book of Dictionary in-the-Making ... consisting of vocabularies, glosses, a very considerable number of illustrative quotations from the poets ... the whole having no apparent system or arrangement.'
[110] Pen 188, 123.
[111] Pen 188, 125–6.
[112] Pen 228i, 174ʳ; Pen 228ii, 259ʳ; Pen 228iii, 33ᵛ.

Coturnix ... Ederyn a elwir, Quael, Sofliar, Rhinc li. lh. d.
palumbes ... Cudon li. lh. daf: yscuthan
Rosa ... Rhos, Breilu li. lh. d.

Yn ei gopi yntau yn Pen 297 (1606), ceir gan John Jones:[113]

Coturnix: Rrink
Paluniba [*sic*]: Kudon
Rosa: Breilw.

Nid rhestr Thomas Wiliems oedd ffynhonnell John Jones, gan nad yw'n atgynhyrchu ambell wall neu ychwanegiad yn ei restr ef.[114] A chymryd, felly, eu bod ill dau, yn annibynnol ar ei gilydd, wedi codi'r geiriau hyn o gopi a wnaethai Rhosier Morys o fersiwn 'Mr Cop', gallwn dybio bod unrhyw wall cyffredin yn wall yng nghopi Rhosier Morys.[115] (Ni wyddys ai adysgrifiad o destun Cotton Vespasian A.xiv oedd fersiwn 'Mr Cop', ynteu'r llawysgrif wreiddiol.) Ymhellach gwyddom nad y copi a wnaethai John Jones yn 1606 yn Pen 297 oedd ei ffynhonnell ar gyfer y geiriau hyn yng Ngeirfâu'r Fflyd, gan nad yw'n atgynhyrchu ambell wall yn y rhestr honno.[116] Mae'n ddigon posibl, felly, fod llawysgrif Rhosier Morys yn ei feddiant, neu fod ganddo gopi arall cywirach wrth law.

Mae'n debygol mai'r eirfa Hen Gernyweg hon, neu restr thematig debyg iddi, hefyd oedd man cychwyn John Jones ar gyfer ei restr gyntaf, 1 *Am Dduw, y Nef a'r Engylion*, a ddisgrifir ganddo fel rhestr *Kymraec: Lladin*. Saith gair Lladin yn unig a geir yma allan o 79 gair, a deg os cynhwysir y ffurfiau lluosog cysylltiedig: *Deus, Dii*; *Angeli*; *Archangelus, Archangeli*; *Sol*; *Luna*; *Stella, Stellae*; *Firmamentum*. Mae'r geiriau Cymraeg eraill yn y rhestr gan fwyaf yn darddeiriau o'r geiriau Cymraeg am y rhain. Geiriau cyntaf y *Vocabularium Cornicum* yw *Deus omnipotens*; *celum*; *angelus*; *archangelus*; *stella*; *sol*; *luna*; *firmamentum*. Ni cheir *celum* gan John Jones, ond ceir *Nef, Nyf* (**1**.22); tybed a anghofiodd ychwanegu *celum* at y cofnod hwnnw?

---

[113] Pen 297, 196ʳ, 196ᵛ, 198ᵛ.
[114] Gw., e.e., y nodiadau ar **122**.89 *coeglinhad* a **124**.51 *cudon* a **124**.23 *chwicnores*.
[115] Gw., e.e., y nodyn ar **124**.21 *bydnepein*, lle gwelir bod Thomas Wiliems a John Jones yn rhoi'r ffurf hon, lle ceir y symbol Hen Saesneg *p*, nid *p*, yn y *Vocabularium*. Mae'n bosibl felly mai -*p*- oedd gan Rosier Morys yntau, oni bai bod Thomas Wiliems a John Jones wedi camddehongli'r llythyren yn annibynnol ar ei gilydd. Eto i gyd, gwelir Thomas Wiliems, yn wahanol i John Jones, yn dehongli'r symbol yn gwbl gywir yn achos y gair *llyspiut*, **122**.102. Cf. hefyd y nodyn ar **122**.103 *lleserehog*.
[116] Gw., e.e., y nodyn ar **124**.51 *cudon*.

4. *Geiriaduron thematig*

Ni wyddys beth a symbylodd John Jones i greu'r casgliad hwn o eirfâu. Er bod ambell eirfa unigol o'r fath i'w chael, gan amlaf yn gyfieithiad o restr Ladin,[117] ni chafwyd dim yn Gymraeg ar yr un raddfa â Geirfâu'r Fflyd. Mae geirfâu thematig o'r fath yn fwy nodweddiadol o'r traddodiad Eingl-Sacsonaidd, a geirfa Ladin–Hen Saesneg Aelfric (*c*.955–1020), fel y gwelwyd, oedd sail y *Vocabularium Cornicum*. Pwrpas arferol gweithiau o'r fath oedd addysgu, ac yn benodol dysgu geirfa i ddysgwr iaith arall. Er bod John Jones yn cyfarch y darllenydd yng Ngeirfâu'r Fflyd, mae'n annhebygol mai addysgu oedd nod y gwaith, gan mai cymharol brin yw'r mannau lle ychwanegodd gyfystyron (er ei bod yn aneglur ai dyna oedd y bwriad yn y pen draw ai peidio). Mae'n fwy tebygol mai creu casgliadau o eiriau yn syml oedd y nod, gan gyfrannu, mewn ffordd ychydig yn wahanol, at y berw o waith geiriadurol a oedd yn digwydd yng Nghymru yn y cyfnod. Fel yr awgrymodd Nesta Lloyd:

> The explanation must lie in the general atmosphere of the time – it was an age of lexicographical activity, not least in Wales where apart from Roger Morris, Richard Langford and the other sources quoted by John Jones, Thomas Wiliems and Dr John Davies were both working on their massive dictionaries.[118]

Mae'r amrywiaeth eang o bynciau a drafodir yn y Geirfâu, a'r gwaith a gyflawnwyd yn casglu'r geiriau, yn awgrymu eu bod yn debygol o fod yn ffrwyth yr hyn a ddisgrifia John Considine yn 'curiosity-driven lexicography'. Cyfeiria at draddodiad helaeth yn Ewrop o lunio rhestrau geiriau o'r fath yn yr unfed ganrif ar bymtheg a'r ail ganrif ar bymtheg yn arbennig:

> There was ... a very extensive tradition of compiling wordlists – a few long enough to be published as free-standing dictionaries, but others much shorter – which were based on spoken usage rather than on the prestigious written languages of the present or the past, and which were not made for practical reasons such as learning or deciphering foreign languages ... many ... were not intended for printed publication. They

---

[117] E.e. ceir gan Risiart Longford restr o enwau dodrefn ac ystafelloedd yn Lladin gyda'r enw cyfatebol yn Gymraeg yn dilyn; nid yw'r rhestr honno wedi goroesi, ond copïodd John Jones hi yn 1606–8: Pen 223, 247 *henwe tai a llawer a berthyno vddvnt*.

[118] *HWS* 217.

seem to have been compiled because their makers were curious about the language varieties they documented.[119]

Un geiriadur thematig cyfoes yn Saesneg y mae'n bosibl, os nad yn debygol, i John Jones ddod ar ei draws oedd *A shorte dictionarie for yonge beginners* gan John Withals.[120] Cyhoeddwyd argraffiad cyntaf geiriadur Withals yn 1553, cyn ei ehangu yn 1581 gan Gymro o'r enw Lewis Evans, ac yna'i ehangu ymhellach fyth a'i gyhoeddi o leiaf un ar bymtheg o weithiau erbyn 1634.[121] Bu'n eiriadur poblogaidd tu hwnt mewn ysgolion drwy Loegr am yn agos at bedwar ugain mlynedd, yn cynorthwyo bechgyn ifanc i ddysgu Lladin drwy ddarparu rhestrau o eiriau bob dydd ar wahanol bynciau yn Saesneg a'u dilyn gan y Lladin cyfatebol:[122]

> John Withals' dictionary was planned as an aid to learning Latin … The dictionary is to be used by beginners who as yet know no or only little Latin. Its teaching and learning concept must have been that Latin should be learnt via the familiar English. This is an idea not to be taken for granted at a time when Latin was supposed to be the only means of learning a language at all, including one's mother tongue.[123]

Ceir yn rhestrau Withals yr un math o eirfa bob dydd ag a geir gan John Jones, gan ddilyn yr un math o drefn; cymharer, er enghraifft, y rhestr ganlynol sy'n disgrifio gwaith ac offer y barbwr gyda rhestr gyffelyb John Jones, **66** *Eilliedydd: ei Offer*:[124]

---

[119] John Considine, *Small Dictionaries and Curiosity* (Oxford, 2017), 1–2.

[120] Dyfynnir o argraffiad 1568, John Withals, *A shorte dictionarie for yonge beginners* (London, 1568), *https://editions.mml.ox.ac.uk/editions/dictionarie/*.

[121] Gw. 'John Withals' Dictionary for Young Boys (1553)', yn Hüllen, *English Dictionaries*, 168–201; cf. 169, 'Withals' dictionary was indeed a most successful book for almost eighty years … This was the result of its own value for the purpose of teaching, but also of constant re-editing and augmentation.'

[122] Ar y traddodiad hwn o eiriaduron thematig yn Saesneg ar gyfer dysgu iaith arall, gw. 'Colloquies, Wordbooks, and Dialogues for Teaching and Learning Foreign Languages', yn Hüllen, *English Dictionaries*, 78–139; ac am enghraifft ychydig yn ddiweddarach o eiriadur pynciol pedairieithog, gw. yno'r bennod 'James Howell's Dictinonary for the Genteel (1660)', 202–43. I'r un traddodiad y perthyn geiriadur tairieithog John Ray (1675) a luniwyd i ddysgu Lladin a Groeg i ddau fab ei gyfaill Francis Willughby a gollodd eu tad yn ifanc; gw. William T. Stearn (gol.), John Ray, *Dictionariolum trilingue Editio Prima 1675* (London, 1982). Fel geiriadur Withals, gwasanaethodd y geiriadur hwn yntau sawl cenhedlaeth o blant ysgol a'i argraffu wyth gwaith rhwng 1675 a 1736.

[123] Hüllen, *English Dictionaries*, 170.

[124] *Withals* (1568), 37^{r-v}.

4. GEIRIADURON THEMATIG

A Barber with his shop and instrumentes

To shaue, rounde, or cutte the hayres	A bason
A shauing clothe	Washing balles
A combe	Cissers to cut the heares with
An Iuory combe	Lie to washe the heade with
To kembe	A glasse
To washe	To beholde, or looke upon
A rasure	An eare piker
To shaue	A tooth piker
A stone to whette, or sette the rasure with	A tooth rubber
To whette	A brush
	To brush.

Ceir hefyd dabl cynnwys ar ddechrau'r gwaith, fel yn achos Geirfâu'r Fflyd, ac nid yn unig y mae cynnwys y rhestrau'n debyg, ond mae'r penawdau hefyd yn aml yn adleisio'i gilydd: er enghraifft, mae *offer* gan John Jones yn aml yn cyfateb i 'instruments' gan Withals ac *a'i berthnasau* yn cyfateb i 'with that belongeth' neu 'with that pertaineth'.[125] Nid wyf am awgrymu mai cyfieithiad neu addasiad o waith Withals yw rhestrau John Jones, ond o gofio iddo lunio'i restrau thematig cyntaf oddeutu 1606, yn gynnar yn ei yrfa, mae'n ddigon posibl mai o waith Withals, neu o waith tebyg, y cafodd ei ysbrydoliaeth gychwynnol.[126] A oedd copi o'r geiriadur hwnnw yn Ysgol Amwythig pan oedd yn ddisgybl yno?[127]

5. *John Jones a'r traddodiad geiriadurol Cymraeg*

Ysgolheigion gan fwyaf oedd geiriadurwyr y Gymraeg yn yr unfed ganrif ar bymtheg a hanner cyntaf yr ail ganrif ar bymtheg, ac roedd ambell un, megis Siôn Dafydd Rhys (nad yw ei eiriadur wedi goroesi), Henry

---

[125] Gan John Jones, e.e., ceir **45** *Offer Teyluyddiaeth*, a chan *Withals* (1568), 18ʳ, 'the instrumentes of husbandrie'; **63** *Cruydd: ei Offer*, *Withals*, 37ʳ 'The shoemaker with his shoppe and instrumentes', &c.

[126] Os dilynodd eiriadur fel un Withals fel patrwm, esboniai hynny pam mae rhai rhestrau ganddo naill ai'n fyr iawn neu bron yn wag; cf. **39** *Ffronc*, **40** *Ceudy*, **41** *Drecht*.

[127] Diolch i Dr Robin Brooke-Smith, Llyfrgellydd ac Archifydd Ysgol Amwythig, am edrych a oes copi o eiriadur Withals yn hen lyfrgell yr ysgol. Nid yw'n syndod, efallai, nad oes un yno, gan mai prin iawn yw'r copïau o unrhyw eiriaduron ysgol sydd wedi goroesi o'r cyfnod. O'r wyth argraffiad o eiriadur tairieithog John Ray a ddefnyddiwyd yn helaeth mewn ysgolion o 1675 hyd hanner cyntaf y 18g., 22 copi yn unig sydd wedi goroesi, gw. Stearn, *Dictionariolum*, 1–2.

Salesbury a John Davies, Mallwyd, yn ysgolheigion iaith ac yn ramadegwyr. Câi'r rhain eu symbylu gan ysbryd y Dadeni a phrif nod eu geiriaduron oedd cynnig allwedd i'r gwaddol cyfoethog o lenyddiaeth Gymraeg yn y llawysgrifau. Fel yr esboniodd J. E. Caerwyn Williams:

> Dichon y byddai'n deg dweud mai amcan a diben yr holl weithgareddau yn y pen draw oedd ceisio profi fod y Gymraeg gystal iaith â'r un iaith arall yn y byd, oblegid i ysgolheigion y Dadeni, fel y gwyddys, yr oedd gogoniant iaith yn dibynnu ar fod ei llenyddiaeth yn hen, ei llenorion yn nodedig, ei siaradwyr yn lluosog, ie, ac ar fod ei geirfa'n gyfoethog, yn abl i drin pob pwnc.[128]

Gweithiai Thomas Wiliems, y meddyg o Drefriw,[129] yntau yn yr un ysbryd, yn copïo testunau ac yn casglu deunydd o'r testunau hynny ar gyfer llunio geiriadur. Honnodd iddo weithio ar ei eiriadur am dros ddeng mlynedd ar hugain, cyn cofnodi'r gwaith yn derfynol rhwng 1604 ac 1607 yn Pen 228, llawysgrif sylweddol sydd wedi ei rhwymo'n dair cyfrol. Mae'r testun wedi ei ysgrifennu mewn dwy golofn â llaw braidd yn flêr a chywasgedig, gyda llawer o ychwanegiadau ar ymylon y dalennau: anodd anghyd-weld â barn J. E. Caerwyn Williams, 'n[a]d oedd Thomas Wiliems gyda'r trefnusaf o ysgolheigion'.[130] Er ei fod yn ddysgedig, nid oedd yn gymaint o ysgolhaig ac ieithydd â'r geiriadurwyr a enwyd uchod, a gellid ei ddisgrifio'n fwy o gasglwr a chyfieithydd. Yr hyn a geir yn ei eiriadur yw cyfieithiad i'r Gymraeg o ddiffiniadau Saesneg geiriadur Lladin–Saesneg Thomas Thomas (Thomasius) a gyhoeddwyd yng Nghaer-grawnt mewn pedwar argraffiad ar ddeg rhwng 1587 a 1644.[131] Awgrymodd J. E. Caerwyn Williams y gall mai John Edwards o'r Waun a dynnodd sylw ei gyfaill at addasrwydd y geiriadur hwnnw fel patrwm:

> mentraf gredu fod Thomas Wiliems wedi sylweddoli y gallai geiriadur Thomasius roi iddo'r fframwaith angenrheidiol i weithio ynddo, oblegid y cwbl y byddai raid iddo ei wneud bellach fyddai rhoi cyfystyron Cymraeg yn lle'r cyfystyron Saesneg a roesai Thomasius gyferbyn â'r

---

[128] Am weithgarwch y geiriadurwyr cynnar, gw. Williams, *Geiriadurwyr y Gymraeg*, 19.
[129] Meddai M. T. Burdett Jones amdano, 'Diarhebion Cymraeg a Thomas Wiliems o Drefriw', *Y Traethodydd*, 1997, 41, ''Roedd Thomas Wiliems yn eiriadurwr di-flino, copïydd llawysgrifau, cyfieithydd, meddyg, llysieuwr, ac yn un a newidiodd ei ddaliadau crefyddol fwy nag unwaith, gan ddychwelyd at yr Hen Ffydd.'
[130] Williams, *Geiriadurwyr y Gymraeg*, 29.
[131] Gw., e.e., Thomas Thomas, *Dictionarium: summa fide ac diligentia accuratissime emendatum* (Cantabrigiæ, 1606). Ymhellach ar Thomas Wiliems fel geiriadurwr, gw. Williams, 'Thomas Wiliems, y Geiriadurwr', 280–316, ac yn arbennig 304–16.

5. Y TRADDODIAD GEIRIADUROL CYMRAEG

geiriau Lladin. ... Yn wir, heb system ffeilio, anodd yw meddwl pa ffordd arall y gallasai Thomas Wiliems fod wedi dwyn ei waith i ben.[132]

Ni chyhoeddwyd geiriadur Thomas Wiliems, ond mae'n amlwg mai dyna oedd y bwriad. Ar ôl cwblhau'r gwaith yn 1607, fe'i hanfonodd at John Edwards, a lluniodd ef a'i gynorthwyydd gopi taclus iawn ar bapur da gan ddefnyddio gwahanol liwiau inc i gynrychioli'r ffontiau gwahanol y dymunent i'r argraffwyr eu defnyddio.[133] Yn anffodus hanner y gwaith a gopïwyd (311tt.) oherwydd, fel yr esbonia J. E. Caerwyn Williams:

> daeth tro sydyn ar fyd John Edwards. Cosbwyd ef am ei reciwsantiaeth yn 1613 a fforffedodd ddwy ran o dair o'i eiddo. Y tebyg yw mai'r ergyd drom hon a roes derfyn ar y gobaith am help ganddo i gyhoeddi'r geiriadur yn ei gyfanrwydd.[134]

Mae copi John Edwards wedi ei ddiogelu yn llawysgrifau Brogyntyn I.9 ac I.10, y naill yn ei law ef ei hun ac yn gopi o gyfrol gyntaf geiriadur Thomas Wiliems (Pen 228i), a'r llall gan fwyaf yn llaw ei gynorthwyydd, ac yn gopi o ail gyfrol y geiriadur hyd at y gair *indeclinabilis* (Pen 228ii, 1–113ʳ).[135]

Y geiriadur Cymraeg cynharaf yw geiriadur Cymraeg–Saesneg William Salesbury, a gyhoeddwyd yn 1547 (yr ail lyfr i'w gyhoeddi yn yr iaith Gymraeg): *A dictionary in Englyshe and Welshe moche necessary to all suche Welshemen as wil spedly learne the englyshe to[n]gue.*[136] Dyma hefyd, yn ôl John Considine, 'The first free-standing, book-length dictionary of English and another vernacular.'[137] Teg y'i disgrifiwyd gan J. E. Caerwyn Williams fel geiriadur yn seiliedig ar 'ffrwyth blynyddoedd o gynaeafu' ond eto un y 'mae ôl brys nid bychan arno', fel y gwelir o'r

---

[132] Williams, 'Thomas Wiliems, y Geiriadurwr', 310–11.
[133] Williams, 'Thomas Wiliems, y Geiriadurwr', 310–12.
[134] Williams, 'Thomas Wiliems, y Geiriadurwr', 312.
[135] Ymhellach ar gopi John Edwards, gw. E. D. Jones, 'The Brogyntyn Welsh Manuscripts, VII', *Cylchgrawn Llyfrgell Genedlaethol Cymru*, 6 (1949–50), 323–5.
[136] Gw. Williams, *Geiriadurwyr y Gymraeg*, 20–1, am farn gwahanol ysgolheigion am yr hyn a gymhellodd Salesbury i gyhoeddi ei eiriadur. Credai Williams ei hun, 21–2, fod gan Salesbury fwy nag un cymhelliad: 'helpu rhai o'i gydwladwyr i ddysgu Saesneg fel yr oedd ef ei hun wedi gwneud ... tynnu sylw ysgolheigion Lloegr a'r cyfandir at y Gymraeg ac ar yr un pryd ennill enw iddo'i hun fel ysgolhaig ...; cael llyfr Cymraeg–Saesneg ar y farchnad lyfrau, fel y cyntaf un os na wyddai am *Yn y lhyvyr hwnn* ... a manteisio ar y wasg i hybu'r Gymraeg.' Gw. hefyd Menna Morgan, 'Hanes Geiriaduraeth yng Nghymru o 1547 hyd 1914', traethawd PhD, Prifysgol Bangor, 2002, 5–9.
[137] John Considine, *Sixteenth-Century English Dictionaries* (Oxford, 2022), 15.

nifer uchel o eiriau ynddo heb nac esboniad na diffiniad.[138] Ac yntau wedi sicrhau trwydded i gyhoeddi'r gwaith gan Harri VIII, roedd yn rhaid rhuthro drwy'r broses argraffu gan fod y brenin ar ei wely angau a'r drwydded, felly, mewn perygl.[139] Roedd y geiriadur hwn yn seiliedig ar batrwm y rhestrau geiriau Saesneg–Ffrangeg yng ngwaith John Palsgrave, *Lesclarcissement de la langue francoys*, a gyhoeddwyd yn Llundain yn 1530.[140] Nod geiriadur Salesbury, fel y gwelir o'i isteitl, oedd cynorthwyo Cymry Cymraeg i ddysgu Saesneg. Perthyn nifer fawr o'r geiriau ynddo i iaith ymarferol bob dydd, llawer ohonynt yn fenthyciadau o'r Saesneg ac yn dystiolaeth gynharaf o'u defnydd yn y Gymraeg, yn ôl *GPC*.[141] Gan i John Jones yntau dynnu'n bennaf ar yr iaith bob dydd, nid yw'n syndod fod nifer fawr o'r rhain i'w canfod hefyd yng Ngeirfâu'r Fflyd. Nid oes tystiolaeth fod John Jones wedi gweld geiriadur Salesbury yn uniongyrchol, ac nid yw hynny'n syndod gan na chafodd y geiriadur hwnnw gylchrediad eang gan mai prin oedd y copïau.[142] Er hynny, mae'n debygol iawn fod geiriadurwyr megis Rhosier Morys, Thomas Wiliems a Henry Salesbury, wedi defnyddio'r gwaith hwnnw wrth lunio'u geiriaduron,[143] a bod John Jones wedi cael mynediad at y gwaith yn anuniongyrchol felly.

Ceir awgrym o ddibyniaeth mewn mannau ar waith Thomas Wiliems neu Henry Salesbury. Cymerer, er enghraifft, y gair *marwdy* a ddefnyddir gan John Jones am ladd-dy neu ystorfa gig (**20**.6, **65**.7). Fel y gwelir o gofnod *GPC*, ceir *marwdy* yn yr ystyr hon hefyd yng ngeiriaduron Thomas Wiliems (Pen 228) a Henry Salesbury (J 16 ac LlGC 13215E), ac esbonnir mai ffrwyth camddeall defnydd y gair yn y Cyfreithiau oedd yr ystyr hon.

---

[138] Gw. R. Geraint Gruffydd ac A. J. Roberts, 'John Dee's Additions to William Salesbury's Dictionary', *Trafodion Anrhydeddus Gymdeithas y Cymmrodorion*, 2000, 19, 'Some 1,020 Welsh items are left unexplained in English. This was an invitation to some of the book's owners to try and fill the gaps.'

[139] Gw. Mary Burdett-Jones, 'Arloeswyr Geiriadura Cymraeg', yn G. Angharad Fychan, Andrew Hawke ac Ann Parry Owen (goln), *Trysordy'r Iaith* (i ymddangos).

[140] Gw. R. Geraint Gruffydd, 'Yr Iaith Gymraeg mewn Ysgolheictod a Diwylliant 1536–1660', yn Geraint H. Jenkins (gol.), *Y Gymraeg yn ei Disgleirdeb: Yr Iaith Gymraeg cyn y Chwyldro Diwydiannol* (Caerdydd, 1997), 361.

[141] Am y nifer uchel o eiriau benthyg yng ngeiriadur Salesbury, meddai Gruffydd a Roberts, 'John Dee's Additions', 19, 'The preponderance of English loanwords in the *Dictionary* may partly be a result of Salesbury's desire to make the task of learning English easier for his fellow-countrymen, by exploiting the already substantial English element in the language.'

[142] Tynnir sylw yn y nodiadau at rai cyfatebiaethau rhwng ffurfiau John Jones ac William Salesbury; er eu bod yn ogleisiol, anodd dod i unrhyw gasgliad pendant o ran eu cydberthynas.

[143] Cf. Gruffydd, 'Yr Iaith Gymraeg', 361.

Yn y Cyfreithiau golygai '[d]ŷ neu eiddo sy'n mynd i'r arglwydd neu i'r brenin ... oherwydd i'w berchennog farw'n ddiewyllys neu'n ddietifedd, sied' (*GPC*). Ai yng ngwaith Wiliems neu Henry Salesbury y cafodd John Jones ef yn yr ystyr 'lladd-dy'?

Ni lwyddwyd i ddod o hyd i dystiolaeth ddiamheuol fod John Jones wedi elwa'n uniongyrchol ar waith Thomas Wiliems, ond mae lle i gredu y gallai fod wedi gweld geiriadur Henry Salesbury, bellach llawysgrif Coleg yr Iesu 16 (J 16), geiriadur y mae ei ran gyntaf, geiriau sy'n cychwyn â llafariaid, yn anffodus wedi ei cholli.[144] Tynnir sylw yn y Mynegai Nodiadol at rai cyfatebiaethau posibl,[145] ond efallai mai'r dystiolaeth gryfaf yw'r gair anhysbys *Golffan ll. Golffennydd* (**19**.31) a geir yn rhestr **19** *Golchdy*, wedi ei leoli rhwng *Maen golchi* a *Cabol*. Yng ngeiriadur Salesbury, J 16, 88^v, ceir cyfres o eiriau yn dechrau â *Golch-* (*Golch, Golchi llestr, Golchydd, Golchyddes*, &c.), ac ar bwys *Golchfon* 'golchffon' ceir *Golfan, passer avicula* (gydag -*f*- yn cynrychioli 'ff'), sef enw aderyn. Nid yw *golfan/golffan* yn air Cymraeg, a daw yn y pen draw o'r *Vocabularium Cornicum*, lle'i ceir yn y ffurf *goluan* fel glos ar yr enw aderyn *passer*.[146] Os geiriadur Salesbury oedd ffynhonnell John Jones ar gyfer *Golffan*, gwelir sut y bu iddo gamddehongli'r gair fel term yn ymwneud â golchi dillad. Tystiolaeth bosibl bellach yw'r llinell bensel flêr a geir ar bwys nifer o gofnodion yn J 16, llinell debyg iawn i'r un a ddefnyddiodd yn Pen 308 wrth gadarnhau ei fod wedi copïo gair i Eirfâu'r Fflyd;[147] ac yn achlysurol hefyd ceir tri dot ar lun triongl, arwydd a adawai John Jones yn aml mewn llawysgrifau a gopïodd neu a ddefnyddiodd.[148]

Mae'n amlwg fod Henry Salesbury wedi dibynnu'n drwm ar eiriadur William Salesbury, a gwelir llu o gyfatebiaethau rhyngddynt, megis *WS* (1547) '*Krau bwyall:* Socked'; J 16, 79^v *Crau Bwyall. Socket* (HS, *c*.1600). Yn rhestr **53**.18 ceir gan John Jones, *Crau bwiall*, ac efallai mai o eiriadur Henry Salesbury y cafodd hwnnw. Gall mai dylanwad anuniongyrchol o'r fath sydd hefyd yn esbonio'r tebygrwydd rhwng diffiniad John Jones o'r ferf *ebodi*: *Ebodi: to dwng as a hors* (Pen 308i, 27) a diffiniad

---

[144] Ceir copi digidol yng nghasgliad y Digital Bodleian, *https://digital.bodleian.ox.ac.uk/* 'Jesus College MS. 16'. Gelwir hon yn *GPC* yn 'J 10', gan ddefnyddio'r rhif a roddodd J. Gwenogvryn Evans iddi. Am drafodaeth ar waith geiriadurol Henry Salesbury, ei lythrennau a'i symbolau unigryw a threfn ei wyddor ffonetig, gw. Williams, *Geiriadurwyr*, 22–8.

[145] Gw., e.e, y nodiadau ar *arian Gwian*; *cennin y brain: affodillus*; *clafarn*; *crafanc y frân*; *llanged*; *pardd*; *pitan*; *torfaen*.

[146] Gw. y nodyn ar **124**.64 *Golvan: passer*.

[147] Gw. td. 13.

[148] E.e. ar bwys *Caclwm* yn J 16, 50^v.

cynharach William Salesbury o *ebodni*, ffurf amrywiol ar yr un berfenw, *Ebodni val march: Donge* (*WS* (1547)). Gan fod y tudalennau a gynhwysai eiriau yn cychwyn â llafariaid wedi eu colli o J 16, ni allwn wybod beth a oedd gan Henry Salesbury ef ar *ebodni*.

Nid oes amheuaeth nad oes ôl dylanwad rhai o'r geiriadurwyr cynnar hyn ar waith John Jones, ond yr anhawster yw dod o hyd i dystiolaeth o ddylanwad uniongyrchol, yn enwedig a ninnau heb drawsysgrifiad cyflawn o destun geiriaduron ail hanner yr unfed ganrif ar bymtheg a dechrau'r ganrif ddilynol ac astudiaeth gyflawn o'u perthynas â'i gilydd.

6. *Iaith ac orgraff*

1. *Iaith*

Mae'r Geirfâu'r Fflyd, fel y gwelwyd, yn gymysgedd cymhleth o eiriau a gofnododd John Jones o'i dafodiaith ei hun ac o dafodieithoedd eraill, yn ogystal â geiriau a gododd o ambell hen destun ac o weithiau geirfaol neu eiriadurol o'r unfed ganrif ar bymtheg a dechrau'r ail ganrif ar bymtheg. Ni cheir cysondeb o ran morffoleg nac orgraff, ac mae'r anghysondeb hwn, mewn gwirionedd, yn nodweddiadol o destunau Cymraeg ei gyfnod.

Rhestrir yma rai o'r nodweddion amlycaf yn iaith John Jones.[149]

Cyfnewidiadau seinegol: llafariaid a deuseiniaid

ae > *a* (yn y goben gan amlaf):

ŷd addfed 'ŷd aeddfed'; *gwadlys* 'gwaedlys'; *i wared* 'i waered' (dan *blobys*).

ae > *e* (mewn sillaf olaf ddiacen):

glybanieth 'gwlybaniaeth'; *mabieth* 'mabiaeth'; *magwrieth* 'magwriaeth'.

ai > *e* (mewn sillaf olaf ddiacen; weithiau, e.e. **13**.28–30, ceir y ffurf safonol a'r ffurf dafodieithol ochr yn ochr):

aden 'adain'; *anifel* 'anifail'; *budde* 'buddai'; *certwen* 'certwain'; *cywer* 'cywair'; *horlotied* 'herlotiaid'; *llawnlloned* 'llawnllonaid'; *nedde* 'neddai'; *paste* 'pastai'.

-au/-iau > *-e/-ie* (terfyniad lluosog):[150]

clustie 'clustiau'; *dyddie* 'dyddiau'; *gene* 'genau'; *ysgidie* 'esgidiau'.

---

[149] Cyfetyb y ffurfiau mewn ffont italig i'r ffurfiau yn y Mynegai Nodiadol, lle diweddarwyd yr orgraff ond gan gadw ffurfiau tafodieithol a ffurfiau hynafol. Rhoddir yno hefyd leoliad y geiriau yn y Geirfâu.

[150] Mae'n debygol iawn mai datblygiad cynnar yw hwn, gydag *-eu/-ieu* (mewn Cymraeg Canol) > *-e/-ie*.

6. IAITH AC ORGRAFF

aw neu *yw* > *ow* (yn y goben neu mewn sillaf ragobennol):[151]

cowgiau 'cawgiau'; *pyrnhownaidd* 'pyrnhawnaidd'; *sowdwl* 'sawdl'; *towydd* 'tywydd'; *towyllnos* 'tywyllnos'.

ei > *e* (cyffredin; yn y goben ac weithiau mewn sillaf ragobennol):

anifeliaid 'anifeiliaid'; *celiog* 'ceiliog'; *delien* 'deilien'; *eliad* 'eiliad'; *elio* 'eilio'; *tresiadfuwch* 'treisiadfuwch'.[152]

wy > *w* (cyffredin; yn y goben ac mewn sillaf ragobennol):[153]

chwnnogl 'chwynnogl'; *chwthol* 'chwythol'; *gwniad* 'gwyniad'; *gwnion* 'gwynion'; *gwntog* 'gwyntog'; *gwrthfawr* 'gwyrthfawr'.

Cyfnewidiadau seinegol eraill

-in > *-ing* (prin; ar ddiwedd gair):[154]

gwaedling 'gwaedlin'; *rhudding* 'rhuddin'.

r > *rn* (prin):[155]

warndwns 'wardwns', *pren warndwns* 'pren wardwns'.

Symleiddio clymiadau cytseiniol:

cawslest, cawslesti 'cawslestr, cawslestri'; *cebyst* 'cebystr'; *chwislen* 'chwistlen'; *llywod* 'llywodr'; *tanllest* 'tanllestr', *tresl* 'trestl';[156] *trwnclest* 'trwnclestr'; *twym* 'twymn'.

Trawsosod:

anherblwydd 'hanner blwydd'; *anhereg* 'hanereg'; *anhorob* 'hanerob'; *cawstles* 'cawslest(r)'; *milgi yn ei gynllwst* 'milgi yn ei gynswllt'; *egnod* 'ednog'; *pyrnhawn* 'prynhawn'.

---

[151] Fe'u rhestrir yn y Mynegai Nodiadol dan *cawgiau, pyrnhawnaidd, sawdwl, tywydd,* &c., gan nad oes cysondeb yn null John Jones o'u sillafu, cf. **1.73** *Echtywynnu* ond **1.74** *Towynnu*.

[152] Cf. hefyd *distrelio* 'distreulio', *distreliad* 'distreuliad', &c., lle gwelir *eu* > *e* yn y goben, o bosibl drwy'r ffurfiau *distreilio, distreiliad*, &c. Mae'r nodwedd hon yn parhau yn iaith y gogledd-ddwyrain, cf. *CCCymrêg* 103 lle cyfeirir at y ffurfiau *ceniog* 'ceiniog' yn ogystal â *celiog* 'ceiliog'.

[153] Ni cheir enghraifft yn y sillaf olaf yng Ngeirfâu'r Fflyd, ond cf. Pen 308i, 12, *Blodw* 'blodwy'. Roedd y cyfnewidiad *wy* > *w* yn nodwedd ar iaith rhannau o'r gogledd, ac fe'i gwelir yng ngeiriaduron William Salesbury (*WS* (1547)) a Henry Salesbury (J 16, *c.*1600), a dywed Iwan Edgar wrthyf ei bod yn nodwedd ar iaith ei nain, a ddeuai o Ben Llŷn.

[154] Ceir enghreifftiau hefyd gan Elis Gruffydd, yntau o sir y Flint, cf. *veithring* 'meithrin', *CIech* xii.

[155] Ceir *r* > *rn* yn y naill, *warndwns*, o bosibl dan ddylanwad y *d* sy'n dilyn.

[156] Sylwer mai *tressell* oedd ffurf gyffredin y gair rhwng y 1500au a'r 1700au yn ôl yr *OED* dan *trestle*. Felly mae'n ddigon posibl fod y symleiddio eisoes wedi digwydd yn y Saesneg cyn i'r gair gael ei fenthyg i'r Gymraeg.

Cymathiad llafariaid (*o..e* > *o..o*, *i..y* > *i..i*, &c.):

blonogen 'blonegen'; *diwillio* 'diwyllio'; *emenyn* 'ymenyn'; *pedere* 'paderau'; *rhidill* 'rhidyll'; *dŵr syfydloc* 'dŵr sefydlog'.

Cymathiad cytseiniaid:

cleddyddau 'cleddyfau' (*dd..f* > *dd..dd*); *dŵr rhededog* 'dŵr rhedegog' (*d..g* > *d..d*).

Camraniad (e.e. *rh* > *yr h-* neu *yr h-* > *rh-*):

rhesg 'yr hesg'; *rhocys* 'yr hocys'; *rhumog* 'yr humog'; *rhwyad* 'yr hwyad'; *yr huddygl* 'rhuddygl'; *gogr huwch* 'gogr rhuwch'.

Cywasgiad a cholli sillafau (yn enwedig mewn sillaf ragobennol):

cweirio 'cyweirio'; *clomen* 'colomen' (gw. *afal pig y glomen*); *rhinllys* 'eirinllys'.

Llafariaid ymwthiol, yn enwedig rhwng clymiadau cytseiniol:

byriallu 'briallu'; *Cylais y moch* 'clais y moch' (Atod.3.183).

Weithiau ni threiglir enw ac iddo rym ansoddair yn dilyn enw benywaidd unigol, er enghraifft ceir *carreg calch, carreg callestr, carreg grud* a *carreg gwenithfaen*; ond ceir treiglad meddal rheolaidd i'r ansoddair, *carreg las, carreg arw*, a hefyd i'r berfenw ansoddol, *carreg ddolefain*.

Ceir ansicrwydd ynglŷn â chytsain gysefin rhai geiriau yn cychwyn ag *c-* neu *g-*, er enghraifft ceir *c-* am *g-* yn *ceudy, corasgwrn, crennog* a *crygiar*; ac ar y llaw arall *g-* am *c-* yn *gerrynt, genlli goch* a *gibws* (oherwydd tybio, mae'n siŵr, fod ffurf dreigledig enw benywaidd ar ôl y fannod yn ffurf gysefin).

O ran geiriau benthyg o'r Saesneg, sydd â'u ffurfiau lluosog yn terfynu ag *-s*, ysgrifennir y terfyniad yn aml gan John Jones fel *-ys*, fel y gwneid yn Saesneg, er nad oedd y terfyniad o reidrwydd yn cynnal sillaf yn yr iaith honno erbyn cyfnod John Jones, fel y gwnâi yng nghyfnod Cymraeg Canol;[157] er enghraifft:

---

[157] Manfred Görlach, *Introduction to Early Modern English* (Cambridge, 2020), 79, 'The unstressed [ə] of the [əz] ending was lost (except after sibilants) in the fifteenth century; this, along with subsequent assimilation to preceding voiceless consonants, resulted in the modern allomorphs of the regular plural morpheme {s} = [iz, z, s].' Cf. esboniad William Salesbury, *WS* (1547), Biii[r-v], am ynganiad geiriau Saesneg: 'E ... o vlaen s, ynniwedd enweu lliosawc ... a ddiflanna wrth eu dywedyt val o ddiwedd yr enweu neur geirieu hynn kynges, brenhinedd: frendes, kereint: tentes, pepyll | yr hain a ddalleir kings| frinds| tents. A gwybyddet y darlleydd nad yw y Ruwl yma yn gwasanaythy i bob enw lliosawc o bleit pan ddel c, ch, g, neu e, arall o vlayn y ddywedetic e, pally a wna y ruwl hon canys yna e, a draythir yn vungus neu val yn y, ni: val yn y geirieu hyn dyches deitsys | ffossydd: faces: ffaces| wynebeu: oranges, oreintsys: afale orayds: trees, triys prenneu.'

berdys ('beards' [= 'shrimps']); *blobys* ('blobs', sef pysgod jeli); *cidys* ('kids'); *rhocys* ('hocks'); *rhodys* ('rods'); *rholys* ('rolls'); *sglatys* (Saes. Canol *sclattis* 'slates'); *twigys* ('twigs').

Gan fod John Jones yn gwahaniaethu'n orgraffyddol rhwng *y*-glir (fel yn *bys*) ac *y*-dywyll (fel yn *bysedd*), mae'n ddiddorol mai *y*-dywyll sydd ganddo yn nherfyniadau'r geiriau hyn: sain annisgwyl yn sillaf olaf gair lluosillafog yn y Gymraeg. Gan hynny, mae'n debygol mai sain ansillafog a gyfleir gan yr *y*, nid sillaf lawn.

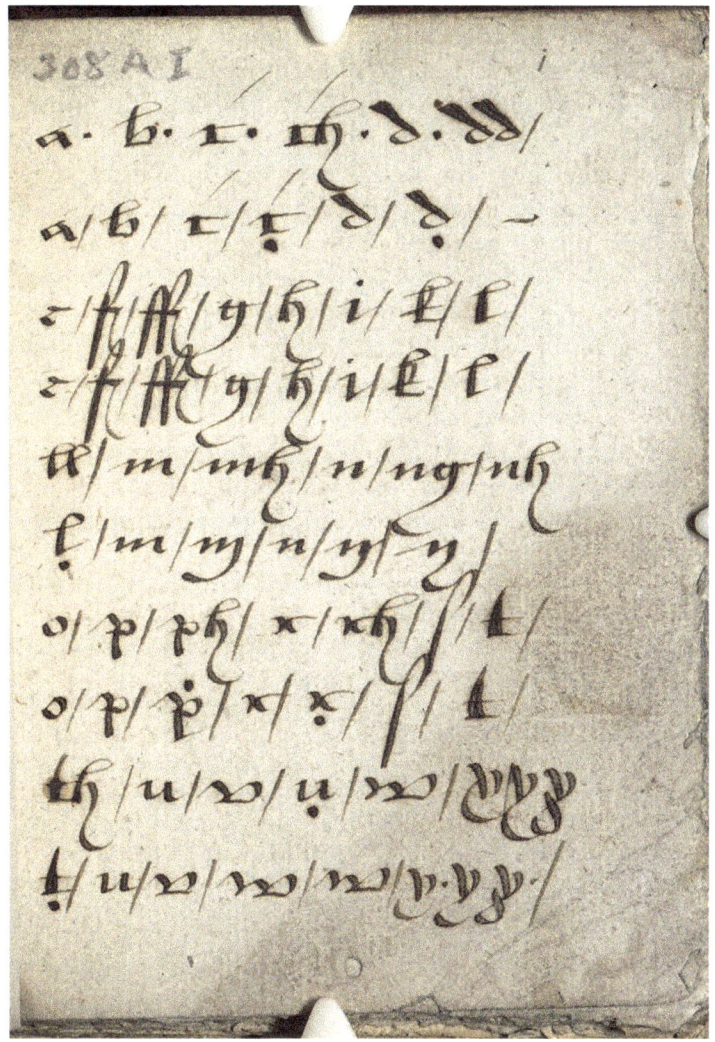

Peniarth 308i, i^r: hen orgraff John Jones a'i orgraff newydd

2. *Orgraff ei Gymraeg*

Fel yn achos ffurfiau ieithyddol, ni cheir cysondeb llwyr o ran orgraff yn y Geirfâu oherwydd amrywiaeth y ffynonellau y tynnodd John Jones arnynt, a'i ansicrwydd ar brydiau sut i sillafu rhai geiriau a gofnododd o'i iaith ei hun. Eto i gyd, efallai mai'r prif reswm dros y diffyg cysondeb orgraffyddol yw'r ffaith nad oedd 'orgraff safonol' yn bodoli yn y cyfnod hwn, cyfnod pan oedd arferion Cymraeg Canol yn graddol ildio'u lle i arferion Cymraeg Diweddar Cynnar. Anodd, yn aml, yw penderfynu a oes arwyddocâd seinegol ai peidio i rai o'r ffurfiau amrywiol.[158] Yn y ganrif flaenorol ceisiodd William Salesbury bwysleisio'r berthynas rhwng y Gymraeg a'r iaith Ladin drwy fabwysiadu ffurfiau megis *Deo* 'Duw', *lleo* 'llew', a'r terfyniad lluosog *-ae* yn lle *-au*. Roedd dull Salesbury yn ddylanwadol iawn, a gwelir Thomas Wiliems ymysg eraill yn defnyddio'r ffurfiau Lladinaidd hyn; gan hynny nid yw'n syndod eu gweld yng ngwaith John Jones, yn enwedig yn y rhestrau llysiau, lle mae nifer o'r ffurfiau i'w olrhain yn y pen draw i Lysieulyfr Salesbury ei hun.[159]

Pwnc arall a drafodid yn fanwl yn y cyfnod oedd y llythrennau dwbl: *ch, dd, ll, th*, &c. Yng nghanol yr unfed ganrif ar bymtheg dyfeisiodd yr offeiriad a'r gramadegydd Gruffydd Robert o Filan system o danddotio llythrennau a argymhellai'n arbennig ar gyfer argraffu, yn lle dyblu cytseiniaid.[160] Felly yn lle *dd, ll* ac *w*, defnyddiai *ḍ, ḷ* ac *ụ*. Yn 1582 mabwysiadwyd orgraff Gruffydd Robert gan Rosier Morys, ysgolhaig a fu'n fawr ei ddylanwad ar John Jones, yn enwedig yn ei ieuenctid, fel y gwelwyd eisoes.[161] Roedd Rhosier Morys yn babydd, ac mae rhai wedi cysylltu'r orgraff danddotiedig hon ag ysgrifwyr pabyddol yn benodol.[162]

---

[158] Mae Patricia Williams, *Gesta Romanorum* (Caerdydd, 2000), xxxvi–xxxvii, yn tynnu sylw at yr un math o anghysondeb orgraffyddol a morffolegol yng ngwaith Llywelyn Siôn yn LlGC 13076B ar ddiwedd yr 16g.

[159] Cf. **1.1** *Deo*; **124** (pennawd) *henwae adar dof*. Gw. tt. 17–18 ar Lysieulyfr Salesbury.

[160] G. J. Williams (gol.), Gruffydd Robert, *Gramadeg Cymraeg* (Caerdydd, 1939), 15–16.

[161] Cf. *HWS* 342, am Rosier Morys: 'probably the scholar who, after members of his own family[,] had most influence on John Jones'; hefyd, am weithgarwch copïo John Jones rhwng 1604 ac 1610, meddai Daniel Huws, *RWMS* II, 'Jones, John (*c*.1580–1657/8)', 'The main sources of the texts he copied during these years were manuscripts of two recently deceased scholars, Richard Longford and Roger Morris (perhaps they provided the initial impetus).'

[162] Cf. Williams, *Gramadeg Cymraeg*, xcix–c. Dadleuodd Nesta Lloyd, *HWS* 327, mai'r cyswllt personol rhwng Rhosier Morys a Gruffydd Robert a esboniai pam y defnyddiodd Morys yr orgraff: 'I suggest ... that it was Roger Morris's connection with Gruffydd Robert that caused him to accept the orthography rather than the fact that the orthography might

6. IAITH AC ORGRAFF

Roedd gan John Jones ddiddordeb arbennig yn orgraff y Gymraeg, a bu'n arbrofi gyda hi ar hyd ei yrfa.[163] Orgraff draddodiadol a geir yn ei lawysgrifau cynnar, gan ddefnyddio llythrennau dwbl arferol. Fodd bynnag, ar ddechrau ei garchariad cyntaf yn Llwydlo, ym mis Mai 1618, gwnaeth benderfyniad pendant, di-droi'n-ôl, i newid i'r system danddotio. Yn wir, gellir lleoli'r union fan lle newidiodd: hanner ffordd i lawr tudalen 263 yn llawysgrif Pen 298.[164] Un o'r llawysgrifau cyntaf iddo ei chofnodi yn ei orgraff 'newydd' oedd Pen 308, sef y llawysgrif a drafodwyd uchod sy'n cynnwys deunydd crai ar gyfer Geirfâu'r Fflyd. Ar ddechrau rhan gyntaf y llawysgrif honno, ceir ganddo dabl yn cyflwyno'i hen orgraff a'i orgraff newydd bob yn ail (gw. td. 39), gan gynnwys hefyd lythrennau wedi eu huwchddotio, megis *ṗ* am 'ph'; *m* ac *n* a'r minim olaf ynddynt yn ymestyn dan y llinell ac yn gwyro'n ôl am 'mh' ac 'ng'; *n* debyg a'r minim olaf yn gwyro am allan am 'nh'; hefyd ddwy fath o *y*, y naill gyda thro am yn ôl yn ei chynffon i gyfleu *y*-glir, fel yn *Estyll*, a'r llall a'i chynffon yn troi i'r dde, fel yn *Ystyllen*.[165] Ac yntau bron yn ddeugain oed erbyn 1618, mae'n rhaid bod gwneud newid mor sylfaenol yn ei ffordd o ysgrifennu wedi gofyn am gryn dipyn o hunanddisgyblaeth, yn enwedig o gofio pwysigrwydd ysgrifennu yn ei fywyd.[166] Bu'n copïo gwaith o law'r tanddotiwr Rhosier Morys ers blynyddoedd, ac mae'n ddigon posibl fod Morys ei hun wedi ceisio'i ddenu i blaid y tanddotwyr pan oedd yn ifanc.[167] Mae'n debygol ei fod wedi gweld manteision y system honno ers tro, ond iddo fod yn rhy brysur i neilltuo'r amser i newid, nes bod ei garchariad a'r rhyddid oddi wrth ei orchwylion bob dydd wedi cynnig cyfle iddo ganolbwyntio'n llwyr ar y dasg.

Gwelir arbrofi pellach yng Ngeirfâu'r Fflyd wrth iddo greu llythrennau newydd, er na ellir bod yn gwbl sicr na fenthyciodd rai o'r arferion hyn

---

be regarded as a peculiarly "Catholic" one, although, of course, it was perhaps the combination of the Catholicism and the scholarly interests of the two men which drew them together in the first place.'

[163] Gw. y drafodaeth ddiddorol ar ei orgraff yn *HWS* 324–36 a *RWMS* II, 'Jones, John (*c*.1580–1657/8)'.

[164] Yn *RWMS* I, 'Peniarth 298', meddir, 'From p.263 John Jones adopts the underdotted orthography he favoured for the rest of his life.'

[165] Gw. Pen 304, 78ʳ am y ddwy fath o *y* yn *Estyll* ac *Ystyllen*.

[166] Mae'n bwysig cofio hyn wrth sylwi ar y geiriau yng Ngeirfâu'r Fflyd yr anghofiodd danddotio llythrennau ynddynt; tynnir sylw at y rhain yn y golygiad.

[167] Ni wyddys pryd yn union y bu farw Rhosier Morys, ond erbyn 1600, yn ôl pob tebyg, gw. *RWMS* II, 'Morris, Roger', lle'i rhoddir yn ei flodau 1582–97. Nid oes unrhyw brawf fod John Jones a Rhosier Morys erioed wedi cyfarfod, ond mae dylanwad trwm Rhosier Morys arno'n ogleisiol.

gan ysgrifwyr eraill. Er enghraifft, ceir dulliau dyfeisgar o ddynodi ansawdd neu hyd llafariaid – i gyfleu'r *o* fer yn y gair *bod* 'bòd', neu'r *a* fer yn y gair Saesneg *Shad*, rhoddodd strôc fechan ar ymyl allanol coes y *d* – er mwyn sicrhau nad yw'r darllenydd yn cymryd bod y llafariad yn hir, fel y disgwylid iddi fod mewn geiriau unsill (fel yn *bod, tad, had,* &c.).

3. *Orgraff ei Saesneg*

Mae orgraff yr ychydig o eiriau ac ymadroddion a geir yn Saesneg yn y Geirfâu yn dra amrywiol. Cofnodwyd nifer ohonynt ag orgraff Saesneg gwbl arferol am y cyfnod, megis *a flax finch*, *Cuttlebone*, *a Chough* a *the hinges of the dore* a *the hooks of the dore*; a cheir nifer yn adlewyrchu ynganiad Saesneg yn yr unfed a'r ail ganrif ar bymtheg, *tak* 'take', *stapl* 'staple', *whal* 'whale', *wmbls* 'umbles'.[168] Gwelir yma hefyd, fel yn achos yr ymadroddion o Pen 308 a ddyfynnwyd uchod, eiriau Saesneg yn cael eu cofnodi mewn orgraff Gymraeg, arfer a all fod yn ddadlennol o ran natur Saesneg John Jones: er enghraifft, *dde ffedder of an arw* 'the feather of an arrow'.[169] Nid yw hyn yn gwbl anarferol yng nghyd-destun ei gyfnod.[170] Yn yr unfed ganrif ar bymtheg, bu'r gramadegwr a'r herald o Gaer, John Hart, ymysg eraill yn ceisio sefydlu system sillafu ffonetaidd ar gyfer y Saesneg: 'to vse as many letters in our writing, as we doe voyces or breathes in speaking, and no more: and neuer to abuse one for another, and to write as we speake' – a hynny nid yn unig ar gyfer gwneud dysgu darllen ac ysgrifennu'n haws, ond hefyd er mwyn arbed inc a phapur.[171]

Un broblem a wynebodd John Jones a'i gyfoeswyr oedd sut i gyfleu mewn orgraff Gymraeg seiniau Saesneg nad ydynt yn digwydd yn y Gymraeg, er enghraifft y *ch-* galed ddi-lais ar flaen geiriau megis *chisel* a *chough*, a'r /j/ feddalach leisiol mewn geiriau megis *goudge* a *jointer*. Fel

---

[168] Am arolwg o ffonoleg yr iaith Saesneg rhwng 1500 a 1700, gw. April McMahon, 'Restructuring Renaissance English', yn Lynda Mugglestone (gol.), *The Oxford History of English* (Oxford, 2006), 180–218.

[169] Gw. hefyd y diffiniadau yn llawysgrif Pen 308 a drafodwyd uchod.

[170] Nid yw'r arfer hon o ysgrifennu Saesneg mewn orgraff Gymraeg, neu o leiaf mewn orgraff ffonetaidd, yn gwbl anarferol: cf. orgraff yr awdl Saesneg gan Ieuan ap Hywel Swrdwal i Fair, *O michti ladi, owr leding – tw haf*, yn Dylan Foster Evans (gol.), *Gwaith Hywel Swrdwal a'i Deulu* (Aberystwyth, 2000), cerdd 33; hefyd destun Saesneg mewn orgraff Gymraeg yn llawysgrif Pen 359: Lindy Brady, 'Booklet Ten of Peniarth 359: An Early Modern English Astrological Manual Encoded through Welsh Phonology', *Studia Celtica*, 45 (2011), 159–83 ac yn arbennig 167–71.

[171] John Hart, *An Orthographie, conteyning the due order and reason, how to write or paint thimage of mannes voice* (London, 1569), 6; a chyfeiria yno gyda pharch at waith ei gyfoeswr, Syr Thomas Smith (1513–77), *De recta & emendata linguæ Anglicæ scriptione* (Lvtetiæ, [1568]).

rhai geiriadurwyr cyfoes eraill, megis Thomas Wiliems, dilynodd John Jones arfer William Salesbury o ddefnyddio llythrennau cyfansawdd: sef *ts* wedi ymdoddi'n un yn *tsisel* 'chisel', *tsoch* 'chough'; a *ds* wedi ymdoddi'n un yn *gowds* 'goudge' a *dsiounter* 'jointer'.[172]

7. Diweddglo

Mae Geirfâu'r Fflyd yn gwbl unigryw yn y traddodiad Cymraeg, a chynigiant dystiolaeth newydd am hanes geiriau unigol yn ogystal â chynnig ffenestr ar fywyd cymdeithas yng Nghymru ar ddechrau'r ail ganrif ar bymtheg. Yn wahanol i'r rhan fwyaf o waith geiriadurol o'r cyfnod, a gysylltwn ag enwau megis Henry Salesbury a John Davies o Fallwyd, nid geiriau wedi eu tynnu o ffynonellau llenyddol a geir yn y Geirfâu, ond geiriau'n ymwneud yn bennaf â bywyd ymarferol bob dydd. Dysgwn ynddynt am y cartref, gwaith yr amaethwr, y crefftwyr a'u gweithdai, ac am fyd natur. Bu John Jones yn gweithio ar y rhestrau hyn o leiaf hanner canrif cyn i ysgolheigion fel Edward Lhwyd ymddiddori yn y tafodieithoedd a'r iaith gyfoes.

O sylweddoli mai yn ystod ei gyfnodau yn y carchar, fel dyledwr gan amlaf, y cyflawnodd John Jones y rhan fwyaf o'i waith ar lawysgrifau, ac iddo dreulio'r rhan fwyaf o'i fywyd fel oedolyn o dan glo, mae chwilfrydedd naturiol yn peri i ni holi sut y bu iddo fynd i gymaint o ddyledion ar hyd ei oes. Tynnodd Daniel Huws sylw at natur braidd yn fyrbwyll ei gymeriad,[173] ac mae dau bosibilrwydd wedi fy nharo wrth i mi geisio dod i'w adnabod yn well. Ceir awgrym am y cyntaf mewn llyfr nodiadau cynnar a luniodd tra oedd yn ddisgybl yn Ysgol Amwythig. Ynddo ceir cyfarwyddiadau manwl ar sut i ennill wrth chwarae cardiau, yn aml drwy gael y gorau ar ei gyd-chwaraewyr.[174] Tybed a oedd ganddo wendid yma – ac a oedd ei ddyledion yn gysylltiedig â'r twf aruthrol mewn gamblo â chardiau a disiau a welwyd yn yr unfed ganrif a'r bymtheg a'r ail ganrif a'r bymtheg?[175]

Cyfyd yr ail bosibilrwydd o'r Geirfâu eu hunain, ac yn arbennig felly o'r pwyslais ar bensaernïaeth a ffabrig y tŷ, yr eiddo symudol o'i fewn, ac

---

[172] Gw. *a Cornish tsoch* **124**.14, *a tsisel* **53**.77, *a gowds* **53**.78, *a dsiounter* **53**.86, cf. *saeds* **122**.160; a cf. *WS* (1547) '*Roddi sids wrth dref:* Besiege'; '*Orlayds, clock*: An horloge'; '*Veyads, taith*: A v[o]yage'. Cf. y ffurfiau canlynol gan Elis Gruffydd (*c*.1545), *ClEch* 43 (*c*.1545) *Tshestenes nwttis* 'chestnuts', 44 *oraindgis* 'oranges'.

[173] *RWMS* II, 'Jones, John (*c*.1580–1657/8)'.

[174] Gw. Pen 158, 175ff.

[175] Gw., e.e., Llinos Beverley Smith, ' "In Praise of Card and Dice-players": Two Early-Sixteenth-Century Cywyddau on Gaming', *Studia Celtica*, 50 (2016), 119–31.

ar waith y crefftwyr a foddhâi'r galw cynyddol am nwyddau ar gyfer y cartrefi. Mae'n ddigon hysbys i'r cyfnod 1580–1640 weld cynnydd aruthrol mewn prynu nwyddau ar gyfer tai – yn ddodrefn, defnyddiau o bob math, offer cegin ac ati, ac awgrymwyd bod bron i chwarter o deuluoedd Lloegr yn gwario mwy ar eu tai yn y cyfnod hwn nag y gallent ei fforddio.[176] Meddai Craig Muldrew am y cynnydd hwn mewn dyledion yn ymwneud â'r cartref:

> here was a fundamental shift in economic activity, as levels of litigation grew as the culture of credit expanded and before other mechanisms came in to manage it.[177]

Mae Gellilyfdy yn dŷ rhyfeddol, ac yn eu hastudiaeth o'i bensaernïaeth awgrymodd Peter Smith a Bevan-Evans iddo gael ei foderneiddio yn yr union gyfnod hwn rhwng 1580 a 1640, fel yn achos nifer o dai yn yr ardal:

> Some time [between about 1570 and the Civil War] a single-storey, open-hearth hall house of distinction was replaced by a storeyed house complete with stairs and a fireplace.[178]

Tybed, ai gorwario ar foderneiddio ei gartref a arweiniodd John Jones i'r fath ddyledion?

---

[176] Tara Hamling a Catherine Richardson, *A Day at Home in Early Modern England. Material Culture and Domestic Life, 1500–1700* (New Haven, 2017), 10–13. Ar dwf y diwylliant materol yn y cyfnod a phwysigrwydd perchnogaeth 'pethau', gw. Mark Overton, Jane Whittle, Darron Dean ac Andrew Hann, *Production and Consumption in English Households 1600–1750* (London, 2004), yn arbennig y bennod 'Household Economies and Economic Development in Early Modern England', 1–12.

[177] Craig Muldrew, *The Economy of Obligation* (Basingstoke, 1998), 3, 105.

[178] Peter Smith ac M. Bevan-Evans, 'A Few Reflections on Gellilyfdy and the Renaissance in North-Eastern Wales', *Cylchgrawn Cymdeithas Hanes Sir y Fflint*, 24 (1969–70), 19.

Dull y Golygu

Rhan I: Y Testun

Cyflwynir testun y geirfâu yn yr un drefn ag y'i ceir yn y tair llawysgrif, Pen 304, Pen 305 a Pen 306, gan roi rhif i bob rhestr ac i bob dangosair, neu gyfres o ddangoseiriau, o fewn rhestr. Rhoddir cyfeiriadau llawysgrifol ar ddiwedd yr enghraifft lawn gyntaf ar bob ffolio. Defnyddir penawdau John Jones, neu ffurf dalfyredig arnynt os ydynt yn hir, gan roi'r ffurf lawn mewn troednodyn. Defnyddiai lythrennau bychain wedi eu mwyhau yn aml ym mhenawdau'r rhestrau; yn y golygiad defnyddir priflythrennau ar gyfer geiriau allweddol y penawdau.

Ni ddiwedderir yr orgraff, ond trawsysgrifir llythrennau tanddotiedig neu uwchddotiedig fel llythrennau dwbl: e.e. am Pen 306, 106ᵛ *Bu̱ru̱ ṛu̱yd (o vad i for ne afon, ne lyn̄) iu̱ çodi i fyny yn ebru̱yḏ* rhoddir *Bwrw rhwyd (o vad i for ne afon, ne lynn) i'w chodi i fyny yn ebrwydd*; gwneir yr un fath yn achos symbolau neu strociau eraill, e.e. *n̄* = 'nn' yn y dyfyniad hwn. Er ei fod yn gwahaniaethu'n aml rhwng *y*-glir ac *y*-dywyll, nid atgynhyrchwyd hyn yn y golygiad, oherwydd ei ddiffyg cysondeb.

Os nad yw'n amlwg a oes bwlch rhwng geiriau ai peidio, dilynir arweiniad *GPC*.

Gan amlaf, defnyddia John Jones y dull diweddar o gyfleu sillgoll sy'n arwyddo cywasgiad (e.e. **8.**87 *Cant ty: o'r llogell i'r llawr*) a dyna a ddefnyddiwyd yn y golygiad: e.e. llsgr. *Llyssie /r/ cribe* > **60.**21 *Llysie'r cribe*. Mewn rhai achosion nid yw'n cyfleu'r sillgolliad, er ei bod yn amlwg o'r gytsain sy'n dilyn y fannod *yr* mai sillgolli a fwriadai: e.e. 7.116 *Clustieu yr galon* 'clustiau'r galon', **21.**14 *Clyttieu yr god fawr* 'clytiau'r god fawr', **30.**87 *i gloegio yr tidau* 'i gloegio'r tidau', **44.**16 *torri yr drysni* torri'r drysni', &c. Cadwyd y ffurfiau hyn heb eu newid yn y golygiad; fe'u diweddarwyd yn y Mynegai Nodiadol.

Ceir sawl dull ganddo o ddynodi rhifau: e.e. :*4:* /*4*/ ·*4*·. Rhoddir y rhifau yn syml yn y golygiad.

Defnyddir bachau petryal yn y testun i gyflenwi ffurfiau talfyredig, e.e. am Pen 305, 149ᵛ *M. Hyḏvref* rhoddir *M[is] Hyddvref*; defnyddiwyd yr un dull i gyflenwi llythrennau a gollwyd oherwydd niwed i ddalen.

Dilynir arfer John Jones o roi priflythyren i lythyren flaen y dangoseiriau, gan gynnwys yr achosion lle nad yw ei sgript yn cynnig priflythyren arbennig, megis *y* ac *f*. Ei arfer ef yw rhoi llythrennau bychain ar gyfer geiriau ac ymadroddion sy'n diffinio; ond mae'n anghyson, a thueddir yma i ddilyn yr hyn sydd ganddo. Priflythrennwyd enwau priod, sef yr hyn a wna yntau gan amlaf, ond nid bob tro.

Yn aml rhydd John Jones yr arwydd '//' (= 'cyfystyr â') yn dilyn dangoseiriau, sy'n awgrymu iddo fwriadu cyflenwi cyfystyron neu ddiffiniadau. Lle ceir cyfystyron neu ddiffiniadau ganddo, cyfleir hynny yn y golygiad gan golon (e.e. **28**.119 *Paiol: picin uwch law chwart*). Fel arall ni chynhwysir y colon. Yn y golygiad defnyddir inc lliw coch ar gyfer cyfystyron neu ddiffiniadau Lladin neu Roeg, a phorffor ar gyfer Saesneg: weithiau, yn enwedig yn y rhestrau llysiau, ni ellir bod yn hyderus ym mha iaith y mae ffurf arbennig.

Defnyddir ganddo '/' neu goma i wahanu elfennau mewn diffiniad. Defnyddir coma yn y golygiad ar gyfer y ddau, gan geisio cadw ei atalnodi ef, oni bai ei fod yn rhwystr i'r ystyr.

Mae John Jones yn aml yn rhestru geiriau cyfystyr, neu led gyfystyr, gyda'i gilydd, gan eu cyplysu â bachyn. Yn y golygiad rhoddir y rhain ynghyd o dan yr un rhif a'u gwahanu â choma (e.e. **35**.30 *Batting, Pilion, Cloig, Pilwyn*). Os ceir diffiniad ar gyfer y geiriau a gyplysodd, rhoddir colon i wahanu'r dangoseiriau a'r diffiniadau: e.e. **8**.84 *Ceien dalken, Gwawr dal: kyferbyn neu gyfuwch a'r reswydden logel*.

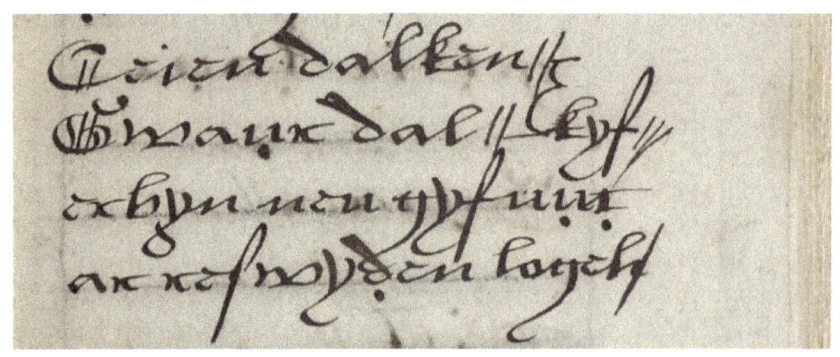

Peniarth 304, 74ʳ: defnydd o fachau i ddangos cyfystyron

Defnyddir y byrfoddau canlynol a ddefnyddia John Jones yn y testun:

ed. – *edrycher*.

ll. – *lliaws* (a ysgrifenna'n llawn weithiau) 'lluosog': e.e. **69**.29 Hesbwrn *ll*. Hesbyrniaid, **69**.33 Mollt *lliaws* Myllt.

lls. – *lliawsogrwydd* 'lluosog dwbl': e.e. **69**.13 Dafad *ll*. Defaid *lls*. Defeidiau.

u. – *unigol*.

Yn y rhestr bysgod defnyddia hefyd *p. a.* neu *a.* am 'pysgod(yn) afon', a *p. m.* am 'pysgod(yn) môr'.

Mae hefyd yn defnyddio:

tri dot (ar ffurf triongl) a symbolau eraill i roi cyfarwyddyd i symud geiriau allan o drefn. Os yw'r cyfarwyddyd yn glir, fe'i gweithredir yn dawel yn y golygiad.[179]

gofynnod – lle mae'n ansicr am ystyr gair, mae'n lleoli gofynnod o flaen y gair neu ymadrodd perthnasol. Atgynhyrchir hyn.

Os yw John Jones wedi cywiro darlleniad, rhoddir y darlleniad fel y bwriadodd iddo fod wedi ei gywiro, gan ychwanegu troednodyn os oes unrhyw unrhyw arwyddocâd i'r darlleniad gwreiddiol. Ei ddull arferol o gywiro yw rhoi llinell ddileu o dan y llythyren neu'r llythrennau anghywir ac ychwanegu'r llythyren neu'r llythrennau cywir uwchben.

Lle mae'n amlwg iddo anghofio tanddotio llythyren, neu os ceir gwall amlwg ganddo, rhoddir y darlleniad cywir yn y testun, gan roi union ddarlleniad y llawysgrif mewn troednodyn.

Yn ogystal â chywiro darlleniadau, mae John Jones weithiau'n nodi amrywiadau ar yr un gair. Gwelir hyn yn arbennig yn achos ffurfiau â therfyniadau amrywiol, megis ffurfiau'n diweddu ag *-awl, -awg, -ed, -eth*, &c., ochr yn ochr â ffurfiau yn diweddu ag *-ol, -og, -aid, -aeth*, &c. Ei ddull arferol, yn enwedig yn gynnar yn y gwaith, yw nodi'r ddwy ffurf ar linellau gwahanol, gan eu cyplysu, e.e. yn Pen 304, 6ʳ *Wybrennaul* a *Wybrennol*. Wrth i'r gwaith ddatblygu mae'n rhoi'r llythyren/llythrennau amrywiol uwchben y llythrennau perthnasol, gan ddefnyddio llinell fachog weithiau i nodi'r llythrennau dan sylw. Cyfleir hyn yn y testun golygedig fel **1**.62 *Ffyrfafennawl, -ol*.

Rhan II: Y Mynegai Nodiadol

Cyflwynir yma, mewn teip trwm ac yn nhrefn yr wyddor, yr holl ddangoseiriau a gafwyd yn Rhan I, a'u dilyn gan nodyn cryno a chyfeiriad at leoliad y gair yn y Geirfâu (e.e. **tuthiog**, yn trotian (am geffyl). **67**.79). Defnyddir teip trwm italig ar gyfer geiriau Saesneg neu Ladin yn y testun.

Fel egwyddor gyffredinol, diweddarwyd orgraff geiriau sy'n cynnwys nodweddion orgraff Cymraeg Canol neu nodweddion anarferol, er mwyn helpu'r darllenydd ddod o hyd iddynt yn y Mynegai ac yn *GPC*: e.e. yn lle **60**.41 *Cotymedic* rhoddir *cotymedig*; **82**.1 *Bleidd* > *blaidd*; **118**.5

---

[179] Ni wneir hyn yn achos y geirfâu yn yr Atodiad; fe'u cedwir hwy yn nhrefn y llawysgrif gan dynnu sylw mewn troednodiadau at unrhyw arwyddion.

Oerfelawg > *oerfelog*; **31**.49 *Pladurieu* > *pladuriau*. Ni ddiweddarwyd ffurfiau tafodieithol neu hynafol.

Diweddarwyd -*ow*- > -*yw*- / -*aw*- yn ôl arfer heddiw, oni bai bod *GPC* yn cydnabod y ffurf yn -*ow*-; e.e. **2**.1 *Towydd* > *tywydd*, **122**.92 *Cowarch* > *cywarch*, **32**.9 *Sowdl* > *sawdl*.[180]

Weithiau pan ychwanegir terfyniad at air deusill sy'n cychwyn â llafariad, e.e. *esgid*, mae'r llafariad yn gwanhau yn y sillaf ragobennol, *ysgidie*; cedwir y newid hwn gan roi croesgyfeiriadau os bernir bod angen.

Ceir anghysondeb yn aml gan John Jones yn y modd y mae'n sillafu deuseiniaid sy'n cynnwys *i*, *y*-glir neu *u*: mae hyn yn gwbl nodweddiadol o Gymraeg ysgrifenedig cyn safoni'r orgraff ar ddechrau'r ugeinfed ganrif. Orgraffyddol, yn hytrach na seinegol, yw'r gwahaniaeth yn aml, a dilynir yma arweiniad *GPC*: e.e. am **8**.62 *Bwth taioc* rhoddir *bwth taeog*; **30**.85 *Caiad*, **43**.43 *Cayad* > *caead* 'caead'; **14**.30 *Hayarn*, **8**.154 *haiarn* > *haearn*; **5**.18 *Graian* > *graean*; *Graienyn* > *greyenyn*; **1**.34 *Heulgayreu* > *haulgaerau*. Yn yr un modd, wrth ychwanegu terfyniad at air megis *cynhaig*, mae John Jones, fel ei gyfoeswyr, yn tueddu i gadw'r '-*ai*-', yn hytrach na dangos y gwyriad yn orgraffyddol; felly am **73**.12 *Cynhaicrwydd* a **81**.5 *Kynhaigrwydd* rhoddir *cynheigrwydd* yn y Mynegai.

Yn achos enwau unsill sy'n cynnwys -*w*- yn eu bôn, ac y disgwylir iddi wyro'n *y*-dywyll wrth ychwanegu terfyniad, ceir anghysondeb yn y Geirfâu, gyda rhai teuluoedd o eiriau (e.e. **5**.102–6 *Ffrwd*, *Ffrydiawl*, *Ffrydiawc*, *Ffrydiaw*, *Ffrydiedic*) yn dilyn y drefn ddisgwyliedig, ac eraill yn fwy anghyson (e.e. **15**.11–16 *Ffwrn ll. ffyrnau*, *Ffyrn* yna *Ffwrnu*, *Ffwrnedic*, *Ffwrnawl*, *Ffwrnawc*, *Ffwrniad*, *Ffwrniaid*). Os yw *GPC* yn cydnabod y ffurfiau heb wyriad, neu bod tystiolaeth dafodieithol iddynt, fel yn achos rhai geiriau benthyg diweddar o'r Saesneg (e.e. **30**.92–5 *Swmbwl*, *Swmbwlio*, *Swmbwliad*, *Swmbwliedic*), cedwir y ffurfiau hynny. Fel arall cymerir bod gwyriad i fod, e.e. am **76**.2 *Iwrchell ll. Iwrchellau* rhoddir *iyrchell ll. iyrchellau*.

Gwelir John Jones, fel ei gyfoeswyr, yn cael trafferth gyffredinol i wahaniaethu rhwng *i*, *y*-glir ac *u*. Safonir y ffurfiau hyn gan ddilyn arweiniad *GPC*, oni nodir yn wahanol: e.e. **6**.129 *Bechgin* > *bechgyn*; **121**.87 *Cibine cnau* > *cibynnau cnau*; **7**.6 *Coryn* > *corun*; **29**.2 *Cynnyd* > *cynnud*; **5**.136 *Gwlithin* > *gwlithyn*; **9**.70–2 *Hiddigl*, *Hiddiglu*, *Hiddiglyd* > *huddygl*, *huddyglu*, *huddyglyd*. Heddiw defnyddiwn ffurfiau wedi eu safoni gan ysgolheigion ar ddechrau'r ugeinfed ganrif ar sail gwybodaeth

---

[180] Yn achos gair megis *towydd* 'tywydd', gellid dadlau bod dull John Jones o'i ysgrifennu'n nes at yr ynganiad gogleddol heddiw nag y mae ein sillafiad safonol ni.

darddiadol; yn aml nid adlewyrcha'r ffurfiau hynny union ynganiad gair a all amrywio o dafodiaith i dafodiaith.

Cedwir ffurfiau Saesneg a Lladin fel y maent yn y testun. Rhoddir diweddariad o orgraff y Saesneg lle mae'n briodol (gan gadw hen ffurfiau): e.e. *aderyn y bwn ll. adar y bwn: a byttern* ('a bittern').

Rhestrir ffurfiau bachigol a lluosog dan yr enw cysefin unigol pan fo hynny'n bosibl (yn cynnwys fel arfer ffurfiau â'r terfyniadau *-an*, *-ig*, *-yn*): e.e. rhestrir *genethig*, *genethyn* a *genethos* o dan *geneth*.

Lle ceir ffurfiau unigol a lluosog i ddangosair, diffinnir y ffurf unigol yn unig.

Ceisir esbonio ystyr gair yng nghyd-destun y rhestr y mae'n ymddangos ynddi, yn hytrach na rhoi ystyr arferol neu ystyr amlycaf y gair hwnnw, neu ystod lawn ei ystyron fel sydd yn *GPC*. Bwrir amcan am ystyr rhai o'r ansoddeiriau sy'n seiliedig ar enwau yn y rhestr (yn enwedig y rhai yn terfynu ag *-edig*, *-og* ac *-ol*). Yn achos geiriau nas ceir yn *GPC*, bwrir amcan am eu hystyr, gan roi gofynnod os oes ansicrwydd.

Lle ceir gair mewn mwy nag un rhestr ond mewn ystyron tra gwahanol, fe'u rhestrwyd ar wahân, er y gall mai'r un gair ydynt o ran eu tarddiad.

Cynhwysir diffiniadau gan eiriadurwyr eraill lle tybir y gallent fod yn ddefnyddiol er mwyn amlygu ystyr gair yn y cyfnod: e.e. William Salesbury (*WS* (1547)), Henry Salesbury (J 16 a LlGC 13215E) a Thomas Wiliems (Pen 228). Nid awgrymir mai dyna oedd ffynhonnell John Jones ar gyfer y geiriau, oni nodir yn wahanol. Os credir bod gair wedi ei dynnu o ffynhonnell arbennig, megis y Cyfreithiau neu rai o'r testunau eraill a drafodwyd yn §3.4–5, nodir hynny.

Lle defnyddiodd John Jones fachau i gyplysu dangoseiriau y tybiai eu bod yn gyfystyron, cyfleir hynny fel a ganlyn: am **35**.34 *Carthen, Nithlen* (a gyplyswyd yn y llawysgrif) rhoddir dau ddangosair, gan roi'r gair cyfystyr yn dilyn mewn bachau petryal:

carthen [= *nithlen*] … **35**.34

nithlen [= *carthen*] … **35**.34.

Gwneir yr un fath os oes esboniad sydd wedi ei fwriadu am y ddau air a gyplyswyd: am **68**.19 *Anairvuwch, Tressiadvuwch: buwch ar y llo cyntaf*, rhoddir:

aneirfuwch [= *tresiadfuwch*]: *buwch ar y llo cyntaf* … **68**.19

tresiadfuwch [= *aneirfuwch*]: *buwch ar y llo cyntaf* … **68**.19.

Peniarth 304, ii^v: cyfarch y darllenydd

Rhan I: Y Testun

Llyfr I: Peniarth 304

1 Kymraec: Lladin. Am Dduw, y Nef a'r Engylion (I.1ʳ)

Duw, Dwy, Deo: Deus
   ll. Duwieu, Dwyweu: Dii
Duwiawl[1], Duwiol,
   Dwywawl, Dwyfawl,
   Dwyfol *ll*. Duwiolion,
   Dwyfolion
Duwioldab, Duwioldeb,
   Duwiolder, Dwyfoldab,
   Dwyfoldeb, Dwyfolder (I.1ᵛ)
Duwdab
5 Duwdabaeth
Duwawl
Duwolaeth
Duwiolaeth, Dwyfolaeth (I.2ʳ)
Duwiolaidd, Dwyfolaidd
10 Duwies, Dwywes
   ll. Duwiesseu, Dwywesseu
Duwiessaidd, Dwywessaidd
Annuw (I.2ᵛ)
Annuwiawl, Annuwiol,
   Annwyfawl, Annwyfol
Annuwioldeb, -dab
15 Annwyfoldeb, -dab
Annuwiolder
Annwyfolder
Annuwioleth
Annwyfoleth
20 Annuwiolaidd
Annwyfolaidd
Nef, Nyf *ll*. Nefoedd (I.3ʳ)
Nefawl, Nefol *ll*. Nefolion
Nefolder

25 Nefolaidd
Angel *ll*. Angylion
   ll. Engyl, Engylion: Angeli (I.3ᵛ)
Engylawl, Angylawl, Engylol
Angylaidd, Engylaidd
30 Angyles, Engyles
   ll. Angylesseu, Engylesseu
Archangel: Archangelus
   ll. Archengylion,
   Archengyl: Archangeli (I.4ʳ)
Haul, Heul, Huan: Sol
Heulaw
Heul gayreu
35 Heul dwyreu
Heulwen
Heulgan (I.4ᵛ)
Haul splennydd
Heulwedd
40 Towyn haul
Heuloc
Haul belydyr
Lloer, Lleuad: Luna
   ll. Lloereu, Lleuadau
Llewyrch lloer
45 Lloeric
Lloergan
Lleuad newydd
Newyddloer (I.5ʳ)
Blaen newydd
50 Llawnlloned
Kil-lloer, Kil-lleuad

---

[1] Llsgr. *Duwiaul*.

Kyfnewid
Lloerawl, Lleuadawl
Lloeraidd, Lleuadaidd
55 Seren: Stella *ll*. Ser, Syr:
    Stellae
Serenawl, Serenol
    ll. Serenolion (I.5ᵛ)
Serennu
Serlwy
Serenawc, Serenoc
60 Seren gynffonnoc
Ffyrfafen: Firmamentum (I.6ʳ)
Ffyrfafennawl, -ol
Wybr
Wybren *ll*. Wybrennau

65 Wybrenoc, Wybrennawc
Wybrennawl, Wybrennol
Wybrennaidd
Haul yn towynnu (I.6ᵛ)
Lloer yn llewyrchu
70 Towynniad haul
Llewyrchiad lloer
Serlwyad ser
Echtywynnu
Towynnu
75 Towynnedic
Towynnawl
Towynniad
Llewyrchedic
Llewyrchawl[1]

2 Hinoedd: Oerfel a Gwres (I.7ʳ)

Hin, Towydd
Hinon, Hindda
Hin dec, Towydd tec
Hin arw, Towydd garw
5 Dryghin (I.7ᵛ)
Dryghinoc
Sychin
Sych
Sychni
10 Gwlybwr
Glybanieth
Hin lyb, Towydd gwlyb
Gwlybyrawc, Glybyroc (I.8ʳ)
Gwlyb
15 Tes
Moeldes
Tessoc
Tes splennydd

Tessach
20 Mwll
Myllin
Hin dessoc, Towydd tessoc
    (I.8ᵛ)
Hin Ebrillaidd
Hin fwll, Towydd mwll
25 Hin hafaidd
Hin oer, Towydd oer
Hin gynhafaidd[2]
Hin wntoc, Towydd gwntoc
Hin eiryoc, Towydd eiryog
30 Hin rewoc, Towydd rhewoc
    (I.9ʳ)
Hin ayafaidd
Gwynt *ll*. Gwntoedd,
    Gwnnoedd

---

[1] Llsgr. *Ḷewyrçaul*.

[2] Llsgr. *gynhafaid*.

Gwntawc, Gwntoc,
   Gwnnawc, Gwnnoc
ll. Gwntogydd
35 Gwntyn
   ll. Gwynteu
   Corwynt
   Poethwynt (I.9ᵛ)
   Oerwynt
40 Gwntaidd
   Trwynwynt
   Ystlyswynt
   Ascellwynt
   Trowynt
45 Rhewwynt
   Sychwynt
   Uffernwynt (I.10ʳ)
   Gwynt ffalwm
   Gwynt ffraeth
50 Awel
   Tawel
   Tawelwch
   Tawelawc, -oc
   Glaw
55 Glawio (I.10ᵛ)
   Glawio yn groch
   Glawog
   Glawogydd
   Glaw croch
60 Kurlaw
   Crochlaw
   Dystlaw

   Smwccan
   Odlaw
65 Defnynlaw
   Od (I.11ʳ)
   Odi
   Lluwch
   Lluchio
70 Eira, Eiry
   Eiraawc, Eiryawc
   Kessair, Cenllysc, Cenllyst
     (I.11ᵛ)
   Kenllystyn
   Cenllystu
75 Bwrw Cenllyst
   Bwrw Cessair
   Kenllystlaw
   Kenllystawg, -og
   Rhew (I.12ʳ)
80 Rhewi
   Rhewoc, Rhewawc
   Rhewlyd
   Durew
   Glasrew
85 Glasrewi
   Rhew[1] crimpawc
   Rhewogydd (I.12ᵛ)
   Pibonwy
   Ia
90 Iaen
   Iaawl
   Iaawc

3 Y Ulwyddyn a'i Thymorau (I.13ʳ)

Blwyddyn *ll.* Blynyddoedd,
   Blynyddedd

Blwydd *ll.* Blwyddau
Anherblwydd

---

[1] Llsgr. *Reu̧*.

Gwanwyn
5 Gwanhwyno (l.13ᵛ)
Gwanhowynaidd
Haf
Hafu
Hafaidd
10 Cynhaiaf (l.14ʳ)
Cynhafu
Cynhafaidd

Cynhafiad
Cynhafwr
15 Gayaf (l.14ᵛ)
Gayafu
Gayafawc, Gayafoc
Gayafaidd
Gayafwr
20 Gayafhin

4 Y Missoedd (l.15ʳ)

Mis Ionawr, Mis Ionor:
   Januarius
Chwefror, Chwefrol,
   Chwerwoer: Februarius
Mawrth: Martius
Ebrill: Aprilis
5 Mai: Maius
Mihefin: Junius
M[is] Gorffennaf: Julius (l.15ᵛ)
Awst: Augustus
Mis Medi: September
10 Mis Hydref: October
Mis Tachwedd: November
Mis Rhagfyr: December
y Mis Du
y Marwfis
15 Mis Menni (l.16ʳ)
Mis
Missawl, Missol *ll.* Missolion
Wythnos *ll.* Wythnossau (l.16ᵛ)
Wythnossawl, Wythnossol
20 Pythefnos
Dydd *ll.* Dyddiau, Dyddieu,
   Dyddie (l.17ʳ)
Dyddiaw, Dyddio
Dyddiawl, Dyddiol

Dieu, Diau, Die
25 Dyddhau
Dyddhad (l.17ᵛ)
Dechreuddydd
Diweddydd
Heddiw
30 Yfory
Trennydd
Tradwy
Wrthtradwy
Heno
35 Doe (l.18ʳ)
Echdoe
Wrthechdoe
Nos: Nox *ll.* Nossau, Nosseu
Dechreunos
40 Noshau
Diweddnos
Noshad
Nossawl
Nossol *ll.* Nossolion (l.18ᵛ)
45 Nos du
Dunos
Towyllnos
Gwyllnos

Noswyl *ll.* Noswyliau,
    Noswylieu
50 Noswylio, Noswyliaw
    Neithwyr (l.19ʳ)
    Echnos
    Noswyliad
    Boreu, Borau *ll.* Boreuau,
        Boreuoedd
55 Boreuawl, Boreuol
    Boreuolion (l.19ᵛ)
    Boreuaidd
    Boreuwr
    Boreuvwyd
60 Boreuwaith
    Boreuaw, Boreuo
    Hwyr (l.20ʳ)
    Hwyrhau
    Hwyrawl, Hwyrol
65 Hwyrach
    Hwyrf
    Hwyrnos
    Hwyraidd
    Pylgain, Plygain, Plygen (l.20ᵛ)
70 Plygeiniaw, Plygeinio
    Plygeiniad
    Plygeiniedic
    Plygain ddydd
    Anterth (l.21ʳ)
75 Anterthu

    Anterthawl
    Anterthedic
    Pryd anterth
    Echwydd
80 Echwyddaw
    Echwyddawl
    Pryd echwydd
    Nawn (l.21ᵛ)
    Pryd nawn
85 Pyrnhawn
    Pyrnhownwyd,
        Pyrnhawnfwyd
    Pyrnhownawl, Pyrnhownol
    Pyrnhownaidd (l.22ʳ)
    Gosber
90 Gosberu
    Gosberawl, Gosberol
    Ucher (l.22ᵛ)
    Die Llun
    Die Mawrth
95 Die Merchyr
    Die Iou
    Die Gwener
    Die Sadwrn (l.23ʳ)
    Die Sul
100 Dydd gwyl
    Noswyl
    Noswyliaw

5 Y Pedwar Defnydd: Dayar, Dwr, Awyr, a Than, &c. (l.23ᵛ)

    Dayar *ll.* Dayarau, Dayaroedd
    Dayarawl, Dayarol
       ll. Dayarolion (l.23ᵛ)
    Dayaru
    Dayaredic (l.24ʳ)
  5 Dayarllyd

    Dayaraidd
    Tud
    Tudwedd
    Tudweddawl, Tudweddol
10 Tudlen *ll.* Tudlennau (l.24ᵛ)
    Pridd

Priddiawc, -oc
Priddo, Priddiaw, Priddio
Priddiawl, Priddiol
15 Priddaidd (l.25ʳ)
Priddlyd
Priddell *ll.* Priddellau
Graian
Graienyn
20 Graianawc, Graianoc
Graianllyd
Graianu (l.25ᵛ)
Graianedic
Graianawl, Graianol
   ll. Graianolion
25 Gro
Grou
Groawc, Grooc (l.26ʳ)
Groawl, Grool
Groedic
30 Groylyd
Clai *ll.* Cleieu, Cleiau
Cleien (l.26ᵛ)
Cleiaw[1], Cleio
Cleiedic
35 Cleiawc, Cleioc
Priddglai
Carrec *ll.* Cerric (l.27ʳ)
Carrec calch
Carec arw
40 Carregawc, Carregoc
Carec nadd
Carregawl, Carregol
Careg grud
Caregan
45 Carrec las

Carregu
Carregedic
Digarregu (l.27ᵛ)
Karrec ddolefain
50 Carrec gwenithfaen
Carrec callester
Maen *ll.* Meini
Meinin
Maen gwn, Maen blif
55 Maen gwrthfawr (l.28ʳ)
Maen mererid
Maen mynor
Maen muchudd
Maen grissial
60 Maen melin
Maen llifo
Maen hogi
Hogfaen (l.28ᵛ)
Cabolfaen
65 Maen tostedd
Taflfaen
Chwrlfaen
Llechfaen
Maen uwd
70 Maen cwrel
Craig *ll.* Creigiau (l.29ʳ)
Clegyr
Creccys
Clogwyn *ll.* Clogwynau
75 Creigiawc, Creigioc
Creigiawl, Creigiol
Clogwynawc, Clogwynoc
   (l.29ᵛ)
Clegyrawc, Clegyroc
Creccyssawc, Creccyssoc

---

[1] Llsgr. *Cleiau.*

80 Dwr, Dwfr *ll*. Dyfroedd,
    Dyfredd (l.30ʳ)
    Dyfrawl, Dyfrol
    Dyfrllyd
    Dyfru, Dyfrhau
    Dyfrhad
85 Dyfraidd (l.30ᵛ)
    Diddwfr
    Gwlyb
    Gwlych
    Gwlychu
90 Gwlychedic¹
    Ffynnon *ll*. Ffynnonniau (l.31ʳ)
    Tardd dwr
    Tarddu dwr
    Tarddiad dwr
95 Tarddedic
    Ffynnon oer
    Gofer
    Goferu (l.31ᵛ)
    Goferawl, Goferol
100 Goferedic
    Gerrynt
    Ffrwd *ll*. Ffrydiau
    Ffrydiawl, Ffrydiol (l.32ʳ)
    Ffrydiawc, Ffrydioc
105 Ffrydiaw, Ffrydio
    Ffrydiedic
    Dwr rhedegoc²
    Dwr syfydloc (l.32ᵛ)
    Dwr croyw
110 Dwr hallt
    Plwcca
    Afon *ll*. Afonydd
    Aber *ll*. Aberoedd, Ebyr
    Aberan (l.33ʳ)
115 Aberawc, Aberoc
    Aberawl, Aberol
    Llynn *ll*. Llynnau,
       Llynnoedd³
    Llynniaw, Llyfnnio (l.33ᵛ)
    Llynnawc, Llynnioc
120 Llynniawl, Llynniol
    Llynniad
    Llynnedic
    Balaf (l.34ʳ)
    Argau, Arge *ll*. Argeuau
125 Pwll *ll*. Pyllau, Pylloedd
    Sybwll
    Llynwyn (l.34ᵛ)
    Corbwll *ll*. Corbyllau
    Pyllic
130 Dafn, Defnyn *ll*. Defnynnau,
       Defni
    Defnynnawc, Defnynnoc (l.35ʳ)
    Defnynnu
    Difer *ll*. Diferion
    Diferu
135 Diferedic
    ll. Gwlith [*u*.] Gwlithin (l.35ᵛ)
    Gwlithaw, Gwlitho
    Gwlithaidd
    Gwlithawc, Gwlithoc
140 Tan *ll*. Tanau, Taneu (l.36ʳ)
    Tenyn
    Tanawl, Tanol
    Tanawc, Tanoc
    Tanllyd
145 Tanboeth
    Tanllwyth (l.36ᵛ)

---

¹ Llsgr. *Gwlycedic*.
² Llsgr. *rededoc*.
³ Llsgr. *Lynnoed*.

Kynnu
Kynnyd
Diffodd
150 Diffoddi
Diffoddedic
Anniffoddedic
Diffoddadwy
Anniffoddadwy
155 Kynneuad (I.37ʳ)
Cynneu
Goleu y tan
Goleuni
Goleuad
160 Goleu
Goleuaw, Goleuo
Goleuedic
Goleuawl, Goleuol (I.37ᵛ)
Etewyn, Pentewyn[1]
  ll. Etewynnion, Pentwynion
165 *ll.* Marwor [*u.*] Marworyn
Marwydos
  ll. Gwreichion [*u.*]
Gwreichionen
Gwreichioni (I.38ʳ)
Gwreichionllyd
170 Gwreichionawc,
  Gwreichionoc
Lludw
Llydlyd
Ulw
Mwc
175 Mygu (I.38ᵛ)
Mygedic[2]
Myglyd

Mygiad
Mygedigaeth
180 Mygiawl[3], Mygiol
Difwc (I.39ʳ)
Hiddigl
Hiddiglyd
Hiddiglu
185 Hiddigliad
Hiddigledic
Hiddiglawc, Hiddigloc
Twym, Twymyn (I.39ᵛ)
Twymnaw, Twymno
190 Ymdwymnaw, Ymdwyno
Twymniad[4]
Twymnedic
Twymnedigaeth (I.40ʳ)
Gwres
195 Gwressawc, Gwressoc
Gwressogi
Gwressogiad
Diwres
Gwresogedic (I.40ᵛ)
200 Tragwres
Ymwressogi
Llosc
Llosci
Llosciad
205 Lloscedic
Golosc (I.41ʳ)
Golosci
Golosciad
Lloscedigaeth
210 Lloscva
Poeth

---

[1] Llsgr. *Pentewy*. A oedd arwydd trwynoli ar yr *y* yn ei ffynhonnell?
[2] Fe'i hailadroddir ar ôl 178 *Mygiad*.
[3] Ailadroddir *Mygiawl* yn y llsgr.
[4] *Tuyniad*, ond cf. **119**.18 *Tuymniad*.

Poethi
Poethedic
Poethfa (I.42ᵛ)
215 Poethiad
Purboeth¹
Poethawl, Poethol
Awyr (I.42ʳ)
Awyrawl, Awyrol
   ll. Awyrolion
220 Cwmwl *ll*. Cymylau
Cymylawc, Cymyloc
Cymylu (I.42ᵛ)
Cymyledic
Cymyliad
225 Cymylan
Niwl
Niwlo, Niwlaw
Niwliad
Niwledic (I.43ʳ)
230 Niwledigaeth
Niwlawc, Niwloc
Niwlan
Niwlach

6 Dyn a'i Holl Ryw² (I.44ʳ)

Dyn: Homo *ll*. Dynion: Homines
Dynionain
Dynionach
Dynawl, Dyniawl, Dynol, Dyniol
5 Dynan
Dynyn (I.44ᵛ)
Dynyadon
Dynolaeth, Dynioleth
Dynolad, Dynoliad, Dyniolad, Dynioliad
10 Dyndawd, Dyndod
Dynes *ll*. Dynessau (I.45ʳ)
Annyn
Gwr *ll*. Gwyr *lls*. Gwerin
Gwrawl, Gwrol (I.45ᵛ)
15 Gwroldeb
Anwroldeb
Gwraidd
Gwreidd-dra
Anwraidd
20 Anwraidd-dra
Gwran (I.46ʳ)
Gwra
Gwriawc, Gwrioc
Gwrhau
25 Gwrhad
Gwrhydri³
Gwrawc, Gwroc
Gwrogaeth (I.46ᵛ)
Gwryw
30 Gwraic *ll*. Gwragedd *lls*. Gwrageddoedd (I.47ᵛ)
Gwreigan
Gwreignith
Gwreigiawc, Gwreigioc
Gwreigiawl, Gwreigiol

---

¹ Llsgr. *Purboet*.
² Llsgr. *Dyn, ai hoḷ ryw, ai ranneu*. Rhoddwyd pennawd newydd ar f. 53ʳ (gw. **6.**82 *Tad*), ond ni cheir pennawd i rannau'r corff (gw. **7.**1 *Corff*).
³ Llsgr. *Gurhydhi* a'r *h* wedi ei chywiro yn *r*.

35 Gwreigaidd
   Gwreicdda (I.48ʳ)
   Gwreictra
   Gwraic bwys
   Bun *ll*. Bunoedd (I.48ᵛ)
40 Bunyw, Banw, Banyw
   Bunawl, Bunol
   Mab *ll*. Maib, Meib, Meibion
   Meibionain (I.49ʳ)
   Maban
45 Baban
   Mabwys
   Mabawl, Mabol *ll*. Mabolion
   Mabieth[1] (I.49ᵛ)
   Mabolaeth
50 Mab maeth
   Mab ordderch
   Mab yn y gyfraith
   Mab bedydd
   Merch *ll*. Merched
      lls. Merchedau,
      Merchedoedd (I.50ʳ)
55 Merchawl[2], Merchol
   Mercholaeth
   Merch faeth
   Merch ordderch
   Merch yn y gyfraith
60 Merch vedydd (I.50ᵛ)
   Tad *ll*. Tadau, Tadeu
   Tadawl, Tadol *ll*. Tadolion
   Tadawc, Tadoc *ll*. Tadoccion
   Tadogu, Tadogi (I.51ʳ)
65 Tadogaeth
   Tadu
   Tadogiad
   Tadedic
   Tadiad
70 Tad bedydd (I.51ᵛ)
   Tadmaeth
   Tad yn y gyfraith
   Mam: Mater *ll*. Mamau,
      Mamoedd (I.52ʳ)
   Mamawl, Mamol
      ll. Mamolion
75 Mamawc, Mamog
   Mamogiad
   Mamogaeth
   Mamu (I.52ᵛ)
   Mamaeth
80 Mam vedydd
   Mam yn y gyfraith
   Tad[3] (I.53ʳ)
   Taid, Tad da, Tad cu
   Hendaid
85 Gorhendaid
   Mam: Mater
   Nain, Mam dda, Mam gu
   Hennain (I.53ᵛ)
   Gorhennain
90 Mab
   Wur
   Gorwur
   Goreskynnydd
   Merch
95 Wur
   Gorwur (I.54ʳ)
   Gorescennydd
   Brawd: Frater

---

[1] Llsgr. *Mabiet*.
[2] Llsgr. *Merçaul*.

[3] Ar frig f. 53ʳ ceir y pennawd *Graḍeu kerenyḍ*, ond parhad yw o'r adran flaenorol, felly fe'u trinwyd ynghyd.

Cefnder
100 Kyfyrder
Keifyn
Gorgeifn[1]
Gorchaw
Nei ap Gorchaw[2]
105 Brawd: Frater (l.54ᵛ)
Cefnderw
Cefyrderw
Plant y kyfyrderw
Ceifn plant y kyfyrderw[3]
110 Eiddun
Gwrtheiddun
Car
Clud
Chwaer (l.55ʳ)
115 Cefnither
Cyfyrder, &c.
Ewythyr
Modryb
Nai
120 Nith
Chwegr (l.55ᵛ)
Chwegrwn
Daw *ll*. Dawion
Daw gan ferch
125 Llysfab
Llysferch
Llysdad
Llysfam
Bachgen *ll*. Bechgin (l.56ʳ)
130 Bachgennes
Bachgennaidd
Bachgennyn
Bachgennawl, Bachgennol
Geneth *ll*. Genethod (l.56ᵛ)

135 Genethan
Genethaidd
Genethawl, Genethol
Genethawc, Genethoc
Llanc (l.57ʳ)
140 Llenkyn
Llankwst
Glaslanc
Llances
Llancessan
145 Llancessic
Gwas *ll*. Gweission (l.57ᵛ)
Gwessyn
Gweissonach
Gwassawl, Gwassol
150 Gwassawc, Gwassoc
Gwassogaeth
Gwassan (l.58ʳ)
Gwassanaeth
Gwassanaethu
155 Gwassanaethgar
Gwassaidd
Gwas llog
Gwastafell
Gwasafwyn
160 Morwyn *ll*. Morynion (l.58ᵛ)
Morwynawl, Morwynol
Morwynaidd
Morwyndawd, Morwyndod
Morwynwraic
165 Herlod *ll*. Herlottied (l.59ʳ)
Herlodes *ll*. Herlodessau
Herlottyn
Herlodessan
Herlodessic

---

[1] Llsgr. *Gorçgeifn* a'r *ç* wedi ei dileu.
[2] Llsgr. *Goçaụ*.
[3] Llsgr. *kyfyrerw*.

7 Dyn a'i Rannau[1] (1.59ᵛ)

Corff: Corpus
Cerfyll
Penn: Caput
Gwegil
5 Cnwch gwegil
Coryn
Moel
Llechwedd
Klol
10 Clust, Yscyfarn
Iad (1.60ʳ)
Arfoel
Arlais
Tal, Talken
15 Ael
Amrant
Llygad
Gran
Grudd
20 Cern (1.60ᵛ)
Boch
Trwyn
Ffroen
Gwefys, Gwefl
25 Gen, Aelgeth
Gwallt
Blew
Barf: Barba (1.61ʳ)
Wyneb: Facies
30 Gene, Safn
Mant
Tafod
Dant
35 Gorchfan
Taflod gene
Mwnwgl
Mentyn
Gwarr (1.61ᵛ)
40 Gwddwf
Ceg
Tagell
Ysgwydd
Braych
45 Cessail
Elin
Penelin
Arddwrn (1.62ʳ)
Llaw
50 Dwrn
Bawd
Bys
Palf
Cygn
55 Bigwrn
Cymal
Ewin (1.62ᵛ)
Bronn
Dwyvronn
60 Boly, Bola
Croth
Cest
Bogel
Torr
65 Cedor
Cala, Caly, Cal (1.63ʳ)

---

[1] Gw. y nodyn ar bennawd rhestr **6**.

Pidin	Gwythen
Pilog	105 Gwaed
Llost	Asgwrn
70 Gwialen	Mer
Caill	Mennydd: Cerebrwm
Cwd	Cloch ymadrodd (I.65ᵛ)
Arffed, Gafl	110 Breuant
Crafell ysgwydd (I.63ᵛ)	Corn breuant
75 Cefn	Sefnic
Ystlys	Cylla
Pedrain	Skyfaint
Ffolen	115 Calon
Tin	Clustieu yr galon
80 Ffwrch	Afu
Cont	Bustyl (I.66ʳ)
Clun	y Ddueg
Morddwyd	120 Colydd
Glin (I.64ʳ)	Emysgar
85 Padell glin	Aren
Llygoden y glin	Chwsigen
Garr	Madruddun
Coes	125 Assen
Croth	Crimog (I.66ᵛ)
90 Meilwng	Crimp crimog
Ffêr	Pilionen mennydd
Sowdwl (I.64ᵛ)	Llestyr y plant
Mwnwgl troed	130 Rhith
Gwadyn troed	Blonec
95 Troed	Blonogen
Bawd troed	Braster
Bys troed	Cehur (I.67ʳ)
Cygn	135 Rhefr
Bigwrn	Natur, Anian, Had
100 Ewin	Kyd
Croen (I.65ʳ)	Kydio
Cnawd	Geni, Esgor
Gieu	140 Beichiog

Bras (l.67ᵛ)
  Tew
  Cig

  Trwnc
  145 Tom

8 Ty ac Anllodd (l.68ʳ)

  Ty: Domus *ll*. Tai, Tei
    lls. Teiau
  Tuad
  Tyawl, Tyol
  Teios
5 Tuawc, Tuoc
  Tuogaeth
  Tuogiad
  Tyed, Teied, Tyaid
  Tulu, Teylu (l.68ᵛ)
10 Tylwyth[1]
  Tyluawc, Tyluoc
  Tylwythawc, Tylwythoc
  Teyluwr, Tyluwr
  Teyluwriaeth (l.69ʳ)
15 Teyluydd
  Teyluyddiaeth
  Teyluawl, Teyluol
  Tyluedd
  Tyluaeth
20 Ty annedd, Annedd-dy
  Annedd
  Anneddu (l.69ᵛ)
  Anneddawc, Anneddoc
  Anneddawl, Anneddol
25 Anneddwr
  Anneddwraic
  Cyfannedd
  Cyfanneddu
  Cyfanneddwr
30 Cyfaneddwraic (l.70ʳ)

  Cyfanneddyn
  Cyfanneddawc, Cyfanneddoc
  Cyfanneddawl, Cyfanneddol
  Anghyfannedd
35 Ty tario, Ty trigo
  Trigfa
  Cyfaneddfa (l.70ᵛ)
  Preswylfa
  Preswyl
40 Preswyliaw
  Preswyliedic
  Preswyliawc, Preswylioc
  Trigo
  Trigiant
45 Godrig (l.71ʳ)
  Godrigo
  Godrigiant
  Trigfan
  Tario
50 Godario
  Taring
  Godaring
  Preseddu (l.71ᵛ)
  Preseddedic
55 Preseddawl, Preseddol
  Preseddawc, Preseddoc
  Preseddwr
  Preseddwraic
  Llys brenin (l.72ʳ)
60 Plas uchelwr
  Ty gwreang

---

[1] Llsgr. *Tylwyth, Tylwyth*.

Bwth taioc
Neuadd llys
Llogawd[1]
65 Neuadd plas
Cyntedd ty
Ty maen (1.72ᵛ)
Drws maen
Hiniog
70 Gris *ll*. Grissiau
Ffenest faen, Goleuer faen
Sail faen
Sylfaenu
Mur
75 Ty coed (1.73ʳ)
Seilddar
Gwadneu, Trothau
Gwregis ty, Kien: sydd yn
 derbyn penn ystondarddeu
Cambost, Cwpwl
80 Paladyr cwpwl, Coes cwpwl
Camenn *ll*. Camenni, Cyplau
 (1.73ᵛ)
Rheswydden[2] logel, Gwawr
 logel, Gwawr do, Gwawr
 ystlys, Gwawr gant, Gwawr
 dal, Ceien, Rheswydden
 gant
ll. Gwawri, Gwowre:
 Rheswydd llogel [*u*.]
 Gwawr: rheswydden logel
Ceien dalken, Gwawr dal:
 kyferbyn neu gyfuwch a'r
 reswydden logel (1.74ʳ)
85 y Gwowre, y Llogel: y prenn
 y mae y kyplau a'r ysparrys
 yn gorwedd arnunt

Cant, Llogel
Cant ty: o'r llogel[3] i'r llawr
 (1.74ᵛ)
Swmer
Dist, Cibren, Ceibren
 ll. Distiau, Ceibr
90 Gwinben, Trawst
Gwinben ty, Y Trawst bychan
Rheswydden pen ty, Tulath,
 Haelassen *ll*. Heylas,
 Haelas, Tulatheu,
 Rheswydd penn (1.75ʳ)
Nennbren
Rhethren, Sparryssen, Ceibren
 ll. Rhethri, Sparrys, Ceibr
95 Eisen: a Lat *ll*. Ais (1.75ᵛ)
Hoeilion ais
Nenn ty
Plaid *ll*. Pleidiau
Sclattyssen *ll*. Sclatys
100 Peithyne coed
Singls (1.76ʳ)
Peithyne pridd
Teils
To
105 Toi
Toedic
Toiad
Sclatysswr
Sclatyssu
110 Sclattio
Sclattiedic (1.76ᵛ)
Sclattiad
Peithynu
Peithynedic

---

[1] Llsgr. *Logaud*.
[2] Llsgr. *Rheswyden*.
[3] Llsgr. *logel*.

115 Peithyniad
   ll. Cledyr [*u*.] Cledren
   ll. Gwiail [*u*.] Gwialen (l.77ʳ)
   Elio
   Eliedic
120 Eliad
   ll. Rhodys [*u*.] Rhoden
   ll. Twigys [*u*.] Twigyssen
   Asseth, Scolpen *ll*. Essysth, Scylp (l.77ᵛ)
   Plaid, Cronglwyd
125 Towr
   Gwana
   Bargod
   Bondo
   Crib ty
130 Astall *ll*. Estyll[1] (l.78ʳ)
   Ystyllen *ll*. Ystyllod, Ystyllenod
   Ystyllodi[2]
   Ystyllodiad
   Cledren ddiddos
135 Drws (l.78ᵛ)
   Kynnor: the dore post or cheeke *ll*. Kynnoreu
   Ymhiniog: the fore post of the dore
   Ymhinioc *ll*. Ymhiniogeu: post drws, dau ymhiniog sydd, ol a blaen
   Orsin
140 Hiniog, Gwadn, Trotheu (l.79ʳ)
   Gwarddrws[3], Cap y drws, Cei y drws: the lyntell
   Dor
   Rhagddor
   Kilddor: y post neu yr ystyllen ol i'r ddor
145 Cleddeu[4] drws
   Ci y drws, Iou (l.79ᵛ)
   Colyn y ddor
   Giau drws, Ci drws
   Sowdwl drws, Colyn drws
150 Holi
   Holio
   Iou, o brenn neu hayarn i dderbyn[5] y colyn ucha, Ci
   Dolen drws, i dderbyn y trossol (l.80ʳ)
   Stwffwl haiarn, i ddal[6] ne i dderbyn yr hesben, ne i dderbyn[7] bollt haiarn: a Stapl
155 *ll*. Bache y drws: the hooks of the dore
   Barrieu y ddor: the hinges of the dore
   Bach *ll*. bacheu
   Barr *ll*. barieu
   Trosol drws
160 Hesben (l.80ᵛ)
   Clo drws[8]
   Cloi y drws
   Cloiad
   Cloiadigaeth
165 Dadgloi y drws

---

[1] Llsgr. *Estyl*.
[2] Llsgr. *ystylodi*.
[3] Llsgr. *Gwardrus*.
[4] Llsgr. *Cledeu*.
[5] Llsgr. *derbyn*.
[6] Llsgr. *dal*.
[7] Llsgr. *der*.
[8] Llsgr. *Clo: dr*.

Hesbennu[1]
Hesbenniad
Stwffwl hesben
Agori drws
170 Cay drws (l.81ʳ)
Ffenestr, Goleuer, Gloer
Bwtwal: twll pedrogl mal ffenestr mewn gwal i oleuo

Lawnsed, iw hollt hir yn ffenestr mewn gwal i oleuo: a krevis in a wal
Kyntedd (l.81ᵛ)
175 y Parth: y kyntedd, rhai a'i geilw y penty
Llyys y barth

9 Neuadd *ll*. Neuaddau: Aula (l.82ʳ)

Neuadd *ll*. neuaddau: Aula
Neuaddwr
Dryssawr neuadd: Ostiarius aulae
Neuaddawc, Neuaddoc
5 Neuaddawl, Neuaddol
Neuaddan
Neuaddic
Neuaddu[2] (l.82ᵛ)
Coryf
10 Uwch coryf
Is coryf
Lleithic
Gradd
y Radd: lleithic
15 Lwfer[3], Sawell[4]
Simne
Ffymbrell, Ffymbren: simneu gwedi ei gwneuthud o bedwar post fal simneu gefail (l.83ʳ)
Corn mwg
Aelwyd *ll*. Aelwydydd
20 Aelwydan
Pentan

Pentan hayarn
Crud hayarn (l.83ᵛ)
Mantell
25 Blwch ysbwrn: Tynder box
Ysbwrn, Ulw llien: Tynder
Kallestyr: maen i ladd tan, fflintstone
Rhwyll, Ffelys: dur i ladd tan, Steele to strick fier
Brwmstan
30 Mantellan (l.84ʳ)
Mantellic
Blychan
Blychenyn
Callestric
35 Callestrawl, Callestrol
Tan: Ignis *ll*. Taneu
Goleu tan
Cynu tan
Tanawl, Tanol (l.84ᵛ)
40 Tanllwyth
Goleuo tan
Goleuad tan
Goleuni tan

---

[1] Llsgr. *Hebennu*.
[2] Llsgr. *neuaḍu*.
[3] Llsgr. *Ḷufer*.
[4] Llsgr. *Sawel*.

Diffoddi[1] tan
45 Diffoddedic
Diffoddiad
Cynneuad
Eirias (I.85ʳ)
Pentewyn, Etewyn [*ll.*]
   Pentwynion, Etewynnion
50 *ll.* Marwor [*u.*] Marworyn
   ll. Gwreichion [*u.*]
      Gwreichionen
   Gwreichioni
   Gwreichionawc,
      Gwreichionoc
   Gwreichionllyd (I.85ᵛ)
55 Marwydos, Rhesod
   Anhuddo tan[2]
   Dadanhuddo
   ll. Glo [*u.*] Gloyn
   Mwg
60 Mygu
   Mygedic (I.86ʳ)
   Myglyd
   Fflam
   Fflamu, Fflamiaw, Fflamio
65 Fflamedic[3]
   Fflamedigaeth
   Fflamawl, Fflamol
   Lludw (I.86ᵛ)
   Llydlyd
70 Hiddigl
   Hiddiglu
   Hiddiglyd
   Hiddiglawc, Hiddigloc
   Clustauc, Clustoc
75 Clustogan
   Megin (I.87ʳ)
   Chwthol[4]
   Gefel dan
   Llwy dan, Rhaw dan
80 Ceiliagwyddi tan: Andiers
   Bwrdd tal
   Ystlysfwrdd (I.87ᵛ)
   Byrddaid
   Byrddu
85 Byrddedic
   Byrddawl, Byrddol
   Mainc *ll.* Meinciau
   Meincied
   Trestl *ll.* Trestelau (I.88ʳ)
90 Trestlaid
   Ysgrin
   Ysbur
   Ystol *ll.* Stolion
   Kadair *ll.* Cadeiriau
95 Cadeiriauc
   Cadeirioc *ll.* Cadeirogion
      (I.88ᵛ)
   Cadeiriawl, Cadeiriol
   Cadeiriedic
   Cryced
100 Yspur: a particione between two chambers

10 Hundy *ll.* Hundai (I.89ʳ)

Hundy *ll.* Hundai   Hunaw, Huno

---

[1] Llsgr. *Diffodi*; ond cf. **5**.150, **13**.85.
[2] Llsgr. *Anhudo tan.*
[3] Llsgr. *fflamediç.*
[4] Llsgr. *Cuṭol.*

Amrantun
Amranthuno
5 Hunawc, Hunoc
Dihunaw, Dihuno
Anhunawc, Anhunoc (l.89ᵛ)
Anhunedd
Trwmhun
10 Trwmhunaw, Trwmhuno
Trwmhunawc, Trwmhunog

Cwsc
Cysgu
Cyscedic (l.90ʳ)
15 Cysciad
Cyscadur
Trwmgwsc
Deffroi
Deffroedic
20 Deffroiad

11 Stafell *ll.* Stefyll (l.90ᵛ)

Stafell *ll.* Stefyll
Stafellu
Stafellawc, Stafelloc
Stafellawl, Stafellol
5 Gwastafell
Morwyn stafell
Stafellan
Stafellic (l.91ʳ)
Stafelledic
10 Stafelliad
Gwely *ll.* Gwelay
Gwely dyrchafad
Gwely trol
Tyle
15 Ty (l.91ᵛ)
Gwelyawc, Gwelyoc
Gwelyan
Stwffwl gwely
2 Erchwyn gwely
20 Penn gwely
Traed gwely
Nenn gwely
Post gwely (l.92ʳ)
Gwely plu
25 Caerawc, Caeroc
Plu

Matrys
Matryssan, Matryssyn
Matryssawc, Matryssoc
30 Cort gwely (l.92ᵛ)
Cortio gwely
Gwaelod gwely
Gwaelodi
Gobennydd *ll.* Gobenyddiau
35 Clustawc, Clustoc
Clustogan
Tydded klustog *ll.* Tyddedau;
  Twyc klustog *ll.* Twygeu
  (l.93ʳ)
Gwrthban *ll.* Gwrthbanneu
Gwrthbennyn
40 Tuddedyn
Twygyn
Gwrthbannawc, Gwrthbannoc
Tapin *ll.* Tapinau (l.93ᵛ)
Cadis *ll.* Cadissau
45 Tapinan
Tapinin
Cadissyn
Cwrlid *ll.* Cwrlidau
Cwrlidan
50 Cwrlidyn

Tapinwr (I.94ʳ)
Cadisswr
Cwrlidwr
Tapinawc, Tapinoc
55 Cadissawc, Cadissoc
Cwrlidawc, Cwrlidoc
Teispan
Teispanyn (I.94ᵛ)
Teispannawc, Teispannoc
60 Llenllien *ll.* Llenllienneu
Llenlliennan
Llenlliennawc, Llenlliennoc

Cynfas *ll.* Cynfasseu
Cynfassan (I.95ʳ)
65 Cynfassawc, Cynfassoc
Llowionnen *ll.* Llowionennau
Llowionennan
Llowionennawc, Llowionenoc
Llenllienu[1]
70 Cynfassu
Llenn gwely (I.95ᵛ)
Trwnclestr [*ll.*] Trwnclestri
Keustol
Ffynn gwely

12 Cell *ll.* Cellau (I.96ʳ)

Cell *ll.* Cellau
Cellawc, Celloc
Cellwr
Cellwraic
5 Cellan, Cellic

13 Trull (I.96ᵛ)

Trull
Trulliad
Trulliades
Trulliadaeth
5 Trulliadiad
Trulliadawl, Trulliadol
Dayardy
Mwd
Baril (I.97ʳ)
10 Costrel[2]
Pottel
Llestr
Ffiol *ll.* Ffiolau

Ffioled
15 Cwppan *ll.* Cwppaneu[3]
Ffioleidio, Ffioleidiaw (I.97ᵛ)
Cwppaned
Cwppanneidiaw, Cwppanneidio
Cwppan corn
20 Cwppan[4] prenn
Cwppan[5] pridd
Cwppan gwydrin (I.98ʳ)
Cwppan arian
Cwppan ystaen
25 Meddgorn *ll.* Meddgyrn

---

[1] Llsgr. *L̦enl̦ienu gwely*.
[2] Llsgr. *Costrel̦*.
[3] Ceir y ll. *Cupanneu* ar f. 97ᵛ, yn dilyn *Ffioleidio, Ffioleidiau*.
[4] Llsgr. *Cuppan*.
[5] Llsgr. *Cuppan*.

Buelin
Mwys, Olmari, Nester:
  cwpbwrdd
Mwyssiaid, Mwyssied (l.98ᵛ)
Olmariaid, Olmaried
30 Nestriaid, Nestried
Corneid, Cornaid
Corneidied
Corneidio
Llynn *ll*. Llynnau (l.99ʳ)
35 Diod *ll*. Diodydd
Llynna
Diotta
Diawd
Cwrwf, Cwrf
40 Cyrföedd
Cyrfydd (l.99ᵛ)
Medd
Meddwi
Meddwedic
45 Meddwawl, Meddwol
Meddawc, Meddoc
Meddyglyn
Bragod *ll*. Bragodydd[1] (l.100ʳ)
Bragodi
50 Perri
Seidyr
Gwirod
Succan
Succanwr
55 Succanu
Sucanach (l.100ᵛ)
Dwsed

Ffowsed
Dwssel
60 Spigod *ll*. Spigodau
Spigodyn
Mainc barrils
Tynnu diod
Gillwng diod
65 Gwallaw
Llien bwyd *ll*. Llienieu bwyd
  (l.101ʳ)
Napkyn *ll*. Napkynneu
Trensiwr *ll*. Trensiwrieu[2]
Cawg *ll*. Cowgiau
70 Towel *ll*. Towelau
Ymolchi
Ymsychu[3] (l.101ᵛ)
Canwyll *ll*. Canhwylleu
Canhwyllan
75 Canhwyllic
Canwyll gwur
Canwyll baris
Cannwyll vrwyn
Pwyll *ll*. Pwylleu (l.102ʳ)
80 Smwt canwyll
Topio canwyll
Snwffer[4]
Diffyddgorn: extinguisher
Gole canwyll
85 Diffoddi canwyll
Goleuedic
Diffodedic[5]
Goleuad (l.102ᵛ)
Diffoddiad

---

[1] Llsgr. *Bragodyd*.
[2] Llsgr. *Trensiurieu*.
[3] Llsgr. *ymsycu*.
[4] Llsgr. *Snuffer*; ond **28**.42 *Snwffer*.
[5] Llsgr. *Diffodedic*. Er bod *diffodedig* yn bosibl (gw. *GPC diffodi*), cf. **5**.151, **9**.45.

90 Canwyllbren
   ll. Canwyllbrenni

14 Cegin *ll*. Ceginau (l.103ʳ)

Cegin *ll*. Ceginau
Ceginawc, Ceginoc
Ceginawl, Ceginol
Ceginan
5 Coog *ll*. Cygod
Coginiaeth
Berwi kig (l.103ᵛ)
Rostio kig, Pobi cig
Cic berw
10 Cig rhost
Callawr, Callor *ll*. Callorau
Crochan, Crochon
   ll. Crochanau
Crochenyn
Pair *ll*. Peiriau (l.104ʳ)
15 Posned *ll*. Posnedau
Posnedan
Cowdrwm
Padell
Padell a grain
20 Padellan
Padelled, Padellaid (l.104ᵛ)
Crochanaid, Crochaned
Peiriaid, Peiried
Calloraid, Callored
25 Ladl, Lletfed
Ladled
Lletfedied[1] (l.105ʳ)
Ladleidio, Lletfeidio[2]
Cigwein

30 Hayarn krochan, Cadwyn crochan
Bacheu crochan
Cayad crochan
Padell gig
Padell ffrio (l.105ᵛ)
35 Scymer
Baster
Scymio
Bastio
Prenn bastio
40 Bastiedic
Gridl, Alch
Ber *ll*. Berau (l.106ʳ)
Beraid
Gobed *ll*. Gobedeu
45 Beran, Beryn
Gobedyn
Cig rhost
Diferion[3] kig
Diferedic (l.106ᵛ)
50 Diferawc, Diferoc
Diferawl, Diferol
Diferu
Dihenion
Braster
55 Cig bras (l.107ʳ)
Cig cul
Brithgig
Cig amrwd

---

[1] Llsgr. *Letfedied*.
[2] Llsgr. *Letfeidio*.
[3] Llsgr. *Deferion* (?cymathiad *i..e > e..e.*).

Cigawc, Cigog
60 Siaffyr
Tanllestr
Ffrio cig
Cig berwedic (I.107ᵛ)
Cig pobedic
65 Sew, Pottes, Cawl
Ffiol sew
Ffiol bottes
Ffiol gawl
Llwy, Sticcan
70 Ffiolaid, Ffioled
Ffioleidio (I.108ʳ)
Llwyaid, Llwyed
Llwyeidio
Sticanaid, Sticaned
75 Sticaneidio
Sewawl, Sewol
Potessawl, Potessol (I.108ᵛ)
Sewlyd
Poteslyd
80 Ired
Iraw, Iro
Ireidiawl, Ireidiol
Ireidlyd
Isgell (I.109ʳ)
85 Browes
Browessa
Browessawc, Browessoc
Bron
Desgl *ll*. Dysglau
90 Desgil brenn
Desgil ystaen
Desgil bridd
Dysgleidio bwyd (I.109ᵛ)

Dysgleidiedic
95 Saic *ll*. Seigiau
Seigiaw, Seigio
Seigiawl, Seigiol
Seigiawc, Seigioc
Seigiedic (I.110ʳ)
100 Seigiwr
Kyllell
Kyllelliad
Cyllellio, Cyllelliaw
Dail crochon[1]
105 Briwo dail, Haccio dail
Potes dail (I.110ᵛ)
Bwrdd llestri
Golchi llestri
Scwrio llestri
110 Ysgub, Ysgubell
Ysgubo
Ysgubedic
Ysgubiad
Parddu (I.111ʳ)
115 Pardduo, Pardduaw
Pardduedic
Pardduad
Sowser *ll*. Sowserau
Sowsered
120 Mwstard
Breuan fwstard (I.111ᵛ)
Hayarn canhwylleu
Ysguban, Ysgubellan,
 Ysgubellic
Dryll o gig
125 Golwyth o gig *ll*. Golwythion
Difin o gig *ll*. Difynion

---

[1] Llsgr. *Dail crocon*.

15 Pobty (l.112ʳ)

Pobty
Pobydd *ll.* Pobyddion
Pobyddes *ll.* Pobyddessau
Pobwres *ll.* Pobwressau
5 Pobwr
Pobwriaeth, Pobyddiaeth
Pobi (l.112ᵛ)
Pobedic
Pobiad
10 Ffwrn *ll.* Ffyrnau, Ffyrn
Ffwrnu
Ffwrnedic
Ffwrnawl, Ffwrnol
Ffwrnawc, Ffwrnoc (l.113ʳ)
15 Ffwrniad
Ffwrniaid, Ffwrnied
Llech
Llechwen fuchudd: llech o faen du fal muchudd
Llechwen wenithfaen: llech o faen gwenithfaen[1]
20 Llechfaen potius quam Llechwen, Gradell
Llechwen, Gradell hayarn
(l.113ᵛ)
Trybedd
Trybeddan, Trybeddic
Fforch dan
25 Tanbren
Rhac glo
Malkin
Twymno ffwrn
Crassu bara
30 Pil (l.114ʳ)
Cras
Crassedic
Crassedigaeth
Crassiad
35 Soccio
Socciedic
Socciad
Blawd (l.114ᵛ)
Paill
40 Cwd paill *ll.* Cydeu paill
Peilliaw, Peillio
Peilliad
Peillied, Cann
Peillied gwenith
45 Peillied[2] rhyc (l.115ʳ)
Peilliedic[3]
Cann gwenith
Cann rhyg
Blawd Gwenith
50 Blawd rhyg[4]
Blawd haidd
Blawd ceirch
Blawd ffa
Talch, Rhynion
55 Rhuddion[5] (l.115ᵛ)
Eissin
Sissial
Lefen, Surdoes
Lefennu
60 Twrnel
Cafn tylino

---

[1] Llsgr. *gwenitfaen.*
[2] Llsgr. *Peilied.*
[3] Llsgr. *Peiliedic.*
[4] Llsgr. *Ryg.*
[5] Llsgr. *Ruḍion.*

Tylino
Tylinedic (l.116ʳ)
Tyliniad
65 Tylinawc, Tylinoc
Tylinwraic
Tylinwr
Toes
Toessi
70 Toessedic
Toessawc, Toessoc (l.116ᵛ)
Toessen
Teissen
Bwrdd moldio
75 Moldio, Moldiaw
Prenn pobi, Clawr pobi
Rholbrenn
Gyrru pob peth tene (l.117ʳ)
Moldio pob peth tew a chrwn
80 Gyrru tortheu i'w crassu ar lech a gradell
Moldio tortheu i'w crassu yn y ffwrn
Gyrru teissen *ll*. Teisenneu, Teissennod
Bara *ll*. Baraeu (l.117ᵛ)

Bara cri
85 Bara peillied
Bara cwsc
Bara ceirch
Bara llech
Bara croyw
90 Oesoden, Teisen
Bara surgeirch (l.118ʳ)
Bara miod
Bara bygilres
Bara gwynn
95 Bara cann
Bara gwenith drwyddo, Bara yskyffling
Bara rhyc
Bara canrhyc
Bara coch, Bara popty (l.118ᵛ)
100 Bara cann sur
Bara caccen
Cacen
Caccenna
Teisenna
105 Paste *ll*. Pasteiod
Crafell
Craflech (l.119ʳ)

16 Cyfrdy (l.119ᵛ)

Cwfrdy
Cyrfydd
Gwalloviad
Darllaw
5 Ffwrnes
Evydden
Padell
Trybedd
Cerwyn (l.120ʳ)
10 Cerwynan, Cerwynic

Brag
Draenen
Rhodyl
Pin stabl
15 Cafn darllaw
Stol kerwyn
Breki (l.120ᵛ)
Breci du
Penn
20 Burym

Burmo
Burmedic
Burmiad
Hidlo brecci
25 Il (I.121ʳ)
Ilio
Iliad
Iliedic
H[.]d¹
30 Llestr ilio
Gogyr hidlo
Baril
Costrel
Barilo (I.121ᵛ)
35 Barilaid², Bariled
Bariliad
Bariledic
Barilan, Barilyn
Costrelan, Costrelic
40 Costrelu

Costrelaid, Costrelied
Costreliad (I.122ʳ)
Costreliedic
Pottel
45 Pottelan, Pottelic
Pottelu
Potelaid, Potteled
Potteledic (I.122ᵛ)
Potteliad
50 Llestr *ll*. Llestri
Llestraid, Llestred
Terch³: the bum hole
Clawr terch⁴
Twnffed: a tuning dish
55 Dwsed⁵ (I.123ʳ)
Ffowsed
Spigod
Cerwynaid
Soeg

17 Amaerdy (I.123ᵛ)

Amaerdy
Amaerwr
Amaerwraic
Ambor
5 Godro
Buches
Buchessa
Buchessawc, Buchessoc
Buchessu (I.124ʳ)
10 Blaenio
Blaenion
Armel

Armelu
Blaeniad
15 Armeliad
Llaeth
Llaetha (I.124ᵛ)
Llaethawc, Llaethoc
Llaethawl, Llaethol
20 Llaethlyd
Llaeth torr
Llaeth mysc
Llaeth llefrith
Llaeth croyw

---

¹ Dilëwyd yr *e* rhwng yr *H* a'r *d*. A fwriadwyd dileu'r gair cyfan?
² Llsgr. *Bariaid*.
³ Llsgr. *Terṭ*; gw. y nodyn.
⁴ Llsgr. *terṭ*; gw. y nodyn.
⁵ Llsgr. *Dụsed*: ai gwall am *Dụsel*?

25 Llaeth cadw (l.125ʳ)
Llaeth enwyn
Llaeth enwyn sur
Llaeth enwyn croyw
Llefrith
30 Hidl
Hufen
Hufennu
Hufennawc, Hufennoc (l.125ᵛ)
Hufennawl, Hufennol
35 Hufenniad
Hufennedic
Hufenedigaeth
Budde[1]
Gordd gorddi (l.126ʳ)
40 Corddi
Emenynnu
Emenyn
Emenynnawc, Emenynnoc
Emenynnawl, Emenynnol
45 Emenynniad
Emennynnedic (l.126ᵛ)
Emenynnedigaeth
Cweirio emenyn
Emenyn cweiriedic
50 Cweiriad ymenyn
Adgweirio
Adgweiriad

Emenyn gwyrf
Emenyn hallt (l.127ʳ)
55 Emenyn newydd
Emenyn hen
Caul
Cowair
Cwirdab, Caul, Cwirdebyn
60 Ceulo (l.127ᵛ)
Ceuled
Disceulo
Ceulaid
Pelen geulaid
65 Brithoc
Caws gwynn
Cowslestr[2], Cowslest
Caws melyn (l.128ʳ)
Hen gaws
70 Caws
Cowsa
Maidd
Llwy faidd
Maidd symyl, Maidd of,
   Maidd oflyd: maidd heb ei
   verwi
75 Blochta (l.128ᵛ)
Glasfaidd
Caib maidd
Cowslesti
Cosyn

---

[1] Llsgr. *Buḍe* 'bwde', gwall am *Buḍe* 'budde', drwy gamleoli'r dot.
[2] Llsgr. *Toṵstlestr* a gyplyswyd gyda *Coṵslest* a cheir *Coṵslestr* ar frig y ddalen nesaf. Gan fod *C* a *T* bron yn unfath ac eithrio un strôc, cymerir mai ffurf wallus yw *Toṵstlestr*.

18 Odyn *ll.* Odynau (l.129ʳ)

Odyn *ll.* Odynau
Odynan, Odynic
Odyn whw
Odyndy
5 Odyn Ffrengig
Clwydeu, Llinwedd
Maen llygad
Maen (l.129ᵛ)
Pibell yr odyn
10 Crassu
Crassedic
Crassiad
Craswraic
Crassu brag
15 Crassu keirch
Crasgeirch (l.130ʳ)
Pilwellt: gwellt tann yd ar glwydeu odyn
Sparys odyn
Carthen odyn
20 Odynaid, Odyned
Cartheniaid, Carthennaid, Carthenned
Mwydo yd (l.130ᵛ)

19 Golchdy *ll.* Golchdai (l.131ʳ)

Golchdy *ll.* Golchdai
Golchwres
Mwydo dillad
Golchi
5 Golchiad
Golchedic
Golchfa
Siccio
Trochi
10 Trochedic (l.131ᵛ)
Trochiad
Distrelio
Distreliedic
Distreliad
15 Trwyth
Trwytho
Trwythedic
Trwythiad (l.132ʳ)
Trwythawc, Trwythoc
20 Lludw
Lleisw
Llutrod
Llutrodi
Sebon
25 Seboni[1]
Seboniad (l.132ᵛ)
Sebonedic
Sebonawc, Sebonoc
Golch
30 Maen golchi
Golffan *ll.* Golffennydd
Cabol
Caboli (l.133ʳ)
Caboliad
35 Cabolfaen
Caboledic
Cabolawc, Caboloc
Pric gossod
Hayarn gossod
40 Starj

---

[1] Llsgr. *Soboni.*

Cann syth (l.133ᵛ)
Starjio
Cannu
Cannaid

45 Cannedic
Cannawc, Cannoc
Golchwriaeth, Golchwrieth

20 Cigydd *ll.* Cigyddion (l.134ʳ)

Cigydd *ll.* Cigyddion
Cigyddio
Cigyddiaeth
Cigyddiawl, Cigyddiol
5 Cigyddiad
Marwdy
Gollwng gwaed anifel
Lladd anifel (l.134ᵛ)

Merydd
10 Blingio
Blingiad
Blingedic
Cryd blingo
Cambren
15 Gwanas cambren
Gwindias eidion (l.135ʳ)

21 Eidion (l.135ᵛ)

Eidion: hynn o olwythion
 sydd ynddo i'w essu ac a
 wneir o'i emysgar
Tafod
Dwy gern
y Mwnwgyl
5 y Ddwy vrysged
Dwy spawd
Glain kefn
Dau lwyn
Dwy arr (l.136ʳ)
10 Dwy arren
y Galon
yr Afu

Lliengig calon
Clyttieu yr god fawr
15 y Pwding duon
y Pwding gwnnion (l.136ᵛ)
y Bwdingen refr
y Traed
Pedwar chwarthawr sydd i
 eidion:
20 Glain kefn
Spawd
Brysged
Llwyn
Garr

22 Twrch (l.137ʳ)

Twrch: sydd ynddo o
 olwythion i'w hessu
y Tafod
y Ddwy gern
y Ddwy ën

5 Glain kefn
Dwy anhorob
Pedwar troed
yr Afu
y Galon

10 y Ddwy aren (l.137ᵛ)
   y Cylla¹
   y Pwding duon
   y Pwding gwnion
   Ef a'i golwythir neu a ddryllir ef
      ffordd arall fal hynn:
   Pedwar chwarthawr
15 2 Brysged
   2 Cost²

   2 Spawd³ (l.138ʳ)
   2 Llwyn
   2 Arr
20 2 Tynewyn
   4 Troed
   2 Gern
   2 En
   1 Tafod

23 Mollt (l.138ᵛ)

Mollt: sydd ynddo o
   olwythion i'w⁴ hessu ac o
   emyscar
Penn
2 Cost
2 Brest
5 2 Spawd
2 Llwyn
2 Arr
2 Aren
y Galon (l.139ʳ)
10 yr Afu
yr Ysgyfaint

y Godwenn fawr
y Godwen vechan
y Bwdingen siagys
15 y Bwdingen benngaiad
y Traed
y Weren (l.139ᵛ)
Cyndedyn
Gwer
20 Mer
Hangwen yw yr afu, calon,
   ysgyfen a'r lliengig: Wmbls
Penn mollt a'i hangwen: a
   shipp's head & rase

24 Oen bras (l.140ʳ)

Oen bras *ll*. Wyn breission
Llaethoen
2 Chwarthawr blaen
2 Chwarthawr ol
5 Penn
Emennydd
Calon

Afu (l.140ᵛ)
Ysgyfaint
10 2 Gaill
Gweren
Cyndedyn
Codwen fawr

---

¹ Llsgr. *y cyla*.
² Llsgr. *Çost*.
³ Llsgr. *spaud*.
⁴ Llsgr. *iu*.

25 Carw (l.141ʳ)

Carw *ll.* Ceirw
Hydd *ll.* Hyddod
Cyllaic
y Tafod

26 Llo *ll.* Lloyeu (l.142ʳ)

Llo *ll.* Lloyeu: sydd ynddo o
   olwythion i'w essu
Penn
Emennydd
2 Cost
5 2 Spawd
2 Brysged
2 Llwyn
2 Arr
Traed (l.142ᵛ)
10 Afu
Calon
Yscyfaint
Caul, hefyd sydd angenrhaid
   wrtho tuac at gweirio bwyd

27 Gweithgell Merched (l.143ʳ)

Gweithgell merched
Troell
Troell fawr
Troell fechan
5 Mainc troell
Bwrdd troell
Cant troell
Both cant
Ffynn y droell (l.143ᵛ)
10 Hoel troell
Morwyn troell
Clustieu troell
Gwerthyd
Gwarfan
15 Gwas troell
Echel troell
Llinin troell (l.144ʳ)
Gwerthyd law
Chwarfan[1] gwerthyd law
20 Troellan, Troellic
Gwerthydan, Gwerthydic
Nyddu
Nyddiad
Nyddiedic (l.144ᵛ)
25 Nyddwraic
Edau *ll.* Edafedd
Edefyn
Edau wlan
Edau lin
30 Edau gowarch
Edau ungorn
Edau gyfrodedd (l.145ʳ)
Edau a howni[2]
Howni
35 Gwlan
Gwlanawg, Gwlanog
Gwlanaidd
Mânwlan

---

[1] Llsgr. *Çuarfan.*   [2] Llsgr. *houni.*

Garwwlan (I.145ᵛ)
40 *ll.* Cribeu [*u.*] Crib gwlan
Cribo
Cribedic
Cribiad
Cribiawn, Cribion
45 Gard *ll.* Gardieu (I.146ʳ)
Troed gard
Dannedd gard
Cribwraic
Gardwraic
50 Gardiaw, Gardio
Rholyn *ll.* Rholys
Rholyssyn (I.146ᵛ)
Pinned o edafedd
Pinn
55 Dirwyn, Dirwynnu
Dirwynnedic
Dirwynniad
Pellen
Pellenu (I.147ʳ)
60 Llinhad
Llin
Bul
Rhypl
Rhyplaw llin, Rhyplo llin
65 Rhypledic
Rhypliad
ll. Kywarch [*u.*] Cywarchen (I.147ᵛ)
Pilionen *ll.* Pilion cywarch
Esgyn cywarch

70 Pilio cywarch
Had cywarch
Cywarch gwrw
Cywarch banw
Brac (I.148ʳ)
75 Casseg i gweirio llin[1]
Blaenion llin[2]
Blaenion cywarch
Ysbodawl, Ysbodol
Ysbodoli
80 Ysbodolawc, Ysbodolog
Llaw ysbod (I.148ᵛ)
Carth ysbodol
Carth llin
Carth cywarch
85 Byssied o bilion
Deisin o lin
Topan o [ ][3]
Heusyllt
Tynnu ar heusyllt (I.149ʳ)
90 Dyll llin
Crafellin
Crafellin law
Rhisglen: Hatchin
Cyffyllbren[4]
95 Adenydd troell[5] vechan
Troorydd troell
Cogel (I.149ᵛ)
Cogelyn
Cogelied
100 Kengliadur, Cyngliadur
Cengl

---

[1] Llsgr. *lin.*
[2] Llsgr. *lin.*
[3] Gadawyd bwlch bwriadol: ai *Topan o lin* neu o *eddi* (cf. **59.**69 *Topan eddi*)?
[4] Llsgr. *Cyffylbren.*
[5] Llsgr. *troel.*

Pwyll
Casseg
Cyngrod

105 Ystyllod[1] dirwyn (l.150ʳ)
Ystol gyngrod
Bryan, Brac llin

28 Dodrefn Ty (l.150ᵛ)

Dodrefn ty
Bwrdd
Mainc
Trestl
5 Cadair
Clustog
Stol
Cryced
Crud hayarn
10 Megin, Chwthol (l.151ʳ)
Llwy dan, Rhaw dan
Gefel
Celiagwyddi tan
Blwch ysbwrn
15 Gwely
Gwely plu
Matrys
Matt (l.151ᵛ)
Gobennydd
20 Clustog
Tudded, Twyg
Llenllienieu
Cynfasseu
Llowionenneu
25 Gwrthbanneu
Cwrlid (l.152ʳ)
Cadis
Tapin
Teispan
30 Drych

Gwisgadur, Siasbi, Corn ysgidieu
Carped, Twyg bwrdd
Crib penn (l.152ᵛ)
Brwish
35 Cist
Prennol
Blwch
Olmari, Nester, Mwys
Cawg
40 Towel (l.153ʳ)
Canhwyllbren
Snwffer
Dyffyddgorn
Llien bwyd
45 Salter, Halener
Napkynneu
Trensiwr
Cwppan diod (l.153ᵛ)
Meddgorn
50 Buelin
Bwrdd llestri
Ber
Gobede
Haearn crochan, Cadwyn crochan
55 Bache crochan
Caead crochan, Clawr crochan (l.154ʳ)
Ladyl, Lletfed

---

[1] Llsgr. *ystylod*.

Cigwein
　　　Crochan
 60　Pair
　　　Callawr
　　　Posned
　　　Efydden (l.154ᵛ)
　　　Padell
 65　Padell a grain
　　　Padell gig
　　　Padell ffrio
　　　Padell ganhwylleu
　　　Siaffyr, Tanllest
 70　Baster
　　　Scymer (l.155ʳ)
　　　Alch, Gridyl
　　　Ysgub, Ysgubell
　　　Trybedd
 75　Gradell[1]
　　　Llech las
　　　Llech bridd
　　　Llechwen hayarn (l.155ᵛ)
　　　Llechwen vuchudd
 80　Llechwen wenithfaen
　　　Llechfaen
　　　Maen uwd
　　　Crafell
　　　Clawr pobi, Prenn pobi
 85　Desgil (l.156ʳ)
　　　Sowser
　　　Rholbrenn
　　　Crwth halen
　　　Cwd paill
 90　Cowdrwm
　　　Fforch dan
　　　Rhac glo

　　　Malkin
　　　Pil (l.156ᵛ)
 95　Cerwyn
　　　Rhodol
　　　Pin stabl
　　　Draenen
　　　Cafn darllaw
100　Stol cerwyn
　　　Gogr hidlo
　　　Llestr ilio (l.157ʳ)
　　　Twnffed
　　　Baril
105　Costrel
　　　Pottel
　　　Twrnel
　　　Twb
　　　Celwrn
110　Crwc (l.157ᵛ)
　　　Stwc
　　　Mitt
　　　Stwnd
　　　Sten
115　Turnen
　　　Piser
　　　Cunnoc
　　　Pickin (l.158ʳ)
　　　Paiol: picin uwch law chwart
120　Cornogyn: piccin tan chwart
　　　Trwp
　　　Noe
　　　Mail
　　　Yscal
125　Ffiol (l.158ᵛ)
　　　Buddeu
　　　Gordd

---

[1] Llsgr. *Gadell*.

Hidyl
Cowstles
130 Troell fawr
Troell vechan
Cribeu
Gardieu
Cogel (1.159ʳ)
135 Brac
Cassec
Spodol bren
Llaw spodol
Heusyllt
140 Ceingliadur
Cyngrod
Ystyllod dirwyn (1.159ᵛ)
Ystol gyngrod
Cryd
145 Car cerdded
Rhidill haidd
Rhidill ceirch
Rhidill
Gogyr
150 Gogr rhawn
Gogyr huwch (1.160ʳ)
Gogyr man
Gogyr croen
Cwd
155 Nithlen
Sach
Carthen
Sachlen, Ffettan

Hob
160 Pec
Ffiol doll (1.160ᵛ)
Hestor
Tel
Peg
165 Ter
Bwlan
Bwlan gwellt
Basged law
Bwiall gynnyd (1.161ʳ)
170 Cyllell
Honsex
Basged ddellt
Twcca
Taynell ddellt
175 Agalen
Hogfaen
Cabolfaen
Pric gosod
Hayarn gossod (1.161ᵛ)
180 Trwnclest
Breuan fwstard
Cist styffylog
Basged *ll*. Basgedi
Basgedan
185 Basgedic
Basgedaid, -ed
Basged wellt
Basged wiail, -el
Basgedwr

29 Cynnydlann (1.162ʳ)

Cynnydlann
Cynnyd
Morlo

Glo canel
5 Cynnydlo, Glo cynnyd
Mawn

Dyfnfawn[1]
Rhosfawn
Tanwydd (l.162ᵛ)
10 Yskyrion
Yscyrrioni
Pillwydd onn

Cidys
Cidyssen
15 Cidyssu
Cippill
Cyffion

30 Amaeth a'i Berthynas a'i Offer (l.163ʳ)

Amaeth *ll.* Emyth[2]
Amaethu
Amaethuaeth
Amaethedic
5 Amaethiad
Amaethawc, Amaethoc
Amaethawl
Amaethuol (l.163ᵛ)
Geilwad
10 Galw ychen, Gyrru ychen
Tir, Grwn, Cefn
Tiriawc, Tirioc
Tirio (l.164ʳ)
Tiriad
15 Tud
Tudwedd
Gwrtaith
Gwrteithio
Gwrteithiedic
20 Gwrteithiad
Gwrteithiawl, Gwrteithiol
Marl (l.164ᵛ)
Marlio
Marliedic
25 Marliad
Marliawc, -oc

Tail
Teilo
Teiliedic
30 Teiliad
Teiliawc, -oc
Calch (l.165ʳ)
Calchu
Calchedic
35 Calchiad[3]
Calchawc, Calchog
Pridd
Priddio
Priddiedic[4]
40 Priddiad
Priddiawc, -oc
Maes *ll.* Meyssydd (l.165ᵛ)
Erw
Erwig
45 Eg
Anherec
Eyrionyn tir, Terfyn, Ffin tir
Terfynu
Terfyniad
50 Terfynedic
Terfynedigaeth (l.166ʳ)
Terfynawc, -oc

---

[1] Llsgr. *Dyfaun*.
[2] Rhestrir y ffurf luosog ar wahân ar f. 163ᵛ.
[3] Llsgr. *Calciad*.
[4] Llsgr. *Pridiedic*.

Terfynawl, -ol
Aradr *ll*. Erydr; Archwydd[1];
   Penffest *ll*. Penffesti
55 Arnawdd[2], -odd
Haeddel fawr, Troed haeddel
   ar wedd troed, Stwffwl
Llaw haeddel, Llowliw (1.166ᵛ)
Cledde aradr, Gwerthyd aradr,
   Cebyst aradr
Cywer, Gwadn
60 Hoelyd, Chwelydr
Boch astell, Ystyllen bridd
Llyffant aradr (1.167ʳ)
Clust aradr
Ffod
65 Cwlltwr
Cyll y cwlltwr
Swch
Penrhwyn (1.167ᵛ)
Aradr olwynawc, -oc
70 Olwynion yr aradr
Gwydd aradr (1.168ʳ)
Torch
Bochgyn
Tid, Sug (1.168ᵛ)
75 Tidio
Tidedic
Tidiad
Tidawc, -oc
Tidawl, -ol
80 Bonsug, Bondid
Iau ychen[3]
Modrwy (1.169ʳ)

ll. Bacheu [*u*.] Bach
Dol iau
85 Gwisc *ll*. gwiscadeu; Gwryf
   ll. gwryfyddion; Caiad
   ll. caiadau: dol ych
Gwarllas, Asseth
Iewydd *ll*. Iewyddon: gwden
   am ganol yr iau i gloegio yr
   tidau wrthi[4] (1.169ᵛ)
Cloig tidau: y prenn sydd yn
   dal y tidau wrth yr
   iewyddon
Rhanwe, Orieu, Rhanne, ar
   eidion yw rhoi[5] rhagor o
   bwys ar eidion o bydd[6] rhy
   drech i'w gymar (1.170ʳ)
90 Irai
Hoyt
Swmbwl
Swmbwlio
Swmbwliad
95 Swmbwliedic
Gwedd, Atcor (1.170ᵛ)
Gyrru gwedd
Gyrru ychen
Galw ychen
100 Arddwr, Llafurwr
Ar
Arddu, Aredic
Arddiad
Llafurio (1.171ʳ)
105 Branar
Branaru
Branaredic

---

[1] Llsgr. *Arcwyḍ*.
[2] Llsgr. *Arnaụd*.
[3] Llsgr. *Iau ycen*.
[4] Llsgr. *ụrt ụrti*.
[5] Llsgr. *yw roi*, y gellid hefyd ei ddehongli fel gwall am *i roi*.
[6] Llsgr. *byd*.

Branariad
Branarawc, -oc
110 Branarawl, -ol
Malc
Malcio
Malciedic (l.171ᵛ)
Malciad *ll*. Malciadau
115 Diwillio¹ tir
Diwilliad
Diwilliawdyr
Cwys
Cwyssaw
120 Cwyssiad
Cwyssiedic (l.172ʳ)
Grwnn
Trym, Trymen

Trymio
125 Trymiawc, -oc
Trymiad
Trymiedic
Rhych
Rhychor
130 Rhychori (l.172ᵛ)
Gwelltor
Gwelltori
Gwelltorog, -awg
Cyfer, Dal
135 Cylch
Cyfaru
Cyfarawc
Cyfariad

31 Og *ll*. **Ogeu** (l.173ʳ)

Og *ll*. Ogeu
Oged
Talp *ll*. Talpenneu, Carfan
  ll. Carfaneu
Cleddeu og
5 Troedog og
Daint og *ll*. Dannedd ogeu
Danheddu og
Og ddanheddog²
Cwplysseu ogeu (l.173ᵛ)
10 Mynwair, Mynkin gwellt
Mynki
Dwrn mynki, Tynniad
  ll. Dyrnion mynkion,
  Tynniadeu mynkieu
Bronbwyth mynki
Gwarbwyth mynki

15 Sug march, Tressi (l.174ʳ)
Cambren crwssedd, Sigylbren
  dau farch
Cambren, Sigylbrenn
Cefndres
Had
20 Hadyd
Hau (l.174ᵛ)
Hauad
Hauedic
Hauwr
25 Hadlestr
Llyfnu
Llyfnedic
Llyfniad
Rhaglyfnu (l.175ʳ)
30 Gorllyfnu

¹ Llsgr. *Diwilo*.   ² Llsgr. *Og ḍanhedoc*.

Rhaglyfniad
Gorllyfniad
Llyfnwr
Chwynn
35 Chwnnogl
Chwnnwr
Chwynnu
Chwnniad (l.175ᵛ)
Chwnnedic
40 Egin
Egino
Corsu
Yd yn ei gors
Eginiad
45 Eginog, -awg
Eginedic (l.176ʳ)
Yd addfed[1]
Yd glas
Pladur *ll.* Pladurieu
50 Coes pladur
Troed pladur
Torch pladur
Caing pladur (l.176ᵛ)
Dwrn pladur
55 Rhip pladur, Rhippann pladur, Stric pren[2]
Pladurwr
Hogi pladur, Rhippanu pladur
Lladd gwair
Gweirglawdd
 ll. Gweirgloddieu
60 Tanu gwair (l.177ʳ)
Gwana o wair *ll.* Gwanaeu
Tanedic
Taniad
Casglu gwair
65 Gwasgaru gwair
Gwasgaredic
Gwasgarawc, -oc (l.177ᵛ)
Gwasgariad
Casgledic
70 Casgliad
Torri gwair
Torriad
Torredic
Cribiniaw, -io gwair
75 Crybiniad (l.178ʳ)
Crybinnedic
Crybinion
Coccyn, o wair *ll.* Coccieu
Coccio
80 Cocciad
Cocciedic
Carrio gwair
Carred o wair (l.178ᵛ)
Llwyth o wair
85 Gweirio
Mwdwl o wair
Mydylu gwair
Mydyledic
Mydyliad
90 Mydylawc, -oc
Bera o wair (l.179ʳ)
Das o wair
Dassu
Dassedic
95 Dassiad
Dassawc, -oc

---

[1] Llsgr. *yd adfed*.
[2] Ceir tri minim yn y llythyren olaf, ac o bosibl ceir dot uwchben y minim olaf; ond cf. Pen 308i, 135 *Rhip pladyr*: strikpren, sef ffurf unigol.

Medi yd
Medel
Medelwr (I.179ᵛ)
100 Medelwraig
Cryman
Cryman llydan
Cryman garw
Llifo cryman ar faen llifo
105 Hogi cryman ac agalen
Dwrnfedi
Bawdfedi (I.180ʳ)
Ysgub fedi
Dyrnaid o yd, -ed
110 Tanu dyrnaid, -ed
Tanfa o yd *ll.* Tanfaeu
Seldrem o yd
Dram o yd yw tri dyrned
Ysgub yw dwy ddram (I.180ᵛ)
115 Stwccan, Stoccan yw pum
   yscub
Gafr o yd
Gafru yd
Gafredic
Gafrad
120 Stwccanu, Sto-
Stoccaniad
Sofl (I.181ʳ)
Soflawg, -og
Rhwymyn ysgub
125 Ystwc, Cogwrn *ll.* Ystycieu,
   Cogyrneu
Ystyccio, Cogyrnu
Ystyccied, Cogyrned
Ystycciedic, Cogyrnedic (I.181ᵛ)
Ystycciad, Cogyrniad
130 Drefa *ll.* Drefaau
Coccyn, o yd neu wair

Mwdwl, o yd neu wair
Das, o yd neu wair
Coccynnu yd, Mydylu yd,
   Dassu yd (I.182ʳ)
135 Coccyniad
Mydyliad
Dassiad
Coccynnedic, Mydyledic,
   Dassedic
Cyrnen
140 Cyrnennu
Cyrnennaid, -ed (I.182ᵛ)
Cyrnennedic
Cyrnenniad
Helm
145 Helmaid, -ed
Helmedic
Helmiad
Helmu
Helmawc, -oc (I.183ʳ)
150 Bera, o yd neu wair: helmed o
   yd neu wair
Cruc o yd: helmed o yd
Ysgafn, o yd mewn ysgubor
Ysgafnu
Ysgafnedic
155 Ysgafniad
Ysgafnawc, -oc (I.183ᵛ)
Llafur
Llafur yd
Heiniar
160 Ydlam, -an
Ydlammu
ll. Gwenith [*u.*] Gwenithin
   (I.184ʳ)
Gwenithawc, -oc
Gwenithawl, -ol
165 *ll.* Rhyg [*u.*] Rhygyn

Rhygawc, -oc
ll. Haidd [*u.*] Heidden[1]
Heiddawc, -oc
ll. Ceirch [*u.*] Ceirchen (I.184ᵛ)
170 Ceirchawc, -oc
ll. Ffa [*u.*] ffaen, Ffaien
ll. Pys [*u.*] Pyssen
ll. Ffytbys [*u.*] ffytbyssen
ll. Ller [*u.*] Llerren[2]
175 Llerrawc, -oc (I.185ʳ)
Efre
Efrawc, -oc
Bulwg
Gwenitha
180 Rhycca
Heidda
Ceircha
Scubenna

Ytta (I.185ᵛ)
185 Ffaa
Pyssa
Towys [*u.*] Towyssen
   gwenith, haidd a rhyg
Cloche keirch
Coden *ll.* Codeu, Codenneu
   ffa, pys a ffytbys
190 *ll.* Gwellt [*u.*] Gwelltyn pob
   yd (I.186ʳ)
ll. Col [*u.*] Colyn haidd, rhyg
   a gwenith
Coliawc, -oc
ll. Yys [*u.*] Yssyn
ll. Manys [*u.*] Manyssyn
195 Yssach
Manyssach
Peiswyn ceirch (I.186ᵛ)

32 Kar *ll.* Ceyr (I.187ʳ)

Kar *ll.* Ceyr
Braych carr, Ceibren carr
   ll. Ceibr ceir
Llyrf carr, Cingyllt carr
Cledde carr
5 Cledr carr
Ffonn carr
Cyssegffon carr
Carwden, Cefnwden
   ll. Carwdyn (I.187ᵛ)
Sowdl *ll.* Sodleu car
10 Sodli carr
ll. Creffynneu [*u.*] Creffyn
   carr
Gwsbrenn carr: prenn mal dol

i rwymo y rhaff wrthaw[3] i
   rwymo y carred
Carr olwynoc (I.188ʳ)
Carr llusc
15 *ll.* Olwynion carr [*u.*] Olwyn
Echel carr
Trol
Certwen [*ll.*] Certwenni
Echel (I.188ᵛ)
20 Carr certwyn
Carfan *ll.* Carfaneu
Ffynn y gist
Gwaelod y gist
Cist certwyn

---

[1] Llsgr. *Heiden.*
[2] Llsgr. *Lerren.*
[3] Llsgr. *y raff urṭau.*

33 Menn *ll.* Menni, Menneu (l.189ʳ)

Menn *ll.* Menni, Menneu
Olwyn *ll.* Olwynion
Both *ll.* Botheu
Bothawc, -oc
5 Adain *ll.* Adenydd; Gwerthyd
   olwyn
Camawc, -oc *ll.* Cemic,
   Camogeu
Hoelion dyle (l.189ᵛ)
Echel
Echelu
10 Echeledic
Echeliad
Echelawc, -oc
Hoelion echel

Pinneu echel (l.190ʳ)
15 *ll.* Clyttieu echel [*u.*] Clwt
Clyttio echel
Clyttiedic
Clytiad
Cist y fenn, Llwyfen, Crywyn
20 Paladyr y llwyfen[1]
Tinbren y llwyfen
Carfaneu (l.190ᵛ)
Carfaneu ofer
Certwyn deilo (l.191ʳ)
25 Fforch certwyn
Cotchwen
Crwcca[2], Caib teilo

34 Sled *ll.* Ysledi

Sled *ll.* Ysledi
Murieu yr ysled
Cleddyddeu yr ysled (l.191ᵛ)
Goseleu yr ysled
5 Penn ysled
Pennrhwym yr ysled

Llyr yr ysled
Ffynn ysled
Carraid, -ed
10 Trolaid, -ed
Yslediaid, -ed

35 Ysgubawr, -or *ll.* Ysguborieu (l.192ʳ)

Ysgubawr, -or *ll.* Ysguborieu
Mennaid, -ed o yd
Certwynnaid, -ed
Troliaid, -ed
5 Carraid
Misgafn, Ysgafn
Misgafnu, Ysgafnu
Miscafniedic (l.192ᵛ)

Miscafniad
10 Piccio ysgubeu
Ffyst *ll.* Ffystiau
Troedffyst
Gwialenffyst, Ialffyst
Tepp, Cappan ffyst
15 Rhwymyn ffyst, Tynniad ffyst
   (l.193ʳ)

---

[1] Llsgr. *y luyfen.*
[2] Llsgr. *Crucca.*

Fforch wellt *ll.* Ffyrch
Fforchig
Fforchaid, -ed
Fforcheidiaw, -o
20 Cribin
Picfforch
Picfforched (I.193ᵛ)
Llawr dyrnu
Lloried o yd
25 Dyrnu yd
Llowio
Brigddyrnu
Brigddwrn
Bonsang
30 Batting, Pilion, Cloig, Pilwyn (I.194ʳ)
Batingen
Battingo
Cweirio llawr
Carthen, Nithlen
35 Nithio[1]
Nithiedic (I.194ᵛ)
Nithiad
Nithwraic
Rhidill
40 Rhidill haidd
Rhidill ceirch
Rhidill hil: y rhidill[2] mwyaf
Rhidill croes yw y rhidill canolic
Rhidill pilcorn, Rhidill man, Rhidill lleiaf[3] (I.195ʳ)

45 Rhidilliaw[4], -o
Rhidilliad
Rhidilliedic
Rhidillaid, -ed
Gogr *ll.* Gogreu
50 Gogyr huwch
Gogr mân (I.195ᵛ)
Gwagr, Gogr
Gwagyr dellt
Gwagyr croen
55 Gwagyr rhawn
Gogrynnu
Gogrynniad
Gogrynnedic
Gograid, -ed
60 Troelli yd (I.196ʳ)
Toppio
Topion
Gwhilion
Puro
65 Carthennaid, -ed, Nithlennaid, -ed
Sach
Sachlen, Ffettan (I.196ᵛ)
Sachaid, -ed
Sacheidiaw, -o
70 Sechu
Sachedic
Ffetanaid, -ed, Sachlennaid[5], -ed

---

[1] Llsgr. *Nitio*.
[2] Llsgr. *ridil*.
[3] Llsgr. *leiaf*; cf. Pen 308i, 130 *y ṛidil̦ l̦eia*.
[4] Llsgr. *Ṛidiliaụ*.
[5] Llsgr. *Saclennaid*.

36 Boydy (1.197ʳ)

Boydy
Glawty yw y lle y bo yr anifeliaid, -ed, ynddo ymhenn y ty annedd, Penty
Taflod *ll*. Taflodydd: lle i vwrw gwair a gwellt uwch benn anifeiliaid mewn boydy neu farchdy
Cor
5 Gwaffar, -er, Preseb
Gwaddon: y sailbren y bo y vuddel ynddo (1.197ᵛ)
Gwarrog yw prenn y bo penneu uchaf y buddele ynddo
Buddel
Rhau, Torch, Troedoc sydd am y vuddel i roi yr aerwy trwyddi
10 Aerwy *ll*. Aerwyau
Dol aerwy, Bwa aerwy (1.198ʳ)
Cloprenn, Gwarrawg, -og, aerwy, Gwarwg
Llaessod, Rhester
Gwassarn
15 Gwassarnu
Gwassarniad
Gwassarnedic
Gwassarnawc, -oc (1.198ᵛ)
Gwassarnawl, -ol
20 Atporion, Pirion, Gwargredion
Llysowbrenn, Pislath, Troslath
Pislath: y lle y bo yr anifeliaid, -ed, yn bisweilio ynddo
Carthu (1.199ʳ)
Carthedic
25 Carthiad
Fforch garthu, Teilfforch
Berfa, Carthglwyd
Berfaed
Berfaau
30 Ced, Cynilin: peth o brennieu i arwain gwellt i anifeliad
Cowain gwellt a gwair (1.199ᵛ)
Biswail
Tail
Buarth
35 Llidiart

37 Marchdy (1.200ʳ)

Marchdy
Cafn ebran
Rhastal
Rhessel
5 Coler
Tennyn, Cebyst, Rheffyn
Gwassarn
Gwassarnu (1.200ᵛ)
Gwair
10 Ebran
Berfa olwynawc
Swslien
Swsgengl
Swsgenglu
15 Swsgengliad
Scrafell

Scrafellu (l.201r)
Scrafelliad
Scrafelledic
20 Crib march
Cribaw, -o
Cribedic
Cribiad
Cribawc, -oc
25 Pedawl, -ol *ll.* Pedoleu (l.201v)
Pedoli
Pedoliad
Pedoledic
Pedolawc, -oc
30 Hoel pedol
Pedolwr
Ffrwyn *ll.* Ffrwynau
Ffrwynaw, -o (l.202r)
Ffrwynedic
35 Ffrwyniad
Ffrwynawc, -oc
Hayarn ffrwyn
Ffrwynawl, -ol
Afwyn ffrwyn
40 Penrhwym ffrwyn
Cerneu ffrwyn (l.202v)
Carre yr en
Rest ffrwyn
Bottwm rhedeg
45 Gwaeg *ll.* Gwaegeu ffrwyn
Trwynffrwyn
Genfa
Cyfrwy *ll.* Cyfrwyau
Cyfrwyaw, -o (l.203r)
50 Cyfrwyawc, -oc
Cyfrwyedic
Cyfrwyad

Cyfrwyawl, -ol
Digyfrwyaw, Dadgyfrwyaw
55 Eisteddle kyfrwy
Corn cyfrwy (l.203v)
Bwa cyfrwy
Panel cyfrwy
Cyfrwy untuoc
60 Pren cyfrwy
Tytmwy *ll.* Tytmwyau,
   Llanged *ll.* Llangedau
Tytmwyaw, -o, Llangedu
Tytmwyawc, -oc,
   Llangedawc, -oc (l.204r)
Tytmwyad, Llangediad
65 Tytmwyedic, Llangedic
Postolwyn, Crwpper
Brongengl
Torrgengl
Cengl *ll.* Cengleu (l.204v)
70 Cenglu
Cengledic
Cengliad
Cenglawc, -oc
Ffrwynaw, -o
75 Ffrwy[ne]dic
Ffrwyniad
Ffrwynawc, -oc (l.205r)
Gwaeg cengl
Tafod gwaeg, Bys gwaeg
80 *ll.* Gwaegeu
Gwaegiad
Gwaegedic
Gwaegawc, -oc
Gwaegu
85 Gwe cengleu (l.205v)

Sadell *ll.* Sadellau[1]
Sadellan, Sadellic
Sadellu
Sadelliad
90 Sadelledic
Sadellawc, -oc
Pannoreg, Ystarn
Ystarnu (I.206ʳ)

Ystarnedic
95 Ystarnawc, -oc
Ystarnawl, -ol
Strodur hir
Ystroduriaw, -o
Ystroduriad
100 Ystrodurawc, -oc (I.206ᵛ)

38 Crewyn (I.207ʳ)

Crewyn *ll.* Crewynau
Cafn moch
Soeg moch

Twrlla: twrch pascedic
5 Cutt moch

39 Ffronc (I.207ᵛ)

Ffronc

Cutt gwyddeu

40 Ceudy

41 Drecht

42 Melin (I.208ʳ)

Melin *ll.* Melinau, -eu
Melinydd *ll.* Melinyddion
Melinyddiaeth
Melin ddwr
5 Melin wynt
Melin feirch
Breuan
Brauan law (I.208ᵛ)
Breuan dinfoel
10 Breuan fwstart[2]
Breuan Bupyr
Breuanvwth

Malu
Arfal, Penbleth
15 Maliad
Maledic (I.209ʳ)
Rhagodfa melin: a sluse or a fludyat
Pwnt, Cronfa melin
Pynfarch, Ffos melin
20 Penbleth mawr ar y felin,
Arfal mawr ar y felin:
llawer o waith ar y felin i falu
Maen melin (I.209ᵛ)

---

[1] Llsgr. *Sadelau.*
[2] Llsgr. *fustart.*

Llygad y maen
Peysyllt
Gwerthyd
25 Pres
Cerwyn y felin (I.210ʳ)
Godded: y lle y mae y blawd
    yn cerdded o'r main i'r cafn
    blawd
Cafn blawd
Hopran
30 Llwyfen ofer
Cyfogi, y felin (neu y main)
ll. Pige melin [*u.*] pig (I.210ᵛ)
Cyfegydd
Paladr melin
35 Olwyn ddwr
Cod *ll.* Code yr olwyn[1]
Ladl *ll.* Ladle yr olwyn[2]
Olwyn goccys (I.211ʳ)
Coccys
40 Coccyssu
Coccyssiad
Coccyssedic
Coccyssawc, -oc
Hoelion coccys
45 Cadair melin (I.211ᵛ)
Seildderi[3] melin
Cafn gwyllt[4] (I.212ʳ)
Cafn ysgwt
Melin wynt

50 Adenydd[5] (I.212ᵛ)
Melin feirch[6]
Breuan law (I.213ʳ)
Sil
Silio
55 Siliad
Silin
Pilcorn, Siliad
Rhynion (I.213ᵛ)
Eissin
60 Eissin sil
Dwst
Blawd
Blodiaw, -o
Blodiawc, -oc
65 Blodiad
Toreth (I.214ʳ)
Torethawc
Blawd gwenith
Blawd rhyc
70 Blawd haidd
Blawd ceirch
Blawd ffa
Blawd pys
Blawd ammyd
75 Amyd (I.214ᵛ)
Melin haiarn
Melin blwm
Melin bowdwr
Melin bapyr

---

[1] Mae'r ffurfiau unigol a lluosog ar wahân yn y llsgr.
[2] Mae'r ffurfiau unigol a lluosog ar wahân yn y llsgr.
[3] Llsgr. *Seilḍeri*; gadawyd 6 llinell wag yn dilyn.
[4] Gadawyd 6 llinell wag o flaen **42**.46, 47 ar waelod y ddalen.
[5] Gadawyd 3 llinell wag ar ei ôl.
[6] Gadawyd 2 linell wag ar ei ôl.

43 Clawdd (l.215ʳ)

Clawdd
Cloddio
Cloddiedic
Cloddiad
5 Cloddiwr
Clais clawdd
Gwarr clawdd
Brest clawdd
Ffiled clawdd, Eirionyn (l.215ᵛ)
10 Gwaelod clawdd
Rhaw[1]
Rhaw[2] bal, Pal, Rhaw ryforio
Cladd o bridd, Paliad
Palu
15 Paledic
Palawc, -oc (l.216ʳ)
Rhyforiaw, -o
Rhyforiad
Rhaw ryglaw, -o
20 Rhuglaw, -o
Rhugledic
Rhugliad
Rhuglawc, -oc
Caib (l.216ᵛ)
25 Ceibio, -aw
Ceibiedic
Ceibiad
Caib pig
Pigiad
30 Pen rhaw

Troed rhaw
[ ][3] rhaw
Rhawied (l.217ʳ)
Maneg caib
35 Settyssu
Settyssiad
Settyssawc, -oc
Settyssedic
Settys
40 Settyssen
Cae *ll*. Caeau (l.217ᵛ)
Caey
Cayad
Cayedic
45 Caedigaeth
Pawl *ll*. Polion
Polioni
Polionawc, -oc
Caewydd (l.218ʳ)
50 *ll*. Erwydd [*u*.] Erwydden
Erwyddu
Erwyddawc, -oc
Erwyddedic
Erwyddiad
55 Gwrych [*ll*.] Gwrycheu
Clawdd pridd (l.218ᵛ)
Clawdd towyrch
Clawdd cerric
Cae drain
60 Cae gwrysc

---

[1] Llsgr. *Raụ*.
[2] Llsgr. *Raụ*.
[3] Gadawyd bwlch yn y llsgr.

44 Coed (l.219ʳ)

Coed *ll.* Coedydd
Coedwig
Gwig
Prenn
5 Cymynu prenn
Cymynai
Cymyniad
Torri prenn
Bwrw prenn i lawr (l.219ᵛ)
10 Bloccieu: ysglodion y gymynai
Diwreiddiaw¹, -o coed
Caib digoedi, Bwiall gaib
Diosc coed
Drysni, Dryssi
15 Hafladd
Hafladdu: torri yr drysni a'r rhedyn a phethau eraill ar dir (l.220ʳ)
Bilwg dryssi: llafn hir tebic i gryman penn ffonn
Torri coed
Ysgythru
20 Torredic
Torriad
Ysgythredic² (l.220ᵛ)
Ysgythriad³
Plannu coed
25 Planniad
Plannedigaeth
Plannedig

45 Offer Teyluyddiaeth (l.221ʳ)

Offer teyluyddiaeth
Aradr, Archwydd, Penffest
Irai
Hoyt
5 Og
Car llusc
Car olwynoc
Trol (l.221ᵛ)
Certwyn
10 Menn
Sled
Puwl
Ieuau
Tidau, -eu
15 Tressi
Rhaffau (l.222ʳ)
Aerwyau
Cynilin
Berfa
20 Carthglwyd
Berfa olwynawc, -oc
Fforch garthu
Fforch wellt
Fforch wair
25 Fforch certwyn (l.222ᵛ)
Picfforch
Cribin
Ffyst
Rhidill
30 Gogyr

---

[1] Llsgr. *Diwreidiau̯*.
[2] Llsgr. *ysgytredic*.
[3] Cywirwyd *s* hir yn *t*.

Gogr huwch
Gogr man
Carthen (I.223ʳ)
Nithlen
35 Hob
Hannerob
Pec
Ffiol
Hestor
40 Peg
Cwd (I.223ᵛ)
Cydan
Sach
Sachlen[1]
45 Ffettan
Rhaw
Pal
Rhaw bal (I.224ʳ)
Rhaw ryforiaw, -o
50 Rhaw ruglo
Caib
Caib pic
Caib[2] digoedi, Bwiall gaib
Caib difalkio, Battog
55 Cryman
Cryman llydan (I.224ᵛ)
Cryman garw
Cryman penn ffon
Cryman coed
60 Pladur
Hoc
Bwiall
Bwiall goed (I.225ʳ)
Bwiall gynnyd
65 Bilwg

Gwddi
Trossol
Trossol hayarn
Trossol prenn
70 Gwif
Bilwg dryssi (I.225ᵛ)
Bryanllyf
Maen llifo[3]
Hogfaen, Agalen
75 Bach gwair
Carthbrenn
Panel
Strodur
Sadell (I.226ʳ)
80 Panoreg
Ystarn
Rhaff
Rhaff vlew
Rhaff gort
85 Rhaff lwyf
Rhaff moresg
Rhaff garr (I.226ᵛ)
Rhaff gertwyn
Rheffyn
90 Tennyn
Cebyst
Chwnnogl hayarn
Chwnnogl brenn
Ysgol
95 Gordd brenn (I.227ʳ)
Cynnion heyrn
Rhagddor
Llidiart
Ieydd, Isswng

---

[1] Llsgr. *Saclen*.
[2] Llsgr. *Cab*.
[3] Llsgr. *lifo*.

46 Klwyfau ar Ddynion (I.227ᵛ)

Clwyf *ll*. Clwyfau
Clwyfaw, -o
Clwyfys
Clwyfedic
5 Clwyfiad
Clwyfawl, -ol
Clwyfaid
Clwyfawc, -oc
Dolur *ll*. Doluriau
10 Doluriaw, -o (I.228ʳ)
Dolurys
Dolurawl, -ol
Haint *ll*. Heintiau, Haint-, Heiniau
Heintys, Heinys
15 Heintiawg, -og
Heintiaw, -o (I.228ᵛ)
Heintiawl, -ol
Briw *ll*. Briwiau, -eu
Briwaw, -o
20 Briwedic
Briwiawl, -ol
Cnofa *ll*. Cnofeydd
Tostedd (I.229ʳ)
Maen tostedd
25 Gwynt
y Famog
y Vrech wenn
y Vrech goch
y Vrech las
30 y Vrech fawr
Brech yr Iddewon[1] (I.229ᵛ)
y Dduvrech
y Cornwyd, Cewynn
Cornwyd *ll*. Cornwydydd, Pynddyn *ll*. Penddunod
35 Crach [*u.*] Crachen
Gwayw
Gwayw gwyllt (I.230ʳ)
y Meigraen wayw
y Ddannodd
40 Dannodd waed
Dannodd wyllt
Dannodd fud
yr Esgyrn
y Cancr
45 y Rhwnc (I.230ᵛ)
yr Anwyd, Gormwyth
y Pas
y Pesswch
Pesychu
50 y Dubas: Chincough
y Llechau, -eu
Cusan bwbach
Yswynas (I.231ʳ)
Clwy y moch
55 Sychbilen
Dolamech: dolur ar lygad
Magyl ar lygad
Llyfrithen, Llef-
Rhychdyren llygad, neu dros lygad
60 Maglu llygad (I.231ᵛ)
Cafod o wynt
Bradgyfarfod
Ewinor
Bystwn
65 Bystwn gwyllt: a ffelon

---

[1] Llsgr. *Idewon*.

Gwsawyr
Haint calon (I.232ʳ)
Iddw
Iddw rhedegog[1]
70 Iddw gwibiad
Tan iddw
Tan bendiged
y Ddeirton
y Cryd
75 y Cryd crynnu (I.232ᵛ)
y Cryd melyn
y Cryd cymalau
y Cryd poeth
y Clwy melyn
80 y Clwy gwahanawl, -ol
Gwahanglwyf
y Clwy chwys
y Clwy du (I.233ʳ)
Clwy y brenin
85 y Clwyf dirgeledic
Clwyf y marchogion
Clefyd cledr dwyvron
Clefyd Tegla, neu syrthio yn y clwy
y Parlys
90 y Parlys mud (I.233ᵛ)
Llecheden o ddolur
Llyctynedic
yr Wrwst, y Crwmp, yr Yrwest, y Cramp
Cwlwm gwythi[2]
95 Gwres: gwres yn tarddu
Llosgrach (I.234ʳ)
y Vendiged las

Darymret
Chwydd: a swelling
100 Tresgli
Crugeu
Damcyfycyrwydd
Gwaed estronawl, -ol
Anyscymod (I.234ᵛ)
105 Gwaedlin: bleeding at the nos
Lluddias ystafell
Tarddu: to breake out
Derwraint [u.] Derwenien
yr Eryr
110 Cilwyrn *ll*. Cilwyrneu: a deseas in the iawes (I.235ʳ)
Bothell, Pwngen
Terric
Perfigedd
Chwissigl[3]
115 Clafr
Clefri
Clafru (I.235ᵛ)
Crachu
y Mannwnnion: klefyd sydd yn codi ac yn tarddu mewn cymal ac yn cerdded rhwng croen ac ascwrn ac yn difetha y cnawd o'r naill gymal i'r llall ac ef a dardda ohonaw ef bryf gwynn pengoch ac yna y iacheiff y lle hwnnw ac y terddiff y clwy mewn mann arall oni iacheir yn dda
120 Llygad iar (I.236ʳ)

---

[1] Llsgr. *redegog*.
[2] Llsgr. *guyti*.
[3] Llsgr. *Cwissigl*.

Gibws
Spelwad

Hungos
Crygynnod

47 Messureu (l.237ʳ)

Messureu
Tri hyd y gronyn haidd yn y fodfedd
Tair Bodfedd yn y balf
Troedfedd[1], deuddec bodfedd yw
5 Llathen, tair troedfedd yw
Cyfelin: llathen a hanner, an El
Rhwd yw wyth llath
Palfed yw tair bodfedd
Dyrnfedd yw tair bodfedd (l.237ᵛ)
10 Dyrnfedd gorniawc, -oc, yw [ ][2] bodfedd
Rhychwant yw o vlaen y vawd i vlaen yr hirvys, neu naw bodfedd o fessur
Cyfydd yw o'r elin i vlaen yr hirvys neu hanner llath
Gwryd yw dwy lath: a fadom[3]
Ffioled: pedwerydd rhann pecked yw (l.238ʳ)
15 Pecced yw pedair ffioled
Pec yw y llestr
Hob yw y llestr a amgyffred pedwar peck
Hobed yw pedwar pecked
Bwishel yw pedwar hobed
20 Chwarter yw pedwar bwishel
Têr: llestyr o hanner hob
Tered: hanner hobed[4] (l.238ᵛ)
Hestor: llestr o hanner hob
Hestored: hanner hobed
25 Peg yw llestr a amgyffra pedwar hestor ne ddau hob
Peged yw dau hobed neu 4 hestored
Cyrnoc, ne Cren
Crennoc: messur a amgyffra pedwar 4 hestor neu ddau Hobed (l.239ʳ)
Tel yw dau gwarter
30 Cwarter yw dau pecced
Pecced yw 4 ffioled
Ffioled yw pedwar cwart
P[ed]war chwart i'r ffioled
Pedair ffioled i'r pecked
35 2 Becced i'r chwarter (l.239ᵛ)
4 Chwarter i'r tel
Cyfor yw tair ffioled
Stacca yw pedwar cyfor
Cyfor yw stric y llestyr
40 Pedwar cwart a wna pedwaran
Pedwar pedwaran a wna hobed
Pedwar hobed a wna stac neu lestred[5] (l.240ʳ)
Gwialen yw saith llath[6] (l.240ᵛ)
Gwialen pladriad yw 3¼ llath

---

1 Llsgr. *Toedfeḍ.*
2 Gadawyd bwlch yn fwriadol yma.
3 Ar waelod y ddalen: *edraç /241/ am yçuaneg* (ai 240ʳ a olygir?).
4 Ceir cyfarwyddyd i symud y *Têr* a *Tered* at *Tel* 239ʳ.
5 Gadawyd gweddill 240ʳ yn wag.
6 Llsgr. *Lath.*

45 Pladriad yw dwy wialen
Rhwd o dir yw 64 o lathenneu yn bedrogl
Acyr o dir yw 160 rhwd yn bedrogyl
Llathen bedrogyl yw 9 troedfedd [bedrogyl]
Troedfedd bedrogyl yw 144 bodfedd bedrogyl (I.241ʳ)

48 Pwysseu a'i Perthynas (I.241ᵛ)

Clorian, Mantol
Clorianu, Mantoli
Clorianiad, Mantoliad
Pwys y cwyr (I.242ʳ)

5 Pwys y gyfelin
Hanner pwys
Chwarter pwys
Hanner chwarter pwys (I.242ᵛ)

49 Chwaryeu (I.243ʳ)

Chware: A play
Chwareu: to Play
Chwareydd: a Player
Chwaryddiaeth: a Play
5 Chwaryddes
Chwareus
Chwaryawc, -oc
Chwaryawl, -ol (I.243ᵛ)
Chwa[re] Buarth baban
10 Ch[ware] Dwylo gwnnion
Ch[ware] Minddu manddell
Ch[ware] Chwirli gwgan
Ch[ware] Mig ymgiddied
Ch[ware] Cat i'r wern
15 Horling penn ffon (I.244ʳ)
Coeta
Caelys
Nawtwll: Nine holes
Sittenna
20 Pydoli yr gassec
Ch[ware] Pel ddwylo
Ch[ware] Pel draed (I.244ᵛ)
Ch[ware] Tenys
Ch[ware] Palet
25 Ch[ware] Rhymoc
Bwrw yr gamog
Bowlio
Seythu (I.245ʳ)
Rhedec
30 Neidio
Bwrw maen
Bwrw trossol
Taflu gordd
Taflu taflfaen
35 Ymafelyd, Ymeylyd
Ch[ware] Cleddeu unllaw (I.245ᵛ)
Ch[ware] Cledde a dager
Ch[ware] Cledde a bwcled
Ch[ware] Cledde a tharian
40 Ch[ware] Cledde deuddwrn
Ch[ware] Ffonn ddwybic
Ch[ware] Ffonn hir
Dissieu (I.246ʳ)
Tabler
45 Cardie
Gwyddbwyll
Towlbwrdd
Ffristial chwegwyr

50 Arfau o Bob Ryw (l.246ᵛ)

Bwa *ll*. Bwaeu
Saeth *ll*. Saetheu
Bwa yw
Bwa llwy
5 Bwa hir
Bwa teler
Bwa croes
Bwa main (l.247ʳ)
Saeth lydan
10 Saeth gwyr
Saeth ascelloc[1]
Pilwrn
Saethu[2]
Saethiad
15 Saethedic
Saethawl (l.247ᵛ)
Cledd, Cleddau, -eu, Cleddyf,
    Llafn, Ffoss
Cleddeu unllaw
Cleddeu deuddwrn
20 Llafn cledd
Golun
Carn (l.248ʳ)
Seidin
Cramp
25 Gwain
Blaenswch
Dwrn
Dager
Bwcled

30 Tarian (l.248ᵛ)
Cylchwy
Ysgwyd
Bronddor
Aes
35 Astalch
Ffon hela, Helffon
Ffonn hir
Ffon ddwybig (l.249ʳ)
Isarn
40 Glaif
Bwiall arf, Bwiall enille,
    Bwiall nillic, Bwiall bennog
Gwddi
Gwayw
Alfarch (l.249ᵛ)
45 Piccell
Blif
Mangnel
Curas
Lluric
50 Paeled
Penffestyn
Helm (l.251ʳ)[3]
Brigawn
Miswrn y penffestyn
55 Bilwc plwc
Bilwc caiad
Bilwc llaw

---

[1] Llsgr. *asceloc*.
[2] Llsgr. *Sᵃeutu*, a'r *a* wedi ei hychwanegu, ond gan anghofio dileu'r *u* o flaen y *t*.
[3] Camrifwyd y dalennau a cholli f. 250 yn y rhifo.

51 Graddau Gwyr (l.251ᵛ)

Amherodrawc, -oc[1]
Brenhin *ll*. Brenhinoedd, Brenhinedd
Brenhines *ll*. Brenhinessau
Brenhiniaeth
5 Brenhiniaethu
Brenhiniaethiad
Brenhinawl, -ol
Brenhinawc, -oc (l.252ʳ)
Brenhinin
10 Brenhinessan
Teyrn *ll*. Teyrnoedd, Teyrnedd
Teurnes *ll*. Teyrnessau
Teyrnas
Teyrnassu
15 Teyrnassiad (l.252ᵛ)
Teyrnassedic
Teyrnassawc, -oc
Teyrnassawl, -ol
Mychdeyrn
20 Rhwy, Rhwyf
Rhwyfanaeth
Rhwyfaniad (l.253ʳ)
Rhwyfanawl, -ol
Rhwyfanawc, -oc
25 Llyw
Llywawd, Llywiawd[2]
Llywiaw
Llywiad
Twyssog *ll*. Twyssogion (l.253ᵛ)
30 Twyssoges *ll*. Twysogessau
Twyssogaeth
Twyssogiad
Iarll *ll*. Ieirll
Iarlles *ll*. Iarllessau
35 Iarllaeth
Arglwydd *ll*. Arglwyddi (l.254ʳ)
Arglwyddes
   ll. Arglwyddesseu
Arglwyddiaeth
Arglwyddiaethu
40 Arglwyddiawl[3], -ol
Arglwyddiaidd[4]
Marchoc urddol
Marchog urddolaeth (l.254ᵛ)
Marchog urddoli
45 Marchog urddoliad
Brehyr
Yswaen
Milwr
Marchog
50 Marchoges
   ll. Goreugwyr [*u.*] goreugwr: Optimates (l.255ʳ)
Hynafgwr *ll*. Henafgwyr: Seniores
Uchelwr *ll*. Uchelwyr: Magnates
Henefydd[5]: Magnates, Seniores
55 Bonheddig [*ll.*] Bonheddigion: Nobiles

---

[1] Ni cheir pennawd yma yn y llsgr. ond ceir *Gradau gwyr* yn y rhestr gynnwys ar f. 257ᵛ.
[2] Llsgr. *Llyu̯au̯d, Llywiau̯, Llywiau̯d*.
[3] Llsgr. *Argl̯uydiaul̯*.
[4] Llsgr. *Argl̯uydiaid̯*.
[5] Llsgr. *Henefyd*.

Gwrengod: Vulgus
Taioc *ll.* Taiogion: Rusticus
ll. Diwyllwyr [*u.*] Diwylliwr
  (I.255ᵛ)
Diwyllawdr *ll.* Diwyllodron:
  Colonus

60 Llyg [*ll.*] Llygion: Laicus
Llen [*ll.*] Llenion: Theologus
Gwelygordd [*ll.*]
  gwelygorddion
Dinastyn: Cives
Ciwdawd

Ac fal hynn y terfyna rann gyntaf o'r llyfr hwnn
y 16 dydd o Ionawr 1632

Llyfr II: Peniarth 305

52 Goof a'i Offer (II.1ʳ)

Gof *ll.* Gofaint
Gofaniaeth
Goof llys
Goof du
5 Gefail *ll.* Gefeiliau
Gefailwaith, Gefeil-
Gefelydd
Megin *ll.* Megineu (II.1ᵛ)
Eingion *ll.* Eingionau
10 Eingion fawr
Eingion gyrriog¹
Gefel
Gefel vodioc
Gefel bedoli (II.2ʳ)
15 Pedol
Pedoli
Hoel pedol
Hoel rew
Ewin ych
20 Croper
Haearnllif
Carnllif (II.2ᵛ)

Ordd *ll.* Yrdd
Morthwyl *ll.* Morthwylion
25 Morthwyl pedoli
Cameg
Cethrawl
Cethrawc
Cwnssill, Cwynsyll
30 Cethr *ll.* Cethri (II.3ʳ)
Breuanllif
Troorydd
Clo: a locke
Cloedic
35 Cloiad
Cloi
Dadcloi
Allwydd
Egoriad
40 Clo cyff (II.3ᵛ)
Clo llyffant
Clo cist
Gwaharddion: the wards

---

¹ Mae'r ail *r* yn aneglur, ond Pen 308i,
  185ʳ *Eingion gyrriog*.

Gast clo: the Spring of the lock
45 Bollt clo: the boult of the lock
Bwa clo llyffant: the bowe of ye lock

Hesben clo cist
Creffynneu cist
Barrieu drws

53 Offer Saer Prenn (II.4ʳ)

Saer *ll*. Seiri
Pennsaer
Coegsaer
Saerniaeth
5 Cymynai
Cymynu
Cymynniad (II.4ᵛ)
Cymynnedic
Cymynawc, -oc
10 Cymynawl, -ol
Blockie
Bwiall
Gwegil bwiall
Cil bwiall
15 Ystlys bwiall (II.5ʳ)
Lled bwiall
Min bwiall
Crau bwiall
Troed bwiall[1]
20 Troedio bwiall
Bwiall goed
Bwiall lydan
Menybr bwiall, Troed[2] bwiall (II.5ᵛ)
Menybru bwiall
25 Asklawd *ll*. Esclod
Esclodyn *ll*. Esclodion
Bwiall gam

Nedde
Rhwmp (II.6ʳ)
30 Taradr *ll*. Terydyr
Taradr perfedd
Ebill *ll*. Ebillion
Ebill crych
Carn ebill
35 Paladyr ebill
Seidin ebill
Llysiewyn ebill (II.6ᵛ)
Penn ebill
Llwy ebill
40 Llwy taradr
Llwy gwimbill
Ebill llwy
Ebill ffonn llidiart
Ebill ffonn carr
45 Ebill chwelydyr (II.7ʳ)
Ebill hanner modfedd, neu chwelydr
Ebill modfedd, neu ffonn carr
Ebill modfedd a hanner, ne ffonn llidiart
Ebill trohidin neu trohidill: ebill tro
50 Taradr dwy fodfedd
Taradr dwy fodfedd a hanner (II.7ᵛ)
Taradr tair modfedd

---

[1] Llsgr. *buiaḷ*.
[2] Llsgr. *Tred*.

Gwimbill
Gwimbill tro
55 Gwimbill crych
Gwimbill doleu
Gwimbill hoel hayarn
Llif (II.8ʳ)
Llif hir
60 Llif fram
Llif unllaw
Llif ossod
[ ]¹ wrest
Gossod llif
65 Llifiaw, -o (II.8ᵛ)
Llifiwr
Llifiedic
Llifiad
Llifiawc, -oc
70 Cyn²
Cynniaw, -o
Cynniad (II.9ʳ)
Cynniedic
Cynniawc, -oc
75 Cyn llydan
Cyn llwy
Gaing: a tsisel. Rhai a eilw gaing yn aing³
Gaing gou, Gaing gau⁴: a gowds
Gaing aris (II.9ᵛ)
80 Gordd *ll*. Gyrdd
Gwestfil

Cyn gwestfil: a plan bytt
Cyff gwestfil
Rhagwestfil: a ffôr plan (II.10ʳ)
85 Cabolwestfil: a smodding plan
Cysswllt westfil: a dsiounter
Cysswllt
Cyssylltu
Cyssylltiad
90 Cyssylltedic
Cyssylltawc, -oc
Gwestfil gwialog (II.10ᵛ)
Cwmpas
Crwn
95 Cwmpassu
Cwmpassedic
Cwmpassiad
Cwmpassawc, -oc
Crynhoi (II.11ʳ)
100 Crynhad
Yscwir
Pedrogl
Pedrogli
Pedrogliad
105 Pedrogliawc, -oc
Ci
Gweithdy (II.11ᵛ)
Rhanneu drws ynt
    Ymhiniogeu, Gwarddrws,
    Trotheu, Dor, Colun, Ci

---

¹ Gadawyd bwlch yn y llsgr., fel yn y rhestr gynharach yn Pen 308i, 192; gw. y nodyn ar *wrest*.
² Ailadroddir *Cyn* o flaen **53**.75.
³ Daw'r sylw hwn ar ddiwedd y rhestr o eiriau am *Gaing*, o flaen *Gordd*.
⁴ Ailadroddir *Gaing gau* ar ôl *Gaing aris*.

54 Cowper: ei Offer (II.12ʳ)

Cowper *ll.* Cowperiaid
Cowperiaeth
Bwiall
Canhwyr
5 Canhwyro (II.12ᵛ)
Canhwyriad
Corddyn *ll.* Corddyneu
Corddyniad
Corddyn lli
10 Corddyn taro
Llif corddyn
Cylch *ll.* Cylcheu (II.13ʳ)
Cylchu
Cylchiad
15 Cylchedic
Cylchawc, -oc
Cylchawl, -ol
Bwrw cylcheu[1]
Bwiall gam
20 Rhannau llestyr. Llestyr sydd
o Styllod, Cylcheu,
Corddyn, Clawr, Gwaelod,
Erwydd[2], Clust, Dolen,
Dryntol, Corn (II.13ᵛ)

55 Turnor a'i Offer (II.14ʳ)

Turnor *ll.* Turnorion
Turnorieth
Turn
Turniaw, -o
5 Turniedic
Turniad
Turniawc, -oc (II.14ᵛ)
Cyn *ll.* Cynion
Cyn turn
10 Cyn llwy
Cyn llydan
Clafarn
Roden turn (II.15ʳ)
Llinin turn
15 Troedlas

56 Gogrydd: ei Offer (II.15ᵛ)

Gogrydd
Gogrwr
Gogr
Rhidill
5 Cant gogr
Gwaelod gogr
Gwaelodi gogr
Gwaelodiad
Dellt *u.* Dellten (II.16ʳ)

57 Pledrydd a'i Offer (II.16ᵛ)

Pledrydd *ll.* Pledryddion
Pledryddiaeth
Saeth *ll.* Saethau, -eu
Paladr saeth

---

[1] Llsgr. *cylceu.*   [2] Llsgr. *Erwyd.*

5 Edenydd saeth
Gwlwf saeth
Corn gwlwf (II.17ʳ)
Bongawiad saeth
Saeth gwyr
10 Penn saeth
Saethydd
Saethu (II.17ᵛ)
Saethyddiaeth¹
Saethiad
15 Saethedic
Saethawc, -oc
Saethaul, -ol
Saeth lydan: a brod arw
Saeth asgelloc: a barbed arw
20 Asgell saeth: dde ffedder of an arw (II.18ʳ)
Pilwrn: a fflicht
Bollt
Penn bollt
Gwlwf
25 Paladr bollt
Esgill
Cwyredic (II.18ᵛ)
Bongawiad
Bwa *ll*. Bwaeu (II.19ʳ)
30 Bwa yw
Bwa llwyf
Corn bwa
Gwlwf y bwa
Llinin bwa
35 Ennil
Ennylu (II.19ᵛ)
Ennyledic
Ennyliad
Ennylawc, -oc
40 Bwa croes [*ll*.] Bwae croes (II.20ʳ)
Llinin
Cneuen
Gwlw yr gneuen
Bwa teler (II.20ᵛ)
45 Teler
Bwa
Llinin
Cneuen
Gwlw yr gneuen
50 Bwa main (II.21ʳ)
Llinin y bwa
Ennil
Enyliad
Enylu y bwa
55 Enylydd: a Bender
Llinin y bwa (II.21ᵛ)
Llygad y llinin
Fforch y glain
Llinin y glain
60 Glain y kyfnod
Cerne y paladyr

58 Saer Maen *ll*. Seiri Main (II.22ʳ)

Saer maen *ll*. Seiri main
Saer
Saerniaeth
Sylfaen *ll*. Sylfain
5 Sylfaenu²
Sail

---

¹ Llsgr. *Saetydiaeṭ*.
² Llsgr. *Syfaenu*.

Sailio
Sailiedic (II.22ᵛ)
Sailiad
10 Sailawc, -oc
Sailfaen
Sailfaenu
Maen nadd
Maen garw
15 Cerric
Cerric calch (II.23ʳ)
Calch
Tywod
Morter
20 Gwal
Gwalio
Mur *ll.* Muroedd

Murio
Muriad (II.23ᵛ)
25 Muriedic
Muriawc, -oc
Muriawl, -ol
Magwyr [*ll.*] Magwyrydd
Caer *ll.* Ceurydd
30 Caerawc, -oc
Caerawl, -ol (II.24ʳ)
Morthwyl *ll.* Morthwylieu
Triwel
Trossol hayarn
35 Chwarel *ll.* Chwarelau
Chwarelu
Chwarelawc, -oc

59 Gwehydd: ei Offer (II.25ʳ)

Gwehydd *ll.* Gwehyddion
Gwehyddes *ll.* Gwehyddesseu
Gwehyddiaeth
Gwe *ll.* Gwei
5 Gwau, Gweu
Gwydd (II.25ᵛ)
Ysto
Anwe
Dyli
10 Dylifo
Pyst dylivo
Hoelion dylifo
Fforch ddylifo[1]
Cafn dylifo (II.26ʳ)
15 Bwrw o'r dyli

Carfan ddwyvron
Carfan fawr
Carfan issa
Clicied y garfan fawr
20 Awel[2] y garfan issa
Cloig yr awel (II.26ᵛ)
Mainc eiste
Peithynglog
Spyrlasseu[3]
25 Troetlasseu
Peithin *ll.* Peithineu
Cospeu y peithineu
Cleddeu y peithinglog (II.27ʳ)
Dannedd y peithin

---

[1] Llsgr. *fforç dylifo*; ond cf. Pen 296, 119ʳ *fforch ddylifo*.
[2] Llsgr. *Awel*; ond cf. Pen 296, 118ᵛ *Awel*.
[3] Llsgr. *Syrlasseu*; ond cf. Pen 296, 120ʳ *Spyrlasseu*.

30 Pais y peithin
Ffynn y peithineu
Brwydeu
Llygaid y brwydeu
Gwennol
35 Gwadneu y wennol (II.27ᵛ)
Cist y wennol
Llygad y wennol
Pinn y wennol
Pinned gwennol
40 Troell
Pric y wennol
Ceccys pinne
Cafn pinneu (II.28ʳ)
Noe y pinneu
45 Templ
y Radd
Cribin radd
Crib yr ysto
Clorian
50 Pwyseu

Pellen *ll.* Pelleneu (II.28ᵛ)
Pellenu
Dirwyn, Dirwynnu
Dirwynniad
55 Dirwynnedic
Dirwynnawc, -oc
Rhwystr
Rhwystro (II.29ʳ)
Dirwystro
60 Rhwystriad
Rhwystredic
Syth
Sythu
Sythiad
65 Sythedic
Brwis sythu (II.29ᵛ)
Caerog
Eddi
Topan eddi
70 Gwehyddy

60 Pannwr: ei Offer (II.30ʳ)

Pannwr *ll.* Panwyr
Pandy
Panwriaeth
Pannu
5 Pannedic
Panniad
Pannawc, -oc (II.30ᵛ)
Pannawl, -ol
Pannyddiaeth
10 Cyff pandy
Gyrdd pannu
Olwyn ddwr
Code dwr
Ladleu dwr

15 Cafn gwyllt (II.31ʳ)
Cafn ysgwt
Bwrdd ffrissio (II.31ᵛ)
Bwrdd kneifio
Trostan gribo
20 Cribeu
Llyssie'r cribe: Tesyls
Cribo
Cribedic
Cribiad (II.32ʳ)
25 Cribawc, -oc
Gwelleu
Cneifio
Cneifiedic

Cneifiad
30 Cneifiawc, -oc (II.32ᵛ)
Cneifion
Hafais
Ffris
Ffrissio
35 Ffrisiedic
Ffrissiad

Manffris (II.33ʳ)
Cottwm
Cotymu
40 Cotymiad
Cotymedic
Cotymmawc, -oc
Cotymawl
Fflox, Ffloccys (II.33ᵛ)

61 Taeliwr: ei Swydd (II.34ʳ)

Taeliwr *ll*. Taelwriaid, -ed
Taelwriaeth
Llunio
Torri
5 Messur
Messuro
Gwelleu *ll*. Gwelleufieu (II.34ᵛ)
Cyllell y gwelleu
Echel y gwelleu
10 Modrwy y gwelleu
Nodwydd ddur
Crau y nodwydd
Blaen y nodwydd
Edau *ll*. Edafedd (II.35ʳ)
15 Edefyn: un edau nodwydd
Gwniadur
Gwnio
Gowni
Gownio
20 Gwniad
Gwniedydd (II.35ᵛ)
Gwniedyddes
Gwniedyddiaeth
Pwyth
25 Pwytho

Pwythiad
Pwythedic
Pwythawc, -oc
Pwythawl, -ol (II.36ʳ)
30 Hirbwyth
Byrbwyth
Gwannbwyth
Pwyth dros benn
Pwyth dros fin
35 Pwyth yn ei gilydd
Pwyth yn ol (II.36ᵛ)
Pwyth ymlaen
Priccio
Gwrym
40 Gwrymio
Gwrymiad
Gwrymiawc, -oc (II.37ʳ)
Hem
Hemio
45 Hemiedic
Hemiad
Llathen
Llath
Hayarn pressio (II.37ᵛ)

62 Barker: ei Offer (II.38ʳ)

Barcer *ll.* Barceried
Rhisc
Dirisco coed
Croen
5 Calch[1]
Calchu y croen
Pwll calch
Pwll y bark (II.38ᵛ)
Barcio
10 Barciedic (II.39ʳ)
Barciad
Barceriaeth

63 Cruydd: ei Offer (II.39ᵛ)

Crudd *ll.* Cryddion
Cryddiaeth
Cyllell lynio
Cyllell bario
5 Esgid
Cefn esgid
Sowdwl esgid
Cloig esgid (II.40ʳ)
Clustie esgid
10 Gwaltys
Gwadneu
Gwadnedic
Gwadniad
Gwnio esgid (II.40ᵛ)
15 Pwytho esgid
Gwniad
Gwniedic
Pwythiad
Pwythedic
20 Bynawyd
Llafn bynawyd
Carn bynawyd (II.41ʳ)
Amgarn bynawyd
Gefail
25 Prenn troed
Cynion ysgidie
Bwttasseu
Prennie bwttias
Tressel (II.41ᵛ)
30 Harstain
Egalen
Crydd-dy

64 Glwfer: ei Offer (II.42ʳ)

Glwfer
Manegwr
Manegydd
Manegyddiaeth
5 Gwelleu
Nodwydd ddur driochr
Egalen
Gosod nodwydd
Maneg (II.42ᵛ)
10 Llinio maneg
Fforchadau maneg
Bawd maneg

---

[1] Llsgr. *Caelch*, a all fod yn amrywiad tafodieithol.

Bodio¹ maneg
Bys maneg
15 Topp maneg
Palf maneg (II.43ʳ)
Bodleu
Bysley

Hifio gwlan
20 Gwlan hifio
Croen ir
Diwrtaithgroen
Barcio croen (II.43ᵛ)

65 Cigydd: ei Offer (II.44ʳ)

Cigydd *ll*. Cigyddion
Cigyddiaeth
Cig
Cigog
5 Cicca
Merydd
Marwdy (II.44ᵛ)
Lladd anifel

Gollwng gwaed
10 Blingo
Cambren
Gwindas
Gweill cig
Gwanas
15 Bache cig (II.45ʳ)
Eidion cnodic

66 Eilliedydd²: ei Offer (II.45ᵛ)

Eilliedydd: a Barbor
Ellyn
Eillio³
Eilliedic
5 Eilliad
Cnaif
Cneifio
Cneifiedic (II.46ʳ)
Cneifiad
10 Cneifio gwallt a blew
Gwelleu⁴ cneifio
Egalen ellyn⁵
Sebon ysgwrio
Cawg
15 Towel⁶ (II.46ᵛ)

Ymolchi
Golchi
Golch
Golchiad
20 Golchedic
Sychu
Ymsychu
Crib penn (II.47ʳ)
Cribo penn
25 Cribo barf
Cribedic
Cribiad
Siswrn
Cudun o wallt
30 Drych (II.47ᵛ)

---

¹ Llsgr. *Boḍio*.
² Llsgr. *Eiliedyḍ*.
³ Llsgr. *Eilio*.
⁴ Llsgr. *Gweleu*.
⁵ Llsgr. *Egalen elyn*.
⁶ Llsgr. *Toweḷ*.

Brwis
Cneifio
Cnaif
Cneifiedic
35 Cneifiad
Drychu

67 Grewr: ei Swydd (II.48ʳ)

Gre
Grewr *ll.* Grewyr
March *ll.* Meirch
Marchwr
5 Marchwriaeth
Marchog
Marchoges
Marchogaeth (II.48ᵛ)
March grewys
10 March ceilliog
March dyre
Amws *ll.* Emmys
Ystalwyn *ll.* Ystalwyniaid
Rhwmsi [*ll.*] Rhwmsiaid
15 Gweinifarch (II.49ʳ)
Hacnai *ll.* Hacneied
Keffyl *ll.* Ceffylau
Gorwydd
Gorwyddfarch
20 Eddester
Planc
Casseg *ll.* Cessig (II.49ᵛ)
Cassegaidd
Cassegawl, -ol
25 Llwdyn *ll.* Llydnod
Llydnu (II.50ʳ)
Ebol *ll.* Ebolion
Eboles *ll.* Ebolessau

Gwniad[1]
30 Casseg wniad[2]
Gwnnadrwydd casseg
Casseg dan rwysc
Rhwysc casseg
Llammu casseg (II.50ᵛ)
35 Toi casseg
Cyfebr
Cyfebru casseg
Cyfebriad
Cyfebredig
40 Cyfebrwydd
Casseg cyfebr
Dowydd casseg (II.51ʳ)
Dowyddu
Bwrw llwdn
45 Llestr y llwdwn
Gwisc y llwdn
Magu y llwdn
Sugno
Pwrs casseg (II.51ᵛ)
50 Teth
Meithrin
Diddyfnu
Magu
Magedig
55 Mag
Magiad

---

[1] Llsgr. G*ụ*miad gyda chylch ar yr *i* i gyfleu *i*̈. Dichon mai gwallus yw'r -*m*-, gyda thri minim yn lle dau, -*n*-, neu bedwar, -*nn*-.

[2] Llsgr. *ụ*miad. Gw. y troednodyn blaenorol.

Magwr (II.52ʳ)
Magwraeth, Magwriaeth, Magwrieth
Tadws
60 Mamws
Gwilog: casseg hesb heb fagu erioed
Dyre march (II.52ᵛ)
Mwng march
Talcudyn
65 Ysgwydd gudyn
Rhawn
Rhawnyn
Rhonell
Mororen
70 Cudyn egwyd (II.53ʳ)
Ebod *u*. Ebodyn
Ebodi
Carn
Llyffant y carn
75 Tuth
Tuthio[1]
Tuthiedic (II.53ᵛ)
Tuthiad
Tuthiawc, -oc
80 Tuthiawl, -ol
Rhyging
Rhygyngu
Rhygyngiad
Rhygynawc, -oc
85 Rhygyngawl, -ol (II.54ʳ)
Carlam
Carlamu
Carlamiad
Carlamawc, -oc
90 Rhedeg
Carlamawl, -ol
Rhediad (II.54ᵛ)
Naid
Neidiaw, -o
95 Neidiad
Neidiedic
Neidiawc, -oc
Neidiawl, -ol
Gwingo
100 Gwingawg, -og (II.55ʳ)
Gwingiad
Gweryru
Gweryriad
Gweryrawl, ol
105 Egwyd march
Pedrain march
Erthyl *ll*. Erthyliaid (II.55ᵛ)
Erthylu
Erthyledic
110 Erthyliad

68 Heusor a'i Berthynas (II.56ʳ)

Heusor *ll*. Heusorion
Heusoraeth
Heusora
Gwartheg *ll*. Gwarthegau
5 Buwch *ll*. Buchod
Blith *ll*. Blithion (II.56ᵛ)

---

[1] Llsgr. *Tutio*.

Blithder[1]
Blitho
Blithawc, -oc
10 Blithawl, -ol
Hesb, Hysb *ll.* Hysbion
Hysbhau (II.57ʳ)
Gwartheg blithion
Gwartheg hysbion
15 Buwch flith: a melch cowe
Buwch brofadwy
Buwch rywioc, a llo[2] bob blwyddyn
Buwch afrywioc, a llo bob dwy vlynedd
Anairvuwch, Tressiadvuwch: buwch ar y llo cyntaf (II.57ᵛ)
20 Buwch hesb
Buwch ledhesp
Cynflith[3]
Myswynog
Henfon *ll.* Henfoniaid (II.58ʳ)
25 Buwch wassod
Gwassodrwydd buwch
Buwch tan derfenydd
Terfenydd buwch
Gwasneythu buwch
30 Cyfloi buwch
Cyflodawd buwch (II.58ᵛ)
Buwch gyflo
Dowydd buwch
Dowyddu
35 Dowyddiad
Bwrw llo
Brychdwyn, Brych

Llestr y llo (II.59ʳ)
Pwrs buwch, Piw
40 Teth
Sugno
Llaethlo
Magu
Meithrin
45 Dyddyfnu (II.59ᵛ)
Dyddyfniad
Magwrieth
Tadws
Mamws
50 Gwisc y llo
Llo gwrw
Llo banw
Diniewed (II.60ʳ)
Bustach *ll.* Bustych
55 Heffyr *ll.* Heffrod
Annair *ll.*
Treissiad *ll.*
Ych *ll.* Ychen[4]
Bustachlo
60 Eidion *ll.* Eidionau
Tarw *ll.* Teirw (II.60ᵛ)
Terfenydd tarw
Attarw
Dispaddu
65 Dispaddedic
Dispaddiad
Dispaddawc, -oc
Dispaddawl[5], -ol
Dispadd (II.61ʳ)
70 Buarth
Buarthu

---

[1] Yn y llsgr. ceir *Blithol* yn dilyn *Blithder*, ac eto'n dilyn *Blithawc*.
[2] Llsgr. *lo*.
[3] Llsgr. *Cynfflith*.
[4] Llsgr. *ycen*.
[5] Llsgr. *Dispadaul*.

Buarthaid
Buarthawc, -oc
Bisweil *u.* biswelyn[1]
75 Bisweilio
Bisweiliedic (II.61ᵛ)
Bisweiliad
Bisweiliawc, -oc
Glaiad *u.* glaiedyn
80 Tail
Buches
Bref eidion

Erthyl (II.62ʳ)
Erthylu
85 Erthyliad
Erthyledic
Brefu
Brefiad
Brefawl, -ol
90 Gryneissian
Rhuo
Rhuad

69 Bigail a'i Berthynas[2] (II.62ᵛ)

Bigail *ll.* Bigeilied, -aid, Bigelydd
Bigeila
Corddlan defaid a geifr
Ystofi defaid
5 Ystofiad
Corlannu defaid (II.63ʳ)
Corlan
Cwttio wyn
Bigail defaid a geifr
10 Maharen *ll.* Maheryn
Hwrdd *ll.* Hyrddod
Hyrddu
Dafad *ll.* Defaid *lls.* Defeidiau (II.63ᵛ)
Rhid
15 Rhid maharen
Dafad dan rid
Rhidio dafad
Cyfebru dafad
Cyfebrwydd
20 Cyfebredic (II.64ʳ)

Cyfebriad
Cyfebr
Dafad gyfebr
Dafad yn deuor
25 Deuor dafad
Oen *ll.* Wun
Oen gwrw (II.64ᵛ)
Oen banw
Hesbwrn *ll.* Hesbyrniaid
30 Hesbyrnyn
Hesbin [*ll.*] Hesbinod
Hesbines
Mollt *lliaws* Myllt
Molltyn (II.65ʳ)
35 Dafad hesb
Dafad vlith
Dowydd dafad
Pwrs dafad
Teth dafad
40 Bwrw oen
Piccio oen
Erthylu oen (II.65ᵛ)

---

[1] Llsgr. *bisweịlyn.*   [2] Llsgr. *Bigail a bertynas.*

Erthyl	Meithrin
Erthyledic	Dyddyfnu
45 Erthyliad	55 Dyddyfnedic
Llestr yr oen	Dyddyfniad
Gwisc yr oen	Cagl *ll.* cagelyn[2]
Brych dafad	Caglu (II.66ᵛ)
Tadws	Hitrwm
50 Mamws (II.66ʳ)	60 Rithrwm
Magu	Cagliad
Magwriaeth[1]	Llaethoen

70 Bugail Geifr (II.67ʳ)

Gafr *ll.* Geifr	Cagl [*u.*] Cagelyn
Gafraidd	Caglu (II.68ᵛ)
Gafrawl	Pwrs gafr
Bwch *ll.* Bychod	Teth gafr
5 Hyfr *ll.* Hyfrod	25 Llestr[5] y mynn
Rhid bwch	Gwisc y mynn
Gafr dan rid	Tadws
Gafr gyfebr (II.67ᵛ)	Mamws
Rhidio[3] gafr	Magu
10 Cyfebrwydd gafr	30 Magwriaeth[6] (II.69ʳ)
Gafr yn deuor	Magiad
Gafr vlith [*ll.*] Geifr blithion	Maeth
Gafr hesb [*ll.*] Geifr hysbion	Maethu
Mynn	Meithrin
15 Mynnen (II.68ʳ)	35 Diddyfnu
Gafr gorniog	Diddyfniad
Gafr foel	Dyddyfnedic (II.69ᵛ)
Bigail geifr	Gafr gornioc
Corddlan[4] geifr	Gafr foel
20 Corlannu geifr	

---

[1] Llsgr. *maguriaeṭ*.
[2] Cyfeiria '*ll.*' yma at *Cagl*, sydd, mewn gwirionedd, yn unigol.
[3] Llsgr. *Ridio*.
[4] Llsgr. *Cordlan*.
[5] Llsgr. *Lestr*.
[6] Llsgr. *Maguriaeṭ*.

71 Meichiad a'i Berthynas (II.70ʳ)

Meichiad
Moch *ll*. Mocheu
Cenfaint *ll*. Cenfeinoedd
Baedd *ll*. Baeddod
5 Baeddredawc
Baeddu
Trabaeddu (II.70ᵛ)
Ymdrabaeddu
Hwch *ll*. Hychod[1]
10 Hwch lodig
Llawd ar hwch
Torrogi hwch
Hwch dorrog
Torrogrwydd hwch (II.71ʳ)
15 Torllwyth o berchill
Ael o berchill
Aelu perchill
Naeled o berchill
Gwâl moch
20 Gwaled o foch
Gwalu (II.71ᵛ)
Gwaliad
Gwalfa

Crewyn
25 Creu moch
Mochyn *ll*. Moch
Porchell *ll*. Perchyll
Porchellyn
Porchelles[2] (II.72ʳ)
30 Twrch *ll*. Tyrchod
Tyrchyn
Twrlla
Sioclyn *ll*. Sioclynnod
Ysgithr *ll*. Ysgithredd
35 Ysgithrawc, -oc
Turio (II.72ᵛ)
Turiad *ll*. Turiadau
Bannwy
Bannwes
40 Malu ewyn
Cenfaint o foch
Tom moch, Baw moch
Sonw: porchell gwrw hanner
   blwydd oed (II.73ʳ)
Gryngian moch

72 Peirianeu Anifeliaid (II.73ᵛ)

Peirianeu anifeliaid
Lleffethyr
Lleffethyr gwden
Llyffethyr pren
5 Pont y llyffethyr
Egwyd y llyffethyr[3]
Hoel yr egwyd
Llyffethyr hayarn (II.74ʳ)

Llyffetheirio
10 Clo y llyffethyr
Hual
Hualu
Hualawc, -oc
Hualedic
15 Llyffetheirioc
Llyffetheiriad (II.74ᵛ)

---

[1] Llsgr. *Hycod*.
[2] Llsgr. *Porçeles*.
[3] Llsgr. *llyffetyr*.

Hualiad
Yskarwydden, Aerwy a throedog[1]
Garglwm
20 Garglymu
Garglymedic
Garglymiad
Garglymu moch a defaid (II.75ʳ)
Cloffrwm
25 Cloffrymu

Cloffrymiad
Cloffrymiawc, -oc
Cloffrymedic
Mynyglawc, -oc
30 Glindorch (II.75ᵛ)
Burwy
Yau
Yauaw, -o
Pont iau
35 Fforch iau

73 Yma y treuthir am Gwn[2] (II.76ᵛ)

Ci *ll*. Cwn
Gast *ll*. Geist
Cian
Gestyn, Gastan
5 Ciaidd
Ciawl, -ol (II.77ʳ)
Ciawc, -oc
Gast gynhaic
Cynhaic
10 Cynheigio, Cynheica
Cynheigiad
Cynhaicrwydd
Ci yn ymgymharu a gast (II.77ᵛ)
Gast dorrog
15 Torrogi gast
Torrogrwydd
Torrogiad
Torrogaidd
Torllwyth gast
20 Torllwythog (II.78ʳ)
Gwâl ci

Gwaled o gwn
Gwaliad
Gwalu
25 Gwalawc, -oc
Cenau *ll*. Cenawon
Milgi *ll*. Milgwn (II.78ᵛ)
Miliast *ll*. Milieist
Gellgi *ll*. Gellgwn
30 Gellast *ll*. Gelleist
Huad *ll*. Huaid
Ymliniad *ll*. Ymliniaid
Olrhead *ll*. Olrheaid
Bytheiad *ll*. Bytheiaid, Bath-, Beth- (II.79ʳ)
35 Bythiades, Beth-
Costog *ll*. Costogion
Costowci *ll*. Costowcwn
Costoges
Costogast
40 Costogi
Costogaidd (II.79ᵛ)

---

[1] Llsgr. *troeḍog*.
[2] Llsgr. *yma y treuṭir am Gṵn, ac amryw anifeliaid guḷtion* (a'r cymal olaf yn cyfeirio at yr adrannau dilynol).

Costogeiddrwydd
Costogawl, -ol
Costowgrwydd
45 Colwyn
Bigeilci
Dafadci
Adargi
Yspaengi (II.80ʳ)
50 Yspaengi dwr
Gellgi kyfrwys
Gellgi angnghyfrwys
Gellgi yn ei gynswllt
Milgi cyfrwys
55 Milgi angnghyfrwys
Milgi yn y gynswllt (II.80ᵛ)

Costog tom
Bleiddgi *ll*. Bleiddgwn
Bleiddiast
60 Llwynawgci
Dayargi
Hyddgi [*ll*.] Hyddgwn
Torch milgi (II.81ʳ)
Cynllyfan
65 Cynllyfanu
Cynllyfaniad
Cynllyfanawc[1], -oc
Cynllyfanawl
Cynydd[2] *ll*. Cynyddion
70 Cynyddiaeth
Penn cynydd (II.81ᵛ)

74 Hyddod (II.82ʳ)

Hydd *ll*. Hyddod
Hyddgant[3]
Bwch danas *ll*. Bychod danas
Gafr ddanas *ll*. Geifr danas
5 Ewig ddanas
Llwdn hydd *ll*. Llydnod hydd
Bref hydd (II.82ᵛ)
Breferod
Cyfebr
10 Cyfebru
Cyfebrwydd

Cyfebriad
Cyfebredic
Cyfebrawl (II.83ʳ)
15 Cyfebrawc
Elain *ll*. Eleni
Cagl *u*. Cagelyn
Caglu
Cagliad
20 Corn hydd
Osgl corn

75 Carw Coch (II.83ᵛ)

Carw *ll*. Ceirw
Ewig *ll*. Ewigod, Ewigedd[4]
Rhydain
Cyllaig
5 Bref carw

Breferod
Ewig gyflo a'i chyfebr[5] (II.84ʳ)
Llo ewig
Elain
10 Bannkarw

---

[1] Llsgr. *Cynlyfanawc*.
[2] Llsgr. *Cynyd*.
[3] Llsgr. *Hydgant*.
[4] Llsgr. *ewiged*.
[5] Llsgr. *ai cyfebr*.

Cagl *u.* cagelyn
Caglu
Cagliad
Corn carw (II.84ᵛ)
15 Osgl *ll.* Osgleu y corn

Hyddgen
Bann hydd
Bannawc
Smwt[1] hydd

76 Iwrch *ll.* Iwrchod (II.85ʳ)

Iwrch *ll.* Iwrchod
Iwrchell *ll.* Iwrchelleu
Iyrchaidd
Iyrchawl, -ol
5 Cwlwm iwrch

77 Ysgyfarnog *ll.* Ysgyfarnogod (II.85ᵛ)

Ysgyfarnog *ll.* Ysgyfarnogod
Gwlettan
Ceinach
Lloches
5 Llochessu
Llochesfa[2]
Llochessiad
Llochesawc[3], -oc (II.86ʳ)
Llochesawl, -ol
10 Llech
Llechu
Llechfa

Llechiad
Llechawc
15 Llechawl
Rhes (II.86ᵛ)
Rhesu
Rhesfa
Glastorch
20 Ol
Gwrthol
Trowedd
Dolen
Dolennu (II.87ʳ)

78 Cwningen *ll.* Cwningod (II.87ᵛ)

Cwningen *ll.* Cwningod
Bwch

Cwninger

79 Cath *ll.* Cathod (II.88ʳ)

Cath *ll.* Cathod
Gwrcath
Cath wrw
Cath vanw
5 Cenau cath
Cath atheric

Cath cetheric
Edderig cath
Edderigedd[4] cath (II.88ᵛ)
10 Cynddrigedd
Cath dorrog
Torrogi cath

---

[1] Llsgr. *Smut.*
[2] Llsgr. *Loçesfa.*
[3] Llsgr. *Loçeçauc.*
[4] Llsgr. *Ederiged̦.*

Torrogrwydd cath[1]
Torllwyth o gathod

    15 Cath goed
       Herwgath (II.89ʳ)

80 Dyfrgi *ll*. Dyfrgwn (II.89ᵛ)

Dyfrgi *ll*. Dyfrgwn   Dyfrast

81 Llwynog *ll*. Llwynogod (II.90ʳ)

Llwynog *ll*. Llwynogod   Llwynoges dorrog (II.90ᵛ)
Llwynoges *ll*. Llwynogessau   Cenau *ll*. Cenawon
Llwynog yn ymgymharu a   Ffau *ll*. Ffauau
   llwynoges   Llwynogaidd
Llwynoges gynhaic   10 Llwynogawl
5 Kynhaigrwydd

82 Bleidd *ll*. Bleiddiau (II.91ʳ)

Bleidd *ll*. bleiddiau   5 Torrogrwydd
Bleiddies *ll*. bleiddiessau   Torllwyth
Bleiddiast   Bala *ll*. Balaon
Bleiddies dorrog   Pothan (II.91ᵛ)

83 Llew *ll*. Llewod (II.92ʳ)

Llew *ll*. Llewod   Ffau
Llewes   Cenau llew

84 Pardd *ll*. Parddau (II.92ᵛ)

Pardd *ll*. Parddau   Llewpard
Parddes *ll*. Parddessau

85 Gwiwair *ll*. Gwiwerod (II.93ʳ)

Gwiwair *ll*. Gwiwerod   Gwiwera

86 Ffwlbart *ll*. Ffwlbardiaid

87 Ffured *ll*. Ffyredau (II.93ᵛ)

Ffured *ll*. Ffyredau   Ffuredawl, -ol
Ffuredawc   Ffuredu

---

[1] Llsgr. *çaṭ*.

88 Bronwen *ll*. Bronwennod (II.94ʳ)

Bronwen *ll*. Bronwennod
Gwenky *ll*. Gwenkiod

Carlwm

89 Beleu

90 Arth *ll*. Eirth, *ll*. Arthod (II.94ᵛ)

Arth *ll*. Eirth, *ll*. Arthod
Arthes *ll*. Arthessau,
   Arthessod
Cenau arth

Arthan
5 Arthessan
Arthic
Arthessic

91 Byrrwch (II.95ʳ)

Byrrwch[1]
Pry llwyd *ll*. Pryfed llwydion
Pry penvrith *ll*. Pryfed
   penvrithion

Ffau
5 Broch

92 Llostlydan (II.95ᵛ)

Llostlydan

Befr

93 Assen *ll*. Assennod

94 Mul *ll*. Mulod

95 Llygod[2] (II.96ʳ)

Llygoden Ffrangeg
Llygoden vechan
Llygoden y dwr
Llygoden y maes
5 Pathew

Chwislen *ll*. Chwislennod
y Wadd (II.96ᵛ)
Draig *ll*. Dreigiau
Sarff *ll*. Seirff

---

[1] Gadawyd bwlch ar gyfer y lluosog.
[2] Ni cheir pennawd i'r adran hon ar f. 96ʳ, ond yn y rhestr gynnwys yn Pen 305, viiiʳ, rhoddir iddi'r pennawd *lygod*.

96 Aelodeu March (II.97ʳ)

Penn
Safn
Tafod
Dannedd
5 Cilddannedd
Ysgithredd
Ysgithrawc, -oc
Boch (II.97ᵛ)
Trwyn
10 Ffroen *ll.* Ffroeneu
Cern
Tal, Talken
Llygad *ll.* Llygaid
Ael *ll.* Aelieu
15 Amrant *ll.* Amranneu
Gen (II.98ʳ)
Gwefl *ll.* Gwefleu
Gweflog
Gwegil
20 Clust *ll.* Clustiau
Byrglust
Gwddw
Mwng
Talcudyn (II.98ᵛ)
25 Ysgwydd gudyn
Arfwng
Ysgwydd
Cefn
Dwyvronn
30 Palfais
Ystlys
Pedrain (II.99ʳ)
Cloren
Rhawn
35 Rhonell
Morddwyd

Garr *ll.* Gareu
Glin *ll.* Glinieu
Koes *ll.* Coesseu (II.99ᵛ)
40 Egwyd *ll.* Egwydydd
Egwyd gudun
Carn *ll.* Carnau
Llyffant carn
Corn breuant
45 Breuant
Sefnig
Cod fawr (II.100ʳ)
Yscyfent
Calon
50 Afu
Bustyl
Colydd
Rhefr
Bloneg (II.100ᵛ)
55 Blonhogen
Aren *ll.* Arenneu
Lliengig
Chwsigen
Gafl *ll.* Gaflau
60 Castyr
Gwialen
Caill *ll.* Ceilliau, -eu (II.101ʳ)
Cwd ceillieu
Dispadd
65 Dispaddu
Dispaddiad
Dispaddedic
Dispaddwr
Tin march (II.101ᵛ)
70 Ffenestyr casseg
Llestyr yr ebol
Gwisc yr ebol

Tafod y llwdwn
Brych
75 Piw y gassec

Teth y gasseg
Ebod

97 Eidion (II.102ʳ)

Eidion sydd un gerdded am beth o'i aelodau er ei vod yn dieithro mewn eraill mal ysgithredd[1]; mwng, arfwng; talcudyn, ysgwydd gudyn; pedrain, castyr; carn, llyffant carn; cudyn[2] egwyd; bloneg, &c. Mae yn cytuno mewn rhai ac yn dieithro mewn eraill o'i ailodau
Corn *ll*. Cyrn eidion
Mabcorn *ll*. Mapcyrn (II.102ᵛ)
Tagell
5 Gwarr
Crwpper

Cynffon
Ewin *ll*. Ewinedd traed
Ewin *ll*. Ewinedd[3] egwyd
10 Pwrs, ne Piw buwch (II.103ʳ)
Teth *ll*. Tethau buwch
Caul llo
Cod fawr
Cod y llyfrau
15 Cleddeu bisweil
Gweren (II.103ᵛ)
Gwer
Bisweil
Bisweilyn
20 Bisweilio

98 Ar Farch etto (II.104ʳ)

Llwyn *ll*. Llwyni
Ebodyn *ll*. Ebod
Ebodi

Trwytho
5 Trwythiad

99 Dafad (II.104ᵛ)

Dafad, un gerdded ac Eidion ond nad oes na thagell na chod y llyfreu iddi[4]
Cod fawr
Cod vechan
Pwdingen siagys

5 Pwdingen penngaiad
Gwlan
Gwlanog (II.105ʳ)
Cagelyn *ll*. Cagyl
Caglu
10 Cagliad

---

[1] Llsgr. *ysgiṯred*.
[2] Llsgr. *cudyd*.
[3] Llsgr. *Ewined*.
[4] Llsgr. *idi*.

100 Gafyr (II.105ᵛ)

Gafyr, un gerdded a dafad ond nad yw yn arwain ond blew yn lle gwlan
Barf gafr
Ceden gafyr
Smwt gafr
5 Gafyr gedenoc

101 Hwch (II.106ʳ)

Hwch, un gerdded a dafad ond yn ychydic beth
Ysgithyr *ll*. Ysgithredd
Cylla
Bloneg
5 Blonhogen
Blonhegog
Mehin moch
Mehinoc (II.106ᵛ)
Saim
10 Tom neu Baw
Gwrychen *ll*. Gwrych moch
Tetheu torr

102 Cwn (II.107ʳ)

Cwn, un gerdded a moch dieithyr[1] mewn ychydic sef gwrych a thraed
Llosgwrn, Cynffon ne Benllinin ci
Ewinedd traed ci

103 Cath (II.107ᵛ)

Cath, un gerdded a chi dieythyr yn hynn a ddilin
Pan cath, blew ci
Barf cath

104 Clwyfeu ar Feirch (II.108ʳ)

Clwyf *ll*. Clwyfeu
Haint *ll*. Heintiau, -eu, ne heinniau
Haint yr ebolion
y Tostedd
5 y Botts
y Pryfed gwnnion
y Mintag (II.108ᵛ)
yr Yscyfhaint
y Gisp
10 y Llymgoes
y Clwy melyn
y Llyffant
Clwy yr llyffant
Clafr *ll*. Clefri
15 Llwygo (II.109ʳ)
Magyl ar lygad
Toddi bloneg: to melt the greace
y Dalvraith: the Botts

---

[1] Llsgr. *dieity*.

y Llyngir, y Pryfed gwnnion[1]
20 Coraskwrn *ll.* Coresgyrn[2]: the Hawe

y Goes: the Spawen (II.109ᵛ)
y Pas
Bwrw ei garne

105 Clwyfau ar Anifeliaid (II.110ᵛ)

y Clwy byrr
y Clwy melyn
y Tostedd
Piso gwaed
5 y Llyffant yn y safn a'r tafod
y Llaid
Twymyn[3] mynydd (II.111ʳ)
y Chwarren
y Bendro
10 yr Afwst
Llyffanwest

Brath y fowdwst
Brath draenog
y Llwyr, y Llaid[4] (II.111ᵛ)
15 y Lluyg
Clefyd y cryd
Cwlwm prudd, a'r ysnoden a wneler ar gefn yr eidion o hyd a thraws ac un llaw a'i dynnu a dwylaw a'i iacha
y Pothell ar eidion: the Poke under the tonge

106 Clwyfau ar Ddefaid (II.112ᵛ)

y Bendro
y Pwdyrni
y Wythen
Clwy y coed
5 Pryf yn y traed
y Dwr coch
y Pwd (II.113ʳ)

Clefri
Clefyd y cryd
10 Bagadeu: y clwy ar droed dafad a elwir y pryf
Gwlanbryf: y pryf
Dellni

107 Clwyfau ar Foch (II.114ʳ)

108 Clwyfau ar Gwn (II.114ᵛ)

---

[1] Llsgr. *gunnion*.
[2] Llsgr. *Coresgyn*.
[3] Llsgr. *Tuymyn*.
[4] Llsgr. *y Laid*.

109 Lliwiau ar Feirch (II.115ʳ)

march Gwyn
m[arch] Du
m[arch] Llwyd
m[arch] Llwydwyn
5 m[arch] Llwyd-ddu
m[arch] Dulwyd
m[arch] Llwyd llygoden
m[arch] Glas (II.115ᵛ)
m[arch] Glas keinhiogog
10 m[arch] Glaswyn
m[arch] Glasddu
m[arch] Dulas
m[arch] Coch
m[arch] Coch y ceiliog
15 m[arch] Cochlwyd (II.116ʳ)
m[arch] Gwineu
m[arch] Gwineugoch
m[arch] Gwineuddu
m[arch] Gwineu torllwyd
20 m[arch] Gwineu ceinhiogog
m[arch] Melyn
m[arch] Melynwyn
m[arch] Melynllwyd (II.116ᵛ)
m[arch] Melyngoch
25 m[arch] Rhudd

m[arch] Rhuddgoch
m[arch] Cochrudd
m[arch] Gwineurudd
m[arch] Durudd
30 m[arch] Blawr
m[arch] Bal: talwyn (II.117ʳ)
m[arch] Brith: a Scewd hors. Noda, am bob lliw brith rhaid i un o'r lliwieu vod yn wynn a'r llall o un o'r lliwiau eraill

Mwng, rhawn, a thalcudyn pob march sydd o un o'r lliwieu hynn:
Gwynn (II.117ᵛ)
Du
35 Llwyd
Coch
Melyn
Melynwyn
Rhudd
40 Durudd
Cochrudd
Brith

110 Lliwieu ar Eidion (II.118ʳ)

Du
Gwynn
e[idion] Coch
e[idion] Melyn
5 e[idion] Llwyd
e[idion] Gwineuddu

e[idion] Gwineugoch
e[idion] Brych (II.118ᵛ)
e[idion] Brychgoch
10 e[idion] Brith
e[idion] Melynllwyd
e[idion] Talwyn

111 Lliwie ar Ddefaid (II.119ʳ)

Gwynn

Du

Llwyd
Glas
5 Melynddu
Brith

112 Lliwie ar Eifr (II.119ᵛ)

Gwynn
Du
Glas
Llwyd
5 Brith
Llwyd-ddu
Dulwyd

113 Lliwieu ar Foch (II.120ʳ)

Gwynn
Du
Coch
Glas
5 Brith
Brych

114 Lliwieu ar Gwn (II.120ᵛ)

Gwynn
Du
Coch
Melyn
5 Llwyd
Melynllwyd
Melyngoch
Durudd (II.121ʳ)
Rhudd
10 Rhuddgoch
Brych
Brychddu
Brychwyn
Brith

115 Lliwie ar Gathod (II.121ᵛ)

Gwenn
Du
Llwyd
Glas
5 Brechlwyd
Braith

116 Lliwie ar Gwningen (II.122ʳ)

Gwenn
Melen
Du
Llwyd
5 Arianlliw

117 Gradde Pobl (II.122ᵛ)

Gwr *ll*. Gwyr *lls*. Gwerin
Gwrawl, -ol
Gwraidd
Gwraidd-dra
5 Gwryw
Gwerinawl

Gwran
Gwryn (II.123ʳ)
Gwra
10 Gwr priod
Gwr priodol
Gwrolder
Gwriog
Gwrhad
15 Gwrhau (II.123ᵛ)
Gwrogaeth
Gwraic *ll*. Gwragedd
  lls. Gwrageddoedd,
  Gwrageddau
Gwreigiawl, -ol
Gwreigaidd
20 Gwreigan[1] (II.124ʳ)
Gwreigyn
Gwreignith
Gwrageddos
Gwreica
25 Gwreigiawc, -oc
Gwraic[2] wriawc, -oc (II.124ᵛ)
Gwraig briod
Gwraig briodawl, -ol
Priod
30 Priodi
Priodiad
Priodas
Priodassawl, -ol
Priodawl, -ol (II.125ʳ)
35 Priodoldab, -deb
Priodolder
Ampriodawl, -ol
Gordderch *ll*. Gordderchion

Gordderchad *ll*.
  Gordderchadon
40 Gordderchu (II.125ᵛ)
Gordderchiad
Gordderchawl, -ol
Gordderchedic
Gweddw
45 Gwedd-dawd[3], -od (II.126ʳ)
Gweddwi
Gwr gweddw
Gwraig weddw
Gweddwawl[4]
50 Plant *u*. Plentyn
Planta (II.126ᵛ)
Plantawc, -oc
Plantawl, -ol
Plantadwy
55 Dyn bach
Etifedd *ll*. Etifeddion
Etifeddes *ll*. Etifeddesseu
  (II.127ʳ)
Etifeddawc, -oc
Etifeddawl, -ol
60 Etifeddiaeth
Etifeddu
Etifeddyn
Etifedden
Mab *ll*. Maib, Meibion,
  Meibionain (II.127ᵛ)
65 Maban
Baban
Mabawl, -ol
Mabolaeth
Mabieth

---

[1] Llsgr. *Gu̦regan*.
[2] Llsgr. *Guraic*.
[3] Llsgr. *Gwed̦au̦d*.
[4] Llsgr. *Gwedwau̦l*.

70 Merch *ll*. Merched
     lls. Merchedau (II.128ʳ)
    Merchettos
    Mab priod
    Mab ordderch
    Mab maeth
75 Mab yn y gyfreth
    Llysfab (II.128ᵛ)
    Mab bedydd
    Merch briod
    Merch ordderch
80 Merch faeth
    Merch yn y gyfraith
    Llysferch[1]
    Merch fedydd (II.129ʳ)
    Hepil
85 Hepilawc
    Hepilaw, -o
    Hepiliad
    Herlod *ll*. Herlotiaid, -ed
     (II.129ᵛ)
    Herlottyn
90 Herlodes *ll*. Herlodessau, -eu
    Herlodessan
    Herlodessic
    Bachgen *ll*. Bechgin
    Bachgennos
95 Bachgennawl, -ol
    Bachgennawc, -oc
    Bachgennaidd
    Bachgennyn
    Bachgennes (II.130ʳ)
100 Geneth *ll*. Genethod
    Genethan
    Genethic
    Genethos
    Genethyn
105 Genethawl, -ol
    Genethawc, -oc (II.130ᵛ)
    Genethaidd
    Llanc *ll*. Llanciau, -eu
    Llencyn
110 Llances *ll*. Llancessau, -eu
    Llancessan
    Llancessic
    Gwas *ll*. Gweission (II.131ʳ)
    Gwassan
115 Gwessyn
    Gwassawl, -ol
    Gwassawc, -oc
    Gwassanaeth
    Gwasanaethu (II.131ᵛ)
120 Gwasanaethgar
    Gwasnaethydd
    Gwasnaethwr
    Gwassaidd
    Morwyn *ll*. Morynion
125 Morwynaidd (II.132ʳ)
    Morwyndod
    Morwynic
    Morwynan
    Morwynawl, -ol
130 Bun
    Bunyw
    Banw (II.132ᵛ)
    Bunawl
    Tad *ll*. Tadau
135 Tadawc, -oc
    Tadawl, -ol
    Tadu
    Tadiad (II.133ʳ)

---

[1] Llsgr. *Lysferç*.

Tadogaeth
140 Tadwys
Taid *ll.* Teidiau
Teidiawc, -oc
Teidiawl, -ol
Hendaid
145 Gorhendaid (II.133ᵛ)
Tad
Hendad
Gorhendad
Tad
150 Tad cu
Mam *ll.* Mamau
Mammawl, -ol
Nain *ll.* Neiniau (II.134ʳ)
Hennain
155 Gorhennain
Mam gu
Mammaeth
Mam yn y gyfraith
Llysfam
160 Mam vedydd (II.134ᵛ)
Tadmaeth
Tad yn y gyfraith
Llysdad
Tad bedydd
165 Chwegyr
Chwegrwn (II.135ʳ)
Daw *ll.* Dawion
Daw gan ei wraic
Daw gan ei ferch
170 Chespar
Cydsoer
Brawd yn y gyfraith
Llysfrawd (II.135ᵛ)

Brawdmaeth
175 Brawd bedydd
Cydvrawd
Chwaer yn y gyfraith
Llyschwaer[1]
Chwaerfaeth (II.136ʳ)
180 Chwaer vedydd
Cydchwaer
Mab
Wur *ll.* Wurion
Gorwurion
185 Goresgennydd
  ll. Goresgynnyddion (II.136ᵛ)
Mab cu
Merch
Wur
Gorwur
190 Gorresgennydd
Merch gu
Brawd *ll.* Brodur (II.137ʳ)
Cefnder *ll.* Cefndyr
Cyfyrder *ll.* Cyfyrdyr
195 Ceifyn
Gorchgeifyn
Gorchaw
Nai ap Gorchaw
Brawd (II.137ᵛ)
200 Cefnder
Cyfyrder
Plant y cyfyrder
Ceifn plant y cyfyrder
Euddun
205 Gwrtheuddun
Car (II.138ʳ)
Clud

---

[1] Llsgr. *Lyscwaer*.

Chwaer
Cefnither
210 Cyfyrder
Ceifyn, &c.
Carennydd (II.138ᵛ)
Cyfathrach
Cyfathrachu
215 Ymgyfathrachu¹
Ewythr *ll.* Ewythrydd, Ewythredd
Modryb *ll.* Modrabedd
Nai *ll.* Neiaint (II.139ʳ)
Nith *ll.* Nithoedd

220 Ewythyr brawd tad, brawd taid, brawd Hendaid, brawd mam, brawd Nain, &c.
Modryb chwaer tad, chwaer taid, &c., chwaer mam, chwaer nain, &c.
Nai ap Brawd, ap Chwaer, ap Cefnder, ap Cefnither, ap Cefyrder, ap Ceifn, ap Gorchgeifn (II.139ᵛ)
Nith ferch Brawd, ferch Chwaer, ferch Cefnder, ferch kefnither, ferch Cyfyrder, ferch Ceifn, ferch Gorchgeifn, ferch Gorchaw

118 Amryw Eiriau am Oerfel (II.140ᵛ)

Oer
Oeri
Oerllyd
Oerfel
5 Oerfelawg, -og
Oerfelwch
Anwyd (II.141ʳ)
Anwydawg, -og
Anwydus
10 Rhynn
Rhynnu
Rhynnedic
Rhynniad
Rhew
15 Rhewi (II.141ᵛ)
Rhewlyd
Rhewawg, -og
Rhewedic
Rhewiad
20 Ysgrythu

Ysgrythiad
Ysgrythedic (II.143ʳ)
Ysgrythawc², -oc (II.142ʳ)
Ffer
25 Fferru
Fferrdawd, -od
Fferriad
Fferredic
Fferawl, -ol
30 Deincryd
Deincrydu (II.142ᵛ)
Deincrydawc, -oc
Deincrydawl, -ol
Deincrydiad
35 Deincrydic
Crynn³
Crynnu
Crynnedic
Crynniad (II.143ʳ)

---

¹ Llsgr. *ymgyfatraçu*.
² Llsgr. *ysgrytaµc*.
³ Fe'i ceir ar f. 143ʳ gydag arwydd i'w symud yma.

119 Amryw Raddeu o Wres (II.143ᵛ)

    Claiar
    Claiaru
    Claiarwch
    Gwres
5 Gwressog
    Gwressogi
    Gwressogiad (II.144ʳ)
    Ymwressogi
    Diwres
10 Cynnes
    Cynnessu
    Cynnessiad
    Ymgynnessu
    Twym
15 Twymyn (II.144ᵛ)
    Twymno
    Twymnedic
    Twymniad
    Brwd
20 Brwdhau
    Brydaniaeth
    Amrwd

    Bryttach (II.145ʳ)
    Poeth
25 Poethi
    Poethedic
    Poethiad
    Poethawl, -ol
    Poethawc, -oc
30 Poethni (II.145ᵛ)
    Tanboeth
    Purboeth
    Gwnias
    Llosg
35 Llosgi
    Llosgedic
    Llosgiad
    Berw (II.146ʳ)
    Berwi
40 Berwedic
    Berwiad
    Yscaldiedic
    Yscaldiad
    Yscaldio

120 Am Wahanieth Amseroedd (II.146ᵛ)

    Amser *ll*. Amseroedd
    Amserawl, -ol
    Amseru
    Amseredic
5 Pryd
    Prydawc, -oc (II.147ʳ)
    Prydawl, -ol
    Prydys[1]

    Blwyddyn *ll*. Blynyddedd
    (II.147ᵛ)
10 Hanner blwyddyn
    Chwarter blwyddyn
    Mis *ll*. [Misoedd]
    Pethefn[os]
    Wythnos
15 Diwyrnod *lls*.[2] Diwyrnodieu

---

[1] Collwyd y tri gair nesaf oherwydd twll; gellir darllen *A[ ], Y[ ], A[ ]ser*.

[2] Llsgr. *ls*.

Die (II.148ʳ)
Awr *ll*. Orieu
Munud *ll*. Munudau
Tymor
20 Tymorhawl
Tymoraidd (II.148ᵛ)
Gwanwyn
Haf
Cynhayaf
25 Gaiaf
Mis Iona[wr]
Mis Chwefrawr, -or, -ol
M[is] Mowrth
M[is] Ebrill (II.149ʳ)
30 Mis Mai
Mis Mihefin
[Mis Gorf]fenna
[Mis A]wst
M[is] Medi
35 M[is] Hyddvref
Mis Tachwedd (II.149ᵛ)
Mis Rhagvyr
y Mis du
y Marwfis
40 y Mis C[ ]
Mis Me[ ]
Diwyrnod a gyfansoddir o:
    Dydd
    Nos: Nid ydis y[n] rhannu y
    nos fal y rhanneu[1] eraill
    oblegid nid oes achos i arfer y
    rhanneu hynny ond i huno ac
    i ddivlino trwy ysmwythder
    (II.150ʳ, 152ʳ)

    Boreu: o 3 ar y gloch yn ol
    hanner nos oni vo 9 ar y
    gloch yw y boreu (II.150ʳ, 151ᵛ)
45 Hwyr (II.150ʳ)
Chwe awr y mhob rhann, 24 yn y
cyfa[n dydd a] nos
    [Pylgain]: o'r 3 ar y gloch
    uchod hyd chwech ar y gloch
    yw y pyl[gain y]n dair aw[r]
    (II.150ʳ, 151ᵛ)
    A[nter]th: o'r 6 [ar y gloch
    uchod] hyd naw [ar y gloch]
    yw yr an[terth yn] dair awr
    (II.150ʳ, 151ᵛ)
    Echwydd: o'r 9 ar y gloch
    uchod hyd 12 ar y gloch yw
    yr echwydd, yn dair awr
    Nawn: o'r 12 ar y gloch
    uchod hyd 3 awr ar y gloch
    yw yr nawn, yn dair awr
    (II.150ʳ, 152ʳ)
50 Gosber: o'r 3 ar y gloch
    u[chod hyd] 6 ar y gloch [yw
    y gosber] yn dair [awr] (II.150ᵛ, 152ᵛ)
    Ucher: [o'r 6 ar] y gloch
    uch[od hyd 9] ar y gloch yw
    yr ucher, yn dair awr
Tair awr y mhob un o'r chwe [awr uch]od
    Pryd go[sber] (II.150ᵛ)
    Cydechwydd[2]
6 awr o ddydd gwastadol (II.152ᵛ)
6 awr o n[os gwasta]dol
y 6 awr [ ] yn ddydd [ ] ac yn n[os]

---

[1] Llsgr. *ranneu*.

[2] Llsgr. *Cydecwyd*.

Gaiaf a[ ]nt nac yn ddydd
gwastadol nac y[n] nos gwastadol
ond yn symydedic
    Tri amser: Amser a vu; Amser
    y sydd; ac Amser a fydd
    (II.153ʳ)
55 Doe
    E[chdoe]

Cynn echdoe
Heddiw
Yvory (II.153ᵛ)
60 Trennydd
Tradwy
Wrthtradw[y]
Yllynedd

		awr			awr
Diwymod 24: awr	Dydd	6	[Boreu]	Pylgain	1
					2
					3
				Anterth	1
					2
					3
		6		Echwydd	1
					2
					3
			[Cyd-echwydd]	Nawn	1
					2
					3
		6		Gosber	1
					2
					3
	Nos		Hwyr	Ucher	1
					2
					3
		6	Nos	amser i gymryd asmwythder yn ddiwahanredol	

    Yleni
65 y Vlwyddyn nessa
    Er ys talm[1]
    Er ys tyddiau (II.154ʳ)
    Er ys meitin

    Er ys enkyd[2]
70 Ermoed
    Erioed
    Yn awr (II.154ᵛ)
    Yr owran

---

[1] Cywirwyd *Er ys talu̯m* > *Er ys talm*.

[2] Collwyd y ddau air nesaf oherwydd twll.

Yn gynhyrchol[1]
75 Yn ehegr
Weith[ian]
Bellach
Yn y lle
Yn y mann
80 Wers (II.155ʳ)
Oric
Yn lleigys[2]
Chwinsa
Ennyd

85 Encyd (II.155ᵛ)
Yspaid
Yspas
Oes *ll*. O[ ]
Einioe[s]
90 Byth
Byth bythoedd
Tranc
Trengi (II.156ʳ)
Didranc
95 Heb dranc

Ac fal hynn y terfyna y llyfyr Geiriydd hwnn y 15: o fis Mai 1633

Llyfr III: Peniarth 306

121 Yma y treuthir am Berllanwydd a'i Ffrwyth (III.1ʳ)

Perllan *ll*. Perllanneu[3]
Prenn *ll*. Prenniau
Prenn plann
Plannu prenn
5 Plannu (III.1ᵛ)
Plannedic
Planniad
Plannawl, -ol
Planhigin *ll*. Planhigion
10 Almarch
Almarchu
Almarchedic (III.2ʳ)
Almarchiad
Almarchawl[4], -ol
15 Imp
Impin
Impiaw, -o

Impiedic
Impiad
20 Impiawc, -oc (III.2ᵛ)
Impiawl, -ol
Gratyssyn
Impiwr
Gwydd
25 Aeron
Perwydd
Sirig
Afall (III.3ʳ)
Afallach
30 Afallen *ll*. Efyll, afallennod
Afallwydd
Afal *ll*. Afalau, -eu
Afal per
Afal sur

---

[1] Llsgr. *gynhyrcol*.
[2] Collwyd y ddau air nesaf (a gychwynnai ag *H*-) oherwydd twll.
[3] Llsgr. *perlanneu*.
[4] Llsgr. *Almarcawl*.

35 Afal per Mair: A Permaen aple (III.3ᵛ)
Afal bressych
Afal per bressych
Afal Costart
Afal Costart gwynn
40 Afal Costart coch
Afal Costart llwyd
Afal pig y glomen (III.4ʳ)
Afal pig y biog
Afal chwerwber
45 Afal per Bangor
Afal per y gwenyn
Afal melusber
Afal caled du
Afal grining
50 Afal gwynn ochrog (III.4ᵛ)
Afal bleddyn
Afal Cidodyn, da i'w bobi ac i seidyr
Afal Llin
Afal Helic
55 Gellygwydd (III.5ᵛ)
Gellygen *ll*. Gellig
Rhwningen *ll*. Rhwning
Gellig y brain
Warndwns *u.* warndyssen (III.6ᵛ)
60 Prenn warndwns
Eirinwydd (III.7ʳ)
Coed eirin
Gwydd eirin
Eirinen *ll*. Eirin
65 Eirin gwnnion
Eirin duon
Eirin cochion

Eirin bwlas
Eirin y meirch (III.7ᵛ)
70 Eirin perthi
Eirin Mair
Kerric eirin, Main eirin
Cynwyllin main eirin
Sebon prenn eirin (III.8ʳ)
75 Prenn sarth (III.8ᵛ)
Sarth: ?ai Mulbery
Celli (III.9ʳ)
Cyllwydd
Coll
80 Collen *ll*. Cyll
Cnau *u*. kneuen
Cneua
Cynawon cyll
Cnau gwisgi
85 Gwisgio cnau
Plisc cnau (III.9ᵛ)
Cibine cnau
Cynhwyllin cneuen
Oddfyn collen
90 Oddfynnawc
Collen Ffrengig
Cneuen *ll*. Cnau Ffrengig
Gwisc kneuen (III.10ʳ)
Gwisci
95 Gwisciedic
Gwisciawc, -oc
Coed coll
Collwyn
Ffawydden [*ll*.] ffawydd (III.10ᵛ)
100 Prenn ffawydd[1]
Gwydd ffawydd

---

[1] Llsgr. *ffawyd*.

Coed ffawydd
Cnau ffawydd
Ffawyddawc
105 Dar *ll*. Deri (III.11ʳ)
Derwen *ll*. Derw
Prenn derw
Coed derw
Gwydd derw
110 Derwgoed
Gwnning derw
Rhudding derw
Afaleu derw (III.11ᵛ)
Mesen *ll*. Mes
115 Messyryd
Glastanen
Glastanod
Cigin derw
Onnenn *ll*. Ynn (III.12ʳ)
120 Onn
Coed onn
Gwydd onn
Prenn onn
Onnwydd
125 Cleddyddeu yr onn
Pillwydd[1] onn
Llinon (III.12ᵛ)
Kelhynen *ll*. Celyn
Celyna
130 Celynawc
Grawn celyn (III.13ʳ)
Celynllwyn
Coed celyn
Yspyddad [*ll*.] Yspeddyd
135 Yspyddaden
Coed spyddad, Coed speddyd
(III.13ᵛ)

Blodeu yspeddyd
Yspyddaden wenn
Yspyddadlwyn
140 Drain yspeddyd, Drain yspyddad
Ogfaenen *ll*. Ogfain
Ogwan (III.14ʳ)
Draen *ll*. Drain
Draenen *ll*. Draenenni
145 Drainiawc, -oc
Draenennawc
Duddrain (III.14ᵛ)
Duddraenen
Drain y duddrain
150 Blodeu duddrain
Eirin duddrain
Draenllwyn
Perth *ll*. Perthi (III.15ʳ)
Perth o ddrain
155 Llwyn drain
Dreiniog
Merien *ll*. Mieri
Mwyaren *ll*. Mwyiar
Marchferien *ll*. Marchfieri
(III.15ᵛ)
160 *ll*. Egroes [*u*.] Egroessen
Helig [*u*.] Helygen (III.16ʳ)
Kynawon helig
Helygen wenn [*ll*.] Helig gwnnion
Helygen ddu [*ll*.] Helig duon
165 Helygen goch [*ll*.] Helig cochion
Helig y dwr (III.16ᵛ)
Merhelig
Helig llwydion

---

[1] Llsgr. *Pilwẏḍ*.

Helig gwlltion
170 Gwydd helig
Gwrling, Helig Mair
Llwyf (III.17ʳ)
Llwyfen: a whitch tree
Llwyfanen: a wichin tree
175 Gwaglwyf, Gwaglwyfen: a
   Line tree
Bedwen *ll*. Bedwenni,
   Bedwennau (III.17ᵛ)
Bedw
y Vedw
Bedwenna (III.18ʳ)
180 Cae bedw
Canawon bedw
Bedwlwyn
Coed bedw
Gwydd bedw
185 Gwern *ll*. Gwerni, Gwernau
   (III.18ᵛ)
Gwernlle
Gwernen *ll*. Gwernenni
Cynafon gwern
Had y Gwern
190 Gwnwlen, Gwnfilen[1], Gwnfil[2]
   (III.19ʳ)
Coed gwnfil
Had y gwnfil
Prenn pisgwyn (III.19ᵛ)
Coed piswydd
195 Prenn uw
Owen
Coed uw
Gwnning uw
Rhudding uw (III.20ʳ)

200 Prenn box
Coed box
Eiddew[3]
Coed eiddew
Prenn eiddew (III.20ᵛ)
205 Eiddiorwg
Prenn eiddiorwg
Gwydd eiddew
Grawn eiddew
Aethnen *ll*. Aethnenni,
   Aethnennod
210 Prenn aethnen (III.21ʳ)
Masarn [*u.*] Masarnen
Prenn massarn
Coed massarn
Oddfyn, a dyf ar bob prenn
   (III.21ᵛ)
215 Kriawolbrenn
Criawolen
Prenn criawol
Grawn criawol
Coed criawol
220 Cerddinen: criawolen (III.22ʳ)
Cerddin: *ll. o* cerddinen[4]
Criawol: grawn y cerddin
Seidyr y criawol
Ysgaw [*u.*] Ysgawen
225 Prenn ysgaw (III.22ᵛ)
Pabwyren ysgaw
Grawn ysgaw
Crabysbren
Crebyn
230 Crabyssyn *ll*. Crabys
Sirionwydd (III.23ʳ)

---

[1] Llsgr. *Gunfilen*.
[2] Trefn y geiriau yn y llsgr. yw
   Gṇulen, Gṇfil, Gṇfilen
[3] Llsgr. *Eideu̯*.
[4] Llsgr. *cerdinen*.

Gwydd sirion
Prenn sirion
Coed sirion
235 Sirion
Sirion cochion
Sirion duon
Blode sirion
Ceirioes: Sirion duon (III.23ᵛ)
240 Sidanwydd
Aidlen: Abies (III.24ʳ)
Afallen: Malus
Eithinen: Ramnus
Glastanen: Quercus
245 Llorch: Baculus
Moiarbrenn, Moirbrenn:
   Morus
Sibwydd: Abies
Meryw: prenn dsuniper

Pererinbren, Pinwydden
250 Prenn lliwydd: service tree
Prenn ceri: service tree: ?pa
   un o'r ddau yw yr iawn
   service tree
Morhelic (III.24ᵛ)
Glas helic
Gwanoelen: a Maple tree
255 Gwniol: Maplwood
Aethwydden: an Aspe
Aethwydd: aspenwood
Aethnen: an Asp (III.25ʳ)
Helig y mor
260 Molwern [u.] Molwernen: math
   ar brenn tebig i helig mân
Afan: Raspes[1]
Prenn afan
Coed hyddgwn

122 Llyssieu (III.26ᵛ)

Llysiewyn, Llysieuyn
   ll. Llyssieu
Hedyn *ll*. Had
Eginin *ll*. Egin
Delien *ll*. Dail
5 Paladyr
Kainc *ll*. Ceinciau
Blodeun *ll*. Blodau (III.27ʳ)
Gwreiddin *ll*. Gwraidd
Blaenyrchu
10 Blaenyrchiad
Eginaw, -o
Eginawc, -oc
Eginawl, -ol
Alexandyr (III.27ᵛ)

15 Arian Gwian
Arianllysc
Aurvanadyl
Beattws
Beler: Carista
20 Berwr dwr
Berwr Ffrengig
Blaen y gwayw (III.28ʳ)
Boreles: Consolida
Anthonaes: Archilla
25 Breilu: Rosa
Bressych
Bulwg
Bwltws
Bwraeds dofion

---

[1] Llsgr. *Rapes*; ond cf. Pen 297, 3ʳ *Raspys*.

30 Bwraeds gwlltion (III.28ᵛ)
　Byriallu
　Byriallu conglog
　Byriallu Mair
　Byssedd y llwynog¹
35 Chwisigl (III.29ʳ)
　Chwys Arthur
　Chwys Mair
　Dail y ffion ffrwyth
　Dail y vendiged²
40 Danadl cochion
　Danadl y gath: Nepis (III.29ᵛ)
　Dehowles: Abrotanum
　Elestren: Carex
　Enlydan: Plantago (III.30ʳ)
45 Erllyriad
　Efere
　Eiddew y ddaiar
　Earthnut: Apios
　Eon
50 Ffa (III.30ᵛ)
　Ffenigyl cochion
　Ffenigl y cwn
　Ffoenigyl y cwn: Amiscus
　Fuelein: Absinthium
55 Ffitbys
　Gahen: Simphoniaca
　Garlleg: Alium (III.31ʳ)
　Garlleg dof
　Garlleg gwyllt
60 Garlleg y brain
　Gelestr
　Glessyn: Sandix
　Glessyn y coed: Bugwl
　Gold melyn (III.31ᵛ)

65 Gold gwynn
　Goriles
　Gwenith
　Gwenith Ffrainc
　Gwenith ysgyfarnog
70 Gwlydd
　Gwyg
　Gwyles (III.32ʳ)
　Gwrling: Gal
　Haidd
75 Hesk [u.] Hesken³
　Henllydan
　Cacamwci (III.32ᵛ)
　Cegid
　Ceirch
80 Cenin
　Cenin y brain: Affodillus (III.33ʳ)
　Cenin Pedyr
　Closilopps
　Clustie yr ddaear
85 Clust y gath
　Clust y llygoden
　Clust yr ewic: Laurial
　Colyn y mel
　Coeglinhad (III.33ᵛ)
90 Corsen
　Corn y carw: Gritta marina
　Cowarch
　Crafanc y vran
　Cribe san ffraid
95 Cyngaw
　Llaeth y gasseg (III.34ʳ)
　Llaeth ysgall
　Llerr
　Llesengog

---

¹ Llsgr. *lṵynog*.
² Llsgr. *Dail y vediged*.
³ Ceir *Hesken* ar frig f. 32ᵛ, yn dilyn *Henllydan*.

100 Llesdeith (III.34ᵛ)
   Lesdussog: B
   Lespwyt, -vit: M
   Llesserehog
   Llin
105 Llinhaden: V
   Llotles: A
   Llwyd y kwn (III.35ʳ)
   Llwynhidydd
   Llychlyn y dwr
110 Llygaid Crist: Occulus Christi
   Llygaid y dydd
   Llym y llygaid
   Llus
   Llyssie Ieuan (III.35ᵛ)
115 Llyssie Llewelyn
   Llyssie Mair
   Llyssie pentai
   Llyssie yr chwied
   Llyssie yr gwaedling
120 Llysie[1] yr hebog: L
   Llyssie yr cryman garw
   Llyssie yr cryman llydan
      (III.36ʳ)
   Llyssie yr cwlwm, Cwmffri[2]
   Llyssie yr ysgyfarnog
125 Madere[3]: S (III.36ᵛ)
   Maip
   Mantell fair
   Marchalan[4]
   Marchredyn
130 Marchredyn y derw

   Meillion gwnnion
   Meillion cochion
   Meillion yr wyn (III.37ʳ)
   Meillionen[5]: V
135 Menig yllyllon
   Mill: Papaver
   Minfel: Millefolium
   Mintys cochion[6]
   Mintys llwydion
140 Mintys y dwr (III.37ᵛ)
   Morhesc
   Moron
   Moron y maes
   Meddygyn[7]
145 Orpin dof
   Orpin gwyllt (III.38ʳ)
   Pedere Mair
   Pwrs y bigel
   Pys
150 Pys y coed: Brien roote
   Pys y ceirw
   Prosper, tebic i'r Tim gwlltion
      (III.38ᵛ)
   Redish: Raphanum
   Rhedyn
155 Rhedyn Mair
   Rhedyn y maes
   Rhesc (III.39ʳ)
   Rhocys
   Rhyg
160 Saeds
   Saeds mynydd

---

[1] Llsgr. *Lyse*, a allai fod yn ffurf ddilys, 'llyse'.
[2] Rhoddir *Cumffi* ar linell ar wahân, ond cf. Pen 296, 112ᵛ *Llysie/r/ kwlwm: kwmfri* (JJ, 1606).
[3] Ceir *c* uwchben yr *e* gyntaf, cf. Pen 297, 198ᵛ *Madkre* a gywirwyd yn *Madere*.
[4] Llsgr. *Maralan*.
[5] Llsgr. *Meilionen*.
[6] Llsgr. *cocion*.
[7] Llsgr. *Medygyn*.

Sane y gog
Suran tair dolen (III.39ᵛ)
Suran y gog
165 Saffrwm gwyllt: Affidillus
Tafod yr edn: Bigle
Tafod yr eidion
Tafod yr hydd (III.40ʳ)
Tafod y ki
170 Tafod y llo
Tafod yr oen
Tafol
Tafol Mair
Tim dofion
175 Teim gwlltion: piliol mountaine (III.40ᵛ)
Torfagl
Wermod lwyd
Wermod wenn
Winiwn
180 y Benfelen wrw (III.41ʳ)
y Benfelen vanw
y Bengaled: macfelum
y Benlas
y Dinllwyd
185 y Doddedic las
y Doddedic wenn (III.41ᵛ)
y Droedrudd: Herba Roberti
y Dryw: Egrmwnt
y Duuw
190 y Ddanhadlen wenn

y Ddelien ddu
y Ddyfrlys: Herbe water
y Ddygrnuw: Bernel
y Vronwen
195 y Gaswenwyn: ysgabiws (III.42ʳ)
y Gingroen
y Graith unnos
y Gwyddfyd[1]
y Canncwlwm: Centinodum
200 y Llindys
y Llyriad
y Pum nolen: Quinque folium (III.42ᵛ)
yr Hiddigyl: Redius
yr Ieuad
205 yr Olch euraid: Sanigle
y Rhinllys
y Torfaen: Saxifragia
y Torfagl
y Tresgyl[2]
210 Yscall (III.43ʳ)
Yscall Mair
Ystol Fair: Sentri
y Fabgoll: Avans
y Fiolen
215 y Vyddarlys
y Wadlys
y Wilffri wyllt

---

[1] Llsgr. *y Gwydfyd*.

[2] Llsgr. *y Tregyl*; cf. Pen 296, 115ʳ *y tresgyl*.

123 Henwae Adar Dof (III.89ᵛ)

Iar *ll*. Ieir
Keiliog iar *ll*. Ceiliogod
Cocwyo iar
Dodwy
5 Nyth *ll*. Nythod
Nythu¹
Nythiedic
Nythiad
Nythawl (III.90ʳ)
10 Nythawc
Wi *ll*. Wieu
Gori
Eiste
Goredic
15 Wieu goredic
Wieu clwcod²
Iar yn deor (III.90ᵛ)
Iar yn clocian
Ceiliog canu
20 Cyw *ll*. Cywion
Cowen *ll*. Cowennod
Capwllt *ll*. Capyldiaid
Caprwn *ll*. Caprynaid
Capyldiaw, -o (III.91ʳ)
25 Capyldiedic
Capyldiad
Bastart
Crib celiog
Crib cader Fyrddin
30 Tagell celiog
Yspardyn ceiliog (III.91ᵛ)

Iar or
Posiar
Gwydd *ll*. Gwyddau
35 Ceiliagwydd *ll*. Ceiliagwyddi
Gwassarnu gwydd (III.92ʳ)
Sathru gwydd
Nyth
Nythu
40 Dodwy
Gori
Goredic
Wieu goredic
Wieu clwcod (III.92ᵛ)
45 Deor cywion
Gwydd yn deor
Cyw *ll*. Cywion
Gwydd las
Ffronc, Cut gwyddeu
50 Paun *ll*. Peunod (III.93ʳ)
Peunes
Rhawn y paun
Paun yn castellu
Castelliad paun
55 Castellawc
Iar dwrci (III.93ᵛ)
Celioc twrci
Cywion twrci
Hwiad *ll*. Hwiaid
60 Hwiaden³
Ceiliog hwiad⁴
Cywion hwiaid

---

¹ Ailadroddir *Nyṯu* yn y llsgr. a chywiro'r ail o *Niṯi* yn *Nyṯu*.
² Llsgr. *clucod*.
³ Llsgr. *Ḻuiaden*.
⁴ Llsgr. *huiad*.

124 Henwae Adar Gwlltion (III.94ʳ)

Aderyn y to
Aderyn du *ll*. Adar duon:
 Coches, y rhain sy yn
 dodwy yn eu crafangau ac
 yn eiste arnynt yno
Aderyn Risiart
Alarch *ll*. Alarchod & Elyrch
5 Alarches (III.94ᵛ)
Barkut
Barcuttan *ll*. Barcutanod
Bertifan[1]: p
Bigail Pedyr, Bod glas
10 Bòd[2] penwyn
Bòd tinwynn (III.95ʳ)
Bòd y gwerni
Bran *ll*. Brain
Bran Cerniw: a Cornish tsoch
15 Bran dyddyn[3]
Bran yr yd: a Rooke
Bras yr yd: a Bunting
Bronvraith: a Thrastyl (III.95ᵛ)
Celiog bronvraith: a Thrastle cock
20 Brych y cae
Bydnepein: a
Cherhit: A
Chwicnores[4]
Chwibanogyl y mynydd[5] (III.96ʳ)
25 Cafor: Brucus
Capwllt
Caprwn

Casseg y dryghin
Celiog hwyad
30 Celiog iar
Celiog coed
Celiog gwydd (III.96ᵛ)
Celiog mynydd
Cigvran *ll*. Cigvrain
35 Clomen *ll*. Clomennod
Clomendy
Clomen wyllt
Clomen ddof (III.97ʳ)
Clomen goed
40 Clomen Fair
Coesgoch: Redshank
Cog *ll*. Cogeu
Cogvran *ll*. Cogvrain: a Chough
Cornchwigyl, Cornchwiglen *ll*. Cornchwiglod
45 Cornwich (III.97ᵛ)
Crachhwiad *ll*. Crachhwiaid
Crek yr eithin
Crychyr *ll*. Crychyddod, Cryhyr
Cryhyr *ll*. Cryheurod: a Hearn
50 Crygiar *ll*. Crygieir
Cudon: Palumba (III.98ʳ)
Cwttied[6]: Plovers, greene plovers
Cyffylog *ll*. Cyffylogod
Dybryen *ll*. Dybryod: math ar adar sydd yn byw yn y mor

---

[1] *Bertifan*, gyda *v* wedi ei hychwanegu uwchben yr *a*.
[2] Am yr *ò*, gw. td. 42.
[3] Llsgr. *dydyn*.
[4] Neu *Çuicuores*.
[5] Llsgr. *mynyd*.
[6] Llsgr. *Cuttied*.

ac a nythan yn y creigia
uwch y mor
55 Dyfriar *ll*. Dyfrieir (III.98ᵛ)
Ederyn y cegid *ll*. adar y cegid
Ederyn y cnau *ll*. adar y knau
Ederyn y cowarch *ll*. adar y cowarch
Ederyn y llin *ll*. Adar y llin: Flax finch (III.99ʳ)
60 Eos: Nightingal
Eryr *ll*. Eryrod
Gelfinir: a Curlyw
Genlli goch
Golvan: Passer (III.99ᵛ)
65 Grygiar *ll*. Grygieir
Groegen, Pwrs
Guhen: V
Gwas y gog
Gwennol *ll*. Gwenholied
70 Gwennol y dwr *ll*. Gwenholiaid y dwr (III.100ʳ)
Gwyddwalch[1]
Gwydd wyllt *ll*. Gwyddau gwlltion
Gwylan *ll*. Gwylanod: a Gull
Gwylan y maes
75 Gwylan y mor
Gwyrain: Bernackles (III.100ᵛ)
Hebog *ll*. Hebogied
Hedydd *ll*. Hedyddion: a Larke
Hobel
80 Hobi goch
Hwiad *ll*. hwiaid

Hwiad wyllt (III.101ʳ)
Hwyedic hebawc
Iar fynydd *ll*. Ieir mynydd
85 Iar goed *ll*. Ieir coed
Ierwydd, Iar goed
Llamysten[2] (III.101ᵛ)
Llewenci: Cinomia
Llinos, Llinossen
90 Llwydwyn y coed
Llygad yr ych
Marburan: Coruus
Morwamal (III.102ʳ)
Mulvran *ll*. Mulvrain: a Cormorant
95 Mulvi
Mwialch *ll*. Mwialchod
Celiog mwialch
Mwialchen
Mwialchen y dwr
100 Palores: Graculus[3] (III.102ᵛ)
Penloyn
Piog, Piogen *ll*. Piod, Piogod: a pie
Piogen y mor: Seapie (III.103ʳ)
Pittan
105 Rhawn baladr
Rhegen
Rhiccan *ll*. Rhiccanod, Gwylan ieuanc: a yong gull
Rhinc: Coturnix (III.103ᵛ)
Saithor: Mergus
110 Scoul: Milvus
Snit *ll*. Snitiaid
Storc: Ciconia
Stut: Culex

---

[1] Llsgr. *Gu̧ydwalc*.
[2] Llsgr. *Lamysten*.
[3] Ceir 4 llinell wag ar frig y ddalen.

Sudronen: Fucus (III.104ʳ)
115 Tinboeth
Tinsigl y gwys
Tinwyn y gwys
Tresclen *ll.* Tresclennod[1]
Troet: Turtur
120 Tylluan *ll.* Tylluanod (III.104ᵛ)
Uchedydd, Ehedydd: a Lark
y Drydwy
y Dryw
Yscidowgwyll (III.105ʳ)
125 Yscuthan *ll.* Yscuthanod
Ystlym *ll.* Ystlymod
Aderyn y drydwy *ll.* Adar y drydwy
Aderyn y bwnn *ll.* Adar y bwnn: a Byttern

125 Pysc, ei Henway a Physcotta (III.106ʳ)

Pysgodyn *ll.* Pysc, Pysgod
Pysgodwr *ll.* Pyscodwyr
Pysgodwriaeth
Pysgotta
5 Hela pysc (III.106ᵛ)
Rhwyd *ll.* Rhwydeu
Basgleu y rhwyd
Bwrw rhwyd (o vad i for ne afon ne lynn) i'w chodi i fyny yn ebrwydd
Gossod rhwyd (mewn llanw mor ar draeth ne mewn afon ne mewn llynn) i'w gadel yno tros nos
10 Bwrw bacheu (III.107ʳ)
Gossod bacheu
Cored *ll.* Coredau
Cryw *ll.* Crywiau
Ballegrwyd
15 Cocyllrwyd
Disgibrwyd: a Drawing nett, dau sydd raid i'w thynnu hi
Treillio cored neu rwyd: To tak fish out of a nett or were (III.107ᵛ)
Genwair
Genweirio
20 Gwialen enwair
Bach genwair
Tryfer (III.108ʳ)
Cawell pyscod
Cawellaid
25 Cawellu[2]
Bwrw
Mwys o benwaig
Pysc yn claddu
Sil pysgod
30 Cladd y pysgod (III.108ᵛ)
Rhith
Lleithion
Grawn
Afu
35 Gwynt
Emyscar

---

[1] Llsgr. *Tres|lennod*.   [2] Llsgr. *Cawelu*.

Penn y pyscodyn: The head of the fish
Crogen y pyscodyn (III.109ʳ)
Corff y pyscodyn
40 Llyw pyscodyn
Aig
Aigiaw, -o
Myfi (III.109ᵛ)
Abad: math ar bysc yn y mor ar y sydd ynddo dri rhywogaeth bysc. Y penn blaen iddo sydd asgelloc fal morcath ac a blas morcath arno ac sydd raid ei gweirio fal morcath i'w vwyta. Y rhan ganol iddo sydd debic i ganol mulwel, ac y sydd a blas mulwel arno ac a ddylir ei gweirio fal mulwel i'w vwyta. A'r rhan ol iddo sydd debig i gi glas, ac y sydd a blas ci glas arno, ac a ddylir ei gweirio fal ci glas i'w vwyta.¹ Ac a fag y rhai iefainc yn ei groth fal moelrhon neu lamhidydd
45 Aderyn y bilyn *ll*. Adar y bilyn: ?ai Puffins (III.110ᵛ)
Berdyssen *ll*. Berdys: Srymps, math ar forbysc a gwisc gorn amdano ac y sydd yn magu yn y gwichiedyn²
Bila gwynn (III.111ʳ)

Blobys: math ar beth llymric byw, tebic i ryw rith ac y sydd³ o liw rhudd neu felyn, ac a arweinir gann y lla[nw] i fynu ac i wared ac y sydd wenwynic i'w deimlaw
Bras wnnied *ed*. Gleissiad
50 Brithill *ll*. Brythyllod ne Brithyllied: a Trowt
Brithill: Mugil (III.111ᵛ)
Brithill brych
Brithill gwmon
Bron alarch: Cutlebone *ed*. Scytfol
55 Brwyniedyn *ll*. Brwnied: Smelts
Cadell fantach: y banw yw o'r cwn coegion *ed*. Ci coeg
Camog: cymar ffithell neu chwiwell, gleissiad ieuanc *ed*. Gleissiad
Cath bigog: a Thorneback: un o'r Pedair rhywogaeth morcath yw *ed*. Morcath (III.112ʳ)
Cath mor *ed*. Morcath
60 Cath felen: un o'r pedwar rhywogaeth morcath yw ac y sydd wenwynllyd⁴ *ed*. Morcath
Celioc mor (III.112ᵛ)
Ci brych neu Penci brych: un o rywogaeth y Cwn coegion yw *ed*. Ci coeg

---

¹ Llsgr. *ac a ddyle ei gweirio fal ci glas arno, ac a ddyle ei gweirio fal ci glas arno ac a ddyly ei gweirio fal ci glas i'w vwyta*, a'r geiriau a danlinellwyd wedi eu hailadrodd yn wallus.
² Llsgr. *gwiciedyn*.
³ Llsgr. *syd*.
⁴ Llsgr. *wenwynlyd*.

Ci glas: un o rywogaeth y[1] Cwn coegion yw *ed*. Ci coeg

Ci coeg *ll*. Cwn coegion, yw yr henw kyffredin ar yr holl gwn bysgod sydd yn magu yn y mor, ac y maent yn bwrw y wrthynt ac ohonunt beth a elwir esgid y vran, o'r honn y mae yr holl gwn yn dyfod (III.113ʳ)

65 Ci pigog: y gwrw yw [o'r][2] cwn coegion

Cimwch: a Lobster, math ar bysgodyn a gwisc megis corn amdano, ac y sydd yn magu yn y chwelcyssen[3] (III.113ᵛ)

Clwt y torddu: un o'r pedwar rhywogaeth morcath yw *ed*. Morcath

Cochannen: a Botling

Cogyrnod duon: Berewincles

70 Correlling: gelling bychan *ed*. Gelling (III.114ʳ)

Cornbwch *ll*. Cornbychod

Cranc glas: Crabfish, math ar bysc a gwisc gorn amdano ac y sydd yn magu mewn cregin Teganwy

Cranc gwisgi: hwnnw sydd lai no'r ddau granc eraill, a hwnnw sydd yn magu yn y grogen las leiaf

Crogen: Concha (III.114ᵛ)

75 Crogen: a shel of a fish or a shelfish *ll*. Cregin

Crogen Gadwgan[4]: math ar grogen fawr mwy no chrogen las

Crogen gocys: a Coccle shelfish, or Cockles

Crogen henas, ne Grogen pewter *ll*. Cregin henas & Cregin pewter[5] (III.115ʳ)

Crogen Iago *ll*. Cregin Iago: a Scalop

80 Crogen las *ll*. Cregin gleission: a Muscle

Crogen Marthychen *ll*. Cregin Marthychen: math ar gregin ai pysgod a chlustieu uddunt fal clustie llygoden ac a chyrn ar ei pennau fal cyrn malwen

Crogen pewter *ed*. Crogen henas (III.115ᵛ)

Crogen Teganwy: math ar gregin gleission mawr ac y sydd yn emyl Teganwy *ll*. Cregin Teganwy

Crothell *ll*. Crothelleu, Crothellod: a Googion (III.116ʳ)

85 Crothell y dom

Crwban *ll*. Crwbanied: krwbs, math ar bysc o granc a gwisc o blisc neu gorn amdano, ac y sydd yn magu

---

[1] Llsgr. *y y*.
[2] Llsgr. *y gu̯ru̯ yu̯ Cu̯n coegion*; ond cf. rhif 56.
[3] Llsgr. *Cwelcyssen*.
[4] Llsgr. *gadugan*.
[5] Llsgr. *peuter*.

ac yn dyfod allan o grogen Cadwgan

Cwngren *ll*. Cwngrennod: a Congyr, math ar bysc sydd debig i lysywen ac y sydd yn magu yn y llemeirch, mor lyswen

Calvras: a Shàd¹ (III.116ᵛ)

Chwelcyssen *ll*. Chwelcys

90 Chwiwell *ed*. Camog (III.117ʳ)

Denshoc: Luceus

Draenog y mor *ll*. Draenogied y mor: Mulet, math ar forbysc, tebic i'r draenoc

Draenog dwr croyw *ll*. Draenogied: a Perch, ac a fag mewn llynneu

Draenog: a Bas (III.117ᵛ)

95 Eog *ll*. Eogied: y gleissiad gwrw, sef cymar yr hwyfell *ed*. Gleissiad

Esgadenyn *ll*. Esgaden *ed*. Scadan

Esgid y vran yw y peth y mae y cwn coegion yn ei vwrw y wrthynt ac o hwnnw y mae y cwn yn magu ac yn myned yn gwn coegion

Estren: Ostrea, Oester (III.118ʳ)

Ffithell: y gleissiad banw sef cymar y gamoc *ed*. Gleissiad (III.118ᵛ)

100 Gaflaw *ll*. Gaflawied: pysc o ryw y gleissiad, blwyddyn hŷn no'r Penllwyd *ed*. Gleissiad, p. m.

Gannoc *ll*. Gannogion: a Botlinge, p. a. (III.119ʳ)

Gelling *ll*. Gellingod²: pysgodyn llai no'r eog ac o'i ryw ef ac a ddaw i'w ddaly y mis Mai ac a bery hyd gwyl Mihangel, a'r rhai man o'r rhyw a elwir correlling

Glasannen: a Grealinge

Gleissiad *ll*. Gleissiaid: a Samon: mae y gleissiad yn claddu o bobtu i [ ]³ ac o bobty i galangaiaf y mae y cladd yn sil, ac erbyn Calanmai y bydd ef yn wnnied y gog, ac erbyn yr ail Clanmai y bydd ef yn vras wnnied, ac erbyn y trydydd Clanmai y bydd ef yn benllwyd, ac erbyn y pedwerydd Clanmai gaflaw a vydd, ac oddyno yr eiff ef (yn fort ac oddyno yr eiff ef)⁴ yn ffithell ne gamog, ac oddyno yr eiff ef yn leissiad⁵ eog, ne hwyfell. Yr eog a ddelir y gaiaf a'r gleissiad yr haf (III.120ʳ)

105 Gleissiad, ne Gleissiadeg: Suwing, a.

---

¹ Am orgraff yr *à*, gw. td. 42.
² Llsgr. *Gelingod*.
³ Gadawyd bwlch bwriadol.
⁴ Mae'r cromfachau yn y testun, a gosodwyd gofynnod ar bwys y cymal, ar ymyl y ddalen. Ceir y gofynnod hefyd yn Pen 308ii, 438 ar bwys *yn vort*.
⁵ Llsgr. *Ḷeissiad*.

Gwichiedyn *ll*. Gwichied: Cogyrnod duon: a. Berewincles (III.120ᵛ)
Gwnnied y gog *ed*. Gleissiad
Gwnnied Llynn Tegid
Gwrachan goch
110 Gwrachan las
Gwrachen y dom: ?ai Googion (III.121ʳ)
Gwrachen y cerric, tebig i bilcot
Gwrachen y mor *ll*. Gwrachiod: Sea tench
Gwrachen neu Gwrachan *ll*. Gwrachennod[1] neu Gwrachiod
115 Gwyddelgranc: math ar bysc sydd yn magu yn [ ][2]
Gennog *ll*. Gennogied: Darces, tebic i'r hardd, ond ei vod yn llyfn a heb ddannedd (III.121ᵛ)
Hardd *ll*. [ ]: math ar byscodyn mewn llynnau, ac a elwir yn Saesonaeg Breame
Hardd: pyscodyn pann vo mewn avon a elwir Grayling (III.122ʳ)
Hardd *ll*. Harddiaid, Darces: blewog yw yr hardd a llyfn yw y gannoc
120 Hardden, a Grealing
Henas *ed*. Crogen henas

Hwyfell, cymar yr eog (*ed*. Gleissiad) sef y gleissiad banw (III.122ᵛ)
Iar for
Ish: the Ffreey of a ffish
125 Llamhidydd *ll*. Llamhidyddion[3]: a Purpos, math ar bysgodyn y sydd yn y mor ac a vwrir o groth y banw fal lledfegin byw ar y ddayar (III.123ʳ)
Llo llamhidydd
Llamprog *ll*. Llamprogod & Lampriod: a Lampray
Llamrhiod, neu Llamrhyed: Stonfish
Lleden *ll*. Lledeu: a flooke (III.123ᵛ)
130 Lleden chwith
Lleden las
Lleden wenn
Llegest: Polippos
Llemeirch: Oester
135 Llyffant y dwr
Llygaid maharen: math ar bysc cregin sydd yn y mor tebig i lygad dafad
Llyswen benndoll (III.124ʳ)
Llysywen *ll*. Llysywod: an Ele
Llythien *ll*. Llythi, Lleden[4]
140 Macrell *ll*. Macrelliaid: a Macrel (III.124ᵛ)

---

[1] Llsgr. *Gwracennod*.
[2] Mae'r cofnod yn anghyflawn ac fe'i dilynir gan 3 llinell wag.
[3] Llsgr. *Lamhidydion*.
[4] Llsgr. *Leden*.

Marchgrogen (hors muscles)
  ll. Meirch gregin
Mehil: Mullus
Mesglen: Muscla
Misglen *ll.* Misgyl, Crogen las
145 Moelrhon *ll.* Moelrhonied:
  Sael, math ar bysc y sydd
  yn y mor ac y sydd a chroen
  blewog iddo mal llwdwn
  hwch ac a fag yng nghroth y
  banw ac a vwrir fal llo
  mewn lle sych ar y tir ac a
  rydd y banw laeth iddo mal
  i lo
Morbysc p.[1] pysgodyn agos
  yn vloneg oll (III.125ʳ)
Morddraenog: a Sea tench *ed.*
  Draynog y mor (III.125ᵛ)
Mordrybedd
Mor geilioc
150 Mor gyllell: math ar gregin
  hirion megis llafn cyllell
Morhwch, Delfinus
Morhwch, Moelrhon: a Sael
  (III.126ʳ)
Moriar
Morcath: a Thornback:
  pedwar rhywogaeth[2]
  morcath y sydd sef cath
  felen, bila gwynn, clwt[3] y
  torddu, cath bigog a honno
  yw yr iawn Thornback
155 Morlas *ll.* Morlessied: math ar
bysc tebic i leissiad o gylch
  12 modfedd o hyyd (III.126ᵛ)
Morlyffant
Morlysowen: a Conger
Mor neidyr: Murena
Mornodwydd
  ll. Mornodwyddeu:
  Thornfish, Sea needl
160 Mort *ed.* Gleissiad (III.127ʳ)
Morfarch: a whal
Morfil[4]
Morforwyn: a Meremayd
Morysgyfarnog: a Gurnett
  ll. Morysgyfarnogod
165 Mulwel *ll.* Mulwelod: a Cod
  fish
Neidyr y mor *ed.* Morneidyr
  (III.127ᵛ)
Neidyr y dwr
Nodwydde yr traeth
Penbwl: Bulhead
170 Penci brych *ed.* Ci brych[5]
Penhwyad *ll.* Penhwyaid: a
  Pike, or Pikrel, a Snagg
  (III.128ʳ)
Penhwygyn: Pennoc bychan
Pennoc *ll.* Pennwaic: a
  Hearing *ed.* Scadan
Pennogyn: un pennoc ne
  bennoc bychan
175 Pennoc hallt: a salt hearing
  (III.128ᵛ)
Pennog ir: a fresh hearinge

---

[1] Gadawyd llinell a hanner yn wag ar ôl *p*.
[2] Llsgr. *rywogaeṭ*.
[3] Llsgr. *Clut*.
[4] Llsgr. *Molfil* (ffurf amrywiol o bosibl drwy gymathiad) ond cf. Pen 308ii, 491 *Morvil*.
[5] Llsgr. bryc.

Pennoc coch: a Red hearinge
Pennoc gwyllt: a Pilcher, math ar bysc sydd[1] megis yn gymyscedic o vlas o bennoc a macrell
Pennllwydill, Penllwydied *ed*. Gleissiad
180 Penllwydyn *ed*. Gleissiad
Pilcottyn *ll*. Pilcot: a Penck, Penckes
Pwffyns: ?ai aderyn y bilyn yw (III.129ʳ)
Pyscodyn y brenin: ystyrgion yw
Ray, yw yr henw kyffredin ar y cwn mor a'r cathod mor (III.129ᵛ)
185 Rhaien *ll*. Ray
Rhwyad, Penhwyad
Rhyfyrthi: math ar bysc yn y mor tebic i egin llysowod
Rhythonen *ll*. Rhython: crogen goccys (III.130ʳ)
Senoc *ll*. Senogied: pysgod sydd yn magu yn y llynnoedd
190 Shiaprwd
Sil yw yr henw cyffredin ar bob math o byscod man cynn dyfod i'w henw priodol, megis sil penwaic, sil gleissiad
Silin: un o'r sil (III.130ᵛ)
Sil penwaig: Sprates
Scadan neu Scaden: Hearings *ed*. Pennog
195 Scadenyn: a Hearinge *ll*. Scaden
Scytffol: math ar bysc sydd yn debic i wennol gwydd, ac y sydd yn magu y bronn alarch, sef Cuttlebone
Sparlings (III.131ʳ)
Tafod yr ych: Soles, math ar bysc tebig i wadyn esgid
Tahoc: Rocea
200 Torgochied[2]: math ar vrythyllied sydd yn magu mewn llynnoedd safadwy a thorreu cochion[3] uddunt (III.131ᵛ)
Trud: Tructa
Whitlingin *ll*. hwitling
Scutffol gwd: math arall ar skytffol, ac y sydd grwn ac ni[d] yw yn magu y bronn alarch (III.132ʳ)

126 Henwae Man Bryfed Ehedawl, Ymlysgawl a Dyfrawl (III.133ʳ)

Ednogyn *ll*. Ednog, Cilionen *ll*. Cilion
Gwybedyn *ll*. Gwybed
Chwilen *ll*. Chwilennod, Chwilod
Egnod duon (III.133ᵛ)

---

[1] Llsgr. *syd*.
[2] Llsgr. *Torgocied*.
[3] Llsgr. *cocion*.

5 Egnod llwydion ne Egnod y meirch
Gwenynen *ll*. Gwenyn
Haid o wenyn
Gwenyn yn heidio
Cynthaid
10 Askellhaid (III.134ʳ)
Tarwhaid
Modrydaf
Bydaf [*ll*.] Bydafau
Cornor
15 Beggers
Cwch gwenyn

Mel (III.134ᵛ)
Crwybyr
Dilieu mel
20 Tery mel
Cwyr
Cacynen *ll*. Cacwn
Cacwn duon
Cacwn melynion
25 Cacwn y meirch
Gwaell y neidyr (III.135ʳ)
Gloyn Duw
Celiog rhedyn[1]
y Vuwch goch

127 Man Bryfed (III.135ᵛ)

Neidyr *ll*. Nadredd
Llyffant *ll*. Llyffaint
Llyffant melyn
Llyffant du dafadennog
5 Gene goeg: a Neute, an Asker
Gel *ll*. Gelod: Loches
Malwen *ll*. Malwennod: a Snayle (III.136ʳ)
Malwen ddu
Malwen wenn
10 Gwlithennod
Llynghyren *ll*. Llynghir

Cynrhawnyn, -onyn, *ll*. Cynrhawn, -on
Mowionyn *ll*. Mowion (III.136ᵛ)
Pry coppyn
15 Gwrach y lludw
Pryfed lassie, neu gadache: Caterpillers
Celiog rhedyn
Gwifyn *ll*. Gwyfon
Lleuen *ll*. Llau (III.137ʳ)
20 Chwanen *ll*. Chwain
Nedden *ll*. Nedd
Gwreinin *ll*. Gwraint

128 Henwau Meteloedd (III.137ᵛ)

Mwyn
Mwynwr *ll*. Mwynwyr
Grill
Plwm

5 Ystaen
Pres
Evydd (III.138ʳ)
Elydyr

---

[1] Llsgr. *Celiog redyn*.

Haiarn
10 Dur
Arian
Aur
Gweilig, Pres
Pewter (III.138ᵛ)
15 Mwyn plwm
Mwyn ystaen

Mwyn haiarn
Mwyn pres
Mwyn aur
20 Halen (III.139ʳ)
Coperas
Alwm
Vitrial

129 Cerric a Main (III.139ᵛ)

Carrec *ll*. Cerric
Carregan
Carregawc, -oc
Carregawl, -ol
5 Craig *ll*. Creigiau[1]
Creigiawc, -oc
Creigiawl, -ol (III.140ʳ)
Clegyr
Careg calch
10 Carreg las
Carreg haiarn
Carreg grud
Carreg nadd (III.140ᵛ)
Carreg Callestyr
15 Callestric
Callestrawl, -ol
Maen *ll*. Main, Meini
Maen nadd
Maen grud (III.141ʳ)

20 Maen hogi
Hogfaen
Maen llifo
Maen breuan
Maen melin
25 Maen gwenithfaen
Maen to
Llechfaen *ll*. Llechfain (III.141ᵛ)
Maen llechen
Maen mynor
30 Maen grissial
Maen muchudd
Maen callestyr
Maen gwennol
Maen mystylowyn
35 Maen Cwrel[2] (III.142ʳ)
Maen marmor
Maen mererid

130 Amryw Liwieu (III.142ᵛ)

Lliw *ll*. Lliwieu
Lliwio
Lliwydd

Lliwyddiaeth
5 Lliwedic
Lliwus

---

[1] Llsgr. *Creigia̭u*.

[2] Llsgr. *C̭urel*.

Gwynn *ll*. -ion (III.143ʳ)[1]
Du *ll*. -on
Llwyd *ll*. -ion
10 Gwynnllwyd *ll*. -ion
Llwydwyn *ll*. -ion
Llwyd-ddu *ll*. -on
Dulwyd *ll*. -ion
Glas *ll*. Gleission
15 Coch *ll*. -ion (III.143ᵛ)
Melyn *ll*. -ion
Gwyrdd
Rhudd
Brych
20 Glaswyn
Gwnlas
Glasddu (III.144ʳ)
Dulas
Glaslwyd
25 Llwydlas
Cochwyn[2]
Gwngoch
Cochddu
Dugoch
30 Melynwyn (III.144ᵛ)
Gwnfelyn
Melynlwyd
Llwydfelyn
Melynddu
35 Dufelyn
Melyngoch

Cochfelyn (III.145ʳ)
Gwyrddfelyn
Melynwyrdd
40 Gwyrddwyn
Llwydwyrdd
Gwyrddlas
Glaswyrdd
Durudd
45 Rhuddgoch (III.145ᵛ)
Cochrudd
Brychwyn
Brychgoch
Gwrm
50 Brychlas
Brith
Symydliw
Llwydgoch (III.146ʳ)
Cochlwyd
55 Cochlas
Glasgoch[3]
Melynlas
Glasvelyn
Llwydwyrdd
60 Gwyrddgoch
Cochwyrdd (III.146ᵛ)
Rhuddwyn
Rhyddlwyd
Llwydrudd
65 Rhuddlas
Glasrudd

Ag fal hynn y terfyna y llyfyr hwnn yr 16 dydd o Fai 1633
John Jones (III.147ʳ)

---

[1] Ar ôl y cofnod hwn ysgrifennodd John Jones mewn pensel: *14/Mai/1633/fin*.
[2] Llsgr. *Cocwyn*.
[3] Llsgr. *Glasgoc*.

Atodiad 1

Amrafaelion henwae ar lysseuoedd yn lladin a Saesnec a Chymraeg (III.43ᵛ)*
(ceir fersiwn cynharach o'r rhestr yn Pen 308i, 241–307 (*c*.1621))

Abrotonum: Sothernwood, wdrwff, hasta regia, Dehowles

Absinthium: wormwood: y wermod lwyd

Affodila: Cenin y brain

Affodula: y Geuliot[1]: a'r Suran goch ynt

5 Agnus castus: Llyssie yr vendigaid: ne yr ddelien vendigaid (III.44ʳ)

Agrimonia, Eupatorium: Agrimonie: Cahwlyn y mel

Alribacca: Llyssie cyfod

Amarwsta[2]: yr ymranwyn

Ambros: y Fyddyglys las: yr Eidral

10 Ambrosianum, ne Ambrosiana: y Saeds gwyllt: y[3] feddton chwerw: chwerwlys yr eithin: woodsaedge: chwerwlys

Apium risus: Alexandyr (III.44ᵛ)

Arbustum, vel Polipodium: Meirchredyn y derw

Archa angeli: Cist yr Angel

Armit: y Surion[4] a gair yn y siope

15 Aron, Pes vituli: Pys y ceirw

Arsila ne Narstutium

Artemissia, ne Mater herbarum, Mugwort, Llyssie Ieuan, y Ganwraidd: y Feidiog lwyd, Llyssie llwyd (III.45ʳ)

Arthamesia: Danadl goch, ac a elwir Acantes (III.45ʳ)

Artryplex, neu, Agatunes, y Llewgwyn, ac Egrimonia, y Tryw: Llyssie argantes: a had yr arth: y Cahwlyn, ne Gachwlyn: a Drain eisip

20 Astrolosia longa: Langlif: Agia ysbina: yr eurddrain (III.45ᵛ)

Astrolosia rotunda: Tafol y gardde

Avansia: Avans: Pes leporis: Garioffolus agrestis, Pes vituli, y Fabgoll, Harefoote

Aurum barba: pidin y gog: Cwckw pintyle

Arcium *ed*. Xan (III.46ʳ)

25 Barba Johannis: singr cwn: Sengrin: Llyssie penn y tai: y vyddarlys

Bernel: y ddigrnu

---

* Petrus yn aml yw'r dyfaliad ynglŷn ag iaith ffurfiau: defnyddir coch ar gyfer enwau y tybir eu bod yn Lladin/Groeg a phorffor ar gyfer enwau Saesneg.

[1] Cywirwyd *Geulioc* > *Geuliot*.
[2] Cywirwyd *Amarµsca* > *Amarµsta*.
[3] Mae strôc fertigol drwy'r *y*, o bosibl i'w dileu.
[4] Cywirwyd *Surian* > *Surion*.

Berula: y Goedrwydd
Betonica: Betoni: Cribe san ffraid
Betonica pauli veronica: Speedwell: Llyssie Llewelyn (III.46ᵛ)
30 Bigle: Tafod yr edyn
Burago: Bwraens
Branga virainga: Walwrt: y Greulys: Llyssie yr gwaed
Brien Root: Pys y coed
Brugulam murigam taramiscam: Banadl ynt
35 Buglossi: Llyssie yr ychen (III.47ʳ)
Bwrneta: Llyssie Llywelyn
Bwrsa pastoris: Pwrs y Bigail
Buwgwl: Glessyn y coed
Byreiwnia: un o'r Morell yw
40 Calamentum: y Mintys llwydion
Canaba agrestis, herba sudaica: y Bengoch: yr Eliniocc fawr: y Dinboeth: ar Glayarllys
Capillus veneris: Mayden heare: Gwallt y forwyn (III.47ᵛ)
Capillus virginis: Gwallt y forwyn
Caprifolium: Argorgatila: Gwyddfyd
45 Cariofolws: Cylous: Cloves
Catapucia: Latharis: Tithiuralus¹: spurge: y Gyfog: fflamgoed (III.48ʳ)

Ceadron: y Sidwal: y Falarina wenn
Celidonia: y Ddilwydd felen: Llymyn llygaid: Selondine
Celidonium: Selondine: Llyssie yr wennol, idem Celidonia
50 Centauriun: Sentorie: y Greulys: Bustyl y ddaiar: yscol Grist
Centorie: y Ganrin: Bustyl y ddaiar (III.48ᵛ)
Centinodium: y Cancwlwm: Berwr
Centrie: Ystol Fair
Cicuta: Cegid, Hemlock
55 Comffrae: Llygaid y dydd mawr
Cansolida maior: Llygaid y dydd mawr
Consolida media: Llyssie Mair (III.49ʳ)
Consolida minor: Llygaid y dydd mân
Cowslop: y pum deigyr: a Briallu mair
60 Crassula maior: Orpine: Orpyn
Crocus: Saffrwm
Cruciata: Goulden crosswort: Pedere mair
Cwlraets: Gamariga: yr Elinog (III.49ᵛ)
Cwmffri: llyssie yr cwlwm
65 Dens leonis: Dente leon: Daint y llew: y Clais
Dictanium: Ditany: Ditayn

---

¹ Cywirwyd *Tithimalus* > *Tithiuralus*.

Ditania: Diten
Edera terrestris: Eiddew y ddaear
Edera terrestris arall: Eidral: y Feidiog las, y Ddigraith: Maydynwort (III.50ʳ)
70 Egrmwnt: y dryw
Ensineris agrestis: y ddanhadlen wen: Cawae
Enula: y greulys vechan
Enula campana: y Marchalan
Epatica secturalis: Cynglennydd, Liverwort
75 Epulus maior: y Greulys fawr: y Vendigaid, Groundswel (III.50ᵛ)
Erba caduca: y Piwm: Pioni
Erba Johanna: ac erba perforata: yr Eirinllys: Yscol Fair
Erba inquina: y renban
Erba perforata *ed*. erba Johanna
80 Erba mortifera: y Morgelyn
Erba Roberti: y droed rudd: pincnild (III.51ʳ)
Erba Walteri: Llyssie Gwalter: y Vendigeiddlys
Erba water: y Ddyfrlys
Eruga: y Moron
85 Eruga campestris: moron y maes
Euphasia: Eibright: y Faethlys
Eufraxia: Efros y Dorfagl: Gwlydd Mair

Ffebrifuga: y wermod wenn (III.51ᵛ)
Ffeniculus: y Ffenigyl
90 *ll*. Filagw: y Dafoden
Ffilosela: Clust y llygoden: y Dorllwyd
Ffragaria: Strauberies: Mefys
Fragransia: Seifys
Filosaleicis *ed*.[1] hermodactilis (III.52ʳ)
95 Fumaria: fumus terre: fumetorie: mwg y ddayar
Fyloseion: Rhos campe
Galengal[2]: y Grwmel
Gritta marina: Corn y carw
Gransi paradisi: Graens Paradwys
100 Hedera terrestris: Ground Ivie: Eidral (III.52ᵛ)
Herba Jovis: Semper viuum: Sengreene: y Fyddallys
Hermodactilis: filosaleisis: Hasta regia: wodrwf
Hasta regia: hermodactilis
Heython: Cynga y kaye
105 Hipatica liche, Nobl liverwort, Ston liver: Cynhylennydd (III.53ʳ)
Hippia maior: minor: Morsus galine: Cheekweed: y wenwlydd: Gwlydd
Ialia maior: Matufelon: y Bengaled
Iasia alba: y Benlas yw (III.53ᵛ)
Icea nigra: knappweed: y Bengaled

---

[1] Llsgr. *eḍ*.

[2] Cywirwyd *Galingal* > *Galengal*.

110 Impia maior: y Ddiwythyl: y Gwlydd: Cheekenweed
Introletium: yr Ornerth
Iusquiamus: yr Henban
Lagaduwga[1]: Letus
Lansiata: ysperwort: rhai a'i geilw yr Euad: eraill yr Ornerth: eraill Blaen y gwayw
115 Lapaticum rotundum: Tafol y fenn (III.54ʳ)
Latharis *ed*. Cataputia
Lavandri[2]: Lafandyr y cotwm
Lawrial: clust yr ewic
Levistigwm: tafod yr hydd
120 Libandos: Rosmary: a'r had a elwir Can
Lingua sevina: Tafod yr edyn (III.54ᵛ)
Lingua vituli: y Ddiwythyl: y Digraith: Llyssie yr ychen: Llyriad y coed
Macfelum: y Bengaled
Malua: yr Hoccys man ynt
125 Mandragora: y Mandyragon
Marubium album: y Mordanad gwyn: Horhownd
Marubium: Morddanadl: hweit horhownd (III.55ʳ)
Marubium: y Mordanad du
Matrusilus: Berwr Caerselem
130 Matufelon:
Melibotred: y vodron
Melilosum: pys y ceirw
Menta rubia: y Mintys coch (III.55ᵛ)
Mercurialis: mascula: femina: & siluestris: Mercury: Craf y geifr: Blaen yr ywrch
135 Mentastrum: y Ddyfredd
Mereita: y Banadyl
Millefolium: y Filfydd: yr Iarw: Llyssie y gwaed
Mintus: Segorea (III.56ʳ)
Morela maior: y Morel mawr: Nightshad: Llysie yr moch
140 Morela minor: y Morel man
Moris Galine: y Gwlydd
Morsus diaboli: Divels bit: y Gaswenwyn
Morturalis: Gran[3] y geifr
Morsus galine *ed*. Hipia maior
145 Mers ache: ysmalaids (III.56ᵛ)
Nastrutium: Cresses: Berwr Ffrengig
Neipeita: yr Erfin
Nephanus: y Rhyddigil
Nepis: Danadyl y gath
150 Nepta: y Ddanhadlen wenn: Llysie yr gath
Nesia aba: y Ben las (III.57ʳ)
Nessia nigra: y Bengaled
Nordastigillum: yspicnard
Numularia: Moneywort: herb two pence: y ddwygenioc
155 Nuxmuscatum: Nutmic
Occulus[4] Cristi: Golwg Crist: wilde clarie: y wyrddefill: Llygaid Crist (III.57ᵛ)

---

[1] Llsgr *Lagaduuga*.
[2] Llsgr. *Lavandri*.
[3] Ansicr ai *n* neu *u* yw'r llythyren olaf.
[4] Mae'r ddwy *c* wedi eu hincio ynghyd.

Origan un o rywogaeth y Mintys
Osmundum: Osmund
Padelalapata: y Tafol
160 Panis cuculi: Suran y gog: Alelia
Papauer: y Bulwg Ffrengig
Paralusifagum: y Saeds: Asalegia (III.58ʳ)
Parita: y pery
Partheinum: feuerfew: y wermod wenn
165 Peria: y pritor
Persipetra: y persiper
Pes ansipi: y pumnolen
Pes Columbe: Troed y glomen[1]
Pes corui: Ranunculus: Crowe foot: Crafanc y vran: yr Olbran
170 Pes gapalei: yr Alafon (III.58ᵛ)
Pes leonis: y Feidioc
Petrosilium: Persli
Piliol mountaen: Teim gwlltion
Piliol reiol: Maetsron: Origan
175 Pinguedo terre: Bwyd y llyffaint
Piper album: Pupyr gwynn
Piper longum: Pupyr hirion (III.59ʳ)
Piper nigrum: pupyr du
Pirirtrum: pelydr o Spaen
180 Plantago maior: Llydan y ffordd: Erllyriad[2]: Plaentaen

Plantago minor: Arddwrn Crist: Llwynhidydd
Polipodiwm: Polipodie: Marchredyn y derw
Primula veris: Briallu mair (III.59ᵛ)
Pruela: Pruel: O ddygrief
185 Pulmonaria: pulmonis herba: Saedge of Ierusalem: Llaeth bronn mair
Pumpernel: Gwlydd Mair, a blode cochion arnynt
Raphanum: Radits: Llyssie yr hudol: Rhuddigyl (III.60ʳ)
Ranunculus: crowe foot: crafanc y vran: yr Olbran: pes corvi
Redius: y Rhuddigyl
190 Rubia: y wreddic
Ruta: y Ryw: yr hud
Quinq folium: y pum nolen
Sambucus campus: ysgwala: ysgwatita: yr ysgaw (III.60ᵛ)
Sangwynari: y wilffrae: yr Iarw (III.61ʳ)
195 Sangwynari: y Ganrin
Saturion: Llyssie o'r weirglodd
Saxifragia: Color y brain: y Tormaen
Sebesium: y Glarllys
Seguta domestica: y Gegid
200 Seguta mortifera: y pumystyl
Semper viua: byw bob amser: yr Orpin

---

[1] Ceir hwn ar f. 59ᵛ gydag arwydd i'w symud.

[2] Llsgr. *Erlyriad*.

Semper viuum: herba Iovis: Sengreene: y Fyddalys
Senapium: y Mustart
Senapws: Llyssie a had fal had mwstart
205 Senecio: Groundswell: Daiarllys
Serpilum: y Plydyr (III.61ᵛ)
Setur: Rhedyn y gogofeu
Silestris: y Teilys gwyllt: Ysgall Mair
Simamum: Canel
210 Solsequium: Llyssie Mair: Llygaid y dydd
Tanacelum: Tansi
Tansito: y Tansi (III.62ʳ)
Tawrws montanus: Tarw y mynydd
Testiculus saturnus: Gaff y neidyr
215 Tithimalus: Cataputia: Latharis: Spurge: y Gyfoc: y fflamgoed
Trifolium maior: Meillion y meirch
Trifolium minor: y man feillion[1]
Trifolium pratense: Three leved gras: y Dorfagyl

Turmentila: Tresgyl y moch: Triagyl y tylodion (III.62ᵛ)
220 Velarina: Llysie Cydwgan
Verbascum: Mulen: Pidin llwynog
Verbasculum minus: Prymros: Buriallu
Vermuli: Stone crope: y Vyriwic wendon: rai a ddywaid mae y wermod: eraill a ddywaid mae chwerwlys yr eithin ynt (III.63ʳ)
Veruena: Llyssie yr hudol
225 Vmbilicus veneris: Penywort: y Gronn
Vrtica: Nettels: Danadyl: y Danadyl coch
Vualupa filosinos: y Gydowrach: y Veidiog lwyd: y Ganwraidd, Yscabiosa: y Gaswenwyn (III.63ᵛ)
Yscariola: Clais y moch
Yscabius: y Gaswenwyn
230 Xantium: Arcium: Burr: Cacamwci

Atodiad 2
Amrafel henweu i'r un llysiewyn (III.64ʳ)
(ceir fersiwn cynharach o'r rhestr yn Pen 308i, 308–12 (*c.*1621))

y Bengoch: yr Elinoc fawr: y Dinboeth: y Glaiarllys: un ynt
Betonica: Cribe San Ffraid

y Ddiwythyl: y Ddigraith: Llyssie[2] yr ychen: Llyriad y coed: un ynt

---

[1] Llsgr. *feilion*.
[2] Llsgr. *lyssie*.

yr Eidral: y Feiddiog las: y Ddigraith: u[n ynt] (III.64ᵛ)
5 yr Erinllys fawr: Yscol Fair: u[n ynt]
yr Euad: yr Ornerth: Blaen y Gwayw u[n ynt]
y Feddyglys las: y Eidral: u[n ynt]
y Ganrin: Bustyl y ddaiar: u[n ynt]
y Gaswenwyn: y Benlas: u[n ynt]
10 Cancwlwm: y Sanygyl: yr Olch euraid: u[n ynt]
Colynydie: Grawn y lawial (III.65ʳ)
Clust y llygoden: y Dorllwyd: u[n ynt]
Cowslopp: y pum deigr: Briallu[1] Mair: u[n ynt]
Llyriad mân: arddwrn Crist: Llwynhidydd: u[n ynt]
15 Llyssie yr hudol: y Rhuddigyl
y Vyddarlys: Llysie[2] penn tai: u[n ynt]

Atodiad 3
Henwae llysie yn[3] Gymraeg ac yn Saesnec (III.65ᵛ)
(ceir fersiwn cynharach o'r rhestr yn Pen 308i, 313–95 (*c*.1621))

?Abereion
?yr Aedrud
?yʳ Aemit
Agia spina: yr Eurddrain
5 Acantes: Arthamesia
yʳ Alafon: Pes gapalei
Alelia: panis cucuculi
Alexander: Apium risus (III.66ʳ)
Arddurn[4] Crist: Plantago minor *ed*. Llyriad[5] mân
10 Banadyl: Brugula
y Banadyl: Mereita
Banogeu San Ffraid:
y Bengaled: Ialia maior
y Bengaled: Icea nigra (III.66ᵛ)
15 y Bengaled: Macfelum
y Bengaled: Nessia nigra
y Bengoch: Canaba agrestris
y Benlas: Iasia abba [*sic*]
y Benlas: Nessia alba
20 y Benlas *ed*. y Gaswenwyn
Berw Ffrengig: Nasturtium (III.67ʳ)
Berwr: Centinodium
Berwr caerselem: Matrusilus
Blaen y Gwayw *ed*. yr Euad
25 Blaen yr ywrch: Mercurialis
Bloneg y ddayar:
Bressech coch:
Bressych yr yd: Brasica siluestris (III.67ᵛ)
Briallu Mair: Cowslopp

---

[1] Llsgr. *Brialu*.
[2] Llsgr. *Lysie*.
[3] Llsgr. *yn yn*.
[4] Llsgr. *Ardurn*.
[5] Llsgr. *Lyriad*.

30 Briallu Mair: Primula veris
y Bulwg Ffrengig: Papaver
Bulwg yr yd
Buriallu: Verbasculum minus
Bustyl y ddaiar: Centaurium: Centorie
35 Bustyl y ddaiar *ed*. y Ganrin
Bwraens: Borago (III.68ʳ)
Bwyd y Llyffaint: Pinguedo terre
y Bybyrlys
Byriallu Mair: Cowslope
40 Byw bob amser: Semper viuum
Chwerwlys: a Chwerwlys yr eithin: Ambrosianum
Chwerwlys yr eithin: Vermuli
y Dafoden: Filagu (III.68ᵛ)
y[1] Ddaiarllys: Senecio
45 Danadyl coch: Arthamesia
Daint y llew: Dens leonis
y Ddanhadlen wenn: Ensineris agrestris
Danadyl y gath: Nepis
y Ddanhadlen wenn: Nepta
50 Danadyl: Urtica (III.69ʳ)
y Danadyl coch
y Danat annffeith
y Ddelien vendigaid: Agnus castus
y Ddigraith: Edera terrestris
55 y Ddigraith: Lingua vituli
y Ddigraith *ed*. y diwythil
y Ddigraith *ed*. yr Eidral
y Ddigrnw: Bernel (III.69ᵛ)

y Ddilwydd felen: Celidonia
60 y Dinboeth: Canaba agrestis
y Dinboeth *ed*. y Bengoch
Diten: Ditania
y Ddiwyddyl
y Ddiwythyl: Impia maior
65 y Ddiwythyl: Lingua[2] vituli
y Ddiwythyl *ed*. y ddigraith
y Dorfagyl: Eufraxia (III.70ʳ)
y Dorfagyl: Trifolium pratense
y Dorllwyd *ed*. Clust y llygoden
70 y Dorllwyd: filosela
Drain eisip: Artriplex
Drewc *ed*. Llerr
y Droedrudd: erba Roberti
y Dryw: Egrmwnt
75 y Ddwy gennioc: numularia
y Ddyfred: Mentastrum (III.70ᵛ)
y Ddyfrlys: Herba water
Efrae *ed*. Llerr[3]
Efros: Eufraxia
80 Eiddew y ddayar: Edera terrestris
yʳ Eidral: Ambros
Eidral: Edera terrestris arall
yʳ Eidral: y veddioc las
yʳ Eidral: y Feddyglys las
85 Elinoc: Culraets (III.71ʳ)
yr Elinoc fawr: Canaba agrestis
yr Elinoc fawr: y Bengoch
yr Eirinllys: Herba Johanna, erba perforata

---

[1] Ceir llinell groes drwy goes yr *y* (?i'w dileu).
[2] Llsgr. *Ḷingua*.
[3] Llsgr. *Lerr*.

yr Erchwraith[1]
90 Erfin: Nepeita
yr Erinllys fawr: Yscol Fair
Erllyriad: Plantago maior
Erwreint:
yr Eurddrain: Astrolosia longa (III.71ᵛ)
95 yr Euad: Lansiata
yr Euad: yr Ornerth
y Fabgoll: Avansia
y Faethlys: Eibright: Euphasia
y Falarina wenn: Ceadron
100 y Feddton chwerw: Ambrosianum
y Feddyglys las: yr Eidral (III.72ʳ)
y Feiddioc: Pes leonis
y Feiddioc[2] las: Edera terrestrys
y Feiddioc las: yr Eidral
105 y Feiddioc lwyd: Artemissia
y Filfyd: millefolium
y Fydallys, ne y Fyddalys: herba Iovis, semper viuum
y Fyddyglys las: Ambros
y Ffenigyl: Feniculus (III.72ᵛ)
110 y Ffilogeu
y Fflamgoed: Cataputia, Latharis, Tithimalus
y Ganhewin
y Ganrin: Sanguynarie
y Ganrin: Bustyl y ddayar (III.73ʳ)
115 y Ganrin: Centorie
y Ganwraidd: y Feidioc lwyd
y Ganwraidd: Artemissia

y Gaswenwyn: Morsus diaboli
y Gaswenwyn: Ysgabius
120 y Gaswenwyn: y Benlas
y Gegid: Seguta domestica
y Geulioc, -ot: Affodula (III.73ᵛ)
y Glaiarllys: y Bengoch
y Glarllys: Sebesium
125 y Glayarllys: Canaba agrestis
Glessyn y coed: Bugul
y Goedrwydd: Berula
Golwc Crist: occulus Cristi
Y Gost
130 Graens Paradwys: Gransi paradisi
Graff y neidyr: Testiculus saturnus (III.74ʳ)
Grau y Geifyr: Morturalis
Graun y lawial: Colynydie
y Greithic:
135 y Greulys: Branga virainga
y Greulys: Centaurium
y Greulys fawr: Eplus maior
y Greulys vechan: Enula (III.74ᵛ)
y Gronn: Vmbilicus veneris
140 y Grumel: Galengal
? y Grygion
Gwallt y forwyn: Capillus veneris: Capilus virginis
y Gwenwyn glas: Llysewyn gwenwynic yn emyl mynachloc Llynegwestel
Gwlydd: Hipia maior, minor, Morsus galinæ (III.75ʳ)

---

[1] Llsgr. *Erçwrait*.
[2] Llsgr. *feidioc*.

145 y Gwlydd: impia maior
y Gwlydd: moris galine
Gwlydd Mair: Eufraxia
Gwlydd Mair: a blodeu cochion arnynt: y pumpernel
Gwrthylys yr alofon
150 y Gwyddfyd
y Gwyddfyd: Caprifolium (III.75ᵛ)
y Gydowrach: Vualupa filosinos
y Gyfoc: Tithimalus: Cata putia: Latharis
y Gyfoc[1]: Cataputia
155 Had yr arth: Artriplex
yr Henban: erba inquina
yr Henban: Iusquiamus (III.76ʳ)
yr Hockys man: Malua
yr Hud: Ruta
160 yr Iarw: Sangwynarie
Cahwlyn y mel: Agrimonia, Eupatorium
Cacamwci: Xantium
Can: Libandos
Canel: Sinamum (III.76ᵛ)
165 Cancwlwm, y Sanigl
y Cancwlum: Centinodium
Cahwlyn: Artriplex
Cegid: Cicuta
Cenin y brain: Affodila
170 Cist yr angel: Arca angeli
y Clais: Dens leonis
Clows: cariofolus

Clust yr ewic: Lawrial (III.77ʳ)
Clust y llygoden: y Dorllwyd
175 Clust y llygoden: Filosela
Color y brain: Saxifragia
Colynydie: Grawn y lawial
Corn y carw: Gritta marina
Crafanc y vran: Pes corvi, Ranunculus
180 Cribe San Ffraid: Betonica (III.77ᵛ)
Craf y geifyr: Mercurialis
y Crygion
Cylais y moch: Yscariola
y Cyngaf man
185 Cynga y kaye: heython
Cynghylennydd: Hipatica
Cynglennydd: Epatica
Llaeth bron mair: Pulmonaria (III.78ʳ)
Llafandyr y cottwm[2]: Lavandri
190 Llerr, Efrae, Drewg: idem sonant quibusdam ut Darnel, Tares, Cocle, Zizania, Lolium, αινζα[3]
y Llewgwynn: Artriplex
Lettus: Lagaduga (III.78ᵛ)
Llwynhidydd: Plantago minor
Llwynhidydd: Llyriad mân
195 ? y Llyfanoc
Llydan y ffordd: Plantago maior
Llygaid Crist: Occulus Christi
Llygaid y dydd: solsequium

---

[1] Cywirwyd *Gyfod* > *Gyfoc*.
[2] Llsgr. *cottum*.
[3] Ansicr – o bosibl αινθα neu αινρα. Dyma'r unig air mewn sgript Groegaidd yn y testun ac mae'r llythrennu'n dangos diffyg hyder.

Llygaid y dydd mawr: Comffrae
200 Llygaid y dydd mawr: Consolida maior (III.79ʳ)
Llygaid y dydd man: Consolida minor
Llymyn llygaid: Celidonia
Llyriad: Plantago maior
Llyriad y coed: Lingua vituli
205 Llyriad y coed: y Ddiwythyl[1]
Llyriad man: Arddwrn Crist
Llysie argantes: Artriplex
Llyssie yr bystwn (III.79ᵛ)
Llyssie yr defaid: Clust y llygoden
210 Llysie yr defaid, llyssie[2] yr Bystwn
Llyssie yr gwaed: Millifolium: llyssie yr gwaedlin
Llyssie yr gwaed: Branga viranga
Llyssie'r gath: Nepta
Llyssie Gwalter: erba Gwalteri
215 Llysie Gydwgan: valarina (III.80ʳ)
Llyssie yr hudol: Raphanwm
Llyssie yr hudol: Vervena
Llyssie yr hudol: y Rhuddigyl
Llyssie Ieuan: Artemissia
220 Llyssie yr cwlwm: Cwmffre
Llyssie cyfod: Alribaca
Llyssie Llewelyn: Betonica pauli-veronica
Llyssie Llewelyn[3]: Burneta (III.80ᵛ)
Llyssie llwyd: Artemissia
225 Llyssie Mair: sol sequium
Llysie Mair: Consolida media
Llyssie'r moch: Morela maior
Llyssie penn tai: y Vyddarlys
Llyssie penn y tai: Barba Iohannis sinigrgr*i*m: sengrin
230 Llyssie yr vendiged: Agnus castus (III.81ʳ)
Llyssie yr wennol: Celidonium
Llyssie yr ychen: y ddiwythyl[4]
Llyssie o'r weirglodd: Saturion
Llyssie yr ychen: Buglossi
235 Llyssie yr ychen: Lingua vituli
y Mandyragon: Mandragora (III.81ᵛ)
y Manfeillion[5]: Trifolium minor
y Marchalan: Enula campana
Marchredyn y derw: Arbustum polipodium
240 Meirchredyn y derw: Polipodium
Mefys: Fragaria
Meillion y meirch: Trifoliwm maior
y Mintys coch: Menta rubia
Mintys llwydion: Calamentum (III.82ʳ)

---

[1] Llsgr. y Ḍiwytyl.
[2] Llsgr. lyssie.
[3] Llsgr. Lewelyn.
[4] Llsgr. y ḍiwytyl.
[5] Llsgr. y Manfeilion.

245 y Mordanad du: Marubium nigrum
Morddanadyl: Marubium
y Mordanad gwynn: Marubium album
Morrel: Byreiwnia
Morgelyn: herba mortifera
250 y Moron: Eruga
Moron y maes: Eruga campestris (III.82ᵛ)
Mwg y ddaiar: fumaria
Mustart: Sinapium
Nutmic: Nux muscatum
255 ? yr Oddrud
Oddgrief: pruela
yr Olbran: Pes corui: Ranunculus
yr Olch euraid: cancwlwm (III.83ʳ)
Origan: Piliol reiol
260 yr Ormerth[1]: Introletium
yr Ornerth: Lansiata
yr Ornerth: yr Euad
Orpin: Crassula maior
Pedere Mair: Goulden croswort
265 Pelydyr o Spaen: Pirirtrum (III.83ᵛ)
y Persiper: Persipetra
Persli: Petrosilium
y Pery: Parita
Pidin y gog: aurum barba
270 Pidin y llwynog: verbascum Piliol reiol
Piwni: Herba caduca

y Plydyr: serpilum (III.84ʳ)
y Pritor: Peria
275 y Pumdeigyr: Cowslop
y Pumnolen: Pes ansipi
y Pumystyl: seguta mortifera
Pupur du: Piper nigrum
Pupur gwynn: Piper album
280 Pupur hirion: Piper longum
Pwrs y bigail: Bursa pastoris
Pys y ceirw: Aron: Pes vituli (III.84ᵛ)
Pys y ceirw: Melilosum
Pys y coed: Brien roote
285 Pys y llygod: veches
Rhedyn y gogofeu: Setur
y Rhenban: Herba Inquina
y Rinllys (III.85ʳ)
Rhos campe: Filoseion
290 Rhosmari: Libandos
y Rhuddigyl: Raphanum: Redius: llyssie yr hudol
y Rhyddigil: Nephanus
y Rhyw: Ruta
y Saeds: Paralusifagum: Asalegia
295 Saeds gwyllt: ambrosianum
Saffrwm: Crocus (III.85ᵛ)
y Sanygyl: Cancwlwm
Segorea: Mirtus
Seifys: Fragransia
300 ?Sirwyn: Cerotum
?yr Stermane
?yr Storge
Suran goch: Affodula

---

[1] Cywirwyd *Ornerṭ* > *Ormerṭ* (ond gthg. *yr Ornerṭ* sy'n dilyn).

Suran y gog: panis cuculi: Alelia
305 Surion y sioppe: Armit (III.86ʳ)
Tafod yr edyn: Bigle
Tafod yr edyn: Lingua seuina
Tafod yr hydd: Levistigum
y Tafol: Padela
310 Tafol y fenn: Lapaticum rotundum
Tafol y gardde: Astrolosia rotunda
Tansi: Tanacelum (III.86ᵛ)
Tarw y mynydd: Taurus montanus
y Teilys gwyllt: silestris
315 Teim gwlltion: piliol
y Tormaen: Saxifragia
Tresgyl y moch: Torment: Turmentila
Triagyl y tylodion: Turmentila
Troed y glomen: pes Columbæ
320 y Trydan[1] (III.87ʳ)
y Trydon
y Tryw: Artriplex
y Vendigaid: Epulus maior
y Vendigeidlys: herba walteri
325 y Vyddarllys: Llyssie penn tai
y Vyddarlys: Barba Iohannis
y Vyriwic wenndon: Vermuli (III.87ᵛ)
y Wendochwerw
y Wenwlydd: Hipia maior & minor
330 y Wenynllys van
y Wermod: vermuli
y Wermod lwyd: Absinthium
y Wermod wenn: Febrifuga (III.88ʳ)
y Wermod wenn: Partheinum
335 y Wilffrae: Sangwinari
y Wreddic: Rubia
yr Wreiddrytt
y Wreuddrud
y Wyrdd efill: Occulus Christi
340 ?Yeutut: (III.88ᵛ)
yr Ymranwyn: Amarusta
Yscol Grist: Centaurium
Yscol Fair: yr erinllys fawr: herba Johanna
?ysturmal[2]
345 Ysgall Mair: silestris
yʳ Ysgaw: Sambucus
Ysmalaits: Mers ache
Yspicnard: Norda Sigillum (III.89ʳ)
Yspwrs: Swrtmal: ?
350 Ystol Fair: Centri
yr Yswydd

---

[1] Cywirwyd *Trydau* > *Trydan*.

[2] Cywirwyd *yscurmal* > *ysturmal*. Dengys y gofynnod ansicrwydd ynglŷn â'r ffurf.

Atodiad 4
Geirieu y'w doedyd wrth anifelied (Pen 296, cofnodwyd 1606)

Botti (123ᵛ)
Blyw
Dik
Dsiwst
5 Hall
Hesgin
Hoho
Hwhwa
Hwri
10 Lag
Pakie

Ptrw
Ptrwa (124ʳ)
Ptowki
15 Ptrwdw
Ptrwii
Ptrwis
Ptrwiw
Rhw
20 Tat
Yma akw yna draw

Atodiad 5
Henwae priodol ar ychen (Pen 296, cofnodwyd 1606)

Balchyn (124ʳ)
Briet
Brigin
Euryn
5 Garwyn (124ᵛ)
Kornlas

Kornwyn
Minllwyd
Bronwyn
10 Troedwyn
Hawkyn

Atodiad 6
Henwae ar wartheg (Pen 296, cofnodwyd 1606)

Kornarian (124ᵛ)
Kornwenn
Pengron
Penwen

5 Bronwen
Talog
Troedwen (125ʳ)

Atodiad 7
Henwae ar wyr yn ymrafaelio ar yr un henw (Pen 296, cofnodwyd 1606)

Dafydd, Dai, Dakin, Deikin,
  Deikws, Deio, Deica, Dewi:
  Dafydd (125ʳ)
Edwart, Ierwerth: Edw' (125ᵛ)
Gwerfyl, Gwirli

Howel, Huw, Huwkyn,
  Hwlkin: Howel
5 Iefan, Ieuan, Ieutwn: Ifan
Llel, Llelo, Llewelyn, Lewis:
  Llewelyn

Terfyn y 9 dydd o fis Gorffenna oed Krist 1606 (126ʳ)

Peniarth 306, 147ʳ: tudalen olaf Geirfâu'r Fflyd

Rhan II: Mynegai Nodiadol

Mynegai Nodiadol

Rhestrir dangoseiriau'r Geirfâu ac unrhyw destun cysylltiedig yn nhrefn yr wyddor, mewn teip trwm ac mewn orgraff ddiweddar; ni safonwyd ffurfiau tafodieithol. Gw. y Rhagymadrodd, §7 Dull y golygu.

abad: math ar bysg yn y môr ar y sydd ynddo dri rhywogaeth bysg. Y pen blaen iddo sydd asgellog fal morcath ac â blas morcath arno ac sydd raid ei gweirio fal morcath i'w fwyta. Y rhan ganol iddo sydd debyg i ganol mulwel, ac y sydd â blas mulwel arno ac a ddylir ei gweirio fal mulwel i'w fwyta. A'r rhan ôl iddo sydd debyg i gi glas, ac y sydd â blas ci glas arno, ac a ddylir ei gweirio fal ci glas i'w fwyta. Ac a fag y rhai iefainc yn ei groth fal moelrhon neu lamhidydd. Ni chafwyd cyfeiriad arall at bysgodyn o'r enw *abad*. Tua 1745 disgrifiodd Lewis Morris bysgodyn tebyg mewn nodyn ar ddalen o gyfrol Francis Willughby, *De Historia Piscium*, yn LlGC 24052E, 224: *The Monkfish or Angelfish in wales Called Maelgi. They are found in Plenty about Sarn y Bwch and in Barmouth Bay. They are generally of ye Size of a Man, and are delicious Eating. Said to have 3 sorts of Fish on it, a Ray, a Salmon & a Sturgeon. They have often their Heads above water, and I suppose gave the first rise to ye story of ye Meremaid. They take them in nets with mashes 10 Inches or a foot Square*; gw. td. 184 isod. Cofnododd H. E. Forrest, *Vert Fauna* 517, yr enw *Abbot* am 'Angel-fish, *Rhina Squatina*', a diddorol, yng ngolau disgrifiad John Jones, yw ei sylw: 'This fish is a connecting link between the Sharks and Rays, combining in itself many of the characters of both goups.' Gw. **morcath**, **mulwel**, **ci glas**, **moelrhon**, **llamhidydd**. **125**.44

aber *ll*. aberoedd, ebyr 5.113; *bach*. aberan 5.114

aberog, ?yn perthyn i aber (*GPC* 1793). **5**.115

aberol, ?yn perthyn i aber, fel aber. **5**.116

acr o dir yw 160 rhwd yn bedrogl, 160 rhwd sgwâr; gw. **rhwd** a **pedrogl**. Amrywiai union faint *acr* yn ôl ardal: *OED acre* 'A measure of land area, originally as much as a yoke of oxen could plough in a day, later defined by English statute as an area 220 yards (40 poles) long by 22 yards (4 poles) broad (equal to 4,840 square yards, 4 roods, or approx. 4,047 square metres), or its equivalent of any shape'; a gw. yno'r dyfyniad o 1675 dan *Welsh Acre*, 'A Welsh Acre is usually two English Acres.' **47**.47

adain *ll*. adenydd [= **gwerthyd olwyn**], asgell neu sbôc olwyn (trol), Pen 308ii, 7 *Aden: a spok* (JJ, *c*.1621); cf. *D* (1632) '*Adain … radius rotæ*'. Gw. hefyd **adenydd troell fechan**. **33**.5; *ll*. **adenydd**, breichiau olwyn melin wynt. Gw. y disgrifiad o 'edn' olwyn melin ddŵr yn y nodyn ar **paladr melin**. **42**.50

adar dof, dofednod, 'poultry'. **123** (pennawd)

adar gwlltion, adar gwylltion. **124** (pennawd)

adargi, ci hela adar. **73**.48

adenydd troell fechan, breichiau neu sbôcs olwyn troell fechan ar gyfer nyddu llin; gw. **troell fechan**. **27**.95

aderyn gw. hefyd **ederyn**

aderyn du *ll*. **adar duon**, **coches**, **y rhain sy yn dodwy yn eu crafangau ac yn eiste arnynt yno**. Go brin mai'r fwyalchen sydd dan sylw, nac ychwaith y pâl, sef yr ail ystyr a roddir i *aderyn du* yn *GPC* ('puffin, *Fratercula arctica*'). Yr ail ystyr hon a roddir i *adar duon* gan Thomas Wiliems a Lewis Morris: Pen 228i, 42^v *Amphibium ... yr hwn a vo'n byw yn gystal ar y dwr ac ar y tir: megys yr Adar duon o ynys Enlhif, a elwir yn gyphredin y pwffinieit*; *ML* ii, 367 'Adar duon y gelwir pwffingod yn Enlli' (1761). Posibilrwydd arall yw'r frân goesgoch (gw. **brân Cernyw**: *a Cornish tsoch*), un ac iddi goesau a phig coch. Os enw Cym. yw *coches* ('un goch'), gallai gyfeirio at y nodweddion hyn; ond mae'n bosibl mai ffurf ar y gair Saes. *choughes* (*OED chough*) sydd yma. Mae'r disgrifiad o arferion gori'r aderyn efallai'n awgrymu pengwin, ond mae hynny'n annhebygol. **124**.2

aderyn Risiart, aderyn anhysbys (ni cheir yr enw yn *GPC*). Gan mai mewn rhestr o adar gwyllt y'i ceir yma, go brin mai'r un ydyw ag *EDD Richard* 'The cock bird in poultry' (tafodiaith Gwlad yr Haf). Go brin hefyd fod cysylltiad rhyngddo a'r Saes. *dicky bird*, *OED* 'colloquial. Any small bird, such as a sparrow, robin, canary, etc.' (1744). **124**.3

aderyn y bilyn *ll*. **adar y bilyn**: ai *puffins*? Ni restrir *bilyn* yn *GPC*, ac eithrio fel ffurf dreigledig yr enw gwrywaidd *pilyn* 'dilledyn', &c. Mae'n debygol mai ffurf fachigol *GPC bil*^{2} 'Pig (aderyn), gylfin, ceg, trwyn' sydd yma, a chyfeiriad at y pâl cyffredin (*Fratercula arctica*), y mae ei big oren llachar yn un o'i nodweddion amlycaf. Rhyfedd ar un olwg yw cael aderyn yma yng nghanol rhestr o bysgod, ond fel yr esbonia'r hanesydd bwyd Ken Albala, *Food in Early Modern Europe* (Westport, 2003), 70–1, câi'r pâl ei ystyried yn bysgodyn adeg y Grawys: 'Puffins are arctic seabirds that were usually heavily salted and eaten as a kind of cocktail snack. They are featured in early modern cuisine ... because scientists categorized them somewhere between fish and flesh, and the Catholic church offered dispensations for people to eat puffins during Lent, when all other fowl was officially forbidden. Popular medical author Thomas Moffett explained that "Puffins being

Birds and no Birds, that is to say Birds in shew and fish in substance, or (as one may justly call them, feathered fishes), are of ill taste and worse digestion; how dainty so ever they seem to strange appetites, and are permitted by Popes to be eaten in Lent".' Posibilrwydd arall yw mai aderyn drycin Manaw sydd dan sylw yma, a bod *pilyn* i'w gysylltu ag elfen gyntaf yr enw Saes. sydd bellach yn anarferedig, *OED pilwater* 'Manx shearwater' (daw'r unig enghraifft a ddyfynnir yno o ddisgrifiad George Owen Henllys o sir Benfro (1603)). **125**.45

aderyn y bwn *ll*. **adar y bwn**: *a byttern* ('a bittern'), *WS* (1547) '*Ederyn y bwn*: A bytter' (gw. *OED bittern*, n.¹). **124**.128

aderyn y drydwy *ll*. **adar y drydwy**, drudwy, aderyn yr eira; gw. *GPC drudwy* lle nodir *drydwy* yn ffurf amrywiol; ar y cyfuniad, gw. *GPC aderyn y drudwy*; cf. *TJ* (1688) 'Adar y drudwy. *birds called Stares or Starlings*'. **124**.127

aderyn y to, Pen 296, 115ᵛ *Aderyn y to: Sparowe* (JJ, 1606). **124**.1

adgweiriad, *GPC* 'atgyweiriad, adferiad'. Ni wyddys beth yw ei ystyr yng nghyswllt gwneud menyn, ond cf. **cweiriad ymenyn**. **17**.52

adgweirio, atgyweirio, adfer (yng nghyswllt gwneud menyn); gw. **adgweiriad**. **17**.51

ael, ael llygad, *WS* (1547) '*Ael dyn*: A browe'. **7**.15; **ael** *ll*. **aeliau 96**.14 (ceffyl)

ael o berchyll, torllwyth o foch bach; cf. **naeled o berchyll**. Fe'i ceir yn gynnar yn y Cyfreithiau (*LlI* §129.11) ond mae *ael* yn yr ystyr hon yn parhau hyd heddiw ar lafar, yn enwedig yn y gogledd; gw. *GPC ael*¹ a hefyd *LlLlM* 90 lle nodir yr ystyr 'perchyll cyntaf hwch' ym Môn. **71**.16

aelgeth [= **gên**], gên, a hefyd boch, Pen 228ii, 192ʳ *mentum ... Gên, yr en, ... elgeth* (TW, 1604–7). **7**.25

aelodau march, rhannau corff ceffyl. **98** (pennawd)

aelu perchyll, ?geni torllwyth o foch bach. Ni cheir *aelu* yn *GPC*, ond gw. **ael o berchyll**. **71**.17

aelwyd *ll*. **aelwydydd**, *GPC* 'Llawr lle tân, y darn o'r llawr o flaen lle tân'; *WS* (1547) '*Aelwyd*: A herthe'. **9**.19; *bach*. **aelwydan 9**.20

aeron, 'berries'. **121**.25

aerwy *ll*. **aerwyau**, cadwyn neu goler a roddir am wddf buwch i'w chlymu mewn beudy, Pen 308i, 1 *Aerwy: a cow sol: ang*' (JJ, *c*.1621) (*OED sole*, n.³ 'A rope or cord for tethering or tying up cattle; a wooden collar or yoke used to fasten a cow, etc., in the stall'). **36**.10; *ll*. **aerwyau 45**.17

aerwy a throedog [= **ysgarwydden**]. Fe'i deellir yn gyfuniad, gan fod llythyren fechan i *troedog* yn y llawysgrif. **72**.18

aes, tarian; gair o'r hen farddoniaeth, Pen 169, 208 *Henwau tarian ... Aes* (RhM, *c*.1580). **50**.34

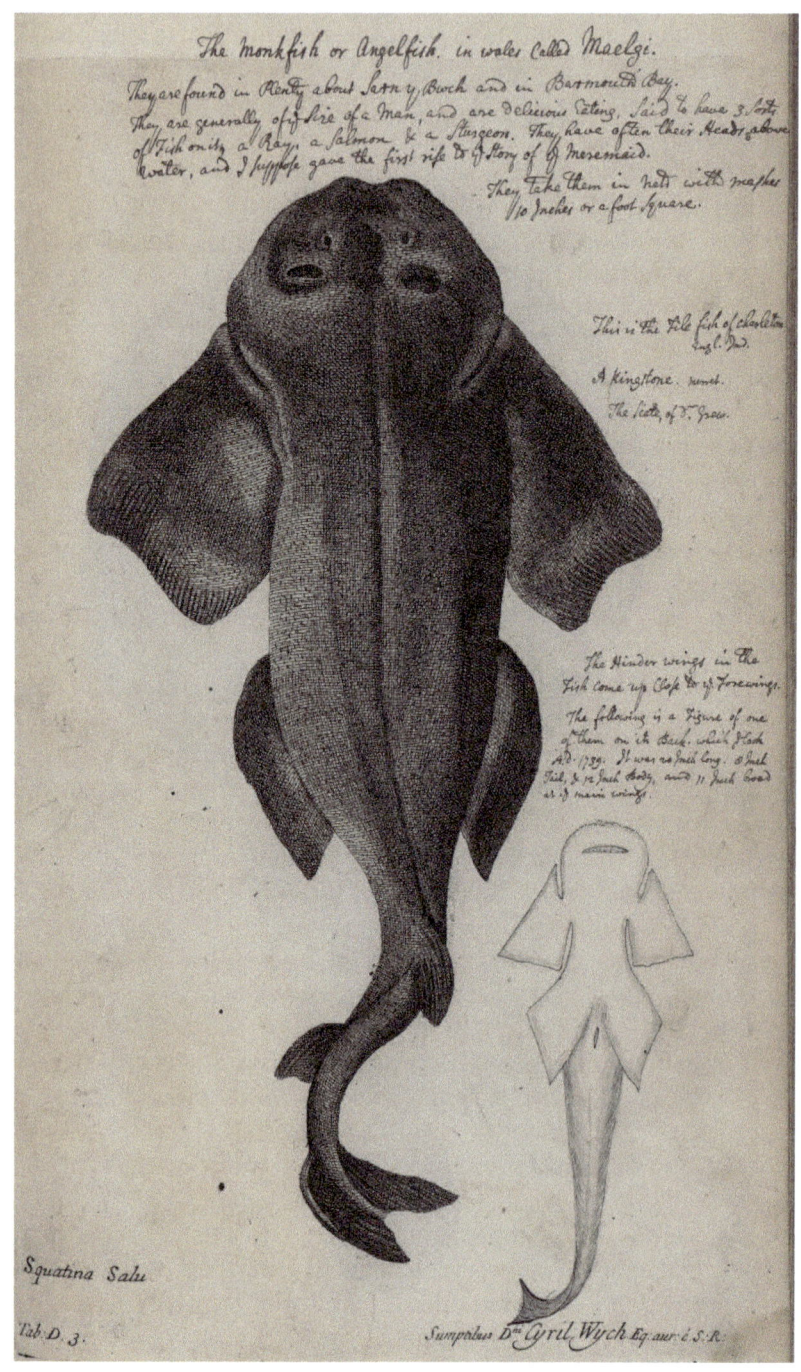

LlGC 24052E, 224: disgrifiad Lewis Morris o'r Maelgi (gw. **abad**)

aethnen *ll.* **aethnenni, aethnennod**, math o boplysen, *Populus tremula*, *WS* (1547) '*Aethnen, pren*: An aspe tre'; *OED asp*, n.¹ 'A tree of the poplar family (*Populus tremula*)'. 121.209; **aethnen**: an asp 121.258

aethwydd: *aspenwood*, math o boplysen, *Populus tremula*. Gw. **aethnen**. 121.257; **aethwydden**: *an aspe* ('an asp'). 121.256

afal *ll.* **afalau** 121.32

afal bleddyn, math anhysbys o afal. Ni wyddys ai'r enw personol *Bleddyn* sydd yma, neu'r enw cyffredin *bleddyn* 'blaidd ieuanc'. 121.51

afal bresych, math anhysbys o afal; cf. **afal pêr bresych**. 121.36

afal caled du. Ni chafwyd enghraifft arall o'r enw hwn, ond ceid nifer o afalau 'duon'; cf. Richard Bradley, *Of Plants; their Description and Use with their Culture and Management*, 2 gyf. (London, 1747), II, dan *Malus*, 'The black Apple or Pippin, is a very good eating Apple, and very like a Permean, both in Form and Bigness, but of black sooty colour.' 121.48

afal cidodyn, da i'w bobi ac i seidr. Ni lwyddwyd i adnabod yr afal hwn a ddisgrifir gan Iolo Morganwg yntau bron i ddwy ganrif yn ddiweddarach: LlGC 13089E, 64 *Called also kedodin in Herefrodshire [sic], a fine cyder apple*; LlGC 13120B, 268 *Called also kydodin in Herefrod [sic] a fine Cyder apple*. Mae'n bosibl fod John Jones wedi dod ar draws yr enw yn y de, gw. tt. 12–13. **121**.52

afal costard, *GPC costard* 'Afal o gryn faint a gwrymiau amlwg iddo'. Fe'i hystyrid yn afal o safon: cf. *GLGC* 88.49–50 *Cawn ofwy i'm cynefin, / costard, bwngernard a gwin* (mawl i letygarwch Ieuan ap Lewys a Thangwystl o Fefenydd). **121**.38

afal costard coch, cf. y 'Red Costard' a enwir mewn rhestr o afalau yn Leonard Meager, *The Compleat English Gardner*, degfed arg. (London, 1704), 50. Ni cheir yr enw yn *GPC*. **121**.40

afal costard gwyn, cf. y 'White Costard' a enwir mewn rhestr o afalau yn Meager, *Compleat English Gardner*, 50. Ni cheir yr enw yn *GPC*. **121**.39

afal costard llwyd, cf. Bradley, *Of Plants*, II, dan *Malus*: 'The gray Costerd is a large good Apple, somewhat whiting on the Outside, and abideth the Winter.' Ni cheir yr enw yn *GPC*. **121**.41

afal chwerwber, afal chwerwfelys; cf. **afal helyg**. 121.44

afal grining, cf. *OED greening* 'Any of several varieties of apple which are green when ripe, used for cooking or eating'. Ni cheir yr enw yn *GPC*. **121**.49

afal gwyn ochrog. Ni cheir yr enw yn *GPC*, ond cf. *OED Queening*, n.¹ 'any of several varieties of apple having prominent angular ribs on the surface of the fruit'. Gwrthodir yno awgrym blaenorol i'w darddu o *coin*, *quoin* 'with reference to the angled shape of the fruit', er y rhoddai hynny gyfatebiaeth dda â'r elfen *ochrog* yn yr enw Cym. yma. **121**.50

afal helyg, cf. David Moelwyn Williams, *Geiriadur Gwerinwr* (Dinbych, 1975), 11, 'AFAL HELYG, a bitter sweet apple'. **121**.54

afal llin, math anhysbys o afal; cf., o bosibl, 'Welsh Names of Apples', *Cambrian Journal*, 1858, 150, '*Llingod*, lincot'. **121**.53

afal melysber, afal melys iawn. **121**.47

afal pêr, nid afal melys fel y cyfryw, ond afal-pêr; cf. *Cotgrave* (1611) '*Pomme poire*. A Peare-apple; a little russet apple; and (as some hold) a Pearmeaine'; *OED pearmain* 'Any of several varieties of apple having a somewhat conical shape and a skin often flushed or streaked on the side exposed to the sun; a tree bearing such an apple'. **121**.33

afal pêr Bangor, math anhysbys o afal; gw. **afal pêr**. Mae'n debygol mai at Fangor Is-coed y cyfeirir yn hytrach nag at Fangor yn Arfon. **121**.45

afal pêr bresych, math anhysbys o afal; cf. **afal bresych**. **121**.37

afal pêr Mair: *a permaen aple* ('a pearmain apple'). Mae'n bosibl mai'r un ydyw ag *GPC afal pêr Mai* 'pearmain apple', y ceir y dystiolaeth yno drosto ar lafar yng Ngheredigion yn yr 20g. Ceir cyfeiriad gan Iolo Morganwg at *afal Mair* (LlGC 21391E, 8), a chan Guto'r Glyn wrth ddisgrifio melyster awen y bardd Llywelyn ab y Moel: *GG.net* 82.45–6 *Naddai bob awenyddair / Fal mêl neu afalau Mair*. Os at Fair Fadlen y cyfeiria'r enw, gellid cymharu *OED Magdalene* 'a variety of dessert apple'. Mae'n afal sy'n aeddfedu'n gynnar yn yr haf ac mae'n bosibl fod *Mair* wedi ei newid yn *Mai* mewn cyfnod Protestannaidd. **121**.35

afal pêr y gwenyn. Yr un afal, o bosibl, ag y cyfeiriodd Iolo Morganwg ato: LlGC 13104B, 64 *Afal y Gwenyn. St James. y gwenyn ai bwytty*; cf. hefyd 'Welsh Names of Apples', *Cambrian Journal*, 1858, 147, '*Coch y gwenyn*, pome d'api'. Disgrifir y *pomme d'Appi* yn yr *OED* fel 'A small crisp variety of dessert apple, brightly flushed and formerly much valued for its decorative qualities. Also called *lady apple*.' Esbonnir yno fod yr elfen *Appi* wedi ei chysylltu â'r Llad. *apius* 'gwenynen', er mai ar ôl Rhufeiniwr o'r enw *Appius* yr enwyd yr afal yn ôl pob tebyg: '*Appius*, the name of a Roman who is said by Pliny to have grafted the apple on a quince stock, after classical Latin *mālum Appiānum* (Pliny)'. Ond mae'n ddigon posibl mai i gyfleu melyster yr afal, drwy ei gysylltu â chynnyrch y gwenyn, y cafodd *afal pêr y gwenyn* ei enw. **121**.46

afal pig y biog, afal pig y bioden, math anhysbys o afal. Am ystyr yr enw, cf. **afal pig y glomen**. **121**.43

afal pig y glomen, *GPC* 'apple with an excrescence at the stalk' (1740);

cf. **afal pig y biog**. Cyfeiriodd Lewis Morris yn 1740 at yr afal hwn mewn cerdd ddychanol yn trafod ewyllys Morgan Goch y Melinydd, gan awgrymu nad yr afal gorau mohono: *LWLM* 174 'Dau Afal pîg y Glomen / 'Stol drithroed a Chrys gwlanen / O well gwelu hanner Bwrn / A llonaid dwrn o Halen.' **121**.42

afal sur, afal chwerw, afal gwyllt, afal crabys. **121**.34

afalau derw, afalau'r deri, 'oak-apples', Pen 228i, 41ᵛ *aval y dherwen, peth crwnn yn tyfu ar dheilen dherw* (TW, 1604–7). **121**.113

afall, coed(en) afalau. **121**.28; **afallen** *ll.* **efyll, afallennod 121**.30

afallach, perllan. Fe'i hesbonnir yn *GPC* fel gair geiriadurol yn wreiddiol, 'sef ffrwyth deall yr e. prs. *Aballac* (≡ *Afallach*) a'r e. lle *(Ynys) Afallach* fel e.c.', a'r enghraifft gynharaf yno yn *D* (1632) '*Afallach, Afaleule*, Pom[a]rium'. Ond mae'n bosibl mai enw lle ydyw yma, cf. Pen 309i, 22 *Afallach: h[enw] ynys am ei bod yn lle amyl afallgyrn* (JJ, 1623–4), esboniad a gafodd John Jones o destun yn Llst 4, 3ʳ⁻ᵛ lle esbonnir bod Afallach yn enw arall ar *glastynbri ... Pa acha6s y gelwir ynteu avallach. namyn oe vot yn lle amyl auallgyrn* (14g.). Rhoddodd John Jones dri dot ar ymyl y ddalen yno. **121**.29

afallen: [Llad.] *malus*, coeden afal. Er ei fod yn air Cym. dilys (gw. **afallen** dan **afall**), mae'n debygol mai'r *Vocabularium Cornicum*, yr eirfa Hen Gernyweg, yw ffynhonnell ben draw'r enghraifft hon ohono: #679 *malus* gl. *auallen* (*OCV* 294 'apple-tree'). Gw. y Rhagymadrodd, §3.6. **121**.242

afallwydd, coed(en) afalau. **121**.31

afan: *raspes*, mafon cochion. Am y Saes. *raspes*, gw. *OED* †*raspis*, n.² 'raspberry, raspberries'. **121**.261

afans gw. **y fapgoll**

afon *ll*. **afonydd 5**.112

afu, iau. **7**.117; **24**.8 (oen bras); **26**.10 (llo); **96**.50 (ceffyl); **125**.34 (pysgod); **yr afu 21**.12 (eidion); **22**.8 (mochyn); **23**.10 (mollt)

yr afwst, enw ar haint neu glefyd mewn gwartheg yma, ond ni chafwyd goleuni arno yn *GPC*. Os yw *hafwst* 'llid yr haf' (< *haf* + *gwst* 'poen, anhwylder') yn bosibl yma, hwyrach y gellid ei gysylltu â *summer mastitis*, *OED* 'acute form of mastitis mainly affecting dry (non-lactating) cows and heifers kept on pasture in summer'. Posibilrwydd arall yw ffurf gywasgedig ar *afüwst* 'llid yr afu' (ond diweddar, 1981, yw tystiolaeth *GPC*). **105**.10

afwyn ffrwyn, llinyn ffrwyn ceffyl. **37**.39

agalen, calen, carreg hogi, *WS* (1547) '*Agalen*: A whetstone'. **28**.175; **agalen** [= **hogfaen**] **45**.74

agori drws, agor drws. **8**.169

angel *ll*. **angylion**, gw. hefyd **engyl**. **1**.26; *b*. **angyles** *ll*. **angylesau** [= **engyles** *ll*. **engylesau**] **1**.30

anghyfannedd, lle nad oes neb yn preswylio ynddo. **8**.34

angylaidd [= **engylaidd**], fel angel. **1**.29

angylol [= **engylol**], angylaidd. **1**.28

aidlen: [Llad.] *abies*, aethnen, 'aspen'. Gair Hen Gernyweg, nid Cym., yw hwn a ddaw yn y pen draw o'r *Vocabularium Cornicum*: #700 *abies* gl. *aᶦdlen vel sibuit* (*OCV* 302–3 'aspen, fir'; hefyd Ifor Williams, '*Vocabularium Cornicum*', *B* 9 (1941–4), 10–11, lle awgrymir diwygio *aᶦdlen* yn *aidnen*, gair cytras ag *aethnen*). Gw. hefyd Pen 297, 198^v *Abies: Aidlen, Sibwydd* (JJ, 1606), felly hefyd TW yn Pen 188, 126; a gw. y Rhagymadrodd, §3.6. **121**.241

aig, haig o bysgod. Ceir y ffurf luosog yn yr enw *Llyn Eigiau* yn Eryri, gw. Ifor Williams, *Enwau Lleoedd* (Lerpwl, 1945), 39. **125**.41

aigio gw. **eigio**

alarch *ll*. **alarchod**, **elyrch**, Pen 309i, 39 *Alarch: Olor, a Cocke swann* (JJ, 1623–4). **124**.4; *b*. **alarches**, Pen 309i, 39 *Alarches: a henn Swann* (JJ, 1623–4). **124**.5

alch [= **gridl**], gradell; *WS* (1547) '*Alch, gridyll*: A gyrdyron'; cf. *GeirGeg* 119 '*alch* ... math o ffram haearn, hirsgwar a choes fer iddo a ddefnyddid yn arbennig i rostio pysgod uwchben tân agored'. **14**.41, **28**.72

alecsandyr, *GPC* 'dulys, perllys y meirch, *Smyrnium olusatrum*'; hefyd Atod.3.8 *Alexander: Apium risus*; cf. *LlS* (1574) 171 *Persli mawr neu Alixandyr ... Yn Llatin ef a elwir y Persli hẃn Equapium, ac Olusatrum ... ac Apium syluestre ... ac yn Gamberaec y Persli mawr neu Alixandr*; *TJ* (1688) '*Alisantr, y Ddulŷs: a Loveage, Alisander*'. Gw. ymhellach *OED alexanders*. **122**.14

alfarch, gwaywffon (*GPC alfarch*¹). Ansicr yw ei darddiad, ond fe'i ceir yn yr hen eirfâu barddol: e.e. *GeirfaWLl* 2^r *Alvarch: gwaew* (WLl, 1567×1574). Mae'n debygol fod y ffurf yn wallus. **50**.44

almarch, cwymp dail. **121**.10

almarchedig, wedi bwrw ei dail (am goeden). **121**.12

almarchiad, cwymp dail. **121**.13

almarchol, collddail (am goeden sy'n bwrw ei dail yn yr hydref). **121**.14

almarchu, bwrw dail (am goeden). Y ferf yn unig a geir yn *GPC* a daw'r enghraifft gynharaf yno o Pen 228iii, 36^{r-v} *Ruo ... Syrthio, cwympo ... almarchu* (TW, 1604–7); hefyd *TJ* (1688) '*Almarchu, bwrw'r dail. To shed the leaves*'. Ni chynigir tarddiad yn *GPC*. **121**.11

alwm, halwyn crisialog a ddefnyddid i baratoi gwlân at ei lifo, gw. *WWInd* 19, am alwm: 'A salt used in preparation for many colours. The usual method of using it was to dissolve it at the rate of one part to four parts of water. The wool was boiled for an hour, allowed to cool and then washed in soapy water. It was then ready for dyeing.' **128**.22

allwydd, allwedd; gw. *GPC allwedd* lle nodir *allwydd* yn amrywiad cynnar a chyffredin. **52**.38

amaerdy, Pen 309i, 42 *Amaerdu: Ty yr hafodle* (JJ, 1623–4). Dyma hefyd bennawd rhestr **17**, sy'n trafod y llaethdy, sef ystafell neu adeilad ar y fferm lle gwneid menyn, caws, &c. Ymddengys o dystiolaeth *GPC* mai *maerdy* oedd y ffurf wreiddiol, a'r tebyg yw fod *y maerdy* wedi ei gamddehongli yn *amaerdy* ar lafar. Cf. hefyd *TJ* (1688) 'Maerdy, Hafodtŷ. *a Summer-habitation to make Cheese and Butter*'; a meddir am y *maerdy* yn *CPriodor* 77, 'y Llaethdy mal y gelwir mewn rhai mànau' (1800). **17**.1

amaerwr, dyn sy'n gweithio mewn llaethdy, cf. Llst 189 *maerwr, a dairyman* (1722). **17**.2; *b*. **amaerwraig**, cf. *TJ* (1688) 'Maeres, Maerones, Maerwraig, hafodwraig, llaeth-wraig: *a Dairy-Woman*'. **17**.3

amaeth *ll*. **emyth**, amaethwr, ffermwr, hwsmon, *WS* (1547) '*Ammeth*: A husbande man'. **30**.1

amaethedig, wedi ei amaethu. **30**.4

amaethiad, amaethyddiaeth, hwsmonaeth. **30**.5

amaethog, amaethyddol. **30**.6

amaethol, amaethyddol. **30**.7

amaethu, ffermio, hwsmona. **30**.2

amaethuaeth, amaethyddiaeth; cf. Pen 297, 5^r *Amaethyaeth* (JJ, 1606). Ymddengys i John Jones ddehongli'r ffurf (a welsai, o bosibl, yn y Cyfreithiau, e.e. *LlI* §153.1 *amaethyaeth*) fel 'amaethüaeth' (*amaethu* + *-aeth*), ond mae'n fwy tebygol mai 'amaethiaeth' (*amaeth* + *-iaeth*) oedd y dehongliad cywir, cf. *GPC amaethiaeth*. **30**.3

amaethuol, amaethyddol. Gall y ffurf gynrychioli 'amaethüol' neu 'amaethiol' (gw. **amaethuaeth**), ond rhestrwyd **amaethol** ar wahân. **30**.8

ambor, porfa, glaswellt (*GPC*), ond gw. Pen 297, 5^r *Ambor: Kadw anifeilieit* (JJ, 1606). **17**.4

amgarn bynawyd, y cylchyn neu'r fodrwy fetel ('ferrule') rhwng llafn a charn mynawyd (crydd). **63**.23

amherodrog, ac iddo ymherodr (e.e. am wlad, &c.). **51**.1

amhriodol, dibriod. **117**.37

amrant, 'eyelid' neu flew'r amrant. **7**.16; **amrant** *ll*. **amrannau 96**.15 (ceffyl)

amrantun, cyntun, cwsg (*amrant* + *hun*). **10**.3

amrantuno, cael cyntun, pendwmpian, hepian (*amrant* + *huno*). **10**.4

amrwd, heb fod yn boeth (cf. *GPC brwd*). **119**.22

amser *ll*. **amseroedd**, un o gyfnodau rheolaidd y dydd. **120**.1

amseredig, tymhoraidd, amserol (*GPC* 1793). **120**.4

amserol, yn ymwneud ag amser, tymhorol. **120**.2

amseru, mesur neu osod amser. **120**.3

amws *ll*. **emys**, march, march rhyfel, Pen 298, 248 *Emys: meirch keilliog* (*a singul': amws*) (JJ, 1618). **67**.12

amyd, cymysgedd o fathau gwahanol o rawn; cf. *maslin*, 'A mixture of various kinds of grain, *esp*. rye mixed with wheat; bread made from this' (*OED maslin*, n.²). Gw. hefyd Pen 308i, 7 *Amyd ... yd bara: sef gwenith, rhyc, a haidd* (JJ, *c*.1621). **42**.75

aneirfuwch [= **tresiadfuwch**]: **buwch ar y llo cyntaf**, buwch ifanc heb fod wedi bwrw llo eto; cf. **annair, cynflith, treisiad**. **68**.19

anhedd-dy [= **tŷ annedd**], preswylfa, cartref. **8**.20

anheddog, ac iddo gartref (am berson), y preswylir ynddo (am dŷ). **8**.23

anheddol, preswyliadwy. **8**.24

anheddu, preswylio. **8**.22

anheddwr, preswyliwr. **8**.25; *b*. **anheddwraig 8**.26

anherblwydd, hanerblwydd, hanner blwydd(yn). Am y trawsosod, cf. **anhereg** 'hanereg', **anhorob** 'hanerob', a gw. td. 37. **3**.3

anhereg, hanner eg, hanner erw; gw. **eg**, a chyda'r ffurf, cf. **anherblwydd, anhorob**. **30**.46

dwy anhorob, dwy ystlys mochyn, cf. *Pen Gloss* (B 1.318) *anhorob: haner llwdn hwch* (*c*.1562). *Hanerob* yw'r ffurf safonol, o *hanner* + *hob* 'mochyn' (gw. *GPC hanerob*); troes hwnnw'n *anherob* drwy drawsosod (gw. td. 37), ac yna'n *anhorob* drwy gymathiad (*e..o* > *o..o*, cf. td. 38). Disgrifir yr *hanerob* yn *GeirGeg* 75 fel 'ochr mochyn ac eithrio'r ham. Rhennir yr horob yn ddau ddarn fel rheol, sef y *darn main* (y darn canol) a'r *ysgwydd* (gamwn) ... *flitch of bacon*.' **22**.6

anhuddo tân, sef yr arfer o orchuddio tân â lludw dros nos, gan adael iddo fudlosgi cyn ei **ddadanhuddo**, ei 'ddadorchuddio', fore drannoeth. Cyfeirir at yr arfer hon yn y Cyfreithiau, cf. *LlI* §48.16–17 *Puebennac a kesco teyr nos gan wreyc o'r pan anhuder e tan ene datanhuder trannoeth ... talet ydy eydyon*. Parhaodd yr arfer am ganrifoedd, cf. D. G. Williams, *Casgliad o Lên Gwerin Sir Gaerfyrddin* (1895; adarg. Caerfyrddin, 1996), 28, 'Yn yr hen amser, ac yn gydmarol ddiweddar yn y rhannau mwyaf gwledig, yr oeddid yn bur ofalus i enhuddo'r tân er mwyn ei gadw'n fyw drwy y nos. Agorid lle yng nghanol y tân mate neu dywyrch, gosodid maten lawr ynddo, a thynnid y "rhes" a'r lludw'n ofalus drosti. Yr wyf yn lledgredu fod rhywbeth dyfnach na phrinder *matches* yn cyfrif gynt am yr arferiad hon a gadwyd ymlaen mor hir yng Nghymru.' Gw. hefyd William Jones-Edwards, *Ar Lethrau Ffair Rhos* (Aberystwyth, 1963), 5, wrth ddisgrifio arferion dechrau'r 20g., 'Dyhuddid y tân bob nos drwy grynhoi'r lludw eirias a'i osod ar ben mawnen. Bore drannoeth chwelid y lludw ac yr oedd y fawnen yn barod i ail gynnau'r tân.' **9**.56

anhunedd, diffyg cwsg, anallu i gysgu. **10**.8

anhunog, di-gwsg, yn methu cysgu. **10**.7

anian [= **natur, had**], sberm. 7.136

anllodd. Pennawd rhestr **8** yw *Ty ac Anllodd*. Ffurf amrywiol sydd yma ar *anlloedd* 'Cyfoeth, golud, eiddo, meddiant; preswylfod, cartref' (*GPC*). Mae'r rhestr hon yn cychwyn â geiriau am dŷ fel cartref, gan gynnwys mathau o breswylfeydd a'r rhai sy'n byw ynddynt; yna yn yr ail hanner (68 ymlaen), sonnir am agweddau ar bensaernïaeth – drysau, waliau, to, simnai ac ati a chesglir mai'r pethau hynny yw *anllodd*. Mae'n debygol y cafodd John Jones yr ymadrodd o'r Cyfreithiau: *LlI* §48.20 *ty ac anlloed* (td. 144 'wealth, possessions, goods'), ac mae'n annhebygol fod *anllo(e)dd* yn air byw iddo, yn ôl tystiolaeth *GPC*.

annair, anner, heffer, *WS* (1547) '*Anneir treisiad ne heffyr*: A hekefer'. Cf. **aneirfuwch**. **68**.56

annedd, preswylfa, cartref. **8**.21

anniffoddadwy, na ellir ei ddiffodd (am dân). **5**.154

anniffoddedig, heb ei ddiffodd, na ellir ei ddiffodd (am dân.) **5**.152

annuw, yr annuwiol, di-dduw. **1**.12

annuwiol [= **annwyfol**], heb fod yn dduwiol, digrefydd. **1**.13

annuwiolaidd, annuwiol. **1**.20

annuwioldeb, annuwioldab, y cyflwr o fod yn annuwiol. **1**.14

annuwiolder, annuwioldeb. **1**.16

annuwioleth, annuwiolaeth, annuwioldeb. **1**.18

annwyd, oerfel. **118**.7

yr annwyd [= **gormwyth**], *WS* (1547) '*Gormwyth, yr anwyd*: Colde'. **46**.46

annwyfol [= **annuwiol**] **1**.13

annwyfolaidd, annuwiol. **1**.21

annwyfoldeb, annwyfoldab, annuwioldeb. **1**.15

annwyfolder, annuwioldeb. **1**.17

annwyfoleth, annwyfolaeth, annuwioldeb. **1**.19

annyn, adyn, truenyn. **6**.12

anterth, benthyciad o'r Llad. *ante tertiam* (*horam*) 'cyn y drydedd (awr)', ac fel y gwelir yn *GPC*, gallai olygu rhwng 9 y bore a 12. Ond mae'n amlwg mai'r ystyr i John Jones yw rhwng 6 a 9 y bore; cf. Pen 309i, 85 *Anterth: Borau, pryd offeren* (JJ, 1623–4). **4.**74; **anterth**: **o'r 6 ar y gloch uchod hyd naw ar y gloch yw yr anterth**, **yn dair awr** (gan gyfeirio at y tabl, td. 142). **120.**47

anterthedig, wedi dod yn fore, ?wedi gwawrio; gw. **anterth**. **4.**77

anterthol, yn y bore; gw. **anterth**. **4.**76

anterthu, dod yn gyfnod anterth, dod yn fore; gw. **anterth**. **4.**75

anthonaes: [Llad.] ***archilla***, Pen 297, 200 *Arcilla: Anthonaes idem quod nasturcium* (JJ, 1606). Ai Cymreigiad o air Saesneg yw *anthonaes* yma? Ni ddaethpwyd o hyd i gyfeiriad arall ato nac at *Archilla*. Mae'n bosibl mai gwall am *Achillea* yw'r ail, cf. *Herball* (1597) 915 '*Achillea, siue Millefolium nobile*. Achilles Yarrow'. Gw. *OED achilea* 'Any of numerous plants of the chiefly Eurasian genus *Achillea* (family Asteraceae (Compositae))'. **122.**24

anwe, *GPC* 'Yr edafedd ar draws y gwŷdd a weithir yn gyfrodedd i'r ystof wrth weu brethyn', 'weft'. **59.**8

anwraidd, anwrol, llwfr. **6.**19

anwreidd-dra, anwroldeb, llyfrdra. **6.**20

anwroldeb, llyfrdra (*GPC* 1793). **6.**16

anwydog, oerllyd, rhynllyd. **118.**8

anwydus, oerllyd, rhynllyd. **118.**9

anysgymod, diffyg traul, yn llythrennol 'anghytgord'; cf. *Llysieuwr* 15 *yved vnhryw vesur o'r dwr yma a wna mawr lees ... ynn erbyn annesgymod ar a vo gwedi magv o herwydd swrffet o vwyd amrwd a diod aviach* (EG, *c*.1545). **46.**104

âr, tir i'w aredig, tir amaethyddol. **30.**101

aradr *ll*. **erydr** [= **archwydd**; **penffest** *ll*. **penffesti**], offeryn i aredig tir. **30.**54; **aradr** [= **archwydd**, **penffest**] **45.**2

aradr olwynog, cf. *BydAm* 1.41 'aradr â dwy olwyn, un fawr yn y rhych i gadw lled y gŵys yn gyson, ac un lai ar y cefn (y tir heb ei droi) i gadw dyfnder y gŵys yn gyson'. **30.**69

archangel: [Llad.] ***archangelus*** *ll*. **archengylion**, **archengyl** [Llad.] *archangeli*. Ni restrir *archengyl* yn *GPC*, dim ond *eirchengyl*. **1.**31

archwydd [= **aradr** *ll*. **erydr**; **penffest** *ll*. **penffesti**]. Mewn rhestr a wnaeth John Jones ar ddechrau'r ganrif ceir *Archwydd, Penffestyr: Aradyr* (Pen 295, 86^r, *c*.1600), ond heb nodi ei ffynhonnell. Mae *archwydd* yn ffurf anhysbys ac yn debygol o fod yn wall am *arwydd* 'aradr' (*GPC arwydd*^{2}). **30.**54; **archwydd** [= **aradr, penffest**] **45.**2

arddiad, y weithred o aredig. **30**.103

arddu, **aredig**, troi tir ag aradr, *TJ* (1688) 'Arddu neu aredig. *To till the ground*'. Dwy ffurf ar yr un berfenw sydd yma; gw. *GPC arddaf: aredig*. **30**.102

arddwr [= **llafurwr**], un sy'n aredig tir, amaethwr. **30**.100

arddwrn **7**.48

aredig gw. **arddu**

aren, elwlen. **7**.122; **aren** *ll*. **arennau** **96**.56 (ceffyl); yng nghyswllt y cigydd, **dwy aren** (eidion) **21**.10; **y ddwy aren 22**.10 (mochyn); **2 aren 23**.8 (mollt)

arfal [= **penbleth**], *GPC* 'Toll neu dâl am falu ŷd mewn melin; ŷd i'w falu mewn melin'. Mae'n debygol mai'r ail ystyr sydd i *arfal* yma, cf. Pen 308i, 6 *arval: redy to grind: arval mawr: llawer o yd yn aros malu* (JJ, *c*.1621). **42**.14; **arfal mawr ar y felin** [= **penbleth mawr ar y felin**]: **llawer o waith ar y felin i falu 42**.20

arfau, offer ymladd, 'weapons', **50** (pennawd)

arfoel, ac iddo ben moel, di-wallt. **7**.12

arfwng, mwng ceffyl. **96**.26

arffed [= **gafl**], cesail morddwyd. **7**.73

argau, **arge** *ll*. **argaeau**, argae, rhwystr (o gerrig, &c.) ar draws nant neu afon. Ni nodir *argau* yn amrywiad ar *argae* yn *GPC*, ond efallai fod dylanwad *cau* ar y ffurf. **5**.124

arglwydd *ll*. **arglwyddi** **51**.36; *b*. **arglwyddes** *ll*. **arglwyddesau** **51**.37

arglwyddiaeth, *WS* (1547) '*Arglwyddiaeth*: A lordshyp'. **51**.38

arglwyddiaethu, llywodraethu. **51**.39

arglwyddïaidd, yn nodweddiadol o arglwydd, *WS* (1547) '*Arglwydd-iaidd*: Lordelyke'. **51**.41

arglwyddiol, arglwyddaidd. **51**.40

arian, *WS* (1547) '*Arean*: Syluer'. **128**.11

arian Gwian, cribell felen, *Rhinanthus minor*, 'yellow rattle', cf. Pen 228i, 177ʳ *Crista herba ... Crista Galli yw Arian Gwion y lhyseun a vydh yn sïo yn y gwair, pan vo'n dhigon sych* (TW, 1604–7). *Arian Gwion* yw'r ffurf arferol, ond cyfetyb ffurf John Jones i un Henry Salesbury yn J 16, 101ʳ *Arian Gwian. Crista galli* (HS, *c*.1600), gw. td. 35; hefyd **ariallysg**. **122**.15

arianlliw, ariannaid (lliw cwningen). **116**.5

ariallysg. Gwall neu amrywiad ar *arianllys*, yr un llysieuyn ag **arian Gwian**, sef y gribell felen, cf. *D* (1632) '*Arian Gwion, yr arian-llys*, Crista galli'. **122**.16

arlais, *GPC* 'Y naill ochr neu'r llall i'r pen rhwng y glust a'r talcen'. **7**.13

armel, yr ail laeth a dynnir wrth odro, sy'n dewach a melynach na'r llaeth cyntaf; hefyd Pen 298, 184 *Armel: Llefrith diwaethaf a odreuer* (JJ, 1618). Ni cheir y tarddeiriau sy'n dilyn yn *GPC*. **17**.12

armeliad, y weithred o odro'r ail laeth. **17**.15

armelu, godro neu dynnu'r ail laeth. **17**.13

arnodd, *GPC* 'Trawst neu far canolog ar aradr y cysylltir y prif rannau eraill ag ef'; *WS* (1547) '*Arnodd aratr*: Plough beame'. **30**.55

arth *ll*. **eirth**, **arthod**, arth (gwryw), *WS* (1547) '*Arth*: A he beare'. **90**.1; *bach*. **arthan 90**.4; **arthig 90**.6

arthes *ll*. **arthesau**, **arthesod**, *WS* (1547) '*Arthes*: A she beare'. **90**.2; *bach*. **arthesan 90**.5; **arthesig 90**.7

asen, 'rib', *WS* (1547) '*Assen, ascwrn*: A rybbe'. **7**.125

asen *ll*. **asennod**, asyn. Dyma bennawd **93**, sy'n rhestr wag. *Asen* oedd yn arferol am asyn benywaidd a gwrywaidd cyn yr 16g. (gw. *GPC asen*[1] ac *asyn*) felly mae'n debygol mai enw gwrywaidd yw yma, gan na restrir y ffurf *asyn* ar wahân.

aseth [= **gwarllas**], dellten i glymu neu i sicrhau rhannau o'r iau at ei gilydd. Gw. dan **caead** am ddisgrifiad Lewys Glyn Cothi o'r wedd a'r *esyth i gau'n gyson*. **30**.86

aseth *ll*. **esyth** [= **sgolpen** *ll*. **sgylp**], pric toi, 'thatching-rod', *TJ* (1688*)* 'Aseth. *A sharp-pointed lath to fasten thatch to houses*'. **8**.123

asgell saeth: *dde ffedder of an arw* ('the feather of an arrow'), plu saeth, *WS* (1547) '*Askell saeth*: Fedder of a shafte'. **57**.20

asgellaid, haid o wenyn sy'n hedfan (*asgell* + *haid*). Fe'i ceir yn y Cyfreithiau am 'Haid o wenyn sy'n gadael y cwch ar ôl calan Awst' (*GPC*), cf. *LlI* §135.3–4 *heyt gwedy Aust, iii.k' a tal, a honno a elwyr asgellheyt*. **126**.10

asgellwynt, gwynt o'r ochr, ystlyswynt. Cwynodd Dafydd ap Gwilym am frathiad gwynt cas o'r fath ar ddiwrnod rhewllyd: *Ys gwae fi rhewi ar hynt / Ysgillwayw drwg asgellwynt* ('Y Rhew', *DG.net* 54.47–8). **2**.43

asglod *ll*. **esglod**, ysglodion neu naddion pren. Enw lluosog yw *asglod* yn ôl *GPC*, lle esbonnir bod *esglod/ysglod* yn ôl-ffurfiad o ysglodion. **53**.25; *u*. **esglodyn** *ll*. **esglodion 53**.26

asgwrn, 'bone'; gw. hefyd **yr esgyrn**. **7**.106

astalch, tarian gron fechan, bwcled; ffurf amrywiol ar *aestalch*. **50**.35

astall *ll*. **estyll**, astell, ystyllen, dellten. Dehonglir *astall* yn ffurf dafodieithol, cf. *GPC astell*; ond gall mai gwall sydd yma. **8**.130

atarw, *GPC* 'Tarw llawndwf wedi ei (hanner) ysbaddu'; Pen 297, 2^{r} *Adtarw: Adfwl, tarw ag vn gaill* (JJ, 1606). Fe'i ceir yn yr hen eirfâu barddol, cf. Pen 169, 213 *Adtarw: Adfwl* (RhM, *c*.1580). **68**.63

atborion [= **pirion, gwargredion**], *GPC* 'Sbarion (bwyd), gweddillion', yma am weddillion bwyd mewn beudy. **36**.20

atgor [= **gwedd**], gwedd ac aradr ynghyd, Pen 308i, 1 *Atgor: gwedd i aredic ai perthynassev: a tim, angl'* (JJ, *c*.1621). **30**.96

aur, *WS* (1547) '*Aur*: Golde'. **128**.12

aurfanadl, banadl aur, lliwlys, cf. *LlS* (1574) 152 *Y Lliwlys ... Tinctorius flos yn Llatin ... ar Aur Vandal, y Lliwlys ne yr Llysae lliw yn Camberaec*. Fe'i defnyddid i lifo gwlân neu frethyn yn felyn, cf. *TJ* (1688) 'Aurfanadl ... *a Dyers weed*' a Henry Lyte, *Niewe Herball* (London, 1578), 68, 'it is used of Dyers, to colour and dye their clothes into greene, and yellow'. **122**.17

awel, gwynt ysgafn. **2**.50

awel y garfan isa, rhan anhysbys o wŷdd y gwehydd: ai'r rhan o'r *garfan isaf* (y 'cloth beam'), neu'r 'apron'? Go brin mai *awel* 'gwynt ysgafn' a geir yma, ac ni roddir ystyr addas yn *GPC awel*. Efallai y gellir ei gysylltu â'r enw *gafael* 'pren ar lun fforch ... ateg, cynhalbren, ... bwcl, gwäeg' (*GPC gafael*[1]); cf. **cloig yr awel**. **59**.20

awr *ll*. **oriau**, 'hours'. **120**.17

Awst: [Llad.] *Augustus*, mis Awst; gw. hefyd **mis Awst**. **4**.8

awyr 5.218

awyrol *ll*. **awyrolion**, yn perthyn i'r awyr, o bosibl yma'n enw am adar, &c.; cf. *nefol ll. nefolion*. **5**.219

baban, babi, plentyn bychan. **6**.45, **117**.66

bach *ll*. **bachau**, bachyn drws; gw. hefyd **bache y drws**. **8**.157; *ll*. **bachau** [*u*.] **bach**, ?i glymu ychen wrth yr iau. **30**.83

bach genwair, bachyn gwialen bysgota. **125**.21

bach gwair, ffon fachog i dynnu gwair o das, crybach, cf. *Cwm Eithin* 140 '*bach gwair* ... Wrth ei ddefnyddio gwthid ef i'r das wair, ac wrth ei dynnu yn ôl deuai â choflaid gydag ef'. **45**.75

bachau crochan, bachau i hongian crochan uwchben y lle tân. Rhestrir *Bacha crochon a thrybath* ymysg eiddo Griffith Hughes, gwehydd tlawd o Abergele, mewn ewyllys a ddyddiwyd 13 Tachwedd 1746 (SA/1746/1). **14**.31; **bache crochan 28**.55

bache cig, bachau i hongian cig (yn siop y cigydd). **65**.15

bache y drws: *the hooks of the dore* ('the hooks of the door'), bachau i hongian drws. **8**.155

bachgen *ll*. **bechgyn 6**.129, **117**.93; *bach*. **bachgennyn 6**.132, **117**.98; *ll*. **bachgennos**, bechgyn bach **117**.94; *b*. **bachgennes**, merch ifanc, J 16, 136[r] *Bachgennes. a wench. Puella* (HS, *c*.1600). **6**.130, **117**.99

bachgennaidd, plentynnaidd, J 16, 136ʳ *Bachgennaidd. childish* (HS, *c*.1600). **6**.131, **117**.97

bachgennog, ?a chanddo fachgen. **117**.96

bachgennol, bachgennaidd. **6**.133, **117**.95

baedd *ll*. **baeddod**, mochyn gwryw heb ei ysbaddu. **71**.4

baeddredog, *GPC* 'Yn gofyn baedd drwy'r amser (am hwch)'. Mae'n air o'r Cyfreithiau: *LlI* §129.8 *Teythy huch: na bo baedredauc* (td. 144 'running after boars'). **71**.5

baeddu, mynd yn fudr, yma am fochyn yn ymdreiglo mewn mẁd; cf. **trabaeddu** ac **ymdrabaeddu** sy'n dilyn yn y rhestr. **71**.6

bagadau: *y clwy ar droed dafad a elwir y pryf*. Ni roddir yr ystyr hon i *bagadau* ('sypynnau', &c.) yn *GPC*, ond mae'r disgrifiad yn awgrymu pryfedu neu gynrhoni; cf. 'blow fly strike', 'myiasis', lle ceir pryfaid chwythu yn dodwy wyau yn 'glwstwr' neu'n 'sypyn' mewn mannau o bydredd ar gorff dafad, fel y droed yn yr achos hwn. Gw. *GPC pryf*¹ am ei ddefnydd am 'gynrhon mewn defaid' yn siroedd Morgannwg, Brycheiniog a Chaerfyrddin. Gall fod yn un o'r geiriau a gododd John Jones yn y de, gw. tt. 12–13. Gw. **pryf yn y traed**. **106**.10

bala *ll*. **balaon**, belau, blaidd; cf. Pen 297, 12ᵛ *Balaon: Kanavon bleiddiev* (JJ, 1606). **82**.7

balaf, bala, goferiad allan o lyn, Pen 297, 12ᵛ *Bala ... avon rrwng dav lynn, gwddw llynn* (JJ, 1606) a cf. Pen 169, 220 *Bala llynn sef cyfwng y llynn ac afon* (RhM, *c*.1580). Tyfodd *-f* ar ddiwedd *bala* dan ddylanwad geiriau fel *alaf, calaf*, &c. **5**.123

ballegrwyd, *GPC* 'Rhwyd, rhwyd bysgota, rhwyd lusg, rhwyd gored'. Gair o'r Cyfreithiau yw hwn, cf. *LlI* §140.53 *Ballecruyt* (td. 144 'dragnet'). Sonnir am rwyd debyg yn Pen 308i, 54 *Kidellrwyd: rhwyd i ddal gwangiaid a gleisiaid i groessi avon mal kored* (JJ, *c*.1621). **125**.14

ban hydd, corn hydd. Roedd tawlbwrdd o gorn hydd yn werth 24 ceiniog meddir yn y Cyfreithiau: *LlI* §140.12–13 *E taulbwrd ... o byd ban hyd, xxiiii*. **75**.17

bancarw, ?cf. *GPC banceirw* '?Cyrn ceirw', a'r unig enghraifft yno o'r Gododdin: Ifor Williams (gol.), *Canu Aneirin* (Caerdydd, 1938), llinell 610 *kwr e vankeirw am gwr e vanncarw*, lle awgrymir mai enw lle ydyw. Mae'n bosibl y gwelodd John Jones (neu awdur ei ffynhonnell) yr hen linell hon mewn llawysgrif a dehongli *bancarw* ar lun **ban hydd**. **75**.10

bannog, corniog (am hyddod, &c.). **75**.18

banw, banyw [= **bunyw**], benyw, *WS* (1547) '*Banyw*: A she'. **6**.40; **banw 117**.132

banwes, hwch ifanc heb gael moch bach. **71**.39

banwy, mochyn ifanc, porchell; gw. *GPC banw*². **71**.38

bar *ll*. **bariau**, bar ar ddrws; cf. **bariau drws**. **8**.158

bara *ll*. **barâu**. Ni nodir ffurf luosog i *bara* yn *GPC*, lle'i disgrifir fel ffurf unigol a lluosog. Mae'n ddigon posibl i John Jones gamdybio'r ffurf barâu (ar lun *trigfa, trigfâu*, &c.). **15**.83

bara bygilres, math anhysbys o fara. Ai ffurf ar *bugeilrhes* 'Cellwair, hwyl, sbort, gwatwar', &c. (*GPC*) sydd yma, a'r enw'n cyfateb i *bara smala*, bara wedi ei wneud â gwenith drwg (*GPC* 'ar lafar')? **15**.93

bara cacen. Nid ein 'cacen' neu 'deisen dorth' ni heddiw, sef bara ac ynddo gynhwysion ychwanegol fel menyn, ffrwythau sych, siwgr, &c., ond rhywbeth tebycach i fara ceirch, cf. *oatcake*, ac *OED cake* 'In Scotland (and also formerly in parts of Wales and northern England): a portion of thin, hard-baked, oatmeal bread; an oatcake'. **15**.101

bara can, bara gwyn o flawd gwenith mân; cf. *GeirGeg* 3 '*bara can*, bara o'r blawd gorau a geir o'r gwenith ar ôl ei falu a'i gannu'n wyn'. **15**.95

bara can sur, bara surdoes wedi ei wneud o flawd gwyn. **15**.100

bara canrhyg, bara yn cynnwys cymysgedd o flawd gwyn gwenith (*can*) a blawd rhyg, felly blawd rhyg gwelw a ystyrid yn fara gwell na'r cyffredin (*GPC* 1793); cf. *GView NW* 192 'Brown, or common family bread, whether made of wheat alone, or of a mixture of wheat and barley, we still call *bara-rhyg*, or *rye*-bread and the finer kind of wheaten bread, we call *bara cann-rhyg*; or white *rye*-bread. These terms were very proper when first imposed, when most of our ancestors' fermented bread was made of rye, and their unfermented bread of oatmeal.' **15**.98

bara ceirch, 'oatcakes'; *GeirGeg* 3 '*bara ceirch*, torthau crwn, tenau yn cynnwys blawd ceirch a dŵr ac wedi eu crasu ar y maen neu'r radell'. **15**.87

bara coch [= **bara popty**], *WS* (1547) '*Bara koch*: Browne bred'; Pen 228ii, 260ᵛ *panis… Sordidus … Bara coch, bara eisinoc, bara y dorri newyn* (TW, 1604–7). Bara cyffredin at ddefnydd bob dydd oedd hwn. Mewn dogfen o'r 20g. yn disgrifio gweithgarwch melin Betws Gwerfil Goch yn Archif *GPC*, sonnir am redeg blawd drwy 'cylinder silio' ar ôl ei falu: 'Dosberthid ef yno yn *fran* a *breision* a *blawd* (neu *beilliaid*). Enw arall ar y breision yw'r *gynffon goch*; y mae rhwng y bran a'r peilliaid o ran gwerth. Cymysgid peth o'r gynffon goch â'r peilliaid i wneud bara.' Mae'n debyg mai bara'n cynnwys y 'gynffon goch' oedd *bara coch*, bara ychydig yn is ei safon, fel yr awgrymir gan y disgrifiad uchod yn Pen 228. **15**.99

bara cri, bara heb lefain, a ystyrid yn anodd i'w dreulio gan hen bobl, gw. *CIech* 93 *bara kri, ne wedi j wneuthud heeb ddim heplys ... ysydd aviach j'r henn bobyl* (1545). **15**.84

bara croyw, bara heb lefain neu heb surdoes. **15**.89

bara cwsg, math anhysbys o fara. O gofio bod hadau'r pabi yn cael eu hargymell yn gyffredin ar gyfer anhunedd mewn hen feddyginiaethau (cf. J 111, col. 936), tybed ai bara a gynhwysai hadau'r pabi oedd *bara cwsg*? Ar y llaw arall, cyfeiria John Ashton, *The History of Bread: From Pre-historic to Modern Times* (London, 1904), 182, at draddodiad fod bara yn gallu amddiffyn plant rhag gwrachod wrth iddynt gysgu, 'no doubt from its being stamped with the sign of the holy cross. Herrick, for instance ... alludes to this usage in the following rhyme: "Bring the holy crust of bread, / Lay it underneath the head; / 'Tis a certain charm to keep / Hags away while children sleep." ' **15**.86

bara gwenith drwyddo [= **bara ysgyffling**], bara wedi ei wneud o flawd gwenith gan ddefnyddio'r cwbl o'r grawn (*drwyddo*), yn cynnwys yr eisin. Bara garw fyddai, ac fe'i hystyrid yn fara cyffredin, israddol, cf. Pen 228ii, 260^v *panis ... Secundarius, Bara gwenith drwydho, y bara gwaethaf, bara tylwyth* (TW, 1604–7); credid nad oedd yn hawdd ei dreulio, *CIech* 59 *Barra o beillied gwenith pur ... a daria ynn hir o vewn y kylla heb j vwynhau, o'r hwn j maag sudd jreidlyd o vewn y korf* (1545). **15**.96

bara gwyn, bara o flawd gwenith gwyn. **15**.94

bara llech, bara wedi ei grasu ar lechfaen, 'flatbread', heb godiad ynddo ôl pob tebyg, cf. Pen 298, 198 *Bara llechwen: Bara peilliaid heb godiad* (JJ, 1618). **15**.88

bara miod, crempogau neu wafferi, *WS* (1547) '*Kalan vara ne vara miod*: Wafyr'; Pen 169, 222 *Bara miod: cramwyth* (RhM, *c*.1580). **15**.92

bara peillied, bara wedi ei wneud o beilliaid, blawd gwyn mân; cf. Pen 309i, 151 *Bara plymbryd: bara peil[l]iaid a chodiad* (JJ, 1623–4) (*GPC bara plymbryd* 'bakestone bread, muffins, ?yeast bread'). **15**.85

bara popty [= **bara coch**], bara wedi ei grasu yn y popty, bara bob dydd. Cf., o bosibl, *GeirGeg* 7 '*bara llawr ffwrn*, bara a gresid ar lawr y ffwrn heb fod mewn tun'. **15**.99

bara rhyg, bara garw a thywyll o flawd rhyg; gw. **bara canrhyg**. **15**.97

bara surgeirch, math o grempogau bach ysgafn wedi eu gwneud o geirch wedi eplesu. **15**.91

bara ysgyffling [= **bara gwenith drwyddo**], math anhysbys o fara. Gan fod John Jones yn nodi ei fod yn gyfystyr â **bara gwenith drwyddo**, sef bara garw a gynhwysai'r eisin sil, mae'n debyg y gellir cysylltu *ysgyffling* ag *EDD skifflings* 'The skin or scale of flax' (gorllewin Gwlad yr Haf). Cf. o bosibl *OED chaff-bread* a ddisgrifir yno mewn geiriadur o 1611 fel 'chaffe bread ... the coursest kind of bread'. *Bara yskwffling* yw'r ffurf yn Pen 308ii, 34 (JJ, *c*.1621). **15**.96

barcer *ll.* **barceried**, tanner, cyweiriwr crwyn. Defnyddiai'r *barcer* risgl fel ffynhonnell tannin i drin y crwyn wrth wneud lledr. **62**.1

barceriaeth, y grefft neu'r gwaith o drin crwyn i wneud lledr. **62**.12

barciad, y weithred o drin crwyn i wneud lledr. **62**.11

barciedig, wedi ei drin i wneud lledr (am groen anifail). **62**.10

barcio, *GPC* 'Trawsnewid (croen anifail) yn lledr drwy ei fwydo mewn hylif sy'n cynnwys asid tannig, taneru'; J 16, 135^v *Barcio. to tane leather* (HS, *c*.1600). **62**.9

barcio croen, taneru neu gyweirio croen anifail yn lledr. Gw. **barcio**. **64**.23

barcut, barcud (coch), boda. **124**.6; **barcutan** *ll.* **barcutannod**, barcud, barcud bychan. **124**.7

barf: [Llad.] *barba* **7**.28

barf cath, wisgers cath; gw. *GPC barf*, lle gwelir bod *barf cath* ar lafar am 'whiskers of a cat' yn ardal Bangor yn gynnar yn yr 20g. **103**.3

barf gafr 100.2

bargod, bondo. **8**.127

bariau drws. Yng nghyswllt drws, disgwylid i *bar* fod yn gyfystyr ag *OED bar*, n.[1] 'A stake or rod of iron or wood used to fasten a gate, door, hatch, etc.', ond ymddengys mai 'colynnau; hinges' yw ei ystyr yn Pen 308ii, 20 *Barrie drws: dde hindsis of a dwr* (JJ, *c*.1621) (cf. **bariau y ddôr**). A oedd John Jones wedi camgymryd ystyr y term, neu a allai *bar* gyfeirio'n gyffredinol at 'fach(y)n, colyn'? **52**.49

bariau y ddôr: *the hinges of the dore* ('the hinges of the door'); gw. **bariau drws**. **8**.156

baril, casgen (i ddal cwrw, &c.). **13**.9, **16**.32, **28**.104; *bach.* **barilan**, **barilyn 16**.38

barilaid, **bariled**, llond baril, casgennaid. **16**.35

bariledig, wedi ei roi mewn baril neu gasgen. **16**.37

bariliad, llenwad baril neu gasgen. **16**.36

barilo, rhoi mewn baril neu gasgen, casgennu. **16**.34

basged *ll.* **basgedi**. Defnyddid basgedi ym mhob agwedd o fywyd, i fwydo gwartheg, i gasglu ffrwythau a llysiau, i gadw bara, i bysgota ac ati; am lun o fasged, gw. td. 432. Ar eu pwysigrwydd gynt, a chrefft y basgedwr traddodiadol, gw. *TCC* 42–58. **28**.183; *bach.* **basgedan 28**.184; **basgedig 28**.185

basged ddellt, naill ai basged o wiail (cf. *GPC dellt* 'a wnaed o wiail') neu, o bosibl, fasged wedi ei llunio o esyth neu ais, megis *trug* y Sais. **28**.172

basged law, basged fechan, cf. *OED handbasket* lle mae'r enghreifftiau yn awgrymu basged â dolen i gario bara, i gasglu ffrwythau, &c. **28**.168

basged wellt 28.187

basged wiail, basged wiel 28.188

basgedaid, basgeded, llond basged. **28**.186

basgedwr, gwneuthurwr basgedi. **28**.189

basglau y rhwyd, tyllau'r rhwyd bysgod, *GPC masgl*[2] 'Llygad rhwyd, masg neu fagl rhwyd'. **125**.7

bastard, un cymysgryw neu o fath israddol (am iâr neu geiliog). **123**.27

baster, teclyn i orchuddio cig â braster neu suddion wrth ei rostio, 'baster'; J 16, 136[r] *Bastio. to baste.* / *Basder* (HS, *c*.1600). Ni cheir yr enw yn *GPC*, ond daw o'r Saes. *baster*, gw. *OED baster* (1559). **14**.36, **28**.70

bastiedig, wedi ei orchuddio â braster neu suddion wrth ei rostio (am gig). **14**.40

bastio, gorchuddio cig â braster neu suddion wrth ei rostio, *WS* (1547) '*Bastio kic rhost*: Baste'. **14**.38

bating [= **pilion, cloig, pilwyn**], *GPC bating*[2] 'Ysgub o wellt gwenith neu haidd wedi ei ddyrnu' (1690), o'r Saes. *batten, battin, OED batten,* n.[3] 'A bundle of straw consisting of two or more sheaves' (ffurf dafodieithol a gysylltir â Saes. gogledd a chanolbarth Lloegr). Cf. F. W. Jones, 'Termau Amaethwyr Dyffryn Edeirnion', *B* 1 (1921–3), 290, '*batin*: hafflaid o wellt wedi ei rwymo ynghyd (gwellt gwenith at doi, fel rheol. D[yffryn] C[lwyd]'. **35**.30; *bach.* **batingen**, cf. Pen 308i, 54 *Kloigen: batingen, pilwynen, pilionen gwenith ne ryg: & al* (JJ, *c*.1621); *LWLM* 136 '*battingen*: a wheat or rye sheafe thresh[d] & y[e] straw left unmangled' (1739–66). **35**.31

batingo, *GPC batingo*[2] 'gwneud yn ysgubau'. Diweddar (1944) yw'r dystiolaeth drosto yn *GPC*, ond cf. Pen 308i, 54–5 *kloigo: battingo, pilwynnio: pilioni* (JJ, *c*.1621). **35**.32

batog [= **caib difalcio**], *GPC* 'Erfyn amaethyddol tebyg i gaib a chanddo un fraich fel neddyf a'r llall fel ymyl cŷn, matog, caib, hof' (ffurf amrywiol ar *matog*, o'r Saes. *mattock*). **45**.54

baw [= **tom**], tail (hwch). **101**.10

baw moch [= **tom moch**], tail moch. **71**.42

bawd, bys bawd (llaw). **7**.51

bawd maneg, y rhan o'r faneg sy'n cartrefu'r fawd. **64**.12

bawd troed, bys bawd y droed. **7**.96

bawdfedi, *GPC* 'Dwrnfedi, plycio'r ŷd rhwng bysedd a bawd un llaw a'i dorri â chryman yn y llaw arall' (1793). **31**.107

beatws, betys, *LlS* (1574) 151 *Beatws ... Beta yn Llatin, A Beete yn Sasonaec, a Beatws yn Camberaec*; *TJ* (1688) 'Beatws: *white Beet*'. **122**.18

bedw, coed bedw, *WS* (1547) '*Bedw*: Byrche'. **121**.177; **y fedw**, *GPC* (fel enw benywaidd) 'celli o goed bedw, man lle tyf coed bedw'. **121**.178

bedwen *ll.* **bedwenni, bedwennau**, coeden fedwen. **121**.176

bedwenna, ?casglu gwiail coed bedw fel priciau tân (nid yw yn *GPC*). Mae coed bedw'n llosgi'n arbennig o dda. **121**.179

bedwlwyn, llwyn o goed bedw. **121**.182

befr, befer, llostlydan. Er ei fod yn air Cym. dilys (o'r Saes. *bever*, gw. *GPC befer*), mae cofnod cynharach yn Pen 308i, 283 *Befer: fiber* (JJ, *c.*1621), yn awgrymu mai o restr o eiriau Hen Gernyweg y cafwyd y gair, rhestr sy'n tarddu yn y pen draw o'r *Vocabularium Cornicum*: #574 *fiber* gl. *befer* (*OCV* 247 'beaver'). Cf. cofnod Thomas Wiliems yn Pen 188, 126 (sy'n tynnu ar yr un rhestr) *Fiber, Anglie Befer, Avanc*, lle gwelir ei fod yn cymryd mai gair Saes. yw *Befer*. Ar yr eirfa Hen Gernyweg, gw. y Rhagymadrodd, §3.6. **92**.2

begers, ffurf gywasgedig *begegyr* gyda'r terfyniad lluosog Saes. *-s*: *GPC begegyr* 'Gwenynen ormes, sef un a fwyty'r mêl heb roi help i'w gasglu, cacynen' (ond ni nodir *beger* na'r ffurf luosog *begers* yno); Pen 308i, 91 *begers: drons* (JJ, *c.*1621); Pen 309i, 161 *Begegr: Gwenynen or maes, Gwenyn ormes* (JJ, 1623–4); *WS* (1547) '*Begegyr*: A drone bee'. Ceir y ffurf *beger* hefyd gan William Salesbury, *LlS* (1574) 103 *beger y gwenyn*; a'r ffurf luosog *begers* mewn baled gan Huw Jones o Langwm: gw. Alaw Mai Edwards ac A. Cynfael Lake (goln), *Detholiad o Faledi Huw Jones* (Aberystwyth, 2010), 23.51–2, *A thithe yn trymllyd fyglyd fwyglo, / Dim ond begers in dy bigo* (*c.*1750). Er na ddisgwylid terfyniad lluosog *-s* mewn gair brodorol megis *begegyr*, mae'n bosibl y camgysylltwyd y ffurf gywasgedig *beger* â'r Saes. *beggar*, o gofio bod y rhain yn wenyn sy'n bwyta mêl heb fod wedi helpu i'w gasglu. **126**.15

beichiog, *WS* (1547) '*Beichioc*: Wyth chylde'. **7**.140

belau. Pennawd yn unig sydd yma (**89**): *GPC belau*[2] 'Unrhyw un o amryw famolion o'r tylwyth *Martes* y rhoddir gwerth uchel ar eu ffwr, yn enw[edig] bele'r coed, *Martes martes*'; *WS* (1547) '*Bele*: Marterne'.

beler: [Llad.] ***carista***. Gair Hen Gernyweg, nid Cym., yw hwn a ddaw yn y pen draw o'r *Vocabularium Cornicum*: #656 *carista* [*vel*] *kerso* gl. *beler* (*OCV* 285 'water-cress'); mae'n gytras â'r Gym. *berwr* (*GPC berwr*[2]), gyda dadfathiad *r..r* > *l..r*. Gw. y Rhagymadrodd, §3.6. **122**.19

bellach, o hyn ymlaen, o hynny ymlaen, Pen 297, 14ʳ *Bellach: tu hwnt i hynny* (JJ, 1606). **120**.77

y fendigaid las. Ni chafwyd cyfeiriad arall at yr afiechyd hwn, sy'n dilyn **llosgrach** ac yn debygol o fod yn gyflwr sy'n effeithio ar y croen; cf. *GPC bendigaid* 'Tân iddwf; cornwyd, carbuncl, dolur, llid'; gw. **tân bendigaid**. **46**.97

bêr *ll*. **berau**, sgiwer i ddal cig dros dân, *WS* (1547) '*Ber*: A spytte'; *DiwyllGC* 26 'Y math symlaf [o *ferau*] oedd y trosol gyda'i flaen yn big a'i ben wedi'i lunio fel y gellid ei droi. Gosodid hwn ar y gobedau o flaen y tân, gyda'r cig wedi ei drywanu ar ei ganol, a'i droi fel y byddai angen.' **14**.42; **bêr 28**.52; *bach*. **beran**, **beryn 14**.45

bera o wair, tas neu fwdwl o wair. Cysylltir *bera* yng ngeiriadur Thomas Wiliems â Morgannwg: Pen 228i, 18ᵛ *Acervus ... Cludeir ... Bera Morganwc. das o yyt, daswn, modwl* (TW, 1604–7). Gall felly fod yn un o'r geiriau a gododd John Jones yn y de, gw. tt. 12–13. **31**.91; **bera, o ŷd neu wair**: **helmed o ŷd neu wair 31**.150

beraid, llond bêr neu sgiwer (o gig). **14**.43

berdysen *ll*. **berdys**: **srymps** ('shrimps'), **math ar forbysg a gwisg gorn amdano ac y sydd yn magu yn y gwichiedyn**. Yn *Paroch* i, 82, meddir 'Berdas yn Flint etc a galwant Shrimps' (*c*.1700). Daw'r ffurf o'r Saes. *beards*: *OED beard* '†A shrimp. *Obsolete*. rare', a'r unig dystiolaeth o'r 17g. Gwyddom bellach nad yw'r berdys yn magu mewn gwichiaid (gw. **gwichiedyn** 'periwinkle'), ond maent yn byw yn yr un cynefinoedd â hwy yn y môr. Gw. tt. 38–9 am y terfyniad *-ys* o'r Saes.; a chyda *berdys* > *berdysen*, cf. *sglatys* > *sglatysen*. Enw unigol yw *morbysg* yma, fel y prawf yr arddodiad *amdano*. **125**.46

berfa [= **carthglwyd**], berfa ddwylo, yn hytrach na **berfa olwynog**, whilber. Daw *berfa* (a'r ffurf amrywiol *berwa*) o'r Saes. Canol *barwe* a roddodd *barrow* yn Saes., fel yn *wheelbarrow* (a roddodd *w(h)ilber* yn Gym.), gw. *OED barrow*, n.³; ac ymhellach ar y ferfa ddwylo, gw. Glyn E. Jones, 'Geirfa Saer Cerrig', *B* 24 (1970–2), 177, '*berfa ddwylo*, berfa â *breichiau* ym mhob pen iddi a'r *trwmbal* yn y canol. Nid oes iddi olwyn. Fe'i defnyddir i gludo cerrig a llechi ac yn y blaen.' **36**.27, **45**.19; **berfâu 36**.29

berfa olwynog, berfa gyffredin, whilber ('wheelbarrow'), Pen 308ii, 11 *Berfa olwynog: hwilbarw* (JJ, *c*.1621); Jones, 'Geirfa Saer Cerrig', 177, '*berfa gyffredin â dwy fraich* iddi, pedwar *coes*, olwyn yn ei blaen a *thrwmbal*'. **37**.11, **45**.21

berfaed, llond berfa (*GPC* 1756). **36**.28

bertifan: *p*. Llythyren gyntaf *parrax* yw'r *p*. Gair Hen Gernyweg, nid Cym., yw hwn a ddaw yn y pen draw o'r *Vocabularium Cornicum*: #529 *parrax* gl. *berthuan* (*OCV* 228 'wren'). Anghofiodd John Jones danddotio'r *t*. Yn ei restr flaenorol, Pen 297, 196^v (JJ, 1606), ceir ganddo *Parrax: Berthifan* gyda dotiau dileu o dan yr *i* ac *u* uwch ei phen (> *Berthufan*), sy'n awgrymu iddo weld fersiwn tebycach i ddarlleniad gwreiddiol y *Vocabularium, berthuan*. Nid rhestr Thomas Wiliems yn Pen 188, 125, oedd hwnnw, gan mai *berthifan* sydd yno. Gw. y Rhagymadrodd, §3.6. **124**.8
berw, hylif sy'n berwi. **119**.38
berwedig, yn berwi, chwilboeth. **119**.40
berwi 119.39
berwi cig, berwi cig mewn dŵr. **14**.7
berwiad, berwad. **119**.41
berwr dŵr (neu **berw'r dŵr**), 'watercress', *LlS* (1574) 138 *Nasturtium aquaticum ... yw Berwr y Dwfyr*; J 16, 137^v *Berw'r dwr. Sisybrium alterum, sev Cardamina* (HS, *c*.1600); *TJ* (1688) 'Berw'r dŵr, mintŷs y dŵr ... *water-cresses, Water-mint*'. **122**.20
berwr Ffrengig, hefyd Atod.1.146 *Nastrutium* [*sic*]: *Cresses: Berwr Ffrengig*; *Y Bywiadur* 'pupurlys yr ardd, *Lepidium sativum*, garden cress'; *TJ* (1688) 'Berwr ffraingc, berwr ffrengig, berwr y garddau: *French Cresses*'. **122**.21
beudy gw. **boidy**
bigail, &c. gw. **bugail**, &c.
bigwrn, cwgn, *WS* (1547) '*Bigwrn*: Knoccle'. **7**.55 (llaw); **7**.99 (troed)
bila gwyn, un o'r môr-gathod, yn ôl John Jones; gw. **morcath**. **125**.47
bilwg, *GPC* 'Cyllell neu erfyn praff a thro yn ei flaen ar gyfer tocio neu dorri coed, &c.', 'bill-hook'. **45**.65
bilwg caead, bilwg ar gyfer trin gwrychoedd, cf. *bilwg cau* 'hedging bill, hedging hook', *WS* (1547) '*Bilwc kau*: A hedgynge byll'. Mewn rhestr o arfau y'i ceir yma, nid rhestr o offer i drin cloddiau. **50**.56
bilwg drysi: **llafn hir tebyg i gryman pen ffon**, erfyn i dorri drain, gw. **bilwg**. Roedd y *cryman pen ffon* yn gryman ac iddo goes hir a llafn byr i dorri drain, &c. **44**.17; **bilwg drysi 45**.71
bilwg llaw, *GPC* 'handbill (a light bill or pruning knife)' (1770). Fe'i ceir yma mewn rhestr o arfau, nid rhestr o offer i drin cloddiau. **50**.57
bilwg plwc. Gw. **bilwg** 'bil-hook'. Am yr elfen *plwc*, cf. o bosibl *OED pluck*, n.^{1} 'A bout, a tussle'. Ai math o filwg ar gyfer ymryson sydd yma (cf. **bilwg caead, bilwg llaw**)? Ymysg yr arfau a ganfuwyd ar fwrdd y *Mary Rose* a suddodd yn 1545, ceid 'a vicious weapon called a bill, a

spear with an axe blade on the side', gw. *https://maryrose.org/meet-the-soldiers*. **50**.55

biswail, tail, tom gwartheg, &c., cymysgedd o dail a throeth, Pen 308i, 9 *Bisweyl: kow dwng* (JJ, *c*.1621). **36**.32, **97**.18; **biswail** *u*. **bisweilyn 68**.74; *bach.* **bisweilyn**, darn o dail neu dom (gwartheg). **97**.19

bisweiliad, tail neu dom (gwartheg), neu ollyngiad biswail. **68**.77

bisweiliedig, ?wedi bisweilio. **68**.76

bisweilio, gollwng biswail, bwrw tom (am wartheg). **68**.75, **97**.20

bisweiliog, llawn biswail neu dail gwartheg. **68**.78

blaen newydd, lleuad newydd, cf. *GSG* 4 '*Blaen Newydd*. – Pan bo'r lleuad yn ieuangc, adnabyddir hi gan yr enw blaen newydd … A phan fyddo hi'n llawn, dywedir ei bod yn llawn llonaid.' **1**.49

blaen y gwayw, 'spearwort, *Ranunculus*' (*GPC*); hefyd Atod.1.114 *Lansiata: ysperwort: rhai a'i geilw yr Euad: eraill yr Ornerth: eraill Blaen y gwayw*; J 16, 141^v *Blaen y gwaiw. flammula* × *Trilliw* (HS, *c*.1600); *BNP* (1633) '*Blaen y gwayw*. Spearewort'; *TJ* (1688) 'Blaen y gwaŷw, y boethfflam: *the lesser Spearwort*'. **122**.22

blaen y nodwydd, blaen neu bigyn nodwydd. **61**.13

blaeniad, y weithred o odro'r llaeth cyntaf, blaenion llaeth. **17**.14

blaenio, godro'r blaenion, sef y llaeth cyntaf (*GPC* 20g., ar lafar). **17**.10

blaenion, y llaeth cyntaf a dynnir wrth odro, sef y teneuaf a'r salaf. **17**.11

blaenion cywarch, blaendyfiant cywarch ('hemp'). Cf. y ddihareb *Gwell carthion Mawrth no blaenion Mai*, sy'n cyfeirio, meddai Walter Davies, *GView SW* 533, at gred 'that March is the best season for sowing hemp … Better the hurds of March than the prime hemp of May.' Gw. hefyd **carth cywarch**. **27**.77

blaenion llin, blaendyfiant llin ('flax'); cf. **blaenion cywarch**. **27**.76

blaenswch, blaen metel gwain cleddyf, cyllell, &c., J 16, 141^v *Blaenswch. chape* (HS, *c*.1600). **50**.26

blaenyrchiad, blaendarddiad, blaguriad. **122**.10

blaenyrchu, blaendarddu, blaguro, Pen 308i, 10 *Blaenyrchu: tw Bwd* (JJ, *c*.1621); ni cheir mohono yn *GPC*. **122**.9

blaidd *ll*. **bleiddiau**, *WS* (1547) '*Blaidd*: A wolfe'. **82**.1; *b*. **bleiddies** *ll*. **bleiddiesau**, J 16, 142^r *Bleiddies. Lupa* (HS, *c*.1600). **82**.2; **bleiddiast 82**.3

blawd, fflŵr. **15**.38, **42**.62

blawd amyd, blawd siprys, blawd yn cynnwys cymysgedd o rawn, Pen 308i, 7 *Amyd … yd bara: sef gwenith, rhyc, a haidd* (JJ, *c*.1621). **42**.74

blawd ceirch, ceirch wedi eu malu'n fân, 'oatmeal'. Esbonnir yn *Housewife* (1615) 201, 'you shall ever have two sorts of oatmeals; that is, the full whole grit or kernel [**talch**, **rhynion**], and the small dust oatmeal [**blawd ceirch**]'. **15**.52, **42**.71

blawd ffa, blawd israddol wedi ei wneud o ffa. Fel **blawd pys**, fe'i hychwanegid at flawd gwenith, &c., pan âi hwnnw'n brin; ond yn *CIech* 163 cynghorir y rhai isel eu hysbryd i osgoi *barra o vryth yyd megis o bys a ffa a haiidd gwedi bobi yn arw ac yn drwsgwl* (1545). **15**.53, **42**.72

blawd gwenith, blawd gwyn. **15**.49, **42**.68

blawd haidd, blawd barlys. **15**.51, **42**.70

blawd pys, blawd israddol wedi ei wneud o bys wedi eu malu, a ychwanegid at flawd grawn pan âi hwnnw'n brin; cf. **blawd ffa**. **42**.73

blawd rhyg 'rye flour'. **15**.50, **42**.69

bleiddgi *ll*. **bleiddgwn**, ci a ddefnyddid yn wreiddiol i hela bleiddiaid, 'wolfhound'. **73**.58; *b*. **bleiddiast** (gw. hefyd **blaidd**) **73**.59

bleiddies dorrog, bleiddiast feichiog. **82**.4

blew, gwallt mân, 'hairs'. **7**.27

blew ci. Nodir yma'r gwahaniaeth rhwng cath a chi, sef bod ffwr meddal (**pân**) gan gath, ond *blew* gan gi. **103**.2

blew gafr, blew hir a garw gafr. **100**.1

blif, *GPC* 'Peiriant rhyfel gynt a weithid â throsol a rhaffau i hyrddio cerrig, picellau, &c., catapwlt, magnel'. **50**.46

blingedig, wedi ei flingo (am anifail). **20**.12

blingiad, y weithred o flingo anifail. **20**.11

blingio, blingo carcas anifail (gan gigydd). **20**.10; **blingo 65**.10

blith *ll*. **blithion**, buwch laethog, cf. *LlLlM* 90. **68**.6

blithder, y cyflwr o fod yn llawn llaeth (am fuwch). **68**.7

blitho, rhoi neu gynhyrchu llaeth (am fuwch). **68**.8

blithog, llaethog, yn cynhyrchu llaeth (am fuwch). **68**.9

blithol, llaethol, yn cynhyrchu llaeth (am fuwch). **68**.10

blobys: math ar beth llymrig byw, tebyg i rith ac y sydd o liw rhudd neu felyn, ac a arweinir gan y llanw i fyny ac i wared ac y sydd wenwynig i'w deimlo (gw. td. 206). Ni roddir yr ystyr 'jellyfish' i *blob(s)* yn yr *OED*, ond cf. *blobber*, n[1] 'A jellyfish or Medusa, also called sea-nettle' a cf. yn arbennig y dyfyniad cyntaf yno, 1602, o arolwg R. Carew o Gernyw, 'There swimmeth also in the Sea, a round slymie substance, called a Blobber, reputed noysome to the fish.' Dyma'r gair a roddodd *blobar* yn y Gym., a'r ffurf *blobar coch* 'lion's mane jellyfish' a gofnodwyd ar lafar gan bysgotwyr Caernarfon yn y ganrif hon; gw. *GPC*. Ar y terfyniad lluosog -*ys* o'r Saes., gw. tt. 38–9. 'Yn pigo', 'stinging' yw ystyr *gwenwynig* yma; ac am y cyfuniad *i wared* 'i waered, i lawr', gw. *GPC gwared*[2]. **125**.48

blociau: **ysglodion y gymynai**, blociau neu ddarnau pren a gynhyrchir gan fwyall fawr y coedwr (*cymynai*). **44**.10; **blocie 53**.11

blochda, hufen neu geuled, Pen 298, 202 *Blochta, Wyneb maidd* (JJ, 1618); Pen 169, 222 *Blochta: wyneb maidd* (RhM, *c*.1580). **17**.75

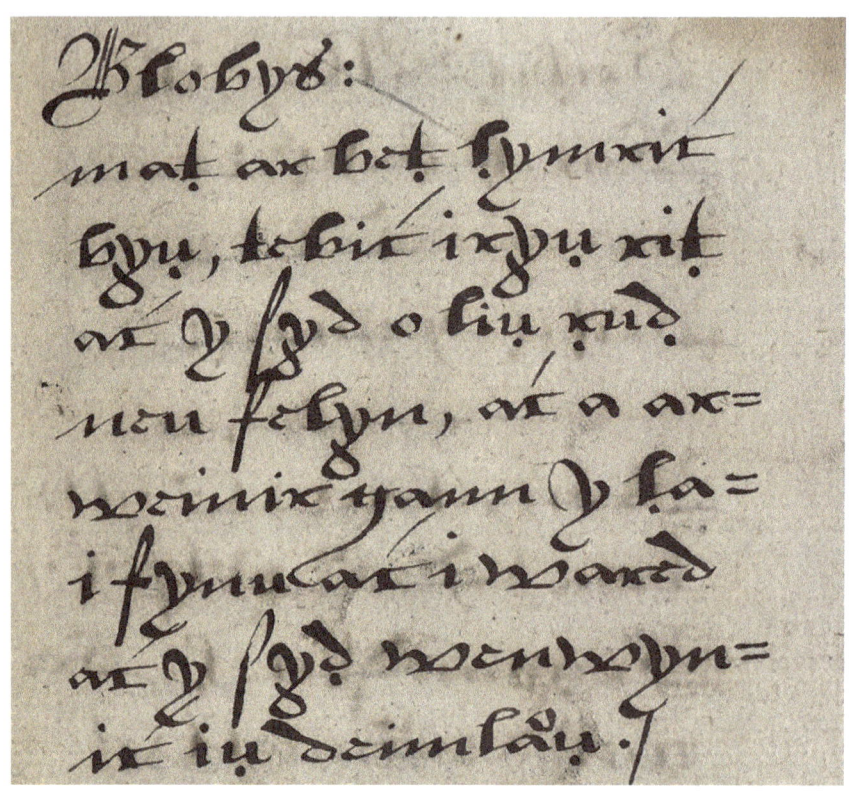

Peniarth 306, 111^r: **blobys**

blodau duddrain, blodau'r ddraenen ddu. **121**.150
blodau ysbeddyd, blodau'r ddraenen wen; gw. **ysbyddad**. **121**.137
blode sirion, blodau coed ceirios. **121**.238
blodeuyn *ll*. **blodau**, blodeuyn. **122**.7
blodiad, y weithred o droi grawn yn flawd (*GPC* 1793). **42**.65
blodio, malu grawn yn flawd, cynhyrchu blawd. **42**.63
blodiog, tebyg i flawd, yn cynnwys blawd. **42**.64
bloneg, braster corff, *WS* (1547) '*Blonec*: Grese'. **7**.131; **96**.54 (ceffyl); **101**.4 (hwch)
blonegog, â llawer o floneg neu fraster (am hwch). **101**.6

blonogen, haenen o floneg neu fraster corfforol; *GeirGeg* 72 '*blonegen* … y ddwy haenen o fraster sydd yn gorchuddio'r darn main (ystlys) ar fochyn tew. Byddid yn eu torri'n fân a'u toddi i gael lard … *layers of fat*'. Troes *blonegen* > *blonogen* drwy gymathiad *o..e* > *o..o*. (gw. td. 38). **7**.132; **96**.55 (ceffyl); **101**.5 (hwch)

blwch, bocs, cist, cynhwysydd. **28**.37; **blychan**, blwch neu focs bychan ar bwys y lle tân. **9**.32; **blychennyn 9**.33

blwch ysbwrn: ***tynder box*** ('tinder box'), bocs i ddal coed tân, *WS* (1547) '*Yspwrn*: Fyre wod, tynder'. **9**.25; **blwch ysbwrn 28**.14

blwydd *ll*. **blwyddau**, blwyddyn (o oedran). **3**.2

blwyddyn *ll*. **blynyddoedd**, **blynyddedd 3**.1; **blwyddyn** *ll*. **blynyddedd 120**.9; **y flwyddyn nesa 120**.65

boch 7.21; **96**.8 (ceffyl)

boch astell [= **ystyllen bridd**], yr ystyllen bridd sy'n troi'r tir wrth aredig. 1906 yw dyddiad yr enghraifft gynharaf o *boch astell* yn *GPC*, ond ceir *boch asgell* gan Rosier Morys yn Pen 169, 222 *boch ascell: ystyllen bridd* (*c*.1580). Efallai mai *astell* 'ystyllen', fel sydd gan John Jones, oedd yn y cyfuniad yn wreiddiol, yn gyfystyr ag *ystyllen bridd*. Cydnabyddir y ddwy ffurf yn *AradrGym* 11. **30**.61

bochgyn, ffurf anhysbys, yn ymwneud â'r cyswllt rhwng yr anifail tynnu a'r aradr; fe'i lleolir yn y rhestr rhwng **torch** a **tid**, **syg**. **30**.73

bòd glas [= **bugail Pedr**], math o foda llwydlas. Diweddar yw'r dystiolaeth yn *GPC* dros *boda llwyd* 'buzzard, *Buteo buteo*' (1869) a *bòd llwydlas* 'hen harrier, *Circus cyaneus*'. **124**.9

bòd penwyn, cf. O. Williams ac I. Jones, *Y Geirlyfr Cymraeg*, cyf. I (Llanfair-Caereinion, 1835), 'PENWYN … y bod penwyn, the bald buzzard'. **124**.10

bòd tinwyn, *WS* (1547) '*Bod tinwyn*'; Pen 228i, 89ᵛ *Buteo … Rhywogaeth walch teircailh, Bot y gwerni, bot tinwyn* (TW, 1604–7); *TJ* (1688) 'Bod tinwyn. *A bald buzzard*'. **124**.11

bòd y gwerni, *WS* (1547) '*Bod y gwerni*', ac ychwanegiad John Dee (*c*.1550) 'a moore kite'; Pen 228i, 89ᵛ *Buteo … Rhywogaeth walch teircailh, Bot y gwerni* (TW, 1604–7); *TJ* (1688) 'Bod y gwerni. *A buzzard*'. **124**.12

bodio maneg, llunio bawd maneg. Ni roddir yr ystyr hon i *bodio* yn *GPC*. **64**.13

bodleau, bodiau menig (< *bawd* + *lleau*, ffurf luosog *lle*), *WS* (1547) '*Bodle*', ac ychwanegiad John Dee (*c*.1550) 'a case for a thumbe'. **64**.17

bogel, botwm bol. **7**.63

boly, **bola**, bol. **7**.60

bollt, saeth fer a phraff ac iddi ben sgwâr i'w saethu â bwa croes. **57**.22

bollt clo: *the boult of the lock* ('the bolt of the lock'). **52**.45

bondid [= **bonsyg**], prif gadwyn yr aradr, T. Gwynn Jones, 'Creffteiriau Amaethwyr Dinbych', *B* 1 (1921–3), 38, '*bondid:* y dres a gysyllta wedd wrth yr aradr'. **30**.80

bondo, bargod to. **8**.128

bôn-gawiad, clymiad plu wrth fôn saeth: *bôn* (gwaelod saeth) + *cawiad*, enw o'r ferf *cawio* 'rhwymo, clymu', cf. D. Gwenallt Jones (gol.), *Yr Areithiau Pros* (Caerdydd, 1934), 5 *[b]wa ... ac esgyll hirveinion, a bonkawiad ssidanwyrdd*. Yn *GPC* cymerir bod yr enghraifft olaf hon, *bonkawiad*, yn wall am *bancawiad* 'Rhwymyn, cwlwm (yn enw[edig] am y plu ar saeth)', ond awgryma tystiolaeth John Jones fod y ddwy ffurf, *bôn-gawiad* a *bancawiad*, yn ddilys. **57**.28

bôn-gawiad saeth, clymiad plu wrth fôn saeth. **57**.8

bonheddig [*ll.*] **boneddigion**: [Llad.] *nobiles*, pobl fonheddig. **51**.55

bonsang, sail, sylfaen, neu wreiddyn (*GPC*). Cyfeirir o bosibl at waelod neu sail tas wair, 'straddle'. **35**.29

bonsyg [= **bondid**], prif gadwyn yr aradr sef yr un sy'n cysylltu'r aradr wrth y tinbren; daw'r enghraifft gynharaf yn *GPC* o *TR* (1753) (gw. **syg**). **30**.80

borau *ll.* **boreau, boreuoedd**, bore. **4**.54; **borau: o 3 ar y gloch yn ôl hanner nos oni fo 9 ar y gloch yw y borau**, rhwng tri a naw o'r gloch yn y bore. **120**.44

boreles: [Llad.] *consolida*. Gair Hen Gernyweg, nid Cym., yw *boreles*, a ddaw yn y pen draw o'r *Vocabularium Cornicum*: #639 *consolda* gl. *boreles* (*OCV* 276 'daisy', lle esbonnir, 'The Latin word *consolda* "comfrey" was extended to include the daisy'). Ymddengys yn gyfuniad o *bore* + *les* 'llysieuyn y bore'. Gw. y Rhagymadrodd, §3.6. **122**.23

boreuaidd, boreol. **4**.57

boreufwyd, brecwast, *WS* (1547) '*Boreufwyt*: Brekefaste'. **4**.59

boreuo, gwawrio, dyddio (*GPC* 1762). **4**.61

boreuol, boreol, yn perthyn i'r bore. **4**.55; *ll.* **boreuolion 4**.56

boreuwaith, yn y bore (*gwaith* 'amser, adeg'), *D* (1632) '*Boregwaith*, Tempus matutinum'. **4**.60

boreuwr, borëwr, un sy'n codi'n gynnar. **4**.58

y bots, *GPC* 'Cynrhon parasitig sy'n byw yn organau treuliadol ceffylau, ... clefyd a achosir gan gynrhon o'r fath'. **104**.5

botwm rhedeg. Ni cheir y cyfuniad yn *GPC*, ond am ystyr *rhedeg* yma, cf. *GPC cwlwm rhedeg* 'a running knot, slip-knot'. Term yn ymwneud â ffrwyn ceffyl sydd yma: cf. J. Hunter, *A Complete Dictionary of*

Farriery & Horsemanship (Dublin, 1796), '*Button*, of the bridle reins, is a ring of leather with the reins passed through it, which runs the whole length of the reins. To put a horse under the button, is when a horse is stopped without a rider upon its back, the reins being laid on his neck, and the buttons lowered so fast down that the reins bring in the horses head, and fix it in the true position.' 37.44

both *ll*. **bothau**, bogail neu ganol olwyn (trol), Pen 308ii, 7 *Both: a nadd* (JJ, *c*.1621) (*OED nathe* 'The nave of a wheel'). **33**.3

both cant, bogail neu ganol olwyn troell nyddu. **27**.8

bothell [= **pwngen**], pothell, 'blister'; gw. **pothell** (sy'n ffurf ddiweddarach drwy gymryd bod *bothell* yn ffurf dreigledig). **46**.111

bothog, a chanddi foth neu fogail yn y canol (am olwyn trol). **33**.4

bowlio, chwarae bowls. **49**.27

boidy, beudy, adeilad i gadw gwartheg, *WS* (1547) '*Beuduy*: Cowe house'; Pen 138, 501 *beudy yw ty gwarthec* (TLl, *c*.1561×1565). Cysylltir y ffurf *boidy* â'r de heddiw, a sylwer mai *boidy* hefyd yw'r ffurf gan John Jones dan **taflod**. Gw. Eurwyn Wiliam, *Hen Adeiladau Fferm* (Llanrwst, 1992), 26, 'Y *beudy* oedd y prif adeilad lle cedwid y gwartheg: gydag amrywiadau megis *boidi* neu *bidi*.' **36**.1

brac, teclyn danheddog i ddarnio a chribo llin a chywarch, Pen 169, 222 *Brack: cassec i gyweirio llin* (RhM, *c*.1580). Yn ôl Hugh Evans, *Cwm Eithin* 89, câi llin ei gardio fel gwlân, 'Trinid y llin yn bur debyg i'r gwlân, ond bod y driniaeth yn fwy garw. Yn lle'r cribau dannedd mân mân, defnyddid darn o fwrdd derw, a gosodid nifer o ddannedd hirion tua naw modfedd o hyd. Gelwid hwynt dannedd yr ellyll. Gafaelid mewn tusw o lin a thynnid ef ôl a blaen trwy'r dannedd hyd nes y deuai yn garth parod i'w nyddu.' **27**.74, **28**.135; **brac llin** [= **breuan**] **27**.107

bradgyfarfod, twymyn sydyn byr ei barhad, twymyn diwrnod, 'ephemeral fever', gw. *GPC* a cf. Pen 228i, 207^v *diaria febris, Cryt dros vn diwrnawt, Brat gyuaruot* (TW, 1604–7); *MWMT* 310 'Literally meaning "a meeting of betrayal, a conspiracy", it would seem to indicate a fever of sudden onset or short duration.' **46**.62

brag, *GPC* 'Grawn wedi ei baratoi ar gyfer bragu, distyllu, &c.', 'malt'. **16**.11

bragod *ll*. **bragodydd**, *GPC bragod* 'diod frag a wneid gynt drwy eplesu cwrw a mêl ynghyd, neu'n ddiweddarach drwy eplesu siwgr, sbeisys, a chwrw ynghyd', 'bragget'. **13**.48

bragodi, gwneud bragod. **13**.49

braich **7**.44

braich car [= **ceibren car** *ll.* **ceibr ceir**], llorp trol, *GPC braich* 'handlen, siafft (i harneisio ceffyl wrth gerbyd)'. **32**.2

braith, brith, amryliw (am gath). **115**.6

brân *ll.* **brain**, Pen 309i, 192 *Bran: Corvus* (JJ, 1623–4). **124**.13

brân Cernyw: *a Cornish tsoch* ('a Cornish chough'), brân goesgoch, *Pyrrhocorax pyrrhocorax*; cofnodwyd y cyfeiriad cynharaf ati yn *GPC* o ffynonellau llafar yn y gogledd yn 1907. Gw. *OED chough* 'Red-legged Crow ... which frequents the sea-cliffs in many parts of Britain, being particularly abundant in Cornwall; whence distinguished as the *Cornish chough*', a'r enghraifft gynharaf yno o *Withals* (1553). O'r 1600au nodir y ffurfiau *chugh, choff, choofe* a *chaugh* o'r 1600au yn yr *OED*, ac awgryma sillafiad ffonetaidd John Jones yma, *tsoch*, mai fel 'ch' ac nid 'ff' (fel heddiw) yr ynganai'r llythyren olaf. Gw. y Rhagymadrodd, §6.3. **124**.14

brân dyddyn, 'carrion crow'. **124**.15

brân yr ŷd: *a rooke* ('a rook'). Ni cheir *brân yr yd* yn *GPC* ond cf. yno *ydfran* 'rook'. **124**.16

branar, braenar, tir wedi ei aredig, cf. Pen 298, 287 *Hafar: Braenar: brynar haf* (JJ, 1618). **30**.105

branaredig, braenaredig, wedi ei aredig (am dir). **30**.107

branariad, braenariad neu arddiad tir. **30**.108

branarog, braenarog, wedi ei aredig. **30**.109

branarol, braenarol, wedi ei aredig. **30**.110

branaru, braenaru, aredig tir, troi'r pridd. **30**.106

bras, llond ei groen, porthiannus. **7**.141

bras wnied *ed.* **gleisiad**, bras wyniaid (neu o bosibl *wyniad*, er mai *-ed* '-iaid' sy'n arferol yn y Geirfâu); gw. *GPC gwyniad*[3] 'Pysgodyn dŵr croyw bychan (o 10 modfedd i droedfedd yn ei lawn dwf ac yn pwyso tua phwys), *Coregonus clupeoides pennantii* o dylwyth y *Salmonidae*, a gafodd ei enw am ei fod yn loyw ariannaid ei dor.' Mae'n amlwg fod John Jones yn ystyried y gwyniad mawr yn leisiad o ryw fath. Gw. hefyd **gwnied Llyn Tegid**. **125**.49

bras yr ŷd: *a bunting*, math o aderyn, *GPC* '(common or corn) bunting, *Emberiza (calandra)*' (1722); hefyd Pen 296, 115ᵛ *Bras yr yd: Bwntings* (JJ, 1606). Ar y ffurf Saes., gw. *OED bunting*, n.[1] 'The English name of a group of insessorial birds, the Emberizinæ, a sub-family of Fringillidæ allied to the larks'. **124**.17

braster, braster corfforol. **7**.133; braster cig. **14**.54

brath draenog, brathiad draenog, sef haint ym mhwrs buwch. Gw. *Cyf Profedig* 74–5 lle ceir *Brathiad draenog* yn enw arall am 'Gafod yn y

Pwrs' a 'Llaeth Coch', mastitis. Arwydd cynnar o'r haint mewn buwch yw cwymp yng nghyflenwad ei llaeth, a rhoddid y bai yn aml ar ddraenogod am sugno ei thethau wrth iddi orwedd i gysgu: cf. Twm Elias, 'Llên Gwerin a Byd Natur', *Llafar Gwlad*, 143 (2019), 14. Menyn hallt oedd yr ateb yn ôl Lewis Morris, *LWLM* 44: 'The Hedge Hog sucks cows when they Lie, and often bites their Teats. The Cure is to anoint them with salt butter' (1763). **105**.13

brath y fowdwst, ffurf amrywiol ar *brath dyfowdwst*; *GPC dyfowdwst*, &c., 'Math o glefyd ar fuwch (weithiau ar geffyl) a bair i'r bol chwyddo'n fawr wrth gael porfa ry fras o feillion, &c.' Gw. sylwadau Robin Gwyndaf ac Andrew Hawke ar y clwyf hwn a'r amrywiaeth o enwau arno: 'Dyfrydws', *Bwletin Llên Natur*, 133 (Mawrth 2019), 6. Gw. hefyd **llyffant**, **llyffanwes** ac **y pothell ar eidion**. **105**.12

brawd: [Llad.] *frater* **6**.98, **6**.105; **brawd** *ll.* **brodyr 117**.192; **brawd 117**.199

brawd bedydd, cf. *OED godbrother* 'A male person who has the same godparent as another; (also) a male person whose godparent is another's parent or whose parent is another's godparent', yn hytrach nag *GPC* '?one baptized into the same faith'. **117**.175

brawd yn y gyfraith, brawd yng nghyfraith. **117**.172

brawdmaeth, brawd maeth. **117**.174

breci, *GeirGeg* 85 '*breci* ... y trwyth a geid ar ôl ychwanegu dŵr at y brag wrth wneud cwrw cartref a chyn ei eplesu ... *wort*'. **16**.17

breci du, trwyth brag tywyll; cf. **breci**. **16**.18

y frech fawr, *GPC* 'French pox, syphilis'; *WS* (1547) '*Y vrech vawr*: Frenche pockes'. Fe'i gelwid hefyd yn 'great pock / pox' yn Saes. (*OED great pox*), a chyfieithiad o'r enw hwnnw yw'r *frech fawr*. Roedd cornwydydd ('pocks') yr afiechyd hwn yn fawr o'u cymharu â chornwydydd y frech wen '*small*pox'. Ar hanes yr afiechyd, gw. A. M. Sefton, 'The Great Pox that was ... Syphilis' (2008), https://doi.org/10.1046/j.1365-2672.2001.01494.x. **46**.30

y frech goch, *WS* (1547) '*Y vrech goch*: Mesyll'; Pen 228i, 144ʳ *Brêch gôch. small pocke or purples* (TW, 1604–7). Gallai gyfeirio at unrhyw afiechyd a achosai frech goch ar y croen; cf. *OED purple* ar *purples*, 'Any of various diseases characterized by a dark red or purplish rash'. **46**.28

y frech las, *WS* (1547) '*Y vrech las ne vrech y moch*: Swyne pockes'; Pen 228i, 144ʳ *Brêch lâs. swine pocke* (TW, 1604–7). Anodd bod yn sicr am ei union ystyr, cf. *OED swinepox* 'Originally: any of several diseases affecting humans, *esp.* scrofula. In later use: *spec[ifically]* the disease chickenpox (varicella).' Gw. hefyd **clwy y moch**. **46**.29

y frech wen, *WS* (1547) '*Y vrech wenn*: The pockes', sef 'smallpox'. **46**.27

brech yr Iddewon, y gwahanglwyf, Pen 228ii, 159ᵛ *Lepra ... Brech yr Iudheon, y Gwahanglwyf*. **46**.31

brechlwyd, llwyd a brychau arno (am gath). **115**.5

bref carw, rhu carw. **75**.5

bref eidion, rhu eidion, cri bustach. **68**.82

bref hydd, brefiad hydd, Pen 308i, 9 *Bref hydd: dde rytting off a dir: ang'* (JJ, *c.*1621); cf. *GPC hyddfref*, *hydref* 'yr adeg o'r flwyddyn pan fo'r hydd yn deisyf ei gymar', 'rutting season'. **74**.7

breferod, breferad, brefiad, *GPC breferod*¹. **74**.8 (hydd); **75**.6 (carw)

brefiad, rhuad (gwartheg). **68**.88

brefol, yn brefu, yn rhuo (*GPC* 1852). **68**.88

brefu, rhuo (gwartheg), Pen 308i, 10 *Brevu: Tw low* (JJ, *c.*1621). **68**.87

brehyr, pendefig, uchelwr. **51**.46

breilu: [Llad.] *rosa*. Gair Hen Gernyweg, nid Cym., yw hwn a ddaw yn y pen draw o'r *Vocabularium Cornicum*: #663 *rosa* gl. *breilu* (*OCV* 287 'primrose'); mae'n gytras â'r Gym. *briallu*, gw. *GPC breilw*, a'r Rhagymadrodd, §3.6. **122**.25

brenhin gw. **brenin**

brenhines *ll.* **brenhinesau 51**.3; *bach.* **breninesan**, brenhines o dan oed. **51**.10

brenhiniaeth, teyrnasiad, teyrnas. **51**.4

brenhinog, brenhinol, a chanddo frenin (am wlad). **51**.8

brenhinol, yn perthyn i frenin, fel brenin. **51**.7

brenin *ll.* **brenhinoedd**, **brenhinedd**, a'r sillafiad *brenhin* yn y llawysgrif yn gyffredin mewn hen destunau. **51**.2; **brenhinyn**, brenin ifanc o dan oed. **51**.9

breniniaethiad, teyrnasiad. **51**.6

breniniaethu, teyrnasu. **51**.5

2 brest, dwy frest mollt, yng nghyswllt y cigydd. **23**.4

brest clawdd, ochr clawdd. **43**.8

bresych, *WS* (1547) '*Bresych*: Coleworte'; *LlS* (1574) 78 *Bresych ... Brassica satiua yn Llatin, Cole yn Saesonaec, Bresych ne Cawl yn Camberaec* (*OED colewort* 'Originally, a general name for any plant of the cabbage kind, genus *Brassica* (of which the varieties were formerly less distinct than now))'. **122**.26

breuan, *GPC* 'Melin law, ... maen melin law'; *WS* (1547) '*Breuan*: A querne'; J 16, 144ʳ *Breuan. querne or hand mill. mola* (HS, *c*.1600); Pen 188, 203 *Breuan, melin vuystard a phupur* (TW, *c*.1590–1620). **42**.7

breuan [= **brac llin**], teclyn danheddog i gribo llin neu gywarch, heislan, *TR* (1753) '*Breuan* ... is used now in some places to signify a brake for hemp or flax' (dyma'r enghraifft gynharaf yn yr ystyr hon yn *GPC*). **27**.107

breuan bupur, melin bupur. **42**.11

breuan dinfoel, *GPC* 'lesser hand-mill, round-bottomed quern'; ni cheir tystiolaeth iddo cyn dechrau'r 17g. Yn ei eiriadur, *D* (1632), dan '*Breuan, melin law*', ceir gan John Davies, Mallwyd, y ddihareb 'Ni wastatta mwy nâ breuan dinfoel' a all olygu 'nid yw'n gwastatáu/llyfnu mwy na melin y mae ei gwaelod yn foel/llyfn' (hynny yw, nid yw'r felin yn effeithiol os yw arwyneb y garreg y melir yn ei herbyn yn llyfn). Mae'n debygol mai melin lefn ac aneffeithiol yn syml oedd ystyr *melin dinfoel*, felly, ac i'r geiriadurwyr cynnar ei ddehongli fel cyfeiriad at fath arbennig o felin, sef 'melin law' yn ôl John Davies. **42**.9

breuan fwstard, melin law neu forter ar gyfer malu hadau mwstard. **14**.121, **28**.181, **42**.10

breuan law, melin law. **42**.8, 52

breuanfwth, breuandy, adeilad i wneud gwaith malu (*breuan* + *bwth*). Daw o'r Cyfreithiau, cf. *LlI* §141.8 *breuanuuth* (td. 145 'quern-housing'), ac nid oes tystiolaeth yn *GPC* ei fod yn arferedig erbyn oes John Jones. **42**.12

breuanllif, maen hogi neu lifo, *WS* (1547) '*Llifo, hogi ar vaen breu anllif* [*sic*]: Grynde'; hefyd *GeirfaWLl* 10ᵛ *Brianllif: maen llifo* (WLl, 1567× 1574). Fe'i rhestrir ymhlith offer y gof yn *LlI* §141.4 (td. 148 'groover, router'), ac mae tystiolaeth *GPC* drosto yn awgrymu nad oedd yn air byw erbyn cyfnod John Jones. **45**.72, **52**.31

breuant, tracea, laryncs, pibell wynt, J 16, 144ʳ *Breuant. throate, wind pipe, larinx* (HS, *c*.1600). **7**.110; **96**.45 (ceffyl)

briallu gw. **byriallu**

brigawn, llurig, sef 'Arfogaeth am y corff wedi ei llunio o fodrwyau haearn neu o blatiau a wnïwyd rhwng dau drwch o gynfas neu o ledr' (*GPC*); hefyd Pen 309i, 202 *Brigawns: Gwisc blat ... gwisc ymladd* (JJ, 1623–4); cf. *WS* (1547) '*Brigawns*: Brigandins'. **50**.53

brigddwrn, ?y weithred o ddyrnu brig neu flaen ŷd. Ni cheir mohono yn *GPC*, ond cf. **brigddyrnu**. **35**.28

brigddyrnu, *GPC* 'Dyrnu'r pen blaen, dyrnu'n fras' (1793). **35**.27

brith, amryliw, brychlyd. **109**.42 (am fwng, rhawn a thalgudyn ceffyl); **111**.6 (am ddafad); **112**.5 (am afr); **113**.5 (am fochyn); **114**.14 (am gi); **130**.51 (y lliw)

brithgig, cig sy'n cynnwys cymysgedd o gig coch a braster. Cf. *GeirGeg* 72 '*cig brith* ... cig yn cynnwys haenau o gig gwyn a chig coch, y cig a geid ar ddarn canol ochr mochyn fel rheol ... *streaky bacon*'. **14**.57

brithill: [Llad.] *mugil*. Er ei fod yn ymddangos fel pe bai'n air Cym. (gw. **brithyll**), addasiad yw'r ffurf yma o air Hen Gernyweg, ac fel y prawf y diffiniad *mugil*, daw yn y pen draw o'r *Vocabularium Cornicum*: #544 *mugilus ⫞ mugil* gl. *breithill* (*OCV* 234–5 'mackerel'). Mae'n amlwg fod y ffurf Hen Gernyweg *breithill* wedi ei chamgysylltu gan Gymro (?Rhosier Morys) â'r gair Cym. *brithyll*. Gall *mugil* fod yn enw Llad. neu Saes., ond yr ystyr arferol yw 'mullet', gw. *MED mūgil* 'A mullet' ac *OED mugil* '*Originally*: a grey mullet'. **125**.51

brithog. Gair yn ymwneud â'r broses o wneud caws, wedi ei leoli yma rhwng **pelen geulaid** a **caws gwyn**; cf. *LlLlM* 91 '*britho*: i ddisgrifio llaeth yn dechrau troi'n ymenyn wrth ei gorddi'; *GPC britho* 'Dechrau ceulo neu gawsio, torri (am laeth wrth gorddi)'. Er mai diweddar (20g.) yw'r dystiolaeth dros yr ystyr hon yn *GPC*, llai tebygol yma yw'r ystyr yn *LWLM* 136 '*brithog*: a kind of butter mix[d] with y[e] whites of eggs cut small' (1739–66). **17**.65

brithyll *ll*. **brithyllod** ne **brithyllied**: *a trowt* ('a trout'), *WS* (1547) '*Brithyll*: A troute'. Gw. hefyd **brithill**. **125**.50

brithyll brych, *GPC* 'spotted trout' (1757). **125**.52

brithyll gwmon, brithyll gwymon. Ni ddaethpwyd o hyd i'r enw hwn, ond efallai mai'r brithyll brown cyffredin sydd dan sylw. **125**.53

briw *ll*. **briwiau**, clwyf, anaf. **46**.18

briwedig, wedi ei glwyfo. **46**.20

briwiol, ?yn achosi clwyf. **46**.21

briwo, clwyfo, anafu, cael dolur. **46**.19

briwo dail [= **hacio dail**], torri dail yn fân, *WS* (1547) '*Briwo llysseu potaes*: Choppe, shredde'. Cf. **dail crochon**. **14**.105

broch, pry llwyd, mochyn daear. Er bod hwn yn air Cym. dilys, mae'r cofnod cynharach yn Pen 308i, 283 *Broch: Taxo* (JJ, *c*.1621) yn awgrymu y gall mai o restr o eiriau Hen Gernyweg, nid Cym., y cododd John Jones hwn, a'i fod yn dod yn y pen draw o'r *Vocabularium Cornicum*: #564 *taxo ⫞ melus* gl. *broch* (*OCV* 245 'badger'); gw. y Rhagymadrodd, §3.6. **91**.5

bron, mynwes. **7**.58

brôn, cnawd neu gig anifail fel bwyd (nid yn unig gig y pen, sef ei ystyr yn arferol heddiw). **14**.88

bron alarch: *cutlebone* ('cuttlebone') *ed*. **Scytfol**, *WS* (1547) '*Bron alarc[h]*: Scuttel bone'. Cyfranna'r *bron alarch* at hynofedd yr ystifflog ('cuttlefish'); gw. **sgytffol-gwd**. **125**.54

bronbwyth mynci, *GPC bronbwyth* 'Strap sy'n clymu'r **mynci** ar frest ceffyl'; gw. ymhellach *BydAm* 3.181 am rannau'r mynci. **31**.13

bronddor, arfogaeth amddiffynnol yn gorchuddio'r fynwes. **50**.33

bronfraith: *a thrastyl* ('a thrastle'), *WS* (1547) '*Bronfraith*: Threstyll'. Ar y ffurf Saes., gw. *OED throstle* 'thrush'. **124**.18

brongengl, *GPC* 'Cengl neu strap am ganol ceffyl i sicrhau'r cyfrwy', neu, gan fod *cengl* yn cael ei restru ar wahân hefyd (**37**.69), efallai mai cyfeirio a wna'n benodol at *breastplate*, sef strap o amgylch y frest a than y gwddf i gadw'r cyfrwy rhag llithro'n ôl, yn enwedig ar geffyl ac iddo siâp ychydig yn lletchwith. **37**.67

bronwen *ll*. **bronwennod**, gwenci, *WS* (1547) '*Gwenku ne vronwen*: A wesell'. **88**.1

y fronwen, ffenigl y cŵn, amrywiad ar *amranwen* (gw. *GPC*). **122**.194

browes, brywes, *GPC* 'Briwion bara ceirch (weithiau gyda darnau o fara) wedi eu mwydo mewn isgell neu ddŵr poeth, &c., gydag ychydig o saim (e.e. toddion, menyn, &c.)'. **14**.85

browesa, brywesa, cardota brywes neu gawl (cf. **cawsa**), ?gwneud brywes neu gawl. Ni cheir mohono yn *GPC*. **14**.86

browesog, brywesog, fel brywes neu gawl. **14**.87

brwd, poeth, yma'n dilyn **cynnes** a **twym** ac yn rhagflaenu **poeth**. **119**.19

brwdhau, brytáu, poethi. **119**.20

brwis, brwsh, brwsh gwallt (a'r *is* yma'n cyfleu sain 'sh'), *WS* (1547) '*Brwis*: A brushe'. **66**.31; **brwish 28**.34

brwis sythu, brwsh sythu y gwehydd, *GPC* 'brush used to size warp in a loom'. **59**.66

brwmstan, llosgfaen, gynt yn enw am sylffer, J 16, 146[v] *Brwmstan. yBrymestone. Sulphur* (HS, *c*.1600). Fel deunydd i gynnau tân y cyfeirir ato yma. **9**.29

brwydau, *GPC brwyd*[1] 'Harnais gwŷdd sy'n symud edafedd yr ystof neu'r ddylif'; esbonia Jenkins, *WWInd* 71, 'the warp passes through a series of vertical wires (or on older examples, vertical strings) "heddles" (*brwydau*) and each heald has an eye for the admission of a single thread of warp'. **59**.32

brwyniedyn *ll*. **brwnied**: *smelts*, math o frithyll bychan, *WS* (1547) '*Brwyniad, pysc*: A smelte'. Am yr enw Cym., esbonia Lewis Morris (*c*.1745) yn LlGC 24052E, 298: *Sparlings ... a Smelt, in welsh called Brwyniad. found in Conway & Dee Rivers. It smells of Rushes ... Our old welsh Legends say that Sanffred an Irish nun, turned Rushes into this kind of Fish, from whence they were called Brwyniad.* **125**.55

bryan, bryanllif gw. **breuan, breuanllif**

brych, brycheulyd neu frith. **113**.6 (am fochyn); **114**.11 (am gi); **130**.19 (y lliw)

brych [= **brychdwyn**], *LlLlM* 91 '*brych*: yr hyn a fwrir allan o groth buwch ar ôl iddi ddod â llo, *afterbirth*'; Pen 228ii, 190ʳ *membrana ... y croynyn syn amgylchu gwisg yr etiuedh yn y groth*; *brych Aniual* (TW, 1604–7). **68**.37 (buwch); **brych 96**.74 (ceffyl)

brych dafad, placenta dafad; gw. **brych**. **69**.48

brych y cae, llwyd y gwrych, *WS* (1547) '*Brych y kay*: A hedge sparowe'. Gw. hefyd **cae** 'gwrych'. **124**.20

brychdwyn [= **brych**]. Ni cheir *brychdwyn* na *brychddwyn* yn *GPC*, ond gan ei fod yn dilyn *bwrw llo*, ac yn gyfystyr â *brych*, mae'n rhaid mai cyfeirio a wna at yr hyn a waredir ar ôl geni. Gw. hefyd **brych**. **68**.37

brychddu, du a brychau arno (am gi). **114**.12

brychgoch, coch a brychau arno. **130**.48

brychlas, glas a brychau arno. **130**.50

brychwyn, gwyn a brychau arno. **114**.13 (am gi); **130**.47 (y lliw)

brydaniaeth, gwres (uchel), *WS* (1547) '*Brydanieth*: Heate'. **119**.21

brysged, brest anifail (yng nghyswllt y cigydd), gw. *OED brisket*. **21**.22 (eidion); **y ddwy frysged 21**.5 (eidion); **2 brysged 26**.6 (llo); **22**.15 (mochyn)

brytach, poethach (os yw'n ffurf gymharol ar **brwd** *GPC -ach*¹), neu os sylwedd sy'n berwi (*GPC -ach*²), a allai olygu 'broth'? **119**.23

buarth, lle wedi ei amgáu i odro neu gadw gwartheg, ffald. **36**.34, **68**.70

buarthaid, *GPC* 'llond buarth, corlannaid' (1767). **68**.72

buarthog, wedi eu corlannu mewn buarth neu ffald (am wartheg). **68**.73

buarthu, corlannu gwartheg mewn buarth, ffaldio. **68**.71

buches, buarth godro, ffald; cf. Pen 169, 221 *Buches: buarth* (RhM, *c*.1580); J 16, 139ʳ *Buches × Buarth godro* (HS, *c*.1600). **17**.6, **68**.81

buchesa, corlannu (gwartheg) mewn buarth neu ffald (*GPC* 1677). **17**.7; **buchesu 17**.9

buchesog, ?wedi eu corlannu mewn buarth neu ffald (am wartheg). **17**.8

budde, buddai, llestr i gorddi llaeth neu hufen yn fenyn, *WS* (1547) '*Buddeu*: A cherne'. Roedd sawl math (e.e. buddai dro, buddai siglo, buddai gnoc), ond mae'n debygol mai'r fuddai gnoc sydd dan sylw yma, fel yr awgrymir gan **gordd gorddi** sy'n ei ddilyn; cf. *Cwm Eithin* 131

'Nid oedd y fuddai gnoc ond tebyg i ddoli twb, ond yn ddyfnach ac yn culhau at y top, lle yr oedd caead a thwll. Yna gordd, ei phen o gylch ac edyn, a choes hir yn dyfod trwy'r twll yn y caead, a thynnid hwnnw i fyny ac i lawr.' **17**.38; **buddai 28**.126

buddel, postyn neu biler y rhwymir buwch wrtho mewn beudy (< *bu* 'buwch' + *delw* 'post'), *TJ* (1688) 'Buddel. *The post that cows or oxen are tied to*'. **36**.8

buelin, corn yfed (yn arbennig mewn cyswllt llenyddol). **13**.26, **28**.50

bugail *ll*. **bugeilied, bugeiliaid, bugelydd**, bugail defaid. **69**.1

bugail defaid a geifr 69.9

bugail geifr 70 (pennawd), 18

bugail Pedr [= **bòd glas**], ?boda llwydlas. Ni cheir mohono yn *GPC* ond mae'n bosibl mai at yr aderyn ysglyfaethus hwn y cyfeiria Iolo Goch mewn cerdd yn dychanu Madog ap Hywel: *GIG* 38.13–14 *Colwyd bugail Pedr, colerau wystn gledr, / Celwydd fedr, cwffl lledr, llwdr mewn ysgraff* (ond gwahanol yw'r dehongliad yn Dafydd Johnston (gol.), *Iolo Goch Poems* (Llandysul, 1993), 188). **124**.9

bugeila, gwylio a gwarchod defaid. **69**.2

bugeilgi, ci bugail, term o'r Cyfreithiau, o bosibl, *LlI* §133.14. **73**.46

bùl, plisgyn allanol hadau llin. **27**.62

bulwg, ller, efrau, chwyn sy'n tyfu mewn caeau ŷd (*GPC*). **31**.178, **122**.27

bun *ll*. **bunoedd**, merch, gwraig. **6**.39; **bun 117**.130

bunol, yn perthyn i, neu'n debyg i ferch neu wraig. **6**.41, **117**.133

bunyw [= **banw, banyw**], benyw. **6**.40, **117**.131

burmedig, wedi ei eplesu (am gwrw, &c.). **16**.22

burmiad, eplesiad (cwrw, &c.) wrth fragu. **16**.23

burmo, eplesu, ewynnu wrth fragu; gw. **burym**. **16**.21

burwy, hual neu lyffethair am goes buwch i'w chlymu ar gyfer ei godro, *TJ* (1688) 'Burwŷ, glindorch buwch. *A thing to tie up the legs of cows to milk them*'. **72**.31

burym, *GPC* 'Lefain, eples … ewyn neu ysgum sy'n ymffurfio ar wyneb diod frag'; daw o'r Hen Saes., cf. *OED barm*, n.[2] 'The froth that forms on the top of fermenting malt liquors, which is used to leaven bread, and to cause fermentation in other liquors'. **16**.20

bustach *ll*. **bustych**, eidion, gwryw'r gwartheg wedi ei ysbaddu, *WS* (1547) '*Bustach*: A bullocke'. **68**.54

bustachlo, llo bustach, llo gwryw (ni cheir mohono yn *GPC*). **68**.59

bustl, beil, *WS* (1547) '*Bustyl*: The galle'. **7**.118; **96**.51 (ceffyl)

buwch *ll*. **buchod 68**.5

buwch afrywiog, **â llo bob dwy flynedd**, buwch a ddaw â llo bob dwy flynedd; buwch nad yw mewn cyflwr cystal â **buwch rywiog** sy'n dod â llo bob blwyddyn. **68**.18

buwch brofadwy, buwch sydd eisoes wedi geni llo; cf. *Lll* §156.21 *guarthec prouadwy*. **68**.16

buwch flith: *a melch cowe* ('a milch cow'), buwch laethog, J 16, 138^v *Buwch vlith. milk or milch cow* (HS, *c*.1600). **68**.15

y fuwch goch, buwch goch gota, 'ladybird', gynt 'ladycow'. **126**.29

buwch gyflo, buwch feichiog. **68**.32

buwch hesb, buwch sych, nad yw'n cynhyrchu llaeth. **68**.20

buwch ledhesb, buwch led sych, nad yw'n cynhyrchu cyflenwad llawn o laeth. **68**.21

buwch rywiog, **â llo bob blwyddyn**, buwch a ddaw â llo bob blwyddyn. Tebyg mai 'mewn cyflwr da, graenus, cryf, iach' (*GPC*) yw ystyr *rhywiog* yma. **68**.17

buwch tan derfenydd, buwch yn gofyn tarw. **68**.27

buwch wasod, buwch yn gofyn tarw, cf. Jones, 'Creffteiriau Amaethwyr Dinbych', 39, '*gwasod*: am fuchod yn eu gwres, *buwch wasod*, – Ceredigion, Sir Benfro'. **68**.25

bwa *ll.* **bwâu**, bwa i saethu saethau. **50**.1, **57**.29; **bwa 57**.46

bwa aerwy [= **dôl aerwy**], rhan fwaog coler neu dorch a roddir am wddw buwch, &c. **36**.11

bwa clo llyffant: *the bowe of y^e lock* ('the bow of the lock'), Pen 308ii, 20 *Bwa klo llyffant: sydd yn derbyn y vollt* (JJ, *c*.1621), hefyd isod **clo llyffant**. Y *bwa* yw'r bachyn a â drwy'r ddolen neu'r fodrwy, &c., yn yr hyn y dymunid ei gloi, cyn cloi yn soced yn y clo llyffant. **52**.46

bwa croes [*ll.*] **bwâu croes**, 'cross-bow'; cf. Pen 309i, 40 *Albrys: Bwa kroes, Balista* (JJ, 1623–4). **57**.40; **bwa croes 50**.7

bwa cyfrwy, *GPC* 'saddle-bow' (19–20g.), cf. *OED saddle bow* 'The arched front part of a saddle or a saddle-tree'. **37**.57

bwa hir, 'longbow'. **50**.5

bwa llwy', bwa saethu o bren llwyfen. **50**.4; **bwa llwyf 57**.31

bwa main, bwa hela a saethai gerrig bach. Ni cheir yr enw yn *GPC* ond gw. *OED stone-bow* 'A kind of cross-bow or catapult used for shooting stones.' Ceir disgrifiad llawn o'r *bwa main* yn R. Payne-Gallwey (1848–1916), *The Book of the Crossbow* (New York, 1996), 157: 'This was a sporting crossbow with a steel bow which was fitted with a double string. In the centre of the double string, a little pocket of interlaced twine – called the cradle – was fixed to hold the pebble the crossbow discharged' ... The original stonebow appeared about 1500 and soon became very popular for killing game birds.' **50**.8, **57**.50

bwa teler, bwa â chyff tebyg i gyff bwa croes; ni cheir yr enw yn *GPC* ond gw. *OED* †*tiller-bow* 'A bow fitted with a tiller', sef 'In a crossbow: The wooden beam which is grooved for reception of the arrow, or drilled for the bolt or quarrel; the stock' (1583); gw. *OED tiller*, n.². **50**.6, **57**.44

bwa yw, bwa o bren yw. **50**.3, **57**.30

bwcled, bwcler, tarian gron fechan a ddefnyddid gyda chleddyf yn enwedig i ymladd ac ymryson; cf. **chwarae cledde a bwcled**. **50**.29

bwch *ll*. **bychod**, bwch gafr, gafr wryw. **70**.4; **bwch**, cwningen wryw. **78**.2

bwch danas *ll*. **bychod danas**, carw gwryw, iwrch. **74**.3

bwlan, math o gynhwysydd neu fasged byr a thew, *TJ* (1688) 'Bwlan, bylan. *A bottl'd belly made of straw to keep wooll or corn, &c.*', *LlLlM* 92 '*bwlan*: cawell wellt i ddal grawn'. **28**.166

bwlan gwellt, math o gynhwysydd neu fasged wellt; gw. **bwlan**. **28**.167

bwltws, bwltis, lili felen y dŵr, *Nuphar lutea* (*GPC*); cf. *LlS* (1574) 100 *Y Bwltws ... Nymphœa yn Llatin, Water rose, ne Nenufar yn Saesonaec ar Bwltws yn Camberaec.* **122**.28

bwraeds dofion, *GPC boraes*, *boraets* 'Planhigyn llysieuol o'r tylwyth *Borago* ac iddo flodau glas disglair a dail blewog', 'borage.' Ar *ds* yn cynrychioli sain /j/, gw. y Rhagymadrodd, §6.3. **122**.29

bwraeds gwlltion, boraeds gwylltion. Cf. Pen 228iii, 157ᵛ *Viperina ... y s, ne'r Boraets gwylht* (TW, 1604–7). **122**.30

bwrdd, bwrdd mewn cegin. **28**.2

bwrdd cneifio, bwrdd i osod brethyn arno i'w welleifio ar ôl ei gedenu, cf. *OED shearing-board* (1661). **60**.18

bwrdd ffrisio, bwrdd i gedenu brethyn arno ar ôl ei bannu, cf. *OED friezeboard*, a ddiffinnir yn yr unig enghraifft yno o 1688: 'The [Clothiers] Frise Board is that by which the Cloth after it is sheared hath a Nap or Curl put upon it.' **60**.17

bwrdd llestri, bwrdd neu ddodrefnyn i ddal llestri (cf. Saes. *cupboard* < *cup* + *board*). **14**.107, **28**.51

bwrdd moldio, bwrdd ar gyfer siapio a ffurfio torthau, &c., cf. *OED moulding board* 'A board or table on which dough or paste is kneaded and shaped'. **15**.74

bwrdd tâl, prif fwrdd y neuadd/ystafell fwyta, Saes. 'high table'. **9**.81

bwrdd troell, bwrdd cysylltiedig â'r droell nyddu, o bosibl yn cysylltu'r droell a'r bobin (mewn ffrâm). **27**.6

bwrw, *GPC* 'Nifer ar dafliad o fesul tri wrth gyfrif ... penwaig' (1793); *GView SW* 295 'I have heard of a maize of herrings (*mwys o scadan bwrw*), or thirty score, and one thrown in upon every score, in all 630, being sold formerly, in Cardigan Bay, for four groats.' **125**.26

bwrw bachau, taflu bachau i'r afon neu i'r môr wrth bysgota, cf. *GPC bach*² 'fish hook'. **125**.10

bwrw cenllyst, bwrw cenllysg neu gesair; gw. **cenllysg**, **cenllyst**. **2**.75

bwrw cesair, bwrw cenllysg. **2**.76

bwrw cylchau, llunio cylchoedd i'w gosod am gasgenni, cf. *TCC* 98 'The iron hoops are cut, beate into shape and rivetted on the t-anvil or bick iron. They are then driven into place with a hammer and iron-tipped, wedge-shaped driver.' **54**.18

bwrw ei garnau. Nid 'pystylad' yn syml, gan ei fod yma'n cael ei restru ymysg clefydau meirch. Gall mai ymadrodd sydd yma'n disgrifio'r modd y mae carnau ôl ceffyl yn taro yn erbyn y carnau blaen ('forging', 'over-reaching' neu 'clicking'), gan achosi clwyfau a elwid yn Saesneg *attaints*; cf. Gervase Markham, *Cheape and Good Hvsbandry for the vvell-Ordering of all Beasts, and Fowles, and for the generall Cure of their Diseases* (London, 1614), 33, 'These Attaints are stroaks or cuts by ouer-reaching, either on the hacke sinew of the fore-legge, on the heeles or nether ioynes'; *OED attaint* 'A blow or wound on the leg of a horse caused by over-reaching'. Posibilrwydd arall yw fod *bwrw ei garnau* ar y ddaear yn arwydd fod ceffyl yn dioddef poen neu afiechyd mewn rhan arall o'r corff. **104**.23

bwrw llo, geni llo. **68**.36

bwrw llwdn, geni ebol. **67**.44

bwrw maen, taflu maen (a ystyrid yn gamp arbennig). **49**.31

bwrw oen, geni oen. **69**.40

bwrw o'r dyli, enw yw *bwrw* yma, cf. *GPC bwrw* 'Anwe neu ystof wrth weu, dylif' (eg.b.). Gw. hefyd Pen 296, 118ᵛ *bwrw or ddyli* (JJ, 1606), a'r treiglad yno (*y ddyli*) yn awgrymu efallai fod John Jones wedi anghofio tanddotio'r *d* yma. **59**.15

bwrw pren i lawr, cwympo coeden. **44**.9

bwrw'r gamog, chwarae gêm debyg i hoci, cf. *GPC camog*¹ 'ffon gam i chwarae bando'; gw. hefyd *GPC bando*¹. **49**.26

bwrw rhwyd (o fad i fôr ne i afon ne lyn) i'w chodi i fyny yn ebrwydd, taflu rhwyd allan o gwch (*bad*) i fôr, afon neu lyn, a'i chodi'n ôl yn gyflym (*ebrwydd*). **125**.8

bwrw trosol, taflu trosol neu geibren (a ystyrid yn gamp arbennig). **49**.32

bwtasau, botasau, bŵts, *WS* (1547) '*Bwtiasen*: A boote'. **63**.27

bwtwal: twll pedrogl mal ffenestr mewn gwal i oleuo, sef twll siâp pedrongl (gw. **pedrogl**) mewn wal i oleuo ystafell. Ni ddaethpwyd o hyd i'r ffurf *bwtwal* nac i air Saes. a allai ei hesbonio, ac er bod *bwthwal* yn bosibl (os bu i John Jones anghofio tanddotio'r *t*), anodd fyddai esbonio'r ffurf honno hefyd fel twll mewn wal. Go brin y gellir ei chysylltu â *bidwal*, gair ansicr ei ystyr a geir mewn enwau lleoedd ar draws Cymru (*Tal-y-bidwal*, Bryneglwys, Meirionnydd a *Tyn y bwtwal*, 1793, Llanfabon), gw. Gwynedd Pierce, *Dan y Bargod: Rhai o Enwau Ardal Cwm Rhymni* (Caerdydd, 1990), 16, lle cyfeirir at ddiffiniad *WOP* o *bidwal* fel 'amddiffynfa'. **8.**172

bwth taeog, llety llafuriwr tir, lluest, caban. **8.**62

bwyall 45.62, **53.**12 (i dorri coed); **54.**3 (y cowper)

bwyall arf [= **bwyall enille, bwyall nillig, bwyall bennog**], *GPC* 'battle-axe'. **50.**41

bwyall bennog [= **bwyall arf, bwyall enille, bwyall nillig**], bwyall ac iddi ben mawr neu lydan. **50.**41

bwyall enille, bwyall nillig [= **bwyall arf, bwyall bennog**], *GPC bwyall enilleg* 'battle-axe, pole-axe' ac *enilleg* 'Bwyall ryfel'; *WS* (1547) '*Polacs, bwyall enillec*: A polaxe'; ac mewn rhestr o 1606–8, wedi ei chodi gan John Jones o waith Rhisiart Longford, ceir Pen 223, 246 *Bipennis ... Bwiall Ynillic* (1606–6) (*DMLBS bipennis* 'two-edged tool or weapon, twibill, battle-axe'). Gw. ymhellach Jennifer P. Day, 'Arfau yn yr Hengerdd a Cherddi Beirdd y Tywysogion', traethawd PhD, Prifysgol Aberystwyth, 2010, 149, 'Credir bod *genilleg* wedi dynodi arf estron yn wreiddiol, ac efallai arf Sgandinafaidd yn enwedig, er cael ei ddefnyddio'n ddiweddarach o bosibl fel gair mwy cyffredinol am fwyell ryfel'; gw. hefyd Paul Russell, 'Culhwch's Weaponry: *Penntireg* and *Enilleg*', *Études celtiques*, 38 (2012), 259–69. **50.**41

bwyall gaib [= **caib digoedi**], caib goed, caib i ddadwreiddio coed. **44.**12, **45.**53

bwyall gam, un o fwyeill y saer, cf. *TCC* 68 (wrth drafod crefft y naddwr llwyau pren), 'The roughed out ladle is ... clamped in a vice and a short-handled adze with a one-and-a-half inch gouge blade is taken. This adze, known as a *bwyall gam*, is a unique tool which ... has remained unchanged for many centuries.' **53.**27; 'adze' y cowper, gw. *TCC* 99 'Cooper's adzes differ from carpenter's adzes in that their blades are far more curved. Their cutting edges are generally sharpened on the inside only, while the handle is no more than nine inches long. The short handle is necessary so that the craftsman can swing the tool within the radius of the cask.' **54.**19

bwyall goed, bwyall i dorri coed. **45**.63, **53**.21
bwyall gynnud, bwyall i dorri coed tân; gw. **cynnud**. **28**.169, **45**.64
bwyall lydan, 'broad axe' (y saer); cf. *LlI* §140 *Bvyall ledan*. **53**.22
bwysiel, yw pedwar hobed. Uned o fesur sych oedd y *bwysel* ('bushel') a ddefnyddid yn gyffredin ar gyfer mesur grawn, ffrwythau, &c.; amrywiai ei union fesur o ardal i ardal. *GPC* 'Mesur sych cyfartal â phedwar pecaid neu wyth galwyn, llestr yn dal y cyfryw fesur' (gan ddilyn yr *OED bushel*, n.¹). Gw. yn arbennig Alfred N. Palmer, 'Ancient Welsh Measures of Capacity', *Archaeologia Cambrensis*, 13 (1913), 225–52, lle rhoddir sylw arbennig i unedau mesur yn sir Ddinbych a sir y Fflint yn yr 17g. Yn ôl John Jones yma, mae *bwysiel* yn gyfwerth â phedwar **hobed**. Cf. **hobed yw pedwar peced**. **47**.19
bydaf [*ll*.] **bydafau**, *GPC* 'Haid neu nythaid o wenyn (gwyllt), nyth y gwenyn a'r mêl sydd ynddi; cwch gwenyn, haid neu nythaid o wenyn.' Gw. hefyd Pen 298, 210 *Bydaf: kwch ne brenn o wenyn* (JJ, 1618); *WS* (1547) '*Byda*: Honny combe'. **126**.13
bydnepein: *a*. Llythyren gyntaf *ancipiter* yw'r *a*. Gair Hen Gernyweg, nid Cym., yw hwn a ddaw yn y pen draw o'r *Vocabularium Cornicum*: #499 *ancipiter* gl. *bidnepein* (*OCV* 215–16 'hawk'). Dehonglodd John Jones, neu ei ffynhonnell, y *p* fel *p*, cf. Pen 297, 196ʳ *Ancipiter: Bydnepein* (JJ, 1606), a hefyd Thomas Wiliems yn ei restr yntau yn Pen 188, 125. Gw. y Rhagymadrodd, §3.6. **124**.21
y fyddarlys, *GPC* 'llysiau pen tai', 'houseleek', sef *Sempervivum tectorum*; hefyd Atod.1.25 *Llyssie penn y tai: y vyddarlys*, Atod.2.16, Atod.3.228, 335. Treiglir yr elfen *llys* yma, cf. ffurf Robert Davies Gwysanau yn *BNP* (1633) '*Y fyddarlys*. Prickmadam'. Ond *y Vyddarllys* yw'r ffurf yn Atod.3.325, sef ffurf William Salesbury yn *LlS* (1574) 13 *Y Vywfyth ... Y Vywfyth vwyaf nei/r/ Vyddarllys a escyn belydr o cufydd o hyd*. Yn ôl Elis Gruffydd, *Llysieuwr* 186 (*c*.1545), yr oedd yn effeithiol yn erbyn byddardod. **122**.215
bynawyd, mynawyd y crydd, sef teclyn pigfain i wneud twll mewn lledr, yn enwedig ar gyfer pwytho esgidiau; *WS* (1547) '*Mynawyd*: An alle' ('awl'). Gw. *TCC* 230–4 am y mathau o fynwydydd a ddefnyddiai'r crydd ynghyd â lluniau ohonynt. **63**.20
byrbwyth, pwyth byr, manbwyth. **61**.31
byrddaid, llond bwrdd (o gwmni neu o fwyd). **9**.83
byrddedig, yn derbyn bwyd a llety. **9**.85
byrddol, yn rhoi neu dderbyn bwyd a llety. **9**.86
byrddu, lletya, rhoi neu dderbyn bwyd a llety. **9**.84
byrglust, clust fer, ac iddo glustiau byr (am geffyl). **96**.21

byriallu, briallu, *Primula vulgaris*, 'primrose'. Ar y llafariad ymwthiol yma, gw. td. 38. **122**.31

byriallu conglog, briallu conglog, cf. *Llysieuwr* 83 *Herba Pettire: Yr hwn a hennwir llyshiewyn pedyr, yr hwn a elwir yn hryw lee ynGhymrv y briallu konglog ne'r kowshlopys lleiaf* (EG, *c*.1545). Ni cheir y cyfuniad yn *GPC*, ond mae'n debygol mai at y *polyanthus* y cyfeirir, sef math o friallu ac iddynt nifer o flodau ar frig y coesyn; cf. *cneuen gonglog* am gneuen ddwbl mewn un cibyn. **122**.32

byriallu Mair, briallu Mair, *GPC* 'cowslip, *Primula veris*'; hefyd Atod.1.59 *Cowslop: y pum deigyr: a Briallu Mair*, 183, Atod.2.13, Atod.3.29, 30. Cf. *LlS* (1574) 159 *Y Banoc ... Y mae dau Banoc yn vychain, ac enw y rhei hŷn gyd ar llysewyr cyphredin ydyw Herba paralysis, sef Lysæ'r parlys, y Cowslop nei Brially Mair*. **122**.33

byrrwch, broch, pry llwyd, 'badger'. Yn Pen 308ii, 283 (JJ, *c*.1621) ceir *Byrrwch, Pry llwyd* a *Pry penvrit[h]* fel cyfystyron. **91**.1

bys, un o fysedd y llaw. **7**.52

bys gwaeg [= **tafod gwaeg**], tafod bwcl. **37**.79

bys maneg, cartrefle bys mewn maneg (cf. **bysleau**). **64**.14

bys troed, un o fysedd y droed. **7**.97

bysedd y llwynog. Ni chafwyd enghraifft arall o'r enw *bysedd y llwynog*, ond cf. yr enw cyffredin 'bysedd y cŵn' am *Digitalis purpurea*, 'foxglove'. Llysieuyn gwahanol, ac iddo flodau melyn, yw *[m]enig y llwynnog* gan Elis Gruffydd, *Llysieuwr* 28 *llysie'r lleuad ... Y vo a arwedd j vlode ynn velynion megis y llyshiewyn a elwir yn klych y goog ne venig y llwynnog* (*c*.1545). **122**.34

bysied o bilion, bysiaid neu binsiaid o bilion neu blisg (cywarch neu lin). **27**.85

bysleau, cartrefle'r bysedd mewn maneg (< *bys* + *lleau*, ffurf luosog *lle*). **64**.18

bystwn, casgliad llidus ar fys yn enwedig o gwmpas yr ewin, cf. *EDD bustion* 'A gathering or whitlow on the hand' (swydd Gaer a swydd Gaerhirfryn). **46**.64

bystwn gwyllt: *a ffelon* ('felon'), casgliad llidus ar fys yn enwedig o gwmpas yr ewin (gw. **bystwn**), cf. *OED felon*. Yng nghyswllt clefydau, gallai *gwyllt* olygu 'afreolus' neu boen 'llymdost, tra llidiog'; gw. *GPC*, a cf. *dafad wyllt* 'cancerous wart'. **46**.65

byth, bob amser, yn barhaus. **120**.90

byth bythoedd, am byth, J 16, 138ʳ *Byth bythoedd. for ever & ever* (HS, *c*.1600). **120**.91

bytheiad *ll*. **bytheiaid**, ci hela. **73**.34; *b*. **bytheiades 73**.35

cabol, llyfn, wedi ei lyfnu neu ei smwddio â **chabolfaen** (am ddilledyn, &c.). **19**.32

caboledig, wedi ei lyfnu neu ei smwddio â **chabolfaen** (am ddilledyn, &c.). **19**.36

cabolfaen, maen ar gyfer llyfnu neu smwddio dillad, &c., J 16, 51^r *Cabolvaen ... slickestone* (HS, *c*.1600). Mae'r tair enghraifft yma'n ymwneud â dillad, cf. *OED sleekstone* a'r dyfyniad yno o 1688, 'The Sleek stone, a ball made of glass, which Landresses and Drawers of Cloath use to polish or sleeken their Linnen with.' **5**.64, **19**.35, **28**.177

caboli, smwddio neu wneud yn llyfn â **chabolfaen** (am ddilledyn, &c.). **19**.33

caboliad, y weithred o **gaboli** neu smwddio dilledyn, &c. **19**.34

cabolog, wedi ei **gaboli** neu smwddio (am ddilledyn, &c.). **19**.37

cabolwestfil: *a smodding plan* ('a smoothing plane'), plân i lyfnu a chaboli pren; gw. **gwestfil**. Ni cheir mohono yn *GPC*, ond cf. *OED smoothing plane* 'a small fine-set plane giving a very smooth finish' (1678). **53**.85

cacamwci, cacimwci, cyngaf, 'burdock'. Ni chynigir tarddiad yn *GPC*, ond tybed ai cyfuniad ydyw o *caca* 'baw, tom' a *mwci*, ffurf amrywiol ar *bwci* 'ellyll', 'goblin'? Erbyn heddiw troes yn *cacamwnci* mewn sawl tafodiaith. Gw. hefyd Atod.1.230 *Xantium: Arcium: Burr: Cacamwci*, Atod.3.162; cf. *LlS* (1574) 29 *Cacamwcki ... Personatia yn Llatin a Burre yn Saesonaec. Cacamwcki nei Cribæ yr bleiddiæ yn Camberaec a'r Cynga y galwn ni wy yn gyphredin yn Gwynedd heddy*. **122**.77

cacen, teisen, bara ac ynddo gynhwysion ychwanegol fel menyn, ffrwythau sych, &c., neu gacen geirch; cf. *OED cake* 'In Scotland (and also formerly in parts of Wales and northern England): a portion of thin, hard-baked, oatmeal bread; an oatcake'. **15**.102

cacenna, cardota cacennau neu wneud cacennau (ni cheir mohono yn *GPC*). **15**.103

cacwn duon, gwenyn y meirch duon, 'hornets'. **126**.23

cacwn melynion, gwenyn y meirch melyn, 'wasps'. **126**.24

cacwn y meirch, *GPC* 'wasps; hornets, horse-flies, gad-flies'; *WS* (1547) '*Kakynen y meirch*: A hornet'. **126**.25

cacynen *ll*. **cacwn**, gwenynen y meirch, J 16, 50^v *Caccwn ... Caccynen ... a waspe* (HS, *c*.1600); cf. Pen 308i, 110 *Pibkwn, kakwn llwydion: kakwn* (JJ, *c*.1621). **126**.22

cadair *ll*. **cadeiriau** **9**.94; **cadair 28**.5

cadair melin. Ni wyddys at ba ran o'r felin (?ddŵr) y cyfeirir. **42**.45

cadeiriedig, wedi ei osod mewn cadair. **9**.98

cadeiriog, (un) yn eistedd mewn cadair. **9**.95; **cadeiriog** *ll*. **cadeiriogion 9**.96

cadeiriol, yn perthyn i gadair, yn eistedd mewn cadair. **9**.97

cadell fantach: **y banw yw o'r cŵn coegion** *ed.* **ci coeg**. Ni chafwyd enghraifft arall o'r enw *cadell fantach* am forgi benyw. Enw personol yw *Cadell* fel arfer, ac ystyr *mantach* yw 'diddannedd' neu 'a dannedd yn eisiau' (*GPC*). Ond mae'n bosibl mai ffurf ar *cadach* yw *cadell*, yn cyfeirio at siâp y pysgodyn; cf. **clwt y torddu**. **125**.56

cadis *ll*. **cadisau**, cwrlid o gadas, cf. *GPC cadas* 'Math o ddefnydd gwerthfawr naill o edafedd neu o sidan', o'r Saes. *cadas, caddice*. **11**.44; **cadis 28**.27; *bach.* **cadisyn 11**.47

cadisog, a chanddo gwrlid cadas. **11**.55

cadiswr, gwneuthurwr cwrlid cadas. **11**.52

cadwyn crochan [= **haearn crochan**], cadwyn i ddal crochan dros le tân. **14**.30, **28**.54

cae *ll*. **caeau**, gwrych (sy'n amgáu darn o dir ac yn dynodi ei ffiniau, a thrwy hynny'r darn o dir a amgylchynir gan wrych), J 16, 45ᵛ *Cae. hedge* (HS, *c*.1600). **43**.41

cae bedw, torch neu wregys o frigau bedw (cyffredin fel rhodd mewn cywyddau serch), neu wrych o goed bedw; gw. **cae**. **121**.180

cae drain, gwrych o goed drain (gw. **cae**), cf. Pen 228i, 87ᵛ *Bruseum ... herber, ne gae wedy wneuthur a drein a mieri wedy plethu ynghyt* (TW, 1604–7). **43**.59

cae gwrysg, gwrych o lwyni, yn enwedig o goed drain; gw. **cae**. **43**.60

caead, gwrych sy'n amgáu darn o dir, neu'r weithred o osod gwrych. **43**.43

caead *ll*. **caeadau** [= **gwisg** *ll*. **gwisgadau**; **gwrŷf** *ll*. **gwryfyddion**]: **dôl ych**, y mwnci, sef coler anifail gwedd. Disgrifiwyd y wedd yn fanwl gan Lewys Glyn Cothi: *GLGC* 236.37–42 *Dedwydd wrth didau ydoedd, / dolau mewn ieuau, mwyn oedd, / clohigod a gwasgod gain, / dolennau, bachau bychain, / caeadau, dolau un don, / ac esyth i gau'n gyson*. **30**.85

caead crochan, clawr crochan. **14**.32; **caead crochan** [= **clawr crochan**] **28**.56

caeedig, wedi ei amgáu gan wrych (am dir). **43**.44

caeedigaeth, y gwaith o osod gwrych o gwmpas darn o dir. **43**.45

caelys, sgitls, o'r Saes. *kayles*, gw. Vernon Bartlett, *The Past of Pastimes* (London, 1969), 128, 'Kayles (from the French '*quilles*') was played many centuries ago, with the players throwing a stick at the "kittle pins", the tallest of which was the "king pin".' Cf. *GPC chwarae ceilys* 'to play ninepins'; cofnodir 'Chware ... caules' gan Lewis Morris, *LWLM* 145, ym Môn yn y 18g. **49**.17

caer *ll*. **caerydd**, amddiffynfa. **58**.29

caerog, *GPC brethyn caerog* 'twilled cloth'. **11**.25, **59**.67

caerog, wedi ei amgáu gan waliau amddiffynnol, 'fortified'. **58**.30

caerol, wedi ei amgáu gan waliau amddiffynnol, yn perthyn i gaer. **58**.31

caeu, cau, amgáu tir â gwrych; defnyddir y ferf hefyd am blygu gwrych byw, cf. *DiwyllGC* 135; ac ymhellach ar grefft y plygwr gwrych, gw. Ffransis G. Payne, 'Plygu Gwrych', *Y Llenor*, 15 (1936), 24–9. **43**.42

caewydd, prysgwydd, llwyni (yn enwedig llwyni drain) ar gyfer creu gwrychoedd. **43**.49

cafn blawd, cafn i gasglu'r blawd o'r felin, gw. Iorwerth C. Peate, 'Traethawd ar Felinyddiaeth', *B* 8 (1935–7), 299, *Hyn ni wnar mylinidd ... gadel y blawd wedi malu i sevyll yn y kavyn* (1543). **42**.28

cafn darllaw, cerwyn ar gyfer bragu, 'brewing-vat'; ar ystyr *darllaw*, cf. *WS* (1547) '*Darllaw kwrwf*: Brew ale, masshe'. **16**.15, **28**.99

cafn dylifo, *GPC* 'weaver's tray' (1794). Mewn baled adroddodd Twm o'r Nant sut y bu i wehydd o Lansannan, Siôn Tyddyn Bach, fynd â'i *wŷdd* a'i *gafn dylifo* gydag ef i garchar Rhuthun, ond pan ddihangodd rhai o'i gyd-garcharorion, bu'r pethau hynny'n rhwystr i Siôn druan rhag eu dilyn: *Pan redodd rhai direidus / O'r jêl, alarus le, / Y gwŷdd a'r cafn dylifo / Oedd yn ei foedro fe* (Dafydd Glyn Jones (gol.), *Canu Twm o'r Nant* (Bangor, 2010), 133, 300). **59**.14

cafn ebran, cafn i ddal bwyd ar gyfer ceffylau. **37**.2

cafn gwyllt, ffrwd melin, *GPC* 'mill-race, conduit that conveys water to turn mill-wheel'. Disgrifir lleoliad y cafn gwyllt mewn dogfen o'r 20g. yn Archif *GPC* yn trafod melin Betws Gwerfil Goch, '*Ffos y felin ... Ar geg y ffos y mae fflodiart ... Y cafn gwyllt y gelwir y darn nesaf i'r olwyn o'r ffos, lle y rhoed cerrig nadd yn waelod ac ochrau iddi, i rwyddhau rhediad y dŵr at yr olwyn.*' **42**.47 (melin); **60**.15 (pandy)

cafn moch, cafn i ddal dŵr neu fwyd moch. **38**.2

cafn pinnau, naill ai llestr i ddal pinnau ('bobbins') ar gyfer eu llwytho mewn **gwennol** gwŷdd, neu'r blwch yng nghanol y wennol lle gosodid y pinnau. **59**.43

cafn tylino, cafn pren neu dwba i dylino toes wrth wneud bara; *GeirGeg* 123 '*cafn tylino* (Caern[arfon]) *kneading trough*'. **15**.61

cafn ysgŵt (neu, o bosibl, **ysgŵd**), ffrwd melin, 'mill-race' (*GPC* 1794); cf. Pen 308i, 153 *ysgwd: a slvws: a fflotiard* (JJ, *c*.1621). **42**.48; **60**.16 (pandy)

cafod o wynt, brech, *GPC cawod wynt* 'rash' (1787). **46**.61

cafor: [Llad.] *brucus*. Gair Hen Gernyweg, nid Cym., yw hwn a ddaw yn y pen draw o'r *Vocabularium Cornicum*: #533 *brucus* gl. *cafor* (*OCV* 230–1 'locust, caterpillar'). Gw. y Rhagymadrodd, §3.6. **124**.25

cagl [*u.*] **cagelyn**, tom neu faw defaid, geifr neu geirw, gw. hefyd Pen 308i, 51 *Kagl: yw pob tom krwn a vwrio anifail mal hydd, gafr, dafad* (JJ, *c.*1621). Mae'n debygol mai dyma'r ystyr ym mhob enghraifft yn yr eirfa, ac eithrio **99**.8 lle mae'n dilyn *gwlân* a *gwlannog* ac felly'n debygol o gyfeirio at dom neu faw wedi sychu'n gaglau ar goesau a chynffonnau defaid, sef yr ystyr arferol heddiw. **69**.57 (dafad); **70**.21 (gafr); **75**.11 (carw); **74**.17 (hydd); **cagelyn** *ll.* **cagl 99**.8 (dafad)

cagliad, tom, baw defaid, geifr a cheirw, gw. **cagl**. **69**.61, **99**.10 (dafad); **74**.19 (hydd); **75**.13 (carw)

caglu, ysgarthu, tomi (am ddefaid, geifr a cheirw), gw. **cagl**, hefyd Pen 308i, 51 *Kagl[u]: yw bwrw y dom odd iwrtho* (JJ, *c.*1621). **69**.58, **99**.9 (dafad); **70**.22 (gafr); **74**.18 (hydd); **75**.12 (carw)

caib, *GPC* 'Offeryn ar lun picas ond bod iddo ben llydan (o leiaf ar un ochr) ac nid blaenfain, matog'; *WS* (1547) '*Kaib*: A mattocke'. Fe'i defnyddid yn arbennig i balu tir caled a dadwreiddio coed. **43**.24, **45**.51

caib difalcio [= **batog**], caib i gael gwared ar falciau mewn cae, cf. *GPC di-falc* 'Heb falciau neu ddarnau heb eu haredig rhwng y cwysi, gwastad'. **45**.54

caib digoedi [= **bwyall gaib**], caib i glirio tir o goed. **44**.12, **45**.53

caib maidd, teclyn i dorri ceuled llaeth er mwyn rhyddhau'r maidd, 'curd cutter'. **17**.77

caib pic, picas; gw. hefyd **caib pìg**. **45**.52

caib pìg (neu **caib pig**), picas, Pen 308i, 105 *Pickas: pig glowyr* (JJ, *c.*1621). Gw. *GPC caib big, bicys* 'pickaxe', a'r unig enghraifft yno o *Walters* (1780). **43**.28

caib teilo [= **crwca**], caib ar gyfer gwasgaru tail neu wrtaith. **33**.27

caing pladur, cainc pladur, ?coes pladur. **31**.53

caill, 'testicle', *WS* (1547) '*Kaill*: A codde'. **7**.71; **caill** *ll.* **ceilliau 96**.62 (ceffyl); yng nghyswllt y cigydd, **2 gaill 24**.10 (oen bras)

cainc *ll.* **ceinciau**, cangen, Pen 308i, 67 *Kolfen: kangen ne gaink o brenn* (JJ, *c.*1621). **122**.6

cala, **caly**, **cal**, pidyn. **7**.66

calch, 'lime', *BydAm* 1.171 'sylwedd alcalïaidd llosgol o gerrig gwynion brau a geir o losgi (slacio) calchfaen â dŵr, ac a ddefnyddid i wrteithio'r tir'. Fe'i defnyddid, e.e., i wrteithio'r tir; i wneud morter; neu mewn tanerdy i drin crwyn, drwy gael gwared ar y blew, &c., arnynt. **30**.32 (gwrtaith); **58**.17 (ar gyfer morter); **62**.5 (mewn tanerdy)

calchedig, wedi ei wrteithio â chalch (am dir). **30**.34
calchiad, y weithred o wrteithio tir â chalch. **30**.35
calchog, yn cynnwys calch, wedi ei wrteithio â chalch (am dir). **30**.36
calchu, gwrteithio tir â chalch. **30**.33
calchu y croen, trin croen anifail â chalch mewn tanerdy er mwyn cael gwared ar y blew; gw. **pwll calch**. **62**.6
calfras: *a shàd* ('a shad'), sef o bosibl gwangen neu herlyn ('allice-shad'), cf. Pen 308i, 35 *Gwangen /ll/ gwangod: siads* (JJ, *c*.1621). Ni chafwyd cyfeiriad arall at bysgodyn o'r enw *calfras*. Ar y gair Saes., gw. *OED shad* 'Any clupeoid of the genus *Alosa*; the British species are the allice, *A. communis* or *vulgaris*, and the twaite (or herring-shad)', lle nodir bod yr Hen Saes. *sceadd* yn debygol o fod yn gytras â'r Gym. *ysgadan*. **125**.88
calon 7.115; **96**.49 (ceffyl); yng nghyswllt y cigydd, **24**.7 (oen bras), **26**.11 (llo); **y galon 21**.11 (eidion), **22**.9 (mochyn), **23**.9 (mollt)
callestr: **maen i ladd tân**, *fflintstone* ('flintstone'), fflint, carreg a ddefnyddid i gynnau tân, sef *lladd tân* 'strike a fire', *GeirfaWLl* 39ʳ *Kallestr: maen i ladd tan* (WLl, 1567×1574). **9**.27
callestrig, o natur callestr, fel fflint, caled. **9**.34, **129**.15
callestrol, o natur callestr, fel fflint, caled. **9**.35, **129**.16
callor *ll*. **callorau**, crochan, pair. **14**.11; **callor 28**.61
calloraid, **callored**, llond crochan. **14**.24
cambost [= **cwpl**], post, cynhalbren, sef amrywiad, o bosibl, ar *canbost* 'colofn', &c., yn hytrach na chyfuniad o *cam* + *post* (*GPC*). **8**.79
cambren, darn o bren cam y cigydd i hongian carcas anifail arno, cambrel, cf. Jones, 'Creffteiriau Amaethwyr Dinbych', 38, '*cambren* … Yn Sir Ddinbych, y pren y crogir celain anifail wrtho gan gigyddion'. **20**.14, **65**.11
cambren [= **siglbren**], *GPC* 'sgilbren (yn sir Ddinb[ych]), sef y pren traws ynglŷn wrth aradr, trol, cerbyd, &c., y bechir tresi ceffyl tynnu wrtho (lle bo dau geffyl gwedd, y pren traws tu ôl i'r naill a'r llall ohonynt y cysylltir eu canol wrth ddeupen y 'cambren mawr' neu'r 'fantol')'; gw. *AradrGym* 148 'Nid oes alw am gambren ond pan fo o leiaf *dwy* did gyfochrog i'w cysylltu wrth yr aradr … Y rheol oedd: un did, dim cambren; dwy did gyfochrog, cambren.' Gw. hefyd Pen 308i, 73–4 *Kambren: sygilbren, y pren sydd rhwng y tressi ne yr tideu, ar penrau* [sic] *neu yr droedoc* a hefyd 112 *Penrhau oged: troedoc oc, y did rhwng yr og ar kambren* (JJ, *c*.1621). **31**.17
cambren crwsedd [= **siglbren dau farch**], cambren crwysaidd, sgilbren ar gyfer cysylltu mwy nag un anifail wrth aradr, &c. (gw. **cambren**),

Pen 308i, 53 *Kambren krwssedd: sigilbren dav geffyl* (JJ, c.1621). Mae'n debygol mai ffurf ar *crwysaidd* yw *crwsedd* yma (gw. tt. 36–7 ar *ai* > *e* ac *wy* > *w*) sef ansoddair o'r enw *crwys* 'croes', yn cyfeirio o bosibl at y siâp croes a geid yng nghyswllt y tresi wrth y cambren. Ni chafwyd enghraifft arall o'r ffurf, ond go brin mai'r un gair yw â *crwysedd* a restrir yn *GPC* fel amrywiad ar *cywrysedd*, *cyfrysedd* 'ymryson, cynnen', gan mai pren i hybu cydweithio rhwng anifeiliaid tynnu sydd yma. **31**.16

cameg, *GPC* 'Offeryn a ddefnyddid gan of'. Fe'i rhestrir ymysg offer y gof yn y Cyfreithiau: *LlI* §141.2 (td. 146 'parer, rasp (?)'). **52**.26

camen *ll*. **camenni** [= **cyplau**], cambost, 'prop', Pen 138, 499 *kamen yw kambost* (TLl, c.1561×1568). **8**.81

camog *ll*. **cemig**, **camogau**, *LlLlM* 92 '*camog*: camog olwyn, sef un o'r darnau yng nghant yr olwyn a gydir wrth y both â *spoke*'; cf. *GPC camog*[1] a hefyd Alan R. Thomas, *The Linguistic Geography of Wales* (Cardiff, 1973), 376–7, am ei ddosbarthiad daearyddol. **33**.6

camog: cymar ffithell neu chwiwell, gleisiad ieuanc *ed*. **gleisiad**. *GPC camog*[1] 'Eog gwryw a'i ên yn camu pan fo'n deirblwydd oed'. Cf. Lewis Morris mewn llythyr yn 1760, *ML* ii, 242, 'The river Gwy ... hath a good variety of fish. Salmon are sometimes taken at Buallt of 34 lbs. weight. The male they call in Welsh cammog, the female chwiwell.' Efallai fod hwn yn air a gododd John Jones ym Muellt neu Frycheiniog ar ei ffordd i'r de, gw. tt. 12–13. **125**.57

can [= **peillied**], blawd gwyn, Pen 308i, 61 *Kann: peillied gwenith* (JJ, c.1621). **15**.43

can gwenith, blawd gwenith, *TJ* (1688) 'Cann gwenith, peillied gwenith. *Wheat flower*'. **15**.47

can rhyg, blawd rhyg, *TJ* (1688) 'Cann rhŷg, peillied rhŷg. *Rye flower*'. **15**.48

can syth, powdwr gwyn (*can*), startsh ar gyfer trin dillad, &c., drwy eu gwneud yn fwy stiff; gw. hefyd **syth** a **startsh**; *OED starch* 'A white powder extracted from plant tissues (traditionally wheat ...) by physical processing and used, in the form of a gummy liquid or paste made with water, as a thickening, stiffening, or gluing agent ... used to stiffen linen or cotton fabrics during laundering.' **19**.41

canawon bedw, cenawon bedw, 'birch catkins'; cf. **cynafon, cynawon**. **121**.181

y cancr, *GPC* 'Tyfiant ysol sy'n ymledu drwy ryw ran o'r corff, gan achosi poen a nychdod, canser; clwyf cornwydog ar y safn, dafad(en) wyllt; cig marw; madredd'. **46**.44

y cancwlwm: [Llad.] *centinodum*, 'knot-grass', a'r ffurf Gym. yn gyfieithiad o'r Llad. (o bosibl drwy'r Ffrangeg neu'r Saes.) *centinodia* 'can cwlwm', cf. *OED centinode*. Gw. hefyd Atod.1.52 *Centinodium: y Cancwlwm: Berwr*, Atod.2.10 *Cancwlwm: y Sanygyl: yr olch euraid*, Atod.3.165, 166, 258, 297; cf. *LlS* (1574) 112 *Y Ganculwm ... Sanguinalis yn Llatin, Knotgrasse nei Swynes grasse yn Saxonaec ar Gancwlwm yn Camberaec* (enw benywaidd ydyw i Salesbury). **122**.199

canedig, wedi ei gannu neu ei wynnu (am ddilledyn, &c.), claerwyn. **19**.45

canhwyllbren *ll.* **canwyllbrenni**, teclyn i ddal cannwyll, Pen 308i, 66 *Kanhwyllarn: kanhwyllbren* (JJ, c.1621); Pen 228i, 111ʳ *Ceroferarium ... Canwylhbren y roi Taper ne'r pric cwyr, ne'r ganwylh gwyr arno* (TW, 1604–7). **13**.90; **canhwyllbren 28**.41

cannaid, wedi ei gannu neu ei wynnu (am ddilledyn, &c.), claerwyn. **19**.44

cannog, wedi ei gannu neu ei wynnu (am ddilledyn, &c.), claerwyn. **19**.46

cannu, cannu neu wynnu dillad, &c., claerwynnu. **19**.43

cannwyll *ll.* **canhwyllau 13**.73; *bach.* **canhwyllan 13**.74; **canhwyllig 13**.75

cannwyll Baris, *WS* (1547) '*Kannwyll baris*: A pares candel'; *OED Paris candle* 'a kind of large wax candle, esp. one used on an altar'. **13**.77

cannwyll frwyn. Disgrifir yr hen arfer o bilio pabwyr i wneud canhwyllau brwyn yn *Cwm Eithin* 157–8: 'Wedi cael corniaid o babwyr, torri eu blaenau, dechrau eu pilio o'r bôn, a gadael un pilyn tua 1/16 modfedd i wneud asgwrn cefn i'r gannwyll, ei throchi hi mewn ychydig wêr toddedig yn y badell ffrio, byddai'n barod yn fuan i'w goleuo.' **13**.78

cannwyll gŵyr, 'wax candle'. **13**.76

cant [= **llogel**], brig wal tŷ, gwalbant, cf. *Welsh House* 184 lle cyfieithir *cant* fel 'eaves'; cf. **cant tŷ**. **8**.86

cant gogr, ymyl cylchynol gogr. **56**.5

cant troell, cantel olwyn troell neu'r olwyn ei hun, *WS* (1547) '*Kant troel[l]*: A whele'. **27**.7

cant tŷ: o'r llogel i'r llawr, cwmpas neu ystlys tŷ. Gw. hefyd **cant** (**8**.86) lle cyfeiria at frig wal y tŷ, lle gorwedd preniau'r to; ond yma cyfeirir at gwmpasgylch y tŷ, y waliau eu hunain rhwng y bondo a'r llawr; gw. hefyd **llogel**. **8**.87

canwyr, plân (cowper), Pen 309i, 704 *Kannwyr: plan hir gan y kowper* (JJ, 1623–4). Fe'i rhestrir yn y Cyfreithiau cynnar ymysg offer y saer pren, ond fe'i ceir hefyd yn ffigurol yn y farddoniaeth am fardd a saernïai ei gerdd yn grefftus (gw. y dyfyniadau yn *GPC*). **54**.4

canwyriad, y weithred o blaenio pren â chanwyr neu blân (cowper). **54**.6
canwyro, plaenio pren â chanwyr neu blân (cowper). **54**.5
cap y drws [= **gwarddrws**, **cei y drws**]: *the lyntell* ('the lintel'), cf. Jones, 'Geirfa Saer Cerrig', 177, '*capan* ... y coedyn sydd ar draws pen ffrâm y drws'. **8**.141
capan ffust [= **tep**], penguwch ffust ddyrnu ŷd, 'flail-cap'. **35**.14
caprwn *ll*. **caprynaid**, ceiliog wedi ei ysbaddu, *WS* (1547) '*Kaprwn ne kapwld*: A capone'. **123**.23; **caprwn 124**.27
capwllt *ll*. **capyldiaid**, ceiliog wedi ei ysbaddu; cf. **caprwn**. **123**.22; **capwllt 124**.26
capyldiad, y weithred o ysbaddu ceiliog. **123**.26
capyldiedig, wedi ei ysbaddu (am geiliog). **123**.25
capyldio, ysbaddu ceiliog, *WS* (1547) '*Kapyldio*', ac ychwanegiad John Dee (*c*.1550) 'to make a Capon'. **123**.24
car *ll*. **ceir**, cerbyd, gan amlaf ag olwynion, a dynnir gan geffyl. **32**.1
câr, perthynas trwy waed. **6**.112, **117**.206
car cerdded, *WS* (1547) '*karh kerddet*'. Ai coets baban (*GPC* 'go-cart, child's cart') neu gerbyd o ryw fath a dynnir â llaw, troli? **28**.145
car certwyn. Ai dau air cyfystyr, neu a yw'r *car* yn rhan o'r *certwyn*, yn cyfeirio at y rhan uchaf yn hytrach nag at yr olwynion ac ati? **32**.20
car llusg, cerbyd llusg (heb olwynion), sled, a ddefnyddid yn gyffredin i gario'r cnwd adeg y cynhaeaf; gw. *DiwyllGC* 136, hefyd Jones, 'Termau Amaethwyr Dyffryn Edeirnion', 290, '*car llusg*: cerbyd at gario cnwd o leoedd geirwon'. **32**.14, **45**.6
car olwynog, cerbyd ag olwynion. **32**.13, **45**.7
cardie, cardiau chwarae. **49**.45
caregedig, ?wedi ei garegu, ?wedi ei droi'n garreg. **5**.47
caregog, llawn cerrig. **5**.40, **129**.3
caregol, llawn cerrig, tebyg i garreg. **5**.42, **129**.4
caregu, troi'n garreg, neu hel cerrig oddi ar dir (er mai diweddar yw'r dystiolaeth dros ail ystyr yn *GPC*). **5**.46
carennydd, perthynas (yn draddodiadol hyd at y nawfed ach). **117**.212
carfan *ll*. **carfanau** [= **talp** *ll*. **talpennau**], rhan o'r og; cf., o bosibl, *GPC* 'Un o'r ochrau neu'r ystyllod sy'n ffurfio ffrâm cert neu drol'; gw. **talp**. **31**.3; **carfan** *ll*. **carfanau 32**.21; **carfanau 33**.22
carfan ddwyfron, *GPC carfan y ddwyfron* 'breast-beam' (19g./20g.), sef y bar ym mlaen y gwŷdd y mae'r brethyn yn pasio drosto cyn cael ei rolio ar y garfan isaf, 'cloth beam'. **59**.16
carfan fawr, Iorwerth C. Peate, 'Termau'r Ffatrïoedd Gwlân', *B* 16 (1954–6), 93, '*Carfan fawr. Warp beam*, ar y gwŷdd'; *WWInd* 71 'At

the back, on the end furthest away from the weaver, is a roller known as the "warp beam" (*carfan fawr*) and the threads of the warp are carefully rolled on this to extend forwards over another horizontal roller, through the grooved beam to the cloth beam (*carfan fach*) at the front of the loom.' **59**.17

carfan isa. Ai'r garfan neu'r trawst y dirwynir y brethyn arno? Cf. Peate, 'Termau'r Ffatrïoedd Gwlân', 93, '*Carfan fach. Cloth beam*, ar y gwŷdd'; hefyd *GPC carfan* 'Math o silindr pren ar y gwŷdd y dirwynir yr ystof amdano'; gw. **carfan fawr**. **59**.18

carfanau ofer. Cf. *GPC ofergarfanau* 'Ffrâm neu fframiau pren a osodir ar gert fel y gallo gario llwythi mwy (o wair, &c.), ysgolion', a'r enghraifft gynharaf yno o eiriadur Thomas Lloyd, *c*.1730, *ofergarfanau*, *thripples* (*OED thripple* 'A movable framework fitted upon a cart, so as to project in every direction beyond its sides'). Yn *GPC* esbonnir yr elfen gyntaf fel y Gym. *ofer* neu'r Saes. *over*; ond tybed ai ffurf dreigledig *gofer* sydd yma, yn cyfeirio at y ffaith fod y ffrâm yn *goferu* dros ymylon y cert, fel diffiniad yr *OED* o'r *thripple*; cf. **llwyfen ofer** (< *gofer*). Ond ni ddisgwylid treiglad i *gofer* ar ôl y ffurf luosog *carfanau*, oni gamddehonglwyd *ofer* yn y cyfuniad *carfan ofer*. **33**.23

cario gwair, cludo gwair, yn enwedig mewn cerbyd neu drol. **31**.82

carlam, rhediad cyflymaf ceffyl. **67**.86

carlamiad, rhediad ceffyl ar garlam. **67**.88

carlamog, yn carlamu (am geffyl). **67**.89

carlamol, yn carlamu (am geffyl). **67**.91

carlamu, rhedeg ar garlam (am geffyl). **67**.87

carlwm, *WS* (1547) '*Karlwnck*: Stote'. Cynigir yn *GPC* ei fod yn gyfuniad o elfen anhysbys + *llwng, llwnc*, 'o bosibl am fod y creadur yn sugno gwaed ei ysglyfaeth'; cymherir datblygiad *carlwng* > *carlwm* gyda *Trallwng* > *Trallwm* ar lafar. **88**.3

carn, carn ceffyl. **67**.73; **carn *ll*. carnau 96**.42

carn, dwrn cleddyf. **50**.22

carn bynawyd, dwrn neu handlen mynawyd (crydd). **63**.22

carn ebill, dwrn neu handlen ebill (saer pren). **53**.34

carnllif, *GPC* '?Rhathell neu ysgrafell at grafu a llyfnhau carnau anifeiliaid'. Fe'i rhestrir ymysg offer y gof yn Llyfr Du'r Waun, gw. *LlI* §141.4 (td. 147 'hoof file') ac nid oes tystiolaeth yn *GPC* ei fod yn air byw erbyn oes John Jones. **52**.22

carped [= **twyg bwrdd**], gorchudd neu liain bwrdd; *OED carpet* 'A thick fabric, commonly of wool, used to cover tables, beds, etc.; a tablecloth'. **28**.32

carraid, **carred**, llwyth car llusg; gw. **carred o wair**. **34**.9; **carraid 35**.5

carre yr ên, Jones, 'Termau Amaethwyr Dyffryn Edeirnion', 290, '*carrai yr ên*: y darn lledr, ynglyn a'r ffrwyn neu'r masc, sydd yn mynd y tu ôl i'r ên' (er mwyn sicrhau na lithrai'r ffrwyn oddi am ben y ceffyl). **37**.42

carred o wair, carraid o wair, llond cerbyd neu drol o wair. **31**.83

carreg *ll*. cerrig 5.37, **129**.1; *bach*. **caregan 5**.44, **129**.2

carreg arw, carreg anwastad. **5**.39

carreg calch, carreg galch, 'limestone'. *Carreg galch* yn unig a geir yn *GPC*, ond cf. *LlS* (1574) 65 *[c]arrec calch*. Ar y tueddiad yn y Geirfâu i beidio â threiglo enw â grym ansoddair yn dilyn enw benywaidd unigol, gw. td. 38. **5**.38, **129**.9

carreg callestr, carreg fflint, *WS* (1547) '*Kallestyr*: A flynt stone'. **5**.51, **129**.14

carreg ddolefain, carreg atsain; mae'n amrywiad ar y ffurf fwy arferol *carreg lefain*, *WS* (1547) '*Kraic lafar, karec lefain*'. **5**.49

carreg grud, carreg rud (*grud, grut* < Saes. *grit*), graean ar gyfer hogi striciau, neu dywodfaen bras y gwneid meini melin ohono (gw. *GPC*); *TJ* (1688) 'Grut, grûd: *Grit*'. Defnyddid graean i hogi striciau; cf. *GPC grutbren, pren grut*, a gw. **rhip pladur, stric pren**. **5**.43, **129**.12

carreg gwenithfaen, 'granite'. **5**.50

carreg haearn, carreg yn cynnwys mwyn haearn, 'iron-stone' (*GPC* 1866). **129**.11

carreg las, naill ai llechen, 'slate', neu gopr sylffad, fitriol glas; gw. *GPC* ac *OED bluestone*. Fe'i defnyddid fel mordant yn y broses o liwio gwlân, sef sylwedd i gryfhau'r 'bond' rhwng lliw a gwlân. **5**.45, **129**.10

carreg nadd, maen nadd neu naddedig. **5**.41, **129**.13

carth cywarch, *GPC* 'breisgion, gwehilion cywarch', sef y gweddillion ar ôl i gywarch, sef hemp, gael ei guro ag **ysbodol**. Am y ddihareb *Gwell carthion Mawrth no blaenion Mai*, gw. **blaenion cywarch**. **27**.84

carth llin, breisgion llin; gw. **carth cywarch**. **27**.83

carth ysbodol, gwehilion neu freisgion cywarch neu lin ar ôl eu curo ag **ysbodol**. **27**.82

carthbren, gw. *AradrGym* 67 'Math o bâl fechan a choes hir ydoedd ... [a] ddefnyddid gynt i garthu neu lanhau'r swch a'r cwlltwr a'r ystyllenbridd. Enw mwyaf cyffredin y carthbren yn Saes. oedd *plough-staff* ac *akerstaff*'; cf. Pen 308i, 106 *Pattal: karthbren, a patal* (JJ, *c*.1621) (Saes. *pattle* 'a plough staff'). Yn ôl Lewys Glyn Cothi, cludai'r geilwad garthbren a gwialen i annog yr anifeiliaid gwedd wrth aredig: *GLGC* 236.35–6 *carthbren, gwialen geilwad, / gwbwl a swmbwl i'w siad*. **45**.76

carthedig, wedi ei garthu neu ei lanhau (am feudy, &c.). **36**.24

carthen, carthen nithio, nithlen. **28**.157, **45**.33; **carthen** [= **nithlen**] **35**.34

carthen odyn, carthen fras y rhoddid grawn arni i sychu mewn odyn. **18**.19

cartheniaid, carthennaid, carthenned, llond carthen o rawn (i'w sychu mewn odyn neu i'w nithio). **18**.21; **carthennaid, carthenned** [= **nithlennaid, nithlenned**] **35**.65

carthglwyd [= **berfa**], *GPC* 'Math o ferfa ddwylo ar ffurf elor ... a ddefnyddir i gario tail, yn enw[edig] wrth wrteithio llechweddau rhy serth i gerti', 'dung barrow'. Cf. Pen 169, 222 *Berfa: carthgluwyd* (RhM, *c*.1580); *AradrGym* 67 '*berfa* oedd carthglwyd yn ôl Roger Morris ... Dywed y Dr. Peate wrthyf mai carthglwyd y gelwir berfa-law yn ardal Llanbryn-mair.' **36**.27; **carthglwyd** **45**.20

carthiad, y weithred o garthu (beudy, &c.), glanhad. **36**.25

carthu, glanhau beudy, &c. **36**.23

carw *ll*. **ceirw** **25**.1, **75**.1

carw coch, hydd, 'red deer'. **75** (pennawd)

carwden [= **cefnwden**] *ll.* **carwdyn**, *GPC carwden* 'Cefndres trol, tres neu gadwyn haearn (yn wr[eiddiol] gwialen ystwyth) yn mynd dros gefn ystrodur march er mwyn cynnal llorpiau neu freichiau trol'. Cf. Jones, 'Creffteiriau Amaethwyr Dinbych', 38, '*carwden*: y dres o fraich i fraich trol dros gefn ceffyl.– Sir Ddinbych'. Ni restrir *carwdyn* yn *GPC*, sy'n fwy tebygol o fod yn ffurf amrywiol ar *carwden* yn hytrach na'n ffurf luosog, fel y'i disgrifir gan John Jones. **32**.8

caseg, *GPC* 'Teclyn danheddog i ddarnio llin neu gywarch'; Pen 169, 222 *Brack: cassec i gyweirio llin* (RhM, *c*.1580). Mae ei leoliad yn **27**.103, ymysg geiriau am ddirwyn edafedd, yn awgrymu'r un ystyr yno ag yn *caseg eira*. **27**.103, **28**.136

caseg *ll*. **cesyg**, ceffyl benyw. **67**.22

caseg dan rwysg, caseg yn cael ei marchogaeth gan farch, Pen 308i, 51 *Kasseg dan rwysc yw kasseg a fo dan veirch* (JJ, *c*.1621). **67**.32

caseg gyfebr, caseg feichiog. Gwelir caledigiad -*g g*- > *c*- yn narlleniad y llawysgrif, *Casseg cyfebr*. **67**.41

caseg i gweirio llin, teclyn i ddarnio llin neu gywarch; gw. **caseg**. **27**.75

caseg wniad, caseg wyniad, caseg yn gofyn march; gw. **caseg dan rwysg**. **67**.30

caseg y drycin, cnocell werdd neu frân Gernyw, *WS* (1547) '*Kasec y ddrickhin, ederyn*: A nyckehole' (*OED hickwall* 'A Green Woodpecker'); *TJ* (1688) 'Caseg y dryghin. *The cornish choff, a joy*'. **124**.28

casegaidd, o natur caseg. **67**.23

casegol, o natur caseg, yn perthyn i gaseg. **67**.24
casgledig, wedi ei gasglu ynghyd (am wair). **31**.69
casgliad, crynhoad (o wair). **31**.70
casglu gwair, cynnull neu bentyrru gwair. **31**.64
castelliad paun, lledaeniad plu paun. **123**.54
castellog, wedi lledaenu ei blu (am baun). **123**.55
castr, gwialen march, *TR* (1753) '*castr march*, penis equinus'. **96**.60
y gaswenwyn: ysgabiws, *GPC* 'Cas gan gythraul', 'devil's bit'; hefyd Atod.1.142 *Morsus diaboli: Divels bit: y Gaswenwyn*, 227, 229, Atod.2.9, Atod.3.118–20. Cf. *LlS* (1574) 135 *Y Gaswenwyn ... Succisa yn Llatin, Divels bytte yn Saesonaec a'r Gaswenwyn yn Camberaec*. *Y Bywiadur* 'tamaid y cythraul, *Succisa pratensis*, devil's-bit, scabious'. Ar *ysgabiws*, gw. *GPC ysgabliws*[1]. **122**.195
cath *ll.* **cathod** 79.1; **cath, un gerdded â chi dieithr yn hyn a ddilyn**, hynny yw, mae gan gath yr un nodweddion â chi, ac eithrio'r hyn a nodir yn y rhestr. Ar *un gerdded (â)*, gw. **eidion**. **103**.1
cath atherig. Tebyg mai gwall sydd yma am *cath gatherig* (gyda threiglad dwbl, o bosibl); cf. *GPC catherig* 'Yn gofyn y gwrcath neu gath wryw'; a gw. **cath cetherig**. **79**.6
cath bigog: *a thorneback* ('a thornback'): **un o'r pedair rhywogaeth morcath yw** *ed*. **morcath**, *GPC morcath bigog* 'thornback ray, *Raja clavata*' a gw. ymhellach ar **morcath**. Diddorol yw nodyn Lewis Morris (*c*.1745) yn LlGC 24052E, 222: *The Ray or Thornback ... Morcath. or Cath Fôr. is y*[e] *General name. Cath arw. morcath arw. cath Bigog: This is reckond delicious Eating*. **125**.58
cath cetherig, cath yn gofyn gwrcath, cf. *GPC catherig* 'Yn gofyn y gwrcath neu gath wryw'; gw. **cath atherig**. Gan mai enw benywaidd yw *cath* fel arfer (ond gw. *GPC* 'eb.g.'), disgwylid *cath getherig*, felly mae'n bosibl y gwelir yma enghraifft o galediad *-th g-* > *-th c-*. **79**.7
cath dorrog, cath feichiog. **79**.11
cath fanw, cath fenyw. **79**.4
cath felen: **un o'r pedwar rhywogaeth morcath yw ac y sydd wenwynllyd** *ed*. **morcath**. Ni cheir *cath felen* na *morcath felen* yn *GPC*, ond dywed y pysgotwr Tony Lovell wrthyf mai dyma enw pysgotwyr Caernarfon am y *blonde ray*. Sylwer bod *rhywogaeth* yn enw gwrywaidd yma, ond yn fenywaidd dan **cath bigog**. **125**.60
cath goed, cath wyllt. **79**.15
cath môr *ed*. **morcath** gw. **morcath 125**.59
cath wrw, gwrcath. **79**.3
cau drws 8.170

caul, cywair llaeth, ceuled llaeth, bolgywair, *WS* (1547) '*Kaul*: Rennet'; cf. *OED rennet*, n.[1] 'Curdled milk from the abomasum (fourth stomach) of an unweaned calf or other ruminant, containing rennin and used in curdling milk for cheese, junket, etc.'; Jones, 'Termau Amaethwyr Dyffryn Edeirnion', 291, '*ceulo* (curdling). Rhoddir darn o groen caul yn y llaeth, a'r canlyniad yw ei fod yn ceulo.' **17**.57; **caul** [= **cwyrdab, cwyrdebyn**] **17**.59; **caul, hefyd sydd anghenraid wrtho tuag at gweirio bwyd**, stumog llo (yng nghyswllt y cigydd). **26**.13

caul llo, stumog llo, bolgywair; gw. **caul**. **97**.12

cawdrwm, crochan; benthyciad o'r Saes. *caudron*. Gw. *OED cauldron*, lle gwelir mai ychwanegiad yn oes y Dadeni oedd yr *l* sydd bellach yn y gair Saes. **14**.17, **28**.90

cawell pysgod, math o fasged neu lestr o wiail i ddal pysgod. **125**.23

cawellaid, llond cawell (o bysgod). **125**.24

cawellu, rhoi neu ddal mewn cawell (am bysgod). **125**.25

cawg *ll*. **cawgiau**, dysgl, ffiol, *WS* (1547) '*Kawc*: A basyn'. **13**.69; **cawg 28**.39, **66**.14

cawl [= **sew, potes**], potes, stiw (yn cynnwys cig, llysiau, &c.). **14**.65

caws 17.70; *u*. **cosyn 17**.79

caws gwyn, caws gwyn ei liw neu geuled llaeth, cf. *GPC ceulfraen* 'Llaeth wedi ceulo y gwasgwyd y maidd ohono nes sychu o'r sopen ac yna ei halltu a'i friwio â llaw, caws gwyn'. **17**.66

caws melyn, o bosibl caws wedi ei aeddfedu yn hytrach na chaws gwyn ffres; neu gaws wedi ei liwio'n fwriadol. Yn *CPriodor* 81 (1800) esbonnir bod 'lliwio [caws] yn beth cyffredin yn y wlâd hon', ac y defnyddir sylwedd o'r enw 'Rhuddyn Yspaen' neu 'Spanish Annotta' yn Saes. Go brin, efallai, mai dyma'r sylwedd a liwiai gaws yng nghyfnod John Jones (gw. *OED anatta* 'An orange-red dye, procured in Central America ... for colouring cheese' (1667)). **17**.68

cawsa, cardota caws, J 16, 72[r] *Cowsa. to get cheese*, neu, o bosibl, gwneud caws. **17**.71

cawslestr, cawslest, llestr i wasgu caws a'i foldio, cawsellt, 'cheese-vat', *WS* (1547) '*Kawslestyr*: Chesefat'; *GeirGeg* 126 '*cawslestr* ... llestr crwn, gweddol isel o waith y cowper. Estyll o bren masarn, fel rheol, wedi eu hasio'n dynn â bandiau haearn. Amrywiai'r llestr o ran maint, rhwng chwech a deunaw modfedd ar draws, a darperid tyllau yn ei waelod. Gwnaed clawr pren i roi ar ei wyneb. Wrth wneud cosyn byddid yn llanw'r cawslestr â chaws mân (ceulfran) a'i roi o dan bwysau. O'i wasgu byddai'r cosyn yn caledu a'r maidd yn rhedeg ohono.' **17**.67; **cawstles** (trwy drawsosod, gw. td. 37) **28**.129; *ll*. **cawslesti 17**.78

cebyst [= **tennyn, rheffyn**], cebystr, *GPC* 'Rheffyn, tennyn, penffrwyn, cortyn â chwlwm rhedeg i rwymo da corniog neu geffylau, &c.' **37**.6; **cebyst 45**.91

cebyst aradr [= **cledde aradr, gwerthyd aradr**], *GPC* 'sheet or stilt of plough, piece of tough wood which connects sole of plough with beam'. **30**.58

cecys pinnau, coesynnau bobiniau. Daw *cecys* 'Coesynnau sychion a chau fel rheol ... cyrs' (*GPC*) o'r Saes. *kex*, *OED* 'The dry, usually hollow, stem of various herbaceous plants'; cf. *quill*, n.[1] '*Spinning* and *Weaving*. A piece of a hollow plant stem, esp. of a reed, on which yarn is wound; a bobbin, a spool, a pirn'. **59**.42

ced [= **cynilyn**]: **peth o breniau i arwain gwellt i anifeliad**. 'Rhodd' neu 'deyrnged' yw prif ystyr *ced* yn *GPC*; ond fel y gwelir wrth drafod **cynilyn** isod, ymddengys mai rhyw fath o strwythur pren (?helyg) sydd yma, i gludo (*arwain*) gwellt i anifeiliaid mewn beudy. Deellir *anifeliad* yn ffurf luosog (amrywiad, o bosibl, ar *anifelied* 'anifeiliaid'). **36**.30

ceden gafr, ?blew cudynnog gafr. **100**.3

cedor, *GPC* 'Blew'r aelodau dirgel, aelod dirgel'. **7**.65

cefn, cefn y corff. **7**.75; **96**.28 (ceffyl)

cefn [= **tir, grwn**], grwn, tir wedi ei aredig rhwng dau rych. **30**.11

cefn esgid, *GPC* 'uppers (of boot)'. **63**.6

cefnder, cefnder cyntaf. **6**.99, **117**.200; **cefnder** *ll*. **cefndyr 117**.193; **cefnderw 6**.106

cefndres, *GPC* 'Carwden' (1722), sef 'Cefndres trol, tres neu gadwyn haearn ... yn mynd dros gefn ystrodur march er mwyn cynnal llorpiau neu freichiau trol'. Cf. Jones, 'Creffteiriau Amaethwyr Dinbych', 39, '*cefndres*: y llain lledr tros gefn ceffyl i gynnal tres o boptu, hefyd y tres ei hun'. **31**.18

cefnither, cyfnither gyntaf. **6**.115, **117**.209

cefnwden [= **carwden** *ll*. **carwdyn**], *GPC* 'Carwden, cefndres' (1783); gw. hefyd **cefndres**. **32**.8

cefyrderw gw. **cyfyrder**

ceffyl *ll*. **ceffylau**, J 16, 68^r *Ceffyl. gelding. Caballus* (HS, *c*.1600). **67**.17

ceg, ceg (= 'mouth'), neu ynteu 'y sianel trwy'r gwddf, ... gwddf' (*GPC*); J 16, 68^r *Cêg. throate* (HS, *c*.1600). **7**.41

cegid, 'hemlock'; hefyd Atod.1.54 *Cicuta: Cegid, Hemlock*, Atod.3.168; *Llysieuwr* 44 *Cittuca ... Yn Saessneg erbe benned, ne hemlock, ynGhymraeg kegid ... Arver o yved j sugyn ef a geidw bronne'r merched ynn grynnion ac yn vychain, ac a geidw j meddwl a'i gweithredoedd* *wynt ynn ddiwair* (EG, *c*.1545); J 16, 68ʳ *Cegiden. hemlocke: Cicuta* (HS, *c*.1600). **122.78**

cegin *ll*. **ceginau**, ystafell goginio (dyma bennawd y rhestr hon). **14**.1; *bach*. **ceginan 14**.4

ceginog, ?a chanddo gegin. **14**.2

ceginol, yn perthyn i'r gegin. **14**.3

cengl, *GPC* 'Ysgaing o edafedd wedi ei ddirwyn ar gengliadur', 'skein'; *WS* (1547) '*Kengyl edauedd*'; gw. hefyd **cengliadur**. **27**.101

cengl *ll*. **cenglau**, *GPC* 'girth, saddle-girth'; *LlLlM* 92 '*cengal*: strap i ddal y cyfrwy ar gefn ceffyl. Bachir ef wrth un ochr i'r cyfrwy ac â dan fol y ceffyl i'w fachu wrth ochr arall y cyfrwy'; *WS* (1547) '*Kengyl*: A gyrthe'; hefyd **gwe cenglau**. **37**.69

cengledig, wedi ei wregysu â chengl (am geffyl). **37**.71

cengliad, gwregysiad ceffyl â chengl. **37**.72

cengliadur, cyngliadur, *GPC* 'Ystyllen ddirwyn, silindr neu werthyd a droir i ddirwyn edafedd'; *WS* (1547) '*Kyngladur*: Rele'. Gw. hefyd **cengl**. **27**.100; **ceingliadur 28**.140

cenglog, a chengl arno, wedi ei wregysu (am geffyl). **37**.73

cenglu, rhoi gwregys neu harnais (**cengl**) ar geffyl. **37**.70

cehyr, cyhyr, *WS* (1547) '*Kehyr*: Braune'. **7**.134

cei y drws [= **cap y drws, gwarddrws**]: *the lyntell* ('the lintel'), capan drws, Pen 308i, 68 *Kei y drws: yᵉ lyntel. Kapp y drws: idem.* (JJ, *c*.1621). Mae'n debygol mai ffurf ffug gan un o eiriadurwyr yr 16g. yw *cei*, drwy dybio bod *ceibren* yn tarddu o *cei + pren*. Yr ystyr yw 'dist uwch y drws, lintel'; cf. **ceien** a'r ffurf *ceibyst* a ddyfynnir dan **ceibren**. Ar *lyntell*, gw. *OED lintel* 'A horizontal piece of timber, stone, etc. placed over a door, window, or other opening to discharge the superincumbent weight'. **8**.141

ceibiad, cloddiad. **43**.27

ceibiedig, wedi ei geibio neu ei gloddio. **43**.26

ceibio, cloddio tir â chaib (i wneud clawdd). **43**.25

ceibren *ll*. **ceibr** [= **sbarysen** *ll*. **sbarrys**; **rhethren** *ll*. **rhethri**], trawst, dist. Mae John Jones wedi dehongli *ceibr*, a ddiffynnir fel enw unigol yn *GPC* (a *ceibren* yn ffurf fachigol), fel ffurf luosog yma. Diolch i Dr Eurwyn Wiliam am y sylw canlynol (ehebiaeth, Mehefin 2020): 'cf. *Ceibyst*, Tre-lech, "joists", casglwyd gan Elfyn Scourfield, AWC; a gw. hefyd *Ceibran*, "The pole or iron bar which held the cauldron – as in many old cottages or farmhouses" Tom Jones, Morgannwg, Llsgr. AWC 1619/4.' **8**.94; **cibren, ceibren** *ll*. **ceibr** [= **dist** *ll*. **distiau**] **8**.89

ceibren car *ll*. **ceibr ceir** [= **braich car**], trosol neu drawst cerbyd, yma'r breichiau a gysyllta'r cerbyd â'r anifail tynnu. Unigol yw *ceibr*, nid lluosog, fel y gwelir yn y nodyn blaenorol. **32**.2

ceien [= **rheswydden logel, gwawr logel, gwawr do, gwawr ystlys, gwawr gant, gwawr dâl, rheswydden gant**], dist neu drawst; cf. **cei y drws** 'lintel'; Pen 308i, 59 *Keihen: stondarde gwregis ty* (JJ, *c*.1621). **8**.82

ceien dalcen [= **gwawr dâl**]: **cyferbyn neu gyfuwch â'r rheswydden logel**. Ai un o ddistiau'r walbant sy'n derbyn ceibrau'r to, 'eaves-beam'? Gw. **ceien**. **8**.84

ceifn, trydydd cefnder, *LlI* §106.17–19 *braut a keuenderu a keuerderu a keyuyn a gorcheyuen a gorchau a ney uab gorchau*. **6**.101, **117**.195; **ceifn**, &c., trydedd gyfnither, &c. **117**.211

ceifn plant y cyfyrderw, gw. **ceifn**. Mae'n bosibl y dylid darllen *ceifn, plant y cyfyrderw*, gyda *plant y cyfyrder* yn ddiffiniol (go brin y byddai *ceifnblant y cyfyrderw* yn synhwyrol). **6**.109; **ceifn plant y cyfyrder** (ai gwallus yma yw'r diffyg treiglad?) **117**.203

cengliadur gw. **cengliadur**

ceiliagwydd *ll*. **ceiliagwyddi**, gŵydd wryw, *WS* (1547) '*Keilogwydd*: A gander'; gw. hefyd **celiog gŵydd**. **123**.35

ceiliagwyddi tân: *andiers* ('andiers'), 'firedogs', a ddeuai mewn pâr. Ni chafwyd enghraifft arall o'r enw, a *ceiliagwyddau*, nid *ceiliagwyddi*, a roddir fel ffurf luosog *ceiliagwydd* yn *GPC*. Mae'n bosibl mai ymgais i gyfieithu'r Saes. *andiers* yw *ceiliagwyddi* (o bosibl gan eiriadurwr yn yr 16g.), drwy gamddehongli *andiers* fel ffurf ar *gander*. Ar *andiers* neu *andiron*, gw. *WWills* 13 'A horizontal bar, supported by a short foot at one end, and an upright pillar or support, usually ornamental, at the other. A pair of these were placed at either side of the hearth, to support burning logs. The uprights may also have hooks for pots etc., to hang above the fire, or may support a spit.' Daw'r gair Saes. o'r Hen Ffrangeg *andier* ac mae ei darddiad yn dywyll, gw. *OED andiron*. Ar *ceiliagwydd* am 'declyn ar fysedd cadair pladur', gw. *GPC*. **9**.80; **celiagwyddi tân 28**.13

ceiliog gw. dan **celiog** am ragor o gyfuniadau.

ceiliog canu, ceiliog sy'n canu. **123**.19

ceinach, hen air am ysgyfarnog. **77**.3

ll. **ceirch** [*u*.] **ceirchen**, *WS* (1547) '*Keirchen*: Ote' a '*Keirch*: Otes'. Dyma oedd un o'r cnydau pwysicaf a dyfid yng Nghymru ers talwm: roedd yn rhad i'w gynhyrchu gan ei fod yn tyfu mewn pob math o dir, ac fe'i defnyddid i fwydo anifeiliaid a phobl. **31**.169; **ceirch 122**.79

ceircha, cynaeafu neu gardota ceirch. **31**.182

ceirchog, toreithiog mewn ceirch. **31**.170

ceirioes [= **sirion duon**], ceirios, Pen 169, 263 *Keirioes, Siriann* (RhM, *c*.1580); *CIech* 39 *Keuroes ne surian ysydd ffrwyd koed perllanne, ac ynn tyuu yn gyffredin o vewn poob gwlad o'r ynnys hon* (1545). **121**.239

celiagwyddi tân gw. **ceiliagwyddi tân**

celiog gw. hefyd **ceiliog**. Am *ei* > *e* yn y goben ac weithiau mewn sillaf ragobennol, gw. td. 37.

celiog bronfraith: *a thrastle cock*, bronfraith wryw, J 16, 65^v *Ceiliog bronvraith. Thrastell cocke* (HS, *c*.1600). Ar y ffurf Saes., gw. *OED throstle-cock* lle cofnodir *thrassel* yn yr 1600au. **124**.19

celiog coed, ffesant, *WS* (1547) '*Keiloc koe[d]*: A pheasaunte'. Gw. ymhellach *Vert Fauna* 311; hefyd *GMBen* 13.31n lle trafodir ystyr *ceiliog y coed* ym marddoniaeth y 14g. a'r 15g. **124**.31

celiog gŵydd, ceiliagwydd; gw. hefyd **ceiliagwydd**. **124**.32

celiog hwyad, hwyaden wryw, *WS* (1547) '*Keiloc hwyad*: A drake, malarde'. **124**.29; **ceiliog hwyad 123**.61

celiog iâr, ceiliog, *GPC* 'cockerel; hermaphrodite fowl'. **124**.30; **ceiliog iâr** *ll*. **ceiliogod 123**.2

celiog môr, ceiliog môr; ni cheir yr enw yn *GPC*, ond cf., o bosibl, *OED sea-cock* 'A kind of crab. *Obsolete*' (1668) neu 'A name for species of gurnard' (1704). Gw. hefyd **iâr fôr**. **125**.61

celiog mwyalch, ceiliog mwyalch, mwyalchen wryw. **124**.97

celiog mynydd, ceiliog grugiar ddu, *GPC ceiliog y mynydd, ceiliog du* 'blackcock, heath-cock, male grouse'. **124**.33

celiog rhedyn, ceiliog rhedyn, sioncyn y gwair, *WS* (1547) '*Keiloc rhedyn*: A greshopper'. Ond er bod hwn yn air Cym. dilys, mae cofnod gan John Jones mewn rhestr flaenorol, Pen 308i, 238 *Keliog rhedyn: locusta* (JJ, *c*.1621), yn awgrymu mai rhestr o eiriau Hen Gernyweg oedd ei ffynhonnell yn y pen draw ar gyfer y gair, sef y *Vocabularium Cornicum*: #618 *locusta* gl. *chelioc reden* (*OCV* 267 'grasshopper'); gw. y Rhagymadrodd, §3.6. **126**.28, **127**.17

celiog twrci, ceiliog twrci, twrci gwryw. **123**.57

celwrn, cunnog, twba; *LlI* §140.19 *Kelurn* (td. 147 'tub, vat'). **28**.109

celynllwyn, llwyn celyn. **121**.132

celynna, casglu celyn. **121**.129

celynnen *ll*. **celyn**, llwyn celyn. **121**.128

celynnog, llawn celyn. **121**.130

cell *ll*. **cellau**, storfa fwyd neu win, pantri. Dyma bennawd y rhestr fer hon nad yw'n dweud dim wrthym am natur yr ystafell; cf. Pen 308i, 66 *Kell:*

lle i gysgu ne i gadw bwyd (JJ, *c*.1621). **12**.1; *bach.* **cellan** [= **cellig**] **12**.5; **cellig** [= **cellan**] **12**.5

celli, llwyn o goed, llwyn o goed cyll (yr ystyr debycaf yma). **121**.77

cellog, ?ac iddo bantri (am dŷ), ?wedi ei roi mewn pantri neu gell. **12**.2

cellwr, un a chanddo ofal dros bantri. **12**.3; *b.* **cellwraig 12**.4

cenau *ll.* **cenawon**, anifail ifanc. **73**.26 (ci); **81**.7 (llwynog)

cenau arth, arth fechan. **90**.3

cenau cath, cath fechan. **79**.5

cenau llew, llew bychan, J 16, 67ʳ *Cenaw llew. a lions whelpe* (HS, *c*.1600). **83**.4

cenfaint *ll.* **cenfeinoedd**, haid (o foch). **71**.3

cenfaint o foch, haid o foch, J 16, 67ᵛ *Cenvaint. hoard of swine* (HS, *c*.1600). **71**.41

cenlli goch gw. **genlli goch**

cenllysg, cenllyst [= **cesair**], J 16, 67ᵛ *Cenllysc × Cesair. hayle, Grando* (HS, *c*.1600). Ceir *cenllyst* yn amrywiad ar *cenllysg* yn nhafodiaith y gogledd-ddwyrain hyd heddiw: cf. Carys A. Jones *et al.*, 'Hinsawdd Hanesyddol: Potensial Ffynonellau Dogfennol Cymru', *Gwerddon*, 6 (2010), 50. **2**.72; *u.* **cenllystyn**, cenllysgyn, gronyn o genllysg. **2**.73

cenllystlaw, cenllysglaw, cawod o genllysg, neu gawod gymysg o law a chenllysg. **2**.77

cenllystog, cenllysgog, yn llawn cenllysg, yn bwrw cenllysg. **2**.78

cenllystu, bwrw cenllysg (ni cheir y ferf yn *GPC*); gw. **cenllyst, cenllyst**. **2**.74

cennin, 'leeks', *WS* (1547) '*Keninen*: A leke'; *LlS* (1574) 117 *Cennin ... Porrum yn Llatin, a Leeke yn Saesonaec, Cennin yn Camberaec*. **122**.80

cennin Pedr, *GPC* 'daffodils; leeks', J 16, 67ᵛ *Cennin Petr. Narcissus luteus, Pseudonarcissus* (HS, *c*.1600); *BNP* (1633) '*Cennin Pedr. Daffodill*'. Cyfeirir at gennin Pedr mewn dwy ddihareb gan Thomas Wiliems: Pen 188, 145 *pei cai ef Genhin petr, ny lwydhei* (*c*.1590–1620); Mos 204, 140 *Pei cae hi gennin Pedr, hi a vethodh* (TW, *c*.1620). A awgrymir bod cennin Pedr yn dod ag aflwyddiant i'w perchennog, neu ai'r ergyd yw fod y person dan sylw yn methu er gwaethaf bod â chennin Pedr yn ei feddiant (sydd i fod i ddod â lwc dda)? **122**.82

cennin y brain: [Llad.] *affodillus*, a hefyd Atod.1.3, Atod.3.169; Pen 297, 200 *Kennin y brain neu'r saffrwm gwyllt* (JJ, 1606). Ymddengys *cennin y brain* yn gyfieithiad o *crow-leek*: *OED* †*crow-leek* 'A name given, according to Gerarde and later writers, to the wild hyacinth (*Scilla nutans*): by earlier writers sometimes to crow-garlic'. Yn *GPC* fe'i diffinnir fel 'wild hyacinths', a gall mai enw am 'fwtias y gog' yw *cennin y brain* yma, â blodau glas. Cf. J 16, 67ᵛ *Cennin y brain. Hastula regia, Hyacinthus, Affodilus* (HS, *c*.1600); *TJ* (1688) 'Cennin y brain, esgidiau'r gôg, hosanau'r gôg: *The Purple Hiacinth Flower*'. Ond yn ôl Elis Gruffydd, *Llysieuwr* 17, *Affodyllws: Y llyshiewyn yma a henwir ynn y Saesnoneg affodyl, yr hwn ysydd gyfellib j genhinen. Ac yn wir ni wn j nad y llyshe hynn ir ydym ni yn i gallw kenin y brain, yr hwn a ddwg vlode melynion* (EG, *c*.1545): felly blodau melyn. Am yr *affodill* (o'r Llad. Diweddar *affodillus*, amrywiad ar *asfodillus*), meddir yn yr *OED* 'The plant ramsons, *Allium ursinum*. Obsolete' ond hefyd 'The daffodil (genus *Narcissus*)'. Ni ellir bod yn sicr at ba un y cyfeirir yma. **122**.81

cerddin *ll. o* **cerddinen**, coed criafol (*ll. o* = 'lluosog o'). **121**.221; **cerddinen: criawolen 121**.220

cerfyll, cyff y corff, 'trunk', Pen 308i, 70 *Kervyll: the bwlk of a mans body from the neck to the theightes* (JJ, *c*.1621). **7**.2

cern, asgwrn y foch, boch. **7**.20; **96**.11 (ceffyl); yng nghyswllt y cigydd, **dwy gern 21**.3 (eidion); **y ddwy gern 22**.3; **2 gern 22**.22 (mochyn)

cernau ffrwyn, cf., o bosibl, *OED cheekpiece* 'Either of the side straps or pieces of a horse's bridle, connecting the headpiece with the bit'. **37**.41

cerne y paladr, cernau'r paladr, gyda *cerne* 'cernau' yma mewn ystyr drosiadol am 'ochrau'; gw. *GPC cern*¹. Ai ymylon neu rannau croes y **bwa main**? **57**.61

cerrig, cerrig adeiladu. **58**.15

cerrig calch, 'limestone'. **58**.16

cerrig eirin [= **main eirin**], 'plum stones'. **121**.72

cerrynt gw. **gerrynt**

certwen [*ll.*] **certwenni**, certwain, trol, cert, Pen 308ii, 7 *Kertwyn: a kart* (JJ, *c*.1621). **32**.18; **certwyn 45**.9

certwyn deilo, cert ar gyfer chwalu tail. **33**.24

certwynaid, certwyned, llond cert, Pen 308ii, 7 *Kertwynaid: a kartfull* (JJ, *c*.1621). **35**.3

cerwyn, twba, *GPC* 'Llestr mawr at ddal cwrw neu ryw ddiod arall pan fo'n eplesu', 'mash-vat'; *TJ* (1688) 'Cerwŷn. *A brewing tun, or tub*'. Cf. *GeirGeg* 136 'math o gasgen fawr a thap ar ei gwaelod. Fe'i defnyddid i ddal cwrw cartref neu unrhyw ddiod arall pan fo'n eplesu ... *mashing-tub*'. **16**.9, **28**.95; *bach.* **cerwynan** [= **cerwynig**] **16**.10; **cerwynig** [= **cerwynan**] **16**.10

cerwyn y felin. Disgrifir cerwyn melin Betws Gwerfil Goch mewn dogfen (o'r 20g.) yn Archif *GPC*: 'Yn cau am bob pâr o feini['r felin] y mae caead pren, tebyg i gaead blwch mawr, a'r *gerwyn* y gelwir hwnnw.

Gellir codi'r gerwyn i ffwrdd pan fo eisio codi'r cerrig i'w trin. Uwchben y gerwyn, ar un ochr y mae'r *hopran* o bren ar ffurf pyramid a'i big i lawr, a'i cheg yn gollwng yr ŷd i lawr i'r hopran bach otani.' **42**.26

cerwynaid, llond cerwyn, llond twba neu faril (o gwrw, &c.). **16**.58

cesail, 'armpit', *WS* (1547) '*Kessail*: Arme hole'. **7**.45

cesair [= **cenllysg, cenllyst**], cenllysg; gair a gysylltir heddiw, ac fe ymddengys yn hanesyddol, yn ôl tystiolaeth *GPC*, â'r de. **2**.72

cest, bol, J 16, 68^r *Cêst ... paunche* (HS, *c*.1600). **7**.62

cethr *ll*. **cethri**, hoelen. **52**.30

cethrog, pigog fel hoelen, llawn hoelion. **52**.28

cethrol, offeryn neu declyn i wneud tyllau mewn haearn poeth. Fe'i rhestrir yn y Cyfreithiau ymysg offer y gof, *LlI* §141.3 *Kethraul* (td. 147 'bore, drill'). Ni cheir tystiolaeth ei fod yn arferedig fel enw erbyn oes John Jones, felly mae'n debygol mai fel ansoddair y dehonglodd y ffurf, gyda **cethrog** yn ei ddilyn. **52**.27

ceudy, ffurf amrywiol ar *GPC geudy* 'Tŷ bach, cachdy, closed, ystafell fechan'; ni nodir *ceudy* yno, ond cf. **ceustol**. Pennawd yn unig a geir yma (**40**), ac mae'n bosibl mai o'r Cyfreithiau y cafodd John Jones y gair: *LlI* §25 *geuty* (td. 153 'privy'). Defnyddiodd Gruffudd ap Maredudd o Fôn (*fl.* 14g.) y ffurf *ceudy* wrth ddychanu gwely rhyw Ieuan fab Meilyr: Ann Parry Owen (gol.), *Gwaith Gruffudd ap Maredudd ap Dafydd III: Canu Amrywiol* (Aberystwyth, 2007), 7.13–14, *Sur Ieuan, dilan dyle, / Sorel llanw cawdel ceudy*. Am *g-* ac *c-* yn ymgyfnewid ar ddechrau gair, gw. td. 38. Mae'n bosibl fod *cau* yn yr ystyr 'perfeddion, coluddion' (*GPC cau*^{2}) wedi dylanwadu ar y ffurf.

ceulaid, wedi ceulo, cawsiog, neu o bosibl ffurf ar yr enw **ceuled**. **17**.63

ceuled, ceulaid, cyweirdeb llaeth, bolgywair, rennet (gw. **caul**), *GeirGeg* 22 '*ceuled ...* wrth wneud caws cartre' byddid yn rhoi cwyrdeb yn y llefrith i'w gawsio (ceulo). Byddid yn bwyta ychydig o'r ceuled hwn fel pryd ysgafn cyn tynnu'r maidd ohono i'w wneud yn gaws ... *cheese curds and whey*'. **17**.61

ceulo, troi'n geuled, troi'n gaws (am laeth), cf. Jones, 'Termau Amaethwyr Dyffryn Edeirnion', 291, '*ceulo* (curdling). Rhoddir darn o groen caul yn y llaeth, a'r canlyniad yw ei fod yn ceulo'. **17**.60

ceustol. Ni cheir y gair yn *GPC* ond efallai mai bwth neu stâl (gw. *GPC stôl*^{2} o'r Saes. *stall*) neu stôl (*GPC stôl*^{1} 'sedd', &c.) ar gyfer ysgarthu yw'r ystyr yma, yn dilyn **trwnclestr** yn y rhestr; cf. **ceudy**. **11**.73

cewyn [= **y cornwyd**]. Mae'n rhaid mai'r un gair yw hwn ag *GPC cowyn, cywyn*^{2} 'Math o haint marwol, pla cornwydog, haint y nodau', er na chofnodir y ffurf fel amrywiad yno. **46**.33

ci, ansicr; fe'i lleolir rhwng **pedrogliog** a **gweithdy** yng nghyswllt offer saer pren; gw. **ci** [= **iou**]. **53**.106

ci *ll*. **cŵn**, 'dog' **73**.1; *bach*. **cian**, *WS* (1547) '*Cian*: A litel dogge'. **73**.3

ci [= **iou**], **o bren neu haearn i dderbyn y colyn uchaf**, bachyn pren neu haearn yn ffrâm y drws y pwysa bachyn y ddôr arno; gw. **ci y drws** a cf., o bosibl, *GPC ci llidiart* 'hinge of gate' a gofnodwyd ar lafar ym Mhenllyn. **8**.152

ci brych [= **penci brych**]: **un o rywogaeth y cŵn coegion yw** *ed*. **ci coeg**, *GPC ci brych* 'dogfish'; cf. nodyn Lewis Morris yn LlGC 24052E, 211, wrth lun o'r *Catulus minor*: *The Lesser Rough hound fish called in Cornwall Morgay. In Wales Morgi. Ci Coeg, and Ci Brych*. **125**.62

ci coeg *ll*. **cŵn coegion, yw yr henw cyffredin ar yr holl gŵn bysgod sydd yn magu yn y môr, ac y maent yn bwrw i wrthynt ac ohonynt beth a elwir esgid y frân, o'r hon y mae'r holl gŵn yn dyfod**. Disgrifir yma bysgod o deulu'r morgwn; *WS* (1547) '*Ki coec, pyscodyn*: Dogfysshe'. 'Ffals' neu 'gwag' yw ystyr *coeg* gan amlaf heddiw – *cneuen goeg* yw 'cneuen wag' – ond yn yr Oesoedd Canol gallai hefyd ddisgrifio person 'dall' neu 'lygatgam', fel Maredudd Goeg, mab dall yr Arglwydd Rhys. Gan hynny mae'n debygol fod *coeg* yma'n cyfeirio at y ffaith fod gan nifer o forgwn drydydd amrant pŵl sy'n peri iddynt ymddangos fel baent yn ddall. Gw. isod ar **esgid y frân**. **125**.64

ci drws gw. **ci y drws**

ci glas: **un o rywogaeth y cŵn coegion yw** *ed*. **ci coeg**, *GPC ci glas* 'tope, dogfish' (1687); cf. nodyn Lewis Morris (*c*.1745) yn LlGC 24052E, 213, wrth lun o'r *Canis Galeus: A kind of Smooth dogfish in Cornwal Called A Tope. In Wales Ci glâs. One Taken at Holyhead Oct.17.1741. Four foot 4 Inches long with several whole Herrings in his Belly*. **125**.63

ci pigog: **y gwrw yw [o'r] cŵn coegion**, 'spur-dog' (*Squalus acanthius*). Ni cheir yr enw yn *GPC*, ond cf. sylw Lewis Morris (*c*.1745) ar lun o'r *Mustelus Spinax, Salv* yn LlGC 24052E, 212: *a kind of dog fish Called the Picked dog or Houndfish. in Wales Called Ci Pigog pl. Cwn Pigau. about 20lb. weight. Piccwd*. **125**.65

ci y drws [= **iou**], cf. **ci**, sydd hefyd yn rhan o ddrws, ac a ddisgrifir fel dyfais **o bren neu haearn i dderbyn y colyn uchaf**. 8.146; **ci drws** [= **gïau drws**] **8**.148

ci yn ymgymharu â gast, ci yn paru â gast. **73**.13

ciaidd, tebyg i gi, yn ymddwyn fel ci. **73**.5

cibinne cnau, plisg neu godennau cnau. **121**.87

cibren gw. **ceibren**

cibws gw. **gibws**

cica, *GPC* 'Cardota cig, casglu cig', ond mae'n fwy tebygol mai gwneud gwaith cigydd yw'r ystyr yma. **65**.5

cidys, ffagodau, bwndel o fân frigau ar gyfer eu llosgi, *WS* (1547) '*Kidyssen*: A kydde'; hefyd *Paroch* i, 82 '*Kedyssen* a Fagot Northop; hinc Angl': Kids' (*c*.1700). **29**.13; *u*. **cidysen 29**.14

cidysu, ?creu bwndeli o fân frigau. Ni cheir y ferf yn *GPC*. **29**.15

cien [= **gwregys tŷ**], **sydd yn derbyn pen ystondarddau**. Ai cant neu gwmpasgylch tŷ, gwalbant, 'wall-plate' yw ystyr *cien* yma? Gw. hefyd Pen 308i, 59 *Keihen: ystondarde gwregis ty* (JJ, *c*.1621), lle cyfeiria *ystondardd* o bosibl at faner ar bolyn, fel a geid ar frig wal castell neu lys. **8**.78

cig, cnawd. **7**.143; **65**.3 (yng nghyswllt y cigydd)

cig amrwd, cig heb ei goginio. **14**.58

cig berw, cig wedi ei ferwi neu ar gyfer ei ferwi, J 16, 70^r *Cig berw. Boylmeate, sedde meate* (HS, *c*.1600). **14**.9

cig berwedig, cig wedi ei ferwi. **14**.63

cig bras, cig a llawer o fraster ynddo. **14**.55

cig cul, cig heb lawer o fraster ynddo, cig coch. **14**.56

cig pobedig, cig wedi ei bobi neu ei rostio. **14**.64

cig rhost, cig wedi ei rostio. **14**.10, 47

cigfran *ll*. **cigfrain**, *WS* (1547) '*Kicfran*: A rauen'. **124**.34

cigog, llawn cig, â llawer o gig arno. **14**.59, **65**.4

cigwain, *GPC* 'Bach neu waell at ddal cig, cigfach, bêr'; J 16, 70^r *Cigwen. fleshehooke* (HS, *c*.1600). **14**.29, **28**.58

cigydd *ll*. **cigyddion 20**.1, **65**.1

cigyddiad, drylliad cig yn ddarnau, *TJ* (1688) 'Artaith, cigyddiad, chwarteriad. *A [r]ending the skin from the bone, a butchery, a quartering*'. **20**.5

cigyddiaeth, gwaith neu grefft y cigydd. **20**.3, **65**.2

cigyddio, gwneud gwaith cigydd, dryllio cig yn ddarnau. **20**.2

cigyddiol, yn perthyn i waith cigydd. **20**.4

cigyn derw, naill ai marblis coed ('oak-gall') neu'n fwy tebygol y chwydd neu'r oddfyn a dyf ar gyff rhai coed derw ('oak burr'). **121**.118

cingyllt car [= **llyrf car**], rhan o gert neu drol, o bosibl y breichiau, gw. **llyrf car**. *Cingl car* a gafwyd mewn rhestr flaenorol, Pen 308i, 69 *Kingl karr: llyfr* [*sic*] *karr* (JJ, *c*.1621); a nodir *cingl* yn *GPC* yn ffurf amrywiol ar *cengl* 'rhwymyn', &c. Eto i gyd, anodd fyddai esbonio *cingl* > *cingyllt*: er bod *ll* > *llt* ar ddiwedd gair yn ddigon arferol (cf. *deall* > *dallt*), ni ddisgwylid *l* > *llt*. Ai gwall sydd yma, neu air gwahanol? **32**.3

cil bwyall, *GPC cil*¹ 'cefn offeryn miniog (sef y tu gwrthwyneb i'r min)'. **53**.14

cilddannedd, 'cheek teeth' ceffyl (yn cynnwys y dannedd 'molar' a 'premolar'), J 16, 69ᵛ *Cilddant. cheeke teeth* (HS, *c*.1600). **96**.5

cilddor: y post neu yr ystyllen ôl i'r ddôr, Pen 308i, 52 *Kilddor: y post ol: ne yr astell ol ir ddor* (JJ, *c*.1621), sef y postyn lle ceir y bachau; cf. ar **ymhiniog**. **8**.144

cilionen, cilion gw. **cylionen, cylion**

cil-lleuad [= **cil-lloer**], chwarter olaf y lleuad (*GPC cil y lleuad*). **1**.51

cil-lloer [= **cil-lleuad**], chwarter olaf y lleuad. **1**.51

cilwyrn *ll.* **cilwyrnau**: *a deseas in the iawes* ('a disease in the jaws'), *GPC cilchwyrn* 'chwydd neu haint ar chwarren (yn enw[edig] chwarennau'r gwddf a'r ceseiliau)'. **46**.110

cimwch: *a lobster*, **math ar bysgodyn a gwisg megis corn amdano, ac y sydd yn magu yn y chwelcysen.** Gw. **chwelcysen** 'whelk'. **125**.66

y gingroen, *GPC cingroen* 'Llysieuyn ffyngaidd drewllyd tebyg i gaws llyffant sy'n tyfu fynychaf ar gloddiau'; J 16, 70ʳ *Cingroen. Osyris, Linaria* (HS, *c*.1600); *TJ* (1688) 'Gingroen: *a stinking thing (like a Toad-stooll,) called Toad-flax*'. **122**.196

ciog, o natur ci. **73**.7

ciol, o natur ci. **73**.6

cipyll, cyff neu foncyff o bren (ar gyfer tanwydd), Pen 308i, 66 *Kypillwyd: burning blockes* (JJ, *c*.1621); *TJ* (1688) 'Cippŷll, bonion coed mân. *The stubles of small wood, also a block*'. **29**.16

cist, blwch, coffr (fel arfer a chaead arno); gw. y llun ar d. 432. Am y gist, un o'r darnau hynaf o ddodrefn yng Nghymru, meddai Iorwerth C. Peate, *DiwyllGC* 30–1, 'Y math symlaf a chynharaf o gist yw honno a wnaed o foncyff wedi ei gafnio allan ac wedi ei rwymo â haearn. Gellir gweld amryw ohonynt o hyd yn eglwysi Cymru … Yr oedd y gist wedi'i fframio o goed yn wahanol iawn: adeiledid hi o fyrddau, a'r rheini wedi eu sicrhau â phegiau. Cantid y caead ar lun to. Yr oedd cistiau o'r fath i'w cael yn y drydedd ganrif ar ddeg a buont yn ffasiynol yng Nghymru, a'u gwneud yno, hyd y bedwaredd ganrif ar bymtheg.' **28**.35

cist certwyn, trwmbel neu focs cert neu drol; cf. **cist y fen**. **32**.24

cist styffylog, cist a chaead arni, o bosibl at ddal bara neu flawd; *WS* (1547) '*Kist ystyffyloc*: Hutche'; J 16, 45ʳ *Styffylog. Panarium* (HS, *c*.1600); Pen 228ii, 259ᵛ *Panarium … cist ystyphyloc, basced y dhwyn bara* (TW, 1604–7); *TJ* (1688) 'Ystyffylog, cîst ystyffylog: *a great Chest with a round lid like a Trunk*'. Cyfeiria'r ail elfen (*styffylog* < *(y)stwffwl* + *-og*) at y stwffwl 'hinge' a gysylltai'r caead wrth weddill y gist. Yn ôl Steffan ab Owain, *Pen-blwydd Mwnci, Gogyrogo a Char Gwyllt* (Llanrwst, 2016), 94, '*cist ystyffylog* – cistiau wedi eu gwneud o goed derw ar gyfer cadw blawd – blawd ceirch neu flawd haidd – oedd y rhain. Weithiau byddai'r gist wedi ei rhannu'n ddwy, un ar gyfer ceirch a'r llall ar gyfer haidd. Mewn ambell le, cedwid cig moch wedi ei halltu efo'r ceirch yn rhan uchaf y gist.' **28**.182

cist y fen [= **llwyfen, crywyn**], bocs neu drwmbel trol; cf. **cist certwyn**. **33**.19

cist y wennol, y blwch yng nghanol gwennol gwŷdd y gosodir y pìn neu'r bobin ynddo; cf. *WWInd* 71 'the shuttle (*y wennol*) is placed in the shuttle box on the sley and thrown across to complete the weft.' **59**.36

ciwdod, pobl, cenedl, Pen 309i, 750 *Kiwdawd: kwmpeini, kenedyl* (JJ, 1623–4). **51**.64

cladd o bridd [= **paliad**], cymaint o bridd ag a gloddir ar y tro â rhaw. **43**.13

cladd y pysgod, silod pysgod, efallai, yn hytrach na phwll lle silia pysgod; gw. *GPC* am y ddwy ystyr. **125**.30

claear, lled gynnes. **119**.1

claearu, lledgynhesu. **119**.2

claearwch, lled gynhesrwydd. **119**.3

clafarn, turn, J 16, 75^v *Clavarn. Tornus*, 157^v *Turnen* × *clavarn* (HS, *c*.1600). Ni chafwyd cyfeiriad arall ato ac mae'n bosibl mai geiriadur Henry Salesbury oedd ffynhonnell John Jones ar ei gyfer. **55**.12

clafr, *GPC* 'Clefri, clefyd crachennog ar y croen ... tân Iddew, brech y cŵn, ... gwahanglwyf'; J 16, 75^v *Clavr. leprosie, lepra. Elephantia, psora. Scabia* (HS, *c*.1600). **46**.115; **clafr** *ll*. **clefri**, haint ar groen ceffyl a achosir gan wahanol fathau o euddon bach parasitig, yr ysfa, 'mange, itch'. Nid ffurf luosog yw *clefri* yn ôl *GPC*, ond ffurf unigol gyda'r terfyniad enwol -*i*; felly mae *clafr* a *clefri* i bob pwrpas yn gyfystyr. **104**.14

clafru, *GPC* 'Mynd yn gramennog neu'n glafrllyd', dioddef o'r 'mange, itch'; gw. **clafr**. **46**.117

clai *ll*. **cleiau**, pridd lleidiog. **5**.31

clais clawdd, ffos neu gwter ger bôn clawdd; gw. **clawdd**. **43**.6

clawdd, yn wreiddiol y pridd a roddid o'r neilltu wrth **gloddio** ffos, ac yna'r ffos ei hun, J 16, 75^v *Clawdd. ditche. fossa* (HS, *c*.1600). Gallai gyfeirio at unrhyw fath o 'glawdd' a godid fel ffin, fel y gwelir o'r cyfuniadau isod. **43**.1

clawdd cerrig, clawdd wedi ei godi â cherrig, wal gerrig. **43**.58

clawdd pridd, wal o bridd (*GPC* 1830). **43**.56

clawdd tywyrch, clawdd wedi ei ffurfio â thalpiau o bridd. Ceir disgrifiad da gan Hugh Evans, *Cwm Eithin* 68, o'r hen arfer o ddefnyddio tywyrch i godi 'cabannod unnos' neu 'dai tywyrch', gan godi 'clawdd tywyrch' ar eu pwys i wneud gardd. **43.**57

clawr, caead, gw. **rhannau llestr**

clawr crochan [= **caead crochan**], caead crochan. **28.**56

clawr pobi [= **pren pobi**], bwrdd neu arwynebedd o ryw fath i foldio torthau a theisennau arno, 'baking-board'; *GeirGeg* 128 '*clawr bara … darn crwn o bren trwchus a chlust neu ddolen iddo.* Rhoddid y toes arno i'w foldio'n dorthau … *bread board.*' **15.**76, **28.**84

clawr terch, caead twll casgen. *Clawr terth* yw darlleniad y llawysgrif, gw. **terch**. **16.**53

ll. **cledr** [*u.*] **cledren**, astell, trawst, dellt, rhwyllwaith (ar gyfer toi). **8.**116

cledr car, astell neu drawst ar waelod cerbyd neu drol. **32.**5

cledren ddiddos, clwyd neu rwyllwaith cysgodol (nad yw'n gollwng dŵr), yma yng nghyswllt to tŷ. **8.**134

cledd [= **cledde, cleddyf, llafn, ffòs**], cleddyf. **50.**17

cleddau biswail, *GPC cleddyf biswail* 'spleen, milt'; *WS* (1547) '*Kleddyf bisweil*: The mylte'. Yn 1760 derbyniodd William Morris 'glamp o lythyr' gan Evan Evans 'Ieuan Fardd', yn cwyno 'fod haint y cleddyf biswal yn galed' arno, gw. *ML* ii, 272. Fe'i ceir yma yng nghyswllt eidion. **97.**15

cleddau deuddwrn, *GPC cleddyf deuddwrn* 'two-handed sword, bastard sword'. **50.**19

cleddau drws, *GPC cleddau* 'Darn croes o bren i ddal ystyllod wrth ei gilydd ar gefn drws, ar waelod cert, &c.'; J 16, 77ʳ *Cleddyv drws. Ramex* (HS, *c*.1600). **8.**145

cleddau og, cebystr og; gw. **cledde aradr**. **31.**4

cleddau unllaw, *GPC cledd unllaw* 'one-handed sword, sword that can be wielded in one hand'. **50.**18

cleddau y peithinglog. Nid yw'n eglur at beth y cyfeirir yma yng nghyswllt gwŷdd y gwehydd. Gw. **cleddau drws** a **peithynglog**. **59.**28

cledde aradr [= **gwerthyd aradr, cebyst aradr**], *BydAm* 1.255 'Y rhan o'r aradr sy'n cysylltu'r wadn a'r styllen bridd wrth yr arnodd, ac yn cysylltu gwahanol rannau'r aradr wrth ei gilydd, cebystr aradr.' Gw. ymhellach drafodaeth fanwl Ffrancis Payne yn *AradrGym* 61. **30.**58

cledde car, cledrau cert, *GPC cleddau* 'Darn croes o bren i ddal ystyllod wrth ei gilydd … ar waelod cert', hefyd *cleddyf car* 'cross timber in a drag or car'. **32.**4

cleddyddau yr onn, cleddyfau'r onn, gyda chymathiad *dd..f > dd,.dd*, gw. td. 38. Efallai mai cyfeirio at yr arfer o greu copis o goed onn a wneir yma; gw. Betty Bangley, *A Sure Method of Improving Estates by Plantations of Oak, Elm, Ash* (London, 1728), 95. **121**.125

cleddyddau yr ysled, cleddyfau'r ysled (cf. **cleddyddau yr onn**), *GPC cleddyf* 'Darn croes o bren i ddal ystyllod wrth ei gilydd … ar waelod cert, &c.' **34**.3

clefri, *GPC* 'Crach, clefyd clafrllyd neu gramennog … gwahanglwyf'; *WS* (1547) '*Klefri*: Skurfe'. **46**.116; anhwylder ar groen dafad a achosir gan euddon neu fân gynrhon, 'sheep scab'. **106**.8

clefyd cledr dwyfron, *GPC cledr dwyfron* 'breastbone, sternum, thorax'. Cyfeirir o bosibl at gyflwr poenus megis chostochondritis sy'n effeithio ar y sternwm a'r asennau; neu cf. *CIech* 189 *O bydd y ddwyuron ynn glaaf. Weldyma'r arwyddion: diffyg mawr ar yr annadyl, pesychuu mawr, poeri yn vynnych, a gouid mawr o'r ddwyuron* (1545). **46**.87

clefyd Tegla, **neu syrthio yn y clwy**, *GPC clwyf/clefyd Tegla* 'epilepsy', ers talwm 'falling sickness'. Dichon y cyfeiria'n gyffredinol at ffit. Yn ôl Elis Gruffydd, *Llysieuwr* 6, gwaharddai'r hen awduron wragedd beichiog rhag cymryd *apiwm, hrag ovynn mynned allan o'i kof a'i synnwyr, ne syrthio mewn klwyf teglaa* (*c*.1545). Cofnodwyd yn *Paroch* i, 146, *c*.1700, fod bachgen 13 oed yn Llandegla wedi ei iacháu o'r *Klevyd Tegla* ar ôl cerdded o gwmpas yr eglwys deirgwaith ar ddydd Gwener cyn cysgu dros nos o dan yr allor gan ddefnyddio'r Beibl fel clustog. **46**.88

clefyd y cryd, clefyd sy'n peri cryndod. **106**.9 (mewn dafad); **105**.16 (mewn gwartheg)

clegyr, creigiau, craig, lle creigiog. **5**.72, **129**.8

clegyrog, lle creigiog, llawn creigiau. **5**.78

cleiedig, wedi ei orchuddio â chlai, wedi ei wrteithio â phriddgalch (*GPC* 1772). **5**.34

cleien, pridd cleiog. **5**.32

cleio, gorchuddio â chlai, gwrteithio â phriddgalch (am dir). **5**.33

cleiog, tebyg i glai, llawn clai (*GPC* 1743). **5**.35

clicied y garfan fawr, dyfais i gau ac agor yw clicied gan amlaf, a chyfeirir, o bosibl, yma at 'ratchet' ar y garfan fawr sy'n rheoli tyndra gwŷdd; cf. *GPC clicied olwyn* 'ratchet' (1858). **59**.19

clo: *a locke* ('a lock'), cf. Pen 308i, 67 *Klo dibin: a hanging lock* (JJ, *c*.1621). **52**.33

clo cist, cf. **clo cyff**. **52**.42

clo cyff, dyfais i gloi cist. **52**.40

clo drws, dyfais i gloi drws, 'door-lock'. **8**.161

clo llyffant, 'padlock', *WS* (1547) '*Klo llyffant*: A paddelock'. **52**.41

clo y llyffethyr, dyfais i gloi llyffethair sy'n rhwymo anifail. **72**.10
cloch ymadrodd, 'uvula, epiglottis'. **7**.109
cloche ceirch, tywys ceirch, yn ôl pob tebyg, sef enw'n disgrifio'r rhan sy'n dwyn y grawn. **31**.188
cloddiad, y weithred neu'r gwaith o gloddio. **43**.4
cloddiedig, wedi ei gloddio. **43**.3
cloddio, palu, agor ffos, codi clawdd. **43**.2
cloddiwr, un sy'n cloddio. **43**.5
cloead, y weithred o gloi (drws). **8**.163, **52**.35
cloeadigaeth, cloead (drws), cf. *GPC clöedigaeth*. **8**.164
cloëdig, wedi ei gloi â chlo. **52**.34
cloffrwm, cloffrwym, hual (fel arfer am droed anifail i'w rwystro rhag crwydro), *Pen Gloss* (B 1.325) *clophrwm: cloffrwym ar ddafad neu goes dyn*. **72**.24
cloffrymedig, wedi ei hualu neu ei rwymo (am anifail). **72**.28
cloffrymiad, y weithred o hualu neu rwymo anifail. **72**.26
cloffrymiog, wedi ei hualu neu ei rwymo (am anifail). **72**.27
cloffrymu, gosod cloffrwm neu hual ar anifail. **72**.25
clogwyn *ll*. **clogwynau**, dibyn, craig serth. **5**.74
clogwynog, llawn clogwyni neu leoedd serth. **5**.77
cloi, cau â chlo. **52**.36
cloi y drws, cau drws â chlo. **8**.162
cloig [= **bating**, **pilion**, **pilwyn**], *BydAm* 1.267 'Swp, bwndel neu ysgub o wellt gwenith neu o gawn neu frwyn at bwrpas toi … Yn Nyfed fe'i defnyddir hefyd am sgubau ŷd a'r brig wedi ei stripio gan y tywydd, y ffust neu'r dyrnwr'; cf. *TR* (1753) '*cloig*, helm or wheat straw made into bundles for thatching. Caerm[arthenshire]'. **35**.30
cloig esgid, bwcl neu glasb esgid. Cf. y disgrifiad o gloig drws yn Pen 308i, 55 *Kloig: math ar gnepyn o bren o vodvedd a hanner a hoel drwyddo, i gav drws rhyw beth* (JJ, *c*.1621). **63**.8
cloig tidau: *y pren sydd yn dal y tidiau wrth yr iewyddon*, dyfais i gloi neu fachu (*cloig*) cadwynau (*tidau*) yr iau. Cf. disgrifiad Lewys Glyn Cothi o'r wedd, *GLGC* 236.37–40 *Dedwydd wrth didau ydoedd, / dolau mewn ieuau, mwyn oedd, / clohigod ... / dolennau, bachau bychain*. **30**.88
cloig yr awel, o bosibl *cloig* (*GPC cloig* 'clicied, gwerthyd, bollt') yn cysylltu â'r *awel*, sydd efallai'n rhan o'r garfan isaf ('cloth beam'); cf. **awel y garfan isa**. Rhaid gwrthod *GPC* '?spindle of spinning-wheel' (a'r unig enghraifft yno o fersiwn 1606 o'r rhestr hon) gan nad term yn

ymwneud â'r droell sydd yma; ymdrinnir â'r droell a'i rhannau yn rhestr **27**. **59**.21

clol, penglog, corun, J 16, 78ʳ *Clol. scull. pate* (HS, *c*.1600); a disgrifiad o ddyn pen moel yn Pen 228i, 38ʳ *Alopecus ... y neb a vo a chlol voelphon, voelwalht, ai wallt wedy syrthio or gwraidh* (TW, 1604–7). **7**.9

clomen *ll.* **clomennod**, colomen, J 16, 78ʳ *Clommen. pigeon or dove. Columba* (HS, *c*.1600). **124**.35

clomen ddof 124.38

clomen Fair, turtur, *WS* (1547) '*Turtur, colomben vair*: A tyrtyll'. **124**.40

clomen goed, colomen wyllt, 'stockdove' (*Columba œnas*), gw. *OED stock-dove*, 'Probably so named as living in hollow trees'. **124**.39

clomen wyllt, ysguthan. **124**.37

clomendy, colomendy, 'dovecote'. **124**.36

clopren [= **gwarrog aerwy**, **gwarrwg**]. Ai clo pren, dyfais i gau coler neu dorch am wddf buwch, &c.? **36**.12

cloren, cynffon (yn enwedig asgwrn neu gnawd y gynffon), neu J 16, 78ʳ *Cloren. rumpe* (HS, *c*.1600); *OED rump*, n.¹ 'The part of an animal's body to which the tail is attached'. **96**.33

clorian [= **mantol**], mantol, tafol. **48**.1

clorian. Gall olygu mantol yn syml yma yn rhestr **59** *Gwehydd: ei Offer*, yn enwedig gan ei fod yn rhagflaenu'r gair *pwysau*. Ond sylwer ar yr ail ystyr a roddir i *clorian* yn *GPC*, 'Peithynglawr, ... math o offeryn gwifrog a ddefnyddid gan y gweydd i guro'r gwead a'i galedu'. **59**.49

cloriniad [= **mantoliad**], y weithred o bwyso mewn clorian. **48**.3

cloriannu [= **mantoli**], pwyso mewn mewn clorian (*GPC* 1725). **48**.2

closilops, cf. Pen 296, 111ᵛ (JJ, 1606) *Klosilops*. Ceir yr unig enghraifft arall o'r gair a welwyd gan Robert Davies, Gwysanau, yn *BNP* (1633) '*Closilops*. Gillofloures' (sef *gillyflower* o'r tylwyth *Dianthus*). Efallai mai ffurf ar yr enw *clove gillyflower* sydd yma: cf. Pen 228ii, 67ᵛ *Clougilloflowr* dan *Garyophylli* (TW, 1604–7) a gw. Lyte, *Niewe Herball*, 154, 'Cloue gillofer'. Ai rhy fentrus fyddai tybio datblygiad megis *Cloue gillofer* > *clowsiloff(er)* > *closilop* (a'r -*loff* > *lop* dan ddylanwad yr enw llawer mwy cyffredin *cowslop*)? Wrth drafod y rhestr enwau Cym. yn argraffiad 1633 o *Herball* John Gerarde (*BNP* (1633)), dadleuodd Bruce Griffiths, 'Chwynnu Ffurfiau Ffug', *Y Naturiaethwr*, 3 (Mehefin 1998), 16, mai ffurf ffug oedd *closilops* gan awgrymu mai'r 'cysodydd o Sais' a oedd yn gyfrifol amdani yng nghyfrol Gerarde. Ond fel yr awgryma'r ffaith fod John Jones yn defnyddio'r un ffurf yn 1606, dros chwarter canrif ynghynt, mae'n bosibl ei bod yn ffurf ddilys, neu bod John Jones a Robert Davies ill dau wedi tynnu ar yr un ffynhonnell wallus. **122**.83

clud, cf. *GPC câr clud* 'ninth cousin, ninth degree of consanquinity' (a'r diffiniad yn seiliedig ar ddiffiniad William Owen-Pughe). Rhagflaenir y gair gan *câr* yn y ddwy restr, ac mae'n ddigon posibl mai fel cyfuniad, *câr clud*, y bwriadwyd y ddau air. 6.113, **117**.207

clun, rhan uchaf y forddwyd. 7.82

clust [= **ysgyfarn**], clust. 7.10; **clust** *ll*. **clustiau 96**.20 (ceffyl)

clust, dolen neu handlen ar lestr, gw. **rhannau llestr**

clust aradr, gw. Jones, 'Creffteiriau Amaethwyr Dinbych', 39, 'darn o haearn a thyllau ynddo, at fachu'r wedd wrth yr aradr. Lledir neu gulheir y gŵys trwy symud i'r dde neu'r chwith. Eir yn ddyfnach neu fasach trwy gyfodi neu ostwng y glust ar flaen yr aradr.' Ymhellach ar *glust* aradr, gw. *AradrGym* 79, 87. **30**.63

clust y gath. Llysieuyn anhysbys. Fel cragen yn unig y diffinnir *clust y gath* yn *GPC*, 'sea-shell of the genus *Pecten*' (20g.), a chan mai 1848 yw dyddiad yr enghraifft gynharaf o *cat's-ear* am *Hypochœris* yn yr *OED*, mae'n debygol mai at lysieuyn arall y cyfeirir yno. **122**.85

clust y llygoden, *Y Bywiadur* '*Pilosella officinarum*, mouse-ear-hawk-weed'; hefyd Atod.1.91 *Ffilosela, Clust y llygoden: y Dorllwyd*, Atod.2.12, Atod.3.174, 175, 209. Cf. *Llysieuwr* 29 *Auricula Murys: Y llyshiewynn a elwir ynn Saesneg mows yeare, ynGhymraeg klust y llygoden* (EG, *c*.1545). **122**.86

clust yr ewig: *laurial* ('laureole'), *GPC* 'spurge laurel'; hefyd Atod.1.118 *Lawrial: clust yr ewic*, Atod.3.173. Cf. *LlS* (1574) 52 *Clust yr ewic ... Lorel nei Loury yn Saesonaec a Chlust yr ewic ein iaith nineu y gelwir*. Ar y ffurf Saes., sydd bellach yn anarferedig, gw. *OED* †*laureole* 'Spurge laurel, *Daphne laureola*'. **122**.87

clustiau'r galon, y ddau geudod uchaf yn y galon, 'auricles of the heart' (*GPC* 1816). 7.116

clustiau troell. Ai'r un peth â **morwyn troell** ('stander, upright support, or front board of spinning-wheel', *GPC*)? Mewn ystyr drosiadol am gragen y diffinnir *clustiau'r droell* yn unig yn *GPC*, 'sea-shell of the genus *Pecten*' (20g.). **27**.12

clustie esgid, tafodau esgid, *GPC* 'the flap or tongue of a boot or shoe' (*GPC* 1773). Posibilrwydd arall, gan fod y ffurf yn lluosog, yw mai cyfeirio a wneir at y ddau ddarn o ledr o ddeutu sy'n cau am dafod yr esgid. **63**.9

clustie'r ddaear, ai cen o deulu'r *Peltigericeae*? Daw'r enghraifft gynharaf yn *GPC* o Hugh Davies, *Welsh Botanology* (London, 1813), 173,

'Clustiau'r ddaear; *Lichen caninus*; Ash-coloured Ground Liverwort'. Ond mae'n ddigon posibl mai llysieuyn anhysbys sydd yma yn hytrach na chen. **122**.84

clustog, cwshin neu obennydd, J 16, 77ᵛ *Clustog. cushen or pillow* (HS, *c*.1600). **9**.74 (wrth le tân); **28**.6 (ar gadair); **11**.35, **28**.20 (ar wely); *bach*. **clustogan 9**.75 (wrth le tân); **11**.36 (ar wely)

clwt y torddu: **un o'r pedwar rhywogaeth morcath yw** *ed*. **morcath**. Ni ddaethpwyd o hyd i gyfeiriad arall at yr enw hwn, ond mae *clwt* 'cadach, cerpyn', &c., yn air da i ddyfalu cyrff fflat a llydan rhai o'r môr-gathod, ac mae'n debygol fod bol (*tor*) y forcath dan sylw yma'n ddu, neu'n dywyllach na'r gweddill ohoni; cf. **torgochied**. Efallai mai *clwt y torddu* oedd yr hen enw am y forcath ddu, 'sting-ray' (*GPC morcath ddu*, 20g.). **125**.67

y clwy byr, *GPC* 'infectious disease, esp. of cattle and sheep, which terminates fatally in a short time, bloody murrain, black quarter (lit. the short disease)'; J 16, 79ʳ *Clwyv byr*. Lues (HS, *c*.1600). **105**.1

y clwy chwys, haint chwysu. Nid yw'r cyfuniad yn *GPC*, ond cf. *OED sweating-sickness* 'A febrile disease characterized by profuse sweating, of which highly and rapidly fatal epidemics occurred in England in the 15th and 16th centuries'. **46**.82

y clwy du, y pla du, o bosibl; gw. **y ddufrech**. **46**.83

y clwy gwahanol, *GPC* 'leprosy'; roedd yn rhaid i ddioddefwr ohono fyw ar *wahân* i eraill rhag eu heintio. **46**.80

y clwy melyn, *GPC* 'yellow jaundice'. **46**.79; *Cyf Profedig* 255 'Y Clwy Melyn. (Jaundice) … bydd i'w adnabod wrth y melynwch yn[g] ngwyn y llygaid, cig ei ddannedd a'i safn yn ymddangos yn wyn-felyn a gwywedig, y ceffyl yn farwaidd a blinedig', &c. **104**.11 (mewn ceffyl); **105**.2 (mewn gwartheg)

clwy'r llyffant, *GPC* 'barb, disease of horses and cattle caused by the inflammation of mucous membrane under the tongue'; cf. **y llyffant**. Enw arall arno yng nghyswllt ceffylau yw *goflew*, sef 'barbs' neu 'paps': *OED paps*, n.¹ 'A small round tumour or swelling', a'r dyfyniad yno o 1721, '*Barbes*, a Disease in black Cattle and Horses, known by two Paps under their Tongue'. Dywed y milfeddyg Rhisiart Owen wrthyf nad ystyrir *goflew* 'barbs' mewn ceffyl yn glefyd heddiw gan mai nam deintyddol yw'r achos; clefyd hollol wahanol yw *clwy'r llyffant* mewn gwartheg ('wooden tongue', *actinobacilosis*). **104**.13 (ceffyl)

clwy y brenin, clwy'r brenin, sgroffwla, diciáu (*tuberculous lymphadenitis*); *WS* (1547) '*Klwyf y Brenhin*: The kynges euyll'; J 16, 79ʳ *Clwyv y* *brenin. Struma. the kings evill. Y Manwnne* (HS, *c*.1600). Fe'i gelwid yn *king's evil* yn Saes. a *mal le rei* mewn Eingl-Normaneg oherwydd y gred, yn Lloegr a Ffrainc, fod cyffyrddiad gan frenin yn gallu gwaredu'r claf o'r afiechyd. Roedd y gred hon yn ei hanterth yn yr 17g., a honnir i Siarl II (1660–82) 'gyffwrdd' dros 90,000 o gleifion yn ystod ei frenhiniaeth: gw. Stefan Grzybowski ac Edward A. Allen, 'History and Importance of Scrofula', *The Lancet*, 346 (1995), 1472–4. Gw. hefyd **manwnion. 46**.84

clwy y coed. Mae'n ansicr pa glefyd yn union mewn defaid y cyfeirir ato. Wrth drafod gwartheg, fe'i cysylltir yn *Cyf Profedig* 105 â *wood evil*; *OED wood-evil* 'Local name for dysentery or a similar disease in sheep and cattle; also called moor-evil or black-legs', a'r dyfyniad yno, ?1523, 'A sykenesse among shepe ... called ye wode yuell ... cometh in the spring of the yere ... and maketh them to halte and to holde their necke a wry'. **106**.4

clwy y moch. Gan mai mewn rhestr o glwyfau mewn dyn y ceir hwn, mae'n sicr nad at *clwyf y moch* 'swine fever' (*GPC*) y cyfeirir. Cf. yn hytrach J 16, 79ʳ *Clwyv y môch. Angina* (HS, *c*.1600); *OED angina* 'Any of several severe infections affecting the throat or mouth, esp. when associated with difficulty in swallowing or breathing' (diweddarach yw'r enghreifftiau o *angina* yng nghyswllt y galon). Posibilrwydd arall yw *swinepox*, *OED* 'Originally: any of several diseases affecting humans, *esp*. scrofula. In later use: *spec[ifically]* the disease chickenpox (varicella).' Gw. hefyd **brech las. 46**.54

clwydau [= **llinwedd**], pleidiau rhwyllog mewn odyn, cf. *GPC clwyd frag* 'oast, hurdle on which malt is dried in farmhouses'. **18**.6

clwyf *ll*. **clwyfau**, clefyd, haint, dolur. **46**.1; **104**.1 (ceffyl)

y clwyf dirgeledig. Ni cheir yr enw yn *GPC*: ai math o afiechyd nad yw ei effaith yn dod yn amlwg nes ei bod yn rhy hwyr i gael triniaeth? Neu ai afiechyd sy'n effeithio'r *aelodau dirgeledig* 'genitals' (*GPC*)? **46**.85

clwyf y marchogion, 'piles', Pen 228ii, 78ʳ *Haemorrhois ... Clefyt yn y Cyfeistedh megys tethæ ne dhyuadenæ drwy chwydh y gwythenæ, alhan orhain y rhet gwaet, ... Clwy'r marchocion* (TW, 1604–7). **46**.86

clwyfaid, clwyfus. **46**.7

clwyfedig, wedi ei anafu neu ei heintio. **46**.4

clwyfiad, anafiad, clafychiad. **46**.5

clwyfo, clafychu, *WS* (1547) '*Klwyfo*: Sekyn'. **46**.2

clwyfog, wedi ei anafu. **46**.8

clwyfol, poenus, heintiol. **46**.6

clwyfus, claf, sâl, wedi ei anafu. **46**.3

clytiad, gosodiad plât haearn ar echel trol (*GPC* 1794); gw. **clytiau echel**. **33**.18

ll. **clytiau echel** [*u*.] **clwt**, plât haearn ar echel trol. Cf. *WWills* 31 'Clout ... A metal patch or plate used by a blacksmith for mending, and especially one fixed to an axle tree [= *echel*] or to parts of a plough to prevent wear by chafing'; cf. **clytio echel**. **33**.15

clytiau y god fawr, treip y god fawr, sef y rwmen, cf. *GPC poten fawr* 'rumen (ruminant's first stomach)'. Am enghraifft o *klyttie* yn cyfieithu'r Saes. *trypes*, gw. *CIech* 67 *y klyttie a'r tchitterlingis y sydd galled ac annodd j didgiestio* (1545). **21**.14 (eidion)

clytiedig, a phlât haearn wedi ei osod arni (am echel trol); gw. **clytiau echel**. **33**.17

clytio echel, gosod plât haearn ar echel trol i'w hamddiffyn rhag gwisgo; gw. **clytiau echel**. **33**.16

cnaif, cneifiad, eilliad neu doriad barf neu wallt â gwellaif, yr hyn a welleifir. **66**.6, 33

cnau *u*. **cneuen**, cnau collen, yn ôl ei leoliad yn y rhestr. Cf. *LlS* (1574) 74 *Cnau collen ... Auellanæ nuces yn Llatin, Hasel nuttes yn Saesonaec, Cnau collen y gellir ei Cambereicio*. **121**.81

cnau ffawydd, 'beech-mast'. **121**.103

cnau gwisgi, cnau aeddfed, cf. *TJ* (1688) 'Gwisgi ... Cnau gwisgi; *brown or ripe Nuts*'. Gw. hefyd **cranc gwisgi**. **121**.84

cnawd, cig dynol. **7**.102

cneifiad, eilliad neu doriad â gwellaif. **66**.9, 35 (gwallt neu farf); **60**.29 (brethyn cedenog)

cneifiedig, eilliedig, wedi ei eillio, *WS* (1547) '*Knaifiedic*: Shorne'; Pen 228i, 123ʳ *Cneifiedic, wedy eilhio ne dorri['i] walht*. **66**.8, 34 (am farf neu wallt); **60**.28 (am frethyn cedenog)

cneifio, eillio neu dorri â gwellaif, cf. LlA 157 *eillyaw gwallt nev varveu. nev y kneifaw* **66**.7, 32 (am farf neu wallt); **60**.27 (am frethyn cedenog)

cneifio gwallt a blew, eillio neu dorri gwallt neu farf â gwellaif. **66**.10

cneifiog, wedi ei welleifio neu ei eillio (am frethyn cedenog). **60**.30

cneifion, y gwlân a gynhyrchir wrth welleifio neu eillio brethyn cedenog; cf. **fflocs**. **60**.31

cneua, hela cnau cyll. **121**.82

cneuen, dyfais mewn bwa croes, Pen 228ii, 49ᵛ *Fibula ... Cneuen bwa ður, ne vwa croes* (TW, 1604–7); cf. *OED nut*, n.¹ 'A revolving claw that holds back the bowstring of a crossbow until released by the trigger'. **57**.42 (bwa); **57**.48 (bwa teler)

cneuen *ll*. **cnau Ffrengig**, *WS* (15471¹) '*Kneuen ffrancec*: A walnot'; gw.

collen Ffrengig. 'Estron' yw grym *Ffrengig* yn aml mewn enwau llysiau, &c. **121**.92

cnofa *ll*. **cnofeydd**, brathiad, poen cnoi yn yr ymysgaroedd, 'colic, gripe'. **46**.22

cnwch gwegil, cnwch y war. **7**.5

cociad, y weithred o ffurfio cocynnau o wair, &c.; gw. **cocyn, cocio**. **31**.80

cociedig, wedi ei ffurfio'n gocyn (am wair, &c.); gw. **cocyn, cocio**. **31**.81

cocio, cywain gwair yn gocynnau mewn cae, mydylu gwair, &c. (*GPC* 1832); gw. **cocyn**. **31**.79

cocwyo iâr, ceiliogi iâr, ffrwythloni iâr gan geiliog. **123**.3

cocyllrwyd, rhwyd siâp cwcwll (ni cheir mohono yn *GPC*), Pen 308i, 54 *Kokyllrwyd: a Siwfnet (a[fon]) a fforch ynddi a phastwn sowio*, gan ddilyn *Kidellrwyd: rwyd i ddal gwangiaid a gleisiaid i groessi avon mal kored*; a cf. y disgrifiad yno o'r *rhwyd lamp*, 131–2 *Rhwyd lamp: a vydd mewn llanw mor yn afon or un wedd ar kokyllrvyd ond i bod hi yn vwy o lawer a bod .3. phren yw gwneythyr hi: ac a ddeil gwangiaid ac eogiaid* (JJ, *c*.1621). **125**.15

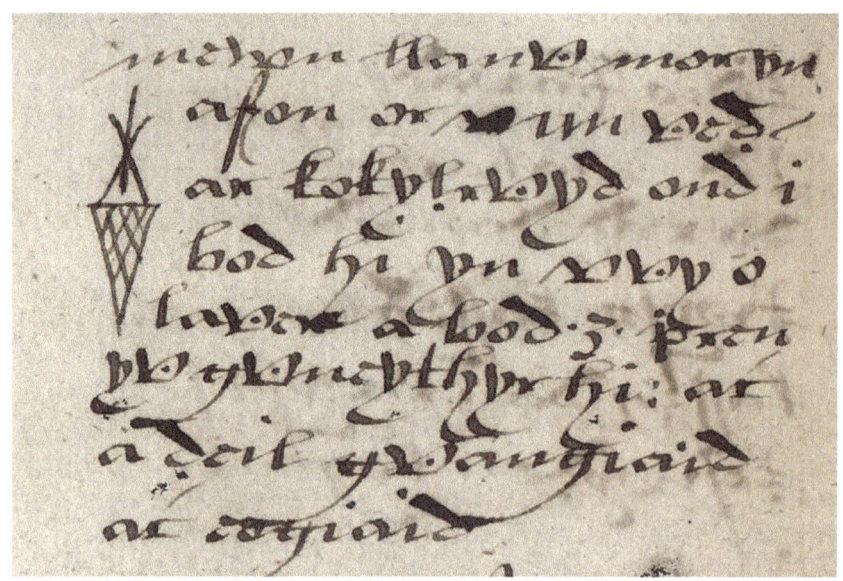

Peniarth 308i, 132: diagram o'r *rhwyd lamp* (gw. **cocyllrwyd**)

cocyn, o wair *ll*. **cociau**, pentwr (gweddol fychan) neu dwmpath o wair mewn cae (o'r Saes. *cock*, fel yn *haycock*), J 16, 73ᵛ *Coccyn. a cocke of hay* (HS, *c*.1600). **31**.78; **cocyn, o ŷd neu wair 31**.131

cocynedig [= **mydyledig**, **dasedig**], wedi ei ffurfio'n gocynnau (am ŷd neu wair). **31**.138

cocyniad, y weithred o ffurfio cocynnau neu mydylau o ŷd neu wair. **31**.135

cocynnu ŷd [= **mydylu ŷd**, **dasu ŷd**], llunio cocynnau neu fydylau o ŷd. **31**.134

cocys, cogiau, cyfres o ddannedd ar ymyl olwyn melin, cogiau, cf. *LWLM* 137 '*coccus*: cocks of a mill, they be pieces of timber'. **42**.39

cocysedig, a dannedd neu gogiau wedi eu gosod arni (am olwyn melin). **42**.42

cocysiad, y weithred o osod dannedd neu gogiau ar olwyn melin. **42**.41

cocysog, ac arni ddannedd neu gogiau (am olwyn melin). **42**.43

cocysu, gosod cyfres o ddannedd neu gogiau ar ymyl olwyn melin, cf. Peate, 'Traethawd ar Felinyddiaeth', 299, *hyn a wna y melinydd ... kokyssu yr olwy[n] gocks* (1543). **42**.40

coch, browngoch. **109**.36 (am fwng, rhawn a thalgudyn ceffyl); **113**.3 (am fochyn); **114**.3 (am gi); **coch** *ll.* **cochion 130**.15 (y lliw)

cochannen: *a botling*, *GPC cochgangen* 'Math o bysgodyn dŵr croyw ac iddo gorff praff a chroen garw a bras', a'r enghraifft gynharaf yno gan Lewis Morris, *ML* ii, 242 'A dace they call in Welsh darsen, a chubb they call cochgangen' (1760). Yn *Vert Fauna* 489 cofnodir *cochgangen* ar lafar yn y gogledd am 'Chub'; gw. hefyd **gannog** a **glasannen**. Hen air am *chub* oedd *botling*: *OED* †*botling* '*Obsolete. The chub, Squalius cephalus*'. **125**.68

cochddu, du cochlyd, brown. **130**.28

cochfelyn, melyn a gwawr goch arno, oren. **130**.37

cochlas, glas a gwawr goch arno, porffor. **130**.55

cochlwyd, llwyd cochaidd, brown. **130**.54

cochrudd, coch neu goch porfforaidd, cringoch. **109**.41 (am fwng, rhawn a thalgudyn ceffyl); **130**.46 (y lliw)

cochwyn, gwyn a gwawr goch arno, pinc. **130**.26

cochwyrdd, gwyrdd a gwawr goch arno, brown. **130**.61

cod *ll.* **code yr olwyn**, codau neu lwyau olwyn ddŵr melin; cf. **code dŵr**, **ladle yr olwyn**. Wrth iddo ddisgyn i'r codau, mae pwysau'r dŵr yn troi'r olwyn. **42**.36

cod fawr, y coluddyn mawr neu stumog cyntaf anifail cilgnool, y rwmen; gw. hefyd **y godwen fawr**; cf. *GPC poten fawr* (1803). **96**.47 (ceffyl); **97**.13 (eidion); **99**.2 (dafad)

cod fechan, y reticwlwm, y diliau, sef ail stumog dafad. Ni cheir mohono yn *GPC*, ond cf. *poten fach* (1803) a gw. **y godwen fechan**. **99**.3

cod y llyfrau, trydydd stumog gwartheg, yr omaswm. Ni chefais hyd i enghraifft arall o'r enw, ond gw. *OED omasum* 'the third and smallest stomach of a ruminant, containing numerous tightly packed leaves or laminae'; hynny yw, mae dail omaswm buwch yn edrych fel dalennau llyfr. **97**.14

code dŵr, codau neu lwyau ar olwyn ddŵr mewn melin bannu; cf. **cod** *ll.* **code yr olwyn**. **60**.13

coden *ll.* **codau**, **codennau ffa**, **pys a ffytbys**, cibyn neu blisgyn ffa, pys a ffacbys. **31**.189

codwen fawr, poten wen fawr, yma yng nghyswllt y cigydd; gw. hefyd **cod fawr**. **24**.13 (oen bras); **y godwen fawr 23**.12 (mollt)

y godwen fechan, y reticwlwm, y diliau, sef ail stumog dafad, yma yng nghyswllt y cigydd, cf. *GPC cod wen* 'haggis, haslet' a gw. **cod fechan**. **23**.13

coed *ll.* **coedydd 44**.1

coed bedw 121.183

coed bocs, 'box trees'. **121**.201

coed celyn 121.133

coed coll, coed cyll. **121**.97

coed criawol, coed criafol. **121**.219

coed derw 121.108

coed eiddew, iorwg mawr, cf. *OED ivy-tree* 'A large plant of ivy. Obsolete'. **121**.203

coed eirin 121.62

coed ffawydd 121.102

coed gwnfil, coed gwynfil, coed masarn; gw. *GPC gwiniolen*; hefyd J 16, 104^v *Gwynwylen. s. Gwynwyl. pl. maple* (HS, *c*.1600). **121**.191

coed hyddgwn. Ai coedwig ar gyfer *hyddgwn*, sef cŵn hela hyddod? **121**.263

coed masarn 121.213

coed onn 121.121

coed piswydd, *GPC piswydd* 'Unrhyw lwyni neu goed o'r tylwyth *Euonymus*, yn enw[edig] *E. europæus*', a'r enghraifft gynharaf yno o *AB* (1707) 219c '*pìswydden, spindle-tree*'; cf. *OED spindle-tree* 'An ornamental European shrub (*Euonymus europæus*), furnishing a hard fine-grained yellowish wood formerly much used for spindles'. **121**.194

coed sbyddad, **coed sbeddyd**, llwyni'r ddraenen wen. **121**.136

coed sirion, coed sirian, coed ceirios. **121**.234

coed yw, ywen. **121**.197

coedwig, fforest. **44**.2

coeglinhad. Gair Hen Gernyweg, nid Cym., yw hwn a ddaw yn y pen draw o'r *Vocabularium Cornicum*: #650 *archangelica* gl. *coiclinhat* (*OCV* 282 'dead-nettle'). Gw. hefyd Pen 297, 198ᵛ *Archangelica: Koeglinhad* (JJ, 1606), a gthg. fersiwn Thomas Wiliems yn Pen 188, 126, *Archangelica: Coedlin* (*c*.1590–1620), sy'n cadarnhau nad ei restr ef oedd ffynhonnell uniongyrchol John Jones. Gw. y Rhagymadrodd, §3.6. **122**.89

coegsaer, ?saer ffug, un yn ymhonni bod yn saer nad yw wedi derbyn yr hyfforddiant priodol, cf. *GPC coegfeddyg* 'doctor cwac'. **53**.3

coes, rhan isaf y goes; gw. td. 19; cf. *TR* (1753) 'the leg from the knee to the ankle'. 7.88; **coes** *ll*. **coesau** 96.39 (ceffyl)

y goes: *the spawen*, *GPC sbafen* 'Tyfiant caled esgyrnog ar gymal egwyd ceffyl, neu chwyddi yng ngewynnau'r cymal hwnnw, sy'n aml yn peri cloffni, llyncoes'; ni chafwyd enghraifft arall o *y goes* yn yr ystyr hon, ond gw. **y llymgoes**; ar *the spawen*, gw. yr hen ffurfiau dan *OED spavin*, n.¹. **104**.21

coes cwpl [= **paladr cwpl**], siafft neu hyd 'un o ddwy geibren ar ogwydd yn cyfarfod â'i gilydd ym mrig adeilad' (*GPC cwpl*). **8**.80

coes pladur, handlen pladur; cf. *GPC coes* 'handlen neu garn i gydio mewn offeryn'. **31**.50

coesgoch: *redshank*, *GPC* 'Aderyn dŵr o dylwyth y giach ac iddo liw brown a gwyn a choesau a thraed o liw oraens golau'; J 16, 72ʳ *Coesgoch × Troedcochiad* (HS, *c*.1600). Gw. hefyd *Vert Fauna* 360 lle cofnodir *Coesgoch* neu *Bibydd Coesgoch* yn enwau ar lafar yn y gogledd am 'Common Redshank'. **124**.41

coeta, ffurf amrywiol ar yr enw *coetan* 'quoit'; cf. *GPC chwarae coetan* 'to play at quoits, quoit'; hefyd *WS* (1547) '*Koyten*: A coyte'. **49**.16

cog *ll*. **cogau**, y gwcw, *WS* (1547) '*Koc ne kethlydd*: A cuckowe'. **124**.42

cog *ll*. **cygod**, cogydd. 14.5

cogel, cogail, *GPC* 'Ffon neu bren crwn praff oddeutu tair troedfedd o hyd y troellid y llin neu'r gwlân amdano i'w nyddu â llaw ac a ddelid fel arfer o dan y fraich chwith', *WS* (1547) '*Kogel*: A distaffe'. **27**.97, **28**.134; *bach*. **cogelyn 27**.98

cogelied, cogeiliaid, *GPC* 'Llond cogail, cymaint ag a ellir ei droelli am gogail'; gw. **cogel**. **27**.99

cogfran *ll*. **cogfrain**: *a chough*. 'Jac-do' oedd prif ystyr y Saes. *chough* yng nghyfnod John Jones, cf. J 16, 73ᵛ *Cogvran. Daw. Monedula* (HS, *c*.1600). Ar y ffurf Saes., gw. *OED chough* 'A bird of the crow family; formerly applied somewhat widely to all the smaller chattering species, but especially to the common Jackdaw'. **124**.43

coginiaeth, gwaith cogydd, celfyddyd paratoi bwyd. **14**.6

cogwrn *ll*. **cogyrnau** [= **ystwc** *ll*. **ystyciau**], mwdwl o ŷd, *WS* (1547) '*Ystwck, cogwrn o yd*: Shocke of corne, stacke'. **31**.125

cogyrned [= **ystycied**], cogyrnaid, cogwrn neu fwdwl o ŷd. **31**.127

cogyrnedig [= **ystyciedig**], wedi eu ffurfio'n gogyrnau neu fydylau (am ysgubau o ŷd). **31**.128

cogyrniad [= **ystyciad**], gosodiad ysgubau yn **gogyrnau**. **31**.129

cogyrnod duon [= **gwichiedyn** *ll*. **gwichied**], a[fon]: *berewincles* ('periwinkles'). Ni cheir *cogwrn du* yn *GPC*, lle ceir yr ystyron 'cragen', 'llygad maharen' a 'gwichiad' i *cogwrn*. Nid yw *berewinkle* yn amrywiad arferol ar *periwinkle*, yn ôl tystiolaeth yr *OED*. **125**.106; **cogyrnod duon**: *berewincles* **125**.69

cogyrnu [= **ystycio**], *GPC* 'Gwneuthur ŷd yn gogyrnau, ystycio neu sopynnu ŷd' (1783); gw. **cogwrn**. **31**.126

ll. **col** [*u*.] **colyn haidd, rhyg a gwenith**, *GPC col*¹ 'Tyfiant pigog ar flaenau gronynnau haidd a cheirch, &c., barf ar dywys ŷd, peiswyn, us'. **31**.191

coler, torch neu gadwyn am wddf ceffyl. **37**.5

coliog, llawn col, pigog (am haidd, &c.). **31**.192

colomen, colomen- gw. **clomen, clomen-**

coludd, rhan isaf y system draul, *WS* (1547) '*Perfedd coludd*: Bowel'. **7**.120; **96**.52 (ceffyl)

colwyn, ci bach, ci anwes, Pen 309, 768 *Kolwyn: Ki bychan: Korrgi, Catulus* (JJ, 1623–4); Pen 228ii, 189ᵛ *melitæi Canes ... Cwn bychein tlysion y wragedh yw dyfyrru, colwynion* (TW, 1604–7); a'r ddihareb Mos 204, 84 *Lhón colwyn ar arfed ei ve[i]stres* (TW, *c*.1620). **73**.45

colyn drws [= **sawdl drws**], colyn ('pivot, hinge') drws. **8**.149

colyn y ddôr, colyn ('pivot, hinge') i gynnal **dôr**. **8**.147

colyn y mêl, caliwlyn y mêl, llysiau'r dryw, 'agrimony' (*GPC*); hefyd Atod.1.6 *Agrimonia, Eupatorium: Agrimonie, Cahwlyn y mel*, Atod.3.161; cf. *LlS* (1574) 57 *Y Tryw ... Eupatorium yn Llatin, Agrymonie yn Saesonaec, a Llysæ yr Tryw, nei Cahwlyn y mel nei ar ol arall Cólyn y mêl yn Camberaec*. Ceir nifer o ffurfiau ar yr elfen gyntaf (e.e. *cwlyn, cyhwlyn, cychwylyn, colyn*, gw. *GPC*) rhai ohonynt yn awgrymu cysylltiad ag enw'r arwr Gwyddelig Cú Chulainn y cyfeirir ato gan feirdd Cymraeg yr Oesoedd Canol. **122**.88

coll, coeden gollen neu lwyn cyll, *WS* (1547) '*Koll, pren*: Hasyll'. **121**.79; **collen** *ll*. **cyll 121**.80

collen Ffrengig, *GPC* 'walnut-tree'; cf. *ClIech* 42 *Knav ffrengig ysydd ynn tyuu ynn gyfredin mewn perllanne drwy'r ynnys hon, neithyrr o vewn*

Normandi a Bryttaen Vechann j mae amlder a helaethrwydd mawr o honnaunt (1545); ond tystia William Salesbury nad yw'r goeden hon yn gynhenid i Gymru, *LlS* (1574) 68–9 *Collen Phrancec ... Iuglans yn Llatin. A Walnut tree yn Saesonaec. Collen Phrancec ynn Camberaec ... Hoph genthi dyfy yn y mynyddoedd cas genthi ddyfredd. Eithyr anamyl i tyf i ein gwledydd ni anid lle planter*. **121**.91

collwyn, llwyn o goed cyll. **121**.98

cont, 'vulva'. **7**.81

coperas, haearn sylffad a elwid hefyd yn fitriol gwyrdd ac a ddefnyddid, ymysg pethau eraill, i gyweirio crwyn mewn tanerdy ac i wneud inciau. Fe'i defnyddid hefyd fel mordant yn y broses o liwio gwlân, sef sylwedd a sicrhâi fod y lliw yn cydio'n effeithiol yn y gwlân. Esbonia J. Geraint Jenkins, 'Traditional Methods of Dyeing Wool in Wales', *Folk Life*, 4 (1966), 70, 'Copperas could be obtained from a blacksmith's forge, in the form of water that had been used for cooling iron, or it could be obtained merely by boiling a rusty iron saucepan in the dye vat. In some parts of Wales, mountain streams contain enough iron to make mordanting with copperas a very simple process.' **128**.21

côr, *GPC* 'Preseb, stâl, safle neu orweddle (buwch, ...) mewn beudy neu ystabl lle y clymir ac y porthir y creadur', gan nodi y gallai olygu 'beudy' yn gyffredinol yn sir y Fflint. **36**.4

corasgwrn *ll.* **coresgyrn**: *the hawe* ('the haw'), gw. *GPC gorasgwrn* (am *g*- ac *c*- yn ymgyfnewid ar ddechrau gair, gw. td. 38. Cyfeiria at amrant ychwanegol mewn ceffyl sy'n cynnwys darn o gartilag esgyrnol. Nid yw'r *gorasgwrn* ei hun yn anhwylder, ond pan fydd wedi chwyddo oherwydd haint, edrycha'n debyg i aeronen goch y griafolen, 'haw': cf. *OED haw*, n.[3] 'The nictitating membrane or "third eyelid" of a horse, dog, etc. ... The haw is liable to inflammation and temporary enlargement, and it was to this affected form, which the old farriers considered an "excrescence," that they usually applied the name.' Cf. Markham, *Cheape and Good Hvsbandry*, 25, 'For the Haw euery Smith can cut them out.' At yr anwylder hwn y cyfeiria *D* (1632) '*vnguis ... clefyd ar lygad a elwir yr ongl neu'r gorasgwrn*'. **104**.20

corbwll *ll.* **corbyllau**, trobwll neu bwll lleidiog (â'r un *cor*- ag yn *corwynt*, gw. *GPC*). **5**.128

corddi, *GPC* 'Cyffroi llaeth neu hufen mewn buddai i beri iddo dorri'n ymenyn'. **17**.40

corddlan defaid a geifr, corlan defaid a geifr, *WS* (1547) '*Korddlan defeit*: A shepecote'; cf. **corlan**. **69**.3

corddlan geifr, corlan geifr. **70**.19

corddyn *ll*. **corddynau**. Ansicr yw'r ystyr: ai casgen neu fuddai, cf. **corddyn taro** 'buddai gnoc' (gw. *GPC cordd*², ond ni restrir y *corddyn* yno), neu 'cylch gwaelod llestr neu gasgen' (*GPC corddyn*¹), sef 'chime-hoop', gw. *TCC* 92, 98. Mae'n debygol mai'r ail ystyr, 'chime-hoop', sydd i **corddyn** dan **rhannau llestr**. **54**.7

corddyn lli. Mae ei leoliad o flaen **corddyn taro** yn awgrymu math o fuddai neu gasgen. Llai tebygol, efallai, yw *corddynlli(f)* 'llif [ar gyfer creu] casgen', a'r *ll* yn gwrthsefyll treiglad, fel yn **arianllys**, &c. **54**.9

corddyn taro, buddai gnoc, casgen y defnyddir gordd i bwyo ei chynnwys (e.e. i wneud menyn); gw. **corddyn** *ll*. **corddynau**. **54**.10

corddyniad, corddiad, gwneuthuriad buddai neu gasgen neu osodiad *corddyn* ('chime-hoop') ar gasgen; gw. **corddyn** *ll*. **corddynau**. **54**.8

cored *ll*. **coredau**, *GPC* 'Argae i ddal pysgod, sef pyst wedi eu gyrru i wely afon neu yn y môr a gwiail wedi eu plethu rhyngddynt'; *WS* (1547) '*Koret*: A were'. Gw. ymhellach Melville Richards, 'Some Fishing Terms in Welsh Place-Names', *Folk Life*, 12 (1974), 10–15, lle gwelir ei bod yn elfen gyffredin mewn nifer o enwau lleoedd, yn enwedig yn ei ffurf dreigledig *gored/gorad*, fel *Gorad y Gyt* yn y Fenai. **125**.12

corelling: gelling bychan *ed*. **gelling** (gw. **gelling**). **125**.70

corf, *GPC* 'pâr o golofnau'n rhannu'r neuadd gynt yn uwch gyntedd ac yn is gyntedd (yn ôl y Cyfreithiau Cymreig)', a cf. **is corf** ac **uwch corf**. **9**.9

corff: [Llad.] *corpus* **7**.1

corff y pysgodyn, sef, yn ôl trefn y rhestr, y rhan o'r pysgodyn rhwng y **pen** a'r **crogen** ('tagell') ar y naill law, a'r **llyw** ('cynffon') ar y llall. **125**.39

corlan, lloc, ffald defaid (cf. **corddlan**). **69**.7

corlannu defaid, cynnull defaid mewn corlan. **69**.6

corlannu geifr, cynnull geifr mewn corlan. **70**.20

corn gw. **rhannau llestr**

corn *ll*. **cyrn eidion**, corn eidion neu fustach. **97**.2

corn breuant, tracea, laryncs, pibell wynt. **7**.111; **96**.44 (ceffyl)

corn bwa, un o ddau ben bwa (â chorn arno'n aml i'w gryfhau), cf. *OED horn* 'Each tip or end of a bow'. **57**.32

corn carw, 'un o'r ddau dyfiant osglog ar ben carw' (*GPC*) a gw. **corn y carw**. **75**.14

corn cyfrwy, bwlyn ar flaen cyfrwy (?cf. *GPC corun cyfrwy* 'pommel of a saddle' (1780)) neu gorn neu bigyn ar gyfrwy 'at grogi dau gawell un bob ochr i geffyl pwn. Dyma oedd y dull arferol o gludo nwyddau o bob math hyd at ddiwedd y 18g.', gw. *BydAm* 4.103 dan *strodur cyrn*. **37**.56

corn gwlf, darn o gorn ym môn saeth a hic ynddo i ddal y saeth yn erbyn llinyn y bwa wrth anelu. Cf. John Minsheu, *Ductor in Linguas* (London, 1617), 328b, 'the Nocke in horne of a bow or arrow ... *Gwlw*'. **57**.7

corn hydd, 'un o'r ddau dyfiant osglog ar ben ... hydd' (*GPC*). **74**.20

corn mwg, simnai. **9**.18

corn y carw: [Llad.] ***gritta marina***, *Y Bywiadur* 'corn-carw'r môr, *Crithmum maritimum*, rock samphire', sef llysieuyn maethlon gweddol gyffredin a dyf mewn mannau creigiog ar yr arfordir. (Ceir math arall o 'samphire' o'r enw *Salicornia europaea*, sy'n gyffredin mewn ambell forfa heli yng Nghymru.) Gw. hefyd Atod.1.98 a cf. Pen 228i, 177^r *Crithamus, vel Crithmum ... Corn y Carw aruordir, Senpier, lhyseun a getwir mewn heli yw vwyta, er peri chwant bwyt, a rhac Tyuowtuaen tostedh*, 80^v *Batis ... Corn y carw o Lan y mor; ef ai haruerir mewn Saladae, neu y beri chwenychu bwyt* (TW, 1604–7). Am *Gritta marina*, gw. yn arbennig *Herball* (1597) 428 'Rock Sampier is called ... in some shops *Creta marina*.' Mae'n sicr mai at hwn y cyfeiria John Jones yma; cf. *TJ* (1688) 'Corn y carw môr ... thorny Samphire'. Defnyddir yr enw *corn y carw* hefyd am y cnwp-fwsogl *Lycopodium clavatum* 'stag's horn clubmoss' a dyf ar fynydd-dir; ac at hwnnw y cyfeiria William Salesbury wrth ddisgrifio'r *uchelfa*: *LlS* (1574) 64 *Plannigin twmpathoc ... a dail val ir bocs ac nid antebic bric ei wydd ir llysæ a elwir corn y carw*; *TJ* (1688) 'Corn y carw mynŷdd, Corn yr Hydd ... Broom-rape'. **122**.91

corn ysgidiau [= **gwisgadur**, **siasbi**], corn esgidiau, siasbin, cf. Saes. *shoe-horn*. **28**.31

cornaid, llond corn yfed. **13**.31

cornbwch *ll.* **cornbychod**. Ni chanfuwyd pysgodyn neu gragen fôr neu afon o'r enw hwn. Fel enw planhigyn, 'broomrape', y'i diffinnir yn unig yn *GPC* (ac felly *buck's horn* yn yr *OED*). Ai cranc o ryw fath yw'r *cornbwch*? (Cf. **cranc gwisgi** lle sonnir am [**y**] **ddau granc eraill**.) **125**.71

cornchwigl, **cornchwiglen** *ll.* **cornchwiglod**, cornchwiglen, cornicyll, Pen 308i, 52 *Kornwich, Kornikill: kornchwigl* (JJ, *c*.1621); J 16, 73^r *Cornchwigl. Lapwinge. Vanellus*. Gw. hefyd **cornwich**. **124**.44

corneidied, corneidiaid, llond corn yfed. **13**.32

corneidio, llenwi corn yfed. **13**.33

cornogyn: **picin tan chwart**, cunnog, llestr yn dal llai na chwarter galwyn neu ddau beint, *Pen Gloss* (*B* 1.326) *kornogyn: kunoc neu pickin* (*c*.1562). **28**.120

cornor, modrydaf, brenhines haid o wenyn, *Pen Gloss* (*B* 1.326) *cornor .i. blaenor y gwenyn* (c.1575–1600). **126**.14

cornwich, cornchwiglen, gw. **cornchwigl**. Ni cheir *cornwich* yn *GPC* ond sylwer ar y ffurf *corn y wich* 'lapwing, peewit' a nodir yno ar lafar ym Mhowys. **124**.45

cornwyd *ll.* **cornwydydd** [= **pendduyn** *ll.* **penddunnod**], pendduyn, chwydd crawnllyd. **46**.34; **y cornwyd** [= **cewyn**], haint neu bla a nodweddir gan gornwydydd. **46**.33

corsen, 'reed'. Er ei fod yn air Cym. dilys, gall mai'r *Vocabularium Cornicum*, yr eirfa Hen Gernyweg, yw ffynhonnell ben draw yr enghraifft hon ohono: #645 *calamus* gl. *koisen* (*OCV* 278–9 'reed'; gwall am *korsen*). Gw. y Rhagymadrodd, §3.6. **122**.90

corsi, *GPC* 'Ffurfio neu dyfu'n gorsen(nau) neu goesyn(nau), corsennu'. *Corsu* yw'r ffurf gan John Jones, ond *corsi* a ddisgwylid (cf. *achosi, amodi, odi*, &c.). Ar drafferth gyffredinol John Jones i wahaniaethu rhwng *i, y*-glir ac *u*, gw. td. 48. **31**.42

cort gwely, cortyn neu linyn gwely, cf. *WWills* 33 '*Cord* Cords were attached to bedframes and made to form a tight net or web to support a rush or straw mat and the bed, i.e. the mattress.' **11**.30

cortio gwely, gosod cortyn neu linynnau ar wely i gynnal matras; cf. **cort gwely**. **11**.31

corun, copa'r pen. **7**.6

corwynt, trowynt (a'r un elfen *cor* ag yn **corbwll**). **2**.37

cosbau y peithynau. Ni chafwyd goleuni ar ystyr *cosb* yma yn *GPC*. Ai dyfais ydoedd i gloi peithynau gwŷdd yn eu lle? Cf. *OED cosp* 'A hasp'. **59**.27

cost, ochr anifail yng nghyswllt ei ddarnio gan y cigydd. Ni cheir yr ystyr hon yn *GPC cost*^{2}, ond cf. *OED coast* 'The side of an animal, for cooking'. **2 cost 22**.16 (mochyn); **2 cost 23**.3 (mollt); **2 cost 26**.4 (llo)

costog *ll.* **costogion**, ci domestig neu gymysgryw, ci gwarchod, mwngrel, *WS* (1547) '*Korgi ne gostoc*: A curre dogge'; a gw. **costowci**. **73**.36; *b*. **costoges 73**.38

costog tom, cf. *LlI* §133.11 (td. 148 'cur, mongrel'). **73**.57

costogaidd, ffyrnig, blin (am gi gwarchod). **73**.41

costogeiddrwydd, ?ffyrnigrwydd (ci gwarchod). **73**.42

costogi, ffyrnigo (am gi gwarchod), *GPC* 'Troi'n sarrug', &c. (1758); neu amrywiad ar **cowstowci** heb galediad (*costog* + *ci* > *costogi*). **73**.40

costogol, ffyrnig, blin (am gi gwarchod). **73**.43

costowci *ll.* **costowcwn**, *GPC* 'Mastiff, corgi, ci cymysgryw'; a gw. **costog**. **73**.37; *b*. **costogast 73**.39

costowgrwydd, costogrwydd, ffyrnigrwydd. **73**.44
costrel, llestr i ddal ac i gario gwin neu ddiod arall. **13**.10, **16**.33, **28**.105; bach. **costrelan** [= **costrelig**] **16**.39; **costrelig** [= **costrelan**] **16**.39
costrelaid, **costrelied**, llond costrel neu fflagon. **16**.41
costreliad, y weithred o roi cwrw, &c., mewn costrel neu fflagon (*GPC* 1770). **16**.42
costreliedig, wedi ei roi mewn costrel neu fflagon (am gwrw, &c.). **16**.43
costrelu, rhoi cwrw, &c., mewn costrel neu fflagon (*GPC* 1719). **16**.40
cosyn gw. **caws**
cotchwen, *GPC* 'dyn mursennaidd, dyn sy'n hoff o ymyrryd â gwaith tŷ'; *WS* (1547) '*Kotchwen*: Cotequeane' (hefyd HS yn J 16, 74^r), a gw. *OED* †*cotquean* 'The housewife of a cot', 'a vulgar scolding woman', 'a man that acts the housewife'. Mae'n air annisgwyl braidd yma rhwng **fforch certwyn** a **crwca**, **caib teilo**. Ai 'housewife of a cot' yw'r ystyr yma? Mewn tyddyn bychan, tybed ai gwaith y wraig oedd gwasgaru'r tail tra rheolai ei gŵr y drol? **33**.26
cotwm, brethyn (o wlân) wedi ei gedenu; *WWInd* 111 'This word *cotton* is slightly misleading for it does not relate to cotton fabric, but to the art of "cottoning" woollens. This was the process of raising the nap of coarse woven fabric with teasels to give the soft fluffy appearance of true cotton'; *OED cotton*, n.^{2} 'A woollen fabric of the nature of frieze, in the 16th and 17th centuries largely manufactured in Lancashire, Westmorland, and Wales'; a'r gair o bosibl yn gysylltiedig ag *OED cot*, n.^{2} 'Wool matted or felted together in the fleece' a gw. y dyfyniad yno o 1607, 'Cote, is a kind of refuse wolle clung or clotted together.' **60**.38
cotymedig, wedi ei gedenu, blewog (am frethyn). **60**.41
cotymiad, codiad ceden ar frethyn. **60**.40
cotymog, cedenog, blewog (am frethyn). **60**.42
cotymol, cedenog, blewog (am frethyn). **60**.43
cotymu, gwneud yn gedenog neu'n flewog (am frethyn). **60**.39
cow- gw. hefyd **caw-**, **cyw-**
cowper *ll.* **cowperiaid**, gwneuthurwr casgenni, bwcedi, &c., cylchwr casgenni. Meddai Hugh Evans, *Cwm Eithin* 100, 'Gwneuthurwr tybiau 'menyn, y gunog odro, y cawsellt, *etc.*, oedd y cwper. Un darn oedd llestri y saer gwyn [sef y turniwr] ... Gwneid llestri'r cwper o nifer o ystyllod a chylch o bren neu haearn yn eu dal wrth ei gilydd.' Ceir gan J. Geraint Jenkins, 'The Cooper's Craft', *Gwerin*, 1 (1957), 149–60, ddisgrifiad manwl o grefft y cowper a lluniau o'i offer, gan esbonio, td. 152, fod y cowper yn cynhyrchu tri math o lestr: 'dry coopering', sef bareli i ddal cynnwys sych, fel blawd; 'white coopering', sef bwcedi a

buddeiau ar gyfer gwneud menyn, golchi dillad, &c.; a 'wet coopering', sef casgiau a barilau i ddal hylif, sef y gwaith mwyaf arbenigol, 'Not only must the staves fit exactly together, so that the cask is watertight, but it must also hold the exact intended contents of liquid.' **54**.1

cowperiaeth, crefft neu waith y **cowper**. **54**.2

crabysbren, pren crabys, coeden afalau surion bach. **121**.228

crabysyn *ll.* **crabys**, afal sur bychan, afal gwyllt. **121**.230; *u.* **crebyn 121**.229

crach [*u.*] **crachen**, cramennau, *WS* (1547) '*Krach ne grachen*: A scabbe'. **46**.35

crach-hwyad *ll.* **crach-hwyaid**, corhwyad, *Anas crecca*, a'r elfen *crach-* yma'n golygu 'bach', *GPC*. **124**.46

crachu, magu crach (am glwyf). **46**.118

crafanc y frân, blodyn menyn. Ymddengys yr enw'n gyfieithiad, neu'n galc ar y Saes. *crowfoot*, Llad. *pes corvi*: *OED crowfoot* 'A name for various species of *Ranunculus* or Buttercup, properly those with divided leaves; but extended as a book-name to the whole genus'. Cf. *Llysieuwr* 30 *Apiwm: Y llyshiewy[n] i mae'r Saeson yn i henwi krowffwt, o'r hwn j mae ii, y gwrw a'r banw … henwir y naill krauang y vran o'r tir sych, a chrauank y vran o'r tir gwlyb* (EG, *c.*1545); *WS* (1547) '*Krafanc y vran* … Crowe foote'; *LlS* (1574) 164 *Y Vronwys … Melyn y gwanwyn yn Camberaec … a blodæ val Crafanc y vrân ac yn discleirio o vwy o velyndra*. Enw arall arno oedd *olbran* ('ôl brân'): J 16, 80ʳ *Cravangc y vrân*. × *Olbran* (HS, *c.*1600); a cheir y ffurf honno gan Fadog Dwygraig mewn cerdd ddychan i wehydd – Huw Meirion Edwards (gol.), *Gwaith Madog Dwygraig* (Aberystwyth, 2006), 11.27 – ac esbonia'r golygydd, td. 123, 'Câi ei ddefnyddio gan gardotwyr i wneud eu cnawd yn gignoeth … a dichon mai dyma'r ergyd yma' (cf. *OED spearwort* 'ranunculus', 'used by beggars to produce artificial blisters or sores'). Ceir y ddwy ffurf gan John Jones yn Atod.1.169 *Pes corui: Ranunculus: Crowe foot: Crafanc y vran: yr Olbran*, 188. **122**.93

crafell, *GPC* 'Rhawlech, offeryn hirgoes neu wialen a estynnir gan bobydd i'r ffwrn i'w glanhau a symud y torthau a'r teisennau', < *craf(u)* + *-ell*. **15**.106, **28**.83

crafell ysgwydd, sgapwla, *WS* (1547) '*Krafell ysgwydd*: Shoulder plate'. **7**.74

crafellin, teclyn i ysgrafellu neu grafu llin neu gywarch. **27**.91

crafellin law, gw. **crafellin**. Enw gwrywaidd yw *crafellin* yn ôl *GPC*, felly gall mai *crafellin llaw* sy'n gywir, a John Jones wedi anghofio tanddotio'r *l*. **27**.92

craflech. Daw ar ôl **crafell** 'rhawlech', felly mae'n debygol mai'r ystyr yma yw 'carreg a ddefnyddir i grafu', 'scraper' (*GPC*). Mae'r ddau air yn amlygu *diffrans dwywlad* meddir yn *GeirfaWLl* 42^r *Krav[l]ech: kravell* (WLl, 1567×1574). **15**.107

craig *ll*. **creigiau 5**.71, **129**.5

y graith unnos, *Y Bywiadur* dan *Craith Unnos* 'y feddyges las, *Prunella vulgaris*, selfheal'; *WS* (1547) '*Kraith vnnos, llyseun*: Selfe heale'. **122**.197

cramp, *GPC* 'dwrn (erfyn), carn (cleddyf)'. Am yr enghraifft yn Thomas Roberts (gol.), *Gwaith Tudur Penllyn* (Caerdydd, 1958), 81, a ddyfynnir yn *GPC*, *Cyfelin lle y caf eiloes / Ydyw o'i gramp hyd ei groes* [am gleddyf], meddai Dr Jenny Day (ehebiaeth, Ebrill 2020), 'rhaid bod y *cramp* yn rhyw nodwedd ar ben pellaf (h.y. pwynt) y cleddyf, os yw mor bell i ffwrdd o'r groes â chyfelin'. Wrth drafod rhannau cleddyf, daw yma rhwng **carn**, **seidyn** a **gwain**, **blaenswch**. Cf., o bosibl, *OED cramp*, n.^{2}, a gysylltir â gair am 'hook' mewn ieithoedd Ellmynaidd. **50**.24

y cramp [= **yr wrwst, y crwmp, yr yrwest**], cwlwm gwythi, 'cramp'; gw. *OED*, *cramp*, n.^{1}, lle nodir defnydd y fannod, *the cramp*, ar lafar. **46**.93

cranc glas: *crabfish*, **math ar bysg a gwisg gorn amdano ac y sydd yn magu mewn cregyn Teganwy**. Go brin mai'r un yw'r *cranc glas* hwn â'r un a ddisgrifir fel 'inedible crab (lit. green crab)' yn *GPC* (20g.). Ond beth am y meudwygranc, y *Pagurus bernhardus*, *GPC* 'Cranc o deulu'r *Paguridæ* sy'n byw yn hen gregyn molysgiaid'? Nid yw'r Saes. o gymorth, oherwydd gwelir yn yr *OED* †*crab-fish* ei fod yn hen air am granc yn gyffredinol. Mae'n debygol mai enw unigol yw *pysg* yma, yn wahanol i **125**.1 lle mae'n lluosog. Ymhellach gw. **crogen Teganwy**. **125**.72

cranc gwisgi: **hwnnw sydd lai no'r ddau granc eraill, a hwnnw sydd yn magu yn y grogen las leiaf**. Gallai *gwisgi* olygu 'chwim, cyflym', ond gw. Bedwyr Lewis Jones, *Blas ar Iaith Llŷn ac Eifionydd* (Capel Garmon, 1987), 14–15, lle cyfeirir at '*crangas wisgi*, crances ar fwrw'i chisten ... Yr un gair *gwisgi* sy'n *crangas wisgi* ag yn "cneuen wisgi", cneuen aeddfed ar ddod yn rhydd o'i phlisgyn.' Cf. **cranc glas**. **125**.73

cras, wedi ei grasu neu ei bobi mewn ffwrn (am fara, &c.). **15**.31

crasedig, wedi ei grasu neu ei bobi mewn ffwrn (am fara, &c.). **15**.32; **18**.11 (am frag, &c. mewn odyn)

crasedigaeth, crasiad neu bobiad bara. **15**.33

crasgeirch, ceirch wedi eu crasu mewn odyn. **18**.16

crasiad, y weithred o grasu neu bobi bara, neu'r torthau a bobir ar un tro

15.34; **18**.12 (am frag mewn odyn)

crasu, sychu (ceirch, brag, &c.) mewn odyn, *WS* (1547) '*Krasy, sychy*: Drye'. Roedd y broses o grasu ceirch mewn odyn yn hanfodol wrth ei baratoi ar gyfer bwydo'r teulu, fel yr esbonia Hugh Evans, *Cwm Eithin* 118: 'Byddid yn crasu ceirch cyn ei falu. Gellir malu ceirch drwyddo yn fwyd moch heb ei grasu, ond ni ellir ei silio heb ei grasu.' **18**.10

crasu bara, pobi bara mewn ffwrn. **15**.29

crasu brag, sychu brag mewn odyn. **18**.14

crasu ceirch, sychu ceirch mewn odyn. **18**.15

craswraig, gwraig sy'n crasu ceirch, brag, &c., mewn odyn. Cyfrifoldeb y wraig yn aml oedd bragu yn y cyfnod hwn, a defnyddio yr un cynhwysion crai (grawn, burum, &c.) i bobi bara ac i fragu. **18**.13

crau bwyall, *GPC crau*³ 'twll ym mhen bwyall, morthwyl, &c., i ddal y coes'; *WS* (1547) '*Krau bwyall*: Socked'; J 16, 79ᵛ *Crau Bwyall. Socket* (HS, *c*.1600). **53**.18

crau moch, cut moch. **71**.25

crau y nodwydd, llygad nodwydd, *WS* (1547) '*Krau nodwydd*: The eye'. **61**.12

crebyn gw. **crabysyn**

crec yr eithin, *GPC* 'whin-chat, furze-chat, *Pratincola rubeira*', a'r unig dystiolaeth yno o restr flaenorol John Jones yn Pen 296, 117 (1606). Gall mai cyfieithiad o'r *whinchat* (*whin* 'eithin' + *chat*) yw *crec yr eithin* (diweddarach yw *furze-chat* yn ôl tystiolaeth yr *OED*), ond mae'n annhebygol mai John Jones a'i bathodd. **124**.47

crecys, crecs, Pen 309i, 781 *Kreks, Lliw, Karegog* (JJ, 1623–4). Fel ansoddair 'brith, amrywliw' yn unig y'i diffinnir yn *GPC crecs*, ond mae ei leoliad rhwng **clegyr** a **clogwyn** yn awgrymu enw, ac mae'r ffurf **crecysog** yn debygol o fod yn gyfuniad o'r enw hwnnw + *-og*. A ellir ei gysylltu â Saes. *crag*, *OED crag*, n.¹ 'A detached or projecting rough piece of rock', a'r terfyniad *-(y)s* wedi peri calediad *g* > *c*? **5**.73

crecysog, llawn caregos; gw. **crecys**. **5**.79

ll. **creffynnau** [*u.*] **creffyn car**, rhwymyn i gysylltu cerbyd, *GPC creffyn* 'Rhwymyn (yn aml o fetel), clamp, gafaelfach, bach'. **32**.11

creffynnau cist, bachau neu glasbiau cist; hefyd Pen 308ii, 20 *Kreffynne kist: Dde hingdsis of a Tsiest* (JJ, *c*.1621); J 16, 81ᵛ *Creffyn. claspe or barre, fibula* (HS, *c*.1600). **52**.48

creigiog, llawn creigiau. **5**.75, **129**.6

creigiol, creigiog. **5**.76, **129**.7

cren gw. **cyrnog**

crennog, mesur a amgyffra pedwar hestor neu ddau hobed, Pen 308ii,

106 *Kyrnoc neu Krennoc messur a amgyffra :4: strikied, ne, ddau hobed*. Amrywiad yw *crennog* ar *grennog* (gw. td. 38), *GPC* 'Llestr yn cynnwys grennaid neu fesur sych arbennig', a gw. yno hefyd ar *gren* 'mesur sych a gwlyb ansicr ei faint'. Mae'r ffurf trydydd unigol presennol *amgyffra* yma'n ansafonol; y ffurf safonol *amgyffred* a geir dan **hob. 47**.17. **47**.28

crewyn *ll.* **crewynnau**, cut moch. **38**.1; **crewyn 71**.24

criawol: **grawn y cerddin**, criafol, sef aeron (*grawn*) y gerddinen. **121**.222

criawolbren, cerddinen, coeden griafol. **121**.215

criawolen, cerddinen, coeden griafol. **121**.216

crib cader Fyrddin, crib dwbl ceiliog; amdano meddai Lewis Morris, 'Cader Vyrddin, *i.e*., Myrddin's Fort or Castle. Hence a cock which has a double comb is called *ceiliog cader Fyrddin*, from the comb's resemblance to a castle', gw. D. Silvan Evans (gol.), Lewis Morris, *Celtic Remains* (London, 1878), 57. Ceir ffurf wallus ar yr enw yn *ML* i, 335 'Nid oes yma, ond y cyffredin, a'r dragwm, a'r cwtta, a'r dandi, a'r crib cadenfyrddin, a'r coppog' (1761). Mae'n bosibl mai 'coron, talaith', sef addurn a wisgir ar y pen, yw ystyr *cader* yma. Yn llawysgrif Bangor, Gwyneddon 3, 155a, honnir *nid oes un hyddgant hynod yn dwyn cadair Ferddin arnynt*, ac mewn nodyn ar ymyl y ddalen meddir, 'cadair caer fyrddin, sef *talaith* ne goron'. **123**.29

crib celiog, crib ceiliog. **123**.28

crib march, ysgrafell, 'curry-comb', crib i gael gwared ar glymau a baw o flew ceffyl. **37**.20

crib pen, crib gwallt, a ddefnyddid yn gyffredin i gael gwared ar nedd o'r gwallt. Darganfuwyd 82 crib o'r fath ar fwrdd y *Mary Rose* a suddodd yn 1545, y rhan fwyaf ohonynt wedi eu llunio o bren bocs, *https://maryrose.org/the-artefacts/5/*. **28**.33, **66**.23

crib tŷ, crib to, copa neu drum tŷ. **8**.129

crib yr ysto, cf. Peate, 'Termau'r Ffatrïoedd Gwlân', 94, '*Rhaca troi i mewn*. Y "gribin" a ddefnyddir i droi i mewn ar y gwŷdd, sef i ddal yn eu lle setiau o chwech neu fwy o edafedd yr ystof pan osodir yr ystof yn y gwŷdd. *Raddle*.' Gw. hefyd **cribin radd**. **59**.48

ll. **cribau** [*u*.] **crib gwlân**. Cribau pwrpasol at gardio gwlân, neu bennau llysiau'r cribau (gw. **llysie'r cribe**: *tesyls*) a elwid hefyd yn gribau'r pannwr: gw. *Y Crefftwr* 4 'Wedi ei sychu [h.y. y brethyn], byddid yn aml yn defnyddio "cribau'r pannwr" i godi'r *nap*, y geden fel y gelwid hi, ar y brethyn ac yna byddai'r pannwr gyda'i wellaif yn paratoi'r brethyn ar gyfer ei wisgo.' **27**.40; **cribau 28**.132, **60**.20

cribe san Ffraid, hefyd Atod.1.28 *Betonica: Betoni: Cribe san ffraid*, Atod.2.2, Atod.3.180 ac *WS* (1547) '*Kribau sant ffred*: Betany'; *LlS* (1574) 67 *Cribe San Phred ... Betonica yn Llatin, Betonye yn Saesonaec. Cribæ San Phred yn Camberaec.* **122**.94

cribedig, wedi ei gribo neu ei gardio. **27**.42, **60**.23 (am wlân); **37**.22 (am flew ceffyl); **66**.26 (am wallt neu farf dyn)

cribiad, y weithred o gribo neu gardio gwlân. **27**.43, **60**.24; **37**.23 (blew ceffyl); **66**.27 (gwallt neu farf dyn)

cribin, rhaca. **35**.20, **45**.27

cribin radd, cribin yn gysylltiedig â'r gwŷdd; gw. **crib yr ysto**. **59**.47

cribinedig, wedi ei gribinio (am wair). **31**.76

cribiniad, y weithred o gribinio gwair, pethau a gribinnir ynghyd. **31**.75

cribinio gwair, casglu gwair ynghyd â chribin. **31**.74

cribinion, pethau a gribinnir ynghyd â chribin. **31**.77

cribion, y gwlân sydd mewn crib ar ôl ei gardio. **27**.44

cribo, trin gwlân â chrib neu gard, cardio. **27**.41, **60**.22; **37**.21 (blew ceffyl)

cribo barf, gyrru crib drwy farf. **66**.25

cribo pen, cribo gwallt y pen, *WS* (1547) '*Kribo pen*: Combe'. **66**.24

cribog, wedi ei gribo. **37**.24 (am geffyl); **60**.25 (am wlân)

cribwraig, gwraig sy'n cribo neu gardio gwlân. **27**.48

crimog, 'shin', *WS* (1547) '*Krimoc*: A Shynne'. **7**.126

crimp crimog, ymyl blaen miniog y grimog, Llst 189 *crimp y grimmog. The edge or sharpness of the shin* (1722). Ar *crimp* y goes, cf. Pen 228i, 175^r *Crea ... Crimp yr esgeir, or tu ol yr hwn y mae'r groth* (TW, 1604–7). **7**.127

crochan, **crochon** *ll*. **crochanau**, llestr dwfn, pair at goginio. **14**.12; **crochan 28**.59; *bach*. **crochenyn 14**.13

crochanaid, **crochaned**, llond crochan. **14**.22

crochlaw, glaw swnllyd. **2**.61

crochon gw. **crochan**

croen 7.101; croen anifail wedi ei flingo ar gyfer ei gyweirio gan y barcer, *WS* (1547) '*Kroen anifal*: A hyde'. **62**.4

croen ir, 'raw hide', croen anifail heb ei drin. **64**.21

crogen: [Llad.] *concha*. Er bod hwn yn ymddangos fel pe bai'n air Cym. (cf. isod), daw yn y pen draw o'r *Vocabularium Cornicum*: #557 *concha* gl. *crogen* (*OCV* 241 'shell, skull'). Gw. y Rhagymadrodd, §3.6. **125**.74

crogen: *a shel of a fish or a shelfish* ('a shell of a fish or a shellfish'), *ll*. **cregyn**. Pysgodyn cregyn neu'r gragen ei hun; ond gw. **crogen y pysgodyn**. **125**.75

crogen Gadwgan: **math ar grogen fawr mwy no chrogen las**, math anhysbys o gragen fôr. Ai cragen las fwy na'r cyffredin, *Modiolus modiolus*, 'horse mussel'? Ni wyddys at bwy y cyfeiria *Cadwgan*, ond fe'i ceir hefyd yn yr enw Cym. am *valerian*, *WS* (1547) '*Valerian ne lyseu kadwgan*: Valeriane' (ond mae'n ddigon posibl mai cyfeirio at un o feibion Rhiwallon Feddyg o Fyddfai a wna yn yr enw hwnnw). **125**.76

crogen gocys: *a coccle shelfish, or cockles* ('a cockle shellfish, or cockles'), cragen gocos. **125**.77

crogen henas [= **crogen pewter**] *ll*. **cregyn henas**. Ni chafwyd cyfeiriad pellach at y gragen hon nac at *henas*. **125**.78

crogen Iago *ll*. **cregyn Iago**: *a scalop* ('a scallop'). Cyfeiriodd y bardd Llawdden yn y 15g. at *grogen o Gaer Iago*, gan ddwyn i gof arfer pererinion i Santiago de Compostela yn Sbaen o wisgo cregyn fel cocos neu gregyn bylchog ar eu dillad, gw. *GLl* 17.54, a'r nodyn, td. 193; cf. *OED scallop* 'A pilgrim's cockle-shell worn as a sign that he had visited the shrine of St. James at Compostella'. **125**.79

crogen las *ll*. **cregyn gleision**: *a muscle* ('a mussel'), *WS* (1547) '*Krogen-las*: A muscle shell'. Fel y gwelir yn yr *OED mussel*, awgryma ffurfiau megis *muskel, muskle, muskil* o'r 16g. a'r 17g. fod yr *c* yn cael ei hynganu yn y cyfnod hwn; cf. **misglen**. **125**.80; **crogen las** [= **misglen** *ll*. **misgl**] **125**.144

crogen marthychen *ll*. **cregyn marthychen**: **math ar gregyn, ai pysgod, a chlustiau uddunt fal clustie llygoden ac â chyrn ar eu pennau fal cyrn malwen**. Ni chafwyd cyfeiriad arall at *grogen farthychen* nac ychwaith at yr elfen *marthychen*. Cyfeiria *pysgod* yma at y creadur sy'n byw yn y gragen, cf. Saes. *shell-fish*. Ai at falwen fôr y cyfeirir, a'i theimlyddion yn ymdebygu i glustiau llygoden? **125**.81

crogen pewter [= **crogen henas**] *ll*. **cregyn pewter**. Ni chafwyd cyfeiriad pellach at y gragen hon, sydd, mae'n debyg, yn llwydlas. **125**.78

crogen Teganwy: **math ar gregyn gleision mawr ac y sydd yn ymyl Teganwy**, *ll*. **cregyn Teganwy**, cragen las fawr. Ni chafwyd cyfeiriad pellach at *grogen Teganwy*, ond mae cregyn gleision Conwy yn enwog hyd heddiw am eu safon a'u maint ac mae gan yr enw 'cregyn gleision Conwy' statws Enw Tarddiad Gwarchodedig (PDO) a ddyfarnwyd gan y Comisiwn Ewropeaidd yn 2016. Efallai fod *cregyn Degannwy* yn enw hŷn ar y cregyn gleision hyn, yn mynd yn ôl i'r cyfnod cyn y goncwest Edwardaidd, pan oedd Degannwy'n bwysicach tref na Chonwy, ac yn gysylltiedig â thywysogion Gwynedd. Gw. ymhellach J. Geraint Jenkins, 'Cockles and Mussels: Aspects of Shellfish-Gathering in Wales', *Folk Life*, 15 (1977), 92–5, am bwysigrwydd gwelyau cregyn gleision aber afon Conwy, a gesglid ers talwm am eu perlau yn ogystal ag fel ffynhonnell bwyd. **125**.83

crogen y pysgodyn, tagell pysgodyn, J 16, 84ʳ *Crogen pilcotyn. gylle* (HS, *c*.1600), ond *TJ* (1688) 'Crogen. *A sea-shell, or fish-shell, the gills of fish*'. **125**.38

cronglwyd [= **plaid**], clwyd neu ffrâm to, *WS* (1547) '*Kronglwyd tuy*: Roufe of an house'. **8**.124

cronfa melin [= **pwnt**], cronfa neu lyn melin, Pen 308i, 53 *Kronva: llynn melin*, a 72 *Kronfa: the damm of a poole or the poole itself* (JJ, *c*.1621). **42**.18

croper, cŷn gof, Pen 228ii, 48ʳ *Ferramentum ... peirian haearn y dalgrynnu carnæ aniueilieit ... Croper* (TW, 1604–7). **52**.20

croth, bol, abdomen. Fel y noda Delwyn Tibbot, *Llysieuwr* 207, 'abdomen' yw ystyr arferol *croth* gan Elis Gruffydd (*c*.1545), a *kledi ar y grotth* a geir ganddo am 'constipation'. **7**.61

croth, croth y goes, J 16, 84ᵛ *Crôth, calfe of yᵉ legge. Sura* (HS, *c*.1600); cf. y disgrifiad o *eigrau* 'sanau di-draed' yn Pen 308i, 30 *Eigre, darnie hossane brethyn or ffer ir gro[th] amgylch meinedd y goes* (JJ, *c*.1621). **7**.89

crothell *ll*. **crothellau, crothellod**: *a googion* ('a gudgeon'), llyfrothen dŵr croyw, *GPC* 'unrhyw bysgodyn bychan a geir mewn dŵr croyw, yn enw[edig] un o'r rhywogaeth *Phoxinus*, sildyn, pilcodyn'; *WS* (1547) '*Krothell*: A menewe'. Fe'i hystyrid yn bysgodyn di-werth, a honnodd Raff ap Robert nad oedd dau grythor a adwaenai yn werth dwy grothell rhyngddynt: *Ni thalant, ni fedrant fawr, / Ddwy grothell, y ddau grythawr* (A. Cynfael Lake, *Gwaith Raff ap Robert* (Aberystwyth, 2013), 60.3–4). Ar *googion*, gw. *OED gudgeon*, n.¹, lle gwelir ffurfiau megis *gougin, goojon* o'r cyfnod. **125**.84

crothell y dom, *GPC* 'minnow' (1858); cf. **crothell** a gw. *Vert Fauna* 490, lle cofnodir *crothell y dom* ar lafar yn y gogledd am 'minnow' a *sil y dom* yn Llŷn. **125**.85

crud, crud baban. **28**.144

crud blingo, crud neu gafn y cigydd ar gyfer blingo anifail. **20**.13

crud haearn. Ai rac haearn ar bwys lle tân, cyfystyr â **pentan haearn** '?andiron, firedog'? **9**.23, **28**.9

crug o ŷd: **helmed o ŷd**, tas neu fwdwl o ŷd; gw. **helmed**. **31**.151

crugau, chwyddi, cornwydydd, plorod. **46**.101

crugynnod, crugennod, chwyddi, cornwydydd, plorynnod. **46**.124

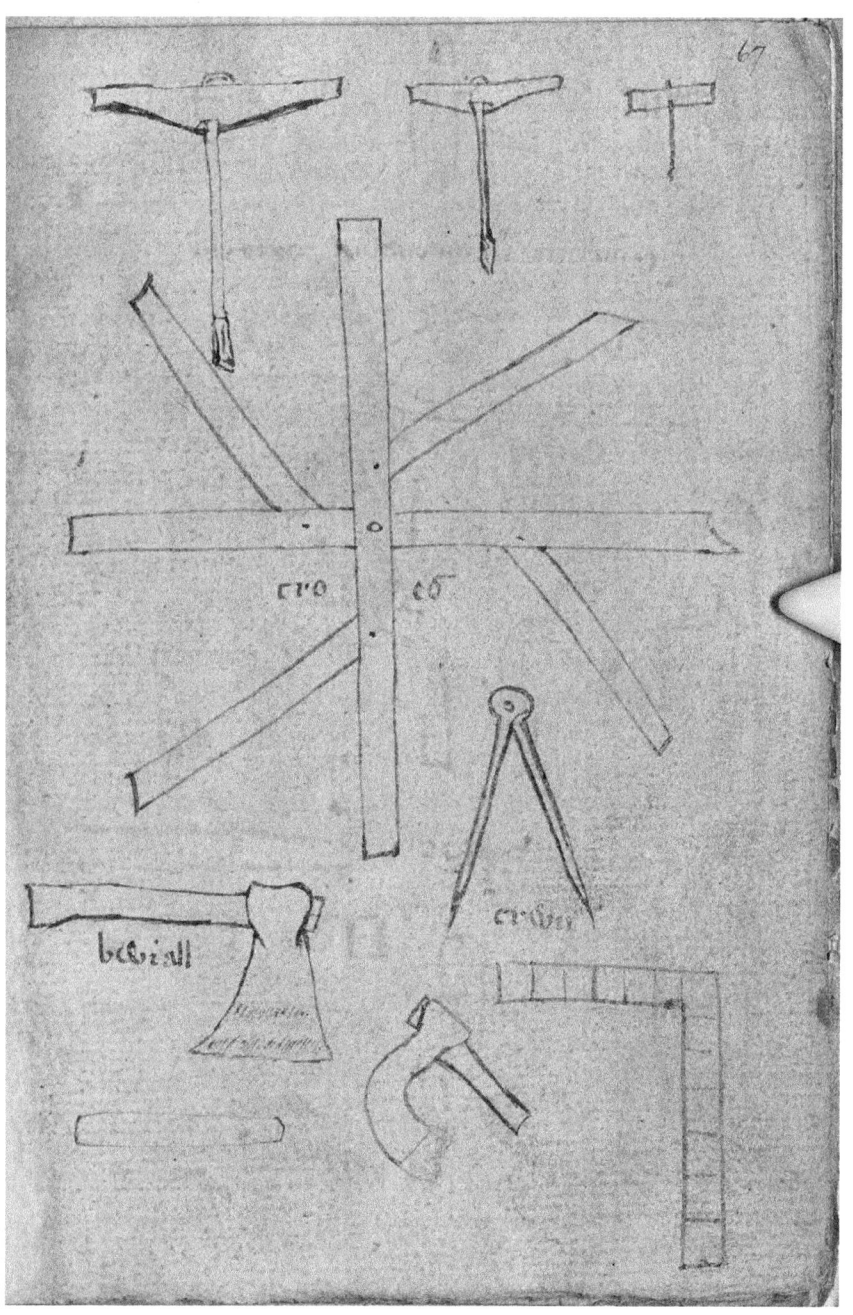

Peniarth 56, 67: Rhisiart Longford, *c*.1543, offer saer

crwban *ll.* **crwbanied**: **crwbs, math ar bysg o granc a gwisg o blisg neu gorn amdano, ac y sydd yn magu ac yn dyfod allan o grogen Cadwgan**. Ymddengys mai rhyw fath o granc sydd yma (*GPC crwban* 'morgranc, cimwch'), tebyg o bosibl i'r **cranc glas** a ddisgrifir fel un sy'n magu mewn **cregyn Teganwy**. Gan na cheir *crub* neu *krub* perthnasol yn Saes. yn yr *OED*, cymerir mai'r gair Cym. *crwb* sydd yma, gyda'r terfyniad lluosog -*s*. **125**.86

crwc, ystên, twba, *WS* (1547) '*Krwck ne ystwck, llestyr*: A payle'; daw o'r Saes.: *OED crock*, n.[1] 'An earthen pot, jar, or other vessel'. **28**.110

crwca [= **caib teilo**], *GPC* 'Offeryn cam neu fachog; ffon gnwpa', ond diweddar ac 'Ar lafar yn Nyfed, yn enw[edig] am fath o fforch i dynnu tail oddi ar gert wrth deilo' yw'r dystiolaeth yno. **33**.27

y crwmp [= **yr wrwst, yr yrwest, y cramp**], cramp. Ni cheir *crwmp* yn yr ystyr hon yn *GPC*, ond cf. *OED* †*crump*, n.[2] 'cramp'. **46**.93

crwn, enw ar math o gwmpas a ddefnyddid gan seiri i fesur hyd. Ceir llun o *grwn* yn Pen 56, 67 (*c*.1543), mewn testun yn llaw Rhisiart Longford a gopïodd John Jones (gw. td. 273). **53**.94

crwper [= **postolwyn**], *GPC* 'cengl neu strapen ledr wedi ei byclu wrth gefn cyfrwy (gan basio dan gynffon ceffyl) i'w atal rhag llithro ymlaen'; *WS* (1547) '*Krwper, postolwyn*: A croper'. **37**.66

crwper, rhan ôl (eidion). **97**.6

crwth halen, llestr boliog neu flwch i ddal halen, *GeirGeg* 130 '*crwth halen* ... bocs pren ar ffurf hanner cylch yn crogi ar fach ger y lle tân i gadw halen yn sych'. **28**.88

crwybr, dil mêl, 'honeycomb'. **126**.18

crybin- gw. **cribin-**

cryced, (neu o bosibl *criced*), stôl isel neu stôl droed. Ni cheir mohono yn *GPC*, ond cf. *cricket stool* 'A low wooden stool; a footstool' dan *OED cricket*, n.[2] (diwedd yr 16g.). **9**.99, **28**.8

crychyr *ll.* **crychyddod, cryhyr**, Pen 308i, 63 *Krychydd: Creur*; *Krychyddod ll. o krychydd* (JJ, *c*.1621). Yn *GPC* rhestrir dau air am 'heron', sef y *crëyr, crehyr*, &c. a'r *crychydd, crechydd*, gan esbonio *crechyr* (ac felly **crychyr** yma) fel ffurf seiliedig ar y ddau; gw. **cryhyr**. **124**.48

y cryd, haint neu afiechyd sy'n peri crynu, twymyn, cryndod. **46**.74

y cryd crynu, pwl sydyn o gryd neu dwymyn, *WS* (1547) '*Kryd kryny*: Aces, ague'. **46**.75

y cryd cymalau, gwynegon, rhiwmatig neu gowt, J 16, 82ʳ *Cryd cymalau. goute* (HS, *c*.1600). **46**.77

y cryd melyn, y clwyf melyn, 'yellow jaundice', *Llysieuwr* 36 *y kryd melyn, yrwn a elwir yn y Lading jctericia* [= 'jaundice'] (EG, *c*.1545);

J 16, 82ʳ *Cryd melyn.* × *yelow iaundish* (HS, *c*.1600). **46**.76 **y cryd poeth**, gwres uchel, twymyn, J 16, 82ʳ *Cryd poeth. Burning ague* (HS, *c*.1600). **46**.78

crydd *ll.* **cryddion**, un sy'n gwneud a thrwsio esgidiau, *WS* (1547) '*Krydd*: A cordwaner'; J 16, 82ᵛ *Crydd. shoomaker* (HS, *c*.1600). **63**.1

crydd-dy, gweithdy'r crydd. **63**.32

cryddiaeth, crefft neu waith y crydd. **63**.2

crygiar gw. **crugiar** dan **grugiar**

cryhyr *ll.* **cryheurod**: *a hearn* ('a heron'), crëyr; gw. hefyd **crychyr**. Ar y Saes. *hearn*, gw. *OED heron*. **124**.49

cryman, erfyn i dorri ŷd, gwair, &c., ac iddo lafn crwm a charn pren, 'reaping-hook'. **31**.101, **45**.55

cryman coed, cryman i docio coed. **45**.59

cryman garw, cryman ac iddo fân ddannedd fel llif, sicl, *WS* (1547) '*Kryman garw*: A syckell'. **31**.103, **45**.57

cryman llydan, cryman ac iddo lafn llydan. **31**.102, **45**.56

cryman pen ffon, *GPC cryman pen ffon* 'hedging-bill', sef cryman ac iddo goes hir a llafn byr ar gyfer tocio gwrychoedd, torri drain, &c.; Pen 228ii, 43ʳ *Falx* ... *Cryman penn phonn, y vrigladh coet a gwydh* (TW, 1604–7). **45**.58

cryn, cryndod (gan oerfel). **118**.36

crynedig, yn crynu (gan oerfel). **118**.38

crynhad, y weithred o grynhau pren. **53**.100

crynhoi, crynhau, gwneud yn grwn (am bren), J 16, 80ʳ *Crynnoi. to rounde. to trymme* (HS, *c*.1600). **53**.99

cryniad, y weithred o grynu (gan oerfel). **118**.39

crynu (gan oerfel). **118**.37

cryw *ll.* **crywiau**, *GPC* 'Cawell, yn enw[edig] i ddal pysgod ger cored neu ryd, balleg, magl rwyllog o wiail'; Pen 308i, 53 *Krywyn: Kryw: weel* (JJ, *c*.1621); *WS* (1547) '*Kryw i dda[l] pyscot*: A weele'. **125**.13

crywyn [= **cist y fen**, **llwyfen**], trwmbel neu gist trol. Ni cheir yr ystyr honno yn *GPC*, ond cf. yno *crowyn*, *crywyn* 'Adeilad bychan y cedwir anifeiliaid ynddo, ... cawell, basged'. **33**.19

cudon: [Llad.] *palumba*. Gair Hen Gernyweg, nid Cym., yw hwn a ddaw yn y pen draw o'r *Vocabularium Cornicum*: #505 *palumba* gl. *cudon* (*OCV* 217–18 'wood-pigeon'). Cf. Pen 188, 125 *palumba: Cudon, yscutha[n]* (TW, *c*.1590–1620). Gwallus yw cofnod blaenorol John Jones yn Pen 297, 196ᵛ *Paluniba: Kudon* (JJ, 1606), gan gadarnhau nad y rhestr honno oedd ei ffynhonnell ar gyfer Geirfâu'r Fflyd; gw. y Rhagymadrodd, §3.6. **124**.51

cudyn egwyd, y tusw o flew sy'n tyfu ar gymal egwyd ceffyl, *GPC* 'fetlock' (1773); Pen 308i, 15–16 *Bagas ll. bagse: kudyn egwyd march, ne blew swrn march* (JJ, *c*.1621). **67**.70

cudyn o wallt, llyweth neu dusw o wallt. **66**.29

cufydd yw o'r elin i flaen yr hirfys neu hanner llath, hynny yw, hyd cufydd yw o'r penelin i flaen y bys canol, sef o ddeutu deunaw modfedd; *WS* (1547) '*Cudd ne cufydd, mesur*: Cubyte'. **47**.12

cunnog, llestr pren i ddal llaeth wrth odro, ystên, piser, *GeirGeg* 130 '*cunnog* ... (i) llestr pren o waith y cowper i ddal llefrith y fuwch wrth odro ... (ii) llestr pridd, math ar grochan mawr i gadw hufen ar gyfer ei gorddi'. **28**.117

curas, llurig, 'cuirass'. **50**.48

curlaw, glaw trwm sy'n curo neu'n gyrru wrth ddisgyn. **2**.60

cusan bwbach, crachen ar y wefus, dolur annwyd; cf. *LlS* (1574) 139, am rinweddau'r berwr, *gellir ei arlwy rhac chwysic ne gusan bwbach ne gyfryw osymeth a ddel ar wynep merchet y nos*. **46**.52

cut gwyddau, Pen 169, 238 *ffrongc: cutt gwydde* (RhM, *c*.1580); Pen 298, 260 *ffronk: Kaeds gwydde, kytt gwydd* (JJ, 1606). Daw *ffronc* o'r Saes., lle cyfeiria at fan amgaeedig i gadw moch yn arbennig, *OED* †*frank*, n.[2] 'An enclosure, *esp*. a place to feed hogs in; a sty'. **39**.2; **cut gwyddau** [= **ffronc**] **123**.49

cut moch, *WS* (1547) '*Kut moch*: Swynecote'. **38**.5

pedwar cwart a wna pedwaran, hynny yw, mae *pedwar cwart* (*GPC cwart*[2] 'Chwart; llestr yn dal chwart', sef chwarter galwyn o fesur sych yma) yn gymesur â *pedwaran*; ond yn ôl diffiniad *GPC* o *pedwaran* 'chwart', disgwylid i *pedwar cwart* fod yn gymesur â *pedwar pedwaran*. **47**.40

cwarter yw dau beced, cwarter yw dau lond pec (mesur sych), *GPC cwarter* 'Mesur cynnwys sy'n ogymaint ag wyth bwysel'; gw. hefyd **chwarter**. **47**.30

cwch gwenyn, 'beehive'. **126**.16

cwd, cod neu sach i ddal blawd, &c. **28**.154, **45**.41; *bach*. **cydan 45**.42

cwd, ceillgwd. **7**.72

cwd ceilliau, ceillgwd. **96**.63 (ceffyl)

cwd paill *ll*. **cydau paill**, cod neu sach fechan i ddal blawd. **15**.40; **cwd paill 28**.89

cweiriad ymenyn, y broses o gywerio neu drin menyn; gw. **cweirio menyn**. **17**.50

cweirio emenyn, cywerio neu drin menyn, *GeirGeg* 100 '*cweirio menyn* trin menyn ar ôl ei gorddi; ei olchi, cael y dŵr a'r llaeth ohono a chymysgu halen drwyddo ... *to work butter*'. Gw. *GPC cyweirio* am ddefnydd y ferf am 'peri cadw (ymborth) heb lygru (trwy ei halltu, &c.) ... golchi neu rwbio â halen'. **17**.48

cweirio llawr, cyweirio llawr, tacluso a glanhau llawr ysgubor ar ôl dyrnu. **35**.33

cwlwm gwythi, cramp. Ymddengys ei fod yn gyfystyr â'r pedwar gair sy'n ei ragflaenu – **yr wrwst, y crwmp, yr yrwest, y cramp** – ond nid yw wedi ei gyplysu â hwy. **46**.94

cwlwm iwrch, cyrn iwrch, o bosibl, sy'n weddol fyr ac yn tyfu'n eithaf syth am i fyny gyda dau neu dri o bigau ('tines') yn tyfu oddi arnynt; cf. *cwlwm* 'cnap neu chwydd ar gangen neu ar goesyn' (*GPC*). **76**.5

cwlwm prudd a'r ysnoden a wneler ar gefn yr eidion o hyd a thraws ag un llaw, a'i dynnu â dwylaw a'i iachâ. Nid yw'r ystyr yn eglur. Os clefyd ar *eidion* ('bustach') yw *cwlwm prudd*, fel y disgwylid yn y rhestr hon, mae'n bosibl y cyfeirir at rwystr o ryw fath yn ei berfedd sy'n achosi golwg *prudd* arno, clefyd hirdymor yn hytrach nag un llym a phoenus, efallai. Sonnir yma am rwymyn (*ysnoden*) a osodir ar gefn yr anifail *o hyd a thraws*, a bod tynnu hwnnw ar draws y cefn gyda *dwylaw* yn iacháu'r anifail. Gyda'r wybodaeth hon, cynigiodd y milfeddyg Rhisiart Owen (ehebiaeth, Gorffennaf 2020): 'Yr unig beth gallaf awgrymu yw dadleoliad y cylla terfyn i'r ochr chwith, "left abomasal displacement". Drwy ddadleoli o'r man cywir ar yr ochr dde mae'r cylla terfyn yn symud i'r chwith ac yn cael ei ddal yno. Mae'n creu gwahanol arwyddion, fel arfer hirfaith, o gamdreuliad ar y claf a bydd golwg prudd arno dros amser. Y driniaeth yw symud y cylla terfyn yn ôl i'r ochr dde ble ddylai fod, fel arfer gyda llawdriniaeth heddiw ac fe fydd gwelliant yn syth. Ond mae'n bosib gwneud hyn drwy gwympo a rholio'r fuwch. Y ffordd i wneud hyn yw gosod rhaff ar hyd ac ar draws cefn y fuwch ac i dynnu fel ei bod yn cwympo. Awgrymaf fod y drefn o osod y rhaff yn debyg iawn i ddisgrifiad John Jones.' **105**.17

cwlltwr, cyllell haearn denau a miniog wedi ei gosod o flaen swch yr aradr, ac a hwylusai'r gwaith o dorri'r gŵys. **30**.65

cwmffri [= **llysie'r cwlwm**], *GPC* 'Cyfardwf, llysiau'r cwlwm', 'comfrey'; gw. **llysie'r cwlwm**. **122**.123

cwmpas, cwmpawd, *WS* (1547) '*Kwmpas*: Compas', offeryn a ddefnyddiai'r saer i fesur ac i lunio cylchoedd. Am lun o gwmpawd saer, gw. td. 273. **53**.93

cwmpasedig, wedi ei farcio â chwmpawd (am bren). **53**.96

cwmpasiad, y weithred o farcio pren â chwmpawd. **53**.97

cwmpasog, wedi ei farcio â chwmpawd (am bren). **53**.98

cwmpasu, marcio pren gan ddefnyddio cwmpawd. Ni roddir yr ystyr benodol hon yng ngwaith y saer i *cwmpasu* (a'r tarddeiriau uwchben) yn *GPC*, ond gw. **cwmpas**. **53**.95

cwmwl *ll.* cymylau **5**.220; *bach.* cymylan **5**.225

cŵn, un gerdded â moch dieithr mewn ychydig sef gwrych a thraed. Hynny yw, mae gan gŵn yr un nodweddion â moch, ac eithrio bod gan foch wrych (sef blew byr anystwyth) a bod eu traed yn wahanol. Ar *un gerdded (â)*, gw. **eidion**. **102**.1

cwngren *ll.* **cwngrennod** [= môr-lysywen]: *a congyr* ('a conger'), **math ar bysg sydd debyg i lysywen ac y sydd yn magu yn y llymeirch**, môr-lysywen fawr, 'conger eel', *WS* (1547) '*Kwngyr*: A congar'. Gw. hefyd sylw Lewis Morris (*c.*1745) ar bwys llun o'r *Conger* yn LlGC 24052E, 242: *The Sea Eel, or A Conger ... Clyngyren & Cyngyren, Cwngren, mor Lysowen.* Gw. hefyd **llymeirch**. **125**.87

cwningen *ll.* **cwngingod 78**.1

cwninger, tir penodol ar gyfer magu cwningod, neu dir lle mae cwningod yn byw (*GPC c.*1700). Fe'i ceir yn gyffredin mewn enwau caeau a thyddynnod ar draws Cymru; gw., e.e., *cay y coningger* (1562), *Tythin y gwnninger* (1615), &c. yn 'Archif Melville Richards' *http://www.e-gymraeg.co.uk/enwaulleoedd/amr/*. **78**.3

cwnsill, **cwynsyll**. Rhestrir *Kuynsyll* ymysg offer y gof yn *LlI* §141.3 (td. 148 'groover, router'), gw. *GPC cwynsyllt* '?teclyn i dorri rhigolau; ?eingion'. Go brin ei fod yn air byw erbyn oes John Jones. **52**.29

cwpan *ll.* **cwpanau 13**.15

cwpan arian, llestr yfed o arian. **13**.23

cwpan corn, llestr yfed o gorn bual. **13**.19

cwpan diod, llestr yfed. **28**.48

cwpan gwydrin, llestr yfed o wydr. **13**.22

cwpan pren, llestr yfed o bren. **13**.20

cwpan pridd, llestr yfed o glai. **13**.21

cwpan ystaen, llestr yfed o dun neu biwter; gw. **ystaen**. **13**.24

cwpaned, cwpanaid, llond cwpan. **13**.17

cwpaneidio, rhoi diod mewn cwpan. **13**.18

cwpl [= **cambost**], un o ddwy geibren ar ogwydd yn cyfarfod â'i gilydd ym mrig adeilad. **8**.79; **cyplau** [= **camenni**] **8**.81

cwplysau ogau, strapiau neu gadwyni sy'n cysylltu'r og ag anifail tynnu. Daw'r ffurf unigol *cwplws*, a oedd yn ffurf ddeuol i gychwyn, o'r Saes. Canol *couples*, *cupples*, &c., gw. *GPC*. **31**.9

cwrf gw. **cwrwf**; **cwrfdy** gw. **cyfrdy**

cwrlid *ll*. **cwrlidau**, gorchudd gwely, cwilt, *WS* (1547) '*Kwrlid*: A couerlet'. Daw *cwrlid* o'r Saes. Canol *coverlite*, a ddaw yn ei dro o'r Hen Ffrangeg *covre-lit 'gorchuddio gwely', gw. *OED coverlet*. **11**.48; **cwrlid 28**.26; *bach*. **cwrlidan 11**.49; **cwrlidyn 11**.50

cwrlidog, wedi ei orchuddio gan gwrlid. **11**.56

cwrlidwr, gwneuthurwr cwrlidau, Llst 189 *Cwrlidwr, A weaver of coverlets* (1722). **11**.53

cwrwf, cwrf, cwrw. **13**.39

cwsg, hun. **10**.12

cwtied: ***plovers**, **greene plovers*** ('green plovers'), cwtiaid aur, bellach 'golden plovers'. Cyfeiria *green plover* fel arfer at y 'lapwing, *Vanellus vanellus*' (*OED*), ond gw. H. K. Swann, *A Dictionary of English and Folk-Names of British Birds* (London, 1913; ffacsimili, Wakefield, 1977), 110, 'Green Plover ... Merrett and Willughby both apply it to the Golden Plover ... as do also Albin and Pennant (1766)'. **124**.52

cwtio ŵyn, naill ai rhoi ŵyn mewn cwt, yma'n dilyn **corlan**; gw. *GPC cwtiaf*[3] 'Rhoi neu gadw mewn cwt', neu'n fwy tebygol, berf o'r enw *cwt* 'cynffon' yn cyfeirio at yr arfer o docio cynffonnau ŵyn, cf. *OED tail*, v.[1] 'To dock the tail of (a lamb, etc.)' (1794). Rhoddai'r ferf *cwtio*, benthyciad o'r Saes. *(to) cut* (gw. *GPC cwtiaf*[1]), yr un ystyr hefyd, cf. J 16, 75ʳ *Cwttio. Curto* (HS, *c*.1600), sef 'byrhau'. **69**.8

cwynsyll gw. **cwnsill**

cwyr, cwyr gwenyn. **126**.21

cwyrdab [= **caul, cwyrdebyn**], cyweirdeb, ceuled llaeth, bolgywair, Llst 189 *Cwyrdeb, runnet* (1722). **17**.59

cwyrdebyn [= **cwyrdab, caul**], cyweirdebyn, ceuled, rennet. **17**.59

cwyredig, a chwyr arni (am saeth); cf. **saeth gŵyr**. **57**.27

cwys, *GPC* 'Rhimyn neu garrai o dir a droir drosodd gan aradr ar un siwrnai o dalar i dalar; rhych neu rigol a wneir gan yr aradr'. **30**.118

cwysiad, y weithred o droi tir yn gwysau. **30**.120

cwysiedig, wedi ei droi'n gwysau (am dir). **30**.121

cwyso, troi tir yn gwysau, aredig, *TR* (1753) '*cwyso*, to turn up clods with the plough, to furrow, to cast up in furrows'. **30**.119

cyd, cyfathrach rywiol. **7**.137

cydan gw. **cwd**

cydchwaer, chwaer, merch sy'n efaill, chwaer yng nghyfraith. Ni cheir mohono yn *GPC*, ond cf. **cydfrawd**. **117**.181

cydechwydd, *GPC godechwydd* 'Yr hwyr. ... prynhawn', lle nodir *cydechwydd* fel amrywiad o'r 16g. **120**.53

cydfrawd, *GPC* 'Brawd, un o ddau efell gwrywaidd, brawd yng nghyfraith'; cf. **cydchwaer**. 117.176

cydio, cael cyfathrach rywiol. 7.138

cydsoer. Gair ansicr ei ystyr, nas ceir yn *GPC*. Dilyna **chespar** yn y rhestr, gair Hen Gernyweg (*OCV* 72) am 'un wedi priodi', a rhagflaena **brawd yn y gyfraith**. Ar lun y pâr **chwegr** (117.165) a **chwegrwn** (117.166), tybed a ddehonglwyd *cydsoer* yn ffurf fenywaidd *chespar* (felly 'gwraig' a 'gŵr' priod)? Wrth alaru am farwolaeth ei ferch, cyfarchodd y bardd Ieuan Gethin ei wraig fel *'nghytsor* (*GIGeth* 9.60). Ai'r un gair ydyw, er ei ddehongli yno fel 'cydalarwr' (< *cyd-* + bôn y ferf *sorri*)? Os gellir cysylltu *soer* â'r Llad. *soror* neu'r Ffrangeg *soeur* 'chwaer', byddai 'chwaer yng nghyfraith' yn ystyr bosibl i *cydsoer*. 117.171

cyfanheddfa, preswylfa, cartref (*GPC* 1718). 8.37

cyfanheddog, y preswylir ynddo. 8.32

cyfanheddol, y preswylir ynddo, preswyliadwy. 8.33

cyfanheddu, preswylio. 8.28

cyfanheddwr, preswyliwr. 8.29; *b.* **cyfanheddwraig** 8.30

cyfanheddyn, cyfanheddwr (< *cyfannedd* + *dyn*). 8.31

cyfannedd, annedd, preswylfod. 8.27

cyfariad, **cyfarad**, y weithred o gydaredig. 30.138

cyfarog, ?wedi ei gydaredig (am dir). 30.137

cyfaru, *GPC* 'Cydaredig darn o dir, … rhoi (ych) i gydaredig'. 30.136

cyfathrach, perthynas, ach, carennydd. 117.213

cyfathrachu, uno trwy briodas, *WS* (1547) '*Kyfathrachy*: Alye'. 117.214

cyfebr, beichiog. 67.36 (caseg); 69.22 (dafad); 74.9 (iyrches)

cyfebredig, wedi ei beichiogi, beichiog. 67.39 (caseg); 69.20 (dafad); 74.13 (iyrches)

cyfebriad, beichiogiad caseg. 67.38; 69.21 (dafad); 74.12 (iyrches)

cyfebrog, beichiog (am iyrches). 74.15

cyfebrol, beichiog (am iyrches). 74.14

cyfebru, beichiogi (iyrches). 74.10

cyfebru caseg, beichiogi caseg. 67.37

cyfebru dafad, beichiogi dafad. 69.18

cyfebrwydd, beichiogrwydd. 67.40 (caseg); 69.19 (dafad); 74.11 (iyrches)

cyfebrwydd gafr, cyflwr beichiog gafr. 70.10

cyfegydd, *GPC* 'Teclyn i drin meini melin, sef math o forthwyl neu fwyall flaenllym i bigo'r garreg nes ei bod yn arw wrymiog'; Pen 308i, 53 *Kyfegydd: pig melin* (JJ, *c.*1621); cf. **cyfogi**. 42.33

cyfelin: **llathen a hanner**, *an el* ('an ell'), sef 54 modfedd. Gw. *GPC* 'weithiau, cufydd dwbl neu lathen a chwarter (gan gyfateb i'r *ell*

Seisnig)'; 45 modfedd sy'n arferol mewn *ell* Seisnig; gw. *OED ell*, n¹. **47**.6

cyfer [= **dal**], *GPC cyfer*¹ 'Erw, cymaint o dir ag y gellir ei aredig mewn diwrnod', gyda'r union faint yn amrywio o ardal i ardal; cf. Pen 308i, 142 *Stang: dau gyfair o dir* (JJ, *c*.1621). **30**.134

cyflodawd buwch, llwdn buwch cyn ei eni; cf. *LlI* §127.33–4 *prynu buuch kyulo, a cholly e kyulodaut.* **68**.31

cyfloi buwch, gwneud buwch yn gyflo, beichiogi buwch. **68**.30

cyfnewid, trosiad o'r hen leuad i'r lleuad newydd. **1**.52

cyfogi, y felin (neu y main), gwneud meini melin yn arw fel eu bod yn malu'n fwy effeithiol; cf. **cyfegydd**; Pen 118, 296 *Cyfogi maen y velin .i. cyfhogi .i. llymv* (TW, *c*.1590–1620); Pen 228ii, 112ᵛ *Incusus ... Carrec wedy chyfhogi nei nadhu, megys maen melin* (TW, 1604–7). Mewn dogfen o'r 20g. yn Archif *GPC*, disgrifir y patrymau ar wyneb meini malu ym melin Betws Gwerfil Goch: 'Y mae wynebau'r garreg haidd a'r garreg silio wedi eu cerfio ar batrwm arbennig. Rhennir yr wyneb yn sectorau, yn rheiddiadau o'r llygad at y cylch, a *chwarteri* y gelwir y sectorau hyn ... Y mae'r cerfio ar y garreg wenith yn wahanol: mân rigolau sydd arni hi, yn rheiddiadau o'r llygad at y cylch, nes bod y garreg yn edrych fel "rips" (corduroy). Y mae'r rhigolau'n frasach tua'r cylch ac yn fanach tua'r llygad ... *Pigo'r meini* yw'r term arferol am ddyfnhau'r patrwm arnynt pan fo wedi gwisgo'n llwm.' Felly mae 'pigo'r meini' yn gyfystyr â *cyfogi* (*cyf-* + *hogi*) yma. **42**.31

cyfor yw stric y llestr, *GPC cyfor* 'mesur (o ŷd, &c.) cydwastad ag ymyl y llestr', 'strike-measure'; cf. *OED strike*, n.¹ 'Measurement by the use of the "strike" ... Struck or levelled, as opposed to heaped measure'. Cf. *cyforiog* am gynhwysydd sy'n llawn hyd yr ymyl neu'n gorlifo. **47**.39

cyfor yw tair ffioled, hynny yw, mae *cyfor* yn gymesur â thair llond ffiol (am fesur sych). Ni cheir *cyfor* am fesur sych yn *GPC*; ond cf. y nodyn blaenorol, lle cyfetyb i'r Saes. *strike-measure*, a chan fod *strike* ers talwm hefyd yn gallu golygu mesur sych o ryw fath, mae'n bosibl y defnyddir *cyfor* yn yr un modd yma: *OED strike*, n.¹ 'A denomination of dry measure in various parts of England (but not officially recognized since the 16th cent.); usually identical with the bushel, but in some districts equal to a half-bushel, and in others to two or four bushels'; cf. *GPC stric*¹ 'uned fesur sych o amrywiol faint'. **47**.37

cyfrdy, 'tafarn, dioty' yn *GPC cyfrdy, cwrfdy*, ond yma mae'n fwy tebygol mai cyfeirio a wna at adeilad ar y fferm lle byddid yn bragu cwrw, bragdy. **16** (pennawd); **cwrfdy 16**.1

cyfrwy *ll*. **cyfrwyau**, 'saddle'. **37**.48

cyfrwy untuog, *GPC* 'side-saddle' (1722). **37**.59
cyfrwyad, y weithred o roi cyfrwy ar geffyl. **37**.52
cyfrwyedig, wedi ei wisgo â chyfrwy (am geffyl). **37**.51
cyfrwyo, gosod cyfrwy ar gefn geffyl. **37**.49
cyfrwyog, â chyfrwy arno (am geffyl). **37**.50
cyfrwyol, yn ymwneud â chyfrwy, yn gwisgo cyfrwy (am geffyl). **37**.53
cyfyrder, ail gefnder, *LlI* §106.17–19 *braut a keuenderu a keuerderu a keyuyn a gorcheyuen a gorchau a ney uab gorchau*. **6**.100; **cyfyrder** *ll*. **cyfyrdyr** 117.194; **cefyrderw** 6.107; **cyfyrder** 117.201; **cyfyrder**, ail gyfnither **6**.116, **117**.210
cyff gwestfil, corff y plân; cf. *GPC cyff* 'rhan o ryw offeryn neu beiriant a fo'n cynnal rhan arall'; a gw. **gwestfil**. **53**.83
cyff pandy, cafn pannu, *GPC* 'fulling-stock, box for fulling cloth' (tystiolaeth '[a]r lafar yn y Gogledd'). Cf. *Cwm Eithin* 91 'Rhoddid [y brethyn] yn y cyff, lle pennid ef â'r gyrdd mawr ... Defnyddid priddgolch (*Fuller's earth*) a chyffeiriau eraill i wneud y gwaith ac i dynnu'r olew allan ... Ar ôl bod yn y cyff am nifer o oriau tynnid y brethyn neu y wlanen allan a chymerid hi a'i rhoddi ar y dentur i sychu.' **60**.10
cyffion, boncyffion pren fel tanwydd. **29**.17
cyffylog *ll*. **cyffylogod**, 'woodcock', *WS* (1547) '*Kyffyloc*: A wodcocke'. **124**.53
cyffyllbren, ?cafn pren i bwyo cywarch neu lin: < *cyffyll* 'cyff, boncyff pren, blwch' (*GPC*) + *pren*. Ni cheir yr enw yn *GPC*. **27**.94
cygn, cwgn, cymal. **7**.54 (ym mysedd y llaw); **7**.98 (ym mysedd y droed)
cyngaw, cyngaf, cacamwci, *WS* (1547) '*Kynga, llyseun*: Burre'; *LlS* (1574) 29 *Cacamwcki ... Personatia yn Llatin a Burre yn Saesonaec. Cackamwcki nei Cribæ yr bleiddiæ yn Camberaec a'r Cynga y galwn ni wy yn gyphredin yn Gwynedd heddy*. **122**.95
cyngliadur gw. **cengliadur**
cyngrod, *GPC* 'Math o werthyd i ddirwyn edafedd yn genglau, estyll dirwyn, cengliadur', ar gyfer trin cywarch neu lin. **27**.104, **28**.141
cylch, cwmpas neu amgant cae. **30**.135
cylch *ll*. **cylchau**, *GPC* 'cant neu wregys a osodir am gasgen, twb, &c.', 'barrel-hoop'. **54**.12
cylchedig, wedi ei hamgylchynu gan gylchau (am gasgen). **54**.15
cylchiad, y weithred o osod cylchau neu hŵps am gasgen. **54**.14
cylchog, ac arni gylchau (am gasgen). **54**.16
cylchol, ac arni gylchau (am gasgen). **54**.17
cylchu, gosod cylchau am gasgen, 'to hoop'. **54**.13
cylchwy, tarian gron. **50**.31

cylionen *ll*. **cylion** [= **ednogyn** *ll*. **ednog**], mân bryfyn, gwybedyn, Pen 308i, 55 *Kilion ll.* [*o kilion*]*en: ffleis: a fflei* (JJ, *c*.1621); J 16, 69ᵛ *Cilion pl. Cilionyn. S.* × *Ednog. Musca* (HS, *c*.1600). Ceir cyngor ar sut i gael gwared ar *gylion* ac *ednod* trafferthus mewn testun meddygol o'r 14g./15g.: *Y wylltu kylyon neu ednot, dot y ganwreid yn y lle y gnotaont dyuot, ac wynt a ffoant ac a vydant veirw, MWMT* 197. **126**.1

cyll y cwlltwr, hefyd Pen 308ii, 5 *Kyll y kwlltwr* (JJ, *c*.1621). Ni wyddys at ba ran o'r **cwlltwr** (y llafn uwch swch yr aradr) y cyfeirir, a gall mai gwall, neu dalfyriad, sydd yma am *cyllell y cwlltwr*: *BydAm* 1.376 'Y rhan isaf o gwlltwr aradr geffyl sy'n rhwygo croen y tir wrth aredig ac yn hwyluso gwaith yr ystyllen bridd i droi'r gŵys drosodd. Weithiau ceir *cyllell y cwlltwr* mewn cyferbyniad i goes y cwlltwr (rhan ucha'r cwlltwr).' **30**.66

cylla, stumog. 7.113; **101**.3 (hwch); **y cylla 22**.11 (mochyn)

cyllaig, *GPC* 'Carw coch gwryw, hydd bras'. Fe'i ceir yn y Cyfreithiau yn yr ystyr hon, a cf. Pen 309, 829 *Kyllaig: yw karw o wyl Guric i galan Rhagfyr, sef tra vytho y golwythion brenhinawl ynddaw* (JJ, 1623–4). Fel y gwelir o dystiolaeth *GPC* fe'i ceir yn y farddoniaeth yn ffigurol am uchelwr. **25**.3, **75**.4

cyllell (mewn cegin). **14**.101, **28**.170

cyllell bario, cyllell a ddefnyddiai'r crydd ar gyfer trimio lledr; cf. *TCC* 222 '*Paring knife*. A knife with a blade no more than three-and-a-half inches long with the end of the blade at an angle of forty-five degrees to the shank. It is used for thinning and paring down the edges of leather.' **63**.4

cyllell lunio, cyllell crydd ar gyfer torri'r lledr i siâp; cf. **llunio**. **63**.3

cyllell y gwellau, llafn siswrn teiliwr. **61**.8

cyllelliad, toriad â chyllell. **14**.102

cyllellio, torri â chyllell (*cyllellu* yw'r ffurf yn *GPC*). **14**.103

cyllwydd, coed cyll (*cyll* + *gwŷdd*). **121**.78

cymal, y cyswllt rhwng dau asgwrn, 'joint'. 7.56

cymylan, gw. **cwmwl**

cymyledig, wedi cymylu. **5**.223

cymyliad, y weithred o gymylu. **5**.224

cymylog, llawn cymylau. **5**.221

cymylu, troi'n gymylog. **5**.222

cymynai, bwyall goed, J 16, 56ᵛ *Cymynai. chipaxe, Dolabra* (HS, *c*.1600). **44**.6, **53**.5

cymynedig, wedi ei chwympo (am goeden), wedi ei hollti (am bren). **53**.8

cymyniad, y weithred o gwympo coeden neu hollti pren. **44**.7, **53**.7

cymynog, yn cwympo coeden, yn hollti pren, un sy'n cymynu. **53**.9
cymynol, yn ymwneud â chwympo coed neu â hollti pren. **53**.10
cymynu, cwympo coeden, hollti pren. **53**.6
cymynu pren, cwympo coeden (yn hytrach, o bosibl, na thorri coeden yn ddarnau ar gyfer deunydd adeiladu, &c.). **44**.5
cyn echdoe, y dydd cyn echdoe, tridiau yn ôl. **120**.57
cŷn, 'chisel'. **53**.70 (saer); **cŷn** *ll*. **cynion 55**.8 (turniwr pren)
cŷn gwestfil: *a plan bytt* ('a plane bit'), sef llafn y plân; *OED plane-bit*, *plane iron* 'the cutting blade of a plane' (a'r enghraifft gynharaf o *plane-bit* o 1804). Ond cf. Pen 308i, 93 *Kyn gwestvil: a plan weds* ('a plane wedge') (JJ, *c*.1621). **53**.82
cŷn llwy, 'gouge' y saer pren a'r turniwr (*GPC* 1850). **53**.76, **55**.10
cŷn llydan 53.75, **55**.11
cŷn turn, cŷn y turniwr pren. **55**.9
cynafon gwern, cenawon gwern, 'alder catkins'. **121**.188
cynawon cyll, cynffonnau ŵyn bach, 'hazel catkins'. **121**.83
cynawon helyg, cenawon helyg, 'willow catkins'. **121**.162
cyndedyn, cefndedyn, J 16, 68ᵛ *Cevndedyn. Mesenterium* (HS, *c*.1600), sef 'mesentery'; cf. *GeirGeg* 72 '*cefndedyn* ... rhan o lengig y bol sy'n dal y coluddion yn eu lle *sweetbread*'. **23**.18 (mollt); **24**.12 (oen bras)
cynddrigedd. Mae ei leoliad yn yr eirfa yn awgrymu gair am gyflwr cath yn gofyn gwrcath; cf. **edderig cath**, **edderigedd cath**. **79**.10
cyneuad, enyniad tân. **5**.155, **9**.47
cynfas *ll*. **cynfasau**, llenllïain gwely, 'sheet' (o'r Saes. *canvas*). **11**.63; *ll*. **cynfasau 28**.23; *bach*. **cynfasan 11**.64
cynfasog, wedi ei orchuddio â chynfas neu lenllïain (am wely). **11**.65
cynfasu, rhoi cynfasau ar wely; nis ceir yn *GPC*. **11**.70
cynflith, buwch ar ei llo cyntaf, cf. *LlI* §156.22 *y kynflythed* (td. 150 'cow giving milk for the first time'). **68**.22
cynffon (eidion). **97**.7
cynffon ci [= **penllinyn ci**, **llosgwrn ci**] **102**.2
cynhaeaf, tymor y cynhaeaf, cnwd y cynhaeaf. **3**.10, **120**.24
cynhafaidd, cynaeafaidd: < *cynhaef* (amrywiad ar *cynhaeaf*) + *-aidd*; am *cynhaefaidd* > *cynhafaidd,* cf. *aeddfed* > *addfed*, a gw. td. 36. **3**.12
cynhafiad, cynaeafiad, y weithred o gynaeafu (*cynhafiad* < *cynhaef* + *-iad*). **3**.13
cynhafu, ffurf amrywiol ar *cynhaefu* 'cynaeafu'; cf. **cynhafaidd**. **3**.11
cynhafwr, ffurf amrywiol ar *cynhaefwr* 'cynaeafwr'; cf. **cynhafaidd**. **3**.14
cynhaig, yn gofyn ci (am ast). **73**.9
cynheigiad, gweithred gast yn gofyn ci. **73**.11

cynheigio, **cynheica**, gofyn ci (am ast). **73**.10
cynheigrwydd, cyflwr gast yn gofyn ci. **73**.12; **81**.5 (llwynoges)
cynhesiad, twymiad. **119**.12
cynhesu, twymo, poethi. **119**.11
cynhwyllyn cneuen, cnewyllyn cneuen; gw. *GPC cnewyll*, lle nodir *cynhwyllyn* yn ffurf amrywiol ar *cnewyllyn*. **121**.88
cynhwyllyn main eirin, yr hedyn y tu mewn i gerrig eirin. **121**.73
cyniad, y weithred o dorri neu naddu pren â chŷn. **53**.72
cyniedig, wedi ei dorri neu ei naddu â chŷn (am bren). **53**.73
cynilyn [= ced]: *peth o breniau i arwain gwellt i anifeliad*, Pen 308i, 53 *Kynilin: peth i arwain gwellt anifeiliaid* (JJ, *c*.1621). Mae ei leoliad yn rhestrau **36** a **45** nesaf at y geiriau **berfa** a **carthglwyd** yn awgrymu mai rhyw fath o strwythur wedi ei wneud o ddarnau o bren (*o breniau*) ydoedd a ddefnyddid i gludo (*arwain*) gwellt i anifeiliaid mewn beudy. Mae'n debygol mai ffurf amrywiol ydyw ar *cynilen*, GPC 'math o fasged fawr' (< *cynnil* + *-en*): Pen 228ii, 259ᵛ *Panarium ... Cynilen i dhwyn gwair* (TW, 1604–7). Efallai mai basged agored, 'spale basket', fel a ddisgrifir yn *TCC* 53 ydyw, un a ddefnyddid i gludo bwyd anifeiliaid ymysg pethau eraill: 'These tough, durable baskets ... are made of interwoven oak laths or spelks, and are still widely used in the north and Midlands.' **36**.30; **cynilyn 45**.18
cynio, torri neu naddu â chŷn y saer pren. **53**.71
cyniog, fel cŷn. **53**.74
cynion heyrn, cynion haearn, *WS* (1547) '*Kynhayarn*: A chesell'. **45**.96
cynion ysgidie, cynion ('chisels') y crydd at wneud esgidiau. **63**.26
cynllyfan, tennyn ci, *WS* (1547) '*Kynllyfan*: A leash'. **73**.64
cynllyfaniad, y weithred o roi ci ar dennyn neu o'i arwain ar dennyn. **73**.66
cynllyfanog, ar dennyn (am gi). **73**.67
cynllyfanol, ar dennyn (am gi). **73**.68
cynllyfanu, rhoi ci ar dennyn, arwain ci wrth dennyn. **73**.65
cynnau gw. **cynnu**
cynnes 119.10
cynnor *ll*. **cynhorau**: *the dore post or cheeke* ('the door post or cheek'), post ffrâm drws, Pen 308i, 52 *2 Kynnor y drws, 2 bost y drws* (JJ, *c*.1621); cf. *OED door-cheek* 'One of the side-posts of a door; a doorpost'. **8**.136
cynnu, cynnau (tân); yn *GPC cyneuaf* nodir mai â'r de y cysylltir *cynnu* bellach. **5**.147; **cynnau 5**.156
cynnu tân, cynnau tân. **9**.38

cynnud, tanwydd, coed tân, J 16, 54ᵛ *Cynnud. fuell* (HS, *c*.1600). **5**.148, **29**.2

cynrhonyn *ll*. **cynrhon**, *WS* (1547) '*Kynrhonun*: Maggotte'. **127**.12

cyntaid, *GPC* 'Yr haid gyntaf o wenyn a edy'r cwch (ystyrid 'mêl cyntaid' yn well ac yn fwy blasus na mêl heidiau diweddarach)'; cf. *LlI* §135.1 *guerth kyntheyt, xvi*. **126**.9

cyntedd, yma'n rhagflaenu **y parth** a ddisgrifir fel *y cyntedd, rhai a'i geilw y penty*. Mae'n debygol mai yn ei ystyr ganoloesol y'i ceir yma, fel yn y Cyfreithiau, sef 'rhan anrhydeddusaf y neuadd yn yr Oesoedd Canol, sef y rhan lle'r eisteddai'r brenin' (*GPC*). **8**.174

cyntedd tŷ, mynedfa tŷ. **8**.66

cynudlan, ?clos i gadw cynnud (glo, coed tân, &c.); ni cheir mohono yn *GPC* ond cf. yno *ydlan* 'buarth neu iard lle cedwir tasau o ŷd'. **29**.1

cynudlo [= **glo cynnud**], glo tanwydd. **29**.5

cynydd *ll*. **cynyddion**, heliwr yng ngofal cŵn hela. **73**.69

cynyddiaeth, gwaith neu swydd cynydd neu heliwr. **73**.70

cyrfoedd, gair ansicr. Ceir dot o dan yr *o* yn y llawysgrif, a all awgrymu'r ynganiad 'cyfröedd', neu 'cyfredd' os arwydd dileu yw'r dot. Nid yw'r ffurf gyntaf yn synhwyrol, ond gellid dehongli'r ail fel ffurf dafodieithol ar yr ansoddair *cyrfaidd* 'o natur cwrw'. Fodd bynnag, ni cheir yr ansoddair hwnnw yn *GPC*, a llinell ddileu, yn hytrach na dot dileu, a ddefnyddia John Jones fel arfer yn y testun hwn. **13**.40

cyrfydd, bragwr, un yng ngofal cwrw. **13**.41, **16**.2

cyrnen, ŷd wedi ei bentyrru'n fwdwl mewn siâp pyramid, *WOP* '*cyrnen*, a cone; a stack. *Cyrnen o ŷd*, neu wair, a stack of corn, or hay'. Ar *curn*, *cyrn* mewn enwau lleoedd, am fynydd 'ar ffurf côn', gw. *GPC curn*, *cyrn*[1]. **31**.139

cyrnenedig, wedi ei ffurfio'n gyrnau (am ŷd). **31**.142

cyrneniad, y weithred o ffurfio cyrnen o ŷd. **31**.143

cyrnennaid, **cyrnenned**, cyrnen o ŷd. **31**.141

cyrnennu, pentyrru ŷd yn gyrnen neu'n fwdwl. **31**.140

cyrnog, **ne cren**, Pen 308ii, 106 *Kyrnoc neu Krennoc messur a amgyffra :4: strikied, ne, ddau hobed*; gw. **crennog**. Mae'n debygol mai ffurf amrywiol ar *GPC gren* 'mesur sych a gwlyb ansicr ei faint' yw *cren* (gw. td. 38); cf. *LlI* §140.19 *Gren* (td. 154 'vat, churn'). **47**.27

y gysb, *GPC* 'Math o glefyd a bair fadrondod neu'r bendro ym mhennau ceffylau', 'the staggers'. **104**.9

cysegffon car. Ni cheir *cysegffon* yn *GPC*; ond gall mai ffurf hŷn ar y gair *secffon* yno ydyw, 'Ffon neu far a ddefnyddir i gryfhau a chynnal ochr

cysgadur, cysgwr, un cysglyd. **10**.16
cysgedig, *GPC* 'cysglyd' (1696). **10**.14
cysgiad, huniad. **10**.15
cysgu 10.13
cyswllt, cyplysiad rhwng dau ddarn o bren, 'joint'. **53**.87
cyswllt westfil: *a dsiounter* ('a jointer'), plân uniad, Pen 308i, 193 *Kysyllt westvil: a dsioentyr* (JJ, *c*.1621); cf. *OED jointer*, n.² 'A long kind of plane used in dressing the edges of boards, staves, etc. in preparation for jointing them' (1654). **53**.86
cysylltedig, wedi ei gysylltu (am bren). **53**.90
cysylltiad, cyplysiad neu uniad rhwng dau ddarn o bren. **53**.89
cysylltog, yn cysylltu (am bren). **53**.91
cysylltu, cyplysu dau ddarn o bren â'i gilydd, *WS* (1547) '*Kyssyllty*: Joyne'. **53**.88
cyw *ll*. **cywion 123**.20 (iâr); **123**.47 (gŵydd)
cywain gwellt a gwair, cludo gwellt a gwair i storfa. **36**.31
cywair, ceuled llaeth, bolgywair a geid gynt o stumog llo ac a ddefnyddid i geulo llaeth ar gyfer gwneud caws, rennet; gw. **caul**. Esbonnir yn fanwl yn *CPriodor* 79–80 (1800) sut i baratoi'r 'croen cylla' a geir gan y cigydd at wneud caws. **17**.58
ll. **cywarch** [*u*.] **cywarchen**, hemp, *LlS* (1574) 73 *Y Cwarch ... Canabis yn Llatin, Hemp yn Saesonaec a Cwarch yn Camberaec*. Tyfid cywarch yn gyffredin er mwyn defnyddio ffibrau cryf ei galafau i wneud rhaffau, defnydd bras, &c. Fel yr esbonia Walter Davies, *GView NW* 210, ar ôl iddo gael ei gynaeafu, 'Instead of steeping the hemp in ponds of water, according to the English practice, it is here spread on the grass lands in winter, and left in that state until the woody part of the stalks be so far decayed, as to separate readily from the rind. It is then dried on kilns, and put to undergo the several processes of dressing.' Nodir ymhellach fod mannau trin cywarch yn gysylltiedig â phob tyddyn bron yn nwyrain sir Drefaldwyn ers talwm: 'The produce is manufactured into cloth, which is bought by petty drapers for the Cardiganshire markets.' **27**.67; **cywarch 122**.92
cywarch banw, hemp benyw (*GPC* 1773); ond meddai Walter Davies, *GView SW* 533, 'Unaccountably, the Welsh confound the sexes in hemp: that which flowers, is by them called *cywarch benyw*; that which bears the seed, *cywarch gwryw*.' **27**.73
cywarch gwrw, hemp gwryw, 'fimble hemp' (*GPC* 1775), sy'n tyfu'n llai

llewyrchus na'r **cywarch banw**, ac y mae ei ffibrau'n wannach ac yn fyrrach (ond gw. sylw Walter Davies uchod dan **cywarch banw**). 27.72

cywen *ll.* **cywennod**, iâr ifanc, *WS* (1547) '*Kowen*: A polet'. **123**.21

cywer [= **gwadn**], *GPC cywair* 'Gwadn (aradr), y darn pren sy'n dal y swch mewn aradr o'r hen ddull', a'r enghraifft gynharaf yno o *AB* (1707) 215 '*cyweir* [*dimet. kûer*] arad, guadan arad'. **30**.59

cywion hwyaid 123.62

cywion twrci 123.58

cherhit: *a*. Llythyren gyntaf *ardea* yw'r *a*. Gair Hen Gernyweg, nid Cym., yw hwn a ddaw yn y pen draw o'r *Vocabularium Cornicum*: #501 *ardea* gl. *cherhit* (*OCV* 216 'heron'). Gw. y Rhagymadrodd, §3.6. **124**.22

chespar, un wedi priodi. Gair Hen Gernyweg, nid Cym., yw hwn a ddaw yn y pen draw o'r *Vocabularium Cornicum*: #120 *coniux* gl. *chespar* (*OCV* 72–3 'married person'). Gw. y Rhagymadrodd, §3.6. **117**.170

chwaer 6.114, **117**.208

chwaer fedydd, cf. *OED godsister* 'A female person who has the same godparent as another; (also) a female person whose godparent is another's parent or whose parent is another's godparent'. **117**.180

chwaer yn y gyfraith, chwaer yng nghyfraith. **117**.177

chwaerfaeth, chwaer faeth. **117**.179

chwannen *ll.* **chwain**, *WS* (1547) '*Chwanen*: A flee'. **127**.20

chwarae: *to play* **49**.2

chware: *a play*, gêm. **49**.1; [*ll.*] **chwaryau 49** (pennawd)

chware buarth baban. Mae'n debygol mai cylch bychan i ddifyrru baban yw'r *buarth baban* yma; ar drefn y rhestr, gw. td. 20. Gallai *buarth baban* hefyd gyfeirio at gorlan i gadw plentyn bychan yn ddiogel, a chan hynny cyfeiriai'r beirdd yn aml at lysoedd eu noddwyr fel *buarth baban*, sef lle i roi lloches ddiogel i fardd. Gw. *GPC buarth baban*. **49**.9

chware cat i'r wern. Ni chafwyd cyfeiriad arall at y gêm hon, ond ar *chwarae cat* 'to play tip-cat', gw. *GPC* a cf. yno *cat* 'Darn byr blaenfain o bren a drewir â ffon nes tasgu i'r awyr wrth "chwarae cat" (neu "dog a chat")', a *chwarae cat yn y tyllau* (ar lafar ym Morgannwg). **49**.14

chware cleddau unllaw, *GPC cledd unllaw* 'one-handed sword, sword that can be wielded in one hand' ac am y cyfuniad *cleddau unllaw* (yng nghyswllt brwydro gyda bwcler a chleddyf), cf. *GLl* 14.59–62 Bwcled, er nas dywedwn, / Y sydd gyda'r eurdlws hwn, / Enllyn i gleddau unllaw (15g.). **49**.36

chware cledde a bwcled, cf. Pen 56, 28 *chware a chleddef a bwkled* (llaw anh., 16g.), lle'i rhestrir yn un o'r Pedair Camp ar Hugain. **49**.38

chware cledde a dager, chwarae gyda chleddyf a dager. **49**.37

chware cledde a tharian, chwarae gyda chleddyf a tharian. **49**.39

chware cledde deuddwrn, *GPC* 'to fence with a two-handed sword'; cf. Pen 56, 28 *chware a chledde devddw[r]n* (llaw anh., 16g.), lle'i rhestrir yn un o'r Pedair Camp ar Hugain. **49**.40

chware chwirligwgan, chwarae gyda thegan a droellir, yn enwedig top a droellir â'r bysedd, *WS* (1547) '*Chwyrli gwgon*: Whirlygigge' a '*Troi whirligwgan*: Tryll a Whyrlygyg'; cf. *OED whirligig* 'Name of various toys that are whirled, twirled, or spun round' yn arbennig 'a top or teetotum' neu 'a toy consisting of a small spindle turned by means of a string'. **49**.12

chware dwylo gwnion, gêm anhysbys. **49**.10

chware ffon ddwybig, gw. Pen 56, 28 *ffon ddwybig* (llaw anh., 16g.), lle'i rhestrir yn un o'r Pedair Camp ar Hugain; gw. hefyd **ffon ddwybig**. **49**.41

chware ffon hir (gw. **ffon hir**). **49**.42

chware migymguddied, chwarae cuddio, 'to play hide-and-seek', *AB* (1707) 218d '*migymgyddio*, to cover the face &c. to hoodwink'. **49**.13

chware minddu manddell, gêm ddyfalu nifer y bysedd, *GPC* 'to play a game of chance in which one player holds up a certain number of fingers, and the other guesses their number', cf. Pen 228i, 210^v *digitis micare ... pan vo vn yn coti vysedh, ar lhalh yn troi ymeith odhywrtho a dhyfala pesawl vn a gyfyt ef ... ynghymry Chwarae Mindhu mandhelh* (TW, 1604–7); Mos 204, 41 *Chware mwgan dall. Chwar[e] mindhu mantach* (TW, *c*.1620). **49**.11

chware palet, gêm debyg i dennis, mae'n debyg, gan fod y cyfuniad wedi ei leoli rhwng **chware tennis** a **chware rhumog**, cf. Pen 169, 307 *paled: tenis* (RhM, *c*.1580); gw. ymhellach *GPC paled*[1] 'pêl, pêl-law, tennis, pêl dennis'. Annhebygol yma yw'r ystyr 'to play quoits; (dict.) wrestle, tilt' a roddir yn *GPC* i *chwarae palet*. **49**.24

chware pêl draed, chwarae pêl-droed. **49**.22

chware pêl ddwylo. Cf., o bosibl, *GPC pêl-law* 'Gêm a chwaraeir â phêl a deflir â'r llaw rhwng chwaraewyr neu yn erbyn wal(iau)' (18g.), neu *OED handball* 'Any of a variety of traditional ball games played outdoors in a space between two distant goals'. **49**.21

chware rhumog, *GPC humog* 'human, tennis, pêl law'; cf. Pen 298, 293 *Human: fforch i chware a phel* (JJ, 1618); hefyd Mos 204, 41 *Chware pêl hummog a forch* (*c*.1620). Ar gamraniad *yr humog* > *y rhumog*, gw. td. 38. **49**.25

chware tennis, *WS* (1547) '*Tenis*: Tenyse'. Cyfeirir at 'real tennis', sef rhagflaenydd ein tennis heddiw: gw. Bartlett, *Past of Pastimes*, 30–6. **49**.23

chwarel *ll.* **chwarelau**, cloddfa gerrig. **58**.35

chwarelog, ?yn perthyn i chwarel. **58**.37

chwarelu, cloddio cerrig o chwarel, J 16, 108^r *Chwarelu. to hew stones* (HS, *c.*1600). **58**.36

chwareus, chwaraegar, yn hoff o chwarae gemau. **49**.6

chwarëydd: *a player*, chwaraewr gêm; a gw. **chwaryddes**. **49**.3

chwarfan gwerthyd law, chwarfan neu 'whorl' gwerthyd law; gw. **gwarfan**. **27**.19

y chwarren, *GPC* 'pla, haint, clwyf ar wartheg, &c.' **105**.8

pedwar chwart i'r ffioled, mesur (sych) cymesur â chwarter ffiolaid (gw. **ffioled**), *GPC* 'chwarter galwyn; llestr yn dal chwart'. **47**.33

chwarter blwyddyn, pedwar mis. **120**.11

chwarter pwys, pedair owns. **48**.7

chwarter yw pedwar bwysiel, *GPC chwarter* 'Mesur cynnwys sy'n ogymaint ag wyth bwysel' (ond â phedwar bwysel yma); gw. hefyd **cwarter**. Amrywiai'r union fesur o ardal i ardal: *OED quarter* 'A measure of capacity for grain, coal, etc., varying greatly according to locality and the commodity measured'. **47**.20; **pedwar chwarter i'r têl** (gw. **têl**) **47**.36

pedwar chwarthor sydd i eidion, pedwar chwarter anifail wrth ei fwtsiera. Sylwer bod pum rhan yn cael eu henwi yma; efallai nad yw *glain cefn* yn cyfrif fel *chwarthor* fel y cyfryw. **21**.19 (eidion); **pedwar chwarthor 22**.14 (mochyn)

2 chwarthor blaen, dau chwarter blaen, 'two fore quarters' (oen bras). **24**.3

2 chwarthor ôl, dau chwarter ôl, 'two hind quarters' (oen bras). **24**.4

chwaryddes, chwaraewraig gêm. **49**.5

chwaryddiaeth: *a play*, chwarae, gêm, J 16, 108^r *Chwareyddiaeth. pastime, lusio*. **49**.4

chwaryog, yn chwarae. **49**.7

chwaryol, yn ymwneud â chwarae. **49**.8

Chwefror, Chwefrol [= **Chwerwoer**]: [Llad.] *Februarius*. Cafwyd yr amrywiad *Chwefrol* drwy ddadfathiad: *r..r* > *r..l* (cf. *corner* > *cornel*). *Chwefrol* a arferir yn aml gan John Jones ei hun, cf. Pen 111, 169 *seithvet die ar xx o vis chwefrol* (1607). Gw. hefyd **mis Chwefror, Chwefrol**. **4**.2

chwegr, mam yng nghyfraith, cf. Pen 298, 212 *Chwegyr: Mam yn y gyfraith neu o du/r/ wraic* (JJ, 1618). **6**.121, **117**.165

chwegrwn, tad yng nghyfraith, cf. Pen 309i, 234 *Chwegrwn: Tad yn y gyfraith* (JJ, 1623–4). **6**.122, **117**.166

chwelcysen *ll.* **chwelcys**, 'whelk' (cf. *GPC chwalcys*). **125**.89

chwelydr [= **hoelyd**], *GPC* 'Math o blât haearn (darn o bren neu ystyllen gynt) ar waelod yr aradr yn troi'r gŵys drosodd, ystyllen bridd'. Am ddisgrifiad Lewys Glyn Cothi o *wadn* a *chwelydr* yr aradr, gw. **gwadn**. **30**.60

Chwerwoer [= **Chwefror**, **Chwefrol**]: [Llad.] *Februarius*. Ni cheir mohono yn *GPC*, ac ymddengys yn ffurf wneud ar enw'r mis yn sgil ei gysylltu â thywydd 'chwerw' ac 'oer' yr adeg hon o'r flwyddyn. Bu'n enw poblogaidd gan feirdd y 19g., cf. David Owen, *Blodau Arfon* (Caerlleon, 1842), 227, 'Mis Chwerwoer, duoer dywydd' (am Chwefror 1812). **4**.2

chwi- gw. hefyd dan **chwy-**

chwibanogl y mynydd, chwibanogl fynydd, gylfinir, 'curlew' (*GPC chwibanogl fynydd*); cf. *Vert Fauna* 366, lle cofnodir *Chwibanogl Fynydd* ar lafar yn y gogledd am y gylfinir neu'r 'Common Curlew'. Mae'n bosibl mai o destun cyfreithiol y cafodd John Jones yr enw hwn, megis llawysgrif Pomffred, yn llaw Rhisiart Longford, y gwyddom iddi fod yn ei feddiant, gan iddo adael ei ôl ynddi; cf. Sara Elin Roberts, *Llawysgrif Pomffred* (Boston, 2011), 80, lle awgrymir ei bod hi'n gamp arbennig i ddal yr aderyn hwn: *Pa ddyð bynnac y dalio heboguð bwn, nev y krehyr nev aran, nev chwibanogyl vynyð o rym hebogav, tri gwysanaeth a wna y brenin i'r heboguð y dyð hwnnw.* **124**.24

chwicnores. Gair Hen Gernyweg, nid Cym., yw hwn a ddaw yn y pen draw o'r *Vocabularium Cornicum*: #534 *hpirnores* gl. *scrabo* (*OCV* 231 'hornet'). Gw. hefyd Pen 297, 196ᵛ *Scrabo: Chwicnores* (JJ, 1606), ond gwahanol yw fersiwn Pen 188, 126 *Crabro Chuilcuore[ ]* (TW, *c*.1590–1620) a J 16, 109ᵛ *Chwilciores. Crabro. hornet* (HS, *c*.1600), gan awgrymu ansicrwydd cyffredinol am y cofnod. Gw. y Rhagymadrodd, §3.6. **124**.23

chwilen *ll.* **chwilennod**, **chwilod**, 'beetle'. **126**.3

chwinsa, min nos, yr hwyr, neu yn fuan, Pen 309i, 1294 *ychwinsa: Heno, Hayach, yr owran* (JJ, 1623–4). Ceir y naill ystyr yn J 16, 109ᵛ *Chwinsa. vesperi. × Hwyr. sèro* (HS, *c*.1600), a'r llall yn *WS* (1547) '*Chwinsa*: Soone'. Awgrymir yn *GPC* y gall fod yn fenthyciad o'r Hen Saes. *æfensang* 'evensong'. **120**.83

chwislen *ll.* **chwislennod**, chwistlen, llyg, 'shrew', Pen 308i, 77 *Llyg:*

chvislen (JJ, *c*.1621); J 16, 110ʳ *Chwistlen* ... *Mus araneus* (HS, *c*.1600), gan ddilyn Thomas Thomas, *Dictionarium: summa fide ac diligentia accuratissime emendatum* (Cantabrigiæ, 1606), '*Mus* ... *Mus araneus* ... A kinde of mouse called a shrewe'. **95**.6

chwiwell *ed*. **camog**. Esbonnir *chwiwell* yn *GPC* fel amrywiad ar y gair mwy cyffredin *hwyfell*, 'Y fenyw o rywogaeth yr eog'. Cf. *ML* ii, 242 'The male [salmon] they call in Welsh cammog, the female chwiwell' (1760). Cf. **camog: cymar ffithell neu chwiwell**. **125**.90

chwnedig, chwynedig, wedi ei chwynnu (am dir). **31**.39

chwniad, chwyniad, y weithred o chwynnu. **31**.38

chwnnogl, chwynnogl, teclyn i godi chwyn, *WS* (1547) '*Chwynnogyl*: A wede hoke'. **31**.35

chwnnogl bren, chwynnogl bren, teclyn pren i godi chwyn. **45**.93

chwnnogl haearn, chwynnogl haearn, teclyn haearn i godi chwyn. **45**.92

chwnnwr, chwynnwr, un sy'n chwynnu; gw. **chwynnu**. **31**.36

chwrlfaen, chwyrlfaen, ?maen i'w droelli (< bôn y ferf *chwyrlïo* 'troelli' + *maen*). Ni cheir y ffurf yn *GPC*. **5**.67

chwsigen, chwysigen, pledren, *WS* (1547) '*Chwysigen*: Bladder'; *CIech* 49 *yued yr isgell j berwer y llyshiewyn yma* [sef *tsheuerel*] *ynttho gydag ychydig win da, a lannweithia'r chwesigen ynn laan* (EG, 1545). **7**.123; **96**.58 (ceffyl)

chwthol, chwythol, megin, Pen 309i, 239 *Chwthol: Sufflatorium* (JJ, 1623–4). Fel ansoddair 'yn chwythu' yn unig y'i diffinnir yn *GPC*. **9**.77; **chwthol** [= **megin**] **28**.10

chwydd: *a swelling* **46**.99

chwyn, *WS* (1547) '*Chwynn*: A wede'. Gw. hefyd dan **chwnn-**. **31**.34

chwynnu, clirio tir o chwyn. **31**.37

chwys Arthur, *Y Bywiadur* 'erwain, *Filipendula ulmaria*, meadowsweet'; cf. J 16, 109ʳ *Chwys Arthur. Chamedrys* (HS, *c*.1600), *D* (1632) '*chwys Arthur, llysiau'r gwenyn, erwaint*'. **122**.36

chwys Mair, blodyn menyn, J 16, 109ʳ *Chwys Mair. Ranunculus* (HS, *c*.1600); *D* (1632) '*Crafangc y frân, chwŷs Mair*, Ranunculus'. **122**.37

chwysigl, chwysigen, 'blister' (*GPC* 1707). **46**.114

chwysigl, chwysogl. Mae'n debygol mai'r un llysieuyn ydyw â J 16, 109ᵛ *Chwisogl. Oxylapathum* (HS, *c*.1600); *GPC* chwysogl 'Planhigyn o dylwyth y tafol ac iddo ddail ar lun blaen saeth a blodau cochfrown, suran'. **122**.35

dadanhuddo, *GPC* 'dadorchuddio neu agor tân a anhuddwyd dros y nos'; gw. **anhuddo tân**. **9**.57

dadg- gw. **datg-**

daear *ll*. **daearau, daearoedd 5**.1

daearaidd, daearol. **5**.6

daeardy, daeargell, seler. **13**.7

daearedig, wedi ei gladdu yn y ddaear. **5**.4

daeargi, ci bychan a chwim sy'n hela cwningod, &c., terier. **73**.61

daearllyd, yn perthyn i'r ddaear (*GPC* 1762). **5**.5

daearol *ll*. **daearolion**, preswyliwr ar y ddaear. **5**.2

daearu, claddu yn y ddaear. **5**.3

dafad *ll*. **defaid** *lls*. **defeidiau**, *WS* (1547) '*Dafad, anifal llonydd*: A shepe'. **69**.13; **dafad: un gerdded ag eidion, ond nad oes na thagell na chod y llyfrau iddi.** Hynny yw, mae gan ddafad yr un nodweddion ag eidion, ac eithrio'r ffaith nad oes **tagell** a **chod y llyfrau** ganddi. Ar *un gerdded (â)*, gw. **eidion**. **99**.1

dafad dan rid, dafad yn gofyn maharen neu'n paru â maharen. **69**.16

dafad flith, dafad laethog. **69**.36

dafad gyfebr, dafad yn cario oen, dafad feichiog. **69**.23

dafad hesb, dafad sych nad yw'n cynhyrchu llaeth. **69**.35

dafad yn deuor. Mae *deuor* yn dywyll. Mae lleoliad yr ymadrodd yn yr eirfa yn awgrymu ei fod yn ymwneud â'r broses o eni oen. Fe'i defnyddir yng nghyswllt gafr (**gafr yn deuor**) ond nid unrhyw anifail arall. Mae'n anodd credu y gall fod yn ffurf ar *deor*, ond cf. yr hen ddefnydd o *dodwy* am 'dod â moch, bwrw perchyll (am hwch)' (*GPC*). A yw'n gysylltiedig rywsut â *dowydd* (gw. **dowydd buwch**)? **69**.24

dafatgi, ci defaid, ci i ddal defaid. Esbonia Hugh Evans, *Cwm Eithin* 142, mai arfer cymharol ddiweddar yng Nghymru yw defnyddio cŵn i *hel* defaid, ac am yr hen gŵn defaid meddai: 'Arfer y ci dal oedd rhedeg ar ôl y ddafad a ddangosid iddo, a'i dal gerfydd ei gwar, a hynny'n dyner heb adael ôl ei ddannedd ar ei chroen ... Nid oedd y ci dal lawer o werth i hel y defaid at ei gilydd.' **73**.47

dafn, defnyn *ll*. **defnynnau, defni**, diferyn o ddŵr neu law. **5**.130

dager, cleddyf byr, yma'n rhagflaenu **bwcled**, sef tarian gron a ddefnyddid gyda chleddyf byr i ymladd ac ymryson. **50**.28

dail gw. hefyd **delien**

dail crochon, llysiau deiliog yn gyffredinol, cf. *TJ* (1688) 'Bresŷch, llysiau crochan. *Potherbs*' (*OED pot-herbs* 'Any plant having leaves that are cooked and eaten as a vegetable. In later use also: any herb used to flavour food'); gw. hefyd **potes dail**. **14**.104

dail y fendiged, dail y fendigaid, 'St John's wort, *Hypericum Androsæmum*' (*GPC*); hefyd Atod.1.5 *Agnus castus: Llyssie yr vendigaid: ne yr ddelien vendigaid*, Atod.3.53 *y Ddelien vendigaid: Agnus castus*. Cf.

Llysieuwr 7 *Agnws Kastws: Y llyshiewyn yma ynn y Saessonaeg a elwir tudsain, ne bark leuys, ynGhymraeg dail y vendigaid* (EG, *c*.1545); *LlS* (1574) 31 *Dail y Vendigait*. **122**.39

dail y ffion ffrwyth, bysedd y cŵn, 'foxglove', *LlS* (1574) 55 *Dail y phion phrwyth … Digitalis yn Llatin, Ffoxe gloues yn Saesonaec, Dail y phion phrwyth, ne vysedd cochion ne venic yr ellyllon y gelwir yn Camberaec*. Ceir ffurf amrywiol ar yr enw yn Pen 296, 110^v *Dail y ffiol ffrwth* (JJ, 1606), a chydnabyddir y ddwy ffurf yn *GPC*. **122**.38

daint, dant neu ddannedd; gw. **dannedd** a **dant**. **7**.34

daint og *ll*. **dannedd ogau**, un o ddannedd neu bigau'r og, a *daint* yn enw unigol yma, *WS* (1547) '*Dant ne ddaint*: A tothe'. **31**.6

dal [= **cyfer**]. Ni restrir hwn yn enw ar fesur tir yn *GPC*, ond ymddengys ei fod yn cyfateb i *gyfair* (erw Gymreig), a amrywiai o ran maint o ardal i ardal. **30**.134

damcyfycyrwydd, anhwylder neu haint anhysbys, a'r ffurf yn debygol o fod yn wallus. Daw rhwng **crugau** 'cornwydydd' a **gwaed estronol**, sef anhwylder cyffredinol yn y corff, yn ôl pob tebyg. **46**.102

danadl cochion, *GPC* 'red dead-nettles, *Lamium purpureum*'. **122**.40

danadl y gath: *nepis* ('neps'), mintys y gath, *Nepeta cataria*; hefyd Atod.1.149; cf. *OED nep*, n.^{1} 'Catmint or catnip'. Ni chafwyd enghraifft arall o'r enw *danadl y gath*, ond ceir yr elfen *danadl* yn enw sawl llysieuyn o dylwyth y mintys (*Lamiaceae*) ac mae'n debygol mai dan ddylanwad y Saes. *catmint* neu *catnip* y cafwyd yr enw. **122**.41

y ddanhadlen wen, *GPC danadl gwynion* 'white dead-nettles, *Lamium album*'; hefyd Atod.1.71, 150 *Nepta, y Ddanhadlen wenn, Llysie yr gath*, Atod.3.47, 49 a cf. *LlS* (1574) 90 *Danatlen wenn … Lamium yn Llatin, Archangel ne Dead netle ne Whyte netle yn Saesonaec ar Ddanatalen wenn, nei ddall yn Camberaec*. **122**.190

danheddu og, gosod dannedd neu bigau ar og. **31**.7

dannedd gard, dannedd neu bigau card gwlân; gw. **gard**. **27**.47

dannedd y peithyn, dannedd crib peithyn gwŷdd, cf. *OED dent* 'One of the *splits* or parallel strips of metal, cane, etc. forming the reed of a loom' (1831). **59**.29

y ddannodd, poen yn y dannedd. **46**.39

dannodd fud, dannodd gyson boenus, cf. *GPC mud* 'parhaol boenus ond heb fod yn llym'. **46**.42

dannodd waed, chwydd yng nghig y dannedd, cf. Pen 228ii, 25^v *Eup[h]ilides, chwydh cic y dannhedh yn y bochgernœ, y dhannoedd waet* (TW, 1604-7). **46**.40

dannodd wyllt, ?dannodd erchyll. Yng nghyswllt clefydau, gallai *gwyllt* olygu 'afreolus' neu boen 'llymdost, tra llidiog', gw. *GPC*. **46**.41

dant, *WS* (1547) '*Dant ne ddaint*: A tothe' 7.33; *ll*. **dannedd**, dannedd ceffyl a oedd yn holl bwysig ers talwm wrth fwrw amcan am ei oedran wrth ei brynu; gw. hefyd **daint**. **96**.4.

dâr *ll*. **deri**, derwen, *WS* (1547) '*Dar ne dderwen*: An oke'. **121**.105

darllaw, bragu, macsu, *WS* (1547) '*Darllaw kwrwf*: Brew ale, masshe'. **16**.4

darymred, dolur rhydd gwael (gyda'r un elfen *-red* ag yn *rhedeg*); cf. Pen 228ii, 164[r] *Lienteria ... rhyw dharymret a Flix er stomach ar coludhion, pryt na chynnaliont dhim yno, eithyr yn gytrym ag y cymero dhim cynhaliaeth, ef ai rhuglai weret yn amrwt ag heb dreulio* (TW, 1604–7). **46**.98

das o wair, pentwr o wair, hirsgwar ei siâp fel arfer ond weithiau'n grwn, *WS* (1547) '*Das*: A stacke'. Amrywiad diweddarach yw'r gair *tas*, sy'n fwy arferol heddiw. **31**.92; **das, o ŷd neu wair 31**.133

dasedig [= **cocynedig, mydyledig**], wedi ei ffurfio'n dasau (am wair neu ŷd). **31**.138; **dasedig 31**.94

dasiad, y weithred o bentyrru gwair neu ŷd yn das. **31**.95, 137

dasog, wedi ei bentyrru'n das neu'n llawn dasau gwair. **31**.96

dasu, gwneud tas wair. **31**.93

dasu ŷd [= **cocynnu ŷd, mydylu ŷd**], llunio dasau o ŷd. **31**.134

datgloi, agor clo. **52**.37

datgloi y drws, agor clo drws. **8**.165

datgyfrwyo [= **digyfrwyo**], tynnu cyfrwy oddi ar gefn ceffyl, cf. *EWD* ii (1858) '*Unsaddle* ... dadgyfrwyo, digyfrwyo, tynu cyfrwy'. Ni cheir y ferf yn *GPC*. **37**.54

daw *ll*. **dawion**, mab yng nghyfraith. **6**.123, **117**.167

daw gan ferch, mab yng nghyfraith, sef gŵr y ferch. **6**.124; **daw gan ei ferch 117**.169

daw gan ei wraig, brawd yng nghyfraith, sef brawd y wraig, mae'n debyg; ond 'mab yng nghyfraith' yw ystyr arferol *daw*, *GPC daw*[1]. **117**.168

dechreuddydd, dechrau'r diwrnod. **4**.27

dechreunos, cyfnos. **4**.39

defnynlaw, glaw sy'n disgyn yn ddafnau (mawr). **2**.65

defnynnog, llawn dafnau (am ddŵr neu law). **5**.131

defnynnu, syrthio'n ddafnau, disgyn fesul dafn (am ddŵr neu law). **5**.132

deffroead, deffroad, y weithred o ddeffro. Am y ffurf *deffroead*, cf. *GPC troad, troead*. **10**.20

deffroëdig, wedi ei ddeffro. **10**.19

deffroi, deffro. **10**.18

dehowles: [Llad.] ***abrotanum***, brytwn, 'southernwood'. Gair Hen Gernyweg, nid Cym., yw hwn a ddaw yn y pen draw o'r *Vocabularium Cornicum*: #635 *aprotanum* gl. *dehoules* (*OCV* 274–5 'Southernwood'); sef 'llysieuyn' (*les*) o'r 'dehau'. Gw. y Rhagymadrodd, §3.6. **122**.42

deincryd, cryndod, rhincian dannedd (gan oerfel), *WS* (1547) '*Deinkryd*: A trembelyng'. **118**.30

deincrydiad, cryndod, rhinciad dannedd (gan oerfel). **118**.34

deincrydig, yn crynu, yn rhincian dannedd (gan oerfel). **118**.35

deincrydog, yn crynu, yn rhincian dannedd (gan oerfel). **118**.32

deincrydol, yn crynu, yn rhincian dannedd (gan oerfel). **118**.33

deincrydu, crynu, rhincian dannedd (gan oerfel), cf. Pen 188, 206 *Febrire, Crydio, deincrydio* (TW, *c*.1590–1620). **118**.31

y ddeirton, *GPC* 'Cryd neu dwymyn ysbeidiol, math o falaria sydd â chyrch y cryd yn digwydd bob yn eilddydd', 'tertian ague'. **46**.73

deisyn o lin, *GPC* 'pedwar bwndel ar hugain o lin wedi ei drin a'i gribo' ar sail *AB* (1707) 216a '*Deisyn*, Linodium, 24 manipuli lini carminati'. **27**.86

delien *ll*. dail, deilen. **122**.4

y ddelien ddu, efallai'r un llysieuyn ag *GPC dail duon da* 'fig-wort, *Scrophularia nodosa*'. **122**.191

dellni, dallineb, yma mewn defaid. Dywed y milfeddyg Rhisiart Owen wrthyf fod sawl cyfeiriad mewn hen lyfrau milfeddygol Cym. at glefyd heintus mewn llygaid defaid a allai effeithio ar y ddiadell i gyd gan achosi dallineb dros dro ynddi. Fe'i gelwir hefyd yn glwy'r llygaid, yr ongl a dallineb ('contagious ophthalmia'). **106**.12

dellt *u*. dellten, gwiail sy'n llunio'r rhwyllwaith ar waelod gogr. **56**.9

denshoc: [Llad.] ***luceus***. Gair Hen Gernyweg, nid Cym., yw hwn a ddaw yn y pen draw o'r *Vocabularium Cornicum*: #556 *luceus* gl. *denshoc dour* (*OCV* 240 'luce, hake'). Gw. y Rhagymadrodd, §3.6. **125**.91

deor cywion, dwyn cyw allan o'r wy drwy ori. **123**.45

derwen *ll*. derw, *WS* (1547) '*Dar ne dderwen*: An oke'. **121**.106

derwgoed, coed derw. **121**.110

derwraint [*u*.] **derwenien**, derwreinyn, enw cyffredinol am darddiad yn y croen, megis yr eryr, yn hytrach na 'ringworm' yn benodol (*GPC*); cf. *Llysieuwr* 38 *ynn erbyn derwraint ar gnawd hen ddynion neu rai jevainck gwna j'r goddeuwr yved dav ownses a hanner o'r dwr ... ac y vo dyr gwres y gwaed ffyrnig a vo yn magu'r anesmwythdra* (EG, *c*.1545). **46**.108

desgil, dysgl. **28**.85; **desgl** *ll*. **dysglau 14**.89
desgil bren, dysgl bren. **14**.90
desgil bridd, dysgl glai. **14**.92
desgil ystaen, dysgl tun neu biwter. **14**.91
desgl- gw. hefyd **dysgl**-
deuor dafad. Ansicr yw ystyr *deuor*, ond mae lleoliad yr ymadrodd yn awgrymu gair yn ymwneud â geni oen; gw. **dafad yn deuor**. **69**.25
diau, dyddiau; a gw. **die**. **4**.24
didranc, heb dranc, tragwyddol. **120**.94
diddwfr, di-ddŵr, sych. **5**.86
diddyfnedig, wedi ei **ddiddyfnu**. **69**.55 (oen); **70**.37 (myn gafr)
diddyfniad, y weithred o **ddiddyfnu**. **68**.46 (llo); **69**.56 (oen); **70**.36 (myn gafr)
diddyfnu, atal rhag sugno, tynnu oddi wrth ei fam, hefyd Pen 308ii, 71 *Diddyfnu: pob peth odd i wrth i vam* (JJ, *c*.1621). **67**.52 (ebol); **68**.45 (llo); **69**.54 (oen); **70**.35 (myn gafr)
die, dydd; mae hon yn ffurf unigol, lle mae **diau**, uchod, yn ffurf luosog. Cysylltir *die*, ffurf dan ddylanwad y Llad. *die, hodie*, yn arbennig â William Salesbury: e.e. *Testament Newydd* (1567), 187[v] *Yr Epistol ar ddie Llun Pasc*. **120**.16
die Gwener, dydd Gwener. **4**.97
die Iou, dydd Iau. Er bod y ffurf *Iou* yn awgrymu tafodiaith y de, mae'n fwy tebygol mai ffurf a ddefnyddiodd William Salesbury sydd yma, i geisio amlygu'r cysylltiad â'r Llad. *Iovis*, cf. John Fisher (gol.), *William Salesbury, Kynniver Llith a Ban, 1551* (Cardiff, 1931), xxxiiib, *Die Iou kyn y Pasc* (1551). **4**.96
die Llun, dydd Llun. **4**.93
die Mawrth, dydd Mawrth. **4**.94
die Merchyr, dydd Mercher. **4**.95
die Sadwrn, dydd Sadwrn. **4**.98
die Sul, dydd Sul. **4**.99
difer *ll*. **diferion**, dafnau o ddŵr neu law. **5**.133
diferedig, yn diferu. **5**.135 (am ddŵr neu law); **14**.49 (am gig yn diferu â braster)
diferion cig, dripin, braster o gig. **14**.48
diferog, yn diferu (am fraster o gig). **14**.50
diferol, yn diferu (am fraster o gig). **14**.51
diferu, dafnio, pistyllio. **5**.134 (am ddŵr neu law); **14**.52 (am fraster o gig)
difwg, di-fwg. **5**.181
difyn o gig *ll*. **difynion**, darn neu damaid o gig. **14**.126

diffodd, peri i dân fynd allan. **5**.149; **diffoddi 5**.150
diffoddadwy, y gellir ei ddiffodd (am dân). **5**.153
diffoddedig, wedi ei ddiffodd. **5**.151, **9**.45 (am dân); **13**.87 (am gannwyll)
diffoddi gw. **diffodd**
diffoddi cannwyll, diffodd cannwyll. **13**.85
diffoddi tân, diffodd tân. **9**.44
diffoddiad, y weithred o ddiffodd tân. **9**.46; **13**.89 (cannwyll)
diffyddgorn: *extinguisher*, corn i ddiffodd cannwyll. Ni cheir yr enw yn *GPC* ond cf. *OED extinguisher* 'A hollow conical cap for extinguishing the light of a candle or lamp'. **13**.83, **28**.43
digaregu, clirio tir o gerrig. **5**.48
digyfrwyo [= **datgyfrwyo**], tynnu cyfrwy oddi ar gefn ceffyl. **37**.54
dihenion, dihynion, *GPC* 'darnau, tameidiau, gweddillion cig (a dynnir o grochan)'. Mae'n hen air o'r Cyfreithiau, cf. *LlI* §6.50–1 *a'r cogeu a delyant e guer a'r dyhennyon a'r emyscar*. Ni cheir tystiolaeth o'i ddefnydd ar ôl diwedd y 14g. yn *GPC*. **14**.53
dihuno, deffro. **10**.6
diliau mêl, crwybrau gwenyn, 'honeycomb', Pen 308i, 26 *Dilyf /ll/ dilyfeu: dilie mel* (JJ, *c*.1621). **126**.19
dinastyn: [Llad.] *cives*, dinasddyn; gwell yw'r Llad. *cives* i ddiffinio *ciwdawd*, sef y gair nesaf yn y rhestr. **51**.63
diod *ll*. diodydd **13**.35; **diod 13**.38
diosg coed, dinoethi tir o goed (yma'n dilyn **caib digoedi**). **44**.13
diota, hel diod. **13**.37
dirisgo coed, tynnu rhisg neu risgl oddi ar goed, *WS* (1547) '*Dirysclo pren*: Barke'. **62**.3
dirwyn, **dirwynu**, weindio edafedd (e.e. ar werthyd), pellennu, *WS* (1547) '*Dirwyn edafedd*: Wynde yarne'. **27**.55, **59**.53
dirwynedig, wedi ei weindio neu ei bellennu (am edafedd). **27**.56, **59**.55
dirwyniad, y weithred o weindio neu bellennu edafedd. **27**.57, **59**.54
dirwynnog, wedi ei ddirwyn (am edafedd). **59**.56
dirwystro, dad-ddrysu, datod clymau (mewn edafedd). **59**.59
dis- gw. hefyd **dys-**
disbadd, ysbaddiad, wedi ei ysbaddu. **68**.69 (tarw); **96**.64 (ceffyl)
disbaddedig, wedi ei ysbaddu. **68**.65 (tarw); **96**.67 (ceffyl)
disbaddiad, y weithred o ysbaddu. **68**.66 (tarw); **96**.66 (ceffyl)
disbaddog, wedi ei ysbaddu (am darw). **68**.67
disbaddol, wedi ei ysbaddu (am darw). **68**.68
disbaddu, ysbaddu, digeillio. **68**.64 (tarw); **96**.65 (ceffyl)
disbaddwr, un sy'n ysbaddu (am geffyl). **96**.68

disgeulo, neu o bosibl *dysgeulo*. Ni cheir mohono yn *GPC*, ond fe'i defnyddir yng nghyswllt llaeth mewn cerdd ddychan o'r 15g. i ŵr o'r enw Madog, A. Eleri Davies, *Gwaith Deio ab Ieuan Du* (Caerdydd, 1992), 16.43–6, *Corddi a medi a ŵyr Madog; / Ceulo a godro rhag rhoi cyflog. / Dysgeulo ei laeth mewn dwy 'salog – lyn, / A chweirio menyn yn drichaerog*. Grym cryfhaol sydd i *dys-/dis-* yma (*dysgeulo* = ceulo), ond grym negyddol sydd iddo yn *WOP* '*Disgeulo* ... To discongeal'. **17**.62

disiau, 'dice', *WS* (1547) '*Disieu*: Dyce'. **49**.43

dist *ll*. **distiau** [= **cibren**, **ceibren**, **ceibr**], *GPC* 'un o'r trawstiau cyfochrog sy'n cyrraedd o'r naill wal i'r llall mewn adeilad', 'joist'; Jones, 'Geirfa Saer Cerrig', 178, '*dist* ... ll. *distia*, trawstiau pren sy'n cynnal lloriau llofftydd mewn tŷ'. **8**.89

distreledig, distreuledig, wedi ei olchi a'i rinsio. **19**.13

distreliad, distreuliad, golchiad, rinsiad, cf. Pen 228i, 13ᵛ *Ablutio* ... *Golchiat, dystreiliad* (TW, 1604–7). **19**.14

distrelio, distreulio, golchi neu rinsio dillad yn lân, *WS* (1547) '*Dystreulio kydacheu*'. Ar *distreulio* > *distrelio*, gw. td. 37 n. 152. **19**.12

diweddnos, diwedd y nos. **4**.41

diweddydd, diwedd-dydd, diwedd dydd (yn dilyn **dechreuddydd**). **4**.28

diwreiddio coed, dadwreiddio coed, tynnu coed o'r gwraidd. **44**.11

diwres, di-wres, oer. **5**.198, **119**.9

diwrteithgroen, croen heb ei drin a'i gyweirio (mewn tanerdy). **64**.22

diwyllawdr *ll*. **diwyllodron**: [Llad.] *colonus*, llafuriwr, amaethwr, un sy'n trin y tir, Pen 230, 29 *diwylliawdr: arddwr* (WLl, *c*.1560×1574). **51**.59; **diwylliawdr 30**.117

diwylliad, cliriad tir o ddrain, &c., amaethiad, **30**.116

diwyllio tir, clirio tir o ddrain, &c., trin neu aredig tir. **30**.115

ll. **diwyllwyr** [*u*.] **diwylliwr**, llafurwyr, rhai sy'n trin y tir. **51**.58

diwyrnod *ll*. **diwrnodiau**, diwrnod. Ceir y ffurf deirsill *diwyrnod* yn aml yng ngwaith y Cywyddwyr, e.e. A. Cynfael Lake (gol.), *Gwaith Siôn Ceri* (Aberystwyth, 1996), 8.48, *Ddiwyrnod teg, ddyrnod haul* (16g.). **120**.15

dodrefn tŷ. Dyma bennawd y rhestr hon sy'n rhestru pob math o eiddo symudol mewn tŷ, yn gelfi ac yn offer, gan adlewyrchu'r ystyr ehangach a oedd i *dodrefn* yn y cyfnod hwn nag sydd iddo heddiw. **28**.1

dodwy, *WS* (1547) '*Dodwi wy*: Lay an egge'. **123**.4 (iâr); **123**.40 (gŵydd)

doe 4.35, **120**.55

dôl aerwy [= **bwa aerwy**], coler bren ar ffurf bwa sy'n cau am wddf ych o dan yr iau ac yn cysylltu â'r iau â chadwyn (*aerwy*). **36**.11

dôl iau cf. **dôl aerwy** 30.84

dolamech: **dolur ar lygad**. Gair anhysbys am ddolur ar lygad. Efallai fod yr *-eç* (= *-ech*) ar ddiwedd y gair yn y llawysgrif yn wall am *-ec* (= *-eg*), ac mai gwall neu amrywiad ar *gwylameg* sydd yma, sef 'Math o glefyd llygad, ... rhuchen neu fagl ar y llygad, sychbilen; gwaetglais yn y llygad' (*GPC*); cf. *WS* (1547) '*Y vwlamec*: Sore yeyes'. **46**.56

dolen, ansicr, ond gan ei fod yn dilyn geiriau am lwybr neu hynt yr ysgyfarnog (**ôl**, **gwrthol** a **trywedd**), cf. *GPC* 'tro ar ffurf [dolen] (yn enw[edig] ... yng nghwrs anifail a helir ...)'. **77**.23

dolen drws, **i dderbyn y trosol**, 'door-catch' neu 'door-latch' i dderbyn bolltyn (**trosol**). **8**.153

dolennu, ?dilyn hynt ddolennog (am ysgyfarnog); cf. **dolen**. **77**.24

dolur *ll*. **doluriau**, poen, briw, clefyd. **46**.9

dolurio, bod yn ddolurus, gwynio. **46**.10

dolurol, poenus, yn brifo. **46**.12

dolurus, poenus. **46**.11

dôr, y darn o bren sy'n crogi ar golynnau fel arfer ac yn cau bwlch y drws. **8**.142

dowydd buwch, dywydd buwch, arwyddion mewn buwch ei bod ar fin bwrw llo; cf. *TR* (1753) '*dowydd* ... the swelling of a cow's udder when she is near the time of calving; it is used also of mares, goats, ews, &c. when they draw near the time of bringing forth and begin to have milk in their udders'. **68**.33

dowydd caseg, dywydd caseg, arwyddion mewn caseg ei bod ar fin bwrw ebol; cf. **dowydd buwch**. **67**.42

dowydd dafad, dywydd dafad, arwyddion mewn dafad ei bod ar fin bwrw oen; cf. **dowydd buwch**. **69**.37

dowyddiad, dywyddiad, y cyflwr y mae buwch ynddo pan fo ar fin bwrw llo. **68**.35

dowyddu, dywyddu, dangos arwyddion ei bod ar fin esgor. **67**.43 (am gaseg); **68**.34 (am fuwch)

draen *ll*. **drain**, draenen, miaren, neu bigau llwyni o'r fath. **121**.143; **draenen** *ll*. **draenenni**, llwyn drain, mieri. **121**.144

draenen, *GPC* 'Hidl a wneid o wiail drain plethedig ac a osodid wrth y dwsel yn y gerwyn ddarllaw i rwystro'r soeg rhag llifo allan gyda'r ddiod' (ond â'r dystiolaeth yno'n ddiweddar, 'ar lafar yn y De'). Defnyddid pren y ddraenen ddu i wneud ffyn, &c., gan ei fod yn gryf a chaled. **16**.12, **28**.98

draenennog, llawn drain. **121**.146

draenllwyn, llwyn drain. **121**.152

draenog: *a bas* ('a bass'), *GPC* 'Pysgodyn cefngrwm, llydan a phigog ei esgyll o dylwyth y *Percidae* sy'n byw mewn dŵr croyw'; *WS* (1547) '*Draenoc, pysc*: A base'; ac mewn nodyn ar bwys llun o'r *Basse* yn LlGC 24052E, 329, esbonia Lewis Morris (*c*.1745): *The Basse, In Anglesey Called Draenog, from drain, Thorns, or the Prickles on its back. These are taken in scenes or seans or Draw-nets, in Anglesey Called Draened, or Rhwyd ddraened.* **125**.94

draenog dŵr croyw *ll*. **draenogied**: *a perch*, **ac a fag mewn llynnau**. Ystyrid y draenog dŵr croyw yn fwyd iachus: *Études* 8.76 *iachaf pysgawt awedyr* [= dŵr croyw] *yw draenogyeit a brithyllot* (*c*.1400); a'r ddihareb yn Mos 204, 81 *Iachav pyscodun dvr croiw yw draenog* (TW, *c*.1620); cf. *OED perch*, n.² 'An edible, spiny-finned freshwater fish'. **125**.93

draenog y môr *ll*. **draenogied y môr**: *mulet* ('a mullet'), **math ar forbysg tebyg i'r draenog**. Go brin mai'r un pysgodyn yw ag *GPC draenog (y) môr* 'sea urchin'. Efallai mai math o hyrddyn neu fingrwn sy'n byw yn y môr sydd yma, o bosibl y mingrwn barfog. Yn *Vert Fauna* 433 cofnodir *draenog y môr* ar lafar yn y gogledd am 'Bass or Sea-perch'. Ar y *draenog* 'perch', pysgodyn afon neu lyn, gw. **draenog dŵr croyw**. **125**.92

draig *ll*. **dreigiau** (o bosibl yng nghyswllt testunau brudiol, gw. **y wadd**) **95**.8

drain y duddrain, pigau'r ddraenen ddu. **121**.149

drain ysbeddyd, **drain ysbyddad**, pigau'r ddraenen wen. **121**.140

dram o ŷd yw tri dyrned. Ni cheir *dram* yng nghyswllt ŷd yn *GPC*, ond yng Nghernyw ceid '*Dram*. A swathe of cut corn' (Frederick W. P. Jago, *The Ancient Language, and the Dialect of Cornwall* (Truro, 1882), 155), ac yn Llydaweg ceir *dramm* 'javelle' ('pentwr bychan o ŷd a dorrwyd â llaw') yn Albert Deshayes (gol.), *Dictionnaire Étymologique du Breton* (Douarnenez, 2003), 202, lle awgrymir ei fod yn air o dras Celtaidd, cytras â'r Wyddeleg *dream*. Gw. hefyd **dyrnaid o ŷd**, **seldrem** ac yn arbennig **ysgub yw dwy ddram**. **31**.113

drecht, ffurf anhysbys, a gwall efallai am *drecs tŷ*, a fyddai'n addas fel pennawd rhestr (**41**). Cf. *WS* (1547) '*Mud ne drekys tuy*: Househoolde stuffe' a gw. *GPC trec*¹, *drec* 'offer, tacl, gêr'. Mae'n bosibl fod y rhestr yn wag gan ei fod eisoes wedi rhestru offer tŷ mewn rhestrau blaenorol.

drefa *ll*. **drefâu**, *GPC* 'Pedair ysgub ar hugain, dau stwc ô yd', o'r Hen Saes. *threue*: *OED thrave* 'Two shocks or stooks of corn (or pulse), generally containing twelve sheaves each, but varying in different localities'. Gw. hefyd Pen 308i, 142 *Soppyn o yd yw mwdwl maes o ddec* *dreva o yd* (JJ, *c*.1621); cf. Jones, 'Creffteiriau Amaethwyr Dinbych', 39, '*drefa*: nifer neilltuol o fating gwellt gwenith, 30, os deil fy nghof, ac nid 24 fel yn y *thrave* Saesneg'. **31**.130

dreiniog, llawn drain, pigog (am lwyn drain). **121**.145, 156

drws, Jones, 'Geirfa Saer Cerrig', 178, '*drws* ... bwlch mewn waliau neu gyfyngau tŷ y gellir cerdded trwyddo i fynd i mewn i'r tŷ neu o'r naill ystafell i'r llall', ac yna 'y caead pren neu'r ddôr'. Ar ddrysau traddodiadol a'u rhannau, gw. Eurwyn Wiliam, *Y Bwthyn Cymreig* (Aberystwyth, 2010), 133–9, ac yn arbennig y lluniau ar d. 134. **8**.135

drws maen, fframwaith o garreg, fel a geir mewn hen blastai a chestyll, a gynhaliai'r ddôr; cf. **drws a ffenest faen**. **8**.68

drycin, tywydd garw (*drwg* + *hin*). **2**.5

drycinog, stormus. **2**.6

drych, WS (1547) '*Drych*: A glasse, myrour'. **28**.30; **66**.30 (mewn siop barbwr)

drychu, edrych neu weld mewn drych (mewn siop barbwr). **66**.36

y drydwy, drudwy, aderyn yr eira; cf. **aderyn y drydwy**. **124**.122

drygh- gw. **dryc-**

dryll o gig, darn o gig. **14**.124

drysi [= **drysni**], llwyn neu dwmpath o ddrain, mieri, Pen 308i, 19 *Dryssien: Brambl, merien ai da[u] ben yn y ddayar, ne verien arall* (JJ, *c*.1621). **44**.14

drysni [= **drysi**], llwyn drain, mieri. **44**.14

drysor neuadd: [Llad.] *ostiarius aulae*, porthor neuadd. Am y ffurf Lad., cf. *hostiarius aule* y Cyfreithiau a gw. Paul Russell, 'The Laws of Court from Latin B', *The Welsh King and his Court* (Cardiff, 2000), 484. **9**.3

y dryw, WS (1547) '*Dryw, ederyn hysbysol*: A wrenne'. **124**.123

du, du. **109**.34 (am fwng, rhawn a thalgudyn ceffyl); **110**.1 (am eidion); **111**.2 (am ddafad); **112**.2 (am afr); **113**.2 (am fochyn); **114**.2 (am gi); **115**.2 (am gath); **116**.3 (am gwningen); **du** *ll*. **duon** **130**.8 (y lliw)

y dubas: *chincough*, GPC 'Clefyd (ar blant gan mwyaf) a nodweddir gan besychu dirdynnol, pas' (1722); OED chincough (o *chink*, v.[1] 'to gasp convulsively for breath' + *cough*). **46**.50

duddrain, drain duon, llwyni'r ddraenen ddu. Mae pren y ddraenen ddu yn arbennig o gryf a chaled, ac fe'i defnyddid yn helaeth at wneud ffyn, baglau ac ati. **121**.147; *u.* **duddraenen** **121**.148

y ddueg, WS (1547) '*Duec*: The splene'. **7**.119

dufelyn, melyn tywyll. **130**.35

y ddufrech, haint cramennog ar y croen, y pla du, neu fan geni, J 16, 144ᵛ *Brech ddu × Brychau duon. gode marke. plague* (HS, *c*.1600). **46**.32

dugoch, coch tywyll, brown. **130**.29

dulas, glas tywyll. **130**.23

dulwyd, llwyd tywyll. **112**.7 (am afr); **dulwyd** *ll*. **dulwydion 130**.13 (y lliw)

dunos, nos dywyll, dileuad. **4**.46

dur, *WS* (1547) '*Dur*: Stele'. **128**.10

durew, rhew du. **2**.83

durudd, coch neu frown tywyll. **109**.40 (am fwng, rhawn a thalgudyn ceffyl); **114**.8 (am gi); **130**.44 (y lliw)

duw, **dwy**, **deo**: [Llad.] *deus ll*. **duwiau**, **dwywau**: [Llad.] *dii*. Priodolir y sillafiad *deo* yn arbennig i William Salesbury, a oedd yn awyddus i bwysleisio'r cysylltiad rhwng yr iaith Gymraeg a'r iaith Ladin. Gw. *GPC duw*[1] ac uchod td. 40. **1**.1; **duwies** *ll*. **duwiesau** [= **dwywes** *ll*. **dwywesau**] **1**.10

duwdab, duwdod. **1**.4

duwdabaeth, duwiolaeth. **1**.5

duwiesaidd [= **dwywesaidd**], fel duwies. **1**.11

duwiol *ll*. **duwiolion** [= **dwywol**, **dwyfol** *ll*. **dwyfolion**], duwiol, un duwiol. **1**.2; **duwol 1**.6

duwiolaeth [= **dwyfolaeth**], duwioldeb. **1**.8

duwiolaidd [= **dwyfolaidd**], duwiol. **1**.9

duwioldab, **duwioldeb** [= **duwiolder**, **dwyfoldab**, **dwyfoldeb**, **dwyfolder**] **1**.3

duwiolder [= **duwioldab**, **duwioldeb**, **dwyfoldab**, **dwyfoldeb**, **dwyfolder**] **1**.3

duwolaeth, duwiolaeth. **1**.7

duyw, llysieuyn anhysbys, o bosibl yn gyfuniad o *du* + *yw* 'yew'. Ni cheir *yw* yn enw ar lysieuyn yn *GPC*, ond cf. *OED yew* 'Any of several flowering plants apparently likened to yew in the shape of the leaves. *Obsolete*'. Posibilrwydd arall yw gwall am *rhuw*, *Y Bywiadur* 'rhuw, *Ruta graveolens*, rue'; cf. *WS* (1547) '*Rut neu ruw, llyseun*: Rewe'. **122**.189

dŵr, **dwfr** *ll*. **dyfroedd**, **dyfredd 5**.80

y dŵr coch, *GPC* 'red water, disease in cattle and sheep'; cf. **piso gwaed**. **106**.6

dŵr croyw, dŵr afon, llyn, &c. (yn hytrach na dŵr hallt y môr). **5**.109

dŵr hallt, dŵr môr. **5**.110

dŵr rhededog, dŵr rhedegog, dŵr llifeiriol; ceir cymathiad *d..g* > *d..d* yma (gw. td. 38), neu wall. **5**.107

dŵr syfydlog, dŵr llonydd, disymud. Nodir *syfydlog* yn *GPC* fel amrywiad ar *sefydlog* (gyda chymathiad *e..y* > *y..y*, gw. td. 38). **5**.108

dwrn, llaw wedi'i chau, 'fist'. **7**.50; y rhan o gleddyf y gafaelir ynddi, carn. **50**.27

dwrn mynci *ll*. **dyrnion myncïon** [= **tyniad** *ll*. **tyniadau myncïau**], ?corn y mwnci. Ar rannau'r mwnci, sef rhan o harnais ceffyl gwaith, gw. yn arbennig y llun wedi ei labelu yn *BydAm* 3.181; a gw. **mynci**. **31**.12

dwrn pladur, carn pladur, sef y rhan y gafaelir ynddo. **31**.54

dwrnfedi, *GPC* 'Medi â chryman neu sicl, gan afael yn y gwenith neu'r haidd â'r dwrn chwith wrth ei dorri, yn enw[edig] pan fyddai'r gwellt yn gwta a'r cnwd yn denau' (*GPC* 1814). **31**.106

dwsed, saig o laeth a wyau (o'r Saes. *dowset*), cf. Pen 298, 232 *Dwset: Pastai laeth ac wyeu* (JJ, 1618); nid yr un gair felly ag *GPC dwsed* 'gwin melys', o'r Ffr. *(vin) doucet*. Ond gan fod y gair yn rhagflaenu **ffowsed** yn y ddwy enghraifft yma, mae'n debygol mai gwall am **dwsel** sydd yma. **13**.57, **16**.55

dwsel, *GPC* 'Dyfais sy'n rheoli llif dŵr neu hylif o bibell, tap casgen', cf. J 16, 160ᵛ *Twsel. Tappe. Cyn veddwed a'r dwsel. Siphon* (HS, *c.*1600). Daw o'r Saes., *OED dossil* 'A plug for a barrel; a spigot'; gw. hefyd **dwsed** a hefyd y dyfyniad dan **haul gaerau**. **13**.59

dwst, llwch sy'n weddill ar ôl malu grawn mewn melin. **42**.61

dwyfolaeth [= **duwiolaeth**], dwyfoldeb. **1**.8

dwyfolaidd [= **duwiolaidd**], duwiol. **1**.9

dwyfoldab, dwyfoldeb [= **duwioldab, duwioldeb, duwiolder, dwyfolder**] **1**.3

dwyfolder [= **duwioldab, duwioldeb, duwiolder, dwyfoldab, dwyfoldeb**] **1**.3

dwyfron **7**.59; **96**.29 (ceffyl)

dwywes *ll*. **dwywesau** [= **duwies** *ll*. **duwiesau**], duwies. **1**.10

dwywesaidd [= **duwiesaidd**], fel duwies. **1**.11

dwywol, dwyfol *ll*. **dwyfolion** [= **duwiol** *ll*. **duwiolion**] **1**.2

dybryen *ll*. **dybryod**: math ar adar sydd yn byw yn y môr ac a nythan' yn y creigia uwch y môr. *GPC dybryan* 'sea-hen, guillemot'; cf. *ML* ii, 366 'Dybruan, plural dybruod, y gelwir y sea-hen yn Enlli a chwilog, q.d. gwylog, y gelwid hi gynt yn Mynydd y Twr' (1761). **124**.54

dydd *ll*. **dyddiau, dyddie** **4**.21; **dydd** (mewn cyferbyniad â nos) **120**.42

dydd gŵyl **4**.100

dyddhad, toriad gwawr. **4**.26

dyddhau, gwawrio. **4**.25

dyddio, gwawrio. **4**.22

dyddiol, beunyddiol neu'n perthyn i'r dydd. **4**.23

dyddyfn- gw. **diddyfn-**

dyfnfawn, *GPC* 'Mawn a dorrir mewn pwll dwfn mewn cors'; cf. Pen 228ii, 72ʳ *Gleba ... fossilis gleba ... dyfn vownen yw rhoi ar y tan* (TW, 1604–7). Wrth drafod y tanwydd cyffredin ym mhlwyf Llanarmon, meddir yn *Paroch* i, 158, 'Their Fuel Rhos-vawn some Dyfn-vawn and Coal from Brymbo' (*c*.1700). **29**.7

dyfraidd, dyfrol. **5**.85

dyfrgi *ll*. **dyfrgwn**, *WS* (1547) '*Dwfyrgi*: An ottre'. **80**.1; *b*. **dyfrast 80**.2

dyfrhad, y weithred o ddyfrio. **5**.84

dyfrhau [= **dyfru**], dyfrio. **5**.83

dyfriar *ll*. **dyfrieir**, *GPC* 'Iâr ddŵr, corsiar, cwtiar; corhwyad, hwyaden wyllt'; Pen 308i, 53 *Kwtiar: Dyfriar* (JJ, *c*.1621) ac *WS* (1547) '*Dwfyriar*: A coote'. **124**.55

y ddyfrlys: *herbe water* ('herb water'), *GPC dyfrllys* 'Llysieuyn sy'n tyfu mewn llynnoedd, yn enw[edig] un a berthyn i'r rhywogaeth *Potamogeton*, llyriaid llymion, llyriaid llynnau'; hefyd Atod.1.83 *Erba water: y Ddyfrlys* ac Atod.3.77. **122**.192

dyfrllyd, gwlyb, llaith. **5**.82

dyfrol, dyfriol. **5**.81

dyfru [= **dyfrhau**], dyfrio. **5**.83

y ddygrnyw: *bernel*, gw. hefyd Atod.1.26 ac Atod.3.58. Ni chafwyd enghraifft arall o *y ddygrnuw* na *bernel*. Gall mai ffurf dreigledig y gair Cym. *pernel* 'garlleg y berth' (o bosibl o'r Saes. *pimpernel*) sydd yma; cf. *LlS* 44 *Troet yr Assen ... Allaria yn Llatin, Sauce alone nei Iacke of the hedge yn Saesonaec. Troet Assen nei Pernel yn Camberaec.* **122**.193

dyli, dylif, *GPC* 'Gosodiad yr edafedd yn eu hyd ar i lawr yn y gwŷdd, ystof'; gw. hefyd **dylifo**. **59**.9

dylifo, ystofi neu blethu edafedd ar wŷdd, 'to warp', cf. Peate, 'Termau'r Ffatrïoedd Gwlân', 93, '*Dylifo*. Gair Meirionnydd ... am ystofi. *Y ddylif* yw'r ystofiad.' **59**.10

dyll llin, neu *dull llin* neu *dulin*. Fe'i ceir yma rhwng **tynnu ar heusyllt** a **crafellin**, geiriau am gribo ffibrau llin. Ar *dull* 'pleth', gw. *GPC* ac *WS* (1547) '*Dull, plygiad*: Playte'. Ceir *Dull llyn* mewn rhestr o eiddo symudol y llys yn y Cyfreithiau: *LlI* §140.33–4, a gw. yno td. 157 'llyn [llin] *flax*' lle cyfeirir at *dulin* yn fersiwn Llyfr Blegywryd o'r Gyfraith; *GPC dulin* 'Llin heb ei gannu' (< *du* + *llin*). **27**.90

dyn: [Llad.] *ll*. **dynion**: [Llad.] *homines* **6**.1; (*lls*.) **dynionain 6**.2; [*lls*.] **dyniadon**. Y ffurf *dyniaddon* yn unig a gydnabyddir yn *GPC*, ond profir y ffurf *dyniadon* gan y gynghanedd mewn barddoniaeth, fel yn y llinell hon gan Gronw Ddu (14g.): *GMBen* 11.25 *Dug Pharaon y dyniadon, y danoded*. Gw. hefyd **dynes. 6**.7; *bach*. **dynan 6**.5; **dynyn 6**.6

dyn bach, plentyn bychan neu faban. **117**.55

dyndod, dynoliaeth. **6**.10

dynes *ll*. **dynesau 6**.11

dyniadon gw. **dyn**

dyniewed, dyniawed, *GPC* 'Buwch ifanc o flwydd i ddwyflwydd oed, bustach, eidion ifanc'; *LlLlM* 95 'anifail tua deunaw mis oed'. **68**.53

dynionach, dynion dirmygus. **6**.3

dynionain gw. **dyn**

dynol, dyniol, o natur dyn, yn perthyn i ddyn. **6**.4

dynolad, dynoliad, dyniolad, dynioliad, dyndod. **6**.9

dynolaeth, dyniolaeth, yr hil ddynol, natur ddynol, dyndod. **6**.8

dyre march, chwant stalwyn i baru â chaseg er mwyn epilio; gw. *GPC dyre*[1], hefyd **march dyre**. **67**.62

dyrnaid o ŷd, dyrned o ŷd, llond dwrn o ŷd. Ymhellach ar *dyrnaid*, cf. Pen 308i, 125 *Taskell: dau ddyrned o loffion gwedi ei rwymo yn rhith un dyrned. Taskelli, neu Teskyll, kyff lloffa neu lawer or dyrneidie uchod yn rhwym ygyd* (JJ, *c*.1621). **31**.109

dyrnfedd yw tair bodfedd, mesur dwrn neu led llaw, sef pedair modfedd yn ôl Lewis Morris, *LWLM* 40 '*dyrnfedd*, 4 inches'. **47**.9

dyrnfedd gorniog yw [chwe] bodfedd, *BydAm* 2.92 'Mesur lled llaw gyda'r fawd i fyny – rhyw chwe modfedd'; *LWLM* 40 '*dyrfnedd corniog*, 6 inches, a hand & length of thumb' (18g., tystiolaeth gynharaf *GPC* ar gyfer y cyfuniad); am y term Saes. cyfatebol, gw. *OED shaftment*, n.[1]. **47**.10

dyrnu ŷd, curo ŷd â **ffust** neu drwy ei sathru er mwyn gwahanu'r grawn oddi wrth y gwellt. **35**.25

dysgleidiedig, wedi ei roi mewn dysgl. **14**.94

dysgleidio bwyd, rhoi bwyd mewn dysgl. **14**.93

dysgubrwyd: *a drawing nett* ('a drawing net'), **dau sydd raid i'w thynnu hi**. Deellir hwn yn amrywiad ar *GPC ysgubrwyd* 'Rhwyd sân, tynrwyd, treillrwyd' y ceir yr enghraifft gynharaf ohono yn *GPC* yn Pen 228ii, 24[r] *yscyprhwyt pyscota'n yscupo oi blaen yn lan, rhwyd tynu* an *Euerriculum* (TW, 1604–7). Am *dys-/dis-* yn amrywio ag *ys-*, cf. *ysbaddu, disbaddu*. **125**.16

dystlaw, glaw mân iawn; ni cheir mohono yn *GPC* ond mae'n debygol mai cyfuniad ydyw o *dwst* 'llwch, powdwr' + *glaw*. **2**.62

dywydd, dywydd-, gw. **dowydd, dowydd-**

earthnut: [Llad.] *apios*, cneuen ddaear. Y ffurfiau Cym. arferol yw *bywi* neu *clôr, cylor*: J 16, 136ᵛ *Bywi. nux terræ, Apios* (HS, *c*.1600); *TJ* (1688) 'Cnau'r ddaiar, clôr: ... *Earth-Nuts, Ear-Nutts*'; a chan John Jones mewn rhestr gynharach, Pen 308i, 73 *Kylor: kynhwyllin daear, yn y ddaear y mae* (JJ, *c*.1621). Mae'n amlwg iddo anghofio cynnwys y gair Cym. *cylor* yma, a threfnu'r gair dan *e-*. **122**.48

ebill *ll*. **ebillion**, taradr, teclyn pigfain ar ffurf sgriw i dyllu pren, &c., 'auger'. **53**.32

ebill crych, un o ebillion y saer, o bosibl 'spiral auger'. Am ebillion traddodiadol, gan gynnwys y 'spiral auger', gw. *TCC* 117. **53**.33

ebill chwelydr, un o ebillion y saer, cf. **ebill hanner modfedd**, **neu chwelydr** a gw. **chwelydr**, sef ystyllen bridd aradr. **53**.45

ebill ffon car, un o ebillion y saer, cf. **ebill modfedd**, **neu ffon car** a gw. hefyd **ffon car**. **53**.44

ebill ffon llidiart, un o ebillion y saer, cf. **ebill modfedd a hanner**, **ne ffon llidiart**. **53**.43

ebill hanner modfedd, **neu chwelydr**, un o ebillion y saer; gw. **ebill chwelydr**. **53**.46

ebill llwy, un o ebillion y saer, 'spoon auger'; gw. *TCC* 117. **53**.42

ebill modfedd, **neu ffon car**, un o ebillion y saer; gw. **ebill ffon car**. **53**.47

ebill modfedd a hanner, **ne ffon llidiart**, un o ebillion y saer, gw. **ebill ffon llidiart**. **53**.48

ebill trohidyn neu trohidyll: **ebill tro**, un o ebillion y saer; o bosibl 'spiral auger'; cf. **ebill crych**. Gall mai gwall am *trohidyl* yw *trohidyll*, a'r *l* wedi ei thanddotio'n wallus. Cf. J 16, 166ᵛ *Trohidil. Mediepontus* (Pen 228ii, 187ᵛ *Mediepontus ... Cyphur y wneuthur rhaphæ*), hefyd *WOP* '*Trohidyl ...* An instrument for twisting ropes'. **53**.49

ebod *u*. **ebodyn**, tail ceffyl, Pen 308i, 27 *Ebod: hors dwng, Ebodyn: on pis off hors dwng* (JJ, *c*.1621) ac *WS* (1547) '*[E]bod*: Horse donge'. **67**.71; **ebod 96**.77; **ebodyn** *ll*. **ebod 98**.2

ebodi, ysgarthu (am geffyl), Pen 308i, 27 *Ebodi: to dwng as a hors* (JJ, *c*.1621) ac *WS* (1547) '*Ebodni val march*: Donge'. **67**.72, **98**.3

ebol *ll*. **ebolion**, ceffyl ifanc gwryw, 'colt'. **67**.27; **eboles** *ll*. **ebolesau**, ceffyl ifanc benywaidd, 'filly'. **67**.28

ebran, bwyd ceffylau, Pen 298, 237 *Ebran: porthiant march* (JJ, 1606). **37**.10

Ebrill: [Llad.] *Aprilis*, gw. hefyd **mis Ebrill**. **4**.4

echdoe, y diwrnod cyn ddoe. **4**.36, **120**.56

echdywynnu, disgleirio (am yr haul, y lloer a'r sêr). **1**.73

echel, *GPC* 'Y bar neu'r trawst y try dwy olwyn gyferbyniol men, &c., ar ei ddeupen'; *WS* (1547) '*Echel*: An axiltre'; *GeirfaWLl* 19ᵛ *Echel: Exdro* (WLl, 1567×1574). **32**.19 (cert); **33**.8 (trol)

echel car, echel cert. **32**.16

echel troell, echel olwyn troell nyddu. **27**.16

echel y gwellau, colyn ('pivot') siswrn teiliwr. **61**.9

echeledig, wedi eu gosod ar echel (am olwynion trol). **33**.10

echeliad, y weithred o osod olwynion trol ar echel. **33**.11

echelog, ac iddi echel (am drol). **33**.12

echelu, gosod ar echel (am olwynion trol). **33**.9

echnos, y noson cyn neithiwr. **4**.52

echwydd, rhwng naw y bore a hanner dydd, Pen 308i, 27 *Echwydd, o 9 hyd 12 ar y gloch* (JJ, *c*.1621), a Pen 298, 239 *Echwydd: gida yr hwyr; yn echwydd; y bore medd eraill, Nawn hanner dydd, medd eraill* (JJ, 1618). **4**.79; **echwydd: o'r 9 ar y gloch uchod hyd 12 ar y gloch yw yr echwydd, yn dair awr** (cyfeiria 'uchod' at y tabl, td. 142). **120**.48

echwyddo, ?dod yn echwydd (rhwng naw y bore a hanner dydd). **4**.80

echwyddol, yn perthyn i'r echwydd (rhwng naw y bore a hanner dydd). **4**.81

edau *ll*. **edafedd**, edau ar gyfer gwnïo neu wau. **27**.26, **61**.14; *u*. **edefyn 27**.27; **edefyn: un edau nodwydd 61**.15

edau a howni, ?cf. *GPC edau gowni* 'basting thread' (1770); gw. **howni**. **27**.33

edau gyfrodedd, *GPC* 'twisted thread, twist'; *WS* (1547) '*Edau gyfrodedd*: Twyned [threade]'. **27**.32

edau gywarch, edau o gywarch, *GPC* 'hempen thread' (1795). **27**.30

edau lin, edau o lin, *GPC* 'linen-yarn'. **27**.29

edau ungorn, *GPC* 'untwisted thread, single thread'; cf. y ddihareb a gofnodwyd yn *D* (1632) 'Cadarnach yw'r edau yn gyfrodedd nag yn vngorn'. **27**.31

edau wlân, edau o wlân, *GPC* 'woollen yarn' (1794). **27**.28

edefyn gw. **edau**

edenydd saeth, adenydd saeth (gan amlaf o blu). **57**.5

ederyn y cegid *ll*. **adar y cegid**, *GPC aderyn y cegid* 'golden oriole, *Oriolus oriolus*; yellowhammer, *Emberiza citrinella*'. **124**.56

ederyn y cnau *ll*. **adar y cnau**, delor y cnau, 'nuthatch', yn hytrach nag *GPC aderyn y cnau* 'nutcracker, *Nucifraga caryocatactes*', sy'n aderyn prin iawn yng Nghymru. **124**.57

ederyn y cywarch *ll*. **adar y cywarch**, *GPC aderyn (y) cywarch* 'linnet, *Accanthis cannabina*' (1868). **124**.58

ederyn y llin *ll*. **adar y llin**: *flax finch*. GPC *aderyn y llin* 'linnet, *Acanthis cannabina*' a 'goldfinch, *Carduelis carduelis*', gydag elfen gyntaf *linnet* yn gytras â'r Gym. *llin*, gw. OED *linnet*. Cf. Pen 228i, 16ʳ *Acalanthis … Aderyn a eilw rhai llinosen, ne adar y llin* (TW, 1604–7). Am y Saes., gw. OED †*flax-finch* 'Obsolete ?some species of finch'; Swann, *Dictionary of English and Folk-Names*, 88, 'Flax-finch: The Chaffinch'. **124**.59

ednogyn *ll*. **ednog** [= **cylionen** *ll*. **cylion**], gwybedyn, piwiedyn, *WS* (1547) '*Ednogyn*: A gnatte'. Gw. hefyd dan **egnod**. **126**.1

edderig cath, cyflwr cath yn gofyn gwrcath. Gw. GPC *rhydderig* a'r nodyn tarddiad yno '?*rhy*¹ + yr elf[en] *dâr* a welir yn *cynddaredd* + *-ig*²'. Cf. **cath atherig**. **79**.8

edderigedd cath, cyflwr cath yn gofyn gwrcath; cf. **edderig cath**. **79**.9

eddestr, ceffyl, Pen 228iii, 19ᵛ *edhestr, march mawr* (TW, 1604–7). **67**.20

eddi, *WS* (1547) '*Eddi*: Thrum'; cf. Peate, 'Termau'r Ffatrïoedd Gwlân', 93, '*Eddi* … Darnau o edafedd a adewir yn y gwŷdd i glymu wrthynt yn lle tynnu'r edafedd trwy'r offer bob tro y newidir yr ystof'. **59**.68

efre, ller, chwyn sy'n tyfu mewn caeau ŷd; hefyd Atod.3.190 *Llerr, Efrae, Drewg: idem sonant quibusdam ut Darnel, Tares, Cocle, Zizania, Lolium,* αινζα a cf. Pen 308i, 19 *Diflygo yd: yw tynny yr evere ar ller or yd* a *Dychlyn gwenith: yw tynny yr evere or gwenith* (JJ, *c*.1621). **31**.176, **122**.46

efrog, toreithiog mewn efrau; gw. **efre**. **31**.177

efydd, pres, *WS* (1547) '*Pres ne efydd*: Brasse'; *TJ* (1688) 'Efŷdd. Copper'. **128**.7

efydden, crochan neu badell efydd. **16**.6, **28**.63

eg, erw; cf. cofnod cynharach John Jones, Pen 295, 67ʳ *Ec: Erw* (JJ, *c*.1600), mewn rhestr o eiriau a ysgrifennodd, meddai, f. 61cʳ⁻ᵛ, *allan o law Thomas ap Llewelyn ap Ithael ac a gysylltais wrtho achwanegiad, o law yr hen Risiart Langford o drefalyn*. Daw'r enghraifft gynharaf yn *GPC* o *eg* 'Erw, cyfair, acer' o eiriadur Thomas Wiliems, Pen 228 (1604–7), ac awgrymir mai gair a fathodd Wiliems oedd hwn, yn ffrwyth camddehongli'r gair *hanereg* fel *hanner* + *eg*. Yng ngoleuni cofnod John Jones yn Pen 295, mae'n ddigon posibl hefyd mai un o eiriadurwyr diwedd y 16g. a fu'n gyfrifol am fathu'r gair. **30**.45

egalen, carreg hogi, gw. GPC *agalen*. **63**.31 (y crydd); **64**.7 (y gwneuthurwr menig)

egalen ellyn, carreg i hogi rasal (**ellyn**) y barbwr. **66**.12

egin, blaendardd, blagur. **31**.40; **eginyn** *ll*. **egin 122**.3

eginedig, wedi egino neu flaguro. **31**.46

eginiad, blaguriad. **31**.44

egino, blaendarddu, blaguro, *WS* (1547) '*Eginaw*: Spring'. **31**.41, **122**.11

eginog, yn egino neu'n blaguro. **31**.45, **122**.12

eginol, yn egino neu'n blaguro. **122**.13

egnod duon, pryfed duon, ?cf. *GPC clêr duon* 'black gadflies'. Cafwyd *ednog > egnod* drwy drawsosod; gw. td. 37. **126**.4

egnod llwydion [= **egnod y meirch**], pryfed llwydion, cf. *GPC clêr llwyd(ion)* 'dun-flies, gadflies, horse-flies, horse-ticks'. Ar *ednog > egnod*, gw. **egnod duon**. **126**.5

egnod y meirch [= **egnod llwydion**], clêr y meirch, 'horse-flies'. Ar *ednog > egnod*, gw. **egnod duon**. **126**.5

egoriad, agoriad, *WS* (1547) '*Egoriad ne allwedd*: A key'. **52**.39

egrmwnt gw. **y dryw**

ll. **egroes** [*u*.] **egroesen**, *GPC* 'Ffrwyth y rhosyn gwyllt, grawn mieri Mair, aeron marchfieri, *Rosa canina*; marchfieri, mieri Mair, ogfaenllwyn'. **121**.160

egwyd *ll*. **egwydydd**, y rhan o goes ceffyl uwchlaw'r carn. **96**.40

egwyd gudyn, cudyn egwyd, y tusw o flew sy'n tyfu ar gymal egwyd ceffyl. **96**.41

egwyd march, *GPC egwyd* 'Y twddf neu'r chwydd ac arno dusw o flew sydd y tu ôl i goes ceffyl yn union uwchlaw'r carn'; Pen 308i, 29 *Egwyd: swrn*, 119 *Swrn: kymal march rhwng yr egwyd ar goes, neu yr egwyd* (JJ, *c*.1621); *WS* (1547) '*Egwyd march*: Fote locke'. **67**.105

egwyd y llyffethyr. Daw rhwng **pont y llyffethyr** a **hoel yr egwyd**. Tebyg mai cyfystyron yw *egwyd* (*GPC egwyd* 'Llyffethair, troedog, cloffrwym, hual') a *llyffethyr* 'llyffethair'. **72**.6

ll. **engyl**, **engylion**: [Llad.] *angeli*. Fel enw unigol yn unig y disgrifir *engyl* yn *GPC*, ond mae'n debygol iddo fagu ystyr luosog, fel y gwnaeth *emys*, *pebyll*, &c., a oedd hefyd yn unigol yn wreiddiol; *ll*. **engylion** 1 (pennawd). Gw. hefyd **angel**. **1**.27; *b*. **engyles** *ll*. **engylesau** [= **angyles** *ll*. **angylesau**] **1**.30

engylaidd [= **angylaidd**], fel angel. **1**.29

engylol [= **angylol**], angylaidd. **1**.28

ehedydd [= **uchedydd**]: *a lark*, cf. *WS* (1547) '*Ehedydd*: A larke'; gw. hefyd **hedydd**. **124**.121

eidion *ll*. **eidionau**, bustach, ych. **68**.60; **eidion sydd un gerdded** [â march] **am beth o'i aelodau er ei fod yn dieithro mewn eraill mal ysgithredd; mwng, arfwng; talgudyn, ysgwydd gudyn; pedrain, castr; carn, llyffant carn; cudyn egwyd; bloneg, &c. Mae yn cytuno mewn rhai ac yn dieithro mewn eraill o'i aelodau. Hynny yw, mae'r**

un nodweddion yn fras gan eidion ('bustach') â *march*, ac eithrio yn y manylion a restrir. Yn y Geirfâu hyn disgrifir *eidion*, yr anifail gwryw, fel anifail gwaith (e.e. **30**.89) a ffynhonnell cig (rhestr **21**); a chysylltir y fuwch â geni lloeau a chynhyrchu llaeth. Ceir yr ymadrodd *un gerdded (â)* yn y Cyfreithiau am 'o'r un statws (â)' neu 'o'r un gwerth (â)', cf. *LlI* §128 *Dynawet guryu un gerdet yu a dynawet uanyu*; ond mae'n amlwg mai 'o'r un nodweddion (â)' yw'r ystyr i John Jones yma. **97**.1; **eidion: hyn o olwythion sydd ynddo i'w hysu ac a wneir o'i ymsygar**. Dyma bennawd y rhestr hon sy'n enwi'r darnau o gig (*golwythion*) a geir i'w bwyta (*ysu*) o fwtsiera eidion, a'r hyn y gellir ei wneud o'i ymysgaroedd. **21**.1

eidion brith, eidion cymysgliw. **110**.10
eidion brych, eidion a brychau arno. **110**.8
eidion brychgoch, eidion browngoch a brychau arno. **110**.9
eidion cnodig, eidion cigog, *WS* (1547) '*Knodic*: Fleshie'. **65**.16
eidion coch, eidion browngoch neu winau. **110**.3
eidion gwineuddu, eidion brown tywyll. **110**.6
eidion gwineugoch, eidion browngoch. **110**.7
eidion llwyd, eidion llwyd neu frownddu golau. **110**.5
eidion melyn, eidion melynfrown golau. **110**.4
eidion melynllwyd, eidion llwydfrown. **110**.11
eidion talwyn, eidion â thalcen gwyn. **110**.12
eiddew, iorwg, *WS* (1547) '*Eiddew ne eiddiorwc*: Juy'; *LlS* (1574) 80 *Yr Eiddew ... Hedera yn Llatin, Yvie yn Saesonaec ac Eiddew, nei Eiddeorwc yn Camberaeg*. **121**.202
eiddew y ddaear, 'ground-ivy'; hefyd Atod.1.68 *Edera terrestris: Eiddew y ddaear*; cf. *Llysieuwr* 69 *Edra Terestris: Y llyshiewyn yn Saessneg a elwir grownd eiui, ynGhymraeg eiddew'r ddaiar* (EG, *c*.1545); *LlS* (1574) 165 *Yr Eideral ... Grounde Ivie yn Sasonaec ar Eideral, Eiddew y ddayar, nei y Veidioc las yn Camberaec*. **122**.47
eiddiorwg, iorwg; cf. **eiddew**. **121**.205
eiddun. Gair ansicr ei ystyr am berthynas deuluol o bell, cf. **gwrtheiddun**. Anodd gweld cyswllt ag *GPC eiddun* 'Dymunol', &c. **6**.110, **117**.204
eigio, heigio (am bysgod), cf. *GPC aig* 'haig (o bysgod)'. **125**.42
eingion *ll*. **eingionau**, 'anvil' y gof. **52**.9
eingion fawr 52.10
eingion gyriog, *GPC* 'anvil with two projecting taper ends, bickern'; *WS* (1547) '*Eingion gyrioc*: A bycorne'. **52**.11
eilliad, y weithred o eillio barf neu wallt. **66**.5
einioes, oes, bywyd. **120**.89

eirin bwlas, eirin gwyllt ychydig yn fwy nag eirin duon bach, 'bullace'; *WS* (1547) '*Bwlas, eirin gayaf*: Bolas'. **121**.68

eirin cochion. 'Eirin cochion' yn gyffredinol efallai, yn hytrach nag *GPC* 'Orleans plums' (1795) yn benodol (*OED orleans plum* (1674)). **121**.67

eirin duddrain, eirin duon bach, eirin tagu; cf. **eirin perthi**. **121**.151

eirin duon, *GPC* 'common black plums, sloes, damsons' (1725). **121**.66

eirin gwnion, eirin gwynion, *GPC* 'greengages' (1758). **121**.65

eirin Mair, gwsberins. **121**.71

eirin perthi, eirin duon bach, eirin tagu; cf. **eirin duddrain**. **121**.70

eirin y meirch, *GPC eirin meirch* 'the berries of the white brier', ond diweddar, 20g., yw'r dystiolaeth yno dros yr enw. **121**.69

eirinen *ll*. **eirin**, *WS* (1547) '*Eirinen*: A plome'. **121**.64

eirinwydd, coed eirin. **121**.61

eirionyn [= **ffiled clawdd**], clawdd terfyn, *GPC* 'ymyl neu ffin ystlysol llain o dir (h.y. y ffin sy'n terfynu ei led)'; cf. **ffiled clawdd**. **43**.9

eirionyn tir [= **terfyn**, **ffin tir**], gw. **eirionyn**. Daw'r cyfuniad o'r Cyfreithiau, cf. *LlI* §148.10 *eyryonyn e tyr* (td. 153 'border, margin'). **30**.47

eisen *ll*. **ais**: *a lat*, dellten, llath (mewn wal neu do tŷ), Pen 308i, 27 *Eisen: a latt, ang'* (JJ, *c*.1621). Diolchir i Dr Eurwyn Wiliam am yr wybodaeth ganlynol (ehebiaeth, Ionawr 2021), 'cf. *Esith*, "wattle made of hazel to strengthen the eaves and the top of the thatch", Bangor, G Grads 1909–11, 35'. Ar y ffurf Saes., gw. *OED lath*, a'r ffurf gynharach *lat* a restrir yno. **8**.95

eisin, us, plisgyn grawn, siaff, y rhan sy'n cael ei thynnu oddi ar y grawn wrth grasu ceirch a'i silio; gw. **eisin sil** a **silio**. **15**.56, **42**.59

eisin sil, plisgyn y grawn ceirch a ddaw ymaith wrth eu malu yn y felin; gw. **silio**. Byddai'r melinydd yn pentyrru'r eisin sil yn domen, a chyffredin hyd heddiw yw *Eisingrug* neu *Singrug* fel enw ar gae. Diddorol yw disgrifiad Hugh Evans, *Cwm Eithin* 119, o fara ceirch a llawer o eisin sil ynddo: 'byddai cryn lawer o eisin sil yn y bara ceirch gyda'r hen felinau. Aml y gwelid hwy yn sgleinio yn y dorth geirch, yr un fath â'r bran yn y bara gwenith. Ac yn rhyfedd iawn fe fagwyd to ar ôl to o ddynion a merched cryfion ac iach ar fara ceirch a llawer o eisin sil ynddo, a'u hoes yn llawer hwy nag oes y bobl sydd yn byw heddiw ar gacen siop. Diddorol yw gwylio ambell hogyn yn curio ar ôl iddo briodi dandi ac yntau wedi ei fagu ar fara cartre ei fam.' **42**.60

eiste, eistedd ar wy, gori (am iâr). **123**.13

eisteddle cyfrwy, sedd cyfrwy. **37**.55

eithinen: [Llad.] *ramnus*, llwyn eithin, 'furze'. Er bod hwn yn air Cym.

dilys (gw. *GPC eithin*), mae'n debygol mai'r *Vocabularium Cornicum*, yr eirfa Hen Gernyweg, yw ffynhonnell ben draw yr enghraifft hon ohono: #697 *ramnus* gl. *eythinen* (*OCV* 301 'furze'); gw. ymhellach y Rhagymadrodd, §3.6. **121**.243

elain *ll.* **eleni**, carw ifanc, ewig; Pen 298, 245 *Elain: llo ewig: karw ievank* (JJ, 1618). *Elanedd* ac *alanod* yw'r ffurfiau lluosog a roddir yn *GPC*. **74**.16; **elain 75**.9

elestren: [Llad.] *carex*. Gair Hen Gernyweg, nid Cym., yw hwn a ddaw yn y pen draw o'r *Vocabularium Cornicum*: #667*carex* gl. *elestren* (*OCV* 289 'sedge, rush'). Gw. y Rhagymadrodd, §3.6. Am y gair Cym. cyfatebol, gw. **gelestr**. **122**.43

eliad, eiliad, plethiad o wiail, &c., gw. **elio**. **8**.120

eliedig, eiliedig, wedi ei blethu (am wiail, &c.), gw. **elio**. **8**.119

elin, rhan flaen y fraich o'r penelin i'r arddwrn. **7**.46

elio, eilio, plethu neu gydblethu gwiail, &c. Am *ei* > *e*, gw. td. 37. **8**.118

elydr, pres, *WS* (1547) '*E[l]ydyn neu e[l]ydyr*: Brasse'; *TJ* (1688) 'Elydn, elydr ... *Amber, a mixture of Gold and Silver, also tin; Copper, Brass, Iron*'. *Elydn* yw'r ffurf fwyaf cyffredin yn ôl cofnod *GPC*. **128**.8

ellyn, teclyn i eillio barf neu wallt, rasel. **66**.2

emennydd gw. **ymennydd**

emenyn, menyn, *WS* (1547) '*Emenyn*: Butter'. **17**.42

emenyn cweiriedig, menyn wedi ei drin (drwy ei halltu, &c.). **17**.49

emenyn gwyrf, menyn heb ei halltu, menyn gwyrdd; fe'i defnyddid yn aml fel sail i wneud eli i wella clwyfau. **17**.53

emenyn hallt, menyn wedi ei halltu. Yn ôl *CPriodor* 77, byddai menyn wedi ei halltu yn y ffordd gywir yn gallu cael 'ei gadw dair blynedd yn llwyr flasus. – Rhaid rhwystro yr awyr atto, neu fo á ddyfetha. – Byddwn ni yn ei doï gyda phapur à wlyched mewn oleu, a chaead ar hyny' (1800). **17**.54

emenyn hen, ?menyn aeddfed neu sur, 'rancid butter'. **17**.56

emenyn newydd, *GPC* 'fresh butter'. (1759). **17**.55

emenynedig, wedi ei droi'n fenyn. **17**.46

emenynedigaeth, y broses neu'r gelfyddyd o wneud menyn. **17**.47

emenyniad, gwneuthuriad menyn. **17**.45

emenynog, fel menyn, llawn menyn. **17**.43

emenynol, yn ymwneud â menyn, llawn menyn. **17**.44

emenynu, gwneud menyn, troi'n fenyn. **17**.41

emysgar, ymysgar, perfedd, coluddion, Pen 308i, 27 *Emysgar, yw potten a cholydd pob peth sef y bola* (JJ, *c*.1621). **7**.121; **125**.36 (pysgodyn)

encyd, ennyd, ysbaid fer. **120**.85

enlydan: [Llad.] *plantago*. Gair Hen Gernyweg, nid Cym., yw hwn a ddaw yn y pen draw o'r *Vocabularium Cornicum*: #651 *plantago* gl. *enlidan* (*OCV* 282–3 'plantain'); ar yr enw Cym., gw. **henllydan**. Cf. Pen 297, 198ʳ *Plantago: Enlidan, henllydan* (JJ, 1606) a'r Rhagymadrodd, §3.6. **122**.44

ennyd, encyd, ysbaid fer. **120**.84

ennyl, annel, tyniad llinyn bwa wrth anelu, *WS* (1547) '*Ennyl*', ac ychwanegiad John Dee (*c*.1550) 'bended or bending'; gw. **enyliad**. **57**.35; **57**.52 (bwa main)

enyledig, aneledig, wedi ei dynnu wrth anelu (am linyn bwa). **57**.37

enyliad, aneliad, y weithred o dynnu llinyn bwa wrth anelu. **57**.38; **57**.53 (bwa main)

enylog, anelog, wedi ei dynnu wrth anelu (am linyn bwa). **57**.39

enylu, anelu, tynnu llinyn bwa wrth anelu, *WS* (1547) '*Ennyly*: Bende'. **57**.36

enylu y bwa, anelu'r bwa main. **57**.54

enylydd: *a bender*, y rhan o'r bwa main y mae'r saethwr yn ei defnyddio i dynnu wrth anelu, cf. *OED* 'A mechanical contrivance for bending, "drawing up," or setting crossbows' (a'r unig enghraifft o 1684). Nid yr un, felly, ag *GPC anelydd* 'Un sy'n anelu, saethwr (â bwa)'. **57**.55

eog *ll.* **eogied: y gleisiad gwrw, sef cymar yr hwyfell** *ed.* **gleisiad**. Ymddengys fod John Jones yn defnyddio *gleisiad* fel y gair cyffredinol am 'salmon', *eog* am y pysgodyn gwryw a *hwyfell* am y fenyw. Gw. **gleisiad**. **125**.95

eon, llysieuyn anhysbys; o bosibl yr un ag *ewnof*, a geir yn *GPC* yn y cyfuniad *ewnof gwylltion* 'horse-shoe vetch, *Hippocrepis comosa*', ar sail *D* (1632) '*Ewnofiau gwylltion*, Ronilla'. **122**.49

eos: *nightingal* ('nightingale'), *WS* (1547) '*Eos, aderyn a gan y nos*: A nughtyngale'. **124**.60

epil, &c., gw. **hepil**, &c.

er ys dyddiau, ers dyddiau. **120**.67

er ys encyd, ers encyd, ers sbel, *WS* (1547) '*Enhyd ne enkyd*: A whyle'. **120**.69

er ys meitin, ers meitin, ers sbel. **120**.68

er ys talm, ers talwm. **120**.66

2 erchwyn gwely, dwy ochr neu ystlys gwely. **11**.19

erioed, yn wreiddiol ffurf trydydd unigol < *er 'i oed*, cf. **ermoed**. **120**.71

erllyriad, plantaen, a gw. Atod.1.180 *Plantago maior: Llydan y ffordd: Erllyriad: Plaentaen*, Atod.3.92. *GPC erllyriad, llyriad* 'Dail llydain y ffordd, llydan y ffordd, … chwyn a dyf yn glòs at y ddaear, gan ddwyn dail mawr llydain ac ysbigau hirfain o fân flodau'; *LlS* (1574) 15 *Y Plantan ... Plantago yn Llatin Plantayne yn Saesonaec, Plantan, Llyriad, Sowdl Crist a Llydan y phordd yn Camberaec*. Elfen gyntaf yr enw yw *llwrw* 'llwybr, ffordd'; cf. **henllydan**, lle mae'r elfen gyntaf i'w chysylltu, o bosibl, â *hynt* 'ffordd'. Yr hen enw Saes. am blantaen oedd *OED waybread*, n.[1], a olygai yn llythrennol 'broadleaved plant of the way' (the plant typically grows on well-trodden paths)'. **122**.45; **y llyriad 122**.201

ermoed, hen ffurf cyntaf unigol < *er-my-oed*; cf. **erioed 120**.70
erthyl *ll*. **erthyliaid**, anifail a anwyd yn gynamserol neu'n farw. **67**.107 (ebol); **erthyl 68**.83 (llo); **69**.43 (oen)
erthyledig, wedi ei eni'n gynamserol neu'n farw. **67**.109 (ebol); **68**.86 (llo); **69**.44 (oen)
erthyliad, genedigaeth gynamserol neu'n farw. **67**.110 (ebol); **68**.85 (llo); **69**.45 (oen)
erthylu, geni'n gynamserol neu'n farw. **67**.108 (ebol); **68**.84 (llo)
erthylu oen, geni oen yn gynamserol neu'n farw. **69**.42
erw, maes, cae, darn o dir yn gyffredinol (yma'n dilyn **maes**), neu'n fwy penodol, yn y Cyfreithiau, mesur a amrywiai o ardal i ardal 'a'i faint yn seiliedig ar wialen Hywel Dda neu ar hyd hiriau'r aradr; y mae'n gyffelyb i'r *bovate* Seisnig, a chyfetyb i bedwar cyfar yng Ngwynedd' (*GPC*). **30**.43; *bach*. **erwig 30**.44
ll. **erwydd** [*u*.] **erwydden**, *GPC* 'Ffyn, cledrau, gwiail neu wrysg plethu'; cf. Pen 169, 234 *erwydd: gwrysc pleth ar gae* (RhM, *c*.1580); Pen 188, 204 *Erwydh, Gwrysc* (TW, *c*.1590–1620). **43**.50
erwyddedig, wedi ei blethu neu ei blygu (am wrych). **43**.53
erwyddiad, plethiad gwrych. **43**.54
erwyddog, wedi ei blethu neu ei blygu (am wrych). **43**.52
erwyddu, plethu neu blygu gwrych, bangori (*GPC* 1783); Pen 308i, 13 *Bangori kae: erwyddu kae, y Morgannwc* (JJ, *c*.1621); cf. **erwydd**. Mae'n bosibl fod hwn yn air a gododd John Jones yn y de, gw. tt. 12–13. Gw. hefyd *DiwyllGC* 135 am *bangori* gwrych yn yr ystyr o blethu 'gwiail ar hyd crib y gwrych'. **43**.51
yr eryr, 'shingles', a achosir gan firws *herpes*, ond y credid ers talwm mai cynrhonyn oedd yn gyfrifol: e.e. meddai John Evans, *Prif Feddig* 80: 'Eryri, Eryrod, cryg Eryrod ... Mâth o Ddwfrwreinin sy'n amgylchu'r Corph fel Gwregis cyfled a Llaw'. **46**.109
eryr *ll*. **eryrod**, 'eagle'. **124**.61
esgadenyn gw. **ysgadenyn**
esgid, esgid, bŵt. **63**.5

esgid y frân yw y peth y mae y cŵn coegion yn ei fwrw i wrthynt ac o hwnnw y mae y cŵn yn magu ac yn myned yn gŵn coegion. *Esgid y frân*, felly, yw enw'r cwdyn sy'n dal wyau'r morgwn ac a welir weithiau ymysg gwymon, wedi sychu'n ddu ar y traethau. *Pwrs y fôr-forwyn*, cyfieithiad o'r Saes. yn yr 20g., a ddefnyddir heddiw amdano (cf. *GPC*). 1700 yw dyddiad y dystiolaeth gynharaf ar gyfer yr enw *mermaid's purse* yn yr *OED*, ond ceid term hŷn, *crow-purse*, a'r elfen *crow*, fel *brân* yn yr enw Cym., yn dyfalu lliw du'r cwdyn sych. Mae'n bosibl ei fod yr un ag *esgid y for forwyn* a ddisgrifia Lewis Morris yn 1753 fel 'shell fish', gw. *ML* i, 256, er mai fel math o wymon y dehonglir y cyfeiriad hwnnw yn *GPC*. Ymddengys mai *cist y môr* oedd enw Edward Lhwyd arnynt: Brynley F. Roberts, *Edward Lhwyd c.1600–1709* (Caerdydd, 2022), 54, 'specimens of ray egg cases, "*Cist y Môr* i.e. *Costa marina*" '. **125**.97

esglodyn gw. **asglod**

esgor [= **geni**], rhoi genedigaeth (i). **7**.139

esgyll, adenydd, plu saeth; gw. **asgell saeth**. **57**.26

esgyn cywarch. Daw ar ôl **pilionen** *ll*. **pilion cywarch** ac o flaen **pilio cywarch**. Tebyg mai ffurf amrywiol ar *eisin* yw *e(i)sgyn* yma, ar ddelw geiriau â'r terfyniad bachigol *-cyn*, *-gyn*. Ar *ei* > *e* yn y goben, gw. td. 37. **27**.69

yr esgyrn, tebyg mai rhyw afiechyd a effeithia'r esgyrn, fel 'rickets'; gw. **llechau**. **46**.43

estren: [Llad.] *ostrea: oester* ('oyster'). Gair Hen Gernyweg, nid Cym., yw hwn am wystrysen, a ddaw yn y pen draw o'r *Vocabularium Cornicum*: #553 *ostrea ł ostreum* gl. *estren* gl. (*OCV* 239 'oyster'). Gw. y Rhagymadrodd, §3.6. Ychwanegodd John Jones yma'r ffurf Saes. *gyfoes*. **125**.98

etewyn [*ll*.] **etewynion** [= **pentewyn** [*ll*.] **pentwynion**], pentewyn, darn o bren wedi ei gynnau yn y tân, Pen 308i, 27 *Etewyn: a ffeirbrand* (JJ, *c*.1621). **5**.164, **9**.49

etifedd *ll*. **etifeddion**, mab, plentyn hynaf (gwryw). **117**.56; *b*. **etifeddes** *ll*. **etifeddesau 117**.57

etifeddiaeth 117.60

etifeddog, *GPC* 'Beichiog; ar ei gwely esgor'. **117**.58

etifeddol, a etifeddir. **117**.59

etifeddu, etifeddu (eiddo, &c.), neu, o bosibl, epilio, planta. **117**.61

etifeddyn, etifedd ifanc (gwryw). **117**.62; *b*. **etifedden 117**.63

euddun gw. **eiddun**

ewig *ll*. **ewigod**, **ewigedd**, carw benyw. **75**.2

ewig ddanas, *GPC ewig* 'Y fanw o rywogaeth y carw, yn enw[edig] un deirblwydd oed neu ragor, gafr ddanas, iyrches'; cf. **gafr ddanas**. **74**.5

ewig gyflo a'i chyfebr, ewig feichiog a'i hepil. 'Beichiog' yw ystyr arferol *cyfebr* (gw. **cyfebr** ac *WS* (1547) '*Kyfebyr val ewic*: Bagged'), ond yma cyfeiria at yr epil cyn ei eni. **75**.7

ewin, 'nail'; cf. Pen 308i, 3 *Agar: bon ewin, y kyffinydd rhwng yr ewin ar kig* (JJ, *c*.1621). **7**.57 (bys llaw); **7**.100 (bys troed)

ewin *ll*. **ewinedd egwyd**, 'dewclaw' (eidion). **97**.9

ewin *ll*. **ewinedd traed**, carn (eidion). **97**.8

ewin ych, carn ych. Fe'i rhestrir yma, ymysg geiriau cysylltiedig â'r gof, gan y byddid yn pedoli gwartheg ers talwm, yn enwedig i'w gyrru ar hyd ffyrdd i'r farchnad, cf. *Cwm Eithin* 125 'Mae carnau gwartheg yn feddalach na charnau ceffylau, ac ni allant gerdded ymhell ar ffordd galed heb gloffi. Oherwydd hynny arferid eu pedoli fel ceffylau, ond bod eu pedolau hwy yn ddau ddarn am eu bod yn hollti'r ewin, ac nid yn un darn fel pedol ceffyl.' **52**.19

ewinedd traed ci 102.3

ewinor, casgliad llidus ar fys yn enwedig o gwmpas yr ewin, 'whitlow', *WS* (1547) '*Ewinor*: A whetblowe'. **46**.63

ewythr 6.117; **ewythr** *ll*. **ewythrydd, ewythredd 117**.216; **ewythr brawd tad, brawd taid, brawd hendaid, brawd mam, brawd nain**, &c. **117**.220

y fiolen, gwall o bosibl am *fioled*, *WS* (1547) '*Violet ar myddigyn vanw, llyseun*: Vyolette'; *LlS* (1574) 63 *Y Violet ... Viola purpurea yn Llatin, Violet yn Saesonaec ac yn Camberaec*. **122**.214

fitrial, fitriol, sylffad copr (fitriol glas), sylffad haearn (fitriol gwyrdd, sef **coperas**) neu sylffad sinc (fitriol gwyn). Daw'r gair *fitrial*, drwy'r Saes., o'r Llad. *vitriolus* 'gwydr mân', gw. *OED vitriol*, ac mae'r sylweddau hyn yn fân-grisialog yn eu cyflwr arferol. Fe'u defnyddid yn helaeth i liwio gwlân (fel lliw, ac fel mordant), mewn inciau, meddyginiaethau, &c. **128**.23

y fronwen gw. yn dilyn **bronwen**

fuelein: [Llad.] *absinthium*, y wermod lwyd. Gair Hen Gernyweg, nid Cym., yw hwn a ddaw yn y pen draw o'r *Vocabularium Cornicum*: #648 *absintium* gl. *fuelein* (*OCV* 280–1 'wormwood'). Gw. y Rhagymadrodd, §3.6. **122**.54

ll. **ffa** [*u*.] **ffäen, ffeuen**, ffa, *WS* (1547) '*faen*: A bene'; *LlS* (1574) 71 *Phaen ... Ffaba yn Llatin, a Beane yn Saesonaec a Phaen yn Camberaec*. **31**.171; **ffa 122**.50

ffaa, cynaeafu neu gardota ffa. **31**.185

ffau *ll*. **ffeuau**, gwâl. **81**.8 (llwynog); **ffau 83**.3 (llew); **91**.4 (broch)
ffawydden [*ll*.] **ffawydd**, coeden ffawydd. **121**.99
ffawyddog, llawn coed ffawydd neu'n perthyn i goeden ffawydd. **121**.104
ffelys [= **rhwyll**]: **dur i ladd tân**, *steele to strick fier* ('steel to strike fire'). Cynnau neu ennyn tân yw ystyr *lladd tân* yma. Ni chafwyd hyd i'r ffurf *ffelys* na *ffels*, sydd o bosibl yn fenthyciad, gyda thrawsosod, o'r Saes. *fusil*, *OED fusil*, n.² '†1. A fire steel for a tinder-box. *Obsolete*'. Ceir yr un cofnod yn Pen 308ii, 28 (JJ, *c*.1621) ond gyda gofynnod o'i flaen, sy'n awgrymu ansicrwydd. **9**.28
ffenest faen [= **goleuer faen**], twll mewn wal gerrig i adael golau i mewn. **8**.71
ffenestr [= **goleuer, gloer**]. Ar fathau gwahanol o ffenestri ers talwm, gw. Wiliam, *Bwthyn Cymreig*, 133–9. **8**.171
ffenestr caseg, 'vulva' caseg. **96**.70
ffenigl cochion, *GPC* 'red fennel'. Fe'i defnyddid yn helaeth mewn meddyginiaethau, a chredid ei fod yn llesol i'r gwallt: Pen 207, 11 *golched [d]y ben dair gwaith yn yr wythnos a ffeth or ffenigl kochion* (llaw anh., 16g./17g.). **122**.51
ffenigl y cŵn, *GPC* 'dog's fennel, wild fennel, ... Anthemis cotula'; yn yr *OED dog's fennel*, esbonnir bod yr elfen *dog* yma'n cyfeirio at ddrewdod y llysieuyn, a elwir hefyd yn 'stinking chamomile'. Ar yr enw, cf. *LlS* (1574) 106 *Phenicul y cŵn ... Dogge fenell yn Saesonaec, Phenicul y cŵn nei yr Amranwen yn Camberaec*; *BNP* (1633) '*Fenich y Cwn*. wild Cammomil'. **122**.52; **ffoenigl y cŵn**: [Llad.] *amiscus* **122**.53
ffêr, migwrn, *WS* (1547) '*Fer*: An ancle'. **7**.91
ffer, oerfel, rhyndod; cf. Pen 298, 257 *Fferr: Rhewi yn syth* (JJ, 1618), lle'i diffinnir fel berf, yn wallus mae'n debyg. **118**.24
fferdod, oerfel, rhyndod. **118**.26
fferedig, wedi sythu gan oerfel. **118**.28
fferiad, y weithred o fferru neu rewi. **118**.27
fferrol, oerllyd. **118**.29
fferru, rhynnu, teimlo'n oer iawn. **118**.25
ffetan [= **sachlen**], sach, *GPC* 'Sach o ddefnydd bras, cwd mawr'; J 16, 147ᵛ *Ffettan. sacke* (HS, *c*.1600). **28**.158, **35**.67; **ffetan 45**.45
ffetanaid, ffetaned [= **sachlennaid, sachlenned**], llond sach. **35**.72
ffiled clawdd [= **eirionyn**]. 'Rhwymyn' yw prif ystyr y gair *ffiled* (gw. *GPC* ac *OED fillet*, n.¹), ond mae'n bosibl mai 'stribed o dir y ceir clawdd arno' yw ystyr *ffiled clawdd* yma; cf. yr ystyr 'rhimyn main neu hirgul (e.e. carrai, llinyn, miaren)' a roddir i *eirionyn* yn *GPC*, yn ogystal ag 'ymyl neu ffin ystlysol llain o dir' yng nghyswllt tir. **43**.9

ffin tir [= **eirionyn tir**, **terfyn**], ymyl neu derfyn tir. **30**.47

ffiol, llestr neu gynhwysydd i ddal mesur sych; cf. **ffioled: pedwerydd rhan peced yw**. Gw. Jones, 'Termau Amaethwyr Dyffryn Edeirnion', 294, '*phiol*: mesur ŷd: oddeutu 8 chwart. D[yffryn] C[lwyd]'. **45**.38

ffiol *ll*. **ffiolau**, dysgl neu gwpan bren i ddal diod a bwyd; cf. *Y Crefftwr* 30–1 '*ffiol* … Dyma ddysgl gyffredin pob pryd bwyd gynt; ynddi hi y rhoddid uwd, potes neu gawl, llymru a chyffelyb fwydydd a'r llaeth enwyn yn y ffiol laeth enwyn, sef ffiol gyda choes fel coes lletwad.' **13**.13; **ffiol**, llestr i ddal diod. **28**.125

ffiol botes, dysgl botes. **14**.67

ffiol doll. Mewn dogfen o'r 20g. yn trafod melin Betws Gwerfil Goch yn Archif *GPC*, esbonnir am fesurau blawd: 'Cymerai'r melinydd ei dâl drwy *dolli*, a'r *doll* fyddai ffiolaid o bob hobaid o'r ŷd. Defnyddiai ŷd toll i borthi ei foch a'i wartheg a'i ieir – a'r mulod a gadwai i gario pynnau o ŷd o'r ffermydd ac o flawd yn ôl.' Felly'r tâl i'r melinydd am falu fyddai'r *ffiol doll* (*toll* 'treth'). *Cwpa doll* oedd yr enw yn Llanrhystud, yn ôl Richard Lewis o'r Felin Ganol (1939), eto yn yr Archif: *Cwpa doll* ... [â] hwn y mesurai y melinydd ei dal am falu. Am falu gwenith mae gan y melinydd hawl i ddau gwpa am falu pwn.' Gw. uchod ar y **ffiol**, y llestr a ddaliai **ffioled** o fesur sych. **28**.161

ffiol gawl, dysgl gawl. **14**.68

ffiol sew, dysgl gawl neu stiw. **14**.66

ffioled, ffiolaid, llond ffiol, dysglaid, cwpanaid. **13**.14; **ffiolaid**, **ffioled 14**.70; **ffioled: pedwerydd rhan peced yw**, mesur (sych), *GPC ffiolaid* 'mesur o ŷd, &c., sy'n amrywio mewn gwahanol ardaloedd, ond gan amlaf tua'r drydedd ran o fwysel'. Wrth drafod mesurau blawd ym melin Betws Gwerfil Goch mewn dogfen o'r 20g. yn Archif *GPC*, nodir: '4 ffiolaid = 1 peciaid; 4 peciaid = 1 hobaid'. Gw. hefyd **peced**. **47**.14; **ffioled yw pedwar cwart 47**.32; **pedair ffioled i'r peced 47**.34

ffioleidio, gweini bwyd neu ddiod mewn ffiol neu ddysgl. **13**.16, **14**.71

ffithell: y gleisiad banw sef cymar y gamog *ed*. **gleisiad**. *GPC* 'Eog fanw (ifanc), hwyfell', gydag awgrym yn y dyfyniadau diweddarach fod *ffithell* yn ffurf ogleddol, tra bo *hwyfell* yn ddeheuol. Diddorol yw'r cofnod *Ffithellu: Bangawio ym Penmachno* gan John Jones yn Pen 309i, 456 (*GPC bancawio* 'clymu bachyn wrth linell bysgota'). Ar wahanol enwau'r eog, sy'n aml yn dibynnu ar ei oedran, gw. **gleisiad**. **125**.99

fflam, *WS* (1547) '*Flamm: Flame*: A blast'. **9**.63

fflamedig, tanllyd. **9**.65

fflamedigaeth, tanllwyth o dân. **9**.66

fflamol, fflamllyd. **9**.67

fflamu, fflamio, llosgi'n fflamau. **9**.64

fflocs, fflocys, ffurf luosog *GPC ffloc*² 'gwlân wedi ei daflu o'r neilltu mewn ffatri neu bandy', e.e. ar ôl gwelleifio brethyn; fe'i defnyddid i stwffio matresi, &c., ac i wneud brethyn o safon isel; cf. **cneifion**. **60**.44

ffod, *GPC* '?darn o bren neu o haearn symudadwy ar flaen aradr gynt i reoli dyfnder yr aredig' (o'r Hen Saes. *fōt* 'troed'); *LWLM* 137 'ffôd – word used in Anglesey for some part or yᵉ Plow yᵗ goes upon wheels' (1793). Wrth ddyfalu'r aradr mewn cerdd yn gofyn am wyth ych dros Wilym ap Morgan, disgrifia Hywel Dafi (15g.) y swch a'r cwlltwr (*y ddau filwg*) a rwygai'r tir, gan gyfeirio at y ffod: *Y ddau filwg oedd felys / I dorri grwn drwy ei grys. / Cyllell gau mewn gwrymau'r graig / A'i threinsiwr aeth i'r unsaig, / A charn hon o las onnen / A chau ei ffod uwch ei phen* (*GHDafi* 12.59–64). Gw. ymhellach *AradrGym* 86. **30**.64

ffoenigl y cŵn gw. **ffenigl y cŵn**

ffolen, boch tin, J 16, 148ʳ *Ffolen ... Buttocke* (HS, *c*.1600). **7**.78

ffon car, *GPC* '?wooden bar or rail in sled-car' (1795), neu efallai ei fod yn gyfystyr â **cysegffon car**, sef ffon i gryfhau ochr trol. Gw. hefyd **ebill ffon car**. **32**.6

ffon ddwybig, *GPC* 'quarterstaff', sef *OED* 'A stout pole, from six to eight feet (approx. 2 to 2.4 metres) long and tipped with iron'; ond anodd gwybod pa mor debyg oedd yr erfyn Cymreig i'r un Seisnig. Gw. hefyd **chwarae ffon ddwybig**. **50**.38

ffon hela [= **helffon**], ffon neu waywffon hela. **50**.36

ffon hir, ?ffon neu waywffon hir ar gyfer hela. **50**.37

fforch certwyn, fforch cert (deilo). **33**.25, **45**.25

fforch dân, teclyn i dendio'r tân, 'fire-fork'. **15**.24, **28**.91

fforch ddylifo, pren ystofi, *GPC* 'wooden fork, also called 'pren ystofi', which was held in the hand so as to lead the threads or warp to the warping-reel in preparation for the loom'. **59**.13

fforch garthu [= **teilfforch**], fforch i godi tail o lawr y beudy. **36**.26, **fforch garthu 45**.22

fforch iau, rhan o warrog (*iau*) i rwymo anifail. **72**.35

fforch wair, picfforch, fforch i godi a symud gwair. **45**.24

fforch wellt *ll.* **ffyrch**, picfforch, fforch i godi a symud gwellt. **35**.16; **fforch wellt 45**.23

fforch y glain, tebyg mai rhyw fath o ric i ddal carreg fechan yn ei lle cyn ei saethu o'r **bwa main**. **57**.58

fforchadau maneg. Ni cheir *fforch(i)ad* yng nghyswllt menig yn *GPC*, ond cf. *OED fourchette* 'Glove-making. The forked piece between two adjacent fingers of a glove; a forgett' (1862). **64**.11

fforchaid, llond llwyth fforch o wellt. **35**.18
fforcheidio, codi llwyth o wellt ar fforch. **35**.19
fforchig, fforch fechan i gludo gwellt. **35**.17
ffòs [= **cledd, cleddau, cleddyf, llafn**], cleddyf, Pen 169, 234 *cledde est ffoss ... gladius* (RhM, *c*.1580). Tebyg mai gair gwneud gan eiriadurwr cynnar yw hwn, drwy gamdybio mai dyma elfen gyntaf *ffosawd* 'ergyd, dyrnod' (o'r Llad. *fossatum* 'ffos, clawdd'). **50**.17
ffos melin [= **pynfarch**], ffrwd melin, 'mill-race' (*GPC c*.1700). **42**.19
ffowsed, pèg (*GPC* 'peg i gau'r twll mewn baril') neu dap casgen (*OED faucet* 'A tap for drawing liquor from a barrel, etc. Formerly more fully *spigot and faucet* ... still used in some parts of England, consisting of a straight wooden tube, one end of which is tapering to be driven into a hole in the barrel, while the other end is closed by a peg or screw. The peg or screw when loosened allows the liquor to flow out through a hole in the under side of the tube. Properly, the *spigot* seems to have been the tube, and the *faucet* the peg or screw ... but in some examples the senses are reversed, and each of the words has been used for the entire apparatus.'). Mae'n debyg mai'r ail ystyr a geir yma, cf. Pen 308i, 49 *kanel: ffowsed* (JJ, *c*.1621); *GPC canel* 'Tap neu bibell llestr diod, dwsel' (1753). **13**.58, **16**.56
ffrio cig, *WS* (1547) '*Frio*: frye'. **14**.62
ffris, brethyn blewog, ceden ar frethyn ('nap'). **60**.33
ffrisiad, y weithred o godi ceden ar frethyn neu'r geden ei hun. **60**.36
ffrisiedig, wedi ei gedenu, blewog (am frethyn). Yn ail hanner y 15g. gofynnodd y Nant am fantell gedenog gan yr Abad Wiliam o Lyn Nedd, *Gŵn newydd urddedig / O frethyn ffrisedig* (Huw Meirion Edwards (gol.), *Gwaith y Nant* (Aberystwyth, 2013), 9.25–6). **60**.35
ffrisio, codi ceden ar frethyn i'w wneud yn fwy blewog a chynnes. **60**.34
ffristial chwegwyr, *GPC ffristial* 'Math o chwarae â gwerin ar glawr pwrpasol a'r symudiadau yn cael eu penderfynu gan dafliad dis(iau), tabler'. Cf. Pen 56, 29 *chware frisdial* (16g.), lle'i rhestrir ymysg y Pedair Camp ar Hugain. Ni chafwyd cyfeiriad arall at fersiwn *chwegwyr* a allai olygu gêm ar gyfer chwe pherson neu gêm ac ynddi chwe darn chwarae. Cyfeiria'r beirdd yn aml at *ffristial* yng nghyswllt tawlbwrdd ('gêm fwrdd') a disiau; e.e. dyfala Dafydd ap Gwilym y sêr yn yr awyr fel *Gwerin ffristiol a tholbwrdd, / Claer eu gwaith, clawr awyr gwrdd* (*DG.net* 161.69–70, a'r nodyn). Cysylltir *ffristial* yn aml â *backgammon*, ond gwelir yn *GPC* fod y cyfeiriadau at *ffristial* dipyn yn hŷn na'r cyfeiriadau at *backgammon* yn yr *OED*. Eto i gyd, erbyn oes John Jones mae'n ddigon posibl fod yr enw Cym. wedi ei gymhwyso i'r gêm

backgammon a ddaeth yn boblogaidd iawn yn yr 17g. Gw. ymhellach *Gwerin Ffristial* 87–90, lle awgrymir y gall mai enw ar y darnau ymosod mewn gêm fwrdd oedd *ffristial*. **49**.48

ffroen, un o'r ddau agoriad yn y trwyn, *WS* (1547) '*Froen*: Nase thryll'. 7.23; **ffroen** *ll*. **ffroenau 96**.10 (ceffyl)

ffronc, cut gwyddau, Pen 298, 260 *ffronk: Kaeds gwydde, kytt gwydde* (JJ, 1618); *GeirfaWLl* 26ᵛ *Ffronk: kaets* (WLl, 1567×1574); Pen 169, 238 *ffrongc: cutt gwydde* (RhM, *c*.1580). **39**.1; **ffronc** [= **cut gwyddau**] **123**.49

ffrwd *ll*. **ffrydiau 5**.102

Dau ddyrnwr yn dyrnu â **ffust**, Trewyddel, Penfro

ffrwyn *ll*. **ffrwynau**, *GPC* 'Y rhan o'r harnais a roddir am ben ceffyl, gan gynnwys penffrwyn, genfa, strapiau ac awenau'. **37**.32

ffrwynedig, a ffrwyn arno neu wedi ei ffrwyno (am geffyl). **37**.34, 75

ffrwyniad, y weithred o ffrwyno ceffyl. **37**.35, 76

ffrwyno, rhoi ffrwyn am geffyl. **37**.33, 74

ffrwynog, a ffrwyn arno (am geffyl). **37**.36, 77

ffrwynol, a ffrwyn arno (am geffyl), neu yn perthyn i ffrwyn. **37**.38

ffrwyth, cynnyrch coed y berllan. **121** (pennawd)

ffrydiedig, yn ffrydio. **5**.106

ffrydio, llifeirio. **5**.105

ffrydiog, llifeiriol. **5**.104

ffrydiol, llifeiriol. **5**.103

ffured *ll*. **ffuredau**, *WS* (1547) '*Firet:* A feret'. **87**.1

ffuredog, ?fel ffured, llawn ffuredau. **87**.2

ffuredol, ?fel ffured, yn ymwneud â ffured. **87**.3

ffuredu, *GPC* 'Hela cwningod, &c., â ffured(au)' (1795). **87**.4

ffust *ll*. **ffustiau**, *GPC* 'Offeryn a ddefnyddid gynt i ddyrnu ŷd â llaw, sef dau bastwn wedi eu cysylltu ynghyd â charrai neu gwplws o ledr ystwyth ac yn ddiweddarach â dolen haearn'; *WS* (1547) '*Ffust*: A flayle'. Gw. hefyd **troedffust**, y rhan y gafaelid ynddi, **gwialenffust** a **ialffust**, sef y rhan a ddyrnai'r ŷd; cysylltid y ddwy ran â **rhwymyn** neu **tyniad** ffust, a cheid **tep** neu gapan ar ben y ffust. Gw. td. 322. **35**.11; **ffust 45**.28

ffwlbart *ll*. **ffwlbardiaid**, 'polecat', *WS* (1547) '*Fwlbert*: A fulmarde'. Dyma bennawd **86**, sy'n rhestr wag.

ffwrch, gafl, y rhan o'r corff lle mae'r ddwy goes yn cysylltu â gweddill y corff. **7**.80

ffwrn- gw. hefyd **ffyrn-**

ffwrn *ll*. **ffyrnau**, **ffyrn**, *GPC* 'Math o gell o frics neu o fetel (gynt weithiau o bridd neu o gerrig) sy'n rhan o'r lle tân neu'r grât ac a boethir er mwyn pobi bara, coginio bwyd, &c., ynddi, popty ar gyfer pobi bara, &c.'; *WS* (1547) '*Fwrn ne popty*: A ouen'. **15**.10

ffwrnedig, wedi ei roi neu ei bobi yn y ffwrn. **15**.12

ffwrnes, ffwrnais. **16**.5

ffwrniad, pobiad neu grasiad mewn ffwrn. **15**.15

ffwrniaid, **ffwrnied**, llond ffwrn. **15**.16

ffwrnog, a chanddo ffwrn, yn perthyn i'r ffwrn. **15**.14

ffwrnol, yn perthyn i'r ffwrn. **15**.13

ffwrnu, pobi mewn **ffwrn**, cf. *GeirGeg* 103 '*ffwrna, ffwrno* … pobi, crasu, gosod bara yn y ffwrn … *to bake in an oven*'. **15**.11

ffymbrell, ffymbren: simnai gwedi ei gwneuthud o bedwar post fal simnai gefail. Ni ddaethpwyd o hyd i gyfeiriad arall at *ffymbrell* neu *ffymbren*, ond mae'n debygol fod cysylltiad rhyngddo a'r Saes. *fumerell*, sef math o simnai wedi ei osod ar do (ac felly gall mai 'ffymbrel' yw'r yngangiad). Cf. J. S. Curl, *Oxford Dictionary of Architecture and Landscape Architecture*, ail arg. (Oxford, 2006), 277, '*femerall, femerell, fomerell, fumerell* Louvered lantern or other device placed on a roof over a hall for ventilation or to permit the escape of smoke. It was a common arrangement for a medieval building before chimneys became usual.' Hefyd *OED femerell* (< 'post-classical Latin *fumariolum* vent, chimney pot'). Mae'n bosibl mai Cymreigiad o'r enw hwnnw yw *ffymbren*, a chymryd bod y ddyfais wedi ei gwneud o bren. Byddai'r *b* yn y ffurf honno efallai'n esbonio *ffumrell* > *ffumbrell*. Meddai Richard Suggett (ehebiaeth, Mehefin 2021): 'The first point to make is that John Jones is using the word chimney in the old sense of fireplace with flue. I take it that he is referring to a timber-framed domestic fireplace with framed flue. This would be like the smithy's fireplace with four posts and would have been enclosed or boarded on three sides. There are plenty of examples still in Powys, especially Montgomeryshire, and Peter Smith has mapped examples in *Houses of the Welsh Countryside*. A good example is at Tŷ-mawr, Castle Caereinon, tree-ring dated 1630/1. The English *fumerell/fumerale* (or louver) could explain John Jones's *fumbrell*. Both words seem to incorporate the element *fume(s)/fumus*. The main idea would be that the hood of the framed fireplace was a device for letting the smoke out of the roof rather like a louver. The *louver/fumerell* would have four posts (rising from the roof timbers) and louver boards rather like a timber-framed fireplace. There seems to have been a very similar extension of meaning in west Wales where the fireplace canopy was called a *lwfer*, a borrowing from the English/French *louver* (=*fumerell*), referring to the smoke turret placed over the central hearth.' Gw. Peter Smith, *Houses of the Welsh Countryside* (London, 1975), 468–9. **9**.17

ffymbren gw. **ffymbrell**

ffyn gwely, naill ai llathau neu slats i gynnal matras gwely; *ffyn* yn yr ystyr o risiau ('rungs') ar ysgol i ddringo i'r gwely (*GPC ffon* (b)); neu byst i gynnal llenni mewn gwely pedwar postyn. **11**.74

ffyn y droell, adenydd neu sbôcs olwyn troell; cf. *GPC ffon* 'Adain olwyn' (1786). **27**.9

ffyn y gist, ffyn i gryfhau ochrau trwmbel neu focs trol, o bosibl, neu i ddal llwyth mwy; cf. **cysegffon car** a **ffon car**. **32**.22

ffyn y peithynau, ?harnais y gwŷdd; fe'i lleolir rhwng **pais y peithyn** a **brwydau**. **59**.31

ffyn ysled, ffyn neu estyll fframwaith sled, neu o bosibl y llorpiau a fachai'r sled wrth yr anifail tynnu; cf. **ffon car**. **34**.8

ffynnon *ll*. **ffynhoniau 5**.91

ffynnon oer. Credid bod dŵr o ffynnon oer yn arbennig o lesol; e.e. rhag gwres uchel awgrymir cymryd *dwr o veioletis a dwr ffynnon oer*, CIech 100 (1545). **5**.96

ffyrfafen: [Llad.] *firmamentum*, y ffurfafen, y nen. Mae *ffyrfafen* (o'r Llad. *firmāmentum*) yn hŷn na'r ffurf *ffurfafen*, gw. *GPC*. **1**.61

ffyrfafennol, ffurfafennol, yn perthyn i'r nen neu i'r wybren **1**.62

ll. **ffytbys** [u.] **ffytbysen**, ffacbys, gwycbys, 'vetches'. Daw elfen gyntaf *ffacbys* a'i ffurfiau amrywiol o'r Saes. *vetch* (gw. *GPC ffacbys*), ac am y ffurf gyda -t- yma, cf. *vitpys* yn Pen 228ii, 22^r *Ervum ... rhywogaeth yytbys, cynhebyc yr vitpys, wycbys, a elwir hefyd orobos. ohonaw mae deuryw, gwyn a dû, ar dhau'n vwy ag yn chwerwach nor Gwycbys: pys y Geranot* (TW, 1604–7). **31**.173; **ffytbys 122**.55

gaeaf 3.15, **120**.25

gaeafaidd 3.18

gaeafhin, tywydd y gaeaf. **3**.20

gaeafog, gaeafol. **3**.17

gaeafu, troi'n aeaf, neu'n fwy tebygol mewn cyd-destun amaethyddol, 'symud (defaid) o'r mynydd i dir isel ... i fwrw'r gaeaf; ... bwydo (defaid) yn ystod y gaeaf' (*GPC*); J 16, 85^r *Gaiavu. to winter* (HS, *c*.1600). **3**.16

gaeafwr, un sy'n **gaeafu** defaid; ni cheir mohono yn *GPC*. **3**.19

gafl [= **arffed**], cesail morddwyd. **7**.73; **gafl** *ll*. **gaflau 96**.59 (ceffyl)

gaflaw *ll*. **gaflawied**: **pysg o ryw y gleisiad, blwyddyn hŷn no'r penllwyd** *ed*. gleisiad, p[ysgodyn] m[ôr]. Eog pedair oed, felly, yw'r *gaflaw*, ac sydd flwyddyn hŷn na'r **penllwyd**: gw. **gleisiad**. Fe'i gelwir yn *gaflaw* 'fforchedig', yn ôl *GPC*, 'am ei fod â chynffon fforchog'; cf. Saes. *OED fork-tail*, a'r dyfyniad yno o 1753, '*Forktail ... a name given to the salmon, while in the fourth years growth*'. **125**.100

gafr *ll*. **geifr 70**.1; **gafr, un gerdded â dafad ond nad yw'n arwain ond blew yn lle gwlân**, hynny yw, mae gan afr yr un nodweddion â dafad, ac eithrio'r ffaith fod *blew* ganddi yn lle *gwlân*. Ar *un gerdded (â)*, gw. **eidion**. **100**.1

gafr dan rid, gafr yn gofyn bwch neu'n paru â bwch. **70**.7

gafr ddanas *ll*. **geifr danas**, 'fallow deer'. **74**.4

gafr flith [*ll*.] **geifr blithion**, gafr laethog. **70**.12

gafr foel, gafr heb gyrn. **70**.17, 39
gafr gedenog, gafr ac iddi flew hir a garw. **100**.5
gafr gorniog, gafr ac iddi gyrn. **70**.16, 38
gafr gyfebr, gafr feichiog. **70**.8
gafr hesb [*ll.*] **geifr hysbion**, gafr nad yw'n cynhyrchu llaeth. **70**.13
gafr o ŷd, *GPC gafr* 'Ŷd wedi ei glymu'n ysgub; pedair neu chwech o ysgubau wedi eu sypio neu eu tasu, ac un neu ddwy ohonynt yn do', a'r dystiolaeth ar lafar o'r 20g. Defnyddir *bwch* mewn ystyr debyg, gw. *GPC* 'nifer o ysgubau ... wedi eu gosod a'u rhwymo frigfrig i sychu'. **31**.116
gafr yn deuor. Ansicr. Mae lleoliad yr ymadrodd yn awgrymu gair yn ymwneud â'r broses o eni: gw. **dafad yn deuor**. **70**.11
gafrad, y weithred o glymu ysgubau'n 'gafrau', ŷd wedi ei glymu'n ysgub; gw. **gafr o ŷd**. **31**.119
gafraidd, fel gafr. **70**.2
gafredig, wedi ei glymu'n ysgubau; gw. **gafr o ŷd**. **31**.118
gafrol, fel gafr neu'n ymwneud â gafr. **70**.3
gafru ŷd, *GPC gafro, gafrio, gafra* 'Clymu (ŷd, &c.) yn ysgubau i sychu' (1730). **31**.117
gahen: [Llad.] *symphoniaca*. Gair Hen Gernyweg, nid Cym., yw hwn a ddaw yn y pen draw o'r *Vocabularium Cornicum*: #633 *simphoniaca* gl. *gahen* (*OCV* 274 'henbane'). Gw. y Rhagymadrodd, §3.6. **122**.56
gaing: *a tsisel* ('a chisel'), **rhai a eilw gaing yn aing**, cŷn, Pen 308i, 5 Aing: *a Cheesel*, 35 Gaing: *a Tsisel* (JJ, *c*.1621). Ar y gwahanol fathau o gynion o'r cyfnod a chyfarwyddyd ar sut i'w defnyddio, gw. Joseph Moxton, *Mechanick Exercises, or the Doctine of Handy-Works*, trydydd arg. (Llundain, 1703), 76–8. **53**.77
gaing aris, math anhysbys o gŷn; am yr elfen *aris*, cf. o bosibl *OED arris* 'The sharp edge formed by the meeting of two flat or curved surfaces'. **53**.79
gaing gau: *a gowds* ('a gouge'), cŷn llwy, *GPC gaing gau* 'gouge' (1773). **53**.78
galw ychen [= **gyrru ychen**], *GPC galw*² 'Gyrru ychen wrth aredig a chanu iddynt wrth eu gwaith'; gw. hefyd **geilwad**. **30**.10; **galw ychen 30**.99
gannog *ll.* **ganogion**: *a botlinge* ('a botlinge'), p[**ysgodyn**] a[**fon**]. Ni restrir pysgodyn o'r enw *gannog* yn *GPC*, ond ceir ansoddair *gannog* 'cennog', yn cynnwys *gan*² 'cen'. Yn y drafodaeth ar **gennog** a **hardd**, gwelir y gall *gannog* fod yn amrywiad ar yr enw *gennog*. Ar *botlinge*, gw. *OED* †*botling* 'Obsolete. The chub, *Squalius cephalus*'. **125**.101

gar, coes, ac yn benodol, efallai, y tu ôl i'r pen-glin, *WS* (1547) '*Gar, y tu kefyn ir glin*: Hamme'; Pen 228ii, 310ᵛ *poples ... Garh, camedh garh y tu ol yr glin* (JJ, *c*.1621) (*L&Sh poples* 'the ham of the knee, the hough'), a gw. td. 19. **7**.87; **gar** *ll*. **garrau 96**.37 (ceffyl); yng nghyswllt y cigydd, 'shank'. **21**.24 (eidion); **dwy ar 21**.9 (eidion); **2 ar 22**.19 (mochyn); **2 ar 23**.7 (mollt); **2 ar 26**.8 (llo)

gard *ll*. **gardiau**, crib neu gard gwlân, *GPC gard*¹ 'offeryn ar lun crib neu frws caled a ddefnyddir i drin gwlân'. **27**.45; *ll*. **gardiau 28**.133

gardio, cribo neu gardio gwlân. **27**.50

gardwraig, gwraig sy'n cribo neu gardio gwlân. **27**.49

garglwm, *GPC* 'Math o lyffethair, rhwymyn a roddid am arrau defaid i'w rhwystro rhag crwydro' (1774). Ond mae'n bosibl mai at lyffethair i'w roi am goes buwch y cyfeirir yma, er mwyn ei rhwystro rhag cicio amser godro. Esbonia'r milfeddyg Rhisiart Owen (ehebiaeth, Mehefin 2020), 'Gosodir y rhwymyn ychydig uwchben y gar/tarsws o amgylch rhan isaf y tibia a llinyn y gar. Y bwriad yw ei osod yn dynn fel bod llinyn y gar yn cael ei wasgu yn erbyn y tibia ac yn rhwystro'r fuwch rhag cicio.' **72**.19

garglymedig, wedi ei glymu wrth ei draed/gwaelod ei goesau (am anifail). **72**.21

garglymiad, clymiad anifail wrth ei draed/gwaelod ei goesau. **72**.22

garglymu, clymu anifail wrth ei draed/gwaelod ei goesau (*GPC* 1843). **72**.20

garglymu moch a defaid, clymu moch a defaid wrth eu traed/gwaelod eu coesau. **72**.23

garlleg: [Llad.] *alium*, *LlS* (1574) 140 *Y Garllec ... Allium yn Llatin, Garlec yn Sasonaec, a Garllec yn Camberaec*. **122**.57

garlleg dof, cf. cofnod cynharach John Jones, Pen 297, 200 *Allium, 3 math y sydd y dof y gwyllt a garlleg y brain ... allium anguinum* (1606), lle gwelir ôl dylanwad Llysieulyfr William Salesbury, *LlS* (1574) 140 *Y Garllec ... Tri rhyw Arllec y sy. Y cyntaf yw Garlec y garddæ sef y Garlec cyphredin*. Mewn enwau llysiau, mae *dof* / *y garddau* yn aml yn cyfateb, ac yn wrthgyferbyniol i *gwyllt* / *y coed*. **122**.58

garlleg gwyllt, craf, *LlS* (1574) 140 *Y Garllec ... Tri rhyw Arllec y sy ... Yr ail a elwir yn Latin Allium syluestre, sef Garllec gwyllt a hwn a dyf oe natur ehûn yn y meysydd ac yn y coedydd*; gw. hefyd **garlleg dof**. **122**.59

garlleg y brain, *GPC* 'crow-garlic, wild garlic, *Allium vineale*'. Gw. **garlleg dof**, a cf. *LlS* (1574) 141 *garllec gwyllt ne arllec y brain ... a* bair i bryfed llydain vynet allan or boly. ac o chymerir y gyd a bwyt ef a bair vrin ne drwnc. **122**.60

garw-wlân, gwlân bras. **27**.39

gast *ll*. **geist**, ci benyw. **73**.2; *bach*. **gestyn** (ffurf annisgwyl, cf. **genethyn**). **73**.4

gast clo: *the spring of the lock*, Pen 308i, 34 *Gast klo: dde spring off a lok* (JJ, c.1621). **52**.44

gast dorrog, gast feichiog. **73**.14

gast gynhaig, gast yn gofyn ci, Pen 308i, 33 *Gast gynhaig: a salt bits* (JJ, c.1621). **73**.8

gefail *ll*. **gefeiliau**, gweithdy gof, *WS* (1547) '*Gefeil ne weithduy gof*: A smethy'. Gw. hefyd **gefel**. **52**.5

gefeilwaith, gwaith y gof. **52**.6

gefel, gefail, 'tongs', yma yng nghyd-destun y lle tân; gw. hefyd **gefelydd**, **gefail** a **gefel dân**. **28**.12, **52**.12; **gefail**, pinsiars (crydd) i dynnu hoelion, &c. **63**.24

gefel bedoli, pinsars gof ar gyfer pedoli. **52**.14

gefel dân, 'fire-tongs' (*GPC* 1725). **9**.78

gefel fodiog, *GPC* '?pincers, thumb tongs'. **52**.13

gefelydd, naill ai ffurf luosog *gefel*, neu, o bosibl, un sy'n trin gefel. **52**.7

geilwad, un sy'n annog ychen ymlaen wrth aredig, gw. **galw ychen**, a cf. *GPC* 'gŵr a gerddai yn wysg ei gefn o flaen gwedd o ychen yn aredig, gan eu galw drwy ganu tribannau, &c., iddynt a'u symbylu'r un pryd â chethrau'r wialen alw'. **30**.9

gêl *ll*. **gelod**: *loches* ('loaches'), *GPC* 'Pryf yn perthyn i'r *Hirudinea* sy'n sugno gwaed ac yn byw mewn dŵr croyw'; *WS* (1547) '*Gel, pryf*: Horse leche'. Ar *loach* 'leech', gw. *EDD loach*, sb.1 (gogledd swydd Efrog). **127**.6

gelestr, elestr (tyfu a wnaeth yr *g-*), *Iris pseudacorus*. Fe'i gelwir hefyd yn gleiflys neu gleddyflys oherwydd ei ddail hir siâp cleddyf. Cymherir dail y *gladiolus* â'i ddail gan Elis Gruffydd, *Llysieuwr* 81 *Y llyshiewyn a elwir ynn y Saessneg gladur or jolw lili, dail yr hwn ysydd debig j'r glestyr* (1545). Gw. hefyd **elestren**. **122**.61

gelfinir gw. **gylfinir**

gellgi *ll*. **gellgwn**, gafaelgi, helgi, *LlI* §133.1; cf. Pen 309i, 485 *Gellgwn: Mastiffgwn* (JJ, 1623–4). Cyfeiria'r elfen *gell* at eu lliw melyngoch, cochlyd. **73**.29; *b*. **gellast** *ll*. **gelleist 73**.30

gellgi anghyfrwys, gafaelgi neu helgi heb gael ei hyfforddi; daw o'r Cyfreithiau, cf. *LlI* §133.1. **73**.52

gellgi cyfrwys, gafaelgi neu helgi wedi ei hyfforddi; daw o'r Cyfreithiau, cf. *Lll* §133.1. Ystyr sylfaenol *cyfrwys* yw 'wedi ei hyfforddi' neu 'wedi ei gyfarwyddo' (*GPC*). **73**.51

gellgi yn ei gynswllt, gafaelgi neu helgi yn ei genel. Ar *cynswllt*, amrywiad ar *cynllwst* drwy drawsosod, gw. **milgi yn ei gynswllt**. **73**.53

gelling *ll*. **gellingod: pysgodyn llai no'r eog ac o'i ryw ef ac a ddaw i'w ddaly ym mis Mai ac a bery hyd gŵyl Mihangel, a'r rhai mân o'r rhyw a elwir corelling**. Ni chafwyd hyd i gyfeiriad arall at *gelling* na *corelling*; ai siwin ('sea trout')? Awgrymir yma ei fod yn llai na'r eog, ond yn perthyn iddo (*o'i ryw ef*) a'i fod yn dod i'r afon ym mis Mai, ac yn aros yno hyd nes gŵyl Mihangel, sef 29 Medi. Mae'r enw ar y rhai bach, *corelling*, yn debygol o fod yn gyfuniad o *cor* (fel yn *corrach*) + *gelling*; gw. **corelling: gelling bychan**. **125**.102

gellyg y brain. Ni chafwyd enghraifft arall o'r enw hwn, ond cf. *GPC gellyg gwyllt* 'wild pears, choke pears' (1722); ceir *brain* yn aml mewn enwau llysiau a ffrwythau gwyllt, neu o safon is, cf. **garlleg y brain**, **cennin y brain**. **121**.58

gellygen *ll*. **gellyg**, pêr, Pen 309i, 1075 *Peran: Gellic, Gellygen* (1623–4). **121**.56

gellygwydd, coeden neu goed gellyg. **121**.55

gên [= **aelgeth**], 'jaw, chin'. **7**.25; **96**.16 (ceffyl); yng nghyswllt y cigydd, **y ddwy ên 22**.4; **2 ên 22**.23 (mochyn)

gene [= **safn**], genau, ceg. **7**.30

gene goeg: *a neute, an asker* ('a newt, an asker'), genau-goeg, Pen 308i, 105 *Pedrychwyl, Pwdwrchvilen: Gene goeg* (JJ, *c*.1621); *WS* (1547) '*Geneu goec*: A lysarde, a newte'. Ar *asker*, gw. John Ray, *A Collection of English Words not Generally Used* (London, 1737), 14 (dan 'North Country Words'), 'An Asker; A Newt ... *Salamandra aquatica*'. **127**.5

geneth *ll*. **genethod 6**.134, **117**.100; *bach*. **genethan 6**.135, **117**.101; **genethig 117**.102; **genethyn** (ffurf annisgwyl, cf. **gestyn**). **117**.104; *bach. ll*. **genethos 117**.103

genethaidd, fel geneth, tebyg i eneth. **6**.136, **117**.107

genethog, yn nodweddiadol o eneth. **6**.138, **117**.106

genethol, yn perthyn i eneth. **6**.137, **117**.105

genfa, J 16, 87ʳ *Genva. Bitte* (HS, *c*.1600); *LlLlM* 96 '*genfa*: haearn a roddir yng ngenau ceffyl, *bit*. Cydir yr awenau wrth y naill ben a'r llall iddo.' **37**.47

geni [= **esgor**], rhoi genedigaeth (i). **7**.139

genlli goch, cenlli goch, y genlli goch, 'kestrel'. Am y ffurf dreigledig, effaith y fannod a hepgorwyd, cf. **gibws** a gw. td. 38. Ar yr enw, cf. Pen 228i, 108ᵛ *Cenchris ... rhyw walch, a elwir heuyt Tinnunculus a* *meinlhais vchel pan leisio, Cefnlhe Goch, Cidilh Coch* (TW, 1604–7). **124**.63

gennog *ll*. **genogied**: *darces*, **tebyg i'r hardd, ond ei fod yn llyfn a heb ddannedd**. Ni chafwyd hyd i bysgodyn o'r enw *gennog*, ond gw. y sylw ar **hardd, blewog yw yr hardd a llyfn yw y gannoc** (**125**.119), sy'n awgrymu bod *gennog* a *gannog* yn enwau amrywiol ar yr un pysgodyn; cf. **gannog** 'chub'. Ond awgryma'r diffiniad Saes. mai fel enw am y *darsen* y'i ceir yma, sef bellach 'dace'. Ar y *dace*, a'r ffurf Saes. Canol *darse*, gw. *OED dace* 'A small fresh-water cyprinoid fish, *Leuciscus vulgaris*'; gw. **hardd**. **125**.116

genwair, gwialen bysgota. **125**.18

genweirio, pysgota â gwialen bysgota. **125**.19

gerrynt, cerrynt, llif dŵr; mae ei leoliad, yn dilyn **goferedig** ac yn rhagflaenu **ffrwd**, yn cadarnhau'r ystyr, ond 1753 yw dyddiad yr enghraifft gynharaf yn *GPC*, sef *TR* (1753) '*cerrynt ... cerrynt y dŵr*, a course, current or running of water'. Am *g-* yn lle *c-* ar flaen enw, yn enwedig un benywaidd, gw. td. 38 (disgrifir *cerrynt* yn 'eg.b.' yn *GPC*). **5**.101

gestyn gw. **gast**

gïau, 'tendons', 'ligaments', ?nerfau (gw. *GPC*). **7**.103

gïau drws [= **ci drws**], ?cïau drws; cf. **ci y drws**. **8**.148

gibws, *GPC cibws* 'Llosg eira neu'r maleithau, yn enw[edig] ar y sawdl'; *WS* (1547) '*Kibws*: A kybe'. Am y ffurf ag *g-* yn lle *c-*, gw. **gerrynt** ac ymhellach gw. td. 38. **46**.121

gillwng diod, tywallt diod (yn enwedig o gasgen), *GPC gollyngaf*, &c., 'Peri i hylif lifo neu golli, tywallt'. **13**.64

gisp gw. **y gysp**

glaead gw. **gleuad**

glaif, math o arf ar lun polyn ac iddo lafn hir, cf. *OED glaive* 'A weapon consisting of a blade fastened to a long handle; a kind of halbert'. **50**.40

glain cefn, asgwrn cefn. **21**.7, 20 (eidion); **22**.5 (mochyn)

glain y cyfnod. Mae'n debygol mai'r *glain* yw'r garreg fach a saethir â'r bwa main. Ai 'nod' yw ystyr *cyfnod*? **57**.60

glas, llwydlas. **111**.4 (am ddafad); **112**.3 (am afr); **113**.4 (am fochyn); **115**.4 (am gath); **glas** *ll*. **gleision** (y lliw) **130**.14

glas helyg, math arbennig o helyg, neu goed helyg ifainc. **121**.253

glasannen: *a grealinge* ('a grayling'), *GPC glasan, glasanen* 'Penllwyd, math o bysgodyn arianllwyd hir ei asgell gefn sy'n byw mewn dŵr croyw', 'grayling'; daw'r enghraifft gynharaf yno o *ML* ii, 242 'a greyling they call in Welsh glasannen, by some glasgangen, by some maccrell ... They have blue lines cross them not unlike sea macrell' (1760). Cf. **cochannen**. **125**.103

glasddu, du a gwawr las arno. **130**.22

glasfaidd, maidd glas, 'whey'. **17**.76

glasfelyn, melyn a gwawr las arno. **130**.58

glasgoch, coch glasaidd, porffor. **130**.56

glaslanc, llanc ifanc. **6**.142

glaslwyd, llwyd a gwawr las arno. **130**.24

glasrew, llwydrew, barrug. **2**.84

glasrewi, rhewi'n ysgafn, barugo. **2**.85

glasrudd, coch glasaidd, porffor. **130**.66

glastannen: [Llad.] *quercus*, derwen fythwyrdd. Er iddo gael ei fabwysiadu fel gair Cym. gan eiriadurwyr cynnar (gw. *GPC* a cf. **121**.116, 117), mae'n debygol mai'r *Vocabularium Cornicum*, yr eirfa Hen Gernyweg, yw ffynhonnell ben draw yr enghraifft hon ohono: #675 *quercus ł illex* gl. *glastannen vel dar* (*OCV* 292–3 '(holm) oak'). **121**.244; **glastannen**, **121**.116; *ll*. **glastannod 121**.117

glastorch, *GPC* 'Ysgyfarnog fynydd ifanc, lefren, *Lepus timidus*'; ond mewn nodyn ar *glastorch* yn 'Serch fel Ysgyfarnog', *DG.net* cerdd 75, meddir: 'fe ymddengys nad yw'r ysgyfarnog fynydd erioed wedi bod yn gynhenid i Gymru, er bod ymgais wedi'i wneud i'w chyflwyno o'i chynefin yn yr Alban yn y cyfnod modern ... Rhaid derbyn, felly, mai'r ysgyfarnog gyffredin, neu'r ysgyfarnog frown, a ddisgrifir yma.' **77**.19

glaswyn, gwyn a gwawr las arno. **130**.20

glaswyrdd, gwyrdd glasaidd. **130**.43

glaw 2.54; *ll*. **glawogydd 2**.58

glaw croch, glaw swnllyd. **2**.59

glawio, bwrw glaw. **2**.55

glawio yn groch, glawio'n swnllyd. **2**.56

glawog, yn bwrw glaw, gwlyb (am y tywydd). **2**.57

glawty [= **penty**] **yw y lle y bo yr anifeliaid (anifeilied) ynddo ymhen y tŷ annedd**, glowty, beudy (< *gwaelod* + *tŷ*). Gw. Wiliam, *Hen Adeiladau Fferm*, 26, lle'i cysylltir yn arbennig â Morgannwg. **36**.2

gleisiad *ll*. **gleisiaid**: *a samon* ('a salmon'). Mae y gleisiad yn claddu o boptu i [...], ac o boptu i galan gaeaf y mae y cladd yn sil, ac erbyn calan Mai y bydd ef yn wnied y gog, ac erbyn yr ail Clanmai y bydd ef yn fras wnied, ac erbyn y trydydd Clanmai y bydd ef yn benllwyd, ac erbyn y pedwerydd Clanmai gaflaw a fydd, ac oddyno yr eiff ef yn fort ac oddyno yr eiff ef yn ffithell ne gamog, ac oddyno yr eiff ef yn leisiad eog, ne hwyfell. Yr eog a ddelir y gaeaf a'r gleisiad yr haf.

Disgrifir oes y *gleisiad* o'i flwyddyn gyntaf, pan elwid ef yn 'leisiad'; cf. *GPC* 'Eog yn ei flwyddyn gyntaf pan fo iddo gefn glas ariannaid, eog (ifanc), samon ifanc'. Am enwau'r eog ar wahanol adegau yn ei fywyd, gw. J. Geraint Jenkins, 'Commercial Salmon Fishing in Welsh Rivers', *Folk Life*, 9 (1971), 29–60; Tom Jones, 'Yr Eog (*Salmo Salar*)', *Y Naturiaethwr*, 7 (2000), 18–19; a gw. **bras wnied**, **camog**, **cladd y pysgod**, **ffithell**, **gaflaw**, **gwnied y gog**, **mort**, **penllwydyn**, **sil**. Sylwer bod y cymal *(yn fort ac oddyno yr eiff ef)* wedi ei ychwanegu ar ymyl y ddalen yn y llawysgrif, gyda gofynnod o'i flaen. **125**.104

gleisiad, ne gleisiadeg: *suwing* ('sewin'), **a**[**fon**]. Fel 'Rhwyd i ddal eogiaid' yn unig y diffinnir *gleisiadeg* yn *GPC*, ac felly yn Pen 298, 266 *Gleyssyadeg: rhwyd gleisiad* (JJ, 1618), felly mae'n bosibl mai gwall oedd ei gynnwys yma. Gw. y nodyn blaenorol ar **gleisiad**. Ar yr enw Saes., gw. *OED sewin*, n.[1], lle gwelir ffurfiau megis *sewing* a *sueing* yn Saes. y cyfnod. Defnyddia John Jones y byrfoddau *p. a.* a *p. m.* yn y rhestr hon am 'pysgod afon' a 'pysgod môr', felly mae'n debygol mai am 'afon' y saif yr *a*. yma. Dychwela'r siwin, sef brithyll y môr, i'r afon lle'i ganwyd ar adeg benodol o'r flwyddyn, gw. *Vert Fauna* 496–7. **125**.105

glesyn: [Llad.] *sandix*. Gair Hen Gernyweg, nid Cym., yw hwn a ddaw yn y pen draw o'r *Vocabularium Cornicum*: #654 *sandix* gl. *glesin* (*OCV* 283–4 'woad'). Gw. y Rhagymadrodd, §3.6. **122**.62

glesyn y coed: *bugwl* ('bugle'), *Y Bywiadur* '*Ajuga reptans*, bugle'; hefyd Atod.1.38, Atod.3.126. Ar y Saes., gw. *OED bugle*, n.[1] 'Any of numerous herbaceous plants of the Old World genus *Ajuga* (family *Lamiaceae*), many of which are low plants with an erect stem of blue or purple flowers, often used for ground cover'. **122**.63

gleuad *u*. **gleuedyn**, gleuad, tail neu dom gwartheg wedi sychu'n grimp a ddefnyddid i gynnau tân yn yr haf. Gw. *GPC gleuad* ac ymhellach Wiliam, *Bwthyn Cymreig*, 214, 'Ar ôl i ddail gwartheg (*gleuod*) gael ei gasglu o'r caeau ar ôl iddo sychu, fe'i defnyddid gan lawer aelwyd dlawd'. **68**.79

glin, pen-glin. **7**.84, **glin** *ll*. **gliniau**, cymal y pen-glin yn nwy goes flaen ceffyl, 'carpus'. **96**.38

glindorch, llyffethair neu rwymyn i glymu gwartheg wrth eu coesau, cf. *TJ* (1688) 'Burwŷ, glindorch buwch. *A thing to tie up the legs of cows to milk them*'. **72**.30

ll. **glo** [*u*.] **glöyn**, 'coal'. **9**.58

glo canel, *GPC* 'cannel coal' (1736); *OED cannel*, n.[2] 'A type of hard, compact, fine-grained bituminous coal (now sometimes classified as an oil shale) which burns with a very bright flame, formerly much used for the production of coal oil and coal gas, and able to be cut and polished like jet for ornamental use'. **29**.4

glo cynnud [= **cynudlo**], glo tanwydd. **29**.5

gloer [= **ffenestr, goleuer**], Jones, 'Termau Amaethwyr Dyffryn Edeirnion', 292, '*gloer*: Twll hirgul ym mur ysgubor, côr, etc.'; hefyd T. Gwynn Jones, 'Geiriau Llafar Gwlad', *Cymru*, 46 (1914), 24, '*cloer*, twll ym mhared ysgubor i ollwng gwres yr ŷd allan' (sir y Fflint). Gw. ymhellach GPC *cloer*² 'cilfach, agen mewn mur, twll colomen, ffenestr lansed'. Gw. **goleuer**. **8**.171

glöyn Duw, glöyn byw, WS (1547) '*Gloun duw*: A butterflye'; hefyd *LlS* (1574) 116 (am flodau pys) *blodeun val cloun deo a lliw rhudd yn cylch ei vogelyn*. Troes *glöyn Duw* yn *glöyn byw* tua'r 18g., 'rhag cymryd enw Duw yn ofer' (*GPC*). **126**.27

glwfer, gwneuthurwr menig, WS (1547) '*Glwfer*: A glouer'. **64**.1

glybanieth, lleithder, WS (1547) '*Gwlybanieth*: Wetnesse'. **2**.11

gobed *ll*. **gobedau**, GPC *gobed*¹ 'Yr haearn sy'n cynnal y bêr o flaen y tân, brigwn', 'cob-iron, andiron', o'r Saes. *cobbard* 'cob-iron'. **14**.44; *u*. **gobedyn 14**.46; *ll*. **gobede 28**.53

gobennydd *ll*. **gobenyddiau**, clustog gwely. **11**.34; **gobennydd 28**.19

godaring, aros mewn lle, preswylio, cf. GPC *taring* 'aros (mewn lle), trigo, preswylio', &c. **8**.52

godario, aros (mewn lle), preswylio, cf. GPC *tario* 'aros (mewn lle), preswylio, trigo'. **8**.50

godrig, arhosiad, preswylfa. **8**.45

godrigiant, arhosiad, cf. GPC *godrigian* 'aros ... arhosiad'. **8**.47

godrigo, aros (mewn lle), preswylio. **8**.46

godro (buwch, &c.). **17**.5

godded: **y lle y mae y blawd yn cerdded o'r main i'r cafn blawd**, hefyd Pen 308i, 38 *Godded: y ffordd y mae y blawd yn kerdded odd iwrth y main ir kafyn blawd* (JJ, c.1621). Ymddengys yn wall neu'n ffurf amrywiol gynharach ar GPC *goddeg*² 'Y geg neu'r agorfa y disgyn blawd a felir rhwng y meini drwyddi i'r cafn; tap, feis, dwsel, arllwysfa'; daw enghraifft gynharaf GPC o *TR* (1753) '*gwaddeg melin*, that thro' which the meal falls from the mill-stones to the meal-trough'. **42**.27

gof *ll*. **gofaint**, WS (1547) '*Gof*: A smythe'. Ymhellach ar y rhestr hon, gw. tt. 13, 25. **52**.1

gof du, gof a weithiai â haearn; cf. Saes. *blacksmith*. **52**.4

gof llys, un o swyddogion llys y Cyfreithiau, *LlI* §39 *Nauuet* [*swyddog*] *yv y gof llys*. **52**.3

gofaniaeth, crefft neu waith y gof, *WS* (1547) '*Gofanieth*: Smythes crafte'. **52**.2

gofer, gorlif, dylifiad, ffrwd, J 16, 93ʳ *Gover*. *spring or rindle* (HS, *c*.1600) (*OED rindle* 'A small stream or watercourse'). **5**.97

goferedig, yn dylifo, yn ffrydio (am ddŵr o ffynnon, &c.). **5**.100

goferol, ffrydiol. **5**.99

goferu, gorlifo, ffrydio. **5**.98

gogr, rhidyll, hidl, *WS* (1547) '*Gwagar ne gogor*: A cyue'; *GeirGeg* 136 '*gogr* ... offeryn a ffrâm gylchog iddo a'i waelod yn dyllog. Ffrâm bren oedd i'r math cynharaf a'r gwaelod o rawn ceffyl. Fe'i defnyddid i hidlo gwlybwr neu i wahanu gronynnau bras oddi wrth rai mân.' **28**.149, **45**.30, **56**.3; **gogr *ll*. gograu 35**.49; **gwagr, gogr 35**.52

gogr croen, gogr ar gyfer nithio, *GPC* 'semmet, sheep-skin tray used for winnowing corn, &c.', a'r dystiolaeth yn ddiweddar, 'ar lafar yn y Gogledd a'r De'. **28**.153; **gwagr croen 35**.54

gogr dellt gw. **gwagr dellt**

gogr hidlo, hidl, rhidyll (i hidlo hylif wrth fragu). **16**.31, **28**.101

gogr huwch, gogr rhuwch (ar y camraniad, gw. td. 38). Rhidyll bras ar gyfer rhidyllu grawn oedd hwn; cf. Pen 169, 316 *Rhuwch: gwager .i. Gogr bras* (RhM, 1580). Gw. Jones, 'Termau Amaethwyr Dyffryn Edeirnion', 292, '*gogor* (sieve). Glanheir ŷd trwy ei roi yn gyntaf trwy "ridyll" ac yna trwy ddau ogor a elwir yn "ogor rhuwch" a "gogor topia".' **28**.151, **35**.50, **45**.31

gogr mân, rhidyll mân i hidlo grawn. **28**.152, **35**.51, **45**.32

gogr rhawn, gogr neu hidl o rawn ceffyl (gw. **gogr**) ar gyfer hidlo mân sylweddau gwlyb, *GPC* 'hair-sieve, fine strainer (for lard, fat, &c.)'. **28**.150; **gwagr rhawn 35**.55

gograid, gogred, llond gogr neu ridyll. **35**.59

gogrwr, gwneuthurwr gograu, neu un sy'n defnyddio gogr. **56**.2

gogrydd gw. **gogrwr 56**.1

gogrynedig, wedi ei hidlo (am rawn, &c.). **35**.58

gogryniad, y weithred o hidlo grawn, &c., hidliad. **35**.57

gogrynnu, hidlo (grawn), *WS* (1547) '*Gogrynny*: To cyft'. **35**.56

golau, goleuni neu oleuo. Ar ddefnydd *golau* fel berf, cf. Enid Roberts (gol.), *Gwaith Maredudd ap Rhys* (Aberystwyth, 2003), 1.45, *Pyst haul yn golau pob parth* (15g.). Gw. hefyd **gole**. **5**.160

golau tân, cynnau tân; gw. **golau**. **9**.37; **golau y tân 5**.157

golch, lleisw, sef y trwyth a ddefnyddid i olchi, gw. **lleisw, llutrod**; *TR*

(1953) '*Golch*, a washing; urine, piss or stale'. **19**.29; **66**.18 (mewn siop barbwr)

yr olch euraid: *sanigle* ('sanicle'), *GPC golcheuraid* 'Llysieuyn a blodau o liw pinc golau a dyf yn glystyrau gydag ymylon coetiroedd a lonydd cysgodol, … *Sanicula europaea*'; J 16, 88ᵛ *Golcheuraid*. *Sanicula* (HS, *c*.1600). Ymddengys mai *gorchwraidd*/*golchwraidd* oedd y ffurf yn wreiddiol (gw. *GPC* lle ceir enghreifftiau o'r 14g.). Cymerwyd mai gair Saes. yw *sanigle* (*OED sanicle*), ond gall mai diffiniad Cym. sydd yma, *sanigl* (*GPC sanigl*). **122**.205

golchdy *ll*. **golchdai**, ystafell neu adeilad i olchi dillad, &c. (*GPC* 1722); dyma bennawd y rhestr hon. **19**.1

golchedig, wedi ei olchi. **19**.6 (mewn golchdy); **66**.20 (mewn siop barbwr)

golchfa, naill ai lle i olchi dillad, &c., J 16, 88ᵛ *Golchva*. *washing place* (HS, *c*.1600), neu'n fwy tebygol yma, o ystyried ei leoliad yn y rhestr, golchiad dillad, &c., a'r elfen *-fa* yn cyfleu'r weithred, fel yn *curfa* 'a beating'; Llst 189 *golchfa* … *a washing* (1722). **19**.7

golchi 19.4 (mewn golchdy); **66**.17 (mewn siop barbwr)

golchi llestri, J 16, 88ᵛ *Golchi llestr*. *to clense; swill* (HS, *c*.1600). **14**.108

golchiad, y weithred o olchi neu'r hyn a olchir. **19**.5 (mewn golchdy); **66**.19 (mewn siop barbwr)

golchwres, golchwraig, gwraig sy'n golchi dillad, &c. Gair o'r Cyfreithiau yw hwn, lle digwydd yn y ffurf *golchuryes* (*LlI* §41.1); dehonglodd Thomas Wiliems yntau'r *-u-* fel 'w' yn ei restr o eiriau o'r Cyfreithiau yn Pen 188, 196 *Lautrix*. *Golchwries* (TW, *c*.1590–1620), ac mae hynny'n ddehongliad cwbl bosibl. Ond gw. *GPC golchures*; J 16, 88ᵛ *Golchuries* (HS, *c*.1600). **19**.2

golchwriaeth, golchwrieth, y grefft neu'r weithred o olchi dillad, &c.; ni cheir mohono yn *GPC*, ond cf. *arddwriaeth* 'crefft aredig' < *arddwr* + *-iaeth*. **19**.47

gold gwyn, llygad llo mawr, *GPC* 'Ox-eye Daisy, *Chrysanthemum Leucanthemum*'; diweddar ('ar lafar yng ngodre Cered[igion]') yw'r dystiolaeth yno, ond cf. Thomas Edwards (gol.), *Geirlyfr* … *Saesoneg a Chymraeg*, ail arg. (Treffynnon, 1864): '*Moon flower* … llygad y dydd mawr, gold gwynion' ac *OED* †*white gold*, n.[1] 'The oxe-eye daisy, *Leucanthemum vulgare*' (tystiolaeth cyn 1425). **122**.65

gold melyn, 'marigold'. Diweddar ('ar lafar yng ngodre Cered[igion]') yw'r dystiolaeth drosto yn *GPC*, lle'i cysylltir â *gold ŷd* 'Corn Marigold, *Chrysanthemum segetum*'; cf. *OED* †*yellow gold*, n.[1] 'A marigold; spec[ifically] (in later use) a corn marigold' (tystiolaeth o ddechrau'r 15g.). **122**.64

gole cannwyll, golau cannwyll, goleuo cannwyll; gw. **golau**. **13**.84

goleuad, y weithred o gynnau tân, llewyrch tân. **5**.159; **13**.88 (cannwyll)

goleuad tân 9.42

goleuedig, wedi ei gynnau. **5**.162 (am dân); **13**.86 (am gannwyll)

goleuer [= **ffenestr, gloer**], cyfuniad o *golau* + terfyniad enwol *-er* (*GPC -er*²), o bosibl. Ni cheir *goleuer* yn *GPC* ond mae'n amlwg yn cyfeirio at dwll o ryw fath mewn wal i adael golau i mewn – tebyg mai ffurf ar **gloer** ydyw (drwy gamgysylltu'r elfen gyntaf â *golau*). **8**.170

goleuer faen [= **ffenest faen**], twll mewn wal gerrig, neu efallai mewn ffrâm garreg, i adael golau i mewn; cf. **goleuer**. **8**.71

goleuni, llewyrch tân. Ers talwm roedd tân yn ffynhonnell bwysig o oleuni mewn tai yn ogystal ag o wres. **5**.158

goleuni tân, llewyrch tân. **9**.43

goleuo, gwneud yn olau, cynnau tân. **5**.161

goleuo tân, cynnau tân. **9**.41

goleuol, yn goleuo (am dân neu am ddeunydd sy'n cynhyrchu tân) (*GPC* 1712). **5**.163

golffan *ll*. **golffennydd**, gair anhysbys mewn rhestr yn ymwneud â'r golchdy, rhwng **maen golchi** a **cabol**. Yng ngeiriadur Henry Salesbury, J 16, 88ᵛ, ceir cyfres o eiriau yn dechrau â *Golch-* (*Golch, Golchi llestr, Golchydd, Golchyddes*, &c.) ac ar bwys *Golchffon* ychwanegodd Salesbury *Golffan. passer avicula*, sef enw aderyn (gw. **golvan** lle gwelir mai enw Hen Gernyweg oedd hwn, nid Cym.). Tybir bod John Jones wedi gweld geiriadur Henry Salesbury a chymryd mai term yn ymwneud â golchi oedd *Golffan*, ac ychwanegu'r ffurf luosog. Gw. td. 35. Mae'n annhebygol, efallai, iddo gysylltu'r gair â'r ferf Saes. *goffer, gauffer* a *goffering iron*, sef haearn cwicio (gwelir yn yr *OED* mai diweddarach yw'r dystiolaeth dros y ffurfiau hynny). **19**.31

golosg, *GPC* 'Y defnydd du sy'n weddill wedi i bren, asgwrn, &c., fudlosgi, sercol', neu ansoddair 'wedi ei ddarnlosgi' (daw'r enghraifft gynharaf yn *GPC* o ddiwedd y 18g.). **5**.206

golosgi, llosgi, Pen 228i, 27ʳ *Aduro ... Rhudho, deifio, golosci* (TW, 1604–7). **5**.207

golosgiad, llosgiad, Pen 228i, 27ʳ *Adustio ... Rhudhiat, deifiat, golosciat* (TW, 1604–7). **5**.208

golvan: [Llad.] *passer*. Gair Hen Gernyweg, nid Cym., yw hwn a ddaw yn y pen draw o'r *Vocabularium Cornicum*: #513 *passer* gl. *goluan* (*OCV* 221 'sparrow'). Gw. J 16, 88ᵛ *Golffan: passer avicula* (HS, *c*.1600); hefyd **golffan** a'r Rhagymadrodd, §3.6. **124**.64

golwyth o gig *ll.* **golwythion**, darn trwchus o gig, tafell o gig, stecen. **14**.125

golyn, carn neu ddwrn cleddyf, &c., J 16, 88ʳ *Golyn. hylte* (HS, *c.*1600). **50**.21

gollwng gw. hefyd **gillwng**

gollwng gwaed anifel, gollwng gwaed anifail drwy ei hongian (mewn siop cigydd). **20**.7; **gollwng gwaed 65**.9

gorchaw, *GPC* 'Perthynas o'r chweched radd, cefnder o'r bumed radd'. Mae'n debygol mai o'r Cyfreithiau y cafodd John Jones y gair hwn, cf. *LlI* §106.17–19 *braut a keuenderu a keuerderu a keyuyn a gorcheyuen a gorchau a ney uab gorchau*; gw. td. 25. **6**.103, **117**.197

gorchfan, cig y danneddd, 'gums'. **7**.35

gorchgaifn gw. **gorgaifn**

gordd, gordd neu bastwn a ddefnyddid mewn buddai gnoc i gorddi llaeth wrth wneud menyn; gw. hefyd **gordd gorddi. 28**.127; **gordd** *ll.* **gyrdd**, morthwyl pren y saer, *WS* (1547) '*Gordd*: A mall'. **53**.80

gordd bren, gordd â phen pren, malet. **45**.95

gordd gorddi, gordd neu bastwn a ddefnyddid mewn buddai gnoc i gorddi llaeth wrth wneud menyn, *GPC* 'churn-staff' (1725). **17**.39

gordderch *ll.* **gordderchion**, cariadwraig, mae'n debyg, *WS* (1547) '*Gordde[r]ch*: A lemman', yn hytrach na'r ystyr ddiweddarach, plentyn anghyfreithlon; ceir y ddwy ystyr yn *TJ* (1688) '*Gordderch: a Concubine, a Miss, a bastard, or an unlawful begotten child*'. **117**.38

gordderchad *ll.* **gordderchadon**, godineb, *WS* (1547) '*Gordde[r]chiat*: Aduoultrie'. Posibilrwydd arall yw mai 'cariadwragedd' yw ystyr *gordderchadon*, cf. J 16, 91ᵛ *Gordderchadon. concubines* (HS, *c.*1600), a gw. *GPC gordderch*, ond ni chafwyd enghraifft o'r unigol *gordderchad* yn yr ystyr hon. **117**.39; **gordderchiad 117**.41

gordderchedig, ?wedi godinebu. **117**.43

gordderchol, yn ymwneud â godineb, neu ddisgrifiad o blentyn a anwyd o uniad anghyfreithlon. **117**.42

gordderchu, godinebu, *WS* (1547) '*Gordde[r]chy*: To do aduoutre'. **117**.40

goredig, clwc neu wedi ei ddeor. **123**.14 (am wy iâr); **123**.42 (am wy gŵydd)

goresgynnydd, gororwyr, ŵyr i ŵyr (gwrywaidd), **6**.93; **goresgennydd** *ll.* **goresgynyddion 117**.185; **goresgennydd**, gororwyres, wyres i ŵyr neu wyres. Fe'i cynhwysir fel amrywiad orgraffyddol ar *goresgynnydd* yn *GPC*, ond ymddengys fod John Jones wedi ei dehongli fel ffurf fenywaidd. **6**.97, **117**.190

ll. **goreugwyr** [*u.*] **goreugwr**: [Llad.] *optimates*, y gwŷr blaenaf, pendefigion. Ar y Llad. *optimates* 'the nobility, aristocrats' (a fabwysiadwyd hefyd yn Saes.), gw. *OED optimate*. **51**.51

gorgaifn, ffurf amrywiol neu wallus ar *GPC gorchaifn* 'Perthynas o'r bumed radd, cefnder o'r bedwaredd radd'; ni restrir y ffurf hon yno. Am yr ystyr, cf. Pen 188, 204 *Gorcheifn: wyrion plant y Cyfyrder* (TW, *c*.1590–1620). Mae'n debygol mai o destun cyfreithiol y cafodd John Jones y ffurf; nid oedd yn air byw iddo. **6**.102; **gorchgaifn 117**.196

gorhendad, hen daid. **117**.148

gorhendaid, hen hen daid. **6**.85, **117**.145

gorhennain, hen hen nain. **6**.89, **117**.155

gori, eistedd ar wy i ddeor cyw, *WS* (1547) '*Gori val ederyn ar wie*'. **123**.12 (am iâr); **123**.41 (am ŵydd)

goriles. Gair Hen Gernyweg yw hwn, nid Cym., a ddaw yn y pen draw o'r *Vocabularium Cornicum*: #634 *avadonia* gl. *gouiles* (*OCV* 274 'field wort, gentian'). Gw. hefyd Pen 297, 198^r *Avadonia: Goviles* (JJ, 1606), a'r *v* wedi ei chywiro yn *r*, gan roi *Goriles*, fel sydd yma. Gw. y Rhagymadrodd, §3.6. **122**.66

gorllyfniad, y weithred o lyfnu tir ag og. **31**.32

gorllyfnu, llyfnu tir ag og. **31**.30

gormwyth [= **yr annwyd**], *WS* (1547) '*Gormwyth, yr annwyd*: Colde'; *GeirfaWLl* 29^v *Gormwyth: annwyd* (WLl, 1567×1574). **46**.46

gorwydd, ceffyl, march, gair cyffredin yn yr hen farddoniaeth. **67**.18

gorwyddfarch, ceffyl, march. **67**.19

gorwyr (gwrywaidd). **6**.92; *ll.* **gorwyrion 117**.184; **gorwyr** (benywaidd). **6**.96, **117**.189

gosber, hwyr yn y prynhawn, y cyfnod rhwng tri a chwech o'r gloch yn y prynhawn. **4**.89; **gosber: o'r 3 ar y gloch uchod hyd 6 ar y gloch yw y gosber yn dair awr** (cyfeiria 'uchod' at y tabl, td. 142). **120**.50

gosberol, prynhawnol, hwyrol. **4**.91

gosberu, hwyrhau. **4**.90

goselau yr ysled, goseilau, *GPC gosail* 'Un o bâr o brennau dan ochrau car (neu gert) llusg, &c., i'r car lusgo arnynt' (1722); *TR* (1753) '*gosail ... gosail carr*, a piece of timber pinned to the beam of a dray or sledge, when it is worn out'. Cf. Pen 308i, 42 *Gosel: a ledge* (JJ, *c*.1621). Am *ei* > *e*, yn enwedig yn y goben, gw. td. 37. **34**.4

gosod bachau, gosod bachau (ar wialen enwair?) i ddal pysgod. **125**.11

gosod llif, gosod dannedd llif, 'to set a saw', cf. *OED set*, v.^{1} 'To adjust (the teeth of a saw) by deflecting them alternately in opposite directions so as to produce a kerf of the required width. Also *to set a saw*'. **53**.64

gosod nodwydd, gosod nodwydd mewn lledr wrth bwytho maneg. **64**.8

gosod rhwyd (mewn llanw môr ar draeth ne mewn afon ne mewn llyn) i'w gadael yno dros nos. Mae'n debygol mai cyfeiriad at osod rhwydau sân, 'seine-nets', sydd yma; *OED seine*, n.[1] 'A fishing net designed to hang vertically in the water, the ends being drawn together to enclose the fish'; gw. Jenkins, 'Commercial Salmon Fishing', 42–52, a'r disgrifiad o'r pysgotwyr a ddefnyddiai rwydau o'r fath yn afon Dyfi, td. 48: 'the Dyfi fishermen believe the night tides are better for fishing than day tides.' **125**.9

gowni, pwyth, brasbwythiad, *WS* (1547) '*Gowni*: Bastyng'. **61**.18

gownïo, pwytho, brasbwytho. **61**.19

gradell [= **llechfaen** *potius quam* **llechwen**], *GPC* 'Plât haearn crwn (a thyllau ynddo weithiau) y pobir bara neu deisennau arno'; *WS* (1547) '*Gradell*: A gyrdyron'; *GeirGeg* 136 '*gradell* ... plât crwn o haearn bwrw y byddid yn crasu bara a theisennod arno ... Fel rheol, 'roedd clust ar yr ymyl i'w gario ac fe'i cynhesid uwchben tân agored. Fe'i rhoid i orffwys naill ai ar drybedd dros dân ar y llawr neu ar ffrâm arbennig i'w hongian uwchben y tân.' **15**.20; **gradell 28**.75

gradell haearn [= **llechwen**] (gw. **gradell**). **15**.21

gradd, stepen, troedfainc; o bosibl llwyfan isel lle eisteddai'r tywysog neu'r brenin mewn neuadd. **9**.13; **y radd: lleithig** gw. **lleithig**. **9**.14

y radd. Gair ansicr ei ystyr yn ymwneud â'r gwŷdd: ai stepen neu droedfainc o ryw fath (cf. **gradd**)? Ond gw. hefyd **cribin radd**. **59**.46

graddau gwŷr, safleoedd cymdeithasol pobl. **51** (pennawd)

gradde pobl, graddau carennydd pobl. **117** (pennawd)

graean, gro, marian. **5**.18; *u*. **greyenyn**, gronyn o raean. **5**.19

graeanedig, a graean neu farian wedi ei daenu drosto. **5**.23

graeanllyd, llawn graean. **5**.21

graeanog, llawn graean, o natur graean. **5**.20

graeanol *ll*. **graeanolion**, graeanog. **5**.24

graeanu, taenu graean. **5**.22

graienyn gw. **greyenyn**

gran, grudd, boch. **7**.18

gratysyn. Gwall neu amrywiad, o bosibl, ar *grafftyn* 'grafft, impyn', drwy gymysgu rhwng *s*-hir ac *f*. Fe'i lleolir rhwng **impiol** ac **impiwr**. **121**.22

grawn, grawn pysgod, *GPC* 'Clwstwr neu grynswth o fân wyau a gynhwysir yn wygell pysgodyn, gronell, rhith pysgod'; Pen 308i, 39 *Gronell: Grawn pysc* a 183 *Gronell pysc yw y ddau ddryll lle mae/r/ grawn ynddynt* (JJ, *c*.1621). **125**.33

grawn celyn, aeron celyn. **121**.131

grawn criawol, aeron coed criafol. **121**.218
grawn eiddew, aeron iorwg. **121**.208
grawn ysgaw, aeron coed ysgaw. **121**.227
gre, gyr o feirch. **67**.1
grëwr *ll*. **grewyr**, un sy'n gofalu am geffylau. **67**.2
greyenyn gw. **graean**
gridl [= **alch**]. Nid 'griddle' yn yr ystyr o ddarn o haearn i grasu bara sydd yma (gw. **gradell haearn**), ond yn hytrach '*gridyll* ... math o ffrâm haearn a ddefnyddid yn fwyaf arbennig i rostio pysgod uwchben tân agored (Brych[einiog]): *grid iron*' (*GeirGeg* 136–7); cf. *OED gridiron* 'A cooking utensil formed of parallel bars of iron or other metal in a frame, usually supported on short legs, and used for broiling flesh or fish over a fire. †Also formerly: a girdle or griddle.' **14**.41, **28**.72
grill. Gair ansicr ei ystyr yma, yn rhestr *Henwae Metaloedd*, wedi ei leoli rhwng **mwynwr** a **plwm**. Mae'n bosibl mai *GPC grill* 'clec, sŵn peth yn cwympo neu'n torri' sydd yma, y math o sŵn a geid wrth fwyngloddio; cf. Llst 189 *grill, a clap, crack, sound* (1722). Ond petrus yw'r cynnig, a gall mai gair o'r Saes. sydd yma, megis *grill*, o'r Ffrangeg *gril* 'gridiron' (*OED grill*, n.⁴), a'r enw wedi ei ddeall am haearn. **128**.3
gris *ll*. **grisiau**, stepen neu ris (o flaen drws, gan ei fod yn dilyn **hiniog**). **8**.70
gro, marian, caregos. **5**.25
groëdig, wedi ei orchuddio gan ro, wedi ei droi yn raean. **5**.29
groegen [= **pwrs**], aderyn anhysbys. Mae'n bosibl mai ffurf unigol neu fachigol *GPC groeg* 'Twrw, twrf, trydar' sydd yma, enw ar aderyn sy'n trydar yn swnllyd, cf. OED *twitterer*, n.¹ (1815). **124**.66
groog, llawn gro. **5**.27
grool, o natur gro. **5**.28
grou, o bosibl *gröu*, gorchuddio â gro; ni cheir mohono yn *GPC* a gall mai gair Hen Gernyweg ydyw o'r *Vocabularium Cornicum*: #738 *grou ł trait* gl. *harena* (*OCV* 319 'gravel, beach'). Gw. y Rhagymadrodd, §3.6. **5**.26
groylyd, gwall neu ffurf amrywiol ar *grolyd* 'llawn gro, o natur gro', mae'n debyg, dan ddylanwad y ffurf **grou** yn yr un rhestr. **5**.30
grudd, boch. **7**.19
grugiar *ll*. **grugieir**, iâr rug, iâr fynydd, 'grouse'. Sylwer ar y ddwy ffurf, y naill ag *g-* a'r llall ag *c-*, gw. td. 38. **124**.65; **crugiar** *ll*. **crugieir 124**.50
grwn [= **tir**, **cefn**], cefnen o dir wedi ei aredig rhwng dau rych, Pen 298, 273 *Grwnn: kefyn o dir âr* (JJ, 1618). **30**.11; **grwn 30**.122
gryngian moch, rhochian moch. **71**.44

gryneisian, berf neu enw anhysbys y mae ei leoliad rhwng **brefol** a **rhuo** yn awgrymu gair am sŵn a wna gwartheg, cf. Pen 308i, 29 *Gyrneisio: fal anifail* (JJ, *c*.1621). Os yw'n ffurf ar *gyrneitio*, *GPC* *cyrneitio* 'Llamu, prancio, crychneidio' (< *cyrn* + *neidio*) (1753), gall mai cyfeirio a wneir at y sŵn a wna gwartheg wrth wylltio neu gyffroi. Posibilrwydd arall yw ffurf amrywiol ar *crensian* 'cnoi … [y]n drystiog' (*GPC*); ar g- am c- ar ddechrau gair, gw. td. 38. **68**.90

guhen: *v*. Llythyren gyntaf *vespa* yw'r *v*. Gair Hen Gernyweg, nid Cym., yw *guhen* a ddaw yn y pen draw o'r *Vocabularium Cornicum*: #532 *guhien* gl. *vespa* (*OCV* 230 'wasp'). Gw. hefyd Pen 297, 196ᵛ *vespa: Guhien* (JJ, 1606) a'r Rhagymadrodd, §3.6. **124**.67

y wadlys, y waedlys, *GPC* 'Berwr yr iâr, clymog, helyglys, *Polygonum persicaria*'. Ystyrid y waedlys yn effeithiol ar gyfer atal gwaelin: *Études* 8.70 *Rac gwaetlin rydegawc, kymer y waetlys, a tharaw ar dwfyr ac yf ef a'r gwaetlin a dyrr* (*c*.1400). Ar *ae* > *a*, gw. td. 36. **122**.216

gwadn [= **cywair**], *GPC* 'Darn gwastad gwaelod aradr (a'r swch yn ffitio am ei flaen) sy'n llithro ar hyd wyneb y pridd o dan y gŵys': cf. disgrifiad Lewys Glyn Cothi o *wadn* a *chwelydr* yr aradr: *GLGC* 236.21–4 *Arnodd aradr baladrwaith, / gwadn o goed, gadwynog waith, / chwelydr hoelion ei llonaid / sy'n ffres o gogail Sain Ffraid*. **30**.59

gwadn [= **hiniog**, **trothau**], trothwy, rhiniog, stepen drws; cf. *Welsh House* 184 (lle dyfynna Iorwerth C. Peate destun o 1887), 'byddai'n rhaid llamu tros wadn derw ['high oak "sole" '], neu drothwy, uchel i lawr y tŷ'. **8**.140; *ll*. **gwadnau** [= **trothau**] **8**.77

gwadn gw. hefyd **gwaddon**

gwadn troed, rhan waelod y droed. **7**.94; *ll*. **gwadnau**, rhannau gwaelod esgidiau. **63**.11

gwadnau y wennol, rhannau gwaelod ('sole') gwennol y gwŷdd. **59**.35

gwadnedig, wedi ei gwadnu (am esgid). **63**.12

gwadniad, y weithred o roi gwadn ar esgid. **63**.13

y wadd, gwahadden, twrch daear, Pen 298, 274 *Gwadd: Twrch daear* (JJ, 1618); *WS* (1547) '*Gwadd ne twrch dayar*: A mole, want'. Ceir *y wadd*, gyda'r fannod, yn aml mewn testunau brud o'r 15g. a'r 16g. yn symbol am Risiart III, ac mae'r ffaith ei fod yn cael ei restru gyda **draig** a **sarff** yn awgrymu mai dyna gyd-destun y gair yma. **95**.7

gwaddon: **y seilbren y bo y fuddel ynddo**. Ffurf amrywiol ar *gwadn* yw *gwaddon*, a chyfeiria yma at y pren gwaelodol (*seilbren*) sydd o dan y postyn neu'r piler (*buddel*) y clymir y fuwch wrtho yn y beudy. **36**.6

gwaed **7**.105

gwaed estronol, anhwylder systemig o bosibl, gan y priodolir ef i'r

gwaed; cf. **anysgymod** sy'n ei ddilyn yn y rhestr. Neu a yw'n gyfystyr
â *gwaed ffyrnig* a gysylltir â llid ar y croen gan Elis Gruffydd, *Llysieuwr*
38 (*c*.1545). **46**.103

gwaedlin: *bleeding at the nos* ('bleeding at the nose'), gwaedlif o'r trwyn.
46.105

gwaedlys gw. **gwadlys**

gwaeg *ll*. **gwaegau ffrwyn**, bwcl, clasb neu greffyn ffrwyn. **37**.45;
ll. **gwaegau 37**.80

gwaeg cengl, bwcl neu glasb gwregys ceffyl. **37**.78

gwaegedig, wedi ei gau â bwcl (am ffrwyn neu wregys ceffyl). **37**.82

gwaegiad, y weithred o gau â bwcl (am ffrwyn neu wregys ceffyl). **37**.81

gwaegog, wedi ei gau â bwcl (am ffrwyn neu wregys ceffyl). **37**.83

gwaegu, cau â bwcl (am ffrwyn neu wregys ceffyl). **37**.84

gwaelod clawdd, bôn clawdd. **43**.10

gwaelod gogr, rhan waelodol (sef delltwaith) gogr neu ridyll. **56**.6

gwaelod gwely, y rhan o'r gwely sy'n cynnal y matras. **11**.32

gwaelod y gist, llawr trwmbel neu focs y drol; gw. **cist certwyn**. **32**.23

gwaelodi, gosod sylfaen neu waelod i wely i gynnal y matras. **11**.33

gwaelodi gogr, gosod gwaelod i ogr. **56**.7

gwaelodiad, y weithred o osod gwaelod i ogr. **56**.8

gwäell y neidr, gwas y neidr, 'dragon fly'; J 16, 94^r *Gwaell neidr. cob flie*
(HS, *c*.1600). Diweddarach (1753) yw'r enw *gwas y neidr* a ddefnydd-
iwn heddiw. **126**.26

gwaffar, **gwaffer** [= **preseb**], Pen 308i, 34 *Gwaffer: preseb anifel*, Pen
308ii, 9 (JJ, *c*.1621). Ni chafwyd cyfeiriad arall at yr enw hwn.
Mae'r -*ff*- yn sicr, ond gall mai dwy *s*-hir oedd yn y ffynhonnell:
gwassar(n) 'gwasarn', sef y gwellt a roddid ar lawr y beudy; gw.
gwasarn. **36**.5

gwaglwyf [*u*.] **gwaglwyfen**: *a line tree*, coeden o'r tylwyth *Tilia*, 'lime
tree, linden', a'r elfen *gwag*, yn ôl *GPC*, yn cyfeirio 'at y rhisgl mewnol
sydd rhwng y rhisgl allanol a'r pren'. Am y Saes. *line tree*, gw. *OED
lime*, n.^{3} lle esbonnir bod *lime* (enghraifft gynharaf 1625) yn addasiad o
line, yr un elfen ag yn *linden*. **121**.175

gwagr, gwagr croen, gwagr rhawn gw. **gogr, gogr croen, gogr rhawn**

gwagr dellt, gogr dellt, *GPC* 'split-wood sieve'. **35**.53

gwahanglwyf, 'leprosy', *WS* (1547) '*Gwahanglwyf*: The lypre', a hefyd
yn fwy cyffredinol am anhwylderau ar y croen. **46**.81

gwaharddion: *the wards*, gwardiau clo, Pen 308i, 34 *Gwaharddion klo:
dde wards off a lok* (JJ, *c*.1621). Ni welwyd enghraifft arall o *gwahardd-
ion* yn yr ystyr hon, ond cf. *GPC gwart, gward* 'Un o wrymiau neu

"ddannedd" plât mewnol clo sy'n cyfateb i'r bylchau yn yr allwedd fel na ellir ei ddatgloi ond â'r allwedd bwrpasol', 'ward (of lock)' (1869). **52**.43

gwain, gwain cleddyf. **50**.25

gwair, glaswellt wedi ei dorri a'i sychu (porthiant ceffylau). **37**.9

gwal, wal garreg, *WS* (1547) '*Gwal, paret*: A wall'; Jones, 'Geirfa Saer Cerrig', 180, '*wal … mur allanol tŷ*'. **58**.20

gwâl ci, cenel. **73**.21

gwâl moch, cut moch. **71**.19

gwaled o foch, llond gwâl neu gut o foch. **71**.20

gwaled o gŵn, llond gwâl o gŵn. **73**.22

gwalfa, gwâl, lloches (moch). **71**.23

gwaliad, y weithred o roi moch mewn gwâl; cf. **gwalu**. **71**.22; **73**.23 (am gŵn mewn cenel)

gwalio, codi wal, amgáu â wal. **58**.21

gwalog, mewn gwâl neu genel (am gŵn). **73**.25

gwaltys, 'welt', *GPC gwaldys*, &c., 'Rhimyn o ledr wedi ei osod a'i wnïo rhwng rhan ucha'r esgid a'r gwadn wrth wadnu esgid (a'i hoelio ar glocsen)'; *WS* (1547) '*Gwalt*: A welte'. Esbonnir ymhellach yn *GPC*: 'tebyg mai'r ff[urf] [l]uosog *waltes* a roes *gwaldas*, *gwaltas*, *gwaldys* a'u defnyddio mewn ystyr un[igol] yn Gym.' (*GPC*). **63**.10

gwalu, rhoi mewn gwâl. **71**.21 (moch); **73**.24 (cŵn)

gwallaw, gweini, tywallt diod. **13**.65

gwallofiad, un sy'n gweini diodydd, tywalltwr. **16**.3

gwallt **7**.26

gwana, gwanaf, *GPC* 'llain neu strip o do gwellt'; Jones, 'Termau Amaethwyr Dyffryn Edeirnion', 292, '*gwana*: wrth doi tâs bydd y gweithiwr yn dechrau wrth y bargod a gweithio i fyny tua'r brig a chymryd darn tua dwy droedfedd o led ar y tro. Y darn hwnnw o'r bargod i'r brig yw'r gwana. D[yffryn] C[lwyd]'; gw. hefyd *Cwm Eithin* 101 'Rhoddai y towr ei ysgol ar y to o fewn dwy i dair troedfedd yn ôl hyd ei fraich i'r talcen ar ei dde. Gelwid y darn hwnnw yn wanaf.' **8**.126

gwana o wair *ll.* **gwanâu**, gwanaf, cymaint o wair neu ŷd ag a dorrir mewn un trawiad o'r pladur, 'swath'. **31**.61

gwanas, pèg neu hoelen i hongian cig. **65**.14

gwanas cambren, bachyn i hongian cig ar gambren; gw. **cambren**. **20**.15

gwanbwyth, ?pwyth neu wnïad llac, 'basting-stitch'; ni cheir mohono yn *GPC*. **61**.32

gwanhowynaidd, gwanwynaidd, gwanwynol. Am darddiad cymhleth *gwanwyn*, a'r ffurfiau amrywiol sydd arno, gw. *GPC gwanwyn*². **3**.6

gwanhwyno, gwanwyno, dod yn wanwyn. **3**.5

gwanoelen: *a maple tree*, ffurf amrywiol ar *gwiniolen*, *gwinolen*, &c., *GPC* 'Masarnen gyffredin, *Acer campestre*, pren gwyn y gwneid dysglau a ffiolau ohono', 'common maple-tree'; gw. **gwynwylen**. **121**.254

gwanwyn 3.4, **120**.22

gwar, gwegil. **7**.39; **97**.5 (eidion)

gwar clawdd, min clawdd, rhan uchaf clawdd. **43**.7

gwarbwyth mynci, *GPC gwarbwyth* 'Strap ledr sy'n cydio dau ben uchaf mynci i'w dynhau am y goler ar war ceffyl, carrai mynci' (a'r dystiolaeth yno 'Ar lafar yng Ngbered[igion]'). Gw. *BydAm* 3.181 am lun o rannau'r mynci. **31**.14

gwarddrws [= **cap y drws**, **cei y drws**]: *the lyntell* ('the lintel'), capan drws, y trawst llorweddol ym mhen uchaf ffrâm drws. Ar *lyntell*, gw. *OED lintel* 'A horizontal piece of timber, stone, etc. placed over a door, window, or other opening to discharge the superincumbent weight'. **8**.141

gwarfan, ffurf amrywiol ar *chwarfan*, *GPC* 'Olwyn fechan neu chwylolwyn wedi ei sicrhau wrth werthyd troell nyddu i reoli'r cyflymder', 'wharve, whorl'; *WS* (1547) '*Chwarfan*: A wharue'; gw. hefyd **chwarfan gwerthyd law**. **27**.14

gwargredion [= **atborion**, **pirion**], gweddillion bwyd, &c., mewn beudy; cf. *GPC gwargred* 'Yr hyn sydd dros ben'. **36**.20

gwarllas [= **aseth**], *GPC* 'Pìn sy'n cydio'r bwa wrth yr iau; pìn sy'n sicrhau'r cwlltwr wrth yr arnodd' (1722); *BydAm* 2.235 'Pin a arferai gydio bwa'r iau wrth yr iau'. **30**.86

gwarrog yw pren y bo pennau uchaf y buddele ynddo, *GPC gwarrog*[1] 'Bwa, iau, cebystr, dolen' a cf. yn arbennig *WOP* '*gwarrog*, a yoke; a bar to which the bow is fastened, which goes round the neck of cattle, in fastening them to the crib'. Gw. hefyd **buddel** 'postyn neu biler y rhwymir buwch wrtho mewn beudy'. **36**.7

gwarrog aerwy [= **clopren**, **gwarrwg**], iau neu ddolen (*gwarrog*) torch neu goler (*aerwy*). **36**.12

gwarrwg [= **clopren**, **gwarrog aerwy**], ?cf. *GPC gwarrog*[1] (gw. **gwarrog aerwy**) neu *GPC gwarag* 'Rhywbeth wedi ei blygu neu wedi ei gamu, pren neu wialen blygedig, bwa, cambren, iau, annel, dolen, handlen, hanner cylch, tro, &c.' **36**.12

gwartheg *ll.* **gwarthegau**, a'r ffurf *gwarthegau* yn lluosog dwbl. **68**.4

gwartheg blithion, gwartheg llaethog. **68**.13

gwartheg hysbion, gwartheg sych, nad ydynt yn cynhyrchu llaeth. **68**.14

MYNEGAI NODIADADOL 345

gwas *ll.* **gweision**, gŵr ifanc, gwas. **6**.146, **117**.113; *ll.* **gweisionach 6**.148; *bach.* **gwasan 6**.152, **117**.114; **gwesyn 6**.147, **117**.115

gwas llog, gwas cyflogedig. **6**.157

gwas stafell, gwas ystafell, *GPC* 'chamberlain, groom of the chamber'; fe'i ceir yn y Cyfreithiau, cf. *LlI* §2.3. **6**.158, **11**.5

gwas troell. Ni cheir mohono yn *GPC*, ond mae'n debyg mai dyma'r 'footman', sef y bar neu'r llath sy'n cysylltu'r troedlath ag olwyn fawr troell nyddu ac yn peri iddi droi. **27**.15

gwas y gog, brych y cae, Llst 189 *gwâs y gog, the hedge sparrow, cuckow's man* (1722). **124**.68

gwasafwyn, neu *gwas afwyn*, sef gwas yn gofalu am geffylau, gwas stabl (*gwas* + *afwyn* 'ffrwyn'). Ni cheir mohono yn *GPC*, ond cf. J 16, 96^v *Gwastrod avwyn. M^r of the horse* (HS, *c*.1600). **6**.159

gwasaidd, yn meddu ar nodweddion gwas, yn gwasanaethu, *WS* (1547) '*Gwassaaidd*: Seruaunt like'. **6**.156, **117**.123

gwasanaeth, (fel gwas). **6**.153, **117**.118

gwasanaethgar, (un) parod i wasanaethu, *WS* (1547) '*Gwassanaethgar*: Servuiable'. **6**.155, **117**.120

gwasanaethu, darparu gwasanaeth (fel gwas); gw. hefyd **gwasnaethu**. **6**.154, **117**.119

gwasanaethwr, un sy'n gwasanaethu. **117**.122

gwasanaethydd, un sy'n gwasanaethu. **117**.121

gwasarn, gwellt, brwyn, &c., a daenir ar lawr beudy o dan draed yr anifeiliaid, *WS* (1547) '*Gwasarn*: Lytter'; gw. **gwaffar**. **36**.14, **37**.7

gwasarnedig, wedi ei orchuddio â gwellt, brwyn, &c. (am lawr beudy). **36**.17

gwasarniad, taeniad gwellt, brwyn &c., ar lawr beudy. **36**.16

gwasarnog, ?llawn gwellt, brwyn, &c. (am lawr beudy). **36**.18

gwasarnol, ?llawn gwellt, brwyn, &c. (am lawr beudy). **36**.19

gwasarnu, taenu gwellt, brwyn, &c., o dan draed anifeiliaid (mewn beudy, &c.). **36**.15, **37**.8

gwasarnu gŵydd, rhoi gwellt o dan ŵydd. **123**.36

gwasgaredig, wedi ei wasgaru (am wair). **31**.66

gwasgariad, y weithred o wasgaru neu daenu gwair. **31**.68

gwasgarog, ar wasgar, wedi ei daenu (am wair). **31**.67

gwasgaru gwair, taenu gwair. **31**.65

gwasnaethu buwch, paru â buwch. **68**.29

gwasodrwydd buwch, Llst 189 *gwasodrwydd, the tuftiness of a cow* (1722), sef cyflwr buwch yn gofyn tarw. **68**.26

gwasog, nodweddiadol o ŵr ifanc neu o was. **6**.150, **117**.117

gwasogaeth, ?gwasanaeth (fel gwas). **6**.151

gwasol, nodweddiadol o ŵr ifanc neu o was. **6**.149, **117**.116

gwastafell gw. **gwas stafell**

gwau, gwehyddu. **59**.5

gwawr dâl [=ceien dalcen]: cyferbyn neu gyfuwch â'r rheswydden logel, o bosibl un o ddistiau'r walbant sy'n derbyn ceibrau'r to, 'eaves-beam'. **8**.84; **gwawr dâl** [= rheswydden logel, gwawr logel, gwawr do, gwawr ystlys, gwawr gant, ceien, rheswydden gant] **8**.82

gwawr do [= rheswydden logel, gwawr logel, gwawr ystlys, gwawr gant, gwawr dâl, ceien, rheswydden gant], o bosibl un o ddistiau neu drawstiau'r to. **8**.82

gwawr gant [= rheswydden logel, gwawr logel, gwawr do, gwawr ystlys, gwawr dâl, ceien, rheswydden gant], o bosibl un o ddistiau cwmpas y tŷ. **8**.82

gwawr logel [= rheswydden logel, gwawr do, gwawr ystlys, gwawr gant, gwawr dâl, ceien, rheswydden gant], o bosibl un o ddistiau'r walbant. **8**.82

gwawr ystlys [= rheswydden logel, gwawr logel, gwawr do, gwawr gant, gwawr dâl, ceien, rheswydden gant], o bosibl un o ddistiau'r walbant. **8**.82

ll. **gwawri, gwawre** [*u.*] **gwawr** [= **rheswydd llogel** [*u.*] **rheswydden logel**]. Ni lwyddwyd i adnabod y gair hwn, ond mae'r enghreifftiau yn awgrymu ei fod yn cyfeirio at frig wal tŷ, sef y rhan y gorwedda preniau'r tŷ arni. Tebyg mai gwalbant 'wall-plate', neu bren y walbant sy'n derbyn ceibrau'r to, 'eaves-beam'; gw. **llogel. 8**.83; **y gwawre** [= **y llogel**]: **y pren y mae y cyplau a'r ysbarrys yn gorwedd arnunt**, gw. hefyd Pen 308i, 41–2 (JJ, *c*.1621). **8**.85

gwayw, gwaywffon, picell. **50**.43

gwayw, poen, yn enwedig un llym a sydyn, *WS* (1547) '*Gwaew, dolur blaynllym*: Stitche'. **46**.36

gwayw gwyllt. Ystyr *gwyllt* yn aml yng nghyswllt clefydau yw 'acute (of pain, &c.), malignant, violent' (*GPC*), fel *dafad wyllt* heddiw am ddafad sydd wedi troi'n ganser; cf. **dannodd wyllt**. **46**.37

gwddi, *GPC* 'Erfyn byr a thro yn ei flaen i dorri coed, bilwg, cryman cau, cryman cam; cyllell braff a thro yn ei blaen a choes hir iddi i docio coed, prysgwydd, &c.'; *WS* (1547) '*Gwddi, hoc, ne vilwc*: A hedging byll'. **45**.66, **50**.42

gwddwf, gwddf. **7**.40; **gwddw 96**.22 (ceffyl)

gwe *ll*. **gwei**, cynnyrch y gwŷdd, brethyn. **59**.4

gwe cenglau, rhan o wisg ceffyl; gw. **cengl** *ll*. **cenglau** 'saddle-girth'. Am yr ystyr yma, cf. *Dict TGoods* dan *Straining web* 'A sort of WEBBING similar to or identical with, GIRTH WEB, used to stretch over the SADDLE TREE and form the foundation of the SADDLE SEAT'. **37**.85

gwedd [= **atgor**], *GPC gwedd*² 'Iau i gysylltu dau ych, &c., offer tynnu, harnais; pâr neu ragor (o geffylau neu o ychen) dan yr iau'. **30**.96

gwedd-dod, gweddwdod, sef naill ai'r cyflwr o fod wedi colli priod, neu'r cyflwr o fod yn ddibriod; *WS* (1547) '*Gweddtot*: wydowhod'. **117**.45

gweddw, un sydd wedi colli ei briod ('widow'), neu un na fu erioed yn briod, Pen 228iii, 155ʳ *Viduus ... Gwedhw, ... ar y benn ehun, gwr gwedhw hep prioti* (TW, 1604–7). **117**.44

gweddwi, mynd yn weddw, colli priod. Diddorol yw'r ail ystyr a roddir i'r ferf yn *GPC*, sef dangos awydd i ailbriodi ar ôl colli priod; fe'i cofnodwyd ar lafar yn y gogledd ar droad yr 20g. gan D. Silvan Evans ac O. H. Fynes-Clinton (gw. *GPC gweddwi*). Dichon ei fod yn hen ddywediad. **117**.46

gweddwol, yn perthyn i **weddw**. **117**.49

gwefl [= **gwefus**], gwefus, *WS* (1547) '*Gwefyl*: A lyppe'; yma am wefus dyn, ond mae'n fwy arferol, fel y nodir yn *GPC*, am wefus anifail; yng nghyswllt gwefus dyn, meddir 'yn enw[edig] gwefus dew, drwchus (yn aml yn gellweirus neu'n wawdlyd)'. 7.24; **gwefl** *ll*. **gweflau 96**.17 (ceffyl)

gweflog, ac iddo weflau mawr (am geffyl). **96**.18

gwefus [= **gwefl**], *WS* (1547) '*Gwefus*: A lyppe'. 7.24

gwegil, gwar. 7.4; **96**.19 (ceffyl)

gwegil bwyall, *GPC gwegil* 'cefn tew erfyn neu offeryn miniog (sef y tu gwrthwyneb i'r min)'. **53**.13

gwehydd *ll*. **gwehyddion**, *WS* (1547) '*Gwydd ne gwehydd*: A weyuer'. **59**.1; *b*. **gwehyddes** *ll*. **gwehyddesau 59**.2

gwehyddiaeth, gwaith neu grefft y gwehydd. Gw. y bennod 'Weaving' yn *WWInd* 66–81 lle trafodir nifer o'r termau yn y rhestr hon. **59**.3

gwehyddu, ymarfer crefft y gwehydd. **59**.70

gweilig [= **pres**]. Disgwylid enw metel yma, rhwng **aur** a **pewter**, a gair cyfystyr â **pres**, ond ni chafwyd enghraifft ohono fel enw metel. Ceir yr enghraifft gynharaf o *gweilig* yn *GPC* (dan *gweilig*²) gan John Davies yn *D* (1632), am 'winwryf, *wine-press*'. Mae'n bosibl y gwelodd John Jones gofnod megis Pen 189, 42 *Gweilic: pres* (SF, *c*.1560–1600), a chamddehongli *pres* yno fel y gair Cym. *pres* 'brass'. **128**.13

gweill cig, 'meat skewers'. **65**.13

gweinifarch, ceffyl gwaith, gwall o bosibl am *gweinidfarch*. Cododd John Jones y ffurf hon, yn ôl pob tebyg, o gopi Rhosier Morys o Gyfraith

Hywel Dda yn BL Titus D ii, a gywirwyd yn y golygiad yn *LlI* §121.14 *Gueyny[t]uarch a lusco karr ac oc*. **67**.15

gweirglodd *ll.* **gweirgloddiau**, *GPC* 'Darn o dir isel a gwastad (yn wr[eiddiol] a chlawdd o'i gwmpas) a neilltuir i dyfu gwair, dôl neu gae gwair, gwaun'. **31**.59

gweirio, cynaeafu gwair, *TJ* (1688) 'Gwair ... Gweirio, Cyweirio gwair; to make hay'. **31**.85

gweisionach gw. **gwas**

gweithdy, gweithdy saer. **53**.107

gweithgell merched, ystafell waith merched. Ni cheir *gweithgell* yn *GPC*, ond dyma bennawd y rhestr hon sy'n ymwneud â'r droell nyddu ac â pharatoi edafedd neu wlân ar gyfer ei wehyddu. Byddai'r weithgell yn aml yn ystafell olau addas i wneud gwaith gwnïo ac ati, gyda ffenestri yn y waliau neu'r to. **27**.1

gwely *ll.* **gwelâu 11**.11; **gwely 28**.15; *bach.* **gwelyan 11**.17

gwely dyrchafad, gwely a all gael ei godi a'i ostwng. **11**.12

gwely plu 11.24, **28**.16

gwely trol, gwely ar olwynion, *GPC* 'truckle-bed, trundle-bed' (1770); *WWills* 105 '*Truckle Bed* Low bedstead on castors or slides, without a head-board, which could be rolled or pushed under a standing bedstead during the day time. Usually us'ed by servants and children.' **11**.13

gwelygordd [*ll.*] **gwelygorddion**, gwehelyth. **51**.62

gwelyog, yn perthyn i wely, yn gorwedd mewn gwely. **11**.16

gwellau, gwellaif, siswrn i gneifio ceden brethyn. **60**.26; i dorri lledr i wneud menig. **64**.5; **gwellau** *ll.* **gwelleifiau**, i dorri brethyn i wneud dillad. **61**.7

gwellau cneifio, gwellaif neu siswrn y barbwr i dorri gwallt, &c. **66**.11

ll. **gwellt** [*u.*] **gwelltyn pob ŷd**, *GPC* 'cyrs neu galafu (ceuol) mathau o blanhigion grawn, &c.' **31**.190

gwelltor, *GPC* 'Yr ych ar y tu chwith i bâr o ychen a gerddai ar y tir glas gynt wrth aredig', mewn cyferbyniad â'r ych a gerddai yn y rhych neu yn y gŵys, sef y *rhychor*. **30**.131

gwelltori, *GPC* **gwelltorio** '?Cerdded ar y tir glas wrth aredig' (*c*.1730), am ych mewn gwedd ddwbl, mewn cyferbyniad â'r ych a gerddai yn y rhych neu yn y gŵys. **30**.132

gwelltorog, yn safle'r **gwelltor**. **30**.133

gwenci *ll.* **gwencïod**, *WS* (1547) '*Gwenku ne vronwen*: A wesell'. **88**.2

ll. **gwenith** [*u.*] **gwenithyn**, *LlS* (1574) 121 *Gwenith ... Triticum yn Llatin, Wheate yn Saesonaec a Gwenith yn Camberaec*. **31**.162; **gwenith 122**.67

gwenith Ffrainc, *GPC* 'French rice, amelcorn' (1773). Ymddengys yn gyfieithiad o *French wheat* (*OED* 'buckwheat'). **122**.68

gwenith ysgyfarnog, gwellt yr hydd, crydwellt, *Briza media* (*GPC*); *TJ* (1688) 'Gwenith yr ysgyfarnog: *The Herb Hares-wheat*'. Trafodir yr enw yn *Bwletin Llên Natur*, 121 (2018), 3. **122**.69

gwenitha, cynaeafu neu gardota gwenith. **31**.179

gwenithog, toreithiog mewn gwenith. **31**.163

gwenithol, yn ymwneud â gwenith. **31**.164

gwennol, *GPC* 'Darn o bren a'i ddeupen yn meinhau sy'n cario'r anwe ar draws y gwŷdd a thrwy'r ystof wrth wau', 'shuttle'; *WS* (1547) '*Gwennol, kyffur i weheu*: Shuttel'; *WWInd* 71, 73 'The shuttle ... is a piece of hardwood tapering to a point at each end, with a cavity in the centre for the bobbin (*cwil*). This is a small wooden pipe on which is wound a quantity of weft thread.' **59**.34

gwennol *ll*. **gwenolied**, *GPC* 'swallow, martin'. **124**.69

gwennol y dŵr *ll*. **gwenolied y dŵr**, *GPC* 'swift; sand martin'; *WS* (1547) '*Gwennol y dwr*: Martynet'. **124**.70

gwenyn yn heidio, gwenyn yn ymffurfio'n haid, *WS* (1547) '*Haidio*: To swarme'. **126**.8

gwenynen *ll*. **gwenyn**, 'bee'. **126**.6

gwêr, braster anifail. **23**.19 (mollt); **97**.17 (eidion)

gweren, *GPC* 'pilen o fraster sy'n amgylchynu'r coluddion (yn enw[edig] mewn anifeiliaid), llengig bras y bol'. **24**.11 (oen bras), **97**.16 (eidion); **y weren 23**.17 (mollt)

gwerinol, gwerinaidd. **117**.6

gwern *ll*. **gwerni**, **gwernau**, *GPC* 'Coed(en) o deulu'r fedwen sy'n tyfu ar dir llaith ac mewn corsydd'. **121**.185

gwernen *ll*. **gwernenni**, man corsiog lle tyf coed gwern; fe'i lleolir nesaf at **gwernlle** yn y rhestr. **121**.187

gwernlle, tir llaith neu gorsiog lle tyf coed gwern, *WS* (1547) '*Gwern ne wernlle*: More'. **121**.186

gwers gw. **wers**

gwerthyd, rhan o'r droell nyddu, *GPC* 'pric neu lath ... [ar] droell nyddu a droid yn dra chyflym gan fand am y droell, a honno'n cael ei throi â llaw neu â throedlath'. **27**.13; **gwerthydan** [= **gwerthydig**] **27**.21; **gwerthydig** [= **gwerthydan**] **27**.21

gwerthyd, *GPC gwerthyd melin* 'iron axle or spindle which passes through the two millstones of a mill' (1722). **42**.24

gwerthyd aradr [= **cledde aradr, cebyst aradr**], *GPC gwerthyd* 'hyd o bren neu o fetel yn cysylltu dwy olwyn, a'r rheini'n troi arno, echel, acstri'. Gw. hefyd *AradrGym* 58. **30**.58

gwerthyd law, 'hand-spindle'; gw. **gwerthyd. 27**.18

gwerthyd olwyn [= **adain** *ll.* **adenydd**], echel y mae dwy olwyn yn troi arni – nid yw'n union gyfystyr ag **adain**, er eu bod wedi eu cyplysu yma. **33**.5

gweryriad, nâd ceffyl. **67**.103

gweryrol, yn gweryru neu'n nadu (am geffyl). **67**.104

gweryru, nadu, *WS* (1547) '*Gweryry*: Nye' (am geffyl). **67**.102

gwestfil, plân saer, Pen 296, 122^r *Gwestvil, Plan* (JJ, 1606); gw. hefyd **cŷn gwestfil** a **rhagwestfil**. Mae'n amlwg nad yr un gair ag *GPC gwestfil* 'bwystfil' yw hwn. Mae'n bosibl mai cywasgiad sydd yma o fôn y ferf *gwastatáu* + *bil* 'erfyn' (cf. *GPC bil*^{3}); cf. *GPC gwastedydd* 'Offeryn o bren neu o fetel a llafn miniog o ddur yn ei waelod a ddefnyddir i lyfnhau pren, plân'. **53**.81

gwestfil gwialog, math anhysbys o blân; gw. **gwestfil**. **53**.92

gwesyn gw. **gwas**

gwhilion, *GPC gwehilion* 'tinion, manyd; manus, peiswyn; yr hyn sy'n weddill, yr hyn a adewir ar ôl'; *AB* (1707) 217 '*Gohilion ... Chaff*, the out-casts of any thing'. Ymddengys mai'r ffurf unigol sydd yn Pen 298, 260 *ffrit: Gohil yd* (JJ, 1618), nad oes tystiolaeth iddi yn *GPC*. **35**.63

ll. **gwiail** [*u.*] **gwialen**, gwiail (ar gyfer toi). **8**.117

gwialen, pidyn. **7**.70; **96**.61 (ceffyl)

gwialen yw saith llath, *GPC gwialen* 'Mesur o bum llath a hanner ac weithiau chwe llath, perc'. Datblygodd geiriau fel *gwialen*, *paladr* a *llath*, fel Saes. *perch*, *rod* a *pole*, i olygu hydoedd penodol, gan amrywio'n aml o ardal i ardal ac o gyfnod i gyfnod. **47**.43

gwialen enwair, gwialen bysgota, *WS* (1547) '*Gwialen enweir*: An angle rodde'. **125**.20

gwialen pladriad yw 3¼ llath. Ni cheir *gwialen pladriad* yn *GPC* (gw. **pladriad**): ymddengys ei fod yn cyfleu tua hanner **gwialen** yma (er y disgwylid 3½ yn hytrach na 3¼ llath). **47**.44

gwialenffust, pen ffust, sef teclyn mewn dwy ran a ddefnyddid i ddyrnu ŷd, *GPC* 'Pen y ffust, sef pren byr, trwm a gwydn a sicrheid yn llac wrth goes hir y ffust; fe'i defnyddid i ddyrnu a churo'r ysgubau er mwyn tynnu'r grawn a'r us oddi ar y gwellt'; gw. hefyd **ialffust**. **35**.13

gwichiedyn *ll.* **gwichied** [= **cogyrnod duon**], a[fon]: *berewincles* ('periwinkles'), *GPC gwichiad*^{2}; *WS* (1547) '*Gwichiad*, *pysc*:

Pyrwynke'. Cyfeirir yma at rai afonol. Ni chofnodir *berewinkle* yn amrywiad ar *periwinkle* yn yr *OED*. **125**.106

gwif, *GPC* 'bar mawr o haearn neu o bren, lifer, trosol'; *WS* (1547) '*Gwif*: A leuer'. **45**.70

gwig, coedwig, llwyn. **44**.3

gwingiad, *GPC* 'ciciad, tindafliad' ceffyl. **67**.101

gwingo, *GPC* 'cicio, strancio, tindaflu (am geffyl)'. **67**.99

gwingog, *GPC* 'yn cicio (am geffyl), afreolus, anhydrin'. **67**.100

y wilffri wyllt, milddail, *Achillea millefolium*, 'yarrow' (*GPC* **gwilffrai**); hefyd Atod.1.194 *Sangwynari: y wilffrae: yr Iarw*, 195 *Sangwynari: y Ganrin*, Atod.3.335; cf. *LlS* (1574) 139 *Y Wilphrei ... Stratiotes millefolia yn Llatin, Mylfoyle yn Saxonaec Y Wilphrei ne lysæ yr gwaedlin, a Milddail yn Camberaec*. **122**.217

gwilog: caseg hesb heb fagu erioed, *WS* (1547) '*Gwiloc ne casec*: A mare'. **67**.61

gwimbill, ebill bychan, offeryn bychan pigfain i dorri twll mewn pren, lledr, &c., *WS* (1547) '*Gwimbill ne gwimlet*: Wymble'. Ni cheir y cyfuniadau isod, sydd i gyd yn gysylltiedig yma â gwaith y saer pren, yn *GPC*, a gallent fod yn enwau lleol. **53**.53

gwimbill crych, o bosibl 'spiral gimlet'. **53**.55

gwimbill dolau, math anhysbys o **wimbill**; ar *dôl* 'dolen, cylch', gw. **dôl aerwy** a **dôl iau**. **53**.56

gwimbill hoel haearn, o bosibl gwimbill neu ebill ar ffurf hoelen haearn, neu i dyllu pren ar gyfer gosod hoelen haearn; gw. **gwimbill**. **53**.57

gwimbill tro, o bosibl 'spiral gimlet'; cf. **ebill trohidyn**. **53**.54

gwinben [= **trawst**], *GPC* **gwinben**[1] 'Trawst neu bren croes yn cysylltu dwy geibren mewn nen tŷ, gafaelbren'; daw o'r Saes., *OED wind-beam*, n.[1] 'A cross-beam tying the rafters of a roof'. **8**.90

gwinben tŷ [= **y trawst bychan**], trawst neu bren croes yn cysylltu dwy geibren mewn nen tŷ; gw. **gwinben**. **8**.91

gwindas, teclyn i godi carcas anifail i'w hongian mewn siop cigydd; gw. *GPC* **gwindas**[1] 'Llath i ddirwyn, craen', lle esbonnir ef yn fenthyciad o'r Saes. Canol *windas, windys* 'machine for hauling or hoisting'. **65**.12

gwindias eidion, teclyn i godi carcas eidion i'w hongian, gw. **gwindas**. **20**.16

gwirod, diod feddwol. **13**.52

gwisg *ll*. **gwisgadau** [= **gwrŷf** *ll*. **gwryfyddion**; **caead** *ll*. **caeadau**]: **dôl ych**, Pen 308i, 34 *Gwisg: kaiad ych* (JJ, *c*.1621). Cyfeirir at ran o wisg neu 'gêr' yr ych tynnu, sef y pren ar ffurf bwa a roddid am wddf ych dan yr iau. **30**.85

gwisg cneuen, plisgyn neu gibyn cneuen. **121**.93
gwisg y llo, brych llo. **68**.50
gwisg y llwdn, brych llwdn (ebol). **67**.46
gwisg y myn, brych myn gafr. **70**.26
gwisg yr ebol, brych ebol. **96**.72
gwisg yr oen, brych oen. **69**.47
gwisgadur [= **siasbi**, **corn ysgidiau**], siasbin, teclyn i helpu'r droed i mewn i esgid, *WS* (1547) '*Gwiscadur escit*: Shoyng horne'. **28**.31
gwisgi, aeddfed (am gneuen Ffrengig); cf. **cranc gwisgi**. **121**.94
gwisgïedig, wedi ei gwisgïo, wedi diosg ei phlisgyn (am gneuen). **121**.95
gwisgïo cnau, tynnu cnau allan o'u plisgyn. **121**.85
gwisgïog, wedi diosg ei phlisgyn (am gneuen). **121**.96
gwiwair *ll.* **gwiwerod**, wiwer, Pen 298, 281 *Gwiwer: Dringedydd: vivera* (JJ, 1618). **85**.1
gwiwera, ?hela gwiwerod. **85**.2
gwlân, ar gyfer ei nyddu. **27**.35; cnu dafad. **99**.6
gwlân hifio, ?gwlân wedi ei hifio; gw. **hifio gwlân**. **64**.20
gwlanaidd, tebyg i wlân. **27**.37
gwlanbryf: **y pryf**, cynrhon pryfed chwythu, o bosibl, a welir yn aml mewn cnu budr wrth gneifio dafad a fu'n dioddef o bryfedu. Ond mae'r diffiniad mewn rhestr flaenorol, Pen 308i, 39 *Gwlanbryf: pryf yn troed davad* (JJ, *c*.1621), yn awgrymu y gall mai problem yn nhroed y ddafad yn benodol ydoedd. Gw. **bagadau**. **106**.11
gwlanog, wedi ei wneud o wlân. **27**.36; cnuog (am ddafad). **99**.7
gwletan, ysgyfarnog, *GPC gwlatai*[1], *gwlaten* 'un wledig (am yr ysgyfarnog)'. **77**.2
ll. **gwlith** [*u.*] **gwlithyn**, *WS* (1547) '*Gwlith*: Dewe'. **5**.136
gwlithaidd, llaith gan wlith. **5**.138
gwlithennod, malwod gwlith, 'slugs'. **127**.10
gwlitho, mynd yn llaith neu'n wlithog. **5**.137
gwlithog, llaith gan wlith. **5**.139
gwlwf, *GPC gwlf*, *gwlw* 'rhic ym môn y saeth i'w dal yn erbyn y llinyn wrth anelu'; *WS* (1547) '*Gwlw*: A nocke'. Cyfeirir yma at ric ym mollt y bwa croes; gw. **bollt**. **57**.24
gwlwf saeth, gwlf neu ric ym môn saeth; cf. **gwlwf**. **57**.6
gwlwf y bwa, *GPC gwlf* 'Y naill o ddau ben neu flaen bwa (a gryfheid weithiau â chorn) a rhic wedi ei dorri ynddo ar lun gylfin neu big agored aderyn er mwyn dal llinyn y bwa yn sad'. **57**.33
gwlw'r gneuen, y rhic yng nghneuen y bwa croes; gw. hefyd **gwlwf** a'i gyfuniadau a **cneuen**. **57**.43; **57**.49 (bwa teler)

gwlyb 2.14, 5.87

gwlybaniaeth gw. **glybanieth**

gwlybwr, hylif, gwlybaniaeth. 2.10

gwlybyrog, gwlyb, llaith. 2.13

gwlych, hylif, gwlybaniaeth. 5.88

gwlychedig, wedi ei wlychu. 5.90

gwlychu, gwneud yn wlyb neu'n llaith. 5.89

gwlydd, llysiau'r dom, 'chickweed', neu unrhyw lysieuyn diwerth (*GPC gwlydd*²); hefyd Atod.1.106 *Hippia maior: minor: Morsus galine: Cheekweed: y wenwlydd: Gwlydd; LlS* (1574) 111 *Gwlydd ... Auricula muris y geilw Phwcsius y llyseun hwn yn Llatin ... Ninœ ai galwn y Gwlydd yn Camberaec.* 122.70

gwnadrwydd caseg, gwynadrwydd caseg, cyflwr caseg yn gofyn march (*gwynad* 'chwant' + *-rwydd*). 67.31

gwnfelyn, gwynfelyn, melyn gwelw. 130.31

gwngoch, gwyngoch, coch gwelw, pinc. 130.27

gwnïad, y weithred o wnïo, pwythiad. 61.20 (dillad); 63.16 (esgid)

gwniad, gwyniad, yn gofyn march (am gaseg). 67.29

gwniadur, *GPC* 'Offeryn o fetel neu o asgwrn (gynt o ledr) a wisgir am ben bys er ei amddiffyn a gwthio'r nodwydd wrth wnïo'; *WS* (1547) '*Gwniadur*: A Thymble'; Pen 228i, 150ʳ *Condalium ... gwniadur a bysledr a eruyr gwniedydhion taelwrieit a chrydhion rhag briwo i bysedh* (TW, 1604–7). 61.16

gwnias, gwynias, eiriasboeth. 119.33

gwnied y gog *ed.* **gleisiad**, *GPC gwyniad y gog* 'young salmon, samlet, salmon-trout'; gw. **gleisiad**. Cf. *Paroch* ii, 65 'Gwnniaid ... y gôg a galwant egin Gleisiaid' (*c.*1700); hefyd sylw Lewis Morris (*c.*1745) yn LlGC 24052E, 294ᵛ, wrth drafod oes yr eog: *Gwynniad Haf & Gwynniad y Gog are those young Salmon that are found in the Rivers in Summer. Returned from sea.* Dehonglir *gwnied* yma'n ffurf luosog, 'gwyniaid' (cf. **brwnied** 'brwyniaid' dan **brwyniedyn**). 125.107

gwnied Llyn Tegid, gwyniaid Llyn Tegid, *GPC gwyniad*³ 'Pysgodyn dŵr croyw bychan (o 10 modfedd i droedfedd yn ei lawn dwf ac yn pwyso tua phwys), *Coregonus clupeoides pennantii* o dylwyth y *Salmonidae* ... ei gynefin yng Nghymru yw Llyn Tegid, Meir[ionnydd], ac ar adeg silio tua diwedd y flwyddyn gedy ddyfnder canol y llyn a heigio tua dŵr bas y glannau.' 125.108

gwniedig, wedi ei gwnïo (am esgid). 63.17

gwniedydd, gwnïwr, pwythwr, teiliwr. 61.21; *b.* **gwniedyddes** 61.22

gwniedyddiaeth, y grefft neu'r gwaith o wnïo dillad, &c. 61.23

gwnïo, *WS* (1547) '*Gwniaw a nodwydd*: Sowe'. **61**.17

gwnïo esgid, pwytho esgid. **63**.14

gwniol: **maplwood** ('maplewood'), *GPC gwiniolen, gwinolen* 'Masarnen gyffredin, *Acer campestre*, pren gwyn y gwneid dysglau a ffiolau ohono', 'common maple-tree'; cf. y ffurf *gwiniol* gan Iolo Morganwg a ddyfynnir yno: 'our own maple is called in the Silurian Welsh Gwiniol, i.e. Wine tree'. Gw. hefyd **gwnwlen**. **121**.255

gwnlas, gwynlas, glas gwelw. **130**.21

gwnning derw, *GPC gwnning, gwynning* 'Yr haenen deneuwen feddal sydd rhwng rhisgl a rhuddin pren, bloneg pren, albwrnwm'; J 16, 101[r] *Gwynning. Alburnum* (HS, *c*.1600). **121**.111

gwnning yw, gwynning coeden yw; gw. **gwnning derw**. **121**.198

gwnnog gw. **gwntog**

gwntaidd, gwyntaidd, o natur gwynt. **2**.40

gwntoedd, **gwntogydd**, &c., gw. **gwynt**

gwntog, gwnnog, gwyntog, stormus. **2**.33

gwntyn, gwyntyn, chwa o wynt. **2**.35

gwnwlen, **gwnfilen** [*ll*.] **gwnfil**, gwynwylen, *GPC gwiniolen*, &c., 'Masarnen gyffredin'; J 16, 100[v] *Gwynwylen. Acer* (HS, *c*.1600). Gw. hefyd **gwniol**. **121**.190

gŵr *ll*. **gwŷr**, *lls*. **gwerin**. Sylwer bod John Jones yn ystyried bod *gwerin* yn ffurf luosog dwbl *gŵr*. **6**.13, **117**.1; *bach*. **gwran 6**.21, **117**.7; **gwryn 117**.8

gŵr gweddw, dyn sydd wedi colli ei briod ('widow'), neu na fu erioed yn briod. **117**.47

gŵr priod, dyn wedi priodi. **117**.10

gŵr priodol, gŵr priod. **117**.11

gwra, gŵr priod, efallai, yn hytrach na berf yn golygu chwilio am ŵr. **6**.22, **117**.9

gwrach y lludw, pry'r lludw, *WS* (1547) '*Gwrach y lludw, pryf*: A sowe' (*OED sow*, n.[1] 'A wood-louse or sow-bug'). **127**.15

gwrachan gw. **gwrachen**

gwrachan goch, 'Tens, ysgreten, math o bysgodyn dŵr croyw' yw ystyr *gwrachan* yn y dyfyniadau cynharaf yn *GPC*; cf. **gwrachen y môr ... sea tench**. O ganol y 18g. y ceir tystiolaeth dros yr ystyron eraill, 'one of various kinds of rock-fish, esp. of the wrasse and sea-bream families'. Am *gwrachan goch* rhydd *GPC* 'red wrasse' (gyda thystiolaeth o'r 20g. ar lafar yn ardal Bangor), ond ni ellir bod yn hyderus mai'r un pysgodyn sydd gan John Jones mewn golwg. **125**.109

gwrachan las. Ni cheir hwn yn *GPC*; gw. **gwrachan goch**. **125**.110

gwrachen neu gwrachan *ll.* **gwrachennod neu gwrachïod**. Ar ystyron tebygol *gwrachen, gwrachan*, gw. **gwrachan goch. 125**.114

gwrachen y cerrig, tebyg i bilcot. Ni ddaethpwyd o hyd i bysgodyn o'r enw hwn, ond mae'n debygol mai pysgodyn mân ydyw, tebyg i'r crothellod; gw. **pilcotyn. 125**.112

gwrachen y dom, **?ai** *googion* ('gudgeon'), yr un pysgodyn, efallai, â *gwrachan y baw*, *GPC* '?roach', er mai diweddar yw'r unig dystiolaeth drosto yn *GPC*: 'Ar lafar, *gwrachan y baw* "a small fresh-water fish about four inches long, of a reddish colour, which lives in still water", *WVBD* 189'. Mae'n debygol mai'r un pysgodyn ydoedd i John Jones â **crothell y dom** a **crothell** a ddisgrifia hefyd fel 'Googion'. Ar *googion*, gw. *OED gudgeon*, n.[1] lle ceir ffurfiau megis *gougin, goojon*, mewn Saes. Diweddar Cynnar. **125**.111

gwrachen y môr *ll*. **gwrachiod**: *sea tench*, *GPC* 'sea-tench or wrasse'; *OED sea-tench* 'sea-tench ... "the black sea-bream, *Cantharus lineatus*" ' (tystiolaeth o'r 17g. a'r 18g.). **125**.113

gwrageddos, gwragedd (gyda thinc dirmygus, o bosibl). **117**.23

gẃraidd, gwrol, dewr. **6**.17, **117**.3

gwraig *ll.* **gwragedd** *lls*. **gwrageddoedd**, dynes ('woman'), dynes briod. **6**.30; **gwraig** *ll*. **gwragedd** *lls*. **gwrageddoedd, gwrageddau 117**.17; *bach*. **gwreigan 6**.31, **117**.20; **gwreigyn** (amrywiad ar *gwreigan*) **117**.21

gwraig briod 117.27

gwraig briodol, gwraig briod. **117**.28

gwraig bwys, gwraig bwys (neu o bosibl *gwreigbwys*), gwraig briod, J 16, 102ᵛ *Gwraig pwys. Sponsa × Cywelyes* (HS, *c*.1600); gw. *GPC gwraig bwys* a *gwreigbwys*. **6**.38

gwraig weddw, dynes wedi colli ei phriod neu na fu erioed yn briod. **117**.48

gwraig wriog, gwraig briod. **117**.26

gwrcath, cath wryw. **79**.2

gwregys tŷ [= **cien**], **sydd yn derbyn pen ystondarddau**, o bosibl cant neu gwmpasgylch tŷ, gwalbant, 'wall-plate'. Ar *ystondard* 'cynhalbost', &c., gw. *GPC* (a'r dystiolaeth ar lafar o'r 20g.) a cf. *OED standard* 'An upright timber, bar, or rod'. **8**.78

gwrengod: [Llad.] *vulgus*, pobl wrêng neu ddifonedd. **51**.56

gwreica, priodi gwraig, chwilio am wraig, *WS* (1547) '*Gwreika*: Mary'. **117**.24

gwreictra, hoffter o wragedd, godineb. **6**.37

ll. **gwreichion** [*u.*] **gwreichionen**, sbarciau, *WS* (1547) '*Gwreichionen*: A sparcle'. **5**.167, **9**.51

gwreichioni, tasgu gwreichion. **5**.168, **9**.52

gwreichionllyd, yn tasgu gwreichion. **5**.169, **9**.54

gwreichionog, llawn gwreichion. **5**.170, **9**.53

gwreidd-dra, gwroldeb. **6**.18, **117**.4

gwreiddyn *ll.* **gwraidd**, *WS* (1547) '*Gwraidd llyseu ne goet*: rotes'. O ran ffurf y mae *gwraidd* yn unigol, ond ceir iddo ystyr dorfol, fel y nodir yn *GPC*. **122**.8

gwreigaidd, yn nodweddiadol o wraig. **6**.35, **117**.19

gwreigdda, gwraig tŷ, gwraig yng ngofal rhedeg y cartref, 'housewife'. **6**.36

gwreigiog, a chanddo wraig. **6**.33, **117**.25

gwreigiol, yn perthyn i wraig. **6**.34, **117**.18

gwreignith, merch neu wraig briod fechan (dlos). **6**.32, **117**.22

gwreigyn gw. **gwraig**

gwreinyn *ll.* **gwraint**, 'mite', *GPC gwraint* 'Pryfed diarhebol o fach, cynrhon, trychfilod, sef *Sarcoptes scabiei* sy'n tyllu dan groen y llaw, gan beri cosi ac ymgrafu'; *WS* (1547) '*Gwreinyn*: An hande worme'. **127**.22

gwres 2 (pennawd), **5**.194, **119**.4

gwres: **gwres yn tarddu**, twymyn, gwres yn codi (yn y corff). **46**.95

gwresog 5.195, **119**.5

gwresogedig, wedi ei wresogi. **5**.199

gwresogi, cynhesu. **5**.196, **119**.6

gwresogiad, twymiad, cynhesiad. **5**.197, **119**.7

gwrhad, y weithred o gymryd gŵr. **6**.25, **117**.14

gwrhau, cymryd gŵr, priodi. **6**.24, **117**.15

gwrhydri, gwroldeb. **6**.26

gwriog, a chanddi ŵr. **6**.23, **117**.13; **gwrog 6**.27

gwrling [= **helyg Mair**], gwyrddling, *GPC* 'helyg Mair, *Myrica gale*', 'bog-myrtle'; Pen 298, 271 *Gorling: henw math ar wydd rhwng prenn a llysewyn, aroglber tebig i helic yn tyfu mewn korsydd* (JJ, 1618); Pen 308i, 43 *Gurling: Gal* (JJ, *c*.1621); J 16, 103ᵛ *Gwrling × Helig Mair: Myrtus Sylvestris* (HS, *c*.1600). Am *wy* > *w* yn y goben, gw. td. 37. **121**.171; **gwrling**: *gal* ('gale'), ar y Saes., gw. *OED gale*, n.[1] 'The bog-myrtle'. **122**.73

gwrm, brown tywyll. **130**.49

gwrog gw. **gwriog**

gwrogaeth, *GPC* 'ufudd-dod gŵr i arglwydd, llw o ffyddlondeb a theyrngarwch i awdurdod uwch'. **6**.28, **117**.16

gwrol 6.14, **117**.2

gwroldeb, dewrder. **6**.15

gwrolder, oedran gŵr. **117**.12

gwrtaith, sylwedd (tail neu dom fel arfer) a ddefnyddir i wella ansawdd tir. **30**.17

gwrteithiad, y weithred o drin tir â gwrtaith. **30**.20

gwrteithiedig, wedi ei drin â gwrtaith (am dir). **30**.19

gwrteithio, rhoi gwrtaith neu dail ar dir i'w wella. **30**.18

gwrteithiol, yn gweithredu fel gwrtaith, wedi ei drin â gwrtaith (am dir). **30**.21

gwrthban *ll*. **gwrthbannau**, *GPC* 'Llen hirsgwar o frethyn gwlanog a roddir yn orchudd ar wely, blanced, carthen'; *WS* (1547) '*Gwrthban*: A blanket'. **11**.38; *bach*. **gwrthbennyn 11**.39; *ll*. **gwrthbannau 28**.25

gwrthbannog, carthen, neu wedi ei orchuddio gan garthen. **11**.42

gwrthdradwy, gwrthtradwy, gwrthechdoe gw. **wrthechdoe, wrthdradwy**

gwrtheiddun. Gair anhysbys am berthynas deuluol; gw. hefyd **eiddun**. **6**.111, **117**.205

gwrthol, *GPC gwrthol*[1] 'Ôl, troad neu lwybr yn ôl, mynediad yn ôl, dychweliad'. **77**.21

yr wrwst [= **y crwmp, yr yrwest, y cramp**], *GPC* 'cwlwm gwythi, ... cramp'; Pen 308i, 40 *Gwrwst: y krwmp, ?ai yr wrwst* (JJ, *c*.1621). **46**.93

gwrych [*ll*.] **gwrychau**, perth, Pen 308i, 42 *Gwdding: gwrych* (JJ, *c*.1621) (*GPC gwydding* 'Perth fyw, gwrych, sietin'). **43**.55

gwrychen *ll*. **gwrych moch**, blewyn byr anystwyth ar fochyn, 'bristle'. **101**.11

gwryd yw dwy lath: *a fadom* ('a fathom'), sef 6 troedfedd; *GPC gwryd*[1] 'Yr hyd rhwng eithafion y ddwyfraich ar led, ... mesur o chwe throedfedd (yn enw[edig] wrth fesur dyfnder y môr, &c.)'. Am y Saes. *a fadom*, gw. *EDD fathom* lle ceir y ffurfiau tafodieithol *faddom, faddum* a *fadom*. **47**.13

gwrŷf *ll*. **gwryfyddion** [= **gwisg** *ll*. **gwisgadau**; **caead** *ll*. **caeadau**]: **dôl ych**. Annhebygol efallai yw *GPC gwrŷf* 'Gwasgiad, pwysau; gwasg, gwinsang, gwingafn; feis, craff' yma wrth sôn am ddôl ych. **30**.85

gwrym, *GPC gwrym*[1] 'Gwnïad, hem, ymyl gwisg, godre gwisg, pleten; asiad, rhwymiad'. **61**.39

gwrymiad, hemiad, cydwnïad. **61**.41

gwrymio, gosod hem, cydwnïo. **61**.40

gwrymiog, wedi ei hemio neu ei gysylltu â darn arall o ddefnydd. **61**.42

gwryw 6.29, **117**.5

gwsawyr, gwysawyr, chwydd neu gasgliad (a'r elfen *sawyr* yn golygu 'drewdod'), J 16, 96ʳ *Gwasawyr. Bubo, Botche* (HS, *c*.1600). **46**.66

gwsbren car: **pren mal dôl i rwymo y rhaff wrtho i rwymo y carred**. Tebyg mai dyfais bren oedd y *gwsbren/gwysbren*, ar ffurf dolen (*pren mal dôl*), i *rwymo y rhaff* wrtho i sicrhau nad oedd llwyth y drol (*y carred*, gw. *GPC carraid*) yn symud. Nodir *gwysbren* yn *GPC* yn unig fel amrywiad ar *gwasgbren* 'llestr neu offeryn a ddefnyddid i wasgu, gwasg, gwrŷf', ond nid yw'r ystyr yn gweddu yma. *Gwasbrenn karr* a geir yn Pen 308ii, 82 (JJ, *c*.1621), ond nid yw'r ffurf honno yn *GPC* ychwaith. Am *wy* > *w* yn y goben, gw. td. 37. **32**.12

gwybedyn *ll*. **gwybed**, piwiedyn, *WS* (1547) '*Gwybedyn*: A flye'. **126**.2

gwŷdd, coeden neu goed, Pen 309i, 603 *Gwydden: Prenn ir ar ei droed* (JJ, 1623–4), hynny yw, coeden fyw yn ei sefyll (pren *ar ei droed*), yn hytrach nag un wedi ei chwympo. **121**.24

gwŷdd, offeryn y gwehydd, 'loom', *WS* (1547) '*Gwydd i wau ynto*: Lome'. Fel y dywed Hugh Evans, *Cwm Eithin* 90, 'Yr oedd tŷ'r gwŷdd yn perthyn bron i bob ffarm' ers talwm, a 'Byddai'r gwrthbannau, defnydd dillad y meibion a'r merched, yn cael eu gwneud gartre.' **59**.6

gŵydd *ll*. **gwyddau** (a'r unigol yma'n benodol am y fenyw). **123**.34

gwŷdd aradr, ffrâm aradr, aradr, *WS* (1547) '*Gwydd aratyr ne penffestyr*: A ploughe', a gw. *AradrGym* 56, 87. **30**.71

gwŷdd bedw, coed bedw. **121**.184

gwŷdd derw, coed derw. **121**.109

gwŷdd eiddew, eiddew, iorwg neu lwyni eiddew, cf. *OED* †*ivy-tree* 'A large plant of ivy'. **121**.207

gwŷdd eirin, coed eirin. **121**.63

gwŷdd ffawydd, coed ffawydd. **121**.101

gwŷdd helyg, coed helyg. **121**.170

gŵydd las, cf. o bosibl *OED grey goose* 'Any of various geese with predominantly grey plumage; *esp.* the greylag goose, *Anser anser*', a'r dystiolaeth o gyfnod Hen Saes. ymlaen. **123**.48

gwŷdd onn, coed ynn. **121**.122

gwŷdd sirion, coed ceirios. **121**.232

gŵydd wyllt *ll*. **gwyddau gwlltion**, gw. hefyd **gwyrain**. **124**.72

gŵydd yn deor, gŵydd yn eistedd neu ori ar ei hwyau. **123**.46

gwyddbwyll, gêm fwrdd debyg i'r gwyddbwyll cyfoes, Pen 298, 284 *Gwyddbwyl: chware sies … Gwyddbwl: Siess: Pitffal* (JJ, 1618) a cf.

Pen 56, 29 *gwyddbwll* (llaw anh., 16g.), lle'i rhestrir yn un o'r Pedair Camp ar Hugain. **49**.46

gwyddelgranc: **math ar bysg sydd yn magu yn [   ]**. Mae'r cofnod yn anghyflawn, ac fe'i dilynir gan dair llinell wag; cf. **cranc gwisgi** sydd, medd John Jones, **yn magu yn y grogen las leiaf**. Ni ddaethpwyd o hyd i gyfeiriad arall at *wyddelgranc* na *chranc Gwyddelig*, ond yng ngoleuni'r ystyr 'milain, gwyllt' a roddir i *Gwyddelig* yn *GPC*, mae'n bosibl mai at granc gwyllt y cyfeirir, megis y *Necora puber*, 'velvet crab'. **125**.115

y gwyddfid, 'honeysuckle', *Lonicera periclymenum*; hefyd Atod.1.44, Atod.3.150, 151. **122**.198

gwyddwalch, gosog, J 16, 100^v *Gwyddwalch. gossehawke* (HS, *c*.1600). **124**.71

gwyfyn *ll.* **gwyfon**, gwyfyn ('moth') neu drychfilyn (fel pry pren, gwiddonyn, &c.). **127**.18

gwŷg, *GPC* 'Efrau, ller, bulwg, chwyn; *Bot*. gwycbys, pys y llygod, *Vicia*'; cf. *D* (1632) '*Gwŷg, pys y llygod*, Os mundi, aptiaca, eruilia, bicion'. **122**.71

gwylan *ll.* **gwylanod**: *a gull*, *WS* (1547) '*Gwylan*: A semewe'. **124**.73

gwylan ieuanc [= **rhican** *ll.* **rhicannod**]: *a yong gull* ('a young gull'). **124**.107

gwylan y maes, tebyg mai *gwylan y gweunydd*, *GPC* 'winter-gull; common gull, *Larus canus*' (18g.). **124**.74

gwylan y môr 124.75

gwyles. Gair Hen Gernyweg yw hwn a ddaw yn y pen draw o'r *Vocabularium Cornicum*: #631 *libestica* gl. *guyles* (*OCV* 272–3 'licorice, lovage'). Gw. hefyd Pen 297, 198^r *Libestica: Gwyles* (JJ, 1606) ac ymhellach y Rhagymadrodd, §3.6. **122**.72

gwyllnos, cyfnos. **4**.48

gwyn- gw. hefyd **gwn-**

gwyn 109.33 (am fwng, rhawn a thalgudyn ceffyl); **110**.2 (am eidion); **111**.1 (am ddafad); **112**.1 (am afr); **113**.1 (am fochyn); **114**.1 (am gi); **gwyn** *ll.* **gwynion** (y lliw). **130**.7; *b*. **gwen 115**.1 (am gath); **116**.1 (am gwningen)

gwynllwyd *ll.* **gwynllwydion**, llwyd gwelw. **130**.10

gwynt *ll.* **gwntoedd, gwnnoedd**. Am *wy* > *w* yn y goben yn y ffurfiau lluosog, gw. td. 37. **2**.32; *ll.* **gwntogydd** (ar batrwm *glaw ll. glawogydd*, *rhew ll. rhewogydd*). **2**.34; *ll.* **gwyntau 2**.36

gwynt, 'flatulence'. **46**.25

gwynt, ?awyrgell pysgodyn, yma rhwng **afu** ac **emysgar** wrth drafod rhannau pysgodyn; ?cf. *OED swimming-bladder* 'the air-bladder of a fish, which enables it to keep its balance in swimming'. **125**.35

gwynt ffalwm, gwynt cryf o'r gorllewin, cf. *GPC ffalm* 'i'w gysylltu efallai â'r S[aesneg] taf[odieithol] *flam* "a sudden puff or gust of wind" '. **2**.48

gwynt ffraeth, gwynt mawr neu wynt brathog. **2**.49

gwyrain: ***bernackles***, gwyddau gwyllt, *GPC gwyran*[1] 'Gŵydd wyllt, ... *Branta leucopsis*; yn ôl yr hen goel dywedid mai o'r cregynbysg sy'n glynu wrth bren pwdr llongau y cenhedlid y gwyddau hyn', 'barnacle geese'. Cf. *WS* (1547) '*Gwyran, ederyn gwyllt*: A bernacle' a gw. *OED barnacle* am y ffurfiau Saes. Canol *bernacle*, &c. Gw. hefyd **gŵydd wyllt** *ll*. **gwyddau gwlltion**. **124**.76

gwyrdd 130.17

gwyrddfelyn, melyn a gwawr werdd arno. **130**.38

gwyrddgoch, coch a gwawr werdd arno, brown. **130**.60

gwyrddlas, glas gwyrddaidd. **130**.42

gwyrddwyn, gwyn a gwawr werdd arno. **130**.40

gwythen, gwythïen. **7**.104

y wythen, clefyd anhysbys ar ddefaid, o bosibl yn ymwneud â'r gwaed. **106**.3

gylfinir: *a curlyw* ('a curlew'), *WS* (1547) '*Gylfinhir, ederyn*: A curlewe'. **124**.62

gyrdd pannu, cf. *GPC gordd* 'un o'r myrthylion pren sy'n pannu'r brethyn yn y cyff mewn pandy' a *pannordd* 'Gordd neu forthwyl mewn pandy'; *Y Crefftwr* 45–6 'Dwy ordd bren fawr neu ffustiau fel y gelwid hwynt yn gweithio mewn cafn oedd y felin. Troid hi gan ddwfr a weithiai rod a gyfodai'r naill ffust ar ôl y llall yn eu tro i ddisgyn gyda'i holl bwysau trymion ar y brethyn yn y cafn.' **60**.11

gyrru gwedd, annog ychen ymlaen mewn gwedd wrth aredig. **30**.97

gyrru pob peth tene, defnyddio rholbren i rolio toes yn denau, *GPC gyrru* 'rholio (bara ceirch) ... Yn Arfon sonnir am "yrru bara ceirch", h.y. ei rolio'n denau'. **15**.78

gyrru teisen *ll*. **teisennau, teisennod**, rholio torth wastad. **15**.82

gyrru torthau i'w crasu ar lech a gradell, rholio talpiau o does yn wastad i'w crasu ar lechfaen a gradell. **15**.80

gyrru ychen [= **galw ychen**], annog ychen ymlaen wrth aredig. **30**.10; **gyrru ychen 30**.98

hacio dail [= **briwo dail**], torri dail yn fân wrth goginio, *WS* (1547) '*Hakio, briwo*: Hacke'. **14**.105

hacnai *ll*. **hacneied**, 'hackney', sef ceffyl o faint canolig ar gyfer ei farchogaeth bob dydd. Ni cheir y ffurf luosog *hacneiaid* yn *GPC*, ond nid yw o reidrwydd yn wall am *hacneiod*. **67**.16

had (i'w hau). **31**.19; **hedyn** *ll*. **had 122**.2

had [= **natur, anian**], sberm, cf. *Llysieuwr* 8 *had y dynion, yr hwn a elwir sperma* (EG, *c*.1545). **7**.136

had cywarch, had hemp. **27**.71

had y gwern, hadau coed gwern. **121**.189

had y gwnfil, had y gwynfil, had coed masarn. **121**.192

hadlestr, basged i gludo hadau wrth hau â llaw. **31**.25

hadyd, had, yn enwedig had ŷd, Jones, 'Termau Amaethwyr Dyffryn Edeirnion', 293, '*hadyd*: yr ŷd a gedwir at hau'. **31**.20

haearn, *WS* (1547) '*Hayarn*: Yron'. **128**.9

haearn canhwyllau, *GPC* 'candle-snuffers', ar sail tystiolaeth ddiweddar, gan mai'r cyfuniad yn unig a geir yn *WS* (1547) '*Hayarn kanwylle*'; neu efallai mai mwy tebygol yma yw canwyllbrenni haearn. **14**.122

haearn crochan [= **cadwyn crochan**], *GPC heyrn crochan* 'pot-hooks', ond efallai mai cyfeirio a wna John Jones yma at y gadwyn yn hytrach na'r bachau. **14**.30, **28**.54

haearn ffrwyn, genfa, y rhan o'r ffrwyn yng ngheg y ceffyl, bit, *WS* (1547) '*Hayarn ffrwyn*: A bytte of a brydell'. **37**.37

haearn gosod. Fe'i diffinnir yn *GPC* fel 'curling tongs' ar sail enghraifft gan Rowland Vaughan (1630) lle sonnir am *gwallt gwedi ei grychu a haiarn gosod*. Mae'n amlwg mai teclyn tebyg sydd gan John Jones mewn golwg, ond i drin dillad yn hytrach na gwallt, ac fel **pric gosod** a **startsh** nesaf ato, mae'n ymwneud â gwedd derfynol dilledyn ar ôl ei olchi. Gall mai cyfeirio a wneir at haearn smwddio (gw. **haearn presio**), neu ynteu at declyn i grimpio dillad ac i greu ffrils a ryffls, sef 'goffering iron' (gw. **pric gosod**). **19**.39, **28**.179

haearn presio, haearn smwddio'r teiliwr (*GPC* 18g.); cf. *OED pressing iron* lle cyfeirir mewn dyfyniad o 1607 at 'a Taylors pressing yron'. **61**.49

haearnllif, llif haearn. Gair o'r Cyfreithiau yw hwn, gw. *LlI* §141.4 *Hayarnllyf* (td. 155 'an iron file'). **52**.21

haeddel fawr [= **troed haeddel ar wedd troed, stwffwl**], *GPC* 'the master handle of a plough, plough-tail', a'r diffiniad ar sail eiddo *Walters* (1774). **30**.56

haelasen *ll*. **haelas** [= **rheswydden pen tŷ** *ll*. **rheswydd pen; tulath** *ll*. **tulathau**], Pen 308i, 45 *Heylas: rheswydden ty* (JJ, *c*.1621). Ni chafwyd enghraifft arall o'r gair hwn, ond cymerir mai dist neu drawst llorweddol yw'r ystyr; gw. **rheswydden pen tŷ**. Mae'n bosibl fod cysylltiad rhwng *haelas(en)* ag *OED* †*hale*, n.³ 'a booth, hut, or other temporary structure for shelter'; os gellir deall hwnnw fel fframwaith pren, byddai *haelasen* felly'n un ystyllen ohono; ac ystyrier hefyd *hale*, n.⁷ 'Either of the handles of a wheelbarrow or a horse-drawn plough', eto'n awgrymu ystyllen o bren, ond mewn cyd-destun gwahanol yma. **8**.92

haf 3.7, **120**.23

hafaidd, braf, nodweddiadol o'r haf. **3**.9

hafais, gair anhysbys yn ymwneud â chedenu brethyn, yn ôl ei leoliad yn y rhestr. Go brin mai'r un gair ydyw â'r gair *afais* 'aderyn' (*GPC*) a geir mewn hen eirfâu barddol, e.e. Pen 189, 14 *Avais: Edn* (SF, *c*.1560–1600). **60**.32

hafladd, y weithred o waredu tir o chwyn yn ystod yr haf. Cymerir mai enw, yn hytrach na berfenw, sydd yma; gw. **hafladdu**. **44**.15

hafladdu: torri'r drysni a'r rhedyn a phethau eraill ar dir, lladd neu ddifa chwyn yn yr haf. Daw'r enghraifft nesaf o ran dyddiad yn *GPC* o *GView SW* 299, 'Thistles … are suffered to grow up until coming into blossom in June … and to kill them in their venom, *i eu hafladd yn eu gwenwyn*, as the Welsh phrase it, lime is carried hot from the kiln on the spot, and spread over the field.' Am y ffurf *hafled[d]u* gan John Jones yn Pen 308ii, 86 (JJ, *c*.1621), cf. *hafledd*, ffurf o Forgannwg, a ddyfynnir yn *GPC hafladd*. Efallai ei fod yn air a gododd yn y de, gw. tt. 12–13. **44**.16

hafu, dod yn haf, ?troi anifeiliaid allan i bori yn yr haf. **3**.8

hangwen, yw yr afu, calon, ysgyfen a'r lliengig: *wmbls* ('umbles'), offal, sef rhannau mewnol bwytadwy anifail; am y Saes. *umbles*, gw. *OED* 'The edible inward parts of an animal'. Ni chefais enghraifft arall o'r ffurf *hangwen*, ond awgryma'r milfeddyg Rhisiart Owen (ehebiaeth, Mehefin 2020) y gall fod yn gyfystyr â'r Saes. *pluck*: 'y rhan gyntaf i gael ei thynnu allan wedi agor y bol yw'r stumog, perfedd a'r coluddion. Weithiau'r cam nesaf yw torri'r llengig fel bod yr afu, calon, ysgyfaint a'r llengig yn dod allan hefyd gyda'r rhannau cyntaf. O wneud hyn mae'n rhaid gwahanu'r stumog, y perfedd a'r coluddion wedyn. Weithiau bydd cigydd yn torri'r sefnig o flaen y stumog fel bod y stumog, y perfedd a'r coluddion yn dod allan gyntaf yn unig. Yna bydd yn torri'r llengig fel bod y llengig, afu, calon ac ysgyfaint yn dod allan fel un darn. Dyma'r "plwc". Tybed ai'r plwc yw'r *hangwen* yma?' Gw. hefyd **pen mollt a'i hangwen**. **23**.21

haid o wenyn, *GPC haid* 'Clwstwr o wenyn sy'n codi o gwch ar adeg neilltuol o'r flwyddyn i sefydlu cartref newydd dan arweiniad brenhines'. **126**.7

ll. **haidd** [*u.*] **heidden**, 'barley', *LlS* (1574) 84 *Haidd ... Horedum yn Llatin, Barilie yn Saesonaec a Haidd yn Camberaec y gelwir*. **31**.167; **haidd 122**.74

haint *ll.* **heintiau, heiniau**, haint, clefyd, afiechyd. **46**.13, **104**.2

haint calon, yn llythrennol, haint neu afiechyd y galon, ond mae'n bosibl nad yw'n cyfateb i'r hyn a ddisgrifir heddiw fel 'heart disease': *WS* (1547) '*Haint calon*: Fly[x]e'; J 16, 111ʳ '*Haint y gallon. Dysenteria*' (HS, *c*.1600): *GPC* 'dysentery, bloody flux'. Ceir nifer o resetiau i drin *haint calon* mewn testunau meddygol cynnar, ac awgryma Diana Luft, *MWMT* 331–2, mai 'dolur rhydd' yw ei ystyr yn aml: '*Callon* may refer to the belly, entrails, womb, stomach, or heart. Diseases of the heart could encompass anything from heartburn to "cardiacle", a disease characterised by heart tremors, but in most cases the heart was implicated in producing fevers. ... It may be, however, that these remedies are meant to treat some sort of digestive problem or diarrhoea. A remedy in the sixteenth century *Welsh Leech Book* for *y flix* ('flux') describes that condition as *haint calon*.' **46**.67

haint yr ebolion. Nid yr un afiechyd efallai ag *GPC haint yr ebolion* 'joint ill' (20g.), sef math o arthritis septig sy'n effeithio ar ebolion. O gofio'i fod yn rhagflaenu **tostedd**, afiechyd sy'n effeithio ar y system droethol, mae'n fwy tebygol mai'r un afiechyd sydd yma ag a ddisgrifir yn *Cyf Profedig* 180 fel '*Haint y Boliau, Haint yr Ebolion* (Colts' Evil)'; cf. *OED colt-evil* 'A swelling in the sheath of the penis and adjacent parts, incident to horses'. **104**.3

halen, mwyn halen. **128**.20

halener [= **salter**], llestr dal halen, yma ymysg eitemau a geir ar y bwrdd bwyd; cf. **salter**. Ni cheir mohono yn *GPC*. **28**.45

hanerob, llestr i ddal mesur sych o hanner **hob**; fe'i lleolir rhwng **hob** a **pec** ac felly nid yr un gair sydd yma ag *GPC hanerob* 'hanner mochyn'; gw. **anhorob**. Ni chafwyd enghraifft arall o lestr neu gyfaint o'r enw *hanerob*, *hanner hob*, ond mae'n ffurf ddichonadwy, ac nid rhaid tybio mai camddehongliad o *hanerob* 'hanner mochyn' sydd yma. **45**.36

hanner blwyddyn 120.10

hanner chwarter pwys, dwy owns. **48**.8

hanner pwys, wyth owns. **48**.6

hardd *ll.* [ ]: **math ar bysgodyn mewn llynnau ac a elwir yn Saesonaeg** *Breame* ('bream'). Ni restrir pysgodyn o'r enw *hardd* yn *GPC*, ond ceir *hyrddiad*² (1803) *a hyrddyn* (1751) am 'Pysgodyn o'r tylwythau *Mullus* a *Mugil*, barfbysg', 'mullet' a hefyd *hwrdd*¹ '?Glasgangen, penllwyd, *Thymallus vulgaris*', 'grayling'. At bysgodyn dŵr croyw y cyfeirir yma; ar *breame*, cf. *OED bream* 'The common name of a freshwater fish (*Abramis brama*) called also Carp-bream, which inhabits lakes and deep water' (*c*.1405 ymlaen) neu 'Any of various freshwater sunfishes of the genus *Lepomis* (family Centrarchidae) … resembling the common European bream' (1634 ymlaen). **125**.117

hardd *ll*. **harddiaid**: *darces*, blewog yw yr hardd a llyfn yw y gannog. A awgrymir bod *hardd* a *gannog* yn fathau o *darces* (bellach Saes. 'dace'), ond bod y *gannog* yn llyfn a'r *hardd* yn flewog? Gall mai at farf y pysgodyn y cyfeirir, neu at esgyll amlwg. **125**.119

hardd: pysgodyn pan fo mewn afon a elwir *grayling*. Gall mai ffurf ar *hwrdd* sydd yma, cf. *GPC hwrdd*¹ '?Glasgangen, penllwyd, *Thymallus vulgaris*', 'grayling', a'r dyfyniad cynharaf yno'n cyfeirio at bysgod yn afon Dyfrdwy: *Paroch* ii, 65 'The Fish in Dee are 1. Penhwiaid 2. Hyrddod' (*c*.1700). **125**.118; *bach*. **hardden:** *a grealing* ('a grayling') **125**.120

harstain, carreg hogi (y crydd); gw. *GPC* lle'i hesbonnir fel benthyciad o'r Saes. *hardstone*. **63**.30

hau, hau hadau. **31**.21

haul [= **huan**]: [Llad.] *sol* **1**.32

haul belydr, pelydrau'r haul. Ceir y cyfuniad yn aml yn y farddoniaeth am haul yn tywynnu drwy ffenestr, fel yn nisgrifiad Iolo Goch o ferched yn gwau sidan wrth ffenestr yn llys Syr Hywel y Fwyall yng Nghricieth: *GIG* 2.44–7 *Ydd oeddynt hwy bob ddeuddeg / Yn gwau sidan glân gloywliw / Wrth haul belydr drwy'r gwydr gwiw*. **1**.42

haul dwyrau, codiad haul, neu o bosibl *haul ddwyrau*, os oes treiglad i fod i'r berfenw. Ar *dwyr(h)au*, gw. *GPC* 'codi (i'r golwg)', esgyn', a cf. Henry Lewis (gol.), *Delw y Byd* (Caerdydd, 1928), 71, *Duyrein a dywedir o achaus dwyrau yr heul ohonaw*. **1**.35

haul gaerau, haul (i) gaerau, machlud haul, *GPC* 'sunset' (18g.); cf. *ML* ii, 481 'dyma hi[']n haul gaera, a thyma air wedi dyfod o'r pen draw i'r drêf fod Ieuan cyn feddwed a'r Dwsel, wedi cwmpo dros ei farch' (1762). Mae'n bosibl mai gair cyfansawdd, *haulgaerau*, ydoedd i John Jones, ac nad oes angen rhagdybio *i* wedi ei cholli i esbonio'r treiglad i'r ail elfen, fel a wneir yn *GPC*. **1**.34

haul sblennydd, haul disglair. **1**.38

haul yn tywynnu, haul yn disgleirio. **1**.68

heb dranc, di-dranc, tragwyddol. **120**.95

hebog *ll.* **hebogied 124**.77

hedydd *ll.* **hedyddion**: *a larke* ('a lark'), ehedydd, *WS* (1547) '*Ehedydd*: A larke'; a gw. **ehedydd, uchedydd. 124**.78

hedyn gw. **had**

heddiw 4.29, **120**.58

heffyr *ll.* **heffrod**, *GPC heffer* 'Buwch ifanc (yn enw[edig] un sydd heb erioed ddod â llo)'; *WS* (1547) '*Heffer*: Hecforde' (a *heckforde* yn un o'r ffurfiau Saes. Canol dan *OED heifer*). **68**.55

heidda, cynaeafu neu gardota haidd. **31**.181

heiddog, toreithiog mewn haidd. **31**.168

heiniar, cnwd wedi ei gynaeafu, Pen 308i, 48 *Heiniar: llafyr o yd y nghyd mewn ydlan, neu ysgubor* (JJ, *c*.1621). **31**.159

heintio, peri haint. **46**.16

heintiog, heintus. **46**.15

heintiol, heintus, yn dioddef haint. **46**.17

heintus, heinus, yn dioddef neu'n peri haint neu afiechyd, *WS* (1547) '*Heinus*: Dyseased'. **46**.14

heisyllt, ffurf amrywiol ar *heislan*, *GPC* 'Teclyn ac iddo ddannedd miniog o haearn a ddefnyddid i gribo llin a chywarch; card, crib wlân'; *WS* (1547) '*Heislan neu heisyllt*: A hetchell'. Sonnir yn *GView SW* 534 am 'the *hecklers*, or *nogmen* (in Welsh, *heislanwyr*; from *heislan*, a heckle) as the dressers are provincially called; who, in parts where some quantities of hemp and flax are grown, carry their implements with them from house to house, and dress by the stone weight, having their victuals allowed them.' **27**.88, **28**.139

hela pysg, pysgota; yn Pen 56, 28 (llaw anh., 16g.), rhestrir *hely pysc* yn un o'r *tair kamp helwriayth* a oedd yn rhan o'r Pedair Camp ar Hugain. **125**.5

helffon [= **ffon hela**], ffon neu waywffon hela. **50**.36

helm, penwisg dur, arfogaeth pen. **50**.52

helm, tas gron mewn cae neu mewn ydlan (gw. *GPC helm*^{2}), cf. *AB* (1707) 217 '*helem o ŷd*, a stack of corn' a hefyd David Parry-Jones, *Welsh Country Upbringing*, ail arg. (London, 1949), 65, 'The art of making a "helem", a round stack (composed of seven or eight loads) in the yard was a difficult one, and a long apprenticeship was necessary before one became a master.' Am lun o *helm*, gw. td. 366. **31**.144

helmaid, helmed, llond helm o ŷd; gw. **helm**, hefyd **crug** a **bera**. **31**.145

helmedig, wedi ei ffurfio'n helmau (am ŷd). **31**.146

helmiad, y weithred o ffurfio helm o ŷd. **31**.147

helmog, wedi ei ffurfio'n helmau (am ŷd). **31**.149

helmu, gwneud helmau o ŷd, llunio tasau crwn o ŷd (*GPC* 1848). **31**.148

helyg [*u.*] **helygen**, coed helyg; *GPC* 'Coed o'r tylwyth *Salix* sy'n tyfu fel rheol mewn mannau gwlyb ac sy'n hynod am eu cangau hyblyg gwyrog a'u dail hirgul'; J 16, 114ʳ *Helyg pl. Helygen s. willow* (HS, *c*.1600). Defnyddid eu brigau hyblyg yn helaeth at wneud basgedi, &c. **121**.161

helyg gwlltion, helyg gwylltion, coed helyg gwyllt. **121**.169

Toi **helm** â brwyn, Tal-y-bont, Caerfyrddin

helyg llwydion, *GPC* 'grey willow, common sallow, *Salix cinerea*' (1803). **121**.168

helyg Mair [= **gwrling**], *GPC* 'bog myrtle, sweet gale, *Myrica gale*'; J 16, 114ʳ *Helyg Mair × Gwrling* (HS, *c*.1600). **121**.171

helyg y dŵr. Ni cheir mohono yn *GPC*, ond cf. *OED water-willow* 'Any willow (genus *Salix*) that typically grows close to water, as (in Europe) the osier, *S. viminalis*, and white willow, *S. alba*'. **121**.166

helyg y môr, *GPC* 'sea-willow, sea-buckthorn, *Hippophae rhamnoides*' (20g.); gw. **môr-helyg**. **121**.259

helygen ddu [*ll.*] **helyg duon**, *GPC helyg du(on)* 'black willow, bay willow, *Salix pentrandra*' (1803). **121**.164

helygen goch [*ll.*] **helyg cochion**, yr un, o bosibl, ag *GPC merhelyg* 'Amryw fathau o helyg, yn enw[edig] y rheini y defnyddir eu gwiail hyblyg i wneud basgedi'; *WS* (1547) '*Mer helic*: Redde wyllowe'; Llst 189 *merhelyg ... red withies* (1722); gw. **merhelyg**. **121**.165

helygen wen [*ll.*] **helyg gwnion**, *GPC helyg gwyn(ion)* 'white willow, *Salix alba*'. **121**.163

hem, *WS* (1547) '*Hemm*: Hemme'. Ymyl neu forder darn o ddefnydd oedd ystyr y Saes. *hem* yn y cyfnod hwn, a'r ystyr debygol yma: 'the border or edging of a piece of cloth ... including a fringe or other marginal trimming' yn hytrach nag 'a border made on a piece of cloth by doubling or turning in the edge itself', gw. *OED hem*, n.[1] lle gwelir mai 1665 yw dyddiad yr enghraifft gynharaf o'r ail ystyr. **61**.43

hemiad, y weithred o **hemio** dilledyn. **61**.46

hemiedig, wedi ei **hemio** (am ddilledyn). **61**.45

hemio, *WS* (1547) '*Hemmio*: To hemme', sef naill ai creu ymyl addurniedig i ddarn o ddefnydd (drwy osod ffrins, &c.), neu atgyfnerthu'r ymyl drwy greu hem; gw. **hem** ac ymhellach *OED hem*, v.[1]. **61**.44

hen gaws, caws wedi ei aeddfedu. Yn *CIech* 163 rhestrir *kaws heen*, *kalettshych* ymysg bwydydd y dylid eu hosgoi (1545). **17**.69

henas *ed.* **crogen henas 125**.121

hendad, taid, hynafiad. **117**.147

hendaid, hen daid. **6**.84, **117**.144

henefydd: [Llad.] *magnates*, *seniores*, hynefydd, henuriad. Gellid dehongli *magnates* a *seniores* fel ffurfiau Llad. neu Saes.; sylwer eu bod yn lluosog, tra bod *henefydd* yn unigol. **51**.54

henfon *ll.* **henfoniaid**, *GPC* 'Buwch, hen fuwch, buwch fagu'. **68**.24

henllydan, plantaen, *GPC* 'llydan y ffordd, erllyriad, sawdl Crist, *Plantago major*'; Pen 297, 198ʳ *Plantago: Enlidan, henllydan* (JJ, 1606); gw. hefyd **enlydan** ac **erllyriad**. **122**.76

hennain, hen nain. **6**.88, **117**.154

heno 4.34

hepil, epil, disgynyddion, plant; gw. *GPC epil*, lle gwelir bod *hepil* yn amrywiad cyffredin o'r cyfnod cynnar. **117**.84

hepiliad, epiliad, cenhedliad. **117**.87
hepilio, epilio, cael plant. **117**.86
hepilog, epiliog, a chanddo lawer o blant. **117**.85
herlod *ll*. **herlotied**, llanc ifanc, *WS* (1574) '*Herlod*: A boy'. **6**.165; **herlod** *ll*. **herlotiaid, herlotied 117**.88; *bach*. **herlotyn 6**.167, **117**.89
herlodes *ll*. **herlodesau**, llances ifanc. **6**.166, **117**.90; *bach*. **herlodesan 6**.168, **117**.91; **herlodesig 6**.169, **117**.92
herlotyn gw. **herlod**
herwgath, *GPC* 'Cath sy'n crwydro i chwilio am ysglyfaeth'; yma'n dilyn **cath goed** gan awgrymu cath wyllt. **79**.16
hesb, hysb *ll*. **hysbion**, sych, heb fod yn cynhyrchu llaeth (am fuwch). **68**.11
hesben, clicied, *GPC* 'un o glustiau neu fachau clo'; *WS* (1547) '*Hesben*: A haspe'. **8**.160
hesben clo cist, gwaeg neu glasb clo cist, Pen 308ii, 20 *Hespen klo kist: sydd yn derbyn y vollt* (JJ, *c*.1621). **52**.47
hesbeniad, y weithred o osod neu gau clicied. **8**.167
hesbennu, gosod neu gau clicied; ni cheir mohono yn *GPC*. **8**.166
hesbin [*ll*.] **hesbinod**, dafad flwydd oed, heb fagu oen eto, J 16, 115ʳ *Hespin. Hespines. theave* (HS, *c*.1600) (*OED theave* 'a female sheep of a particular age: most generally applied to a ewe of the first or second year, that has not yet borne a lamb; in some parts to a ewe between the first and second shearing'). **69**.31; **hesbines** (ffurf amrywiol neu ffurf wallus, nas ceir yn *GPC*). **69**.32
hesbwrn *ll*. **hesbyrniaid**, *GPC* 'Oen blwydd gwryw, llwdn dafad'; J 16, 115ʳ *Hespwrn. Tegge* (HS, *c*.1600) (*OED teg* 'A sheep in its second year, or from the time it is weaned till its first shearing; a yearling sheep'). **69**.29; *bach*. **hesbyrnyn 69**.30
hesg [*u*.] **hesgen**, *GPC* 'Math o wair cwrs a dyf mewn tir gwlyb, yn enw[edig] teulu'r *Cyperaceæ*, elystr, brwyn', 'sedges'. Gw. hefyd **rhesg**. **122**.75
hestor, llestr sy'n dal *hanner hob*; *GPC* 'Mesur sych neu wlyb (cyfartal â dau fwysel neu un galwyn ar bymtheg yn ystod y cyfnod diw[eddar]), llestr cyfatebol'. **28**.162, **45**.39; **hestor: llestr o hanner hob 47**.23
hestored: hanner hobed, hestoraid, llond hestor (gw. **hestor**) sy'n gymesur, meddir yma, i hanner hobaid, cf. *GPC* 'Llond hestor, dau fwysel'. **47**.24
heuad, gwasgariad hadau, hadau ar gyfer eu hau. **31**.22
heuedig, wedi eu hau neu wasgaru (am hadau). **31**.23
heulgan, heulwen, disgleirdeb yr haul; cf. **lloergan** 'golau lleuad'. **1**.37

heulo, tywynnu (am haul), *WS* (1547) '*Haulaw*: Set a sooning'. **1**.33
heulog, yn tywynnu, yn dal yr haul. **1**.41
heulwedd, wyneb yr haul, heulog, disglair. **1**.39
heulwen 1.36
heusor *ll.* **heusorion**, bugail gwartheg, *TJ* (1688) 'Heusor, bugail gwartheg: *a Herdsman, a Tender of Cattle*'. **68**.1
heusora, bugeilio gwartheg. **68**.3
heusoraeth, gwaith y bugail gwartheg. **68**.2
heusyllt gw. **heisyllt**
heuwr, un sy'n hau hadau. **31**.24
hidl, llestr rhwyllog at hidlo (llaeth), J 16, 117ʳ *Hidl. colandre* (HS, c.1600); *GeirGeg* 137 '*hidl* ... offeryn a ffrâm gylchog iddo a'i waelod yn dyllog. Gan amlaf, 'roedd y ffrâm a'r gwaelod o fetel o'i gyferbynnu â'r gogr ... Fe'i defnyddid, fel rheol, i hidlo hylif.' **17**.30, **28**.128
hidlo breci, hidlo trwyth brag; gw. **breci**. **16**.24
hiddigl, &c. gw. **huddygl**, &c.
hifio gwlân, *GPC hifio* 'Tynnu gwlân, blew neu wallt o'r bôn'; *TJ* (1688) '*Hifio: to pluck off Wooll, to make bare*'. Fe'i ceir yma yng nghyswllt paratoi lledr at wneud menig. **64**.19
hin [= **tywydd**], tywydd. **2**.1; *ll.* **hinoedd** 2 (pennawd)
hin aeafaidd, tywydd gaeafol. **2**.31
hin arw [= **tywydd garw**], tywydd garw. **2**.4
hin deg [= **tywydd teg**], tywydd braf. **2**.3
hin desog [= **tywydd tesog**], tywydd poeth. **2**.22
hin Ebrillaidd, tywydd gwanwynol. **2**.23
hin eirïog [= **tywydd eirïog**], tywydd eira. **2**.29
hin fwll [= **tywydd mwll**], tywydd mwll. **2**.24
hin gynhafaidd, tywydd cynaeafaidd neu hydrefol; cf. **cynhafaidd**. **2**.27
hin hafaidd, tywydd hafaidd. **2**.25
hin oer [= **tywydd oer**], tywydd oer. **2**.26
hin rewog [= **tywydd rhewog**], tywydd rhewllyd. **2**.30
hin wlyb [= **tywydd gwlyb**], tywydd gwlyb. **2**.12
hin wntog [= **tywydd gwntog**], tywydd gwyntog. **2**.28
hindda [= **hinon**], tywydd braf. **2**.2
hiniog, rhiniog, trothwy, stepen drws; gw. hefyd **ymhiniog**. **8**.69; **hiniog** [= **gwadn, trothau**] **8**.140
hinon [= **hindda**], tywydd braf. **2**.2
hirbwyth, pwyth hir. Diweddar (20g.) yw'r dystiolaeth drosto yn *GPC*, a hefyd dros *long stitch* (1849) yn yr *OED*. **61**.30

hitrwm, a'i geilliau wedi eu torri (am hwrdd), J 16, 117ʳ *Hitrwm. stonebroken* (HS, *c*.1600); gw. hefyd **rithrwm**. **69**.59

hob, llestr i ddal mesur **hobed** (gw. y llun ar d. 432), *GPC hob*² 'Mesur sych amrywiol ei faintioli, bwysel, llestr yn dal y cyfryw fesur'; *WS* (1547) '*Hob ne hobeid*: A hope'; *OED hoop*, n.¹ 'A measure of corn, etc., of varying capacity'; gw. **hobed**. **28**.159, **45**.35; **hob yw y llestr a amgyffred pedwar pec 47**.17

hobed yw pedwar peced, *GPC hobaid* 'Llond hob, mesur sych (gan amlaf) a'i faint yn amrywio o ardal i ardal', cf. yn arbennig Jones, 'Termau Amaethwyr Dyffryn Edeirnion', 293, '*hobed*: mesur o ŷd. 4 peced. [D]yffryn [C]lwyd.' Ar yr *hobed* ym Maelor Gymraeg a oedd yn gymesur â'r 'hoop', a mesur ychydig yn wahanol yr *hobet* a ddaeth yn gyffredin yn sir Ddinbych cyn lledu i'r gogledd yn gyffredinol yn hanner cyntaf yr 17g., gw. Palmer, 'Ancient Welsh Measures', 228–9. **47**.18; **pedwar hobed a wna stac neu lestred**, gw. **staca**; ac ar *llestred*, gw. *GPC llestraid* 'bwysel; (ym Morg[annwg] gynt) mesur ŷd, sef dau fwysel a hanner'. **47**.42

hobel, *GPC hobel*¹ 'Math o walch neu o hebog bychan a ollyngid gynt ar ehedyddion a mân adar eraill, *Falco subbuteo*'. **124**.79

hobi goch, robin goch, *GPC hobi*⁴; Llst 189 *hobi gôch, the Robin redbreast* (1722). **124**.80

hoc, math arbennig o bladur i dorri eithin, *GPC hoc*² 'Gwddi, bilwg; math o bladur i dorri eithin neu fieri'; *WS* (1547) '*Gwddi, hoc, ne vilwc*: A hedging byll', *Pen Gloss* (*B* 2.145) *hoc: pladur eithin* (*c*.1562). **45**.61

hoel pedol, hoelen i sicrhau pedol yn ei lle, *BydAm* 2.349 'hoelen sgwâr flaenfain a phen mawr sgwâr, a hwnnw, wrth guro'r hoelen i'r carn, yn suddo i dwll sgwâr yn y bedol'. **37**.30, **52**.17

hoel rew, *EWD* i (1852), 778 '*Frostnail* ... hoel rew'; *BydAm* 2.349 'Un o'r hoelion pennau mawr a roir dan bedol ceffyl i'r troed gael gwell gafael ar rew'. **52**.18

hoel troell, *GPC* 'pin of a spinning-wheel' (*c*.1740). **27**.10

hoel yr egwyd, hoelen neu bìn sy'n sicrhau *egwyd* ('llyffethair, troedog') wrth roi llyffethair ar anifail. **72**.7

hoelion ais, hoelion i sicrhau llathau yn eu lle wrth godi tŷ. **8**.96

hoelion cocys, *GPC hoel gocys, hoel gocs* 'one of the wooden pegs inserted into the rim of a wheel to act as a cog', cf. Peate, 'Traethawd ar Felinyddiaeth', 296, *Seithbeth kuddiedic sy ar velin ... bod hoel gokys yn rrydd*, td. 300, *iro yr holion koks* (1543). **42**.44

hoelion dyle. Ansicr, ond hoelion cysylltiedig ag olwyn trol, mae'n debyg. **33**.7

hoelion dylifo. Ai hoelion a osodir yn ffrâm gwŷdd y gwehydd? **59**.12
hoelion echel, hoelion echel trol. **33**.13
hoelyd [= **chwelydr**], ffurf dafodieithol ar *chwelydr*; gw. **chwelydr**. **30**.60
hogfaen, carreg hogi, 'whetstone', *WS* (1547) '*Hocfaen ne vaen hogi*: A gryndyng stone'. **5**.63, **28**.176, **129**.21; **hogfaen** [= **agalen**] **45**.74
hogi cryman ag agalen, rhoi min ar gryman â charreg hogi, *WS* (1547) '*Agalen*: A whetstone'. **31**.105
hogi pladur [= **rhipannu pladur**], rhoi min ar bladur. **31**.57
hoit, *GPC hoit*[1] 'Chwip hir fel gwialen bysgota a ddefnyddid wrth yrru coets a thri neu bedwar o geffylau', lle awgrymir ei fod yn fenthyciad o'r Saes. tafodieithol *hoyt* 'a long rod or stick'. **30**.91, **45**.4
holi, gair anhysbys, yn ymwneud â rhannau drysau. Ai gwall tybed am **holio**? **8**.150
holio, gair anhysbys, yn ymwneud â drysau. Mae'n bosibl fod hwn, a'r gair sy'n ei ragflaenu yn y rhestr, **holi**, yn wall am *hoelio*. **8**.151
honsex, honsas, dager neu gleddyf byr. Gair o'r Cyfreithiau yw hwn, cf. *LlI* §143.1 *Honsex*, td. 156 'skene, dagger [M. Eng. *hond-seax*]'. **28**.171
hopran, *GPC* 'Math o dwmffat neu dwndis mewn melin y tywelltir y grawn trwyddo i'w falu'; *WS* (1547) '*Hopperan*: The bynne'. **42**.29
horling pen ffon. Ai enw am *chwarae cnapan*? *GPC chwarae cnapan* 'to play at Welsh hurling or bowls', a *cnapan* 'Pêl o bren caled a drewid â ffon wrth chwarae cnapan'. Fe'i cysylltwyd gan George Owen (cyfoeswr i John Jones) â *hurling* yng Nghernyw: cf. Henry Owen (gol.), *The Description of Penbrokshire by George Owen* (London, 1892), 270–82, ac yn arbennig 279, 'This plaie is vsed in Wales, and the balle is called *Knappan* ... and our ancient cozens the Cornishmen haue the selfe same exercise among them yet obserued, wch they call hurlinge.' Yn *DiwyllGC* 64, disgrifir 'math o chwarae pêl', tebyg i gnapan, lle byddai nifer o'r chwaraewyr 'ar geffylau a ffyn tebyg i ffyn *hockey* ganddynt. Teflid y bêl i'r awyr a gallai'r sawl a'i daliai redeg â hi neu ei phasio i gyfaill.' **49**.15
howni, *GPC* 'Edafedd hirwlan, w(r)styd' (1632 a'r unig dystiolaeth yno o eiriaduron). **27**.34
huad *ll.* **huaid**, ci hela, bytheiad, *WS* (1547) '*Huad ne bethyad*: A hounde'. **73**.31
hual, gefyn, *LlLlM* 99 'llyffethair defaid neu unrhyw anifail barus. Fe'i rhoddir am y ddwy goes flaen gan adael y rhai ôl yn rhydd.' **72**.11
hualedig, wedi ei rwymo â hual neu lyffethair. **72**.14
hualiad, y weithred o rwymo â hual. **72**.17
hualog, wedi ei rwymo â hual neu lyffethair. **72**.13

hualu, rhwymo â hual, cloffrwymo. **72**.12

huan [= **haul**]: [Llad.] *sol*, haul. **1**.32

huddygl, *WS* (1547) 'Hiddygyl: Soote'; gw. *GPC huddygl* lle gwelir sawl enghraifft o'r sillafiad *hiddigl* a geir yn y llawysgrif. **5**.182, **9**.70

yr huddygl: [Llad.] *redius*, rhuddygl, radish; Atod.1.187 *Raphanum: Radits: Llyssie yr hudol: Rhuddigyl*, 189, Atod.2.15, Atod.3.218, 291, 292. Troes *y rhuddyg* yn *yr huddygl* drwy gamraniad, gw. *GPC rhuddygl, huddygl*[2] a td. 38. Ni chafwyd goleuni ar *redius*, ond ymddengys fod John Jones yn ei ystyried yn air Llad. am radish. **122**.203

huddygledig, wedi ei dduo gan huddygl. **5**.186

huddygliad, pardduad. **5**.185

huddyglog, llawn huddygl, wedi ei bardduo. **5**.187, **9**.73

huddyglu, duo â huddygl, parddduo. **5**.184, **9**.71

huddyglyd, llawn huddygl. **5**.183, **9**.72

hufen, *GPC* 'Y rhan fras a mwyaf maethlon o'r llaeth, sy'n ymgasglu ar yr wyneb ac a droir yn ymenyn o'i chorddi'. **17**.31

hufenedig, wedi troi'n hufen. **17**.36

hufenedigaeth, y broses o greu hufen. **17**.37

hufeniad, y weithred o droi'n hufen neu o godi hufen oddi ar wyneb llaeth. **17**.35

hufenog, fel hufen, llawn hufen. **17**.33

hufenol, fel hufen, llawn hufen. **17**.34

hufenu, ymffurfio'n hufen ar wyneb llefrith, codi hufen oddi ar wyneb llaeth gyda theclyn megis **sgimer**. **17**.32

hundy *ll*. **hundai**, ystafell wely. Dyma bennawd y rhestr fer hon (**10**) ac ynddi eiriau yn ymwneud â chysgu; ceir geiriau am ddodrefn yr ystafell wely yn y rhestr nesaf, **11** *Stafell*. Mae'n debygol i John Jones ddefnyddio gair o'r Cyfreithiau yma'n bennawd i'r rhestr (*LlI* §93.21 *hunty*); gw. tt. 25–6; nid ymddengys o dystiolaeth *GPC* fod *hundy* yn air a arferid erbyn ei oes ef. **10**.1

hungos, cosi yn y nos (fel enw), *WS* (1547) '*Hungos*: Nyght galle'. **46**.123

huno, cysgu. **10**.2

hunog, yn cysgu, un cysglyd. **10**.5

hwch *ll*. **hychod**, mochyn. Cyfeiriai at y gwryw a'r benyw yn wreiddiol, gw. *GPC* ac *WS* (1547) '*Hwch*: A swine, sowe', a'r tebyg yw mai dyna ei ystyr yma fel pennawd y rhestr hon. **71**.9; **hwch, un gerdded â dafad ond yn ychydig beth**, hynny yw, mae gan hwch yr un nodweddion â dafad, ac eithrio mewn ychydig o bethau; ar *un gerdded (â)*, gw. **eidion**. **101**.1

hwch dorrog, hwch feichiog. **71**.13

hwch lodig, hwch yn gofyn baedd, *TJ* (1688) 'Llodig, hŵch Lodig: *a Sow seeking a Boar*'. **71**.10

hwrdd *ll*. **hyrddod** **69**.11

hwyad *ll*. **hwyaid**, *WS* (1547) '*Hwyad*: A ducke'; a gw. **llysie'r chwied**. **123**.59, **124**.81; **hwyaden 123**.60

hwyad wyllt 124.82

hwyedig hebog, hebog gwryw, sef cyfuniad a gododd John Jones o'r Cyfreithiau, cf. *LlI* §10.23 (am yr ynad llys) *Ef a dele llemesten keurves neu hvyedyc hebavc e gan e penhebogyd*, a gw. *GPC hwyedig*[1] ar ei ddefnydd fel ansoddair yma. **124**.83

hwyfell: **cymar yr eog (***ed*. **gleisiad) sef y gleisiad banw**, *GPC hwyfell* 'Y fenyw o rywogaeth yr eog'; gw. hefyd **chwiwell**. **125**.122

hwyr, yn cynnwys gosber ac ucher yn y dosbarthiad hwn o'r dydd (gw. y tabl td. 142), rhwng tri o'r gloch yn y pnawn a naw o'r gloch gyda'r nos; cf. **hwyrf**. **4**.62, **120**.45

hwyrach, gradd gyfartal *hwyr*. **4**.65

hwyraidd, hwyr yn y dydd. **4**.68

hwyrf, ffurf amrywiol ar **hwyr**, o bosibl wedi magu ystyr ychydig yn wahanol, gan ei fod wedi ei leoli ar wahân i **hwyr**. **4**.66

hwyrhau, mynd yn hwyr, nosi. **4**.63

hwyrnos, *GPC* 'Nos; dechreunos, min nos'. **4**.67

hwyrol, gyda'r hwyr, yn perthyn i'r hwyr. **4**.64

hydd *ll*. **hyddod**, carw, bwch danas. **25**.2, **74**.1

hyddgant, *GPC* 'Gyr o geirw; carw, hydd, ewig'. **74**.2

hyddgen, croen hydd, *WS* (1547) '*Hyddgen*: A hartes hyde'. **75**.16

hyddgi [*ll*.] **hyddgwn**, ci hela hyddod. **73**.62

hyfr *ll*. **hyfrod**, *GPC* 'Bwch gafr (yn enw[edig] un wedi ei ysbaddu)'. **70**.5

hynafgwr *ll*. **hynafgwyr**: [Llad.] *seniores* **51**.52

hyrddu, gwthio'n ergydiol fel hwrdd. **69**.12

hysbáu, hesbáu, mynd yn hesb (am fuwch laethog). Ni cheir y ffurf hon yn *GPC* ond cf. yno dan *hysbio*, *hysbu*. **68**.12

iâ, rhew. **2**.89

iad, corun, copa'r pen. **7**.11

iäen, talp o rew. **2**.90

ialffust [= **gwialenffust**], pen ffust, sef teclyn mewn dwy ran a ddefnyddid i ddyrnu ŷd; gw. **ffust**. Cymerir mai cyfuniad yw hwn o *(gw)ial* + *ffust*, ffurf amrywiol (gywasgedig) ar **gwialenffust**. **35**.13

iaog, rhewllyd. **2**.92

iaol, o natur rhew. **2**.91

iâr *ll*. **ieir** 123.1

iâr dwrci, twrci benyw. 123.56

iâr fôr, *GPC* 'sea hen, hen fish, lump-sucker, *Cyclopterus lumpus*' (a'r dystiolaeth o'r 20g.); ond sylwer bod *sea-hen* yn digwydd mor gynnar â 1611 yn Saes. am 'piper-gurnard' neu 'lumpfish' (gw. *OED sea-hen*), felly gall hwn fod yn gyfieithiad cynnar o'r enw hwnnw. 125.123

iâr fynydd *ll*. **ieir mynydd**, *GPC* 'grouse, moorhen'. 124.84

iâr goed *ll*. **ieir coed**, ffesant benyw, *TJ* (1688) 'Iâr goed, iâr wŷdd: *a Pheasant*'. 124.85; **iâr goed** [= **ierwydd**] 124.86

iâr ôr, iâr ori, iâr ddeor, 'broody hen'; gw. *GPC* am *gôr* 'yn gori neu'n eistedd (am iâr, &c.), gorllyd'. 123.32

iâr yn clocian, iâr yn clwcian, yn enwedig wrth alw ar ei chywion. 123.18

iâr yn deor, iâr yn eistedd neu ori ar ei hwy(au). 123.17

iarll *ll*. **ieirll** 51.33; *b*. **iarlles** *ll*. **iarllesau** 51.34

iarllaeth, statws iarll neu ei diriogaeth, 'earlship; earldom' (*GPC*). 51.35

iau gw. hefyd **iou**

iau, gwarrog, *BydAm* 2.374 'Darn o bren wedi ei lunio a'i saernïo'n bwrpasol i'w roi ar draws gwarrau (ac weithiau'r cyrn) dau neu fwy o ychen fyddai'n ffurfio gwedd ac yn cydweithio i dynnu aradr, ayyb'. 72.32; **ieuau** 45.13

iau ychen, gwarrog ychen (gw. **iau**) neu wedd o ychen (dau neu ragor ohonynt). 30.81

iddw, *GPC* 'erysipelas, St. Anthony's fire', un o nifer o afiechydon sy'n peri i'r croen fynd yn goch a phoeth, fel gowt. 46.68

iddw gwibiad, math o gowt sy'n crwydro o naill ran y corff i'r llall; gw. **iddw**. 46.70

iddw rhedegog, math o gowt sy'n gollwng crawn; gw. **iddw**. 46.69

ierwydd [= **iâr goed**], *GPC* 'Iâr goed, coediar, iâr ffesant' (< *iâr* + *gŵydd*). 124.86

yr ieuad, amrywiad o bosibl ar *afuad*, llysiau'r afu, 'liverwort', *GPC* 'Unrhyw un o amryw fathau o blanhigion bach gwyrdd diflodau o ddosbarth yr *Hepaticæ*' (gyda *iau*, yn hytrach nag *afu*, yn elfen gyntaf); cf. Pen 309i, 21 *Afad: Hepaticus morbus ... Yr Euad* (JJ, 1623–4). 122.204

ieuo, gosod iau ar warrau dau neu ragor o ychen mewn gwedd, cysylltu anifeiliaid ynghyd, cf. *GPC ieuo moch(yn)* 'to yoke pig(s), in order to prevent it (them) from breaking through hedges, &c.' 72.33

iewydd *ll*. **iewyddion**: gwden am ganol yr iau i gloigio'r tidiau wrthi, rhyw fath o raff (*gwden*) am ganol yr iau i glymu (*cloigio*) cadwyni (*tidau*) wrthi, cf. *AradrGym* 150–1; *GPC iewydd*[1] '?Rhan o'r gêr tynnu neu o'r iau wrth aredig ag ychen, efallai'r did sy'n cysylltu clust yr aradr wrth ganol yr iau'; gan ychwanegu 'nid yw'r ff[urf] na'r ystyr yn sicr; amr[ywiad] ar yr un fr[awddeg] a geir ym mhob un o'r enghr[eiffti]au o'r llyfrau cyfraith, ac yn y geiriaduron yn unig y digwydd y ff[urf] un[igol].' **30**.87

iëydd [= **iswng**], tebyg mai amrywiad ydyw ar **iewydd**; gw. **iswng**. **45**.99

il, 'eplesiad (cwrw, &c.)'; fe'i hesbonnir yn *GPC* fel benthyciad o'r Saes. *gyle*: *OED* 'Λ brewing; the quantity of beer or ale brewed at one time' neu 'Wort in process of fermentation'. **16**.25

iliad, eplesiad (diod frag). **16**.27

iliedig, wedi ei eplesu (am ddiod frag). **16**.28

ilio, eplesu neu furmanu diod frag, Pen 169, 257 *Ilio: rhoi kwickyn* (RhM, *c*.1580) (*GPC cwicyn* 'Eples, lefain', o'r Saes. *quickening*); Pen 188, 204 *Ilio: rhoi burm att y breci* (TW, *c*.1590–1620). **16**.26

imp, blaguryn, eginyn, grafft. **121**.15; *bach*. **impyn 121**.16

impiad, eginiad, graffiad. **121**.19

impiedig, wedi ei impio neu ei grafftio. **121**.18

impio, (peri) egino, grafftio, *WS* (1547) '*Impio*: Graffe'. **121**.17

impiog, yn egino neu'n blaguro. **121**.20

impiol, yn egino neu'n blaguro. **121**.21

impiwr, un sy'n impio neu grafftio (coed, &c.). **121**.23

iou [= **ci**]: **o bren neu haearn i dderbyn y colyn uchaf**, iau, sef y darn o bren neu haearn sy'n dal y *colyn uchaf* ('hinge' uchaf) mewn drws. (Gw. *GPC iau*[1], er na restrir yr union ystyr hon yno.) Mae orgraff *iou* yn awgrymu ffurf ddeheuol: a gododd John Jones y gair hwn ym Morgannwg? **8**.152; **iou** [= **ci y drws**], capan drws o bosibl, sy'n gweithredu fel iau, yn dal y ddau bostyn drws ynghyd. **8**.146

irai, gwialen i yrru ychen, ffon i gymell anifail gwedd wrth aredig, *WS* (1547) '*Gwialen alw neu irai*: A gode'; Pen 188, 205 *Irei, Ierthy, Gwialen alw* (TW, *c*.1590–1620). **30**.90, **45**.3

ired, iraid, saim, braster. **14**.80

ireidiol, wedi ei iro. **14**.82

ireidlyd, llawn saim neu fraster, *WS* (1547) '*Iraidlud*: Greesy'. **14**.83

iro, rhwbio â saim neu fraster. **14**.81

is corf, rhan isaf y neuadd gynt. Cyfeirir ato yn y Cyfreithiau Cymraeg: LlI §5.1–2 *Petwar cadeyryavc ar dec esyd yn llys, petwar onadunt ys coryf a dec uwch coryf* (td. 148 *coryf* 'column, colonnade (?)'). **9**.11

isarn, bwyall ryfel, *WS* (1547) '*Byl neu issarn*: A byll'. **50**.39

isgell, *GPC* 'Dŵr neu hylif arall wedi berwi llysiau neu gig, &c., ynddo, cawl, potes'. **14**.84

ish: *the ffreey of a ffish* ('the fry of a fish'). Ni chafwyd goleuni ar *ish*; tybed a yw'n ffurf ar *us* yn yr ystyr o fân bethau di-werth (gw. *GPC*), gan gyfeirio at bysgod mân nad yw'n werth eu dal? Am *ffrey*, gw. *OED fry*, n.[1] 'The roe (of a female fish)' neu 'Young fishes just produced from the spawn; *spec[ifically]* the young of salmon in the second year, more fully *salmon fry*' (cofnodwyd *frey* yn yr 16g.). **125**.124

iswng [= **iëydd**]. Cyfeiria at ryw ran o'r gêr tynnu sy'n cysylltu'r aradr a'r anifail tynnu. Gall mai cyfuniad yw'r gair o *is-* 'dan' + *GPC mŵn*[1] 'gwddf', yr un elfen ag yn y gair **mynci**, ac yna *isfwn > isfwng* (ar lun *prin > pring*); cf. Pen 228iii, 90[r] *subiugium ... Carrei ne did y rwymo gwddf aniual wrth yr iau* a hefyd *subiugis ... danieuoc* (TW, 1604–7). **45**.99

iwrch *ll*. **iwrchod**, carw bychan, *WS* (1547) '*Iwrch*: A rhoo'; gw. **iyrchell**. **76**.1

iyrchaidd, o natur iwrch. **76**.3

iyrchell *ll*. **iyrchellau**, iwrch benyw. Ar y diffyg gwyriad yn y testun, *iwrchell ll. iwrchellau*, gw. td. 48. **76**.2

iyrchol, fel iwrch. **76**.4

ladl [= **lletfed**], llwy ddofn ac iddi goes hir, lletwad. **14**.25, **28**.57

ladl [*ll.*] **ladle yr olwyn**, llwyau neu fyrddau ar olwyn ddŵr mewn melin bannu; cf. **ladlau dŵr**. **42**.37

ladlau dŵr, llwyau neu fyrddau ar olwyn ddŵr mewn melin bannu, cf. *OED ladle* 'One of the float-boards of a water-wheel'. **60**.14

ladled, ladlaid, llond ladl neu letwad. **14**.26

ladleidio [= **lletfeidio**], llwyeidio, rhannu â ladl. **14**.28

lawnsed, **yw hollt hir yn ffenestr mewn gwal i oleuo**: *a krevis in a wal* ('a crevice in a wall'), *GPC lawnsed* 'ffenestr hirgul bigfain ar ffurf llafn fflaim, twll hirgul ym mur beudy, stabl, &c., cloer'. Daw o'r Saes. *lancet*, ond diweddarach (1781) yw dyddiad y cyfeiriad cynharaf at *lancet window* yn yr *OED*; am ystyr *krevis* yma, gw. *OED crevice* 'A crack producing an opening in the surface or through the thickness of anything solid'. **8**.173

lefen [= **surdoes**], lefain, *GPC* 'Sylwedd (yn enw[edig] hen does wedi ei gadw at y pwrpas) a ychwanegir at does i beri iddo eplesu, surdoes'; *GSG* 3 '*lefain ...* yw *surdoes* ac *eples*, a arferid gynt, ac nid *burym*, bydded *wenith, haidd, rhyg, neu geirch* – surdoes oedd yr oll'. **15**.58

lefennu, lefeinio, ychwanegu surdoes neu furum at does i wneud iddo eplesu. **15**.59

lesdussog: *b*. Llythyren gyntaf *betonica* yw'r *b*. Gair Hen Gernyweg, nid Cym., yw *lesdussog* a ddaw yn y pen draw o'r *Vocabularium Cornicum*:

#642 *betonica* gl. *lesdushoc* (*OCV* 277–8 'betony'). Gw. hefyd Pen 297, 198ʳ *Botonica* [*sic*]: *Llesdushog* (JJ, 1606) a'r Rhagymadrodd, §3.6. **122**.101

lespwyt: *m*. Llythyren gyntaf *marrubium* yw'r *m*, cf. Pen 297, 198ʳ *Marrubium: Llespvit* (JJ, 1606). Gair Hen Gernyweg, nid Cym., yw *lespwyt* a ddaw yn y pen draw o'r *Vocabularium Cornicum*: #652 *marrubium* gl. *lesluit* (*OCV* 283 'horehound', cytras â *llys(iau) llwyd*). Darlleniad Thomas Wiliems yw *marrubium: llyspiut*, Pen 188, 126 (*c*.1590–1620) ac mae'n debygol fod ffynhonnell John Jones a Thomas Wiliems (rhestr yn llaw Rhosier Morys, yn ôl pob tebyg) yn cynnwys y symbol Hen Saes. *p* ('wynn'), a gamddarllenwyd gan John Jones fel *p*. Gw. y Rhagymadrodd, §3.6. **122**.102

lwfer [= **sawell**], twll mwg mewn simnai, Pen 228ii, 63ᵛ *Fumarium ... Twlh y mwg, sawelh, Lwuer* (TW, 1604–7). Daw o'r Saes., *OED louver*, n.¹ 'A domed turret-like erection on the roof of the hall or other apartment in a mediæval building with lateral openings for the passage of smoke or the admission of light'. Gw. hefyd ***ffymbrell***. **9**.15

lladd anifel, lladd anifail (mewn lladd-dy). **20**.8, **65**.8

lladd gwair, torri gwair (wrth gynaeafu). **31**.58

llaesod [= **rhester**], llaesodr, *TJ* (1688) 'Llaesodr, llaesod: *litter for Cattle to lye upon*'. Gw. hefyd *LlLlM* 98 '*llaesod*: y rhan o'r beudy rhwng y preseb a'r gwter lle bydd y fuwch yn sefyll neu'n gorwedd'. **36**.13

llaeth, llefrith, *WS* (1547) '*Llaeth*: Mylke'. **17**.16

llaeth cadw, llaeth a gedwir at wneud menyn (*GPC* 1783); *BydAm* 3.13, 'Y llaeth a gedwid mewn potiau pridd mawr i'w gorddi drwyddo yn fenyn, wedi iddo suro, neu i'w ddefnyddio i wneud caws'. **17**.25

llaeth croyw, llaeth ffres neu laeth heb fod yn sur, *TJ* (1688) '*Croŷw. Sweet, fresh, not sower milk*'. **17**.24

llaeth enwyn, *GeirGeg* 63 '*llaeth enwyn* ... y llaeth a oedd yn weddill yn y fuddai ar ôl corddi ... *buttermilk*'. **17**.26

llaeth enwyn croyw, llaeth enwyn ffres. **17**.28

llaeth enwyn sur, surlaeth, R. I. Prys, *Geiriadur Cynaniadol Saesneg a Chymraeg* (Dinbych, 1857), 89, '*Bonny-clabber* ... llaeth enwyn sur' (*OED bonny clabber* 'Milk that has naturally clotted on souring'). **17**.27

llaeth llefrith, *GPC* 'sweet milk (as opposed to buttermilk); full cream milk', a chymherir y Llydaweg *laezh-livrizh*. Gw. *GeirGeg* 63 '*llaeth llefrith* ... llaeth heb dynnu dim o'r hufen ohono ... *full cream milk*'. **17**.23

llaeth mysg, *GPC* 'first milk after calving, beestings'. Gw. hefyd Pen 308i, 96 *L[l]aeth mysg: L[l]aeth torr* (JJ, *c*.1621). **17**.22

llaeth tor, llaeth brith, *GeirGeg* 62 '*llaeth brith* … y llaeth cyntaf ar ôl i fuwch ddod â llo … *beestings* … llaeth tor / torro'. **17**.21

llaeth y gaseg. Diweddar (1894) yw'r dystiolaeth yn *GPC* dros yr ystyr 'gwyddfid', a gall mai llysieuyn gwahanol sydd yma. **122**.96

llaeth ysgall, llaethysgall, llysiau ac iddynt flodau melyn tebyg i ddant y llew; *Llysieuwr* 94 *Labroum Veneris: Y llyshiewyn ynn Lloegyr a hennwir sowthistyl, yr hrainn a elwir ynGhymrv llaeth ysgall* (EG, c.1545); *LlS* (1574) 128 *Yscall y moch … Sonchus yn Llatin Sowthystle yn Sasonaec Yscall y moch ne Laethyscall yn Camberaec.* Fel y gwelir yn *GPC llaethysgall*, fe'i hysgrifennid yn aml fel dau air, ond yr un yw'r ynganiad. **122**.97

llaetha, cynhyrchu llaeth, cardota llaeth. **17**.17

llaethlo, llo sugno. **68**.42

llaethlyd, tebyg i laeth, llawn llaeth. **17**.20

llaethoen, oen sugno. **24**.2, **69**.62

llaethog, llawn llaeth, yn rhoi llaeth. **17**.18

llaethol, yn ymwneud â llaeth, fel llaeth. **17**.19

llafn [= **cledd, cleddau, cleddyf, ffòs**], llafn, cleddyf. **50**.17

llafn bynawyd, llafn neu bigyn metel mynawyd (crydd). **63**.21

llafn cledd, llafn cleddyf. **50**.20

llafur, *GPC* 'Ffrwyth neu ganlyniad llafurio (yn enw[edig] yn y maes); ŷd, grawn, cnwd'. **31**.157

llafur ŷd, cnwd ŷd. **31**.158

llafurio, trin neu aredig y tir, ffermio. **30**.104

llafurwr [= **arddwr**], un sy'n trin y tir, amaethwr. **30**.100

y llaid, clefyd yn nhraed gwartheg, 'foul in the foot', a achosir gan haint yn y pridd sy'n waeth mewn tir a thywydd gwlyb. **105**.6; **y llaid** [= **y llwyr**] **105**.14

llamhidydd *ll.* **llamhidyddion**: *a purpos* ('porpoise'), **math ar bysgodyn y sydd yn y môr ac a fwrir o groth y banw fal lledfegin byw ar y ddaear**. Mae'n bosibl mai môr-hwch, moelrhon ('seal') sydd gan John Jones mewn golwg, o gofio nad yw llamhidyddion 'porpoises' yn greaduriaid sy'n geni eu hepil ar y tir (os dyna yw'r ystyr yma, yn hytrach na bod yr epil yn cael ei eni o groth ei fam *fel petai* ar y tir). Defnyddir 'porpoise' i ddisgrifio 'moelrhon, môrhwch' yn *TJ* (1688) 'Moelrhon, môrhwch, mâth ar bysgodŷn: *a Sea-Fish called a Porpoise*'. Ystyr darddiadol *porpoise* yw 'môr-hwch' (yn llythrennol 'hwch-bysgodyn'), o'r Llad. *porco-piscis* (gw. *OED porpoise*). **125**.125

llamprog *ll.* **llamprogod & lamprïod**: *a lampray* ('a lamprey'), *GPC llamprai*, 'Creadur dŵr o deulu'r *Petromyzonidæ*, sy'n debyg i'r llysywen, llysywen bendoll'; diweddar (1851) yw'r dystiolaeth yno dros *llamprog*. Gw. hefyd Pen 308i, 78 *Llampriod lliaws o lamprocc* (JJ, *c*.1621); *WS* (1547) '*Lamprei*: A lamprey'. **125**.127

llamrïod neu llamrïed: *stonfish* ('stonefish'), *GPC llymrïaid, llamrïaid* 'Pysgod bach tebyg i lyswennod o'r tylwyth *Ammodytes* a geir yn y tywod ar lan y môr ac a gesglir i'w bwyta', 'sand-eels'. Cf. Lewis Morris (*c*.1745) yn LlGC 24052E, 244 *Sand Eels or Launces. Llamrîaid, Pysgod bychain. These are frequent on ye sandy Coasts of wales*, 340 *llameriod, stone fish*. Ar y Saes. *stonfish*, gw. *OED stonefish* 'a name for various fishes harbouring under stones'. **125**.128

llamu caseg, neidio ar gaseg (am farch yn paru â chaseg). **67**.34

llamysten, *GPC* 'Hebog bach sy'n hela adar mân, cudyll glas, gwalch glas, *Accipiter nisus*'; *WS* (1547) '*Gwepia ne llymysten*: A sparowe hauke'. **124**.87

llanc, llanc, gwas, *WS* (1547) '*Llank neu rhakas*: A gorrell' (*OED gorrel* '?A youth, lad, boy'); *BydAm* 3.25 'Yn amaethyddol gair cyffredin' am was fferm'. **6**.139; **llanc** *ll*. **llanciau 117**.108; *bach*. **llencyn 6**.140, **117**.109

llances, merch ifanc, cf. *BydAm* 3.25 'Gair cyffredin yn y cylchoedd amaethyddol am forwyn ifanc neu eneth yn gweini'. **6**.143; **llances** *ll*. **llancesau 117**.110; *bach*. **llancesan 6**.144, **117**.111; **llancesig 6**.145, **117**.112

llancwst, llencyn, gwas. Cynigir yn *GPC* ei fod yn gyfuniad o *llanc* a *llabwst*, a diddorol nodi mai Elis Gruffydd piau'r unig enghraifft a roddir yno, ac yntau, fel John Jones, yn frodor o sir y Fflint. **6**.141

llanged *ll*. **llangedau** [= **tytmwy** *ll*. **tytmwyau**], *GPC* 'Tlws neu addurn ar ffurf tafod' a'r unig enghraifft o eiriadur Henry Salesbury, LlGC 13215E, 340 *llanged … langurium*. Gan ei fod yma'n gyfystyr â *tytmwy* 'tennyn', &c., cf. *OED languet* 'Scottish and English regional (northern). A type of fetter for an animal'. **37**.61

llangediad [= **tytmwyad**], rhwymiad ceffyl â **llanged**. **37**.64

llangedig [= **tytmwyedig**], wedi ei rwymo â **llanged** (am geffyl). **37**.65

llangedog [= **tytmwyog**], wedi ei rwymo â **llanged** (am geffyl). **37**.63

llangedu [= **tytmwyo**], ?rhwymo ceffyl â **llanged**; ni cheir mohono yn *GPC*. **37**.62

llath, llathen, ffon neu dâp mesur o faint llathen, neu'r mesur hwnnw o frethyn, *WS* (1547) '*Llath … neu llathen*: A yarde'. **61**.48

llathen ffon neu dâp mesur o faint llathen, neu hyd y mesur hwnnw o frethyn. **61**.47

llathen, tair troedfedd yw, sef y mesur, sy'n cyfateb i dair troedfedd; cf. **llath**. 47.5

llathen bedrogl yw 9 troedfedd [**bedrogl**], llathen sgwâr yw 9 troedfedd sgwâr; gw. **pedrogl**, ffurf amrywiol ar **pedrongl**. 47.48

llaw, 'hand'. 7.49

llaw haeddel [= **llawlyw**], braich neu handlen dde'r aradr, y fraich ar ochr y rhych, cf. *AradrGym* 11. Sylwer, er hynny, mai 'the left handle of a plough' yw'r ystyr a roddir i *llaw haeddel* yn *GPC*, a hynny ar sail enghraifft o'r 19g. **30**.57

llaw sbodol gw. **llaw ysbod**

llaw ysbod, ffon neu bastwn i guro cywarch neu lin â llaw; gw. **ysbodol**. Ni cheir y cyfuniad yn *GPC*, ond cf. *OED swingle-hand* (= *swingle*). 27.81; **llaw sbodol 28**.138

llawd ar hwch, cyflwr hwch yn gofyn baedd, *GPC llawd* 'awydd hwch am faedd'. **71**.11

llawio, trin (ŷd) â llaw; cf. y cyfuniad *llowio dyrnu* (1769) a ddyfynnir yn *GPC llawiaf: llawio*. Llai tebygol yma, rhwng **dyrnu ŷd** a **brigddyrnu**, yw'r ystyr 'casglu' a roddir i *lloffa* (< *llawf* 'llaw' + *-ha*) yng nghyswllt ŷd yn *WS* (1547) '*Lloffa yd*: Glene corne' (*OED glean* 'To gather or pick up ears of corn which have been left by the reapers'). **35**.26

llawlyw [= **llaw haeddel**], braich neu handlen aradr, *Pen Gloss* (*B* 2.146) *llawlyw: y braich aradr* (c.1470). **30**.57

llawlloned, llawnllonaid, lleuad lawn, *WS* (1547) '*Llawn lloneid ar y lleuad*: The full moone'; gw. **blaen newydd**. 1.50

llawr dyrnu, 'threshing-floor', *BydAm* 3.31 'Y llawr o goed gynt y dyrnid arno yr ŷd â ffust, llawr i ffustio'r ŷd a gwahanu'r grawn oddi wrth y gwellt … Yn y sgubor, rhwng y ddau ddrws mawr i gael gwynt neu ddrafft i helpu nithio, y gosodid y llawr dyrnu.' **35**.23

llech, cuddfan neu loches ysgyfarnog; gw. *GPC llech*[2] a cf. *llechu* 'ymguddio'. **77**.10

llech, *GPC llech*[1] 'maen gwastad y cresir bara a chacennau arno, gradell garreg', 'bakestone'. **15**.17

llech bridd, llechfaen bridd i grasu bara a chacennau arni. **28**.77

llech las, llechen (?'slate') i grasu bara a chacennau arni. **28**.76

y llechau, 'rickets', afiechyd mewn plant ifanc lle nad yw'r esgyrn yn caledu oherwydd diffyg fitamin D, neu 'mumps' (*GPC llech*[3]). **46**.51

llecheden o ddolur, pwl neu ergyd sydyn o boen neu afiechyd, *GPC llucheden, llecheden* 'Twymyn (sydyn), cryd poeth, haint (llŷn), chwiw, pla'; cf. *CIech* 49 *Yn amser maruolaeth o'r kornwyd, yn yr amser j mae* *tra da aruer o gnoi a bwytta ii ne iii o'r dail* [sef dail suran] *y borau ar [g]ythlwng j gadw'r korf oddiwrth y llucheden* (1545). **46**.91

llechfa, cuddfan neu loches ysgyfarnog. **77**.12

llechfaen, llechen, 'slate'. **5**.68; **llechfaen** *ll*. **llechfain** (cf. **maen llechen**). **129**.27

llechfaen *potius quam* **llechwen** [= **gradell**]. Cyfystyron yw *llechfaen* a *llechwen* yma, ond awgryma John Jones fod *llechfaen* yn well gair (Llad. *potius quam* 'yn hytrach na'). Gradell i grasu bara a theisennau arni oedd *llechfaen* 'bakestone', ac nid o reidrwydd o 'faen'; cf. **llechwen** [= **gradell haearn**]; *GeirGeg* 139 '*llechfaen* … plât crwn o haearn bwrw y byddid yn crasu bara a theisennod arno. Er hynny o garreg neu faen arbennig y gwnaeth yr enghreifftiau cynharaf, yn ôl y diffiniad a geir yn yr enw ei hun … *bakestone*.' **15**.20; **llechfaen 28**.81

llechiad, ymguddiad ysgyfarnog mewn lloches yn hytrach, efallai, nag *GPC llechiad*[2] 'un sy'n llechu'. **77**.13

llechog, yn ymguddio mewn lloches (am ysgyfarnog). **77**.14

llechol, yn ymguddio mewn lloches (am ysgyfarnog). **77**.15

llechu, ymguddio mewn lloches (am ysgyfarnog). **77**.11

llechwedd, *GPC llechwedd* (b) 'Ochr y pen, lletben, cern, bochgern, boch, grudd, arlais'. Efallai fod ei leoliad yma rhwng **moel** 'pen moel' a **clol** 'penglog' yn awgrymu ystyr gyffredinol megis 'ochr y pen' (gan fod y geiriau am foch ac arlais yn cael eu nodi ar wahân). **7**.8

llechwen [= **gradell haearn**], llechfaen, gradell i grasu bara a theisennau arni, yn aml o haearn yn hytrach nag o faen neu garreg; gw. **llechfaen** a cf. **llechwen haearn**, ac *OED bakestone*. **15**.21

llechwen fuchudd: *llech o faen du fal muchudd*, llechfaen o garreg ddu fel muchudd – nid o reidrwydd o garreg muchudd – y cresir bara a chacennau arni. **15**.18; **llechwen fuchudd 28**.79

llechwen haearn, gradell haearn. **28**.78

llechwen wenithfaen: *llech o faen gwenithfaen*, carreg wenithfaen wastad y cresir bara a chacennau arni. **15**.19; **llechwen wenithfaen 28**.80

lled bwyall, llydander llafn bwyall. **53**.16

lleden *ll*. **lledau**: *a flooke* ('a flook'). *GPC* 'Un o amryw fathau o bysgod (môr) o isddosbarth yr *Heterosomata*, sydd â'r ddau lygad ar yr un ochr i'r pen'; *WS* (1547) '*Lleden*: A playce'; Lewis Morris (*c*.1745), LlGC 24052E, 233 *A Flounder or Flook or Fluke. Found in Rivers. Lleden*. Am y Saes. *flooke*, gw. *MED flǭk*, n.[3] 'A flatfish; a fluke or flounder; a plaice'. **125**.129; **lleden** [= **llythïen** *ll*. **llythi**] **125**.139

lleden chwith, *GPC* 'turbot, *Scophthalmus maximus*'. Cf. Lewis Morris (*c*.1745) yn LlGC 24052E, 230: *Rhombus maximus asper non Squamosus, a Turbutt: A Prill or A Turbott or Turbutt, in some places in the North Called a Bret, In wales Torbwt. & Lleden Chwith. They are upon the Coast of Anglesey 3 foot Long*. **125**.130

lleden las. Ni cheir *lleden las* yn *GPC* ond gw. yno *llythi* 'Amryw fathau o bysgod môr o isddosbarth yr *Heterosomata*, lledod'. Gw. hefyd Pen 308i, 81 *Llythien ll. lythi: lleden las* (JJ, *c*.1621). **125**.131

lleden wen, enw arall, o bosibl, am leden lyfn 'lemon sole' (*GPC*), un y mae ei waelod yn wyn. Ni cheir *lleden wen* yn *GPC*. **125**.132

llefrith, llaeth ffres, melys (mewn cyferbyniad â llaeth enwyn, sy'n sur), J 16, 5^v *Llevrith. Sweet milke* (HS, *c*.1600). **17**.29

lleffethyr, llyffethair, hual, *WS* (1547) '*Llefether*: Shaccle'; gw. hefyd **llyffethyr**. **72**.2

lleffethyr gwden, llyffethair neu hual ar ffurf rhaff. **72**.3

llegest: [Llad.] *polippos*. Gair Hen Gernyweg, nid Cym., yw hwn a ddaw yn y pen draw o'r *Vocabularium Cornicum*: #552 *polippos* gl. *legest* (*OCV* 238 'lobster'). Cf. *GPC llegest* lle gwelir mai geiriadurol yn unig yw'r dystiolaeth drosto. Gw. y Rhagymadrodd, §3.6. **125**.133

lleisw, trwyth ar gyfer golchi dillad, J 16, 3^v *Lleisw. lye, Lixuvium*, hefyd *OED lye*, n.[1] 'Alkalized water, primarily that made by the lixiviation of vegetable ashes, but also applied ... to any strong alkaline solution, esp. one used for the purpose of washing'. **19**.21

lleithig, mainc, gorsedd; o bosibl llwyfan isel lle eisteddai'r tywysog neu'r brenin mewn neuadd; cf. **y radd: lleithig**, a'r Saes. *dais*, 'A raised table in a hall, at which distinguished persons sat at feasts, etc.; the high table' (*OED*). Mae defnydd Beirdd y Tywysogion ohono'n awgrymu'r safle mwyaf anrhydeddus yn y llys. Ymffrostiodd Meilyr Brydydd, *Bum o du gwledic yn lleithiga6c*, wrth ddisgrifio'r anrhydedd o gael eistedd wrth ochr ei dywysog, Gruffudd ap Cynan (m. 1137), yn llys Gwynedd: gw. J. E. Caerwyn Williams a Peredur I. Lynch, *Gwaith Meilyr Brydydd ac Eraill* (Caerdydd, 1994), 3.76. **9**.12

lleithion, lleithban, 'milt' pysgod. **125**.32

llemeirch: *oester* ('oyster'), wystrys (sylwer mai unigol yw'r gair Saes. cyfatebol), cf. Pen 169, 272 *llymeirch: oestrvs* (RhM, *c*.1580); J 16, 1^r *Llymarch. Oystre, Ostrea* (HS, *c*.1600). Gw. ymhellach *GPC llymarch*, a sylwer mai *llymeirch* yw'r ffurf luosog arferol, er bod tystiolaeth dros *llemeirch*, a'r amrywiad *llemwrch*. **125**.134

llên [*ll*.] **llenion**: [Llad.] *theologus*, clerigwr. Sylwer mai *llenau* a *lleniaid* yn unig a nodir fel ffurfiau lluosog yn *GPC*. **51**.61

llen gwely, canopi gwely, Pen 228iii, 145ᵛ *Velum … lhen gudh, lhenn gwely, curtein* (TW, 1604–7). **11**.71

llenllïen *ll.* **llenlliennau**, llenllïain, cynfas o liain. **11**.60; *bach.* **llenlliennan 11**.61; *ll.* **llenllieniau 28**.22

llenlliennog, wedi ei orchuddio gan gynfas o liain (e.e. am wely). **11**.62

llenlliennu, rhoi llenllieiniau neu gynfasau ar wely (*GPC* 1783). **11**.69

ll. **ller** [*u.*] **llerren**, efrau, llysieuyn digroeso sy'n tyfu ynghanol ŷd, *GPC ller*¹ 'Efrau, graban, bulwg'. Gw. hefyd Pen 308i, 19 *Diflygo yd: yw tynny yr evere ar ller or yd* (JJ, *c.*1621) ac ymhellach Atod.3.190 *Llerr, Efrae, Drewg: idem sonant quibusdam ut Darnel, Tares, Cocle, Zizania, Lolium,* αινζα. **31**.174; **ller 122**.98

llerrog, llawn o ler neu chwyn; nis ceir yn *GPC*. **31**.175

llesdeith. Gair Hen Gernyweg, nid Cym., yw hwn a ddaw yn y pen draw o'r *Vocabularium Cornicum*: #632 *febrifugia* gl. *lesdeith* (*OCV* 273 'feverfew'). Gw. hefyd Pen 297, 198ʳ *febrifugia: Llesdeith* (JJ, 1606) a'r Rhagymadrodd, §3.6. **122**.100

llesengog. Gair Hen Gernyweg, nid Cym., yw hwn a ddaw yn y pen draw o'r *Vocabularium Cornicum*: #640 *solsequium* gl. *lesengoc* (*OCV* 276–7 'marigold; bluebell'). Gw. hefyd Pen 297, 198ᵛ *Solsequium: Llesengog* (JJ, 1606), a'r Rhagymadrodd, §3.6. **122**.99

llesserehog. Gair Hen Gernyweg, nid Cym., yw hwn a ddaw yn y pen draw o'r *Vocabularium Cornicum*: #653 *lappa* gl. *lesserehoc* (*OCV* 283 'burdock', lle esbonnir y ffurf yn wall am *lesserchoc*, a'r ail elfen yn cyfateb i'r Gym. *serchog*, yn yr ystyr fod y llysieuyn, fel cacamwci neu gyngaf, yn glynu ar ddillad; cf. Williams, '*Vocabularium Cornicum*', 97). Gw. hefyd Pen 297, 198ʳ *Lappa: Llesserehog, llyse'r hebog* (JJ, 1606); Pen 188, 126 *Lappa: lhyseur heboc* (TW, *c.*1590–1620). Gan fod y rhestrau o eiriau Hen Gernyweg yn llawysgrifau Pen 297 a Pen 188 yn gopïau annibynnol o restr gan Rhosier Morys, tybir mai ef a ychwanegodd *llysau'r hebog* at y cofnod; gw. y Rhagymadrodd, §3.6. **122**.103

llestr, cynhwysydd (yma i ddal cwrw, &c.); gw. hefyd **rhannau llestr**. **13**.12; **llestr** *ll.* **llestri 16**.50

llestr ilio, llestr ar gyfer eplesu cwrw, Pen 228ii, 150ʳ *lacus … llestr ilio, wrth dharlhaw y oeri'r breci, llestr cwrw* (TW, 1604–7). Gw. hefyd *WWills* 52 '*gyle vat*: Vat which holds the wort whilst fermenting, after the yeast has been added'. **16**.30, **28**.102

llestr y llo, croth y fuwch. **68**.38

llestr y llwdn, croth y gaseg. **67**.45

llestr y myn, croth yr afr. **70**.25

llestr y plant, y groth. **7**.129

llestr yr ebol, croth y gaseg. **96**.71

llestr yr oen, croth y ddafad. **69**.46

llestraid, llestred, llond llestr neu gynhwysydd (o gwrw, &c.). **16**.51

lletfed [= **ladl**], lletwad, ladl, llwy ddofn ac iddi goes hir. **14**.25, **28**.57

lletfedied, lletfediaid, llond lletwad neu ladl. **14**.27

lletfeidio [= **ladleidio**], llwyeidio, rhannu â lletwad neu ladl; gw. **lletfed**. **14**.28

lleuad: [Llad.] *luna ll*. **lleuadau** [= **lloer** *ll*. **lloerau**] **1**.43

lleuad newydd 1.47

lleuadaidd [= **lloeraidd**], fel y lleuad, dan olau'r lleuad (*GPC* 1798). **1**.54

lleuadol [= **lleoerol**], yn ymwneud â'r lleuad (*GPC* 1776). **1**.53

lleuen *ll*. **llau**, *WS* (1547) '*Lleuen*: A louce'; hefyd Pen 308i, 19 *Dihaeddyd penn: yw chwilio penn, am lau ne nedd* (JJ, *c*.1621). **127**.19

llew *ll*. **llewod 83**.1; *b*. **llewes 83**.2

llewenci: [Llad.] *cinomia*. Gair Hen Gernyweg, nid Cym., yw hwn a ddaw yn y pen draw o'r *Vocabularium Cornicum*: #537 *cinomia* gl. *lewenki* (*OCV* 232 'dog-fly'). Gw. y Rhagymadrodd, §3.6. **124**.88

llewpard, *WS* (1547) '*Llewpard*: A lyparde'. **84**.3

llewyrch lloer, goleuni'r lleuad. **1**.44

llewyrchedig, yn disgleirio. **1**.78

llewyrchiad lloer, disgleiriad y lleuad. **1**.71

llewyrchol, disglair. **1**.79

llidiart, giât, clwyd ar fuarth godro. **36**.35, **45**.98

llien bwyd *ll*. **llieniau bwyd**, lliain bwrdd neu napgyn, J 16, 7^r *Lliain bwyd. table cloth* (HS, *c*.1600). **13**.66; **llien bwyd 28**.44

lliengig, llengig 'diaphragm', neu berfeddlen, 'mesentery'. **96**.57 (ceffyl)

lliengig calon, 'diaphragm', cf. Pen 228ii, 316^v *præcordia … llengic y dhwyvron, yn gohanu'r galon ar esgyfeint odhywrth yr stomac* (TW, 1604–7). **21**.13 (eidion)

llif, teclyn gan saer i lifio pren, &c., 'saw'. **53**.58

llif corddyn, llif arbennig i wneud casgen neu fuddai; gw. **corddyn**. **54**.11

llif ffrâm, Iorwerth C. Peate, 'Geirfa'r Saer', *B* 16 (1954–6), 94, 'llif ffrâm, "bow saw" ' (ar lafar yn Llanbryn-mair), sef yr unig dystiolaeth dros y ffurf yn *GPC*. Mae'n debygol mai cyfieithiad cynnar yw *llif ffrâm* o'r Saes. *frame saw*, *OED* 'A saw with a thin blade which is kept rigid by being stretched in a frame' (1633). **53**.60

llif hir, llif ac iddi garn ym mhob pen a ddefnyddir gan ddau berson. **53**.59

llif osod, math arbennig o lif, neu efallai mai berf gyfansawdd sydd yma, *llif osod* 'to set a saw', hynny yw, plygu'r dannedd bob yn ail. **53**.62

llif unllaw, 'handsaw', J 16, 7^v *Lliv unllaw. a whipsaw* (HS, *c*.1600). **53**.61

llifiad, y weithred o lifio neu ffeilio. **53**.68

llifiedig, wedi ei lifio neu ei ffeilio. **53**.67

llifio, torri coed, &c., â llif, *WS* (1547) '*Llifio pren: Sawe*'. **53**.65

llifiog, wedi ei lifio (am goed). **53**.69

llifiwr, un sy'n llifio coed, &c. **53**.66

llifo cryman ar faen llifo, hogi cryman ar faen hogi, *WS* (1547) '*Llifo, hogi ar vaen breu anllif* [*sic*]: Grynde'. **31**.104

llin, ffibr neu edafedd llin, 'flax', *WS* (1547) '*Llin, llyseu i wneuthur lliain o honun*: Lyne, flaxe'; *LlS* (1574) 91 *Llîn ... Linum yn Llatin, Fflaxe, lyne ne Lynt yn Saesonaec a Llîn yn Camberaec*. **27**.61, **122**.104

llinad, had llin (< *llin* + *had*), 'flax seed', a ddefnyddid yn helaeth mewn meddyginiaethau, e.e. yn Llyfr Coch Hergest (*c*.1400): *Rac ch6yd y my6n croth neu galedu. – Berw linat tr6y laeth ge(i)uyr a dot 6rtha6 yn vynych* (Paul Diverres, *Meddygon Myddveu* (Paris, 1913), 74). **27**.60

y llindys, llysieuyn anhysbys; gw. hefyd Pen 296, 114^v (JJ, 1606). **122**.200

llinhaden: *v*. Llythyren gyntaf *vrtica* yw'r *v*. Er y gall *llinhaden* fod yn air Cym. dilys (cf. **llinad**), mae'n debygol mai'r *Vocabularium Cornicum*, yr eirfa Hen Gernyweg, yw ffynhonnell ben draw yr enghraifft hon ohono: #649 *urtica* gl. *linhaden* (*OCV* 281–2 'nettle'). Gw. hefyd Pen 297, 198^v *Urtica: Llinhaden* (JJ, 1606) ac ymhellach y Rhagymadrodd, §3.6. **122**.105

llinin, llinyn bwa. **57**.41 (bwa croes); **57**.47 (bwa teler)

llinin bwa, y llinyn sy'n cysylltu naill ben y bwa i'r llall. **57**.34; **llinin y bwa**, llinyn y bwa main a oedd yn aml yn llinyn dwbl, weithiau o ddur; gw. **bwa main**. **57**.51, 56

llinin troell, llinyn neu gortyn a â o gwmpas olwyn fawr troell nyddu a'r chwarfan; gw. **troell fawr**. **27**.17

llinin turn gw. **roden turn**. **55**.14

llinin y glain. Ai dyma'r 'little pocket of interlaced twine' a ddaliai'r garreg fechan yn y bwa main (gw. **bwa main** a **llygad y llinin**)? **57**.59

llinio gw. **llunio**.

llinon, onnen, a gair cyffredin yn yr hen farddoniaeth am waywffon o bren onnen. **121**.127

llinos [*u*.] **llinosen**, aderyn y llin ('linnet'), y nico ('goldfinch') neu felyn yr eithin ('yellowhammer'), gw. *GPC llinos*^{1}; *WS* (1547) '*Llinos, ederyn*: A golde fynche'; J 16, 7^r *Llinos. yellowhamer* (HS, *c*.1600); Pen 228i, 16^r *Acanthis ... yr aderyn sy'n ymborth ar yr ysgall, llinosen* (TW, 1604–7). **124**.89

llinwedd [= **clwydau**], *GPC llinwydd* 'Preniau, &c., y rhoddir yr ŷd arnynt mewn odyn'; esbonnir yn *BydAm* 3.47 y 'ceid [y preniau] bob rhyw wyth i ddeng modfedd, yna arnyn nhw rhoid brwyn neu wellt, a'u gorchuddio â mat ac ar hwnnw y taenid yr ŷd i'w sychu'; hefyd *GView SW* 470 'The outer walls [of the kiln], at the height of 14 inches, form a bench or shelf from 10 inches to a foot wide: on this bench are laid spars, (*llinwydd*) from 8 to 10 inches asunder: on these are placed reeds or straw covered with a mat, whereon the corn is laid to dry.' Gw. hefyd **sbarrys odyn. 18.**6

lliw *ll*. **lliwiau**, lliw, sylwedd i liwio. **130.**1

lliwedig, wedi ei liwio. **130.**5

lliwio, llifo, rhoi lliw ar frethyn, &c., J 16, 7^r *Lliwo. to die, colore* (HS, *c*.1600). **130.**2

lliwus, wedi ei liwio, lliwgar, *WS* (1547) '*Lliwys, da i liw*: Well coloured'. **130.**6

lliwydd, un sy'n llifo neu liwio brethyn, &c., neu'r sylwedd a ddefnyddir i lifo, *WS* (1547) '*Lliwydd*: A dyer'. **130.**3

lliwyddiaeth, y gelfyddyd o liwio brethyn, &c. **130.**4

llo *ll*. **lloeau: sydd ynddo o olwythion i'w ysu**. Dyma bennawd y rhestr hon sy'n enwi'r darnau o gig (*golwythion*) i'w bwyta (*ysu*) o fwtsiera llo. **26.**1

llo banw, llo benyw. **68.**52

llo ewig, epil ewig. **75.**8

llo gwrw, llo gwryw. **68.**51

llo llamhidydd, epil morwch, 'porpoise calf'; gw. **llamhidydd. 125.**126

lloches, gwâl ysgyfarnog. **77.**4

llochesfa, lloches, gwâl ysgyfarnog (*GPC* 1852). **77.**6

llochesiad, ymguddiad (am ysgyfarnog mewn gwâl). **77.**7

llochesog, yn llochesu, mewn gwâl (am ysgyfarnog). **77.**8

llochesol, yn llochesu, mewn gwâl (am ysgyfarnog). **77.**9

llochesu, ymguddio mewn gwâl (am ysgyfarnog). **77.**5

lloer: [Llad.] *luna ll*. **lloerau** [= **lleuad** *ll*. **lleuadau**] **1.**43

lloer yn llewyrchu, lleuad yn disgleirio. **1.**69

lloeraidd [= **lleuadaidd**], tebyg i'r lloer, dan olau'r lloer. **1.**54

lloergan, golau'r lleuad. **1.**46

lloerig, yn ymwneud â'r lleuad; neu mae'n bosibl mai 'gwallgof' yw'r ystyr yma, cf. J 16, 10^v *Lloerig. lunicatus* (HS, *c*.1600). **1.**45

lloerol [= **lleuadol**], yn ymwneud â'r lloer. **1.**53

llogawd, mynachdy, eglwys, ?llys. **8.**64

llogel [= **cant**], llogail, 'brig wal (o dan y bondo), gwalbant' (*GPC*), sef y rhan y gorwedd preniau'r to arni; cf. Pen 188, 193 *lhogeil: kant tuy* (TW, *c*.1590–1620) ac yn arbennig *TJ* (1688) 'Llogail, Y Logail tan y bargod:

the Beam that is under the Eaves of a House'. **8**.86; **y llogel** [= **y gwawre**]: **y pren y mae y cyplau a'r ysbarrys yn gorwedd arnunt 8**.85

llorch: [Llad.] *baculus*, ffon. Gair Hen Gernyweg, nid Cym., yw hwn a ddaw yn y pen draw o'r *Vocabularium Cornicum*: #682 *baculus* gl. *llorch* (*OCV* 295 'staff'). Gw. y Rhagymadrodd, §3.6. **121**.245

lloried o ŷd, lloriaid neu lond llawr dyrnu o ŷd. **35**.24

llosg, llosgiad. **5**.202, **119**.34

llosgedig, wedi ei losgi. **5**.205, **119**.36

llosgedigaeth, llosgiad. **5**.209

llosgfa, tân. **5**.210

llosgi 5.203, **119**.35

llosgiad, y weithred neu enghraifft o losgi. **5**.204, **119**.37

llosgrach, anhwylder ar y croen sy'n achosi cosi mawr neu deimlad o losgi, *GPC* 'Ysfa neu gosi dirfawr, brech, cornwydydd cramennog, tarddiant afiach ar y croen (e.e. derwreinyn)'. **46**.96

llosgwrn ci [= **cynffon ci**, **penllinyn ci**], cynffon ci. **102**.2

llost, pidyn. **7**.69

llostlydan, afanc, *AB* (1707) 218 '*llostlydan*, a beaver'. **92**.1

llotles: *a*. Llythyren gyntaf *artemisia* yw'r *a*. Gair Hen Gernyweg, nid Cym., yw *llotles* a daw yn y pen draw o'r *Vocabularium Cornicum*: #659 *artemisia* gl. *lotles* (*OCV* 286 'mugwort, wormwood'). Gw. hefyd Pen 297, 198[r] *Artemisia: Llotles* (JJ, 1606) a'r Rhagymadrodd, §3.6. Cyfetyb *Llotles* i *llwydlys* yn y Gym., gw. *LlS* (1574) 17 *Y llysæ llwydion ... Artemisia yn Groec a Llatin, a Mugwort yn Saesonaec. Y llysæ llwydion, Llysæ Ieuan, Y Veidioc lwyd, nei/r/ Ganwraidd lwyd yn Camberaec.* **122**.106

llow- gw. **llaw-**, **llyw-**

lluchio, lluwchio neu yrru (am eira). **2**.69

lludlyd, o natur lludw. **5**.172, **9**.69

lludw, ulw, 'ashes'. **5**.171, **9**.68; lludw coed a ychwanegid at ddŵr i greu trwyth alcalïaidd ar gyfer golchi dillad. **19**.20

lluddias ystafell, methu pasio dŵr neu rwymedigaeth. Ni cheir y cyfuniad yn *GPC*, ond cf. *mynd i ystafell* 'piso' neu 'ysgarthu' mewn testun meddygol yn Rhydychen, Rawlinson B. 467, 68[r] *O chaletta bola dyn m[e]g[ys] na eller menet y ystauelle* (14g./15g.). **46**.106

llunio, *GPC* 'torri allan, drafftio, marcio allan' brethyn ar gyfer gwneud dilledyn; cf. **cyllell lunio**. **61**.3

llunio maneg, marcio allan a thorri lledr at wneud maneg. **64**.10

llurig, Pen 299, 283 *Llurig: Pais blat* (JJ, 1618/19); *GPC* 'Crys mael, pais ddur, curas, ... dwyfronneg, brestblad, arfwisg'. **50**.49

llus, J 16, 8ᵛ *llûs, windeberies*. **122**.113

llutrod, llythrod, lludw coed, lleisw ar gyfer golchi dillad a wneid drwy ychwanegu lludw coed at droeth, J 16, 9ʳ *Llutrod. lie* × *Llisw. Lixivium* (HS, *c*.1600). **19**.22

llutrodi, mwydo dillad mewn **llutrod** i'w golchi. **19**.23

lluwch, lluwch eira. **2**.68

y lluyg, ?enw ydyw ar gynrhon mân sy'n effeithio ar wartheg, cf. *GPC lluyg* 'Gwiddon(yn), euddon(yn), cynrhon(yn) bach sy'n magu mewn caws', ond ni cheir yno enghraifft yng nghyswllt gwartheg. **105**.15

llwdn *ll*. llydnod, ebol newydd-anedig neu ifanc iawn sy'n dal i sugno, cyw, swclyn. **67**.25

llwdn hydd *ll*. llydnod hydd, carw ifanc iawn. **74**.6

llwy [= **stican**], llwy ar gyfer bwyta cawl, J 16, 45ʳ *Sticcan* × *llwy* (HS, *c*.1600). **14**.69

llwy dân [= **rhaw dân**], rhaw dân, J 16, 9ᵛ *Llwy dan. a fire shovell* (HS, *c*.1600). **9**.79, **28**.11

llwy ebill, blaen ebill siâp llwy, 'spoon bit' (saer). **53**.39

llwy faidd, llwy i godi maidd. **17**.73

llwy gwimbill, blaen gwimbill ('gimlet') siâp llwy, 'spoon bit' (saer). **53**.41

llwy taradr, blaen taradr siâp llwy, 'spoon bit' (saer). **53**.40

llwyaid, **llwyed**, llond llwy. **14**.72

llwyd 109.35 (am fwng, rhawn a thalgudyn ceffyl); **111**.3 (am ddafad); **112**.4 (am afr); **114**.5 (am gi); **115**.3 (am gath); **116**.4 (am gwningen); **llwyd** *ll*. llwydion **130**.9 (y lliw)

llwyd y cŵn, *GPC* 'white horehound, *Marrubium vulgare*'. **122**.107

llwyd-ddu, du a gwawr lwyd arno, llwyd tywyll. **112**.6 (am afr); **llwyd-ddu** *ll*. llwyd-dduon **130**.12 (y lliw)

llwydfelyn, melyn llwydaidd. **130**.33

llwydgoch, coch a gwawr lwyd arno. **130**.53

llwydlas, glas a gwawr lwyd arno. **130**.25

llwydrudd, coch llwydaidd, browngoch. **130**.64

llwydwyn *ll*. llwydwynion, gwyn a gwawr lwyd arno. **130**.11

llwydwyn y coed, aderyn anhysbys. **124**.90

llwydwyrdd, gwyrdd llwydaidd. **130**.41, 59

llwyeidio, rhannu â llwy, cymryd llwyaid. **14**.73

llwyf, coeden lwyf, *WS* (1547) '*Llwyfen*: An elme'. **121**.172; **llwyfanen**: *a wichin tree* ('a witchen tree'), Pen 228iii, 161ʳ *Ulmus ... lhwyf*, *lhwyfanen* (TW, 1604–7); *OED wych elm, witch elm* (gynt *witchin elm*) 'A species of elm, *Ulmus montana*, having broader leaves and more spreading branches than the Common elm'. **121**.174; **llwyfen**: *a whitch tree* ('a wych tree'). **121**.173

llwyfen [= **cist y fen**, **crywyn**], cf. *GPC llwyfen*[4] 'corff neu drwmbel trol neu gert'. **33**.19

llwyfen ofer. Ai'r llwyfan lle mae'r blawd yn llifo neu'n goferu iddo o'r felin? *GPC llwyfen*[4] 'llawr byrddau (e.e. mewn melin)' a *gofer* 'Gorlif neu ffrwd yn llifo drosodd o ffynnon, dylifiad, arllwysfa, rhediad, pibell'. Tebyg mai gair gwahanol, *ofer*, a geir yn **carfanau ofer**. **42**.30

llwygo, *GPC* 'gwrthod mynd ymlaen, ystrancio, nogio (am geffyl)', cf. *LlI* §123.4–5 [*march*] ... *ony lvycca yna byt ryd e nep a'e guertho*. **104**.15

llwyn *ll*. **llwyni**, *GPC llwyn*[2] 'Y rhan(nau) o gorff ... anifail sydd o boptu asgwrn y cefn rhwng yr asennau a'r glun'. **98**.1 (ceffyl); **llwyn 21**.23 (eidion); **dau lwyn**, *GPC* 'Darn o gig anifail, sef y naill ochr i'r meingefn, wedi ei dorri ar gyfer ei goginio; y mae'n cynnwys y tenewyn, y gyfran berthnasol o asgwrn y cefn a hefyd un o'r elwlod', 'loin, sirloin'. **21**.8 (eidion); **2 llwyn 22**.18 (mochyn); **23**.6 (mollt); **26**.7 (llo)

llwyn drain, llwyn o ddrain, drysi. **121**.155

llwynhidydd, *Y Bywiadur* 'llyriad yr ais, *Plantago lanceolata*, ribwort plantain'; hefyd Atod.1.181 *Plantago minor: Arddwrn Crist: Llwynhidydd*, Atod.2.14, Atod.3.193, 194; ac yn Pen 310, 1012, rhestrir fel cyfystyron, *Llwynhidydd, Ysgelynllys, Pennau /r/ gwyr, Traeturiaid y bugeilydd, Astyllenlys* (JJ, 1640); *LlS* (1574) 15 *Y Plantan ... Plantago minor ... yn Saesonaec Rybwort yn Camberaec y Llwynhydydd nei/r/ ystyllenlys yn iaith Deheubarth*; Pen 228ii, 304[v] *plantago ... ylhyriat ... y lhwyn hidydh, lhwyn heidhyd, astylhenlys* (TW, 1604–7). **122**.108

llwynoci, *GPC* 'Ci at hela llwynog, helgi, bytheiad'. **73**.60

llwynog *ll*. **llwynogod 81**.1

llwynog yn ymgymharu â llwynoges, llwynog yn paru â llwynoges. **81**.3

llwynogaidd, cadnoaidd. **81**.9

llwynoges *ll*. **llwynogesau 81**.2

llwynoges dorrog, llwynoges feichiog. **81**.6

llwynoges gynhaig, llwynoges yn gofyn llwynog. **81**.4

llwynogol, nodweddiadol o lwynog. **81**.10

y llwyr [= **y llaid**], ffurf amrywiol neu wallus ar *llŷr*, *GPC llŷr*[2] 'Clefyd ar garn anifail sy'n peri cloffni, llaid, llaith, lamri, (y) gibi, "troed glonc" '; *Cyf Profedig* 90 '*Y Llur* ... mae anifeiliaid corniog o bob oed yn ddarostyngedig i'r dolur yma; ond buchod o gyrph trymion a marwaidd sy'n dyoddef fwyaf ganddo.' **105**.14

llwyth o wair 31.84

llyctynedig, dan ddylanwad swyngyfaredd, wedi ei witsio, cf. *GPC llyctynnu* 'Swyno, swyngyfareddu, cyfareddu', &c. (ffurf gywasgedig ar *llygad-dynnu*). **46**.92

llychlyn y dŵr, hefyd Pen 310, 1012 *Llychlyn y dwr ... y Glaiarlys* (JJ, 1640). Yn ôl *GPC llychyn*², gallai *llychlyn y dŵr* gyfeirio naill ai at 'brooklime, *Veronica beccabunga*' neu at '?woad, *Isatis tinctoria*', a rhoddir yr un ddwy ystyr yno hefyd i *claearllys* (JJ *y Glaiarlys*). **122**.109

llydnu, bwrw ebol. **67**.26

llyfnedig, wedi ei lyfnu ag og (am dir). **31**.27

llyfniad, y weithred o lyfnu tir ag og. **31**.28

llyfnu, *GPC* 'Tynnu og dros (dir) er mwyn malurio a gwastatáu'r pridd'; gw. y llun ar d. 427. **31**.26

llyfnwr, un sy'n **llyfnu** tir ag og, J 16, 3ʳ *Llyvn-wr. a harrower* (HS, *c*.1600). **31**.33

llyfrithen, chwydd llidus ar amrant, 'sty', J 16, 3ʳ *Llyfrithen. Emphysina*. **46**.58

llyffant *ll*. **llyffaint**, llyffant, broga, J 16, 3ʳ *Llyffant. frogge* (HS, *c*.1600). **127**.2

y llyffant, *GPC* 'Clwy'r llyffant, llyffandafod, llyffannwst' (1770), yma am anhwylder o dan tafod ceffyl; gw. hefyd **clwy'r llyffant**. **104**.12; **y llyffant yn y safn a'r tafod**, anhwylder tebyg mewn gwartheg. **105**.5

llyffant aradr, *GPC llyffant* 'Y rhan o aradr sy'n cysylltu'r llawlyw â'r ystyllen bridd' (1803); gw. *AradrGym* 10 am leoliad y llyffant. **30**.62

llyffant carn gw. **llyffant y carn**

llyffant du dafadennog, 'toad', *WS* (1547) '*Llyffant duy dafadenoc*: A tode'. Gw. hefyd *Vert Fauna* 426 lle nodir *Llyffant du* neu *Llyffant dafadennog* ar lafar yn y gogledd am 'Common Toad'. **127**.4

llyffant melyn, 'frog', *WS* (1547) '*Llyffant melin*: A frogge'. Gw. hefyd *Vert Fauna* 426 lle nodir *Llyffant* neu *Llyffant melyn* ar lafar yn y gogledd am 'Common Frog'. **127**.3

llyffant y carn, y rhan feddal siâp triongl sy'n rhan o'r sawdl ar waelod carn ceffyl, a elwir hefyd yn wennol, cf. *GPC llyffant* 'bywyn carn ceffyl' (1803), hefyd *OED frog*, n.². **67**.74; **llyffant carn 96**.43

llyffant y dŵr, pysgodyn anhysbys; cf. **môr-lyffant**. **125**.135

llyffanwest, gwall neu ffurf amrywiol ar *llyffannwst*, sef clwyf mewn gwartheg 'sy'n peri bod chwydd neu lid dan y tafod, &c., clwy'r llyffant, ... llyffandafod, tafodwst' (*GPC*). **105**.11

llyffetheiriad, y weithred o lyffetheirio neu rwymo anifail. **72**.16
llyffetheirio, rhwymo anifail â llyffethair neu hual. **72**.9
llyffetheiriog, wedi ei rwymo â llyffethair (am anifail). **72**.15
llyffethyr haearn, llyffethair neu hual haearn i rwymo anifail. **72**.8
llyffethyr pren, llyffethair neu hual pren i rwymo anifail. **72**.4
llyg [*ll.*] **llygion**: [Llad.] *laicus*, lleygwr, nad yw'n glerigwr, Pen 309i, 927 *Llyk ... gwr bydol ni bo Lên, Laicus* (JJ, 1623–4). **51**.60
llygad 7.17; **llygad** *ll.* **llygaid 96**.13 (ceffyl)
llygad iâr, clefyd anhysbys (ar bobl); *GPC* 'unidentified kind of ailment, ?honeycomb-like sore or cyst'; *WS* (1547) '*Llygad iar, haint*'; LlGC 13215E, 341 *llygad iâr: cerium* (HS; *L&Sh cerium* 'bad species of swelling or ulcer'). **46**.120
llygad y llinin. Ai dyma'r 'cradle' yn nisgrifiad Ralph Payne-Gallwey o'r bwa croes, *Book of the Crossbow*, pennod 33: 'In the centre of the double string, a little pocket of interlaced twine – called cradle – was fixed to hold the pebble the crossbow discharged'? **57**.57
llygad y maen, y twll yng nghanol maen melin ar gyfer yr echel, neu o bosibl 'mill-eye', *OED* 'the opening which conveys meal from the millstones to the meal-bin'. Mewn dogfen o'r 20g. yn Archif *GPC* yn disgrifio meini'r felin ym Metws Gwerfil Goch, esbonnir: 'Y mae'r meini [melin] neu'r cerrig yn bum troedfedd ar eu traws ... Yng nghanol pob maen y mae twll, a elwir y *llygad*. Llygad ysgŵar sydd i'r isaf o bob pâr, a llygad crwn i'r uchaf.' **42**.22
llygad y wennol, y twll yng ngwennol y gwŷdd y bwydir yr edafedd drwyddo. **59**.37
llygad yr ych, pibydd y mawn (aderyn), *GPC* 'dunlin, *Calidris alpina*'; *WOP* '*llygad ... llygad yr ych, the purr, or sea lark*'. **124**.91
llygaid Crist: [Llad.] *occulus Christi*, clari gwyllt (*GPC*); hefyd Atod.1.156 *Occulus Cristi: Golwg Crist: wilde clarie: y wyrddefill: Llygaid Crist*, Atod.3.128, 197. Cf. Pen 326, 20^v *Gwlwc crist yw y wrddononell ac oculus cristi* (anh., ail hanner y 15g.); *Llysieuwr* 125 *Oculus Christi ... a elwir yn y Saesneg o'r vn henw yn y Gymrayg, llygaid Krist, dail yr hwn ysydd daran debig j ddail y kowslopys* (EG, *c.*1545). Am ei rinweddau, gw. *MWMT* 513. **122**.110
llygaid maharen: math ar bysg cregyn sydd yn y môr tebyg i lygad dafad, 'limpets', *AB* (1707) 34 '*llygad maharen ... a Limpet*'. Cragen wahanol a ddisgrifir gan William Salesbury, *WS* (1547) '*Llygad myheryn, pysc*: Horse muscle', a chan Henry Salesbury, J 16, 2^v *Llygad myheryn. horse muskle* (HS, *c.*1600). **125**.136
llygaid y brwydau, 'heddle-eyes', cf. Peate, 'Termau'r Ffatrïoedd

Gwlân', 94, '*Llygaid yr offer*. Y dolennau yn y brwydau yr â'r ystof trwyddynt'; *OED heddle-eye* 'the eye or loop formed in each heddle to receive a warp-thread' (dyfyniad 1864). Gw. hefyd **brwydau**. **59**.33

llygaid y dydd, *Y Bywiadur* dan *llygad y dydd* '*Bellis perennis*, daisy'; *WS* (1547) '*Llygad y dydd*: Daysy'; a *daisy* a ddaw o'r Hen Saes. *dæges éage* 'llygaid y dydd'. Gw. hefyd Atod.1.210 *Solsequium: Llyssie Mair: Llygaid y dydd*, Atod.3.198. **122**.111

llygoden fechan **95**.2

llygoden Ffrangeg, llygoden fawr, *WS* (1547) '*Llygoden francec*: A ratte'. **95**.1

llygoden y dŵr, *GPC* 'water-rat, water-vole, *Arvicola terrestris*'; neu 'field vole', *Microtus/Mus agrestis* (Linnaeus, 1761, *https://www.gbif.org/species/121533863*); J 16, 2ᵛ *Llygoden y dwr. mus agrestis* (HS, *c*.1600). **95**.3

llygoden y glin, cyhyr croth y goes, J 16, 2ᵛ *Llygoden y ver × Crôth* (HS, *c*.1600). Ar *llygoden* 'cyhyr', cf. Saes. *muscle*, a ddaw o'r Llad. *musculus*, ffurf fachigol *mus* 'llygoden' (*OED*). **7**.86

llygoden y maes, 'field-mouse', Pen 228ii, 211ʳ *Mygale … Lhygoten y meysydh, ne'r lhygoten goch* (TW, 1604–7). **95**.4

llynghyren *ll.* **llyngyr**, pry genwair, yn hytrach na'r pryfed parasitig yng nghyrff pobl ac anifeiliaid; gw. **llyngyr**. **127**.11

y llyngyr [= **y pryfed gwnion**], *GPC* 'Pryfed parasitig, yn enw[edig] rhai a geir yng ngholuddion dyn neu anifail'. **104**.19 (mewn ceffyl)

llym y llygaid, llysiau'r wennol; hefyd Atod.1.48 *Celidonia: y Ddilwydd felen: Llymyn llygaid: Selondine*; *LlS* (1574) 163 *Lysae yr Wennol … Chelidonium maius yn Llatin, Calidonia yn Sasonaec, A Llysæ yr Wennol a Llym y llygaid yn Camberaec*. **122**.112

y llymgoes, ffurf amrywiol ar *llyngoes*, *GPC* 'Enw ar amrywiol glefydau sy'n effeithio ar goesau a thraed ceffylau'; J 16, 1ʳ *Llymgoes. splent* (HS, *c*.1600), *OED splent* dan *splint* 'A callous tumour developing into a bony excrescence formed on the metacarpal bones of a horse's or mule's leg'. **104**.10

llyn *ll.* **llynnau**, diod. **13**.34

llyn *ll.* **llynnau, llynnoedd**, 'lake'. **5**.117

llynedig, ?wedi ymffurfio'n llyn. **5**.122

llyniad, y weithred o ffurfio llyn neu ymffurfio'n llyn. **5**.121

llynio, cronni, ffurfio llyn neu ymffurfio'n llyn. **5**.118

llyniol, yn perthyn i lyn, tebyg i lyn. **5**.120

llynna, yfed, diota. **13**.36

llynnog, llyniog, llawn llynnoedd. **5**.119

llynwyn, pwll, llyn bychan neu 'puddle'. Disgrifiodd Lewys Glyn Cothi gartref Ieuan ap Phylip yng Nghefn-llys fel *Castell gwyn mewn llynwyn llawn, / caer wythochr uwch cwr Ieithawn* (*GLGC* 170.3–4). Ymddengys mai croniad dŵr ychydig yn llai sylweddol ydoedd i'r geiriadurwr Thomas Wiliems: Pen 228iii, 152[r] *Vestigium … lhynwynn, pwlh, ol troet ne garn aniual, ôl, sathr* (TW, 1604–7). **5**.127

llyr' yr ysled. Deellir *llyr'* yn ffurf dalfyredig ar *llyrf*, sef ffurf luosog *llorf* 'post, piler', o bosibl yn cyfeirio at freichiau'r ysled; cf. **llyrf car**. **34**.7

llyrf car [= **cingyllt car**], llorfau, breichiau neu byst cerbyd. Ni cheir ystyr benodol i *llorf* yng nghyswllt *car* yn *GPC*, felly ansicr yw ei union ystyr yma, ond sylwer ei fod yn dilyn **braich car**, sef *llorp* cerbyd, 'Un o freichiau trol neu ryw gerbyd a dynnir gan geffyl, braich', &c. Er bod *llorp* ei hun yn hen air (am 'goes'), yng ngeiriadur William Owen-Pughe y ceir y cyfeiriad cynharaf ato yng nghyswllt cerbyd, '*llorp car*; the side beam of a drag'; gw. dyfyniad cyntaf *GPC llorp* (a). Mae'n bosibl mai gwall gan Pughe sydd yno, ac mai *llorf car* oedd yr enw cywir. **32**.3

y llyriad gw. **erllyriad**

llys brenin 8.59

llys y barth, cyfuniad ansicr ei ystyr, yn dilyn **cyntedd** a **parth**, sef rhannau o'r llys canoloesol; disgwylid, felly, mai *llys* 'plas, neuadd' yw'r elfen gyntaf yma. Yn *WOP*, dan *llÿys*, mae William Owen-Pughe yn diffinio *Llyys y barth* fel 'the scrapings of an earthern floor, mixed with spittle, used to treat ringworm', diffiniad a ailadroddir yn *GPC* lle mae cyfeiriad Pughe yn unig enghraifft. Am y ffurf gysefin *barth* yn golygu 'llawr, daear', gw. *GPC* a cf. J 16, 135[v] *Barth. floore* (HS, *c.*1600). Mae'n bosibl mai 'llys y rhanbarth' yn syml oedd ystyr y cyfuniad i John Jones (gw. *GPC parth*, 'eg.b.'). **8**.176

llyschwaer, 'stepsister' (*GPC* 1783). **117**.178

llysdad gw. **llystad**

llysfab, 'stepson'. **6**.125, **117**.76

llysfam, 'stepmother'. **6**.128, **117**.159

llysferch, 'stepdaughter'. **6**.126, **117**.82

llysfrawd, 'stepbrother' (*GPC* 1765). **117**.173

llysie Ieuan, y feidiog lwyd, 'mugwort'; hefyd Atod.1.17 *Artemissia, ne Mater herbarum, Mugwort, Llyssie Ieuan, y Ganwraidd: y Feidiog lwyd, Llyssie llwyd,* Atod.3.219; cf. *Llysieuwr* 82 *Herba Johannes … Yr hwn a hennwir ynn y Gymraeg llyshie Jevan, dail yr hwn ysydd yn debig j ddail y senttwria lleiaf* (EG, *c.*1545); *LlS* (1574) 17 *Y llysæ llwydion … Artemisia yn Groec a Llatin, a Mugwort yn Saesonaec. Y llysæ llwydion, Llysæ Ieuan … yn Camberaec*, gan esbonio tarddiad yr enw, td. 18, *llysæ Ieuan nid amgenach na'r llysæ a seing y merchet nos wyl Ieuan ym bondo y tai er mwyn rhyw hen goec ddefot.* **122**.114

llysie Llywelyn, 'speedwell'; cf. *GPC* lle esbonnir ei fod yn blodeuo adeg gwyliau'r seintiau Llywelyn a Gwrnerth, 7 Ebrill. Gw. hefyd Atod.1.29 *Betonica pauli veronica: Speedwell: Llyssie Llewelyn*, 36 *Bwrneta: Llyssie Llywelyn*, Atod.3.222, 223 a cf. J 16, 1^v *Ll. Llywelyn. Veronica* (HS, *c*.1600). Yn ôl John Davies, Mallwyd, roedd yn enw o Frycheiniog a Morgannwg, *D* (1632) '*Gwrnerth*, in Glamorg. & Brechon. dicitur *Llysiau llywelyn*; à Llywelyn ap Gwrnerth'. **122**.115

llysie Mair, *GPC* 'marigold, esp. *Calendula officinalis*'; hefyd Atod.1.57, 210 *Solsequium: Llyssie Mair: Llygaid y dydd*, Atod.3.225, 226. Cf. *LlS* (1574) 70 *Llysæ Mair ... Caltha yn Llatin, Mary gold yn Saesonaec, Llysæ Mair, ne Gold Mair yn Camberaec*; J 16, 1^v *Ll. Mair. Calendula* (HS, *c*.1600). **122**.116

llysie pen tai, *GPC* 'houseleek, *Sempervivum tectorum*'; hefyd Atod.1.25 *Barba Johannis: singr cwn: Sengrin: Llyssie penn y tai, y vyddarlys*, Atod.3.228, 229, 335, 336 a cf. *LlS* (1574) 13–14 *Y Vywfyth ... Semperuiuum yn Llatin Howse leke yn Saesonaec, y vywlys nei y vywfyth yn Camberaec ... Y Vywfyth vwyaf a dyf yn y mynyddoedd ac a blennir ar penne/r/tai ac am hynny ei gelwir yn gyphredin llysæ pennæ/r/ tai.* **122**.117

llysie'r cribe: *tesyls* ('teasels'), llysiau'r pannwr, gw. *WWInd* 85 'In processing cloth the nap is raised by teasels which are prickly seed balls covered with minute hooks that loosen the uppermost fibres when drawn over the cloth. The teasel or fuller's thistle (*Dipsacus fullonum – llysiau'r cribwr*) was widely grown in Wales and the teasel heads were usually harvested in the late summer or early autumn'; gw. hefyd **cribau. 60**.21

llysie'r cryman garw, o bosibl yr un â *llysiau'r ais*, *GPC* 'ribwort, plantain, rib grass, *Plantago lanceolata*'; *Études* 7.54 '*plantago minor*, llysseu'r cryman' (*c*.1400); *Llysieuwr* 87 *Jpia Maior: Y llyshiewyn a elwir ynn y Saessneg a'r Gymraeg pynnpernel ... ac yn hryw le ynGhymrv llyshie'r kryman ... ac y vo a ddwg vlode kochion* (EG, *c*.1545). **122**.121

llysie'r cryman llydan, ?cf. **llysie'r cryman garw**. **122**.122

llysie'r cwlwm [= **cwmffri**], dail cwlwm yr asgwrn, cyfardwf, cwmffri; hefyd Atod.1.64, Atod.3.220. Credid ei fod yn dda at asio esgyrn, ac fe'i gelwid yn *knitwort, knitback, knotwort* a *bonewort* yn Saes. Gw. *MWMT* 408 ac *OED knit-wort*. **122**.123

llysie'r chwied, Pen 296, 112^v *Llysie yr chwied* (JJ, 1606). Ni chafwyd enghraifft arall o'r enw, sydd fel petai'n gyfieithiad o *duckweed*, sef llinad y dŵr: *OED duckweed* 'The common name for plants of the genus *Lemna*, which float on still water, so as to cover the surface like a green carpet' (enghreifftiau o'r 15g. ymlaen). **122**.118

llysie'r gwaedling, milddail; hefyd Atod.3.211 *Llyssie yr gwaed: Millifolium: llyssie yr gwaedlin* a cf. *Llysieuwr* 105 *Meliffolium: Y llyshewyn a elwir ynn y Saesneg nosbled or jarwe, ynn y Gymraeg meliffoliwm ne lyshie'r gwaedling* (EG, *c*.1545); *LlS* (1574) 139 *Y Wilphrei ... Stratiotes millefolia yn Llatin, Mylfoyle yn Saxonaec Y Wilphrei ne lysæ yr gwaedlin, a Milddail yn Camberaec*. **122**.119

llysie'r hebog: *l. GPC* 'hawkweed, *Hieracium*'. Llythyren gyntaf *lappa* yw'r *l*, cf. Pen 297, 198^r *Lappa: Llesserehog, llyse'r hebog* (JJ, 1606); Pen 188, 126 *Lappa: lhyseur heboc* (TW, *c*.1590–1620). Mae'n amlwg fod John Jones a Thomas Wiliems (?gan ddilyn Rhosier Morys) wedi cymryd bod *llysiau'r hebog* yn gyfystyr â *Lappa* a **lleserehog**. **122**.120

llysie'r ysgyfarnog. Math o ffwng yn ôl J 16, 1^v *Ll.'r yscyvarnog*. *Fumaria* (HS, *c*.1600) a Pen 228ii, 63^v *Fumaria ... Lhysae'r ysgyfarn, mwg y dhaear* (TW, 1604–7). Posibiliadau eraill yw llysiau'r neidr 'ragwort ... *Orchis mascula*' (*GPC*); neu'r 'yellow rattle', *Rhinanthus minor*, ond diweddar yw'r dystiolaeth drosto, cf. Gwen Awbrey, *Blodau'r Maes a'r Ardd ar Lafar Gwlad* (Llanrwst, 1995), 61. **122**.124

llysiewyn, **llysieuyn** *ll*. **llysiau**, 'herb'. **122**.1

llysiewyn ebill. Ansicr. Mae ei leoliad ymysg offer y saer pren yn awgrymu enw ar ran o ebill. Nid yw John Jones yn arfer cynnwys geiriau y tu allan i'w cyd-destun pynciol, ac felly, os llysieuyn yw hwn (o bosibl gair arall am fynawyd y bugail, gyda *mynawyd* eto'n air am declyn i dyllu, 'awl'), yna ymddengys na sylweddolodd hynny. **53**.37

llysowbren [= **pislath**, **troslath**], naill ai *GPC llysowpren* 'Pren llaesodr', 'length of wood that divides the standing from the rest of the cowshed', neu, gan ei fod yn cael ei esbonio fel ffurf ar *llaesodren*, 'Y rhigol lydan y tu ôl i'r gwartheg i gymryd y carthion' (*GPC llaesodren*). Os yw'r gair yn union gyfystyr â *pislath*, yna mae'n debyg mai at gwter garthu o ryw fath y cyfeirir. Gw. hefyd Pen 308i, 78 *Llassodren: lassowbren* (JJ, *c*.1621). **36**.21

llystad, 'stepfather'. **6**.127, **117**.163

llyswen bendoll, *GPC llysywen bendoll* 'lampray'. Yn *Vert Fauna* 521 nodir *llyswen bendoll* ar lafar yn y gogledd am 'Sea-lampray'. **125**.137

llysywen *ll*. **llysywod**: *an ele* ('an eel'), *WS* (1547) '*Llyssowen*: An ele'. **125**.138

llythïen [= **lleden**] *ll.* **llythi**, lleden. Fe'i hystyrid yn bysgodyn iachus: *Études* 7.76 *Iachaf pysgawt mor yw llythi* (*c.*1400). **125**.139

llyw, rheolwr, arweinydd. **51**.25

llyw pysgodyn, cynffon pysgodyn. **125**.40

llywiad, y weithred o reoli neu arwain. **51**.28

llywio, rheoli, arwain. **51**.27

llywionen *ll.* **llywionennau**, *GPC* 'Cynfas, llenllïain, gorchudd, planced', < *llywion* 'gwehilion cywarch neu lin … ?defnydd bras'. **11**.66; *ll.* **llywionennau 28**.24; *bach.* **llywionennan 11**.67

llywionennog, wedi ei orchuddio â llenllïain (am wely). **11**.68

llywod, **llywiod**, llywiawdr, arweinydd; ffurf amrywiol ar *llyw(i)odr*; am *dr* > *d*, gw. td. 37. **51**.26

mab *ll.* **maib**, **meibion**, bachgen, mab. **6**.42; *lls.* **meibionain 6**.43; **mab 6**.90, **117**.182; **mab** *ll.* **maib**, **meibion**, **meibionain 117**.64; *bach.* **maban**, baban, neu o bosibl bachgen bychan yn benodol gan ei fod yn dilyn **mab**, &c.; gw. hefyd **baban**. **6**.44, **117**.65

mab bedydd 6.53, **117**.77

mab cu, *GPC mab (y) cu* '?grandson'. **117**.186

mab maeth, 'foster son'. **6**.50, **117**.74

mab ordderch, mab o ordderch (a'r *o* sydd wedi ei cholli yn esbonio'r treiglad i *gordderch*), mab anghyfreithlon, mewn gwrthgyferbyniad i **mab priod**. **6**.51, **117**.73

mab priod, mab o wraig gyfreithlon, mewn gwrthgyferbyniad i **mab ordderch**. **117**.72

mab yn y gyfraith, mab yng nghyfraith. **6**.52; **mab yn y gyfreth 117**.75

maban gw. **mab**

mabieth, mabiaeth, plentyndod. **6**.48, **117**.69

mabol *ll.* **mabolion**, plentynnaidd, gweddus i fab, *WS* (1547) '*Mabawl*: Chyldysshe', neu (fel enw) plentyn. **6**.47; **mabol 117**.67

mabolaeth, plentyndod. **6**.49, **117**.68

mabwys, *GPC* '[y] cyflwr o fod yn fab; (geir.) plentyn mabwysiedig'. **6**.46

macrell *ll.* **macrelliaid**: *a macrel* ('a mackerel'). Meddai Lewis Morris (*c.*1745) ar ddalen yn darlunio'r 'Mackerel' yn LlGC 24052E, 290: *The Mackerel or Mackrell or Macarell. In welsh Macrell … They take these in great plenty in wears near Bangor, and others near Conwy, besides some smaller wears on ye Coast of wales.* **125**.140

madere: *s.* Llythyren gyntaf *sinitia* yw'r *s.* Gair Hen Gernyweg, nid Cym., yw *madere* a ddaw yn y pen draw o'r *Vocabularium Cornicum*: #636 *sinitia* gl. *madere* (*OCV* 275 'groundsel, ragwort'). Gw. hefyd Pen 297, 198ᵛ *Sinitia: Madere* (JJ, 1606) a'r Rhagymadrodd, §3.6. **122**.125

madruddyn, cartilag, Pen 228i, 102ᵛ *Cartilago ... Madrudhyn, ne'r mwydionyn, megys or trwyn ne'r glust* (TW, 1604–7). **7**.124

maen *ll*. **meini**, carreg. **5**.52; **maen**, mewn odyn. **18**.8; **maen** *ll*. **main, meini 129**.17

maen blif [= **maen gwn**], pelen catapwlt neu fagnel, bwled. **5**.54

maen breuan, 'quern-stone'. **129**.23

maen callestr, fflint, Pen 228i, 113ʳ *Chalix, maen Calhestr, or hwnn y trewir tan* (TW, 1604–7). **129**.32

maen cwrel, 'coral'. **5**.70, **129**.35

maen garw, maen anwastad. **58**.14

maen golchi, carreg olchi, cf. *OED washing-stone* 'a stone on which clothes are beaten while being washed'. **19**.30

maen grisial, crisial, 'rock-crystal' (*GPC*). **5**.59, **129**.30

maen grud, graean ar gyfer hogi striciau, neu dywodfaen bras y gwneid meini melin ohono; gw. **carreg grud** a **maen uwd**. **129**.19

maen gwenithfaen, ithfaen. **129**.25

maen gwennol, *GPC* 'swallow-stone, stone believed to be carried from the sea-shore by swallows to give sight to their young' (a'r unig dystiolaeth yno o waith Gutun Owain). Mae'r term yn gyfieithiad o'r enw *chelidonius lapillus* gan Pliny, gw. *OED swallow-stone*, ac ymhellach ar y maen hwn o agat y credid bod iddo rinweddau iachusol yn ogystal â'r grym i amddiffyn ei berchennog rhag niwed, gw. Christopher J. Duffin, 'Chelidonius: The Swallow Stone', *Folklore*, 124 (2013), 81–103. **129**.33

maen gwn [= **maen blif**], pelen magnel, bwled. **5**.54

maen gwrthfawr, maen gwyrthfawr, maen rhinweddol, gem, *WS* (1547) '*Maen gwyrthfawr*: A preciouse stone'. **5**.55

maen hogi, carreg hogi, *WS* (1547) '*Hocfaen ne vaen hogi*: A gryndyng stone'. **5**.62, **129**.20

maen llechen, llechen, 'slate stone', cf. Pen 308i, 81 *Llech: maen llydan tene* (JJ, c.1621). **129**.28

maen llifo, carreg hogi, cf. Pen 308i, 95 *Llifanu pladur ar vaen llifo* (JJ, c.1621) ac *WS* (1547) '*Hogi ar vaen llifo*: Grynde'. **5**.61, **45**.73, **129**.22

maen llygad, llygad odyn, cf. *OED eye*, n.¹ 'An opening or passage for the introduction or withdrawal of material (as in a kiln or furnace)'. **18**.7

maen marmor, 'marble'. **129**.36

maen melin, un o ddau neu ragor o feini mawr, trwm a garw, i falu grawn mewn melin, *WS* (1547) '*Maen melin*: A mylstone'. **5**.60, **42**.21, **129**.24

maen mererid, perl, neu o bosibl 'murra (precious stone)', sef yr ail ystyr a roddir i'r cyfuniad yn *GPC*. **5**.56, **129**.37

maen muchudd, jet neu agat, carreg ddu. Cymharai'r beirdd liw du gwallt neu aeliau eu cariadon yn aml â muchudd, fel y gwnaeth Gruffudd Gryg (14g.): Barry J. Lewis ac Eurig Salisbury (goln), *Gwaith Gruffudd Gryg* (Aberystwyth, 2010), 9.1–19, *Golygon dduon ydd oedd, / Muchudd liw, mygr gyfliw ged*. **5**.58, **129**.31

maen mynor, maen marmor, 'marble'. **5**.57, **129**.29

maen mystylowyn. Ansicr. Fe all fod *mystylowyn* yn wall am *yscylowyn* (drwy gamddarllen *t* am *c*), sef ffurf ar *ysglywyn*, gair geiriadurol yn golygu 'amddiffyn, gwarchod', a'r enghraifft gynharaf yn *GPC* yn dod o Pen 228iii, 135ʳ (TW, 1604–7). Byddai 'maen amddiffynnol' yn ystyr bosibl yma, gan ddilyn yn y rhestr **maen gwennol** yr oedd iddo yntau rinweddau gwarchodol. **129**.34

maen nadd, carreg wedi ei thorri (o graig, &c.), carreg ar gyfer ei naddu neu wedi ei naddu (gan saer maen). Canmolir cerrig nadd Gwespyr, sir y Fflint, a fu'n enwog ers oes y Rhufeiniaid am ei thywodfaen, yn *Paroch* i, 58: 'Y mae digon o gerrig nâdh yn [n]hre Wesbyr, yr rhain yr ydŷs yn i gweithio yn Slattŷs: Kerrig nâdh goreu ynghymru (Pŷnt y Lhâth)' (*c*.1700). **58**.13, **129**.18

maen to, teilsen doi. **129**.26

maen tostedd, carreg a ffurfir yn y corff, Llad. *calculus*, yn arbennig yn y system droethol; gw. **tostedd**. Cyfeiria Elis Gruffydd, *Llysieuwr* 28, at *grauel a cherig y tostedd* (*c*.1545). **5**.65, **46**.24

maen uwd. Ni cheir y cyfuniad yn *GPC*, ond yn Gwynedd O. Pierce a Tomos Roberts (goln), *Ar Draws Gwlad 2* (Llanrwst, 1999), 65, cyfeirir at *Marian Maen Uwd* yn Llanfair Mathafarn Eithaf ym Môn, gan nodi, 'Cofnodir ef gyntaf yn 1489. Mae'n debyg fod *maen uwd* yn cyfeirio at yr hyn a elwir yn *pudding stone* yn Saesneg.' Carreg gymysgryw yw honno, cf. *OED puddingstone* 'A conglomerate in which dark-coloured round pebbles are embedded in a paler, fine-grained matrix' (1752). Defnyddid cerrig o'r ardal hon ym Môn yn helaeth at wneud meini melin, gan fod arwyneb y garreg yn naturiol arw. Mewn cywydd yn gofyn i Huw Morgan am ddau faen melin ar ran ei noddwr Syr Hywel ab Dai, meddai Lewys Môn (*fl*. 1490–1527), *Dau faen uwd o Fôn ydynt, / Gog a Magóg yma gynt: / Dorau bron daear, a'i brig. / Dyro i'th gâr dwy dorth gerrig* (Eurys I. Rowlands (gol.), *Gwaith Lewys Môn* (Caerdydd, 1975), 19.45–8). Ymddengys mai maen malu yw'r ystyr gan John Jones; cf. **maen grud**. **5**.69, **28**.82

maes *ll*. **meysydd**, tir agored, cae. **30**.42

maeth, bwyd, maethiad (myn gafr). **70**.32
maethu, rhoi maeth i, magu (myn gafr). **70**.33
mag, maeth, magiad (ebol). **67**.55
magedig, wedi ei fagu neu ei faethu (am ebol). **67**.54
magiad, maethiad. **67**.56 (ebol); **70**.31 (myn gafr)
magl ar lygad, pilen yn y llygad, 'cataract' (*magl* o'r Llad. *macula* 'smotyn, staen'), Pen 309i, 945 *Makul: Brithder, Macula, dolur llygad* (JJ, 1623–4). Cf. *Llysieuwr* 48 *magyl ... wee lwyd a vo ynn tyuu dros y gannwyll*, 157 *y magyl, pan vo'r golwg yn dechre koegi ac ynn llawn mool* (EG, *c*.1545). **46**.57; **104**.16 (ar geffyl)
maglu llygad, *GPC maglu* 'Magu rhuchen neu bilen (ar y llygad)' (1722), sef datblygu cataract neu nam cyffelyb yn y llygad. **46**.60
magu, rhoi maeth i, maethu. **67**.53 (ebol); **68**.43 (llo); **69**.51 (oen); **70**.29 (myn gafr)
magu y llwdn, maethu ebol. **67**.47
magwr, un sy'n magu neu feithrin (ebol). **67**.57
magwraeth, **magwriaeth**, **magwrieth 67**.58 (ebol); **magwrieth 68**.47 (llo); **magwriaeth 69**.52 (oen); **70**.30 (myn gafr)
magwyr [*ll.*] **magwyrydd**, wal, clawdd cerrig, Pen 308i, 94 *Magwyr: a wale, murus, mur* (JJ, *c*.1621). **58**.28
maharen *ll*. **maheryn**, hwrdd, *WS* (1547) '*Maharen*: A ramme, tuppe'. **69**.10
Mai: [Llad.] *Maius*; a gw. **mis Mai**. **4**.5
maidd, gloywon llaeth, yr hylif dyfrllyd melynwyrdd sydd ar ôl wedi tynnu'r ceulfran neu'r caws gwyn wrth wneud caws; cf. **maidd syml**. **17**.72
maidd of [= **maidd syml, maidd oflyd**]: **maidd heb ei ferwi**, maidd crai, heb ei goginio, Pen 308i, 91 *Maidd of, Maidd oflyd: maidd heb i verwi* (JJ, *c*.1621). **17**.74
maidd oflyd [= **maidd syml, maidd of**]: **maidd heb ei ferwi**; gw. **maidd of** a **maidd syml**. **17**.74
maidd syml [= **maidd of, maidd oflyd**]: **maidd heb ei ferwi**, *GPC* 'neat or unmixed whey, unsalted whey, first whey'; cf. **maidd**. Gw. hefyd Pen 308i, 87 *Maidd symyl: yw maidd gwedi tyny y keulaid od i wrtho ef, ac ynte heb i verwi* (JJ, *c*.1621); ac am yr elfen *syml*, cf. Pen 309i, 1182 *Syml: Blaas gwyryf* (JJ, 1623–4); Jones, 'Termau Amaethwyr Dyffryn Edeirnion', 293, '*maidd sumel*: y maidd a geir ar ol ceulo'r llaeth'. **17**.74
mail, cunnog, ystên, padell. Gw. hefyd Pen 308i, 87 *Mail: ym Brecheinog yw trwp mawr o :16: chwart i amerth blawd keirch i wneythur bara, mwy no scal: llai no thrwp, tebig mae noe* (JJ, *c*.1621); cf. Pen 138, 500

Mail yw ffiol fawr (TLl, *c*.1561×1565). Yn ôl John Jones, felly, mae *mail* ym Mrycheiniog yn llestr sy'n cyfateb i *trŵp* mawr o 16 chwart a ddefnyddid i wneud bara ceirch; mae'n fwy na *scal* ('ysgal') ac yn llai na *thrŵp* arferol, ac yn debyg iawn i *noe* yn ei dafodiaith ef. Gw. hefyd *GPC mail*[1] a cf. *OED meal*, n.[3] 'A vessel; a tub, bucket'. Ar ddefnydd y ferf *amerth* yn arbennig ym Morgannwg a Gwent yng nghyswllt gwneud bara ceirch, gw. S. Minwel Tibbott, 'Coginio Traddodiadol: Bara Ceirch a Rhai Bwydydd Eraill', *Amgueddfa*, 20 (1975), 16, lle nodir ffurfiau tafodieithol megis *armaeth*, *amath* ac *amarth*. Am eiriau a gododd John Jones yn y de, gw. tt. 12–13. **28**.123

main eirin [= **cerrig eirin**], cerrig eirin. **121**.72

mainc *ll*. **meinciau**, sedd hir, sgiw neu fwrdd. **9**.87; **mainc 28**.3

mainc barils, mainc i ddal barilau, cf. *EWD* ii (1858), 865 'Stalder ... mainc barilau'; *OED stalder* 'A "horse" or frame for casks to stand on' (1736). Ni restrir y ffurf luosog *barils* yn *GPC baril*. **13**.62

mainc eiste, sedd ar ffurf mainc i eistedd arni wrth y gwŷdd. **59**.22

mainc troell, mainc neu stôl troell; gw. **troell fawr**. **27**.5

maip, erfin, *WS* (1547) '*Maip, erfin*: Turnep'. **122**.126

malc, balc, rhimyn o dir heb ei droi rhwng dwy gŵys. **30**.111

malciad *ll*. **malciadau**, y weithred o ffurfio malciau wrth aredig, gw. **malc**. **30**.114

malciedig, a malciau arno (am dir); gw. **malc**. **30**.113

malcin, malcyn, teclyn i lanhau'r popty. Gw. **rhac glo** am ddisgrifiad Rhosier Morys o'r *malkin*, teclyn a chanddo *bbrat* [sic] *llien glyb yn i ben i lanhau allan y rest or lludw ar ulw* ar ôl cael y gwaethaf allan gyda'r *Rhacc popty*. Roedd y gair *malcin* yn parhau ar lafar yn sir y Flint ar ddechrau'r 20g.: Jones, 'Geiriau Llafar Gwlad', 24, '*malcyn*, erfyn i lanhau gwaelod ffwrn grasu neu bobty' (sir y Fflint). Mae'n fenthyciad o'r Saes. (ceir y sillafiad Seisnig *malkin* yn y testun): *OED malkin* 'A mop; a bundle of rags fastened to the end of a stick, esp. for cleaning out a baker's oven' (esbonnir bod yr enw'n tarddu o ffurf anwes ar *Maud*). **15**.27, **28**.93

malcio, balcio, torri cwys wrth aredig. **30**.112

maledig, wedi ei falu mewn melin. **42**.16

maliad, y weithred o falu grawn mewn melin, &c., grawn wedi ei falu. **42**.15

malu, malu grawn yn flawd mewn melin. **42**.13

malu ewyn, bwrw ewyn o'r genau (am fochyn). **71**.40

malwen *ll*. **malwennod**: *a snayle* ('a snail'), Pen 308i, 91 *Malweden: malwen* (JJ, *c*.1621). Cysylltir *malwen* â rhai rhannau o'r gogledd heddiw. Ni restrir *malwennod* yn ffurf luosog yn *GPC*. **127**.7

malwen ddu, *GPC malwod du(on)* 'slugs'. **127**.8

malwen wen, *GPC malwod gwynion* 'white snails, *Euparypha pisana*' (1762). **127**.9

mam: [Llad.] *mater ll*. **mamau, mamoedd** Ni restrir *mamoedd* yn *GPC*. **6**.73; **mam**: [Llad.] *mater* **6**.86; **mam** *ll*. **mamau 117**.151

mam dda [= **mam-gu, nain**], nain (*GPC* 1697). **6**.87

mam fedydd 6.80, **117**.160

mam yn y gyfraith, mam yng nghyfraith. **6**.81, **117**.158

mamaeth, mam, gwraig sy'n magu plentyn rhywun arall, *WS* (1547) '*Mamaeth*: A nouryce'. **6**.79, **117**.157

mam-gu [= **mam dda, nain**], nain. **6**.87; **mam-gu 117**.156

mamog, anifail beichiog neu un sy'n magu epil, 'yn enw[edig] dafad gyfoen neu un sy'n magu, caseg fagu' (*GPC*). **6**.75

y famog, *GPC* 'clefyd y fam, mamwst; beichiogrwydd ffug; llithriad y groth, y fam eni'; *WS* (1547) '*Mamoc, klwyf*: The moder'; cf. *LlS* (1574) 63 *Y Violet … Cymeryd y dail … Da vyddant … ar les y vamoc, a'r eisteddle pan descynnan allán o ei mán*. **46**.26

mamogaeth, y cyflwr o fod yn fam, *GPC* 'mamolaeth' (1722). **6**.77

mamogiad, anifail beichiog neu un sy'n magu epil (y lluosog *mamogiaid*, a'r unigol *mamog*, yn unig a geir yn *GPC*). **6**.76

mamol *ll*. **mamolion**, un famol, un nodweddiadol o fam. **6**.74; **mamol 117**.152

mamu, gweithredu fel mam. Ni cheir mohono yn *GPC*, ond cf. y diffiniadau yno dan *tadu* a gw. *EWD* ii (1858) lle ceir *mamu, mamogi* dan y ferf *Mother*. **6**.78

mamws, mamwys, mam. **67**.60 (caseg); **68**.49 (buwch); **69**.50 (dafad); **70**.28 (gafr)

mân bryfed ehedol, **ymlusgol a dyfrol**. Dyma destun rhestr **126**, sy'n cynnwys pryfed neu drychfilod; cf. **127 mân bryfed**. Diweddar (1832) yw'r dystiolaeth dros *ymlusgol* 'crawling' yn *GPC*.

maneg, maneg ledr. **64**.9

maneg caib. Ai maneg a wisgid wrth ddefnyddio **caib**? Cf., o bosibl, Jones, 'Termau Amaethwyr Dyffryn Edeirnion', 294, '*menyg cau*: menyg lledr cryfion a ddefnyddir wrth blygu gwrychoedd' (a *cau* yn yr ystyr o lunio gwrych, gw. **caeu**); neu ai 'maneg y gaib', cf. *BydAm* 3.112 '*maneg bladur …* pren i ddal cadair pladur yn ei lle pan fo'r bladur yn segura, clagwydd pladur'? Cf., o bosibl, *GPC ceiliagwydd*, 'C'lagwydd ar lafar yn y Gogledd, *c'lacwydd* yng Ngher[ed]igion] a'r de, lle golyga hefyd declyn ar fysedd cadair pladur'. **43**.34

manegwr, gwneuthurwr menig, glwfer. **64**.2

manegydd, gwneuthurwr menig, glwfer. **64**.3

manegyddiaeth, crefft neu alwedigaeth gwneuthurwr menig, glwferiaeth. **64**.4

manffris, ffris mân, ceden fân. **60**.37

mangnel, *GPC* 'Math o gatapwlt … a ddefnyddid yn yr Oesoedd Canol i hyrddio cerrig yn erbyn muriau castell, &c.' **50**.47

mant, ceg, gên neu asgwrn yr ên. **7**.31; *bach.* **mentyn 7**.38

mantell, *GPC* 'Trawst simnai, talcen neu wal flaen simnai, silff ben tân'; Pen 308ii, 76 *Mantell simney* (JJ, *c*.1621); *TJ* (1688) 'Mantell simne … a Mantle-tree'. **9**.24; *bach.* **mantellan 9**.30; **mantellig 9**.31

mantell Fair, 'lady's mantle', *Alchemilla vulgaris* (*GPC*); *LlS* (1574) 177 *Mantell Fair … Achimilla yn lladin … Pes Leonis Ladies mantlle ne Greate Sanickle yn ganberaig Mantell fair.* **122**.127

mantol [= **clorian**], clorian, tafol. **48**.1

mantoli [= **cloriannu**], pwyso mewn mantol neu glorian. **48**.2

mantoliad [= **clorianiad**], y weithred o bwyso mewn mantol neu glorian. **48**.3

ll. **manus** [*u.*] **manusyn**, us, peiswyn, plisgyn grawn, siaff. **31**.194

manusach, manus. **31**.196

manwlan, gwlân mân. **27**.38

y manwnion: **clefyd sydd yn codi ac yn tarddu mewn cymal ac yn cerdded rhwng croen ac asgwrn ac yn difetha y cnawd o'r naill gymal i'r llall; ac ef a dardda ohono ef bryf gwyn pengoch ac yna y iacheiff y lle hwnnw ac y terddiff y clwy mewn man arall oni iacheir yn dda**. *GPC* **manwynion**[1] 'Clefyd o natur y darfodedigaeth ar y chwarennau lymffatig, clwy'r brenin'; J 16, 26ʳ *Manwynnau. king's evill. Struma, Scrofula: leuce* (HS, *c*.1600); cf. *Prif Feddig* 64 'Y maen wnnau, neu Glwy'r Brenin … Yr ymddangosiad cyntaf o hono, yn gyffredin yw bod y Gwefusau yn dewion; yna chwydd caled, fynychaf yn y Gwddf; wedi hynny yn torri i redeg.' Os sgroffwla, sef math o ddiciáu, yw'r cyflwr a ddisgrifia John Jones, yna dychmygol pur yw'r pry bach gwyn pengoch sy'n tarddu o'r croen yn ei ddisgrifiad. Gw. **clwy y brenin**. **46**.119

y fapgoll: **afans**, afans, llysiau Bened, o dylwyth *Geum* (*GPC*); Pen 228ii, 67ᵛ *Garyophyllata … lhyseun a elwir Auans, y Vapcolh, lhysae Benet, y Vendiceitlys* (TW, 1604–7). Cymerir mai ffurf Gym. yw *afans* (llsgr.

Avans), ond gw. *OED avens* (a'r ffurfiau hŷn *avans*, *avaunce*, &c.). **122**.213

mapgorn *ll*. **mapgyrn**, *GPC* 'Rhan fewnol corn anifail, corn mewnol tyner' (eidion). **97**.3

marburan: [Llad.] *corvus*. Gair Hen Gernyweg, nid Cym., yw hwn a ddaw yn y pen draw o'r *Vocabularium Cornicum*: #497 *coruus* gl. *marburan* (*OCV* 214–15 'raven'). Gw. y Rhagymadrodd, §3.6. **124**.92

march *ll*. **meirch**, ccffyl, stalwyn. **67**.3

march bal [= **talwyn**], ceffyl ac iddo ben neu wyneb gwyn, Pen 308i, 14 *Bál, penwyn, ne wynebwyn, march bál, march penwyn ne wynebwyn* (JJ, *c*.1621); gw. *GPC bal*[1] 'A marc gwyn ar ei wyneb (am geffyl, &c.), a chanddo dalcen neu wyneb gwyn (am geffyl, &c.)'. Benthyciad yw *bal*, mae'n debyg, o hen air Saes., *OED* †*ball*, n.[2] 'A white streak or spot', a'r dyfyniad yno o 1539, 'His owne horse ... that had the ball in the hede'. **109**.31

march blawr, ceffyl melynfrown, browngoch (*GPC blawr*). **109**.30

march brith: *a scewd hors* ('a skewed horse'). **Noda, am bob lliw brith, rhaid i un o'r lliwiau fod yn wyn a'r llall o un o'r lliwiau eraill.** Ceffyl brith, *OED skewed*, adj.[1] 'Skewbald', a *skewbald* 'Of animals, esp. horses: Irregularly marked with white and brown or red, or some similar colour'. **109**.32

march ceilliog, stalwyn, march a'i geilliau heb eu torri, Pen 169, 233 *Emys: meirch keillioc* (RhM, *c*.1580). **67**.10

march coch, ceffyl browngoch neu winau, 'chestnut, bay'. **109**.13

march coch y ceiliog, ceffyl browngoch, o liw crib ceiliog. **109**.14

march cochlwyd, ceffyl coch tywyll; cf. disgrifiad Rhys Goch Eryri (15g.) o'r llwynog: Dylan Foster Evans (gol.), *Gwaith Rhys Goch Eryri* (Aberystwyth, 2007), 16.117, *Diwar wyd, leidr cochlwyd lun*. **109**.15

march cochrudd, ceffyl cringoch. **109**.27

march du, ceffyl du. **109**.2

march dulas, ceffyl llwydlas tywyll. **109**.12

march dulwyd, ceffyl llwyd tywyll. **109**.6

march durudd, ceffyl brown tywyll. **109**.29

march dyre, march sy'n gofyn caseg neu'n barod i baru â chaseg. **67**.11

march glas, ceffyl llwydlas. **109**.8

march glas ceiniogog, ceffyl llwydlas wedi ei fritho â smotiau crwn maint ceiniogau, cf. J 16, 67[v] *dapple graie horse*. *Glascenniogog* (HS, *c*.1600), hefyd Pen 86, 139 *March gylas kynhiogoc* (1575–1600), gw. tt. 23–4. **109**.9

march glasddu, ceffyl o liw llwydlas tywyll. **109**.11

march glaswyn, ceffyl o liw llwydlas golau. **109**.10

march grewys, stalwyn a gedwir at fridio, *EWD* ii (1858), 891 'Studhorse ... march grewys, march gre'. Fe'i ceid yn y Cyfreithiau: BL Cotton Cleo A.xiv, 70^v *Guerth ystal6yn. march gre6ys a allo toi. a chassec re6ys oe ulaen* (13g.). **67**.9

march gwinau, ceffyl browngoch neu felynfrown; *WS* (1547) '*Gwineu o liw*: Bleke browne' (*OED bleak* 'Pale, pallid, wan ... also used like *pale* to modify other colours'). **109**.16

march gwinau ceiniogog, ceffyl browngoch neu felynfrown wedi ei fritho â smotiau siâp ceiniogau; cf. **march glas ceiniogog**. **109**.20

march gwinau torllwyd, ceffyl browngoch neu felynfrown ac iddo fol llwyd, *WVBD* 538 '*ceffyl torllwyd* an old type of horse, now never seen in the district, black in colour, but grey on the under parts'. Gyda **torllwyd**, cf. **torgochied** a **clwt y torddu**. **109**.19

march gwineuddu, ceffyl brown tywyll, dwn. **109**.18

march gwineugoch, ceffyl browngoch. **109**.17

march gwineurudd, ceffyl rhuddlwyd. **109**.28

march gwyn, ceffyl gwyn. **109**.1

march llwyd, ceffyl llwyd. **109**.3

march llwyd llygoden, ceffyl lliw llygoden, cf. Pen 86, 139 *march llwyd lliw llycoden* (1575–1600); *GPC lliw llygoden* 'mouse-colour(ed), mousy' (1776). **109**.7

march llwyd-ddu, ceffyl llwyd tywyll. **109**.5

march llwydwyn, ceffyl llwyd golau. **109**.4

march melyn, ceffyl melynfrown golau. **109**.21

march melyngoch, ceffyl gwinau neu frowngoch. **109**.24

march melynllwyd, ceffyl llwydfrown, 'roan', *WS* (1547) '*Melynllwyd, lliw ar varch*: Roen'. **109**.23

march melynwyn, ceffyl gwyn melynaidd. **109**.22

march rhudd, ceffyl browngoch. **109**.25

march rhuddgoch, ceffyl cringoch. **109**.26

marchalan, *GPC* 'llwyglys, clafrllys mawr', 'elecampane'; hefyd Atod.1.73 *Enula campana: y Marchalan*, Atod.3.238. Cf. *Llysieuwr* 65 *Elena compaenna ... a henwir ... marchalann yny Gymraeg* (EG, c.1545); *LlS* (1574) 56 *Y Marchalan ... Inula yn Llatin, Alecumpane ne Elecampane yn Saesonaec ar Marchalan yn Camberaec*. **122**.128

marchdy, stabl. Defnyddiodd John Jones air o'r Cyfreithiau yma'n bennawd (*LlI* §93.21 *marchty*), er mai *stabl* fyddai'r gair arferol erbyn ei oes ef, yn ôl tystiolaeth *GPC*. **37**.1

marchferïen *ll.* **marchfierï**. Un o nifer o fathau o fieri, a *march-* yn cyfleu math mwy na'r cyffredin, fel y gwna'r elfen *horse-* yn Saes., gan ddilyn y Groeg *hippo-*; gw. *GPC* **marchfieri** a cf. *LlS* (1574) 147 *defot y Groegwyr ar Cambry ydyw dody march ar beth anveidrol ei veint ... y Mieri mowrion a alwn ninnae y Marchfieri*; hefyd J 16, 26ʳ *Marchvierien.* red bramble (HS, *c.*1600). **121**.159

marchgrogen: *hors muscles* ('horse-mussels') *ll.* **meirchgregyn**. Ni chafwyd enghraifft arall o'r enw Cym., ond am yr enw Saes., gw. *OED horse-mussel* 'a large and coarse kind of mussel of the genus *Modiola*; (also) a freshwater mussel, *Unio* or *Anodonta*', a sylwer ar y dyfyniad yno o 1660 sy'n cyfeirio at gregyn o'r fath yn afon Dyfrdwy: 'In the Rivers Dee and Done is ... a shel-fish called the Horse-Muskle, in which there grow Pearls, as Orient as the best.' **125**.141

marchog, un a urddwyd yn farchog. **51**.49; dyn sy'n marchogaeth ceffyl. **67**.6; *b*. **marchoges**, arglwyddes. **51**.50; merch sy'n marchogaeth ceffyl. **67**.7

marchog urddol, marchog wedi ei urddo. **51**.42

marchog urddolaeth, marchog wedi ei urddo, urdd neu raddfa marchogion. Cf. G. J. Williams ac E. J. Jones (goln), *Gramadegau'r Penceirddiaid* (Caerdydd, 1934), 202, *Saith math o varchoc vrddoliaeth ysydd* (16g.). **51**.43

marchog urddoli, urddo marchog. **51**.44

marchog urddoliad, urddiad marchog. **51**.45

marchogaeth, marchogaeth ceffyl. **67**.8

marchredyn, *GPC* 'Rhedyn yn perthyn i'r tylwyth *Polypodium*, yn enw[edig] rhedyn y derw, *Polypodium vulgare*'; gw. **marchredyn y derw**. **122**.129

marchredyn y derw, *GPC* 'common polypody, polypody of the oak', sef *Polypodium vulgare*; hefyd Atod.1.182 *Polipodiwm: Polipodie: Marchredyn y derw*, Atod.3.239, 240 a cf. *Llysieuwr* 131 *Polipodiwn ... a elwir polipodiwn yn y Saesneg a'r Gymraeg ne varchredyn y derw, ac j mae ef yn tyuu o vn twmpath yn sythion ... a gore a mwya ydyw hrinwedd yr hain a vo yn tyuu ar y derw* (EG, *c.*1545); *LlS* (1574) 107 *Marchredyn y derw*. **122**.130

marchwr, un sy'n gofalu am geffylau, gwas stabl. **67**.4

marchwriaeth, marchogaeth, y gwaith a'r grefft o drin ceffylau. **67**.5

marl, *GPC* 'Math o bridd yn cynnwys clai a chalch a gyfrifir yn wrtaith gwerthfawr'; gw. *OED marl*, n.¹. **30**.22

marliad, y weithred o wrteithio tir â **marl**. **30**.25

marliedig, wedi ei drin â **marl** (am dir). **30**.24

marlio, gwrteithio tir â **marl** yn barod i'w hau. **30**.23

marliog, o natur **marl** (am bridd neu wrtaith, *GPC* 1722). **30**.26

marwdy, 'lladd-dy, ystorfa gig, cell gig' yma, gw. *GPC* lle esbonnir mai oherwydd camddeall defnydd y gair yn y Cyfreithiau, lle golyga dŷ sydd wedi mynd yn asêd, y cafwyd yr ystyr hon gan Thomas Wiliems, Henry Salesbury a'r geiriadurwyr a'u dilynodd. Gw. tt. 34–5. **20**.6, **65**.7

y marwfis, mis Ionawr; gw. Thomas Parry, 'Y Marwfis, y Mis Du', *B* 9 (1937–9), 40–2. **4**.14, **120**.39

ll. **marwor** [*u.*] **marworyn**, gloÿnnau a thân ynddynt. **5**.165, **9**.50

marwydos, marwor. **5**.166; **marwydos** [= **rhesod**] **9**.55

masarn [*u.*] **masarnen**, *GPC* 'Coed o'r tylwyth *Acer* ... hefyd am sycamorwydd ... ac am blanwydd'; J 16, 27^r *Masarn, masar. Plantanus, sycomorus* (HS, *c.*1600). **121**.211

mat. Mae ei leoliad yn y rhestr rhwng **matrys** a **gobennydd** yn awgrymu rhan o wely, yn hytrach na gorchudd llawr; cf. *OED* †*mat*, n.1 'An underlay for a bed; *esp.* a coarse piece of sacking on which a feather bed is laid'. **28**.18

matrys, matras gwely, *WS* (1547) '*Mattrys*: A mattres'. **11**.27, **28**.17; *bach.* **matrysan, matrysyn 11**.28

matrysog, a chanddo fatras (am wely). **11**.29

mawn (fel tanwydd). Am ddisgrifiad o'r hen arfer o dorri mawn a'r offer a ddefnyddid, gw. *Cwm Eithin* 105. **29**.6

Mawrth: [Llad.] *Martius*, mis Mawrth; gw. hefyd **mis Mawrth**. **4**.3

medel, mintai o bobl yn medi. Disgrifiodd Hugh Evans y fedel wenith yn Llangwm yn ail hanner y 19g., *Cwm Eithin* 112: 'Er mwyn gallu torri cae, dyweder o bum acer mewn diwrnod, fel y gellid ei gynhaeafu a chael digon ohono ar unwaith i'r gadlas i wneud tâs, arferai'r ffermwyr gynorthwyo'i gilydd. Byddai deg neu ddeuddeg o ddynion yn torri: dyna a elwid y Fedel, o'r gair medi. Diwrnod mawr ydoedd yn hanes y llanciau a'r genethod, a cheid cinio arbennig.' **31**.98

medelwr, un sy'n medi, cynaeafwr. **31**.99; *b.* **medelwraig 31**.100

medi ŷd, torri ŷd â chryman. **31**.97

medd, diod feddwol a wneir drwy eplesu mêl a dŵr. **13**.42

meddgorn *ll.* **meddgyrn**, corn yfed medd. **13**.25; **meddgorn 28**.49

meddog, ?toreithiog o fedd. **13**.46

meddwedig, wedi meddwi, *GPC* 'Meddw; a nodweddir gan fedd-dod' (*c.*1721). **13**.44

meddwi, mynd yn feddw. **13**.43

meddwol, yn peri medd-dod. **13**.45

meddyglyn, diod feddyginiaethol yn cynnwys medd a sbeisys; cf. ClEch 84 *Meddyglyn a wnair yn vwya ac ynn amla o vewn tir Kymru, yr hwn* *ysydd a'i nattur yn wresockach o lawer no medd, oherwydd anian y kyuriw lyshieue o'r maes ac o'r shiope ac a arverir o'i berwi ynn y meel a'r lickor* (1545). **13**.47

meddygyn, *GPC* 'Fioled, planhigyn o'r tylwyth *Viola*'; J 16, 30ᵛ *Meddygyn. viola. violet* (HS, *c*.1600); roedd *meddyges wen* yn enw arall arno, gw. *MWMT* 487. **122**.144

megin, teclyn i gymell a chynyddu tân, *TJ* (1688) 'Megin: *a Bellows*'. **9**.76; **megin** [= **chwthol**] **28**.10; **megin** *ll.* **meginau 52**.8

mehil: [Llad.] *mullus*. Gair Hen Gernyweg, nid Cym., yw hwn a ddaw yn y pen draw o'r *Vocabularium Cornicum*: #546 *mullus* gl. *mehil* (*OCV* 235 'mullet'). Gw. y Rhagymadrodd, §3.6. **125**.142

mehin moch, braster hwch, Pen 228ii, 153ᵛ *Lardum ... mehin twrch ne hwch, mehinen* (TW, 1604–7). **101**.7

mehinog, a llawer o floneg neu fraster arni (am hwch). **101**.8

meibionain gw. **mab**

meichiad, un sy'n gofalu am foch. **71**.1

y meigraen wayw, cur pen gwael, 'migraine'. Gw. *GPC meigryn* ac *WS* (1547) '*Meigrym wayw*: Migrym'; Pen 228ii, 82ʳ *Hemicrania ... Clefyt a elwir micran, dolur penn o vn tu, yn dyvot bob amser megys yr un pryt, ag yn hyntiae* (TW, 1604–7); *OED megrim*, n.¹ 'Headache; spec[ifically] migraine' ac yn arbennig y dyfyniad o 1634, 'The Megrim is properly a disease affecting the one side of the head, right, or left.' **46**.38

meilwng, rhan gul y goes rhwng y **croth** a'r **ffêr**, Pen 308i, 89 *Meilung: mwnwgyl ... gvaell koes* (JJ, *c*.1621); cf. **mwnwgl troed**. **7**.90

meillion cochion, *GPC* 'red or purple clover, purple trefoil, *Trifolium pratense*'. **122**.132

meillion gwnion, meillion gwynion, *Trifolium repens*, cf. *LlS* (1574) 153 *Y Meillion ... Tri rhyw a gair yn tyfy yn y gweirgloddie gyd a ni ... Yr ail wrth liw ei blodae a elwir y Meillion gwnion*. **122**.131

meillion yr ŵyn, gw. hefyd Pen 296, 113ʳ (JJ, 1606); ni chafwyd hyd i enghraifft arall o'r enw. **122**.133

meillionen: *v*. Llythyren gyntaf *vigilia* yw'r *v*, ac er bod *meillionen* yn air Cym. dilys, mae'n debygol mai'r *Vocabularium Cornicum*, yr eirfa Hen Gernyweg, yw ffynhonnell ben draw yr enghraifft hon: #664 *vigila* gl. *melhyonen* (*OCV* 288 'clover', lle esbonnir mai gwall yw *vigila* am *viola*, sef y gair a geir yng ngeirfa wreiddiol *Aelfric*). Gw. hefyd Pen 297, 198ʳ *Vigilia: Mellionen* (JJ, 1606) a'r Rhagymadrodd, §3.6. **122**.134

meincied, meinciaid, llond mainc mewn neuadd (*GPC* 1770). **9**.88

meinin, wedi ei wneud o faen. **5**.53

meithrin, maethu, *GPC* 'rhoddi sugn i, rhoddi'r fron i, maethu'. **67**.51 (ebol); **68**.44 (llo); **69**.53 (oen); **70**.34 (myn gafr)

mêl, J 16, 29^v *Mêl. honie* (HS, *c*.1600). **126**.17

melen gw. **melyn**

melin *ll*. **melinau 42**.1

melin bapur. Daw'r dystiolaeth gynharaf yn *GPC* o'r 18g., ond cf. *OED paper mill* (1498 ymlaen). **42**.79

melin blwm, melin i brosesu mwyn plwm. Cyfeirir at felin blwm ger yr Wyddgrug ar droad y 18g. yn *Paroch* i, 92 lle sonnir am afon *Alen* 'yn rhedeg trwy'r plwy ag i'r velyn blwm o vewn ergid saeth i'r dre'. **42**.77

melin bowdwr, melin sy'n cynhyrchu powdwr gwn. Ni cheir y cyfuniad yn *GPC*, ond cf. *OED powder-mill* '[compare French *moulin à poudre* machine for grinding an explosive mixture of saltpetre, sulphur, and charcoal (a.1630)] now chiefly *historical* a mill for making gunpowder' (1645). **42**.78

melin ddŵr, melin a yrrir gan ddŵr. **42**.4

melin feirch, melin a bwerir gan geffyl, *WS* (1547) '*Melin veirch*: A horse myll'. **42**.6, 51

melin haearn, melin i brosesu mwyn haearn. Diweddar yw'r dystiolaeth yn *GPC* (20g.), ond ceir *iron mill* yn Saes. o 1518 yn ôl tystiolaeth yr *OED* am 'a factory in which iron is manufactured or processed'. **42**.76

melin wynt, melin a yrrir gan wynt. **42**.5, 49

melinydd *ll*. **melinyddion**, J 16, 29^v *Melinydd. millar or grinder* (HS, *c*.1600). **42**.2

melinyddiaeth, celfyddyd neu waith melinydd. **42**.3

melyn, melynfrown golau. **109**.37 (am fwng, rhawn a thalgudyn ceffyl); **114**.4 (am gi); **melyn** *ll*. **melynion 130**.16 (y lliw); *b*. **melen 116**.2 (am gwningen)

melynddu, gwineulwyd, brown. **111**.5 (am ddafad); **130**.34 (y lliw)

melyngoch, coch a gwawr felen arno, oren, llwydfrown. **114**.7 (am gi); **130**.36 (y lliw)

melynlas, glas a gwawr felen arno, gwyrddlas. **130**.57

melynllwyd, llwyd melynaidd; J 16, 30^r *Melynllwyd. roane* (HS, *c*.1600). **114**.6 (am gi); **130**.32 (y lliw)

melynwyn, gwyn a gwawr felen arno. **109**.38 (am fwng, rhawn a thalgudyn ceffyl); **130**.30 (y lliw)

melynwyrdd, gwyrdd a gwawr felen arno. **130**.39

men *ll*. **menni**, **mennau**, cert, trol, cf. Pen 308ii, 7 *Menn ychen: a wayn* (JJ, *c*.1621), *OED wain*, n.[1] 'A large open vehicle, drawn by horses or oxen, for carrying heavy loads, esp. of agricultural produce'. Ar gerbydau amaethyddol ers talwm, gw. J. Geraint Jenkins, *The English Farm Wagon* (Lingfield, 1961). **33**.1; **men 45**.10

menig yllyllon, menig ellyllon, bysedd y cŵn, *Digitalis purpurea*; LlS (1574) 55 *Dail y phion phrwyth ... Digitalis yn Llatin, Ffoxe gloues yn Saesonaec, Dail y phion phrwyth, ne vysedd cochion ne venic yr ellyllon y gelwir yn Camberaec*. **122**.135

mennaid o ŷd, menned o ŷd, llwyth cert (**men**) o ŷd, cf. Pen 308ii, 7 *mennaid: a waynfull* (JJ, *c*.1621). **35**.2

mennydd: [Llad.] *cerebrum*, ymennydd. **7**.108

mentyn gw. **mant**

menybr bwyall [= **troed bwyall**], carn neu goes bwyall, cf. Pen 169 *Menybr: troed bwyall* (RhM, *c*.1580), a'r ddihareb *Danvon y vwuall ar ol y menubr* (Mos 204, 43 (TW, *c*.1620)), am weithredu yn y drefn anghywir. **53**.23

menybru bwyall, gosod menybr, sef coes neu handlen, ar fwyall. **53**.24

mêr, mêr esgyrn, '(bone)-marrow'. **7**.107; **23**.20 (mollt)

merch *ll*. **merched** *lls*. **merchedau, merchedoedd**, 'daughter'. **6**.54; **merch 6**.94, **117**.187; **merch** *ll*. **merched** *lls*. **merchedau 117**.70; *bach*. *ll*. **merchetos 117**.71

merch briod, merch o wraig gyfreithlon, mewn gwrthgyferbyniad i **merch ordderch**. **117**.78

merch faeth, 'foster-daughter'. **6**.57, **117**.80

merch fedydd, 'god-daughter'. **6**.60, **117**.83

merch gu, wyres; ni cheir mohono yn *GPC* ond cf. **mab cu**. **117**.191

merch ordderch, merch o orddderch, merch anghyfreithlon, mewn gwrthgyferbyniad i **merch briod**. **6**.58, **117**.79

merch yn y gyfraith, merch yng nghyfraith. **6**.59, **117**.81

merchol, yn perthyn i ferch, yn nodweddiadol o ferch. **6**.55

mercholaeth, plentyndod merch. **6**.56

merhelyg, *GPC* 'Amryw fathau o helyg, yn enw[edig] y rheini y defnyddir eu gwiail hyblyg i wneud basgedi, &c., megis *Salix viminalis*'; WS (1547) '*Mer helic*: Redde wyllowe'; gw. **helygen goch**. **121**.167

merïen *ll*. **mieri**, miaren; gw. hefyd Pen 308i, 19 *Dryssien: Brambl, merien ai da[u] ben yn y ddayar, ne verien arall* (JJ, *c*.1621); J 16, 30ʳ *Merien* × *Mwyerien* (HS, *c*.1600). **121**.157

merydd, anifail neu anifeiliaid tew, wedi pesgi; gw. *GPC merydd*² lle awgrymir mai geiriadurol yw'r ystyr hon, ffrwyth camddehongli'r hen linell *Mis Tachwedd, tuchan merydd*; *TJ* (1688) 'Merŷdd, Anifail tew: *a fatted Beast*'. **20**.9, **65**.6

meryw: **pren *dsuniper*** ('juniper'), *LlS* (1574) 32 *Meryw ... Iuniperus yn Llatin, Ieneper nei Iuniper yn Saesonaec, a Meryw yn Camberaec*. Ceir enw gwahanol gan John Jones yn Pen 298, 245 *Eithinfyw: Siniper: Djiniper* (JJ, 1618). **121**.248

mesen *ll*. **mes**, ffrwyth y dderwen, 'acorn'. **121**.114

mesglen: [Llad.] ***muscla***. Gair Hen Gernyweg, nid Cym., yw hwn a ddaw yn y pen draw o'r *Vocabularium Cornicum*: #554 *muscla* gl. *mesclen* (*OCV* 239 'mussel'). Gw. y Rhagymadrodd, §3.6. **125**.143

mesur, mesur o frethyn (fel enw), neu fesur rhywun ar gyfer gwneud dillad (fel berf). **61**.5; **mesuro 61**.6

mesurau. Dyma bennawd rhestr **47** sy'n cynnwys geiriau am fesurau hydoedd (2–13), cyfeintiau, sych gan fwyaf ond o bosibl hylif hefyd (14–42), a hyd ac arwynebedd tir (43–9). Nid yw'r holl fesurau fel petaent yn gyson â'i gilydd (e.e. **47**.29 **Tel yw dau gwarter** ond **47**.36 **4 Chwarter i'r tel**) sy'n awgrymu bod yr wybodaeth yn dod o wahanol ffynonellau. Ceir amrywiaeth mawr yn ystyr y termau hyd yn oed rhwng plwyfi o fewn yr un siroedd; gw. yn arbennig Palmer, 'Ancient Welsh Measures', 225–52 (lle rhoddir sylw arbennig i sir Ddinbych a sir y Fflint yn yr 17g.); ac ar fesuriadau tir, gw. Eurys Rowlands, 'Mesur Tir: Land Measurement', *Studia Celtica*, 14/15 (1979–80), 270–84. **47**.1

mesuro gw. **mesur**

mesyryd, cyflawnder o fes, *TJ* (1688) 'Mesyrŷd, llawnder o fês: *plenty of Acorns*', neu derm penodol o'r Cyfreithiau am 'yr arfer o droi moch i bori mes mewn coedwig' (*GPC*). Mae'n debygol mai *mes* yw'r elfen gyntaf, ond ni wyddys beth yw'r ail elfen *-yryd*. **121**.115

meteloedd, metalau. **128** (pennawd)

Mihefin: [Llad.] ***Junius***, mis Mehefin; gw. hefyd **mis Mihefin**. **4**.6

milgi *ll*. **milgwn**, ci hela, *WS* (1547) '*Milgi*: A gray hunde'. **73**.27; b. **miliast** *ll*. **milieist 73**.28

milgi anghyfrwys, milgi heb dderbyn hyfforddiant, cf. *LlI* §133.3–4; *GPC anghyfrwys* 'anhyfforddedig'. **73**.55

milgi cyfrwys, milgi wedi ei hyfforddi, cf. *LlI* §133.3; *GPC cyfrwys* 'wedi ei hyfforddi'. **73**.54

milgi yn ei gynswllt, milgi yn ei genel, cf. *LlI* §133.4 *Mylgy ... en e gynllust* (td. 150 *kynllust* 'kennel'); a gw. *GPC cynllwst*. Ceir trawsosod *cynllwst* > *cynswllt* yma, gw. td. 37. **73**.56

miliast gw. **milgi**

milwr 51.48

mill: [Llad.] *papaver*. Gair Hen Gernyweg, nid Cym., yw hwn a ddaw yn y pen draw o'r *Vocabularium Cornicum*: #647 *papaver* gl. *mill* (*OCV* 279 'corn-poppy'). Gw. y Rhagymadrodd, §3.6. **122**.136

min bwyall, ymyl miniog bwyall. **53**.17

minfel: [Llad.] *millefolium*. Gair Hen Gernyweg, nid Cym., yw hwn a ddaw yn y pen draw o'r *Vocabularium Cornicum*: #644 *millefolium* gl. *minfel* (*OCV* 278 'yarrow'). Gw. y Rhagymadrodd, §3.6. **122**.137

y mintag, *GPC* 'Chwydd gwyn caled ym mhilen fwcws taflod safn ceffyl', 'lampas'; *WS* (1547) '*Mintag*: Lampysse'. Meddai'r milfeddyg Rhisiart Owen wrthyf (ehebiaeth, Mehefin 2020), 'Nid ystyrir y chwydd hwn yn anhwylder bellach. Mae'n gysylltiedig â dannedd oedolyn ifanc yn codi drwy'r deintgig yn naturiol, felly roedd triniaethau'r gorffennol yn hollol ddiangen.' **104**.7

mintys cochion, *GPC mintys coch(ion)* 'red mint, horse mint'; hefyd Atod.1.133 *Menta rubia: y Mintys coch*, Atod.3.243, cf. BL Add 15045, 81ʳ *menta rvbia: y mintys coch* (hanner cyntaf yr 16g.). **122**.138

mintys llwydion, *GPC mintys llwyd* 'calamint'; hefyd Atod.1.40 *Calamentum: y Mintys llwydion*, Atod.3.244; cf. BL Add 15045, 79ʳ *Calament: mintys llwyd* (hanner cyntaf yr 16g.). **122**.139

mintys y dŵr, *GPC* 'water mint, *Mentha aquatica*'; cf. *Llysieuwr* 33 *Balsamintta: Y llyshiewyn a elwir yn Lloegyr horsmintys, jn jaith ni mi[n]tys y meirch, dail yr hain a dybygir j ddail mintys y gardde, o'r achos hrai o'r bobyl ysydd yn i henwi wynt minttys y dwr* (EG, *c*.1545); *LlS* (1574) 138 *Y Berwr ... Basamita ne Mentha aquatica sef Mintys y meirch ne Mintys y dwfyr*. **122**.140

mis 4.16; **mis** *ll*. [**misoedd**] **120**.12

mis Awst, gw. hefyd **Awst**. **120**.33

y mis C[ ]. Collwyd diwedd y gair oherwydd twll. Gan ei fod yn dilyn **y mis du** ac **y marwfis**, efallai mai *y mis Chwerwoer* oedd y darlleniad cyflawn. Gw. **4**.2, lle ceir **Chwerwoer** yn amrywiad ar **Chwefror**. **120**.40

mis Chwefror, Chwefrol, gw. hefyd **Chwefror**. **120**.27

y mis du, mis Rhagfyr neu fis Ionawr, J 16, 31ᵛ *Mis du × Ionor ... Mis du. Decembre* (HS, *c*.1600), a gw. Parry, 'Y Marwfis, y Mis Du', 40–2. **4**.13, **120**.38

mis Ebrill, a gw. **Ebrill**. **120**.29

mis Gorffennaf: [Llad.] *Julius*, mis Gorffennaf. **4**.7; **mis Gorffenna'** **120**.32

mis Hydref: *October* **4**.10; **mis Hyddfref 120**.35

mis Ionawr, mis Ionor: [Llad.] *Januarius*, gw. hefyd **y marwfis**. **4**.1; mis Ionawr **120**.26

mis Mai, a gw. **Mai**. **120**.30

mis Mawrth, a gw. **Mawrth**. **120**.28

mis Medi: *September* **4**.9; mis Medi **120**.34

mis Menni, mis Medi. Fe'i defnyddiwyd gan John Jones wrth gofnodi'r dyddiad yn Pen 361, 57ʳ, *y pedweryḏ dyḏ o fis Menni: D: Krist :1654: y Ḳeḷilyfde*. Gw. Thomas Jones, 'Mis Menni', *B* 8 (1935–7), 332–3. **4**.15, ?**120**.41

mis Mihefin, Mehefin, a gw. **Mihefin**. **120**.31

mis Rhagfyr: *December* **4**.12; mis Rhagfyr **120**.37

mis Tachwedd: *November* **4**.11; mis Tachwedd **120**.36

misgafn [= **ysgafn**], *GPC misgawn*, &c., 'Tas o wair, ŷd, &c., pentwr o wair neu ŷd mewn ysgubor, y rhan o ysgubor lle cedwir gwair, ŷd, &c.' **35**.6

misgafniad, y weithred o gywain ŷd i ysgubor, neu bentyriad o ŷd mewn ysgubor; gw. **misgafnu**. **35**.9

misgafniedig, wedi ei gywain i ysgubor; gw. **misgafnu**. **35**.8

misgafnu [= **ysgafnu**], *GPC beisgawnu, meisgawnu* 'Gwneud tas o (wair, ŷd, &c.), tasu, sathru (tas o wair, ŷd, &c.), cywain (gwair, &c.) i ysgubor i wneud beisgawn', cf. yr enghreifftiau ar lafar a nodir yno, megis o Forgannwg: *Mishgawnu* 'stowing away the sheaves of corn tightly and systematically in a way that would prevent them falling ... ready for threshing, in the roughest weather'. **35**.7

misglen [= **crogen las**] *ll.* **misgl**, cragen las, *GPC misgl* 'cregyn gleision' (1722); *TR* (1753) '*misgl*, sing. *misglen*, a muscle, a kind of shell-fish'. **125**.144

misol *ll.* **misolion**, rhywbeth sy'n digwydd bob mis. **4**.17

miswrn y penffestyn, miswr neu fiswr (o'r Saes. *visor, visour*), helmed, Pen 169, 286 *misswrn: kadach wyneb* (RhM, *c*.1580); a gw. **penffestyn**. Am yr *-n* a dyfodd ar ddiwedd y gair, cf. *siswrn < scissor(s)*, a cf. td. 37. **50**.54

mit, *GPC* 'Llestr pren i ddal llaeth, ymenyn, cwrw, toes, &c., twba'; daw o'r Saes., *OED mit* 'A shallow tub or other vessel, used for household purposes'; cf. Pen 169, 286 *mit: trendel* (RhM, *c*.1580) (*GPC trendel* 'Llestr pren i ddal ymenyn, &c.'); *GeirGeg* 141 '*mit* ... (i) twba pren, hirgrwn i drin menyn ynddo ar ôl ei gorddi ... (ii) twba pren, hirsgwar i wlychu toes ynddo ... *kneading mit*'. **28**.112

moch *ll.* **mochau**. *Mochod* yn unig a nodir fel lluosog dwbl *moch* yn *GPC*. **71**.2; **mochyn** *ll.* **moch** 71.26

modrwy, dolen i glymu ychen wrth aradr, Pen 228i, 43ᵛ *Ampron ... y ddolen neu'r dhylaith haearn, y vodrwy, neu'r catwen a rwymir wrth yr ieu* (TW, 1604–7). **30**.82

modrwy y gwellau, cylch ar gyfer y bysedd mewn siswrn teiliwr. **61**.10

modryb 6.118; **modryb** *ll*. **modrabedd 117**.217; **modryb chwaer tad, chwaer taid &c., chwaer mam, chwaer nain, &c. 117**.221

modrydaf. Daw'r gair mewn rhestr o eiriau am wenyn o'r Cyfreithiau, felly mae'n debygol mai 'haid wenyn a berthynai i'r cwch yn wreiddiol, yr hen gyff gwenyn, henllau' (*GPC*) yw'r ystyr yma, cf. *Lll* §135.7 *Guerth modrydaf guenyn, xxiiii* (td. 158 'mother hive'); Pen 138, 496 *Modrydaf yw kyff gwenyn* (TLl, *c*.1561×1565). Cf. hefyd Pen 309i, 181 *Bodryda: Kwch ne Vyda o feel* (JJ, 1623–4), gan ddilyn, o bosibl, *GeirfaWLl* 10ʳ *Bodryda: kwch o wenyn* (WLl 1567×1574). Ar *modrydaf* 'y frenhines', cf. Pen 308i, 91 *Mamoc y gwenyn* (JJ, *c*.1621). **126**.12

moel, pen moel, efallai, yn hytrach na'r ansoddair 'di-wallt'. **7**.7

moeldes, gwres chwilboeth, heulwen ddeifiol. **2**.16

moelrhon *ll*. **moelrhonied**: *sael* ('seal'), **math ar bysg y sydd yn y môr ac y sydd â chroen blewog iddo mal llwdn hwch ac a fag yng nghroth y banw ac a fwrir fal llo mewn lle sych ar y tir ac a rydd y banw laeth iddo mal i lo**, morlo, a enir ar dir sych ac a fegir ar laeth ei fam. Mae'n debygol mai enw unigol yw *pysg* yma. Am orgraff y Saes. *sael*, gw. *OED seal*, n.¹, lle gwelir ffurfiau megis *seyle*, *sayle* yn yr 16g.–17g. **125**.145; **moelrhon** [= **morwch**]: *a sael* ('a seal') **125**.152

moiarbrenn, moirbrenn: [Llad.] *morus*, mwyarbren, llwyn mwyar duon. Er bod *mwyarbren* yn air Cym. dilys, gair Hen Gernyweg, nid Cym., ydyw yma a daw yn y pen draw o'r *Vocabularium Cornicum*: #702 *morus* gl. *moyrben* (*OCV* 304 'bramble-bush'). Gw. y Rhagymadrodd, §3.6. **121**.246

moldio, siapio, ffurfio torthau, &c., cf. *GeirGeg* 109 '*moldio toes* cymryd darn o does a'i droi a'i drosi ar y bwrdd i lunio torth'. **15**.75; **moldio pob peth tew a chrwn**, moldio neu siapio toes yn dalpiau trwchus neu grwm yn hytrach na'i rolio'n wastad. **15**.79; **moldio torthau i'w crasu yn y ffwrn**, siapio torthau i'w crasu yn y ffwrn. **15**.81

molwern [*u*.] **molwernen**: **math ar bren tebyg i helyg mân**, math anhysbys o lwyn gwern sy'n debyg i helyg mân. **121**.260

mollt *ll*. **myllt**, *GPC* 'Gwryw o rywogaeth y ddafad wedi ei ddisbaddu, gwedder, maharen'. **69**.33; **mollt: sydd ynddo o olwythion i'w hysu ac o ymysgar**. Dyma bennawd y rhestr hon sy'n enwi'r darnau o gig (*golwythion*) i'w bwyta (*ysu*) o fwtsiera cig dafad (*mollt*), a hefyd ei hymysgaroedd. **23**.1; *bach*. **molltyn 69**.34

morbysg, p[ysgodyn]: **pysgodyn agos yn floneg oll**. Fel arfer ceir *p. a.* 'pysgodyn afon' neu *p. m.* 'pysgodyn môr', ond *p.* yn unig a geir yma. Rhydd *GPC* yr ystyr gyffredinol 'Pysgod môr' yn unig i *morbysg* (< *môr* + *pysg*); cf. *D* (1632) '*Cetus* ... Morfarch, morfil, pob morbysg mawr'. Ond mae disgrifiad John Jones yma'n awgrymu ystyr fwy penodol, o bosibl un o'r mamaliaid blonegog. **125**.146

morcath: *a thornback*. **Pedwar rhywogaeth morcath y sydd, sef cath felen, bila gwyn, clwt y torddu, cath bigog, a honno yw yr iawn *thornback***, cf. Lewis Morris (*c*.1745), LlGC 24052E, 217 *Rays & Skates* ... *Morcathod*. Ar yr enw Saes., gw. *OED thornback* 'The common ray or skate (*Raia clavata*) of British seas, used as food, distinguished by having several rows of short sharp spines arranged along the back and tail'. Gw. hefyd **cath bigog, cath felen, bila gwyn, clwt y torddu**. **125**.154

môr-drybedd. Ni chafwyd hyd i bysgodyn o'r enw hwn. **125**.148

môr-ddraenog: *a sea tench ed*. **draenog y môr**. Nid 'sea-urchin', fel *GPC* môr-ddraenog (1803), ond cf. *WS* (1547) '*Draenoc, pysc.* A base' (sef 'bass'). Am y Saes., gw. *OED sea-tench* 'sea-tench ... "the black sea-bream, *Cantharus lineatus*" ' (tystiolaeth o'r 17g. a'r 18g.). Gw. hefyd **draenog y môr**. **125**.147

morddwyd, rhan uchaf y goes. **7**.83; y rhan uchaf o goes ôl ceffyl. **96**.36

morfarch: *a whal* ('a whale'), morfil. **125**.161

morfil, *WS* (1547) '*Morfil, pysc*: A whall'. **125**.162

môr-forwyn: *a meremayd* ('a mermaid'), *WS* (1547) '*Mor vorwyn*: Mearmayde'. Credid y gallai môr-forynion achub bywydau morwyr neu eu harwain at eu tranc. Tua 1604 cyhoeddwyd pamffled dan y teitl 'A most strange and true report of a monsterous fish, who appeared in the forme of a woman, from her waste upwards' yn adrodd hanes am weld môr-forwyn ger Pentywyn yn sir Gaerfyrddin yn y flwyddyn flaenorol: gw. http://hdl.handle.net/10107/4689002, a cheir adroddiadau tebyg mewn sawl gwlad yn y cyfnod. **125**.163

môr-geiliog. Ni chafwyd hyd i bysgodyn o'r enw hwn, ond cf. **iâr fôr** a **moriar**. **125**.149

môr-gyllell: **math ar gregyn hirion megis llafn cyllell**, cyllell fôr, 'razor-shell'. Gw. *GPC môr-gyllell*, lle gwelir y gall fod yn enw 'ar amryw folysgiaid môr o ddosbarth y *Cephalopoda*' neu 'ar amryw folysgiaid môr o'r tylwythau *Ensis* a *Solen* sydd â'u cregyn yn debyg i rasel hen ffasiwn'. Mae'n amlwg mai'r ail sydd gan John Jones mewn golwg, a chan Edward Lhwyd y ceir yr enghraifft gynharaf o'r ystyr honno yn

GPC, gw. *AB* (1707) 151c '*Solen, Mor-gylhelh*. The sheathfish' (*OED* †*sheath-fish* 'The razor-fish'). **125**.150

môr-helyg, *GPC helyg y môr* 'sea-willow, sea-buckthorn, *Hippophae rhamnoides*' (20g.); cf. **helyg môr**. Neu ai gwall am **merhelyg** sydd yma? **121**.252

môr-hesg, moresg, *GPC* 'Math o wair cwrs a gwydn a dyf mewn tir gwlyb', 'marram'; *Pen Gloss* (*B* 2.231) *moresc: myrydd* (*c*.1562). **122**.141

morhwch: [Llad.] *delphinus*. Er bod hwn yn air Cym. dilys (gw. y gair canlynol), addasiad ydyw yma o air Hen Gernyweg, a ddaw yn y pen draw o'r *Vocabularium Cornicum*: #542 *delphinus* gl. *morhoch* (*OCV* 234 'porpoise'). Mae'n amlwg fod y ffurf Hen Gernyweg, *morhoch*, wedi ei chysylltu gan Gymro (?Rhosier Morys) â'r gair Cym. tebyg. Gw. y Rhagymadrodd, §3.6. **125**.151

môr-hwch [= **moelrhon**]: *a sael* ('a seal'), morlo. Ar y Saes. *sael*, gw. **moelrhon**. **125**.152

moriar, enw pysgodyn; cf., o bosibl, **iâr fôr**. Nid yr un yw â *moriar* sy'n enw aderyn gan eiriadurwyr y 19g., *EWD* i '*Guillemot* ... chwylog, moriar'. **125**.153

morlas *ll*. **morleisied**: **math ar bysg tebyg i leisiad o gylch 12 modfedd o hyd**. Fe'i diffinnir yn *GPC* naill ai fel 'Pysgodyn môr o deulu'r penfras, *Pollachius pollachius*' neu fel 'pysgodyn môr o deulu'r *Mugilidæ*, hyrddyn' ('grey mullet'). Amdano meddai Lewis Morris (*c*.1745) yn LlGC 24052E, 281ᵛ: *Of the Whiting Pollack, in welsh Called Morlas. pl. Morleisiaid. This Fish Exceeds the whiting for Firmness and Equals it for Lusciousness*. **125**.155

morlo, glo (< *môr* + *glo*), *WS* (1547) '*Morlo*: Secole', a gw. *OED sea coal* 'A name for mineral coal ('coal' in the ordinary modern sense) as distinguished from charcoal. Now *historical*'. **29**.3

môr-lyffant, *GPC* 'Pysgodyn, *Lophius piscatorius*, ac iddo ben mawr a chorff bychan'; cf. disgrifiad Lewis Morris o'r *Cartilgaginei Ovipari* yn LlGC 24052E, 227, *The Nass. The Toadfish or Frogfish or Sea Devil, or Fishing Frog. Llyffant y mor, morlyffant. I have seen them on the Coast of Anglesey*. **125**.156

môr-lysywen: *a conger*, *GPC* 'Llysywen fôr fawr, congren, *Conger conger*'; gw. hefyd **cwngren**. **125**.157

môr-neidr: [Llad.] *murena*. Ffynhonnell y gair hwn yw ychwanegiad gan John Prise (*c*.1550) i'r eirfa Hen Gernyweg, *Vocabularium Cornicum*, yn BL Cotton Vespasian A.xiv, 8ᵛ: #555 *murena ł murenula* gl. *mornader*, a *mor neidyr* wedi ei ychwanegu uwchben (*OCV* 240 'lamprey'). Gw. y Rhagymadrodd, §3.6. Yr eirfa Hen Gernyweg hon yw ffynhonnell ben draw pob enghraifft o'r enw *môr-neidr* a roddir yn *GPC*, ac eithrio H. E. Forrest, *Vert Fauna* 482, sy'n cofnodi ei ddefnydd yn y gogledd am 'pipe-fish'. **125**.158

môr-nodwydd *ll.* **môr-nodwyddau**: *thornfish, sea-needl* ('thornfish / ?the horn-fish, sea-needle'), *GPC* 'Pysgodyn tebyg i lysywen â phig hir, cornbig, *Belone belone*', 'garfish, needle-fish'. Ni restrir *thornfish* yn yr *OED*, felly mae'n debygol mai cywasgiad o *the hornfish*, sydd yma, sef enw arall am y *sea-needle*: *OED horn-fish* 'The garfish, *Belone vulgaris*, so called from its long projecting beak'. Cf. Lewis Morris (*c.*1745) yn LlGC 24052E, 312, *The hornfish or Garfish. In welsh Mornodwydd and Cornbig* ... *In N wales they are called in English Sea Needles*; hefyd *LWLM* 210 'hornfish, in Welsh Mornodwydd'. **125**.159

moron, hefyd Atod.1.84 *Eruga: y Moron*, Atod.3.250; cf. *LlS* (1574) 131 *Y Moron ... Pastinaca yn Llatin, a Carot yn Sasonaec a Moron, ne lysæ Gwyddelic yn Camberaec*; J 16, 33^v *Moronen. parsnep. Pastinaca* (HS, *c.*1600). Daw *moron* o'r Saes., cf. *OED more*, n.^{1} 'Originally: an edible root, as a carrot or parsnip'. **122**.142

moron y maes, moron neu bannas gwyllt; hefyd Atod.1.85 *Eruga campestris: moron y maes*, Atod.3.251 a cf. *LlS* (1574) 131 *Y Moron ... Deuryw voron y sy, vn dof ... A'r rhyw gwyllt a elwir yn ... Camberaec Moron y meysydd.* **122**.143

mororen, *GPC moron*^{1} '(Bôn neu ran uchaf) cynffon' ceffyl. Am y ffurf, ac ynddi gymathiad *r..n* > *r..r*, gw. td. 38 a cf. Pen 228i, 105^v *Cauda ... Cynphon, Cwtws, lhosgwrn, myroren, rhawn* (TW, 1604–7). **67**.69

mort *ed.* **gleisiad**. Awgrymir dan y cofnod ar **gleisiad** (**125**.104) mai eog yn ei bumed flwyddyn oedd *mort*: *erbyn y pedwerydd Clanmai gaflaw a fydd, ac oddyno yr eiff ef yn fort*. Ni restrir *mort* yn *GPC*, ond awgryma'r treiglad yma (*yn fort*) mai fel gair Cym. yr ystyriai John Jones ef. Fel eog yn ei drydedd flwyddyn y disgrifir *mort* fel arfer, cf. *OED mort*, n.^{3} 'A young salmon; *spec[ifically]* a young salmon in its third year' (ni cheir tarddiad i'r enw yno). **125**.160

morter, cymrwd, sment, *WS* (1547) '*Kymrwd morter*: Cyment'; Jones, 'Geirfa Saer Cerrig', 179, '*mortar* ... cymysgedd o galch, dŵr a thywod i gysylltu cerrig ac yn y blaen ynghyd'. **58**.19

morthwyl *ll.* **morthwylion**, morthwyl, 'hammer'. **52**.24 (gof); **morthwyl** *ll.* **morthwyliau 58**.32 (saer)

morthwyl pedoli, *GPC* 'shoeing-hammer' (a'r dystiolaeth yno ar lafar o ddwyrain sir Gaerfyrddin). **52**.25

môr-wamal, aderyn anhysbys. Daw *gwamal* o'r Saes. Canol *wammel*

(*GPC*), a roes y gair diweddar *wamble*, a gallai'r enw ddisgrifio aderyn sy'n 'ymdroelli' uwch y môr, wrth iddo chwilio am bysgod. Tebyg mai ffurf wallus ar *môr-wennol* sydd yma. **124**.93

morwyn *ll.* **morynion**, merch ifanc ddibriod neu ferch mewn gwasanaeth. **6**.160, **117**.124; *bach*. **morwynan 117**.128; **morwynig 117**.127

morwyn stafell, llawforwyn (term a geir yn y Cyfreithiau). **11**.6

morwyn troell, *GPC* 'stander, upright support, or front board of spinning-wheel'; cf. *OED maiden* 'The supports in which the spindle of a spinning wheel turns'. **27**.11

morwynaidd, nodweddiadol o ferch ifanc neu o ferch mewn gwasanaeth. **6**.162, **117**.125

morwyndod, y cyflwr o fod yn ferch ddibriod neu'n ferch mewn gwasanaeth. **6**.163, **117**.126

morwynol, yn perthyn neu'n debyg i ferch ifanc ddibriod neu i ferch mewn gwasanaeth. **6**.161, **117**.129

morwynwraig, gwraig ifanc, neu os cyfeirir at ei ddefnydd yn y Cyfreithiau, 'gwyry briod nad yw wedi cael cyfathrach rywiol â'i gŵr' (*GPC*). Cf. *LlI* §55.12–14 *O deruyd rody moruen y vr a hep kescu genthy a chaffael cam ohoney ... honno a elwyr moruwnwreyc*. **6**.164

môr-ysgyfarnog: *a gurnett* ('a gurnet') *ll*. **môr-ysgyfarnogod**, *GPC ysgyfarnog y môr* 'tub gurnard, tub-fish, tub, *Trigla lucerna*'; cf. Lewis Morris (*c*.1745) yn LlGC 24052E, 334: *The Red Gurnard or Rochet ... Penhaiarn Coch or Ysgyfarnog y mor*; hefyd *Vert Fauna* 442–3 lle nodir bod *ysgyfarnog y môr* 'Shapphirine Gurnard, or Tub-fish' yn gyffredin ar arfordiroedd y gogledd ac ym Môn. Am y Saes. *gurnet*, ffurf amrywiol ar *gurnard*, gw. *OED*. **125**.164

mowion- gw. **mywion-**

mul *ll.* **mulod**, mul. Pennawd yn unig a geir yma (**94**).

mulfi, aderyn anhysbys. Ai'r Llad. *mulvi* sydd yma mewn gwirionedd, sef lluosog *milv(i)us*, Pen 228ii, 196^r *Miluius, miluus ... Byrcutan, Bot y gwerni* (TW, 1604–7)? **124**.95

mulfran *ll.* **mulfrain**: *a cormorant*, bilidowcar, *TJ* (1688) 'Mulfran: *a little Diver or Didapper, also a Cormorant*'; *OED cormorant*, 'A large and voracious sea-bird (*Phalacrocorax carbo*), about 3 feet in length, and of a lustrous black colour'. Gw. *GPC* lle nodir bod tarddiad yr elfen *mul-* yn anhysbys. **124**.94

mulwel *ll.* **mulwelod**: *a cod fish*, penfras, *WS* (1547) '*Mulwel*: Myllwell'; cf. *OED milwell* 'The cod, esp. before it has been salted or cured', a chynt hefyd *morhwell* 'A kind of small codfish'. **125**.165

munud *ll.* **munudau 120**.18

mur, wal, wal gerrig. **8**.74; **mur** *ll*. **muroedd 58**.22

muriad, y weithred o godi wal (gerrig). **58**.24

muriau yr ysled, ochrau car llusg a gadwai'r llwyth yn ddiogel. **34**.2

muriedig, wedi ei amgylchu gan wal, caerog (*GPC* 1803). **58**.25

murio, codi wal (gerrig), amgáu â waliau, *TJ* (1688) 'Murio: *to build a Stone-wall*'. **58**.23

muriog, a chanddo waliau. **58**.26

muriol, a chanddo waliau, yn ymwneud â waliau. **58**.27

mwd, seler (yn enwedig un ac iddi nenfwd fwaog), daeargell, *WS* (1547) '*Mwd vch ben*: A volte'; J 16, 35ᵛ *Mŵd. a vaulte, siling* (HS, *c*.1600). Cadwai Gwilym Dew a'i wraig Margred win a mêl yn eu *mwd*, yn ôl Hywel Dafi (15g.) wrth ddisgrifio'u cartref yn Argoed ger Aberhonddu: *GHDafi* 3.37–8 *Ar ei frig cerrig cwarel* / *Ac yn ei fwd gwin neu fêl*. **13**.8

mwdwl o wair, *GPC mwdwl* 'Pentwr (crwn) o wair ac weithiau o ŷd, &c., a adewir yn y cae cyn ei gywain, cocyn (mawr), twmpath', 'haycock'. Gw. hefyd Pen 308i, 142 *Soppyn o yd: yw mwdwl maes o ddec dreva o yd* (JJ, *c*.1621); J 16, 35ᵛ *Mwdwl. reeke or cocke of hay, fœnile* (HS, *c*.1600). **31**.86; **mwdwl, o ŷd neu wair 31**.132

mwg, 'smoke'. **5**.174, **9**.59

mwng, mwng ceffyl. **96**.23

mwng march, mwng march. **67**.63

mwll, clòs, trymaidd (am y tywydd), *WS* (1547) '*Mwll*: Smoldery'. **2**.20

mwnwgl, gwddf, corn gwddf, gw. hefyd Pen 308i, 94 *Mwnwgyl: the neck* (JJ, *c*.1621). **7**.37; **y mwnwgl 21**.4 (eidion)

mwnwgl troed, gw. hefyd Pen 308i, 89 *Meilwng: mwnwgyl ... gvaell koes* (JJ, *c*.1621). Ar *mwnwgl* 'cefn y droed', gw. *GPC* a J 16, 35ᵛ *mwnwgl ... instep, curvatura pedis* (HS, *c*.1600). **7**.93

mwstard, hadau a felir i roi blas ar fwyd ac a ddefnyddid yn aml mewn meddyginiaethau; e.e. rhag annwyd pen, argymhellir yn *Llysieuwr* 172, dan *Sinnappium*, wneud *j'r goddeuwr arver o swnnwffio o'r powdwr yma drwy'r ffroenne j'r pen ynn vynnych hwyr a borav, ac y vo wna j'r gwlybyrav syrthio j wared o'r pen drwy'r trwyn* (EG, *c*.1545). **14**.120

mwyalch *ll*. **mwyalchod**, aderyn du, *Turdus merula*. **124**.96; **mwyalchen 124**.98

mwyalchen y dŵr, *WS* (1547) '*Mwyalch y dwr*: A cote'; gw. *Vert Fauna* 101 lle nodir *mwyalchen ddwr* yn ffurf ar lafar yn y gogledd am 'dipper', sef *Cinclus aquaticus* ('water ouzel'). **124**.99

mwyarbren gw. **moiarbrenn, moirbrenn**

mwyaren *ll*. **mwyar**, mwyaren ddu, ffrwyth y mieri. **121**.158

mwydo dillad, socian neu drwytho dillad mewn **golch**, **llutrod**, &c., wrth eu golchi. **19**.3

mwydo ŷd, socian ŷd cyn ei grasu mewn odyn, 'steeping', proses sy'n cymell y grawn i ddeffro a chynhyrchu starts a siwgrau sy'n angenrheidiol ar gyfer y broses fragu. **18**.22

mwyn, mwyn a fwyngloddir, neu fwynglawdd, cloddfa. **128**.1

mwyn aur, mwyn neu fwynglawdd aur. **128**.19

mwyn haearn, mwyn neu fwynglawdd haearn. **128**.17

mwyn plwm, mwyn neu fwynglawdd plwm. **128**.15

mwyn pres, mwyn neu fwynglawdd copr; gw. **pres**. **128**.18

mwyn ystaen, mwyn neu fwynglawdd tun. **128**.16

mwynwr *ll*. **mwynwyr**, mwyngloddiwr. **128**.2

mwys [= **olmari**, **nester**]: **cwpwrdd**. Ymddengys mai gair am gynhwysydd yw *mwys* yma, ac nid yw o reidrwydd yn union gyfystyr ag *olmari*, *nester* a *cwpwrdd*, cf. Pen 298, 319 *Kunilen: mwys i ddwyn gwair* (JJ, 1618); *GPC mwys*[1] 'Basged, cawell, dysgl'. Fe'i ceir gan Thomas Wiliems am fasged i ddal bara: Pen 228ii, 259ᵛ *Panarium ... basced y dhwyn bara, cawelh, mwys bara* (TW, 1604–7); ac yn 'Tri thlws ar ddeg Ynys Prydain' rhestrir *Mwys Gwyddno Garanir* gan esbonio *bwyd i un gwr a roid ynddo, a bwyd i ganwr a gaid ynddo pan agoryd* (17g.), Rachel Bromwich (gol. a chyf.), *Trioedd Ynys Prydein*, pedwerydd arg. (Cardiff, 2014), 258. **13**.27; **mwys** [= **olmari**, **nester**] **28**.38

mwys o benwaig, *GPC mwys*[1] 'Mesur ar gyfer ysgadan neu benwaig gynt, fel arfer yn gyfartal â phum cant (hir [sef 120]), ond yn amrywio o ardal i ardal'. Gw. hefyd Pen 308i, 91–3 *Mwys o scadan rhif /500/ a /120/ ymhob kant, a phymthec pennoc ragor: tri bwrw a vydd a phum pennoc ymhob un yw y pymtheg pennoc hynny sydd yn kadw y rhif sef ysgadenyn am bob /20/ kwpwl neu /40/ ysgadenyn kanys o fesyr y kwpyl y rhifir velly mae yn y fwys 615 o ysgadan* (JJ, *c*.1621). Cf. hefyd *OED mease*, 'A mease is typically equivalent to approx. 610 to 620 herrings, but varies from 500 to 630'. Gw. **bwrw**. **125**.27

mwysiaid, **mwysied**, llond basged; gw. **mwys**. **13**.28

mychdeyrn, brenin, arglwydd. Fe'i ceir yn aml ym marddoniaeth y Gogynfeirdd a'r hen eirfâu barddol (yn aml yn y ffurf *mechdeyrn*) am dywysog neu arglwydd. **51**.19

mydyledig, wedi ei ffurfio'n fydylau. **31**.88 (am wair); **mydyledig** [= **cocynedig**, **dasedig**] **31**.138 (am ŷd)

mydyliad, y weithred o ffurfio mydylau. **31**.89 (gwair); **31**.136 (ŷd)

mydylog, wedi ei fydylu (am wair) **31**.90

mydylu gwair, pentyrru gwair yn fydylau mewn cae, cocio gwair; gw. hefyd **mwdwl o wair**. **31**.87

mydylu ŷd [= **cocynnu ŷd, dasu ŷd**], llunio mydylau o ŷd. **31**.134

myfi, anhysbys, yma'n dilyn **aigiaw**. Mae'n bosibl mai ffurf amrywiol yw ar *myddi*, *GPC* 'Casgen fawr, baril', hefyd yn ffigurol, 'hocsed (mesur)', o gofio bod pysgod yn cael eu gwerthu mewn casgenni. **125**.43

mygedig, wedi llenwi â mwg, myglyd. **5**.176, **9**.61

mygedigaeth, mygfa, y cyflwr o fod yn llawn mwg (yn hytrach, efallai, nag *GPC* 'mygfa', 'suffocation', 1794). **5**.179

mygiad, y weithred o fygu neu lenwi â mwg. **5**.178

mygiol, myglyd, llawn mwg. **5**.180

myglyd, llawn mwg. **5**.177, **9**.62

mygu, cynhyrchu mwg, gwneud yn fyglyd. **5**.175, **9**.60

myllin, tywydd mwll (< *mwll* + *hin*). **2**.21

myn, gafr ifanc. **70**.14; *b*. **mynnen 70**.15

mynci, mwnci, *TJ* (1688) 'Mynci: *a Horse-Collar made of Wood*'; *GPC* 'Rhan o harnais ceffyl gwedd, sef dau ddarn bwaog (gan amlaf o fetel ond hefyd gynt o bren wedi ei wisgo â metel) sy'n ffitio rhigol bwrpasol oddi amgylch ymyl allanol y goler; cysylltir y ddeuddarn â'i gilydd yn y gwaelod â bach a chadwyn fel rheol, ac yn y brig â charrai ledr; ar y naill a'r llall o'r darnau y mae bach i dderbyn y tresi tynnu; coler ceffyl neu anifail gwedd arall.' Awgrymir mai *mwng* yw'r elfen gyntaf, a chymherir yn betrus y gair *muince* 'coler (fetel), gyddfdorch addurnol' mewn Hen Wyddeleg. **31**.11

myncyn gwellt [= **mynwair**], gw. **mynci** a cf. *GPC mwnci gwellt* 'horse collar made of straw', a'r dystiolaeth 'Ar lafar gynt ym Morg[annwg]'. **31**.10

mynwair [= **myncyn gwellt**], *GPC* 'coler ceffyl neu anifail tynnu arall'; *WS* (1547) '*Mwnwgylwair ne vynwair*: Coller'. **31**.10

mynyglog. Ar *mwnwgl* 'coler', gw. *AB* (1707) 147c. Mae'n debygol mai ansoddair 'yn gwisgo coler' ydyw yma, wedi ei leoli rhwng **cloffrymedig** a **glindorch**. **72**.29

myswynog, *LlLlM* 103 '*swynog*: buwch heb lo ynddi, Saes. *barren cow*'; Jones, 'Termau Amaethwyr Dyffryn Edeirnion', 295, '*swynog*: buwch laeth heb "fagu" yn ei thymor'. **68**.23

mywionyn *ll.* **mywion**, morgrugyn; dyma'r gair a ddefnyddir mewn rhannau o'r gogledd hyd heddiw. Mae'n amrywiad ar *bywion(yn)* ac yn awgrymu creaduriaid bach llawn bywyd, sy'n symud yn gyson; cf. J 16, 33^r *Mowion ... Mowionyn ... ante, emet, pismire, formica* (HS, *c*.1600);

a chan John Jones yn gynharach yn Pen 308i, 88 *Moergryg: Mowion*; *Moergrygyn: mowionyn* (JJ, *c*.1621) (a *moergryg* yn amrywiad 'Ar lafar yn sir Gaerf[yrddin] a gorllewin Morg[annwg]' (*GPC*)). Caent eu defnyddio mewn meddyginiaethau; e.e. ceir cyfarwyddyd yn *Llysieuwr* 3 ar sut i *ddistyllio blode ac wye mowion* (EG, *c*.1545) i wneud dŵr iachusol ar gyfer y llygaid. **127**.13

naeled o berchyll. Mae'n debygol mai ffurf ar *ael* 'torllwyth o foch bach' yw *nael*, gydag *n*-anorganig, yn ffrwyth camraniad (*yn ael* > *yn nael?*); gw. **ael o berchyll**. **71**.18

nai **6**.119; **nai** *ll*. **neiaint 117**.218; **nai ap brawd, ap chwaer, ap cefnder, ap cefnither, ap cyfyrder, ap ceifn, ap gorchgeifn**, nai sy'n fab i frawd, chwaer, cefnder, cyfnither, cyfyrder, ceifn (trydedd radd), gorcheifn (pedwaredd radd). **117**.222

nai ap gorchaw, nai sydd yn fab i **orchaw** (sef cefnder o'r bumed radd). Daw'r cyfuniad o'r Cyfreithiau: *LlI* §106.17–19 *braut a keuenderu a keuerderu a keyuyn a gorcheyuen a gorchau a ney uab gorchau*. **6**.104, **117**.198

naid, llam ceffyl. **67**.93

nain [= **mam dda, mam-gu**] **6**.87; **nain** *ll*. **neiniau 117**.153

napgyn *ll*. **napgynau**, cf. *Dict TGoods* dan *napkin* 'A square piece of LINEN, used at table to wipe the fingers or lips, or to protect one's garments, or to serve food on. Napkins were an essential element in the household LINEN … Their importance diminished to some extent as the use of FORKS became more common.' **13**.67; *ll*. **napgynau 28**.46

natur [= **anian, had**], sberm, cf. *OED nature* 'semen'. **7**.136

nawn, prynhawn. **4**.83; **nawn: o'r 12 ar y gloch uchod hyd 3 awr ar y gloch yw y nawn, yn dair awr**, sef y cyfnod rhwng hanner dydd a thri o'r gloch yn y prynhawn. Cyfeiria 'uchod' at y tabl, td. 142. **120**.49

nawtwll: *nine holes*. Ni cheir yr enw *nawtwll* yn *GPC*, ond roedd *nine holes* yn gêm boblogaidd ar ddechrau'r 17g.: gw. Bartlett, *Past of Pastimes*, 128, 'A game called Nine Holes was popular in the early seventeenth century and again in the eighteenth, after skittles had been banned.' Cf. hefyd *OED nine holes* 'Any of various games of skill involving nine target holes', e.e. 'a game in which players try to roll small balls into nine holes made in the ground, each hole having a separate scoring value'. Mae'r ffaith fod **nawtwll** yn dilyn **caelys** yn y rhestr yn awgrymu mai gêm debyg sydd mewn golwg yma. **49**.18

nedde, *GPC neddai* 'Bwyall, yn enw[edig] bwyall gam, sef un ac iddi lafn miniog crwm wedi ei osod ar draws blaen y goes ar gyfer naddu wyneb coedyn'; *WS* (1547) '*Neddei i naddy*: An addys'; sef *OED adze* 'A tool similar to an axe, with a blade set at right angles to the shaft, typically used for cutting or slicing away the surface of wood'. **53**.28

nedden *ll*. **nedd**, wy lleuen, *WS* (1547) '*Nedden*: A nyt'; cf. Pen 308i, 19 *Dihaeddyd penn yw chwilio penn, am lau ne nedd* (JJ, *c*.1621). **127**.21

nef [= **nyf**] *ll*. **nefoedd 1**.22

nefol *ll*. **nefolion**, un sy'n byw yn y nef. **1**.23

nefolaidd, paradwysaidd. **1**.25

nefolder, nefoldeb. **1**.24

neidiad, naid, llam ceffyl. **67**.95

neidiedig, ?wedi ei neidio (e.e. am glawdd gan geffyl). **67**.96

neidio, llamu; yn Pen 56, 28 (llaw anh., 16g.) rhestrir *neidio* yn un o'r Pedair Camp ar Hugain. **49**.30; **67**.94 (am geffyl)

neidiog, yn neidio neu lamu (am geffyl). **67**.97

neidiol, yn neidio neu lamu (am geffyl). **67**.98

neidr *ll*. **nadredd**, J 16, 21^r *Neidr, snake, adder* (HS, *c*.1600). **127**.1

neidr y dŵr, *GPC* 'water-snake; eel'; *WS* (1547) '*Neidyr y dwfyr*: A water serpente'. **125**.167

neidr y môr *ed*. **môr-neidr**, *GPC neidr y môr*, i. 'gunnel, butterfish, *Pholis gunnellus*' (20g.); ii. 'sea-snake, sea serpent' (1835). Gw. hefyd **môr-neidr**. Mewn nodyn ar bwys llun o'r *Serpens marinus*, Salviani ('neidr y môr') yn LlGC 24052E, 240, meddai Lewis Morris (*c*.1745): *There is a water viper in Cors y Cefn du in Anglesey resembling a viper in all respects, but that its Tail is flat like an Eel.* **125**.166

neithwyr, y ffurf gyffredin gynt ar *neithiwr*. **4**.51

nen gwely, ?canopi gwely (gan awgrymu gwely postyn). **11**.22

nen tŷ, to tŷ. **8**.97

nenbren, *GPC* 'darn o bren sy'n gorwedd ar hyd crib to i gysylltu pen uchaf y trawstiau', 'ridge-piece'. **8**.93

nester [= **mwys, olmari**]: **cwpwrdd**. Ni cheir *nester* yn *GPC*. Ai math arbennig o gwpwrdd ac iddo ddrariau i gadw pethau yn y tŷ neu'r gegin oedd *nester*? Cf., o bosibl, *Dict TGoods* dan *nest of drawers*, 'The nest of drawers was a set or series of DRAWERS contained with a CASE or NEST. In the seventeenth and eighteenth centuries it was usually a case of small drawers or tills.' **13**.27; **nester** [= **olmari, mwys**] **28**.38

nestriaid, nestried, llond nester; gw. **nester**. **13**.30

neuadd *ll*. **neuaddau**: [Llad.] *aula*, neuadd, tŷ brenin neu uchelwr (dyma bennawd y rhestr hon). **9**.1; *bach*. **neuaddan 9**.6; **neuaddig 9**.7

neuadd llys, prif ystafell llys neu gastell. **8**.63

neuadd plas, prif ystafell plas. **8**.65

neuaddog, ?â llawer o neuaddau (am wlad, &c.). **9**.4

neuaddol, yn perthyn i neuadd (*GPC* 1803). **9**.5
neuaddu, ?gosod mewn neuadd, ?adeiladu neuadd. **9**.8
neuaddwr, ?un sy'n preswylio mewn neuadd. **9**.2
newyddloer, lleuad newydd. **1**.48
nith 6.120; **nith** *ll.* **nithoedd 117**.219; **nith ferch brawd, ferch chwaer, ferch cefnder, ferch cefnither, ferch cyfyrder, ferch ceifn, ferch gorcheifn, ferch gorchaw**, nith sy'n ferch i frawd, chwaer, cefnder, cyfnither, cyfyrder, ceifn (trydedd radd), gorcheifn (pedwaredd radd) neu orchaw (pumed radd). **117**.223
nithiad, y weithred o nithio grawn oddi wrth yr us, gwyntylliad. **35**.37
nithiedig, wedi ei nithio neu ei wyntyllu (am rawn). **35**.36
nithio, y broses o wahanu'r grawn oddi wrth yr us drwy wyntyllio neu ogrynu. **35**.35
nithlen, llen neu garthen i nithio, i greu gwynt er mwyn gwahanu'r us, sef y plisg ysgafn di-werth, oddi wrth y grawn. **28**.155, **nithlen** [= **carthen**] **35**.34, **45**.34
nithlennaid, nithlenned [= **carthennaid, carthenned**], llond nithlen. **35**.65
nithwraig, gwraig sy'n nithio grawn. **35**.38
niwl 5.226; *bach.* **niwlan 5**.232
niwlach, niwl (?annymunol), tawch. **5**.233
niwledig, wedi mynd yn niwlog. **5**.229
niwledigaeth, niwl, cyflwr niwlog. **5**.230
niwliad, disgyniad niwl. **5**.228
niwlo, troi'n niwlog. **5**.227
niwlog, llawn niwl. **5**.231
nodwydd ddur, nodwydd ddur y teiliwr, *WS* (1547) '*Nodwydd ddur*: A nedyll'. **61**.11
nodwydd ddur driochr, nodwydd â phigyn trionglog y gwneuthurwr menig lledr; cf. 'Textile Research Centre', *https://www.trc-leiden.nl/* dan *Leather needle* 'A leather needle is a long needle (between 6–10 cm in length), with a long eye and a characteristic sharp triangular point. This shape enables it to pierce and pass through leather [and] suede ... without tearing the ground material.' **64**.6
nodwydde'r traeth, môr-wiberod bach, o bosibl, sef 'lesser weever, *Trachinus vipera*' (*GPC môr-wiber*); ni chafwyd hyd i enghraifft arall o'r enw. **125**.168
noe, *GeirGeg* 142–3 '*noe* ... (i) dysgl bren, gron, gweddol ddofn o waith y turniwr. Fe'i defnyddid yn bennaf i gyweirio menyn ar ôl ei gorddi ... *butter bowl* ... (ii) cafn pren o ryw chwe throedfedd o hyd a throedfedd

a hanner o led. Ynddo y byddid yn gwlychu toes bara ceirch neu fara gwenith. Hefyd fe'i defnyddid ar gyfer halltu darnau o gig moch ... *wooden trough.*' Fe'i ceir yma ymysg geiriau am lestri i ddal cwrw, **trŵp** a **mail**. **28**.122

noe y pinnau, llestr neu bowlen fas i ddal *pinnau* 'bobbins' ar gyfer eu llwytho mewn gwennol wrth wehyddu. **59**.44

nos: [Llad.] *nox ll*. **nosau** **4**.38; **nos: nid ydys yn rhannu y nos fal y rhannau eraill oblegid nid oes achos i arfer y rhannau hynny ond i huno ac i ddiflino trwy ysmwythder**. Mewn geiriau eraill nid oes angen ymboeni am rannu'r nos yn gyfnodau, gan mai dyna'r amser i gysgu ac i ddadflino mewn esmwythder! **120**.43

nos du, nos dywyll, heb oleuni'r lleuad na'r sêr; am *du*, yn lle *ddu*, yn dilyn yr enw benywaidd *nos*, cf. *nos dda* > *nos da*. **4**.45

nosâd, y weithred o nosi. **4**.42

nosáu, nosi. **4**.40

nosol, yn perthyn neu'n digwydd yn y nos, ?un sy'n hoffi'r nos. **4**.43; **nosol** *ll*. **nosolion** **4**.44

noswyl *ll*. **noswyliau**, noswaith **4**.49; **noswyl**, gwylnos, y noson cyn gŵyl eglwysig. **4**.101

noswyliad, gwylnos, neu ffarweliad am y noson. **4**.53

noswylio, ffarwelio am y nos, cf. *BydAm* 3.207 'Yn amaethyddol rhoi'r gorau i weithio am y dydd, cadw noswyl, cadw noswyl oddi wrth waith a gorchwyl'. **4**.50; cadw gwylnos eglwysig. **4**.102

nyddiad, y weithred o nyddu, cyfrodeddiad. **27**.23

nyddiedig, wedi ei nyddu. **27**.24

nyddu. Ar ôl cardio ffibrau gwlân byddai angen eu troi 'yn un darn hir o edafedd drwy ei dynnu o'r rholyn a'i gyfrodeddu' (*GPC nyddu*). Ar ddulliau traddodiadol o nyddu, naill ai â **chogail** neu â **throell**, gw. *WWInd* 51–5. **27**.22

nyddwraig, gwraig sy'n nyddu. Yn draddodiadol merched a nyddai a dynion a wehyddai; cf. *WWInd* 51–63 'Spinning', a 66–81 'Weaving'. **27**.25

nyf [= **nef**] *ll*. **nefoedd**. Hen ffurf ar *nef* oedd *nyf*; cf. yr hen gyfuniad *gwas nyf* 'gwas nef'. Gallai *nefoedd* fod yn lluosog fel yma, neu'n unigol (*GPC*). **1**.22

nyth *ll*. **nythod** 123.5 (iâr); **nyth** 123.38 (gŵydd)

nythiad, y weithred o wneud neu eistedd ar nyth (iâr). **123**.8

nythiedig, ?wedi gwneud nyth neu'n cartrefu mewn nyth (iâr). **123**.7

nythog, yn llawn nythod (iâr). **123**.10

nythol, yn perthyn i nyth (iâr). **123**.9

nythu, gwneud nyth neu eistedd ar nyth. **123**.6 (am iâr); **123**.39 (am ŵydd)

ôd, eira, *WS* (1547) '*Od, glaw wedy keulo*'. Dyma'r gair a ddefnyddiodd Gutun Owain, y bardd a'r ysgolhaig o'r gogledd-ddwyrain, pan gofnododd y tywydd yng Nglyn-y-groes, Llangollen, dros gyfnod y Nadolig yn 1469 neu 1486: Pen 131, 76 *gwyl y meibion od yn vynych / gwyl domas hin dec od y nos honno*. **2**.66

odi, bwrw eira. **2**.67

odlaw, eirlaw. **2**.64

odyn *ll*. **odynau**. Dyma bennawd y rhestr **18**, ac mae'r geiriau ynddi yn awgrymu mai odyn fechan ar gyfer sychu a chrasu ceirch neu ŷd sydd bennaf dan sylw. Ceid odynau o'r fath ar y rhan fwyaf o ffermydd ers talwm, ac mae'n debygol mai odyn wellt sydd yma (cf. **pilwellt**), sef y math a ddisgrifir gan Hugh Evans, *Cwm Eithin* 118: 'Yng ngwaelod yr odyn [wellt] yr oedd lle tân tebyg i bopty mawr hen ffasiwn. Yn yr hen amser twymnid ef gyda mawn … Wrth ben hwnnw drachefn yr oedd math o lofft … Yn yr odyn wellt nid oedd ond trawstiau yn groes ymgroes yn gwneuthur llofft, a byddai rhaid mynd â thair neu bedair batingen o wellt i'w roddi drostynt. Ar y gwellt y tywelltid y ceirch yn haen denau … a'i droi gyda'r rhaw bren a'i lenwi yn ôl i'r sachau … Mae dau reswm dros grasu'r ceirch; yn gyntaf, heb ei grasu nid yw yn ddigon sych i wneud bara; ac yn ail, ni ellir – neu o'r hyn lleiaf ni ellid gyda pheiriannau'r hen felinau – wahanu'r rhynion oddi wrth yr eisin.' **18**.1; *bach*. **odynan** [= **odynig**] **18**.2; **odynig** [= **odynan**] **18**.2

odyn Ffrengig. Ni chefais hyd i gyfeiriad arall at yr odyn hwn, ond mae'n debygol mai math arbennig o odyn ydyw a ddaeth yn gyffredin ar ddechrau'r 17g., fel yr eglurir gan Gervase Markham, *Housewife* (1615) 186: 'there is a kiln now of general use in this kingdom, which is called a French kiln, being framed of brick, ashlar, or other fire stone, … and in these kilns may be burned any kind of fuel whatsoever, and neither shall the smoke offend or breed ill taste in the malt, nor yet discolour it, as many times it doth in open kilns, where the malt is as it were covered all over, and even parboiled in smoke.' **18**.5

odyn whw, math anhysbys o odyn i grasu ŷd, brag, &c. Gan fod *odyn* yn enw benywaidd, gall mai *gwhw* yw ffurf gysefin yr ail elfen. Ond mae'n bosibl y dylid cysylltu *whw* â'r ansoddair *hwyhwy* 'yn mynd yn hwy ac yn hwy, a'i hyd neu ei barhad yn ymestyn fwyfwy' (*GPC*); ar *wy > w*, gw. td. 37. Esboniodd Richard Suggett wrthyf (ehebiaeth, Mehefin 2021): 'the outside corn-drying kiln … would have been common in John Jones's day. This was built into a bank and had a long flue from a lower level fire to an upper level drying platform.' Ai dyma oedd yr

odyn whw, sef odyn ac iddo biben estynedig o'r math a fyddai wedi bod yn gyffredin mewn sawl *cae odyn* ar hyd a lled y wlad? **18**.3

odynaid, odyned, llond odyn, cymaint o ŷd, &c., ag a gresir mewn odyn ar y tro. **18**.20

odyndy, odyn, neu adeilad yn cynnwys odyn, gw. *GPC* a Llst 189 *odyndy ... a kiln-house* (1722). **18**.4

oddfyn, a dyf ar bob pren, chwydd neu dwddf caled a dyf ar rai mathau o goed. **121**.214

oddfyn collen, twddf caled yn tyfu ar goeden collen. **121**.89

oddfynnog, ac iddi oddfyn neu dyfiant (am goeden). **121**.90

oen *ll*. **ŵyn 69**.26

oen banw, oen benyw. **69**.28

oen bras *ll*. **ŵyn breision**, oen wedi'i besgi. **24**.1

oen gwrw, oen gwryw. **69**.27

oer 118.1

oerfel, oerni, tywydd oer. **2** (pennawd), **118**.4

oerfelog, oerllyd. **118**.5

oerfelwch, oerni, fferdod. **118**.6

oeri, mynd yn oer, neu beri i rywbeth fynd yn oer. **118**.2

oerllyd, oeraidd. **118**.3

oerwynt, gwynt oer neu rewllyd. **2**.39

oes *ll*. *o*[ ], cyfnod hir amhenodol (*GPC*); collwyd diwedd ffurf luosog oherwydd twll. **120**.88

oesoden [= **teisen**], toes neu deisen, Pen 308i, 101 *Oesod, Oesoden: Teisen o bob peth ond o gann ne vlawd keirch* (JJ, *c*.1621). Ai'r un gair sydd yma â *soden*, sef ffurf unigol *sôts*, *GPC* 'Torthau (bychain) a gresir ar y planc neu ar waelod y ffwrn', 'batch loaves' (1823)? Nodir yno'r ffurf *shoden* ym Mrycheiniog am 'dorth blanc', sef un wedi ei pharatoi ar *blanc* 'llechfaen'. Ni chynigir tarddiad i *sôts, sioden* yn *GPC*. **15**.90

offer teuluyddiaeth. Dyma bennawd rhestr **45** y mae ei chynnwys yn awgrymu mai offer hwsmonaeth yw'r ystyr, offer amaethyddol; gw. hefyd **teuluyddiaeth**. **45**.1

og *ll*. **ogau**, *GPC* 'Offeryn amaethyddol ar lun ffrâm ac iddi ddannedd haearn, &c., a lusgir dros dir âr i dorri tywyrch, lladd chwyn, gorchuddio had, &c.', 'harrow'; gw. y llun ar d. 427. Dyma bennawd y rhestr hon. **31**.1; **og 45**.5

og ddanheddog, og ac iddi ddannedd neu bigau, cf. *BydAm* 3.218 '*og bigau* Og ddannedd, ffrâm bedaironglog, hirsgwar ac igam-ogam ei ffurf ac iddi bigau neu ddannedd, at lyfnu tir'. **31**.8

oged, og. Yn *AB* (1707) 104b dan *occa*, cysylltir *oged* â'r de. **31**.2

Llyfnu tir ag **og**, Bryn Rhydd, Chwilog, Gwynedd

ogfaenen *ll*. **ogfain**, llwyn ogfaen, *Rosa canina* **121**.141; **ogwan 121**.142

ôl, ôl troed, trywydd (ysgyfarnog). **77**.20

olmari [= **mwys, nester**]: **cwpwrdd**. Am *almari*, cf. Pen 228ii, 259ᵛ *Panarium ... lhe i gadw bara, Almari, stauelh y bara* (TW, 1604–7). Yr un gair ydyw â'r Saes. *aumbry*, *WWills* 15 '*Aumbry* Wooden cupboard for keeping victuals (usually prepared food rather than stores), with openings for air to circulate'; hefyd *Dict TGoods* dan *ambry* 'a piece of FURNITURE; one of the earliest types of CUPBOARD with doors'. **13**.27; **olmari** [= **mwys, nester**] **28**.38

olmariaid, olmaried, llond olmari; gw. **olmari**. **13**.29

olrhead *ll*. **olrheaid**, helgi, yn llythrennol un sy'n olrhain trywydd. **73**.33

olwyn *ll*. **olwynion**, olwyn trol, Pen 308ii, 7 *Olwyn: a hwil* (JJ, *c*.1621). **33**.2

olwyn ddŵr, olwyn melin a droir gan lif dŵr. **42**.35 (melin flawd); **60**.12 (melin bannu)

olwyn gocys, olwyn melin ac iddi ddaint neu gogiau, deintrod. Mewn dogfen o'r 20g. yn Archif *GPC* yn trafod melin Betws Gwerfil Goch, esbonnir: 'Oddi fewn i'r felin y mae'r palat [gw. **paladr**] yn troi *pit wheel*, olwyn gocos fawr o haearn yn troi ar ei chyllell. Y mae'r pit wheel yn troi'r sbyr ... olwyn gocos haearn, ar ei gwastad, ac uwch ei phen y mae'r crown wheel, olwyn gocos haearn fwy, yn troi ar yr un echel. Try'r crown wheel bedair cocsen, sef olwynion haearn a chocos pren iddynt, yn troi ar eu gwastad.' Gw. hefyd **cocys** a **cocysu**. **42**.38

ll. **olwynion car** [*u.*] **olwyn**, olwynion trol. **32**.15

olwynion yr aradr, olwynion aradr; gw. **aradr olwynog**. **30**.70

onn, coed neu bren onn. **121**.120

onnen *ll.* **ynn**, coeden onn. **121**.119

onwydd, coed ynn, pren onnen. **121**.124

ordd *ll.* **yrdd**, gordd, morthwyl gof; rhestrir *Ord* ymysg offer y gof yn *LlI* §141.2 *Ord* (td. 146 'sledgehammer'). **52**.23

oriau [= **rhanwe**, **rhanne**], **ar eidion yw rhoi rhagor o bwys ar eidion o bydd rhy drech i'w gymar**. Ni allaf esbonio'r gair *oriau* yma, ond ymddengys ei fod yn cyfeirio at ryw broses o roi rhagor o bwysau ar eidion mewn gwedd os yw ei gymar yn diffygio gan fod y gwaith yn ormod (*rhy drech*) iddo; gw. **rhanwe**. **30**.89

orig, ysbaid fer, Pen 308i, 101 *Orig: a while* (JJ, *c.*1621). **120**.81

orpin dof, *GPC* 'Berwr Taliesin, *Sedum telephium*', o'r Saes. *orpine*, *OED* 'Originally: any of various stonecrops'. Gw. hefyd Atod.1.60, 201 *Semper viua: byw bob amser: yr Orpin*, Atod.3.263 *Orpin: Crassula maior*, hefyd *Llysieuwr* 43 *Crassula Maior ... yn Lloegyr a elwir ormael ne orpin, yr henw a wasnaetha yn y Gymraeg* (EG, *c.*1545), a nodir yno, 44, ail fath sef *Crassula Meinor ... ne'r orpin lleia, ne stonkrop sy'n tyfu ar hen waliau, ne ar gerig, ne ar hen dy, ac y vo a dyf megis ar i ogwydd*. Nodir dau fath gan William Salesbury, yntau, ond eto nid 'dof' a 'gwyllt' fel y cyfryw: *LlS* (1574) 150 *Yr Orpin ... Orpyn yn Sasonaec, a'r Orpin yn Camberaec ... Yr hen awtur Groec Dioscorides sy yn gwneythy deuryw or llysæ hyn vn a blodæ gwnion yr hŵn a elwir yr Orpin gŵyn. Yr all a blodæ gwridowgoch yr hwn er gohan rhyngto a alwn yr Orpin gwridoc*. Gw. hefyd **orpin gwyllt**. **122**.145

orpin gwyllt, gw. **orpin dof**. **122**.146

orsin, *GPC orsin* 'Math o fainc wrth y drws o'r tu allan i ddal llestri llaeth; step, gris; esgynfaen, carreg farch' (tystiolaeth ddiweddar); neu ffurf amrywiol ar *gorsin*[1] 'Post drws, piler, ffrâm drws, ystlysbost drws ... bach, colyn drws; rhiniog'. Efallai mai'r ail sydd debycaf yma'n dilyn **ymhiniog**. **8**.139

osgl corn, cangen corn carw. **74**.21; **osgl** *ll.* **osglau y corn 75**.15

owen gw. **ywen**

pabwyren ysgaw, rhuddin pren ysgaw, J 16, 122[r] *Pabwyren pren. Pith. matrix* (HS, *c.*1600). Defnyddid pabwyren pren ysgaw mewn meddyginiaeth o'r 16g.: *Rhag y pâs – kymer fodfedd o wialen ysgaw a thynn y galon ar pabwyr o honi allan a nadd y wialen yn bump sqwâr ac* *ysgrivena y pum gair hynn arni gair ar bob ystlys iddi, o hyd modfedde fal hyn. + Sator + Arepo + tenet + opera + rotas + a fferi i'r claf yfed y ddiod o ddwfr ffynon o gylch y wialen a rhwymo y wialen am fwnwgl y claf ac iach fydd* (Timothy Lewis, *A Welsh Leech Book* (Liverpool, 1914), 38). **121**.226

padell, llestr llydan a bas, dysgl. **14**.18, **16**.7, **28**.64; *bach*. **padellan 14**.20

padell â grain, padell â handlen neu lwy bren. Am *grain*, cf. *WS* (1547) '*Grain patell ne ratell*: Steale'; cynigir yn *GPC grain*[3] mai benthyciad o'r Saes. *grain* 'branch, prong of a fork' ydyw. **14**.19, **28**.65

padell ffrio, 'frying-pan'. **14**.34, **28**.67

padell ganhwyllau, gw. ab Owain, *Pen-blwydd Mwnci*, 95, '*padell ganhwyllau* – neu "padell fach", sef math o badell haearn a ddefnyddid i ddal gŵer ar gyfer gwneud canhwyllau brwyn ers talwm' (a cheir llun yno ohoni). **28**.68

padell gig, padell at goginio cig. **14**.33, **28**.66

padell glin, padell y pen-glin, patela. **7**.85

padelled, padellaid, llond padell. **14**.21

paeled, *GPC paeled*[2] 'Arfwisg i'r pen, helm; (geir.) arfau', cf. *OED pallet*, n.[1] 'A piece of armour for the head, a helmet; a type of headpiece or skullcap (usually of leather)'; cf. Pen 169, 307 *paeled: kyfrann o arfav* (RhM, *c*.1580). **50**.50

paeol: **picin uwchlaw chwart**, bwced, llestr yn dal mwy na chwarter galwyn neu ddau beint; ond gallai hefyd gyfeirio at lestr llai, fel yn Pen 308i, 106 *Paiol: pikin o bint i yfed diod ne lai hyd Dsib o vaint* (JJ, *c*.1621); cf. *WS* (1547) '*Payol pikin*: A payle' a '*Pikin, diowtlestyr*'. **28**.119

paill, blawd mân, fflŵr. **15**.39

pair *ll*. **peiriau**, crochan. **14**.14; **pair 28**.60

pais y peithyn, *GPC pais* 'Brwyd y gwŷdd', o'r Llad. *pexa* 'gwlanog, cedenog'; gw. **brwydau**. A yw'n cyfeirio yma at y 'shed', sef 'The opening made between the threads of the warp by the motion of the heddles for the shuttle to pass through' (*OED shed*[1])? **59**.30

pâl [= **rhaw bâl, rhaw ryforio**], rhaw balu. Gair deheuol yw hwn erbyn hyn; gw. *GPC* a *BydAm* 3.228 'Ar lafar yn y canolbarth a'r de. Yn y gogledd "rhaw" yw'r gair cyffredin'. Mae'n bosibl ei fod yn air a gododd John Jones yn y de, gw. tt. 12–13. **43**.12; **pâl 45**.47

paladr, coesyn planhigyn, deilen, &c. **122**.5

paladr bollt, coes neu siafft **bollt**, sef saeth fechan i'w defnyddio â bwa croes. **57**.25

paladr cwpl [= **coes cwpl**], coes neu siafft **ceibren**. **8**.80

paladr ebill, coes neu siafft **ebill**. **53**.35

paladr melin, *GPC* 'mill-shaft, mill-spindle'; J 16, 121ʳ *Paladr melin. Molucrum* (HS, *c*.1600). Disgrifir paladr (*palat*) melin mewn dogfen o'r 20g. yn Archif *GPC* yn trafod melin Betws Gwerfil Goch: 'Y mae'r olwyn ddŵr, o bren ... wrth dalcen y felin, yn troi ar werthyd fawr o ruddin pren praff, a elwir y *palat* ... Ymestyn y palat o'r olwyn drwy'r mur i mewn i'r felin. *Breichiau'r olwyn* yw'r "edyn" ... sy'n ymestyn o'r palat at gylch yr olwyn, ar ei dwy ochr ... Oddi fewn i'r felin y mae'r palat yn troi'r *pit wheel*, olwyn gocos.' **42**.34

paladr saeth, coesyn neu siafft saeth. **57**.4

paladr y llwyfen. Ai un o brennau cynhaliol corff y drol? **33**.20

paledig, wedi ei balu. **43**.15

palf, cledr y llaw. **7**.53

palf maneg, rhan isaf maneg a orchuddia gledr y llaw. **64**.16

palfais, asgwrn yr ysgwydd, sgapwla ceffyl. **96**.30

palfed yw tair bodfedd. Fe all mai gwall am *palfedd* yw *palfed* yma (cf. **modfedd, dyrnfedd**) neu ffurf dafodieithol ar *palfaid*; ond cf. Llst 189 *palfod ... a hand (in measure)* (1722). **47**.8

paliad [= **cladd o bridd**], y pridd a gloddir ar y tro â rhaw neu bâl. **43**.13

palog, wedi ei balu. **43**.16

palores: [Llad.] *graculus*. Gair Hen Gernyweg, nid Cym., yw hwn a ddaw yn y pen draw o'r *Vocabularium Cornicum*: #527 *graculus* gl. *palores* (*OCV* 227 'daw, chough'). Gw. y Rhagymadrodd, §3.6. **124**.100

palu, cloddio, defnyddio **pâl**. **43**.14

pân cath, ffwr meddal cath; *WS* (1547) '*Pan croen*: Furre'. **103**.2

pandy, melin bannu, 'fulling-mill'. Ar ôl i'r gwehydd orffen ei waith, 'Y gorchwyl nesaf i'w wneud â'r brethyn a'r wlanen', meddai Hugh Evans, *Cwm Eithin* 91, 'oedd myned ag ef i'r pandy i'w bannu. Rhoddid ef yn y cyff, lle y pennid ef â'r gyrdd mawr. Os byddai wedi ei bannu'n iawn, byddai wedi myned i mewn tuag un rhan o bedair, hynny yw, brethyn dwylath o led yn myned i'r cyff yn dyfod allan tua llathen a hanner o led. Defnyddid priddgolch (*Fuller's earth*) a chyffeiriau eraill i wneud y gwaith ac i dynnu'r olew allan.' Gw. **pannu** ac *WWInd* 83–5. **60**.2

panedig, wedi ei bannu (am ddefnydd). **60**.5

panel, *GPC* 'Darn o frethyn neu glustog a ddodir o dan gyfrwy i arbed cefn ceffyl, mul, &c.'; cf. LlGC 13221, 18 *panel in Glam signifies a cushion as panel cadair, cyfrwy, ysdarn* (18–19g.). **45**.77

panel cyfrwy, leinin neu glustog a roddir o dan gyfrwy; gw. **panel**. **37**.58

paniad, y weithred o bannu brethyn. **60**.6

pannog, wedi ei bannu (am frethyn). **60**.7

pannol, wedi ei bannu (am frethyn) neu'n ymwneud â phannu. **60**.8

pannu, *GPC* 'Curo (defnydd) er mwyn ei lanhau a'i dewhau'; *WS* (1547) '*Panny*: Thycke, full'. Esbonia Iorwerth C. Peate, *Y Crefftwr* 45, fod 'dau bwrpas i'r pannu. Ar y naill law, yr oedd yn rhaid golchi a glanhau'r deunydd ac ar y llaw arall, yr oedd yn rhaid ei dewhau a'i gryfhau trwy dynnu'r gwead yn glos at ei gilydd a phraffu'r ystof a'r anwe.' Gw. hefyd **pandy**. **60**.4

pannwr *ll*. **panwyr**, un sy'n pannu, 'fuller'. **60**.1

panoreg gw. **pynoreg**

panwriaeth, y grefft neu'r gwaith o bannu. **60**.3

panyddiaeth, y grefft neu'r gwaith o bannu. **60**.9

pardd *ll*. **parddau**, *GPC pard* 'Llewpard, panther' (o'r Saes. Canol *parde*); ceir y ffurf *pardd* gan Henry Salesbury yntau, yn J 16, 121^v. **84**.1; *b*. **parddes** *ll*. **parddesau 84**.2

parddu, huddygl, smwt. **14**.114

pardduad, y weithred o bardduo, duad. **14**.117

pardduedig, wedi ei orchuddio â huddygl. **14**.116

pardduo, gorchuddio â huddygl. **14**.115

y parlys, afiechyd parlysol, J 16, 121^v *Parlys. Palsey. Paralysis* (HS, *c*.1600). **46**.89

y parlys mud, trawiad parlysol, apoplecsi. **46**.90

y parth: **y cyntedd**, **rhai a'i geilw y penty**. Yn dilyn **cyntedd** yn y rhestr, mae'n debygol mai gair o'r Cyfreithiau yw *parth*, a'i fod naill ai'n cyfeirio at ran o'r llys canoloesol neu'r llys cyfan; cf. *GPC penty* 'Prif dŷ neu blas', sef yr ail ystyr a roddir yno, yn wahanol i **penty** yn **36**.2, lle mae'n gyfystyr â **glawty**. Gw. hefyd **llys y barth**. **8**.175

y pas, peswch, salwch mewn pobl a nodweddir gan beswch, fel 'whooping cough'. **46**.47; **104**.22 (mewn ceffyl)

paste *ll*. **pasteiod**, pastai, saig mewn crwst, neu'r crwst ei hun, Pen 228ii, 260^v *panis ... Bara lhyseuoc, pastei* (TW, 1604–7). **15**.105

pathew, *WS* (1547) '*Pathew*: A dormouse'. **95**.5

paun *ll*. **peunod 123**.50; *b*. **peunes**, iâr y paun. **123**.51

paun yn castellu, paun yn lledaenu ei blu, *WS* (1547) '*Kastelly val paun*'. **123**.53

pawl *ll*. **polion**, polyn, postyn (yng nghyswllt codi clawdd). **43**.46

pec, enw'r llestr a ddaliai *becaid* (o rawn, &c.), gw. **peced** a'r llun ar d. 432. Amrywiai'r union fesur o ardal i ardal: *BydAm* 3.244 'yn draddodiadol wyth bwysiel', ond *OED peck*, n.[1] 'A unit of capacity for dry goods equal to a quarter of a bushel'. I John Jones ymddengys fod *pec* yn gymesur â phedair **ffiol**. **28**.160, **45**.37; **pec yw y llestr 47**.16

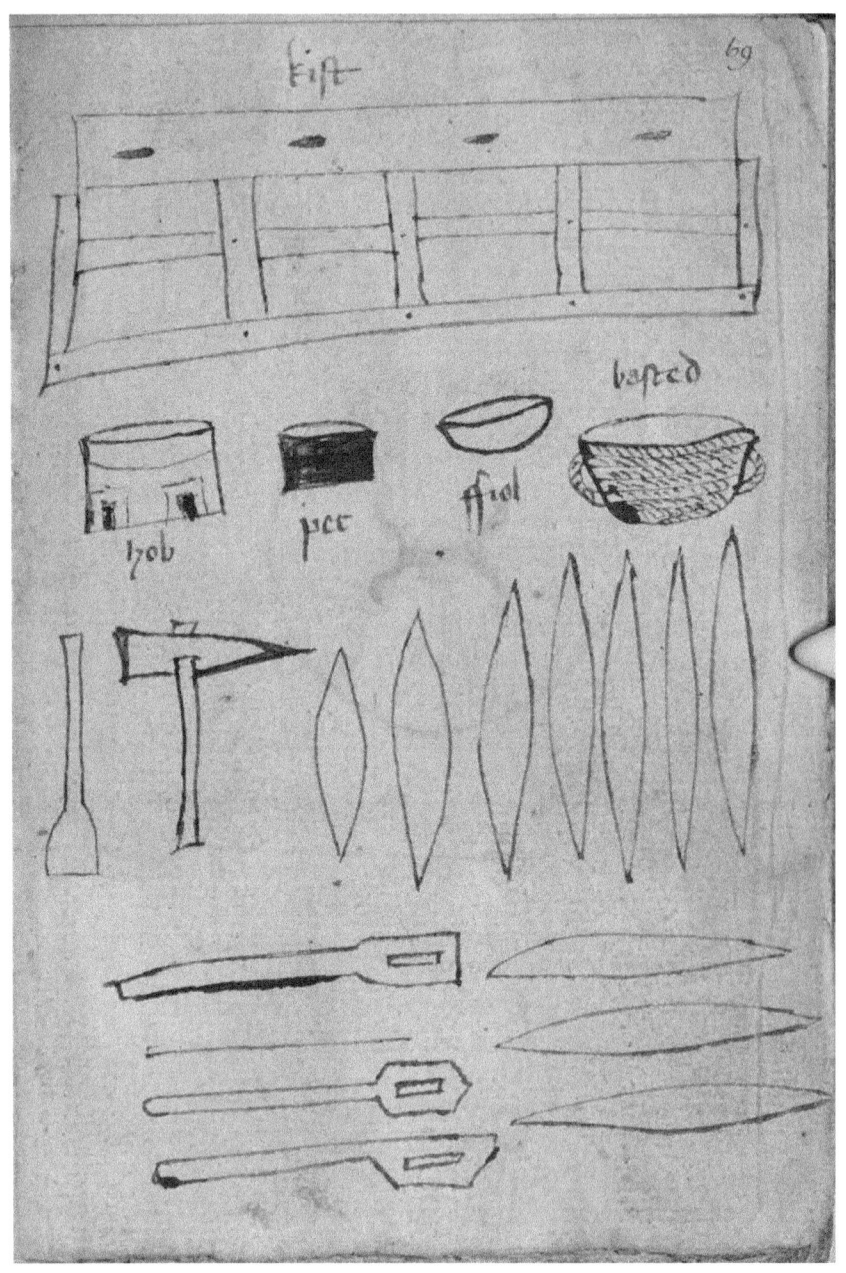

Peniarth 56, 69: Rhisiart Longford, c.1543, offer saer

peced yw pedair ffioled. *GPC pecaid* 'Llond pec, mesur sych (fel rheol) amrywiol ei faint'; *WS* (1547) '*Peckeid*: A pecke'. Mewn dogfen o'r 20g. yn trafod melin Betws Gwerfil Goch yn Archif *GPC*, nodir '4 ffiolaid = 1 peciaid; 4 peciaid = 1 hobaid', gan gytuno, felly, â John Jones fod pedair *ffioled* yn gyfwerth â *pheced*. **47**.15, 31; **pedair ffioled i'r peced 47**.34; **2 beced i'r chwarter 47**.35

pedere Mair, llysiau'r groes, *GPC* 'crosswort, mugwort, *Galium cruciata*'; daw'r enghraifft gynharaf a roddir yno o restr Robert Davies, Gwysanau, yn *BNP* (1633). **122**.147

pedol *ll*. **pedolau**, *WS* (1547) '*Pedol*: A horse shoo'. **37**.25; **pedol 52**.15

pedoledig, wedi ei bedoli (am geffyl). **37**.28

pedoli, gosod pedol ar garn ceffyl. **37**.26, **52**.16

pedoli'r gaseg. Mae ei leoliad yn y rhestr o chwaraeon yn dilyn **caelys**, **nawtwll** a **sitenna** yn awgrymu y gall mai gêm debyg i *goetan* 'quoits' ydyw, ond lle teflid pedolau yn lle coetanau; cf. *OED horseshoe* 'the game of quoits' (19g.). **49**.20

pedoliad, y weithred o bedoli ceffyl. **37**.27

pedolog, wedi ei bedoli (am geffyl). **37**.29

pedolwr, un sy'n gwneud pedolau neu'n pedoli ceffylau. **37**.31

pedrain, pen ôl, *WS* (1547) '*Pedrain*: Buttocke'. **7**.77; rhan ôl neu grwper ceffyl. **96**.32

pedrain march, rhan ôl neu grwper ceffyl. **67**.106

pedrogl, pedrongl, siâp a lunnir gan saer pren ag **ysgwîr**, *TJ* (1688) '*Pedrogl, pedrongl … a Quadrate*'. *Pedrogl* yw'r ffurf a geir yn gyson gan John Jones, ac mae'n ffurf amrywiol gynnar, fel y prawf cynghanedd y beirdd: cf. Islwyn Jones (gol.), *Gwaith Hywel Cilan* (Caerdydd, 1963), 29, *Padrig lain, pedrogl wyneb*. **53**.102

pedrogli, pedrongli, llunio **pedrogl**. **53**.103

pedrogliad, pedrongliad, y weithred o lunio **pedrogl**. **53**.104

pedrogliog, pedrongliog, wedi ei lunio'n **bedrogl**. **53**.105

pedwar chwart, &c., gw. **chwart**, &c.

y pedwar defnydd, y pedair elfen neu sylwedd y credid yn yr Oesoedd Canol fod popeth materol wedi ei greu ohonynt, sef **daear**, **dŵr**, **awyr** a **thân**. **5** (pennawd)

pedwar pedwaran a wna hobed, sef pedwaran (< *pedwar* + *-an*, *GPC*) neu chwarter o rawn, &c. **47**.41

pèg, llestr i ddal **peged**, *GPC pèg*[2] 'Mesur sych amrywiol ei faint, llestr yn dal y cyfryw fesur'. Ymddengys ei fod yn llestr cymesur â phedwar hestor neu ddau hob yma. **28**.164, **45**.40; **pèg yw llestr a amgyffra**

pedwar hestor ne ddau hob (a'r ffurf trydydd unigol *amgyffra* yn ansafonol; gthg. **amgyffred** yn **47**.17). **47**.25

peged yw dau hobed neu bedwar hestored, gw. **pèg**. **47**.26

peilliad, y weithred o hidlo blawd, sef ei **beillio**. **15**.42

peillied [= **can**], peilliaid, blawd mân, J 16, 123ʳ *Peillied, flourre ... Pollen* (HS, *c*.1600). **15**.43

peillied gwenith, peilliaid gwenith, blawd gwenith, blawd gwyn. **15**.44

peillied rhyg, peilliaid rhyg, blawd rhyg. **15**.45

peilliedig, wedi ei droi'n flawd. **15**.46

peillio, hidlo blawd, gyrru blawd drwy ridyll, J 16, 123ʳ *Peillio. to boulte* (HS, *c*.1600). **15**.41

peiriaid, **peiried**, llond pair. **14**.23

peiriannau anifeliaid. Dyma hefyd bennawd y rhestr lle enwir dyfeisiau i rwymo anifeiliaid er mwyn eu rhwystro rhag crwydro. **72**.1

peiswyn ceirch, plisg allanol grawn ceirch, us, siaff. **31**.197

peithyn *ll*. **peithynau**, *GPC* 'Y ffrâm yng ngwŷdd y gwëydd ac ynddi'r cyrs sy'n gwahanu edafedd yr ystof ac yn gwthio'r anwe'n dynn', sef 'slay' neu 'reed'; cf. *OED reed*, n.¹ 'Part of a loom consisting of a set of evenly spaced wires known as dents (originally slender pieces of reed or cane) fastened between two parallel horizontal bars and used for separating, or determining the spacing between, the warp threads, and for beating the weft into place'. Mae'r gair *peithyn* yn gysylltiedig â'r Llad. *pectin-* 'crib, crib gwau' a *pectere* 'cribo'; gw. nodyn tarddiad *pecten* yn yr *OED*. **59**.26

peithyne coed, peithynau pren, teils toi pren. **8**.100

peithyne pridd, peithynau pridd, teils toi pridd neu glai. **8**.102

peithynedig, wedi ei orchuddio â llechi neu deils (am do). **8**.114

peithynglog. Ai gair arall, neu wall, am *peithinglor*? Cf. Peate, 'Termau'r Ffatrïoedd Gwlân', 94, '*Peithinglor*. Y clawr sy'n dal y peithin i'w dynnu yn erbyn y gwead'; cf., o bosibl, **pais y peithyn**. **59**.23

peithyniad, gorchuddiad to â theils neu lechi. **8**.115

peithynu, gosod teils neu lechi ar do. **8**.113

pelen geulaid, ceuled ('curd') caws wedi ymffurfio'n belen. **17**.64

pellen, edafedd, gwlân, &c., wedi ei ddirwyn yn bellen, *WS* (1547) '*Pellen*: A clewe'. **27**.58; **pellen** *ll*. **pellennau 59**.51

pellennu, dirwyn edafedd, gwlân, &c., yn bellen. **27**.59, **59**.52

pen: [Llad.] *caput* **7**.3; **pen 23**.2 (mollt); **24**.5 (oen bras); **26**.2 (llo); **96**.1 (ceffyl)

pen, yr ewyn ar wyneb cwrw. Mae ei leoliad rhwng **breci du** a **burym** yn awgrymu mai'r ewyn a gynhyrchir wrth fragu a olygir; ni fanylir ar yr ystyr hon dan *pen*¹ yn *GPC*, ond cf. J 16, 125ʳ *Pen cwrw* (HS, *c*.1600) hefyd *OED head*, n.¹ 'An accumulation of foam or froth on the top of certain drinks, esp. beer'. **16**.19

pen bollt, blaen bollt. **57**.23

pen cynydd, *GPC* 'Prif heliwr neu brif geidwad cŵn hela, hefyd fel un o swyddogion llys y brenin yn y cyfreithiau Cymreig', *LlI* §15.1. **73**.71

pen ebill, blaen ebill. **53**.38

pen gwely, pen uchaf gwely (lle gorwedda'r pen). **11**.20

pen mollt a'i hangwen: *a shipp's head & rase* ('a sheep's head and rase'). Gw. hefyd Pen 308i, 43 (JJ, *c*.1621) a hefyd ar **hangwen**. Ni chafwyd goleuni ar y Saes. *rase*, ond ymddengys ei fod yn gyfystyr â *hangwen* ac *umbles*. Ar *shipp*, gw. *OED sheep*, lle'i nodir yn ffurf dafodieithol rhwng y 15g. a'r 18g. **23**.22

pen rhaw, llafn rhaw. **43**.30

pen saeth, blaen saeth. **57**.10

pen y pysgodyn: *the head of the fish* **125**.37

pen ysled, pen blaen sled, hefyd Pen 308ii, 77 *Penn ysled: penn rhwym yr ysled* (JJ, *c*.1621). **34**.5

penbleth [= **arfal**], ?prysurdeb; gw. **penbleth mawr ar y felin**. **42**.14

penbleth mawr ar y felin [= **arfal mawr ar y felin**]: **llawer o waith ar y felin i falu**. Ai rhywbeth fel 'prysurdeb' neu 'bwysau' yw'r ystyr, sef yr hyn a geir pan fo llawer o waith malu i'w wneud gan felin? Gw. hefyd Pen 308i, 111 *Penbleth: arfal, penbleth mawr ar y felin, arfal mawr ar y felin, llawer o waith ar y velin y valu* (JJ, *c*.1621). Nid ymddengys ei fod yn union gyfystyr ag **arfal**. **42**.20

penbwl: *bulhead* ('bullhead'), *GPC* 'pysgodyn dŵr croyw bychan a chanddo ben mawr, penlletwad, *Cottus gobio*', 'bullhead, miller's thumb'; cf. Lewis Morris (*c*.1745) yn LlGC 24052E, 298: *A Pogge, in welsh Penbwl. Common in ye rocks about Holyhead called there a Creeper*. **125**.169

penci brych [= **ci brych**]: **un o rywogaeth y cŵn coegion yw** *ed*. **ci coeg**. *GPC penci* 'Un o amryw fathau o siarcod bychain, ci môr, yn arbennig morgi brych, *Scyliorhinus stellaris*', sef 'nursehound' neu 'larger-spotted dogfish'. Cf. sylw Lewis Morris yn LlGC 24052E, 211 wrth lun o'r *Catulus major*: *Catulus major vulgaris in Cornwal called a Bounce. about a Cubit & a half long … Ci Skarmass. or Ysgarmes, ie. The Skirmish dog. Penci*. **125**.62; **penci brych** *ed*. **ci brych 125**.170

y bendro, cyflwr a achosir gan nifer o glefydau neu anhwylderau ar yr ymennydd ac sy'n peri penysgafnder. **105**.9 (mewn gwartheg); **106**.1 (mewn defaid)

pendduyn *ll*. **penddunnod** [= **cornwyd** *ll*. **cornwydydd**], cornwyd, ploryn, *WS* (1547) '*Pendduyn, kornwyd bychan*: Blayne'. **46**.34

penelin, *WS* (1547) '*Elin neu ben elin*: An elbowe'. **7**.47

y benfelen fanw, *GPC* 'groundsel, *Senecio vulgaris*' (*c*.1730). **122**.181

y benfelen wrw, *Y Bywiadur* dan *Penfelen Wryw* 'llysiau'r gingroen, *Senecio jacobaea*, common ragwort'; cf. *LlS* (1574) 60 *Y Greulys ... Groundswel nei Groundsel yn Saesonaec, ar Greulys nei yr Benfelen y gelwir y llyseun hwn yn Cameraec ... Tri rhyw sydd o yr llysæ hýn ... a ninæ y Cymbry ai dosparthwn i wr ryw* [sic] *a benyw*. **122**.180

penffest *ll*. **penffesti** [= **aradr** *ll*. **erydr**; **archwydd**], aradr, *WS* (1547) '*Gwydd aratyr ne penffestyr*: A ploughe'; a *BydAm* 2.26 'Bu ansicrwydd ynglŷn ag ystyr "penffestr". Weithiau fe'i defnyddid am ran o'r aradr, ac weithiau am yr aradr gyfan. Ond mae'n weddol amlwg bod *dal penffestr* yn gyfystyr â "dal aradr" '. Trafodir ei ystyron posibl yn *AradrGym* 54–60, gan ddefnyddio tystiolaeth o'r farddoniaeth ac o gyfrifon cynnar, gan gasglu, td. 56, 'Ar un adeg fe olygai ran arbennig o'r aradr, ond yna ymhen amser dechreuwyd arfer enw'r rhan am y cwbl.' **30**.54; **penffest** [= **aradr, archwydd**] **45**.2

penffestyn, *GPC* 'Cap mael a wisgid o dan helm, penwisg dur neu ledr, helm'. **50**.51

y bengaled: *macfelum*, naill ai 'Planhigyn cyffredin o'r tylwyth *Centaurea* ac iddo flodeuyn porffor yn tyfu ar gopa crwn a chaled, cramennog', 'knapweed', neu 'penlas yr ŷd', 'cornflower' (*GPC pengaled*); hefyd Atod.1.107 *Ialia maior: Matufelon: y Bengaled*, 109 *Icea nigra, knappweed, y Bengaled*, 123, 152, Atod.3.13–16 a cf. *LlS* (1574) 136 *Y Bengalet ... Scabiosa yn Llatin, Scabiouse nei Macfellon yn Sasonaec, ar Bengalet, Y Clafrlys ne'r Benlas wén yn Cameraec*. Am y ffurf Saes., gw. *OED matfellon*, lle cofnodwyd ffurfiau megis *matyfylon, matefelon* yn y cyfnod canol diweddar. **122**.182

penhwyad *ll*. **penhwyaid**: *a pike, or pikrel, a snagg* ('a pike, or pickerel, a snag'), *WS* (1547) '*Penhwyad, pysc*: A pyke'. Ar *pikrel*, gw. *OED pickerel* 'A young pike. *Now historical*', a gwelir yno ffurfiau megis *pickrel, pikrel*, &c., o'r 15g.–17g. Ni chafwyd hyd i bysgodyn o'r enw *snag*, ond gall fod yn wall am *shag*, ffurf ar *OED Jack*, n.[2], 'A pike (genus *Esox*), esp. when young or small', a gw. yn arbennig y dyfyniad cynharaf yno o 1587: 'The pike as he ageth, receiueth diuerse names, as ... from a pod to a iacke, from a iacke to a pickerell, from a pickerell to a pike.' **125**.171; **penhwyad** [= **rhwyad**] **125**.186

penhwygyn [= **pennog bychan**], ysgadenyn, ysgadan bychan, ffurf fachigol ar **pennog** (gw. *GPC pennog*¹); honna Lewis Morris, *ML* ii, 427, iddo fwyta *Llawer penwygyn coch* yn ystod y flwyddyn. **125**.172

y benlas, *GPC* 'penlas yr ŷd, *Centaurea cyanus*', 'cornflower'; hefyd Atod.1.108, Atod.2.9, Atod.3.18–20; *LlS* (1574) 82–3 *Y Benlas ... Cyanos ne Baptisecula yn Llatin, Blew bottel ne Blewblaw yn Saesonaec ar Benlas yn Camberaec ... Llyseun tra chyphredin ydyw ac yn tyfy yn y gwenith*. **122**.183

penlöyn, *GPC* 'Un o amryw fathau o adar o deulu'r *Paridæ*, titw, yn enw[edig] yr yswidw du, *Parus ater*' (*pen* + *glöyn* 'darn o lo'); *WS* (1547) '*Penloun, ederyn*: A tytmouse'. **124**.101

penllinyn ci [= **cynffon ci, llosgwrn ci**], cynffon ci. **102**.2

penllwydill, penllwydiaid *ed.* **gleisiad**. Ar y *penllwyd*, sef eog yn ei drydedd flwyddyn, gw. **gleisiad**, lle esbonnir: *erbyn y trydydd Clanmai y bydd ef yn benllwyd*. Ni chafwyd hyd i enghraifft arall o'r ffurf *penllwydill, -yll*, sydd o bosibl yn amrywiad ar *penllwydyn* (cf. y ffurfiau *trohidyn/trohidyll* dan **ebill trohidyn**). **125**.179

penllwydyn *ed.* **gleisiad** (gw. **gleisiad** a hefyd ar **penllwydill**). **125**.180

pennog *ll.* **penwaig**: *a hearing* ('a herring') *ed.* **sgadan**, ysgadenyn, 'herring', *WS* (1547) '*Penwac, pysc*: A haryng'. Yn LlGC 24052E, 311, awgryma Lewis Morris (*c*.1745) mai gair gogleddol oedd *pennog*, yn cyfateb i'r *ysgaden* neu'r *ysgadan* deheuol: *A Herring, in South wales, Ireland and the Isle of man Called Ysgaden ... In Northwales Pennog & Penwag*. **125**.173; *bach.* **penogyn, un pennog ne bennog bychan 125**.174; **penhwygyn** [= **pennog bychan**] **125**.172

pennog bychan [= **penhwygyn**], ysgadan bychan; gw. **pennog**. **125**.172

pennog coch: *a red hearinge* ('a red herring'), pennog sy'n goch o ganlyniad i'r broses o'i fygu. **125**.177

pennog gwyllt: *a pilcher*, math ar bysg sydd megis yn gymysgedig o flas o bennog a macrell. Tybed a oedd *pennog gwyllt* yn enw hŷn ar *GPC pennog Mair* 'pilchard, *Sardina pilchardus*' (18g. ymlaen)? Am *pilcher*, gw. *OED pilchard*, lle gwelir ei bod yn ffurf gyffredin rhwng y 15g. a'r 18g. **125**.178

pennog hallt: *a salt hearing* ('a salt herring'), pennog wedi ei halltu. **125**.175

pennog ir: *a fresh hearinge* ('a fresh herring'), pennog ffres a heb ei halltu. **125**.176

penrhwym ffrwyn, penffrwyn ceffyl, 'headstall'; cf. disgrifiad Thomas Wiliems o'r *Frontale*, Pen 228ii, 61ʳ *y dharn or penrhwym y frwyn a dhaw ar y talgudyn* (TW, 1604–7). **37**.40

penrhwym yr ysled, rhwymyn neu ysnoden ar ben blaen y sled. **34**.6

penrhwyn, gwall neu amrywiad ar *penrhwym*, dan ddylanwad *penffrwyn*. Fe'i ceir yma rhwng **swch** ac **aradr olwynog** ac fel yn achos **penrhwym yr ysled**, mae'n bosibl mai rhwymyn o ryw fath ar flaen yr aradr ydyw. Am y ffurf, ond nid o reidrwydd yr ystyr, cf. *WS* (1547) '*Penrhrwyn*' a Thomas Wiliems dan y gair *Frontale*, Pen 228ii, 61^r *penrhwyn talgudyn march* (TW, 1604–7). **30**.68

pensaer, prif saer (coed). **53**.2

pentan, *GPC* 'Arwyneb neu silff gerllaw tân agored ar gyfer cadw tegell, &c., yn boeth, cornel neu ochr lle tân neu aelwyd agored', neu, o bosibl, gair cyfystyr â **pentan haearn**. **9**.21

pentan haearn, brigwn,. *LlB* 65 *pentan hayarn* (td. 198 'fire-dog'). **9**.22

pentewyn [*ll*.] **pentwynion** [= **etewyn** [*ll*.] **etewynion**], *GPC* 'Darn o bren, &c., a gynheuwyd yn y tân, ffagl, ... marworyn'; J 16, 125^v *Pentewyn. firebrande* (HS, *c*.1600). **5**.164, **9**.49

penty [= **glawty**] yw y lle y bo yr anifeliaid (anifelied) ynddo ymhen y tŷ annedd, *GPC* 'Adeiladwaith megis sièd neu do a ychwanegir at wal neu adeilad ac sy'n gogwyddo oddi wrtho, cwt, hoywal, sièd, tŷ allan'; *TJ* (1688) 'Pentŷ: *a Pent-house, or a Shed added to a House*'. Ceir ail ystyr yn *GPC*, sef 'Prif dŷ neu blas', e.e. disgrifiodd Guto'r Glyn abaty Glyn-y-groes fel *Penty gwŷr Iâl, Pant-y-groes* (*GG.net* 112.58); mae'n debygol mai dyma'r ystyr yn y cyfeiriad at *penty* yn y cofnod ar **y parth**. **36**.2

pererinbren [= **pinwydden**], pinwydden, Pen 308i, 109 *Pererinbrenn: yw Pinwydden* (JJ, *c*.1621); J 16, 123^v *Pererinbren* × *Pinwydden* (HS, *c*.1600) gan ddilyn *WS* (1547) '*Perer inbren*: A pynaple tree' (a *pineapple* yn y cyfnod hwnnw'n golygu 'A pine tree or pine trees', *OED*). **121**.249

perfigedd, llosg eira, *WS* (1547) '*Perfigedd*: Chyll blayne'. Mae'n ddigon tebygol mai *pryfigedd* oedd y ffurf wreiddiol, yn cynnwys y gair *pryf*, oherwydd credu mai pryf a oedd yn gyfrifol am y cosi sy'n gysylltiedig â llosg eira, gw. *GPC perfigedd*, a'r dyfyniad o'r 16g., 'Rhag tarddu pryfed mewn dwylo, ne berfigedd mewn traed'. **46**.113

perllan *ll*. **perllannau**, *WS* (1547) '*Perllan*: An orcheyard'. **121**.1

perllanwydd, coed y berllan. **121** (pennawd)

perri, *GPC perai* 'diod debyg i seidr a wneir o sudd gellyg', *WS* (1547) '*Perre, diot o sucperan.* Perre'. Gyda ffurf John Jones, cf. J 16, 123^v *Perri. perre* (HS, *c*.1600) a gw. *OED perry*, n.^{3} lle nodir ffurfiau megis *perye, perrey, perry* o'r 16g./17g. **13**.50

perth *ll*. **perthi**, llwyn, *WS* (1547) '*Perth*: A bushe'. **121**.153

perth o ddrain, llwyn drain. **121**.154

perwydd, coed afalau pêr, coed gellyg, Ifor Williams (gol.), *Canu Llywarch Hen* (Caerdydd, 1935), 187, 'Rhaid bod *per* yn arferedig am afalau pêr, i'r gair *perllan* ddod ar arfer am ardd afalau.' Mae'n rhagflaenu **sirig** yn y rhestr hon, a cheir y cyfuniad *siric a perwit* hefyd mewn cerdd yn Llyfr Du Caerfyrddin, gw. Marged Haycock (gol.), *Blodeugerdd Barddas o Ganu Crefyddol Cynnar* (Llandybïe, 1994), 43–4: 'Nid "pear trees" yw *perwit* o reidrwydd. Fc all *per* "pêr, melys" gyfeirio at felyster ffrwyth y coed … a dyfir mewn perllannau.' Ai testun y Llyfr Du oedd ffynhonnell John Jones ar gyfer y ddeuair hyn? **121**.26

y peswch, salwch a nodweddir gan beswch. **46**.48

pesychu 46.49

peusyllt, un o nifer o ffurfiau amrywiol ar *peusyd*, *GPC* 'Darn o haearn ar lun croes wedi ei osod yn wyneb isaf yr uchaf o'r ddau faen melin i gynnal hwnnw ar y werthyd sy'n ei droi'; a nodir *pesyll(t)* yn ffurf lafar yn y gogledd; cf. Peate, 'Traethawd ar Felinyddiaeth', 299, *Hyn ni wnar mylinidd … gadel y pevsul i dreulio ar y maen issa* (1543); J 16, 123ʳ *Peusyth. mill ringe* (HS, *c*.1600). Mewn dogfen o'r 20g. yn Archif *GPC* disgrifir y *peusyll* ym melin Betws Gwerfil Goch: 'Y *pesyll* yw enw'r haearn yn llygad y garreg silio … Y mae i'r pesyll bedwar *corn*, yn ymestyn ohono i'r pedwar cyfeiriad ac yn ffitio i bedwar pant wedi eu cerfio i'w derbyn, yn wyneb isaf y maen. Y mae'r pesyll a'i bedwar corn yn dal y garreg silio i droi'n hollol deg, heb "wablo" neu siglo dim. Ni wiw i'r garreg silio "wablo". Ychydig fodfeddi yw hyd y corn, a llai o led.' **42**.23

pewter, aloi yn cynnwys tun a phlwm a ddefnyddid yn helaeth ers talwm, yn enwedig yn yr 17g. a'r 18g., ar gyfer gwneud llwyau, dysglau, &c.; cf. *https://www.pewtersociety.org/about-pewter/pewter-eating*. **128**.14

pibell yr odyn, *GPC pibell odyn* 'kiln-pipe, kiln-hole, furnace or fire-hole (of kiln)'. Cyfeirir o bosibl at bibell 'flue' odyn agored, gw. ar **odyn whw**. **18**.9

pibonwy, clöyn neu gloÿnnau iâ, 'icicle(s)'. **2**.88

picell, gwaywffon, dart. **50**.45

picfforch, fforch wair. **35**.21, **45**.26

picfforched, picfforchaid, llwyth picfforch. **35**.22

picin, *GeirGeg* 145 '*picyn* … llestr pren, crwn o waith y cowper. Fe'i gwnaed o estyll tenau gydag un ohonynt yn hwy na'r gweddill i gydio ynddi, a'r cyfan wedi eu sicrhau â chylchau haearn, neu â chylch o bren wedi'i blethu. 'Roedd yn dal tua pheint a hanner o hylif … *piggin*'; cf.

OED piggin 'A (small) pail or similar vessel, esp. a wooden one with one stave longer than the rest serving as a handle; a vessel of this sort used as a milking pail'. **28**.118

picio oen, erthylu oen. Diweddar ('ar lafar') yw'r ystyr 'erthylu' i'r ferf *picio* yn ôl tystiolaeth *GPC piciaf*[1]; cf. *OED pick*, n.[2] 'Of an animal, esp. a cow or ewe: to give birth to prematurely' (gair tafodieithol yn bennaf a'r dystiolaeth gynharaf yno o 1777). **69**.41

picio ysgubau, naill ai glanhau ysgubau ŷd drwy bigo'r baw allan ohonynt, *GPC piciaf*[2]; neu'n fwy tebygol, taflu'r ysgubau ar das, *GPC piciaf*[1] 'taflu, bwrw, hyrddio' ac *OED pick*, v.[2] 'To throw (hay, etc.) with a pitchfork, as on to a cart or stack'. **35**.10

pidyn, cal. **7**.67

ll. **pige melin** [*u.*] **pig**, pic melin, 'mill-pick', cf. *GPC pic*[1] (ond ni nodir *pig* yno). Mewn dogfen yn Archif *GPC* yn disgrifio meini'r felin ym Metws Gwerfil Goch, esbonnir mai *pigo'r meini* oedd y term am ddyfnhau'r patrwm ar feini cerrig silio a cherrig haidd fel eu bod yn malu'r grawn yn fwy effeithiol: 'Pan oedd y felin ar lawn waith, byddai gofyn pigo'r garreg silio a'r garreg haidd ryw deirgwaith y flwyddyn ... Y *big* y gelwir yr erfyn a ddefnyddir i bigo'r meini, ac y mae dau fath: *pig sgwâr*, pwt o ffon ddur, bedair onglog, yn meinhau tua'r blaen yn bwynt miniog; a *phig fflat*, llafn o ddur a min ar un pen.' Gw. **cyfogi, y felin (neu y main)** a **cyfegydd**. **42**.32

pigiad, ergyd â **chaib pig**. **43**.29

pil, rhawlech, crafell y pobydd, *WS* (1547) '*Pil poptuy*: A pele'; *GeirGeg* 145 '*pîl* ... (i) math o raw denau, naill ai o bren neu o fetel, a choes hir iddi. Fe'i defnyddid gan wragedd tŷ a phobyddion i drin torthau bara yn y popty mawr (ffwrn wal) ... *oven peel* ... (ii) rhaw bren denau a choes fer iddi i droi bara a theisennod ar y maen ... *slice*.' **15**.30, **28**.94

pilcorn [= **siliad**], *GPC* 'Ŷd neu geirch wedi eu silio, rhynion'; daw *pilcorn* o'r Saes. *pilcorn* 'naked oats' (*OED*). **42**.57

pilcotyn *ll.* **pilcot**: *a penck*, **pencks**, *GPC* pilcod 'Pysgod dŵr croyw bychain tywyll o deulu'r carp', 'minnows'; cf. *OED pink*, n.[3] 'The minnow, *Phoxinus phoxinus*. In later use chiefly *English regional* (*northern* and *midlands*). Now *rare*' (gyda'r ffurfiau *penck, penke* o'r 16g.). Ymddengys mai cragen fôr o ryw fath ydoedd *pilcotyn* i Henry Salesbury, J 16, 127ᵛ *Pilcotyn. shellfishe* (HS, *c*.1600). **125**.181

pilio cywarch, tynnu ymaith blisgyn neu haen allanol cywarch. **27**.70

pilion [= **bating**, **cloig**, **pilwyn**], *GPC pil*[1] '(yn y ff[urfiau] ll[uosog] *pilion, piliwn*) ysgubau o wellt', ar ôl iddynt gael eu dyrnu; cf. **pilwyn**. **35**.30

pilionen *ll.* **pilion cywarch**, pil neu haen allanol cywarch, 'husk', *GPC pilion cywarch* 'hemp peelings'; *WS* (1547) '*Pilion kwarch*: Pyllyng of hempe'. **27**.68

pilionen mennydd, 'meninx', yr haen denau o groen a orchuddia'r ymennydd. **7**.128

pilog, pidyn; benthyciad yw o'r Saes., *OED pillock*, n.[1] '*Originally Scottish.* The penis'. Ni cheir mohono yn *GPC*. **7**.68

pilwellt: gwellt tan ŷd ar glwydau odyn, haen o wellt (< *GPC pil*[4] 'pentwr' o'r Saes. *pile* + *gwellt*) yn gorchuddio'r **sbarrys odyn**, sydd nesaf yn y rhestr. Cf. y cyfarwyddiadau canlynol sy'n esbonio sut i baratoi'r odyn, *Housewife* (1615) 187–8: '*Bedding of the kiln* ... you shall understand that it is a thin covering laid upon the open rafters [sef y **sbarrys**], which are next unto the heat of the fire, being made either so thin or so open that the smallest heat may pass through it and come to the corn: this bed must be laid so even and level as may be, and not thicker in one place than another, lest the malt dry too fast where it is thinnest, and too slowly where it is thick ... the matter or substance whereof this bedding should be made ... is long rye straw.' Sonnir hefyd am wellt yr odyn yn Pen 308i, 112–13 *Pibil: y dryllieu gwellt cras ar yr odyn sydd yn kwympo i ffordd* (JJ, *c*.1621). **18**.17

pilwrn, saeth ysgafn, *WS* (1547) '*Pilwrn ne fflicht*: A flight'; *D* (1632) '*Pilwrn, yw saeth fain*, Pilum'. **50**.12; **pilwrn**: *a fflicht* ('a flicht'). Ar y Saes., gw. *OED flicht*, n.[1] 'A flight-arrow'. **57**.21

pilwyn [= **bating, pilion, cloig**], *GPC piliwn*, ffurf amrywiol ar *pilion*; cf. Thomas Lloyd, LlGC Mân Adnau 1389, 195[r] *piliwn gwenith, batting. Straw half thrash'd* (*c*.1730). **35**.30

pillwydd onn, coed neu briciau tân o bren onnen, Pen 228i, 175[v] *Cremium ... Briwydh, coet sychion, pillwydh y gynne'r tan yn vuan ag yn brysur* (TW, 1604–7). **29**.12, **121**.126

pìn, bobin neu werthyd i ddal edafedd; gw. **pìn y wennol**. **27**.54

pìn stabl, ?sbowt neu dap sefydlog (*stabl* 'stable') ar gerwyn fragu, Pen 308i, 109 *Pinn: spigod* (JJ, *c*.1621) a gw. **sbigod**. **16**.14, **28**.97

pìn y wennol, y bobin neu'r werthyd yng nghanol gwennol gwŷdd, y llwythid hi ag edafedd wrth wehyddu; dyma'r *cwil* y cyfeirir ato yn y nodyn ar **gwennol**. Gw. Peate, 'Termau'r Ffatrïoedd Gwlân', 94; *OED bobbin*, n.[1]. **59**.38

pinnau echel, ?gwerthyd echel trol. **33**.14

pinned gwennol, pinnaid gwennol, llond **pìn y wennol** o edafedd. **59**.39

pinned o edafedd, pinnaid o edafedd, llond **pìn y wennol**) o edafedd. **27**.53

pinwydden [= **pererinbren**], coeden binwydd, 'pine tree'; gw. **pererinbren**. **121**.249

piog, piogen *ll*. **piod, piogod**: *a pie*, pioden, *WS* (1547) '*Pi ne piocen*: A pye'. Am yr amrywiol ffurfiau yma, gw. *GPC pi*². **124**.102

piogen y môr: *seapie* ('sea-pie'), *GPC* 'oyster-catcher'; *OED sea-pie*, n.[1] 'A common name for the oyster-catcher, *Hæmatopus ostralegus*' (canol yr 16g.). **124**.103

pirion [= **atborion, gwargredion**]. Ai ffurf amrywiol a thalfyredig ar *atborion*, sef 'sbarion (bwyd), gweddillion' (*GPC*) mewn beudy? Ni chafwyd hyd i enghraifft arall o'r ffurf. **36**.20

piser, *GPC* 'Siwg fawr, fel rheol un o bridd ac iddi ddolen neu ddwy glust a phig a ddefnyddir i ddal hylif a'i arllwys', cf. *OED pitcher* 'A large (often ceramic) vessel with one or two handles and usually a lip, for holding and pouring out liquids'. **28**.116

pislath [= **llysowbren, troslath**], llaesodr, gwter a leolid y tu ôl i wartheg i gludo'r biswail i ffwrdd, Pen 169, 273 *Llassodren: pisslath* (RhM, *c*.1580). **36**.21; **pislath**: **y lle y bo yr anifeliaid (anifelied) yn bisweilio ynddo 36**.22

piso gwaed, afiechyd mewn gwartheg yma, cf. *BydAm* 3.36 '*lleisw gwaed ... Afiechyd ar wartheg, dŵr coch, gwaed yn y dŵr*', yma'n dilyn **y tostedd** sydd hefyd yn effeithio'r system droethol. **105**.4

pitan, *GPC* 'Gwalch glas (gwryw), cudyll glas, llamysten, *Accipiter nisus*'; J 16, 128ᵛ *Pitan. muscette* (HS, *c*.1600) (*OED musket*, n.[1] 'A sparrowhawk'). Awgrymir yn nodyn tarddiad *GPC* mai gair geiriadurol yw *pitan*, sef '?ffrwyth camddeall engh. o'r gair *bilan*'. Mae'n bosibl mai geiriadur Henry Salesbury (J 16) oedd ffynhonnell John Jones yma, sef yr enghraifft gynharaf o'r gair yn *GPC*. Gw. td. 35. **124**.104

piw buwch [= **pwrs buwch**], cadair neu bwrs buwch, 'udder', *WS* (1547) '*Piw, pwrs anifal*: The vdder'. **68**.39, **97**.10

piw y gaseg, pwrs caseg. **96**.75

pladriad yw dwy wialen,?14 llath; cf. **gwialen yw saith llath** a hefyd **gwialen pladriad yw 3¼ llath**. Gw. *GPC paladr* 'Mesur tir o amrywiol hyd, perc' (ni cheir y ffurf *p(a)ladriad* yno). **47**.45

pladur *ll*. **pladuriau**, *GPC* 'Offeryn lladd gwair a medi ac iddo goes hir a ddelir â'r ddwy law a llafn hirgrwm a fwrir yn gydwastad â'r tir', 'scythe'. **31**.49; **pladur 45**.60

pladurwr, defnyddiwr **pladur**, un sy'n lladd gwair, &c., â **phladur**. **31**.56

plaid [= **cronglwyd**], clwyd o wiail plethedig, ffrâm to. **8**.124

plaid *ll*. **pleidiau**, pared, mur, ystlys tŷ. **8**.98

planc, ceffyl ifanc, cf. *GPC blanc*[1] lle nodir ei fod yn fenthyciad o'r Saes. Canol *blank(e)* 'A horse, steed' (*MED*). **67**.21

planedig, wedi eu plannu (am goed). **44**.27, **121**.6

planedigaeth, planhigfa, y gwaith neu'r gelfyddyd o blannu coed, &c. **44**.26

planhigyn *ll*. **planhigion**, planhigyn ifanc (yn enwedig un ar gyfer ei blannu), J 16, 131ʳ *Plannigyn. a yong plant or sett* (HS, *c*.1600). **121**.9

planiad, y weithred o blannu coed, &c. **44**.25, **121**.7

plannol, wedi ei blannu, yn ymwneud â phlannu coed, &c. **121**.8

plannu, gosod coed, &c., yn y ddaear i dyfu. **121**.5

plannu coed 44.24

plannu pren, plannu coeden. **121**.4

plant *u*. **plentyn**, plant (o ran eu perthynas â'u rhieni). **117**.50

plant y cyfyrderw, plant i ail gefnder; gw. **cyfyrder**. **6**.108; **plant y cyfyrder 117**.202

planta, cael plant, *WS* (1547) '*Planta*: Get chyldren'. **117**.51

plantadwy, ffrwythlon, â'r gallu i gael plant. Ni cheir mohono yn *GPC*, ond cf. yno *amhlantadwy* 'anffrwythlon'. **117**.54

plantog, *GPC* 'Ac iddo (lawer o) blant' (1803). **117**.52

plantol, yn perthyn i blant, yn ymwneud â phlant. **117**.53

plas uchelwr 8.60

pledrydd *ll*. **pledryddion**, paledrydd, gwneuthurwr bwa a saeth (< *paladr* + *-ydd*), *WS* (1547) '*Fleitsier ne baledrydd*: fletcher'. **57**.1

pledryddiaeth, gwaith neu grefft y **pledrydd**. **57**.2

plisg cnau, masgl neu gibyn cnau. **121**.86

plu, plu mewn matras. **11**.26

plwca, llaid, Pen 308i, 109 *Plwcka: Pwdyl or the thynn dwrt that is troden in the heigh way by horses & other things* (JJ, *c*.1621). **5**.111

plwm, mwyn plwm, 'lead'. Am *Halkyn*, nid nepell o Gellilyfdy, cartref John Jones, meddir yn *Paroch* i, 84 fod 'Mwy o blwm yn y wlâd ymma nag yn holh gymry drwyddi' (*c*.1700). **128**.4

plygain, **plygen** gw. **pylgain**

plygain ddydd, plygeinddydd, boreddydd, toriad gwawr. **4**.73

plygeiniad, toriad gwawr. **4**.71

plygeiniedig, wedi gwawrio. **4**.72

plygeinio, gwawrio. **4**.70

pobedig, wedi ei bobi, wedi ei grasu. **15**.8

pobi, crasu bara. **15**.7

pobi cig [= **rostio cig**], coginio cig mewn ffwrn. **14**.8

pobiad, y weithred o bobi neu'r torthau a bobir ar un tro. **15**.9

pobwr, pobydd, 'baker'. **15**.5; *b*. **pobwres** *ll*. **pobwresau**. Mae'n debygol mai o'r Cyfreithiau y daw'r ffurf fenywaidd hon, cf. *LII* §41.4 *poburyes* ac *GPC poburies*; cf. hefyd **golchwres**. **15**.4

pobwriaeth [= **pobyddiaeth**], gwaith neu gelfyddyd y pobydd. **15**.6

pobydd *ll*. **pobyddion 15**.2; *b*. **pobyddes** *ll*. **pobyddesau 15**.3

pobyddiaeth [= **pobwriaeth**], gwaith neu gelfyddyd y pobydd. **15**.6

Ffermdy Craig-y-tân, Llanuwchllyn, Gwynedd, a'r **popty** wrth ei ochr

poeth, poeth, wedi llosgi, J 16, 129ʳ *Poeth. Burnt* (HS, *c*.1600). **5**.211, **119**.24

poethedig, wedi ei boethi neu ei losgi. **5**.213, **119**.26

poethfa, gwres uchel, tanllwyth. **5**.214

poethi, mynd yn boeth, llosgi. **5**.212, **119**.25

poethiad, gwresogiad, llosgiad. **5**.215, **119**.27

poethni, poethder, gwres mawr. **119**.30
poethog, poeth, wedi ei boethi. **119**.29
poethol, yn poethi, poeth. **5**.216, **119**.28
poethwynt, gwynt poeth neu ddeifiol. **2**.38
polioni, gosod gwrych o amgylch cae, *WS* (1547) '*Pawlioni cae*: Stake a hedge'. **43**.47
polionog, wedi ei amgylchu â gwrych (am gae). **43**.48
pont iau, ?y rhan o'r iau sy'n mynd dros war anifail tynnu. **72**.34
pont y llyffethyr, y ddyfais mewn llyffethair neu hual sy'n pontio rhwng y ddwy ochr. **72**.5
popty, y becws (dyma bennawd y rhestr hon), Pen 223, 275 *y ty lle yr ydis yn pobi a elwir y pobty* (JJ, 1606–8). Gw. y llun ar d. 444. **15**.1
porchell *ll.* **perchyll**, mochyn bach. **71**.27; *bach.* **porchellyn 71**.28; *b.* **porchelles**, hwch ifanc. **71**.29
posiar, iâr basgedig, *WS* (1547) '*Posiar*: A fatte henne', neu o bosibl sofliar (*GPC*). **123**.33
posned *ll.* **posnedau**, *GPC* 'pot neu lestr (metel fel arfer) at ferwi, sosban fach'; *OED posnet* 'A small metal pot or vessel for boiling, having a handle and three feet'. **14**.15, **28**.62; *bach.* **posnedan 14**.16
post gwely, postyn gwely. **11**.23
postolwyn [= **crwper**], *GPC* 'Crwper, ôl-gengl'; *WS* (1547) '*Krwper, postolwyn*: A croper'. **37**.66
potel, cynhwysydd i ddal diod, cf. *OED bottle*, n.[3] 'A container with a narrow neck and wider body, for holding or storing liquids, pills, etc., now usually made of glass or plastic, but formerly typically of leather, wood, earthenware, or metal'. **13**.11, **16**.44, **28**.106; *bach.* **potelan** [= **potelig**] **16**.45; **potelig** [= **potelan**] **16**.45
potelaid, **poteled**, llond potel. **16**.47
poteledig, wedi ei roi mewn potel. **16**.48
poteliad, llond potel, y weithred o botelu cwrw, &c. **16**.49
potelu, rhoi cwrw, &c., mewn potel. **16**.46
potes [= **sew**, **cawl**], cawl, stiw (yn cynnwys cig, llysiau, &c.). **14**.65
potes dail, cawl llysiau; cf. **dail crochon**. **14**.106
poteslyd, fel potes neu gawl. **14**.79
potesol, fel potes neu gawl. **14**.77
pothan, cenau blaidd, Pen Gloss (*B* 2.234) *pothon: keneu blaidd* (*c*.1425). **82**.8
y pothell ar eidion: *the poke under the tonge* ('the poke under the tongue'), *GPC pothell* (eb.g.) 'llyffandafod', 'the barbles', a gw. yno'r dyfyniad o 1762, lle sonnir am *bothellan* o dan dafod eidion. Cf. hefyd

GPC bothell[1] 'Llyffandafod, tafodwst (clefyd ar anifeiliaid, yn enw[edig] gwartheg)', a'r enghraifft gynharaf yno o *WOP* '*Bothell ... Bothell*, or *tavawdwst*, a blister under the tongue of cattle'; gw. **bothell**. Ar *poke*, gw. *OED pouk* 'A small blister, boil, or pustule', hefyd William Rollinson, *The Cumbrian Dictionary of Dialect, Tradition and Folklore* (Otley, 1997), 124 '*Poke*[2], *pouk*, boil or pimple'. **105**.18

pren, coeden. **44**.4; **pren** *ll.* **preniau 121**.2

pren aethnen, coeden boplysen; gw. **aethnen**. **121**.210

pren afan, llwyn mafon cochion; gw. **afan**. **121**.262

pren bastio, teclyn pren (?llwy) ar gyfer gorchuddio cig, &c., â braster neu suddion wrth ei goginio; cf. *OED baster* 'A thing which bastes meat or other food during cooking ... typically a large spoon, ladle'. **14**.39

pren bocs, llwyn bocs, *LlS* (1574) 119 *Prén Bocs ... Buxus yn Llatin, Boxe yn Saesonaec. Prén Bocs yn Camberaec.* **121**.200

pren ceri: *service tree*, pa un o'r ddau yw yr iawn *service tree*? Mae'r cofnod yn dilyn **pren lliwydd**: *service tree* (**121**.150) ac mae gofynnod John Jones yn awgrymu bod ei ffynonellau yn anghytuno â'i gilydd a'i fod yn ansicr ai *pren ceri* ynteu *bren lliwydd* yw'r enw cywir am *service tree*. Yr un yw'r gair *ceri* ag elfen gyntaf y gair *criafol*; gw. *GPC ceri, cerïen*, hefyd *pren ceri* 'wild service tree, *Sorbus torminalis*; rowan tree, mountain ash, *Sorbus aucuparia*; medlar, *Mespilus germanica*'; J 16, 66ᵛ *Ceri ... servis, Sorbum: Prenn ceri, Sorbus* (HS, *c*.1600). **121**.251

pren criawol, coeden griafol, cerddinen. **121**.217

pren cyfrwy, ansicr; tebyg mai'r un ydyw ag *OED saddle-tree* 'The framework which forms the foundation of a saddle'. **37**.60

pren derw, derwen. **121**.107

pren eiddew, iorwg, *WS* (1547) '*Eiddew ne eiddiorwc*: Juy'. **121**.204

pren eiddiorwg, eiddew, iorwg; gw. **pren eiddiorwg**. **121**.206

pren ffawydd, coeden ffawydd. **121**.100

pren lliwydd: *service tree*, yr un, o bosibl, â *pren lliw*, *GPC* 'logwood, *Hæmotoxylon campechianum*'; cf. *OED logwood* 'The heartwood of an American tree (*Hæmatoxylon Campechianum*) used in dyeing' (1581). Gw. **pren ceri**. **121**.250

pren masarn, coeden fasarn; gw. **masarn**. **121**.212

pren onn, coeden onn. **121**.123

pren pisgwyn, coeden beisgwyn (a *pisgwyn* naill ai'n wall neu'n amrywiad ar *peisgwyn*), 'hornbeam', sef *Carpinus betulus* (*GPC peisgwyn*); cf. J 16, 123ʳ *Peisgwyn. Carpinus* (HS, *c*.1600). Yn ôl Thomas Lloyd, *c*.1730, tyfai'r goeden hon yn gyffredin ger Gwydyr, Llanrwst, LlGC Mân Adnau 1389, 188ʳ '*Peisgwyn*, Carpinus. A tree called Carpi or

Carme. It groweth hard by Gwydyr.' Nid yw tarddiad yr enw'n hysbys. **121**.193

pren plan, coeden wedi ei phlannu, cf. Pen 308i, 88 *Mid: gwrych plann* (JJ, *c*.1621); hefyd *GLGC* 179.13–14 *Pren plan yn Llan Gynllo oedd / blin wedy r' blannu ydoedd* (am ŵr a gladdwyd yn Llangynllo). **121**.3

pren pobi [= **clawr pobi**]. Mae ei leoliad yn y rhestrau yn awgrymu rhyw fath o fwrdd pren i siapio torthau, teisennau, &c., arno, 'bakeboard', yn hytrach nag *GPC pren pobi* 'peel, baker's shovel'; cf. **clawr pobi**. **15**.76, **28**.84

pren sarth, *GPC* 'service tree, *Sorbus domestica*' (*c*.1700). **121**.75

pren sirion, coeden sirian, coeden geirios. Am *sirion*, gw. *GPC sirian*; LlS (1574) 81 *Surianbrén ... Cerasus yn Llatin, a Cherie tree yn Saesonaec a Suriambren yn Camberaec*. **121**.233

pren troed, *WS* (1547) '*Pren troed*: A laste'; *OED*, *last*, n.[1] 'A model of the foot made of wood ... etc., on which boots and shoes are shaped during making or manufacture'; cf. **prenie bwtias**. **63**.25

pren warndwns, coeden wardwns; gw. **warndwns**. **121**.60

pren ysgaw, ysgawen. **121**.225

pren yw, ywen. **121**.195

prenie bwtias, 'boot-lasts'; cf. **pren troed**. **63**.28

prennol, cist, blwch, coffr, J 16, 133ʳ *Prennol. locker, deske* (HS, *c*.1600). **28**.36

pres, rhan anhysbys o'r felin (*GPC pres*[6]), cysylltiedig â'r werthyd. Mewn traethawd ar felinyddiaeth o 1543 (a welodd John Jones), rhestrir saith peth a allai fynd o'i le ar felin, gan gynnwys *mynd or werthud allan or pressi*, gw. Peate, 'Traethawd ar Felinyddiaeth', 296, ac am y melinydd effeithiol, dywedir, 298, ei fod yn *kynal dwr bob amser ar y pressi ar pegyne* (*GPC pegwn* 'echelin'). **42**.25

pres, *GPC pres*[1] 'Metel melyn sy'n aloi o gopr a sinc, elydn; gynt mewn ystyr letach, gan gynnwys copr ac efydd'; *WS* (1547) '*Pres ne efydd*: Brasse'. **128**.6; **pres** [= **gweilig**] **128**.13

preseb [= **gwaffar, gwaffer**], stâl, côr (mewn beudy). **36**.5

preseddedig, wedi ei gyfaneddu, yn preswylio. **8**.54

preseddog, y preswylir ynddo. **8**.56

preseddol, y preswylir ynddo. **8**.55

preseddu, preswylio, Llst 189 *pryseddu, to abide, dwell, inhabit* (1722). **8**.53

preseddwr, preswyliwr. **8**.57; *b*. **preseddwraig 8**.58

preswyl, trigfan, cartref. **8**.39

preswylfa, annedd, cartref, J 16, 133ʳ *Preswylva. dwelling* (HS, *c*.1600). **8**.38

preswyliedig, wedi ei gyfanheddu, yn preswylio. **8**.41

preswylio, trigo, byw yn rhywle. **8**.40

preswyliog, yn preswylio. **8**.42

pric gosod. Ni welwyd cyfeiriad arall at yr enw hwn, ond ystyr arferol *pric* yw 'ffon, gwialen', gw. *GPC* a cf. J 16, 134ʳ *Pric. sticke* (HS, *c*.1600). Mae ei leoliad yn rhestrau **19** a **28** yn awgrymu teclyn neu ddyfais yn ymwneud â gwedd orffenedig dillad ar ôl eu golchi; o bosibl teclyn i grimpio dillad, neu i greu ffrils a ryffls, sef haearn cwicio, 'goffering iron'; cf. **haearn gosod**. **19**.38, **28**.178

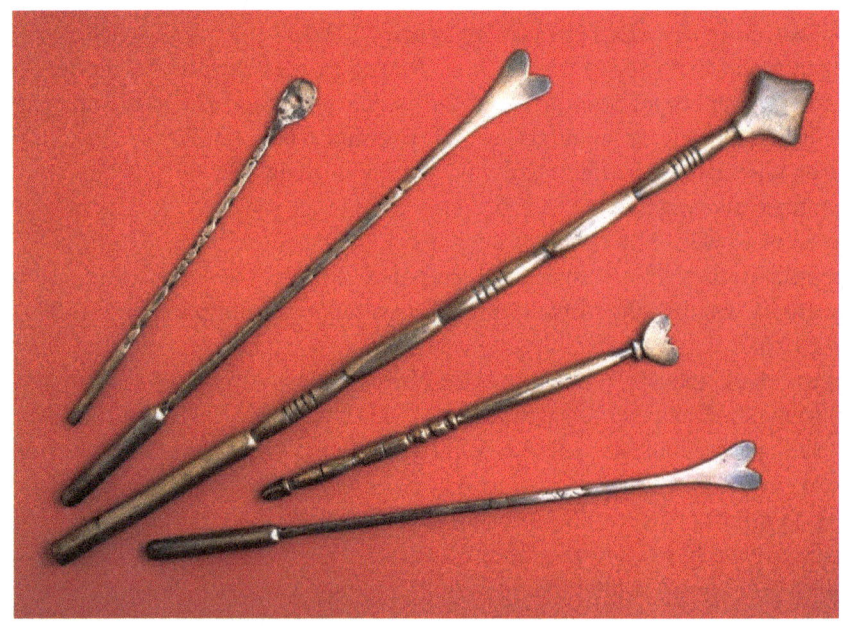

Priciau gosod (gw. **pric gosod**)

pric y wennol, cf. *OED* shuttle-prick '*Obsolete* the spindle of a shuttle' **59**.41

pricio, ansicr, wedi ei leoli rhwng **pwyth ymlaen** a **gwrym** 'hem'. Mae'n bosibl y cyfeiria at lunio mân dyllau mewn brethyn i ddangos lle i bwytho, ond mae'n fwy tebygol mai pwytho neu frasbwytho yw'r ystyr, cf. yr ymadrodd *to prick on a clout* 'to sew' dan *OED prick* (enghraifft gynharaf 1584). **61**.38

pridd, tir, daear. **5**.11, **30**.37

priddaidd, priddlyd, o natur pridd. **5**.15
priddell *ll*. **priddellau**, tywarchen, J 16, 134ʳ *Priddell. clodde* (HS, *c*.1600). **5**.17
priddglai, pridd cleiog, lôm. **5**.36
priddiad, gorchuddiad â phridd. **30**.40
priddiedig, priddedig, wedi ei orchuddio â phridd. **30**.39
priddio, **priddo**, gorchuddio â phridd, claddu. **5**.13; **priddio 30**.38
priddiog, priddog, priddlyd, wedi ei orchuddio â phridd. **5**.12, **30**.41
priddiol, priddlyd. **5**.14
priddlyd, o natur pridd. **5**.16
priod, gŵr priod neu wraig briod, wedi priodi. **117**.29
priodas, *WS* (1547) '*Priodas*: A weddyng'; J 16, 134ʳ *Priodas. maraidge. wedlocke* (HS, *c*.1600). **117**.32
priodasol, yn ymwneud â phriodas, wedi priodi. **117**.33
priodi, uno mewn priodas. **117**.30
priodiad, y weithred o briodi. **117**.31
priodol, wedi priodi, priod. **117**.34
priodoldab, **priodoldeb**, perchnogaeth, eiddo, ?y cyflwr o fod yn briod; J 16, 134ʳ *Priodoldeb. propertie* (HS, *c*.1600). **117**.35
priodolder, iawn berchnogaeth, ?y cyflwr o fod yn briod. **117**.36
prosper, **tebyg i'r tîm gwlltion**. Ni lwyddwyd i ddod o hyd i lysieuyn o'r enw hwn yn Gym. na Saes. **122**.152
pry copyn, J 16, 133ᵛ *Pryv copyn. spider* (HS, *c*.1600). **127**.14
pry llwyd *ll*. **pryfed llwydion**, 'badger', sef yr ystyr a nodir yn *GPC* 'Ar lafar yn sir Gaern[arfon], sir Ddinb[ych], a sir Ffl[int]'; cf. Pen 308ii, 283 (JJ, *c*.1621) *Byrrwch, Pry llwyd* a *Pry penvrit[h]* (a nodwyd yno'n gyfystyron). **91**.2
pry penfrith *ll*. **pryfed penfrithion**, pry llwyd, 'badger', *WS* (1547) '*Pryf penfrith*: A brocke'; J 16, 133ᵛ *Pryv penvrith* × *Gwilffrai* (HS, *c*.1600) (*GPC gwilfrai* 'Mochyn daear, pryf llwyd, broch'). Cf. **pry llwyd**. **91**.3
pryd, amser, adeg. **120**.5
pryd anterth, tua naw y bore, 'terce'; gw. **anterth**. **4**.78
pryd echwydd, rhwng naw y bore a hanner dydd, canol dydd; gw. **echwydd**. **4**.82
pryd gosber, cyfnos, gyda'r nos; gw. **gosber**. **120**.52
pryd nawn, prynhawn, rhwng canol dydd a thri o'r gloch, J 16, 133ᵛ *Pryd nawn. noonetyde* (HS, *c*.1600); gw. **nawn, pyrnhawn**. **4**.84
prydog, amserol, prydlon. **120**.6
prydol, amserol, prydlon. **120**.7
prydus, prydlon. **120**.8

pryf yn y traed, cynrhon yn y traed (mewn defaid); gw. **bagadau**. **106**.5

pryfed gw. **mân bryfed ehedol, ymlusgol a dyfrol**

pryfed cadache gw. **pryfed lasie**

y pryfed gwnion, y pryfaid gwynion, llyngyr mewn ceffyl, *Cyf Profedig* 263–4 '*Y Pryfaid. (Worms)* ... mewn ceffylau sydd o lawer math ac o amryw liwiau ... Am eu lle cartrefol o fewn yr anifail, bydd ... y rhai gwynion a duon ... yn y perfedd mawr'. **104**.6; **y pryfed gwnion** [= y **llyngyr**] **104**.19

pryfed lasie, neu gadache: *caterpillers* ('caterpillars'), siani flewog, pry cantroed, cf. *GPC pry cadachog* 'palmer-worm, hairy caterpillar, centipede, millipede', hefyd *WS* (1547) '*Pryf kadachoc*: Palmer'; J 16, 133ᵛ *Pryv cadachog. Palmer worme* (HS, *c*.1600). Ni chafwyd enghraifft arall o'r enw *pryfed lasie*, ond mae'n debygol mai ffurf luosog *las* 'lace' yw'r ail elfen. **127**.16

y pum nolen: [Llad.] *quinque folium*, *GPC pumdalen* 'Llwynhidydd, pumbys, *Potentilla reptans*', 'creeping cinquefoil'; hefyd Atod.1.167 *Pes ansipi: y Pumnolen*, 192 *Quinq folium: y pum nolen*, Atod.3.276; *Études* 7.56 '*quinque folium*, y pymp dalen' (*c*.1400). **122**.202

purboeth, chwilboeth. **5**.216, **119**.32

puro, gwaredu grawn o amhureddau. **35**.64

puwl, gair anhysbys. Gan ei fod yn dilyn **sled**, tybed ai benthycair o'r Saes. *pull* sydd yma? Cf., o bosibl, *OED*, n.¹ 'That part of a mechanism by means of which something may be pulled; a handle or cord which may be pulled' (lle nodir *poull*, *puyll* yn ffurfiau o'r 16g.). **45**.12

y pwd, hefyd Pen 308i, 159 *Y Pwd: klwy yn gwd dan en llwdyn davad* (JJ, *c*.1621); *GPC pwd*¹ 'afiechyd (ar ddefaid) sy'n peri chwydd dan yr ên'. **106**.7

y pwding duon, treip, coluddyn, pwding gwaed wedi ei wneud o ymysgaroedd anifail, 'black pudding'. **21**.15 (eidion); **22**.12 (mochyn)

y pwding gwnion, pwding gwynion, treip gwyn neu saig tebyg i'r 'black pudding' wedi ei wneud o ymysgaroedd anifail, ond heb waed ynddo, ac sy'n boblogaidd hyd heddiw mewn rhannau o Iwerddon a'r Alban. **21**.16 (eidion); **22**.13 (mochyn)

pwdingen pengaead, y coluddyn dall, cf. *GPC poten pengaead* 'caecum'. **99**.5 (dafad); **y bwdingen bengaead 23**.15 (mollt)

y bwdingen refr, rhefr, rhan waelod colon eidion ('rectum') a lenwid i wneud selsig. **21**.17

pwdingen siagys, trydydd stumog dafad, sef yr omaswm: *GPC pwding* 'Perfeddion, ymysgaroedd, coluddion' a *siags* 'carpiau, llarpiau'. Ni chafwyd hyd i gyfeiriad arall at *bwdingen siagys*, a 1877 yw dyddiad yr enghraifft gynharaf o *siags* 'carpiau, llarpiau' yn *GPC*. Mae'n debygol mai'r *siags* yn yr achos hwn yw'r 'dail' y cyfeirir atynt wrth ddiffinio *omasum* yn yr *OED*: 'the third and smallest stomach of a ruminant, containing numerous tightly packed leaves or laminae'. Ar omaswm gwartheg, gw. **cod y llyfrau**. Dywed y milfeddyg Rhisiart Owen wrthyf fod omaswm dafad yn llai mewn cymhariaeth â maint ei chorff nag omaswm buwch, ac mae'r 'dalennau' yn llai niferus, ac o ran eu ffurf gellid eu cymharu â charpiau. **99**.4; **y bwdingen siagys 23**.14 (mollt)

y **pwdrni**, pydrni, pydredd mewn defaid; ?cf. *OED rot* 'An instance or outbreak of rot (fascioliasis) in sheep ... Obsolete' (16g. ymlaen). **106**.2

pwffins. **Ai aderyn y bilyn yw?** Gw. **aderyn y bilyn**, lle awgrymir mai at y pâl cyffredin (*Fratercula arctica*) y cyfeirir. **125**.182

pwngen [= **bothell**], pothell, 'blister'; J 16, 130^v *Pwngen. Papula. Pustula* (HS, *c*.1600). **46**.111

pwll *ll.* **pyllau, pylloedd**, J 16, 130^v *Pwll. poole, pudle, pitte* (HS, *c*.1600). **5**.125; *bach.* **pyllig 5**.129

pwll calch, pwll o sylwedd calchog mewn tanerdy ar gyfer mwydo crwyn, 'lime-pit'; *TCC* 206 'After washing, the hides were then placed in one of three lime pits, each one containing a solution of lime and water. The first pit usually contained a weak solution of old lime, highly charged with bacteria, the second pit contained a less mellow solution while the third contained almost new lime. The length of time that hides remained in lime depended entirely on the quality of leather required, for the softer the leather, the longer the hide remained in the pit and the mellower the solution.' **62**.7

pwll y barc, *OED bark-pit* 'pit filled with bark and water in which hides are steeped in tanning'. Gw. *TCC* 208 'To make the tanning liquor, the craftsman needed a vast quantity of oak bark, ground finely and mixed with cold water.' **62**.8

pwnt [= **cronfa melin**], *GPC pwnt*[1] 'Pwll o ddŵr a ddefnyddir i droi olwyn melin, pynfarch' (1770); Pen 308i, 106 *Pwnt: llynn melin* (JJ, *c*.1621); cf. *OED pound*, n.[2] 'A body of water confined by a dam or similar structure'. **42**.18

pwrs [= **groegen**], aderyn anhysbys. **124**.66

pwrs buwch [= **piw buwch**], cadair buwch, chwarren laeth buwch, 'udder', *WS* (1547) '*Piw, pwrs anifal*: The vdder'. **68**.39; **pwrs, ne piw buwch**, chwarren laeth buwch, 'udder'. **97**.10

pwrs caseg, cadair caseg; cf. **pwrs buwch**. **67**.49

pwrs dafad, cadair dafad; cf. **pwrs buwch**. **69**.38

pwrs gafr, cadair gafr; cf. **pwrs buwch**. **70**.23

pwrs y bugel, *GPC pwrs y bugail* 'shepherd's purse, *Capsella bursa-pastoris*'; hefyd Atod.1.37 *Bwrsa pastoris: Pwrs y Bigail*, Atod.3.281 a cf. *Llysieuwr* 39 *Bursa Pastoris* ... *a elwir ynn y Saessneg a'r Gymr[a]eg pwrse y bigail ne bwrs yr heusor* ... *ynn ol y blode j dwg ef megis pwrs, ac ynn y pwrs j dwg ef j haad megis fyrddlyngie tennevon* (EG, *c*.1545). **122**.148

pwyll, gair ansicr ei ystyr yn ymwneud â nyddu. Ai *GPC pwyll*^{2}, amrywiad ar *bwylltid* 'Math o ddyfais seml ar lun ystwffwl, pìn neu begwn i gyplysu neu rwymo fel y galler yn rhwydd droi'r peth a gysyllter wrthi', sef 'swivel' (1753)? Ond daw'r dystiolaeth dros *pwyll*^{2} yn *GPC* o ganolbarth Ceredigion ac o'r 20g.: W. Beynon Davies, 'Gwerineiriau Rhan Isaf Dyffryn Aeron', *B* 4 (1927–9), 301, '*pwyll*: Saes. *swivel*'. **27**.102

pwyll *ll*. **pwyllau**. Gair anhysbys yn ymwneud â chanhwyllau. Efallai fod John Jones, neu un o'i ffynonellau, wedi camddehongli'r hen ddihareb *Teg a gannwyll pwyll i ddyn* a chymryd bod *pwyll* yn enw am ryw fath o gannwyll. **13**.79

pwys y cwyr, *GPC* 'one pound avoirdupois'. Fe'i defnyddid yn arbennig i bwyso gwlân: *LWLM* 42 'The weights are here [Anglesey] the same as all over Britain. But they have 2 different denominations of y^e Pound Averdupoise, viz. Pwys y Cwyr and Pwys y garreg o wlan, literally, the Waxpound of 16 ounces and the Pound Stone of Wool, containing 5lb. avoirdupoise of 80 ounces 5 × 16 = 80.' Ceid y ffurf gywasgedig *pwysgwr* ar lafar yn gynnar yn yr 20g., cf. *Cwm Eithin* 214 'Rhaid i ti fynd â phwysgwr neu ddau o wlân i'r ffatri.' **48**.4

pwys y gyfelin, *GPC* 'five pounds avoirdupois'; cf. *LWLM* 140 'Customary Hundreds, In weight & lb. pwys y gyfelin & pwys gareg wlân = stone'. **48**.5

pwysau, ?y pwysau mewn clorian i bwyso gwlân neu edafedd. **59**.50; cf. hefyd bennawd rhestr 48 *Pwysau a'u Perthynas*. **59**.50

pwyth, 'stitch', yng nghyswllt gwaith y teiliwr. **61**.24

pwyth dros ben, *GPC pwyth dros ben* 'overcasting (in needlework)', ond diweddar yw'r dystiolaeth yno (o Arfon, hanner cyntaf yr 20g.); cf. hefyd **pwyth dros fin**. **61**.33

pwyth dros fin, 'blanket stitch', o bosibl, sef pwyth sy'n estyn dros fin neu ymyl defnydd i'w atgyfnerthu; cf. hefyd **pwyth dros ben**. **61**.34

pwyth ymlaen, pwyth cyffredin i ddal dau ddarn o ddefnydd at ei gilydd, 'running stitch', mewn gwrthgyferbyniad i **pwyth yn ôl**. **61**.37

pwyth yn ei gilydd. Ni cheir y cyfuniad yn *GPC*: ai pwyth tebyg i 'chain-stitch', *OED* 'A kind of ornamental stitch resembling the links of a chain' (1598)? **61**.35

pwyth yn ôl, 'backstitch', ond diweddar yw *GPC pwyth ôl* 'backstitch' (1933); cf. *OED back-stitch* 'A method of sewing in which, for every new stitch, the needle enters behind, and comes out in front of, the end of the previous one' (1611). **61**.36

pwythedig, wedi ei bwytho neu ei wnïo. **61**.27 (dilledyn); **63**.19 (esgid)

pwythiad, y weithred o wnïo, gwnïad. **61**.26 (dilledyn); **63**.18 (esgid)

pwytho, gwnïo (dilledyn). **61**.25

pwytho esgid, gwnïo esgid at ei gilydd. **63**.15

pwythog, wedi ei bwytho neu ei wnïo. **61**.28

pwythol, wedi ei bwytho, neu'n ymwneud â phwytho. **61**.29

pydoli gw. **pedoli**

pylgain, plygain, plygen, plygain, y bore bach, sef rhwng tri a chwech y bore. **4**.69; **pylgain: o'r 3 ar y gloch uchod hyd chwech ar y gloch yw y pylgain yn dair awr** (cyfeiria 'uchod' at y tabl, td. 142). **120**.46

pynddyn gw. **pendduyn**

pynfarch [= **ffos melin**], ffrwd melin. **42**.19

pynoreg [= **ystarn**], cyfrwy pwn, Pen 228i, 127ᵛ *Clitellæ ... ystarn ... pynoræc, sadelh y dhwyn pynnæ* (TW, 1604–7). **37**.92; **pynoreg 45**.80

pyrnhawn, prynhawn (ar y trawsosod, gw. td. 37); gw. **pryd nawn**. **4**.85

pyrnhawnaidd, prynhawnaidd, yn y prynhawn. **4**.88

pyrnhawnol, prynhawnol, yn y prynhawn. **4**.87

pyrnhawnwyd, prynhawnfwyd, bwyd a fwyteir yn y prynhawn. **4**.86

ll. **pys** [*u*.] **pysen**, *GPC* '(Hadau bwytadwy'r) planhigion codlysol *Pisum sativum*, weithiau am blanhigion codlysol eraill neu eu hadau'; *LlS* (1574) 116 *Pŷs ... Pisum yn Llatin, Pesen yn Saesonaec. Pŷs yn Camberaec*. **31**.172; **pys 122**.149

pys y ceirw, *Y Bywiadur* '*Lotus corniculatus*, common bird's-foot-trefoil'; hefyd Atod.1.15 *Aron, Pes vituli: Pys y ceirw*, 132 *Melilosum: pys y ceirw*, Atod.3.282, 283. Cf. *LlS* (1574) 46 *Pys [y c]eirw ... Wylde tares yn Saesonaec. Pys y ceirw yn Camberaec*. **122**.151

pys y coed: brien root (?'bryon[y] root'), *GPC* 'white bryony, *Bryonia dioica*'; hefyd Atod.1.33 *Brien Root: Pys y coed*, Atod.3.284. **122**.150

pysa, cynaeafu neu gardota pys; gw. **blawd pys**. **31**.186

pysg yn claddu, pysgod (neu bysgodyn) yn silio, *WS* (1547) '*Kladdy val pyscot*: Spawne'. Ar *pysg* fel enw unigol a lluosog, gw. **pysgodyn**. **125**.28

pysgodwr *ll*. **pysgodwyr**, pysgotwr. **125**.2

pysgodwriaeth, crefft neu waith y pysgotwr. **125**.3

pysgodyn *ll*. **pysg, pysgod**. Fe'i defnyddir mewn ystyr eang yn y rhestr hon yng nghyswllt unrhyw anifail sy'n byw yn y môr. Mae *pysg* yn lluosog yma, ond gall fod John Jones hefyd yn ei ddefnyddio'n enw unigol, e.e. **cranc glas ... math ar bysg a gwisg gorn amdano. 125**.1

pysgodyn y brenin: ystyrsion yw, 'sturgeon'. Cf. *OED regal fish* ac yn arbennig y dyfyniad yno o 1890: '*Regal* or *royal fishes*, whales or sturgeons: so called from an enactment of Edward II that when thrown ashore or caught on the British coasts they can be claimed as the property of the sovereign.' *Ystordgion* yw'r ffurf gan Elis Gruffydd yn *CIech* 163 (1545). **125**.183

pysgota, dal pysgod; cf. **hela pysg. 125**.4

pyst dylifo, pyst ystofi, cf. Peate, 'Termau'r Ffatrïoedd Gwlân', 94, '*Pyst ystofi*. Y ffrâm y gweithir yr ystof arno o'r car stofi'. **59**.11

pythefnos 4.20, **120**.13

rai, yw yr henw cyffredin ar y cŵn môr a'r cathod môr, *GPC rhaien*, *raien* 'Morcath (bigog), *Raja* (*clavata*), cath fôr' (nid y morgwn); cf. Pen 228i, 80^v *Batis ... rhyw bysc medhaleidh, amheuthun, a elwir Raïen, morcath* (TW, 1604–7). Ni nodir y ffurf dorfol *r(h)ai* yn *GPC*, ond mae'n amlwg yn fenthyciad o'r Saes., gw. *OED ray*, n.^{3}. **125**.184; **rhaien** *ll*. **rai 125**.185

redish: [Llad.] *raphanum*. Gair Hen Gernyweg, nid Cym., yw hwn a ddaw yn y pen draw o'r *Vocabularium Cornicum*: #665 *raphanum* gl. *redic* (*OCV* 288 'radish'). Gw. hefyd Pen 297, 198^v '*Raphanum, Redig* (JJ, 1606) a'r Rhagymadrodd, §3.6. **122**.153

rest ffrwyn. Awgryma Jenny Day, ' "Ewin o ddur, onn a ddwg": Y Rhest Gwaywffon a'r Beirdd', *Dwned*, 25 (2019), 19, mai dyfais a ffurfiai ran o'r ffrwyn neu'r harnais sydd yma a barai i'r ceffyl aros yn stond: *OED rest*, n.^{2} 'A means of stopping or checking a horse' ac 'A device for halting movement'. Cyfeiria Day at linell mewn cywydd gofyn ceffyl gan Wilym Tew, *ag yni frest kaiff rest ffrwyn*, sy'n rhoi awgrym o leoliad y ddyfais. Ai 'martingale' ydoedd? **37**.43

rithrwm, yma'n dilyn **hitrwm**, sef hwrdd a'i eirin neu ei geilliau wedi eu torri. Mae'n debygol mai'r un gair sydd yma, a bod *rithrwm* yn wall am *rhitrwm* (< *yr hitrwm*, cf. *rhocys* < *yr hocys*), a'r dot wedi ei leoli yn y llawysgrif o dan y *t* yn hytrach na'r *Ṛ* (gan roi 'rithrwm' yn lle 'rhitrwm'). **69**.60

roden turn, polyn turn. Gw. Percy W. Blandford, *Country Craft Tools* (Newton Abbot, 1974), 161, 'British pole lathes ... A springy bough had a cord looped around the job and the worker's foot provided the downward pressure, while the bough above took care of the return. In its simplest form the worker's foot was in a loop in the cord, but most of these lathes had a treadle.' **55**.13

rostio cig [= **pobi cig**], coginio cig mewn ffwrn. **14**.8

rhac glo, rhaca neu gribin ar gyfer glanhau'r popty. Cf. y *rhacc popty* a ddisgrifiodd Rhosier Morys yn Pen 169, 315: *Rhacc popty yw colrhen popty, fel pren strik ag iddo droed hir i dynu ato garthion y pobtu kyn i lanhau ar malkin a bbrat* [sic] *llien glyb in i ben i lanhau allan y rest or lludw ar ulw* (*c*.1580); J 16, 12ʳ *Rhac pobty. colerake × Cravell* (HS, *c*.1600). Cf. hefyd *GeirGeg* 149 '*rhac* ... darn o haearn ar flaen coes bren, hir a ddefnyddid i grafu'r marwydos allan o'r popty mawr ar ôl ei gynhesu ... *oven rake*'. **15**.26, **28**.92

rhaff, cortyn cryf; gw. hefyd **rheffyn**. **45**.82; *ll*. **rhaffau 45**.16

rhaff flew, *LlI* §140.47 *Raff bleu* (mewn rhestr o ddodrefn llys). **45**.83

rhaff gar, rhaff i'w chlymu wrth gerbyd. **45**.87

rhaff gertwyn, rhaff i'w chlymu wrth gert neu drol, cf. *GPC rhaffau men* 'cart-ropes'. **45**.88

rhaff gort, rhaff o gortyn (*GPC cort*[1] 'Llinyn neu raff fain o geinciau wedi eu cyfrodeddu'). **45**.84

rhaff lwyf, *GPC* 'elm-bark rope', *LlI* §140.48 *raf luyf*. Defnyddid rhisgl y llwyfen i greu rhaffau a chortynnau. **45**.85

rhaff moresg, rhaff o foresg, sef 'marram'. Roedd cynhyrchu nwyddau o foresg, megis matiau ac ysgubau, yn ddiwydiant cartref llewyrchus yn ardal Niwbwrch, Môn, o'r 16g. hyd yr 20g., fel yr esbonnir gan Mairwen Hughes, 'Y Diwydiant Môr-hesg yn Niwbwrch, Môn' (Rhan 1 a 2), *Y Naturiaethwr*, 8 (2017), 9–22; 9 (2018), 29–34. **45**.86

rhagddor, drws allanol, hanner isaf drws dau hanner. Wrth ddisgrifio hen fythynnod yn ardal Llangwm, meddai Hugh Evans, *Cwm Eithin* 63, 'Byddai'r drws yn ddau ddarn fel rheol, fel y gellid gadael y rhan uchaf yn agored, a chau y rhagddor i rwystro'r ieir a'r moch i'r tŷ.' **8**.143, **45**.97

rhaglyfniad, y weithred o baratoi tir i'w hau drwy ei lyfnu ag og. **31**.31

rhaglyfnu, paratoi tir cyn ei hau drwy ei lyfnu ag og. **31**.29

rhagodfa melin: *a sluse or a fludyat* ('a sluice or floodgate'), hefyd Pen 308i, 136 *Rhagodfa melin: a sluse or a flwd yard* (JJ, *c*.1621). Math o lifddor oedd y *fflodiart* a osodid yng ngenau'r pynfarch uchaf i reoli'r dŵr a lifai iddo o'r afon ac i mewn i lyn y felin (**pwnt**); ceid llifddor arall i reoli'r llif o'r llyn i'r cafn a gludai ddŵr i ben olwyn y felin, gan lenwi'r llwyau (**cod**) a pheri i'r olwyn droi. Cf. *OED sluice* 'A structure of wood or masonry, a dam or embankment, for impounding the water of river, canal, etc., provided with an adjustable gate or gates by which the volume of water is regulated or controlled'. Am yr elfen *-yat*, gw. *EDD yat*, sb.1, lle'i hesbonnir yn ffurf dafodieithol ar *gate* (swydd Amwythig). Ni roddir yr ystyr benodol hon i *ragodfa* yn *GPC*. **42**.17

rhagwestfil: *a ffôr plan* ('a fore-plane'), plân i wneud gwaith rhagbaratoawl ar bren, cyn ei lyfnhau ymhellach â'r **cabolwestfil** ('smoothing plane') a'r **cyswllt westfil** ('jointer'); gw. **gwestfil**. Diddorol, o ran trefn y geiriau yma, yw'r dyfyniad cyntaf yn yr *OED* o dan *fore-plane*, 'It is called the Fore Plain because it is used before you come to work either with the Smooth Plain or with the Joynter' (1678). **53**.84

rhannau drws ŷnt ymhiniogau, gwarddrws, trothau, dôr, colyn, ci. Gw. ymhellach ar **ymhiniog**, **gwarddrws**, **trothau**, **dôr**, **colyn**, **ci y drws**. **53**.108

rhannau llestr: llestr sydd o styllod, cylchau, corddyn, clawr, gwaelod, erwydd, clust, dolen, dryntol, corn. Gw. **llestr**, **ystyllen**, **cylchau**, **corddyn**, **clawr**. Cyfeiria *erwydd* at yr estyll pren a ffurfiai gorff y gasgen (*GPC* 'estyll at waith y cylchwr, &c.', 'staves'), gw. hefyd Pen 308i, 30 *Erwyd: korddyn llestyr, vel pot, gerwydd* (JJ, *c*.1621). Cyfeiria *clust*, *dolen*, *dryntol* a *corn* at handlenni'r gasgen, cf. *WS* (1547) '*Dryntol*: Eare'. **54**.20

rhanne [= **rhanwe, oriau**], ar eidion yw rhoi rhagor o bwys ar eidion o bydd rhy drech i'w gymar. Gw. **rhanwe**. **30**.89

rhanwe [= **oriau, rhanne**], ar eidion yw rhoi rhagor o bwys ar eidion o bydd rhy drech i'w gymar. Ni cheir *rhanwe* yn *GPC*, ond mae'n debygol mai gair ydyw am yr hyn a elwir *cambren mantais*, 'Lle byddai un ceffyl yn llai ac yn amlwg yn wannach na'r llall gellid rhoi "mantais" iddo trwy ad-drefnu'r fondid yng nghanol y "cambren rhannu", a symud y cambrenni bach yn ôl y gofyn, fel bod y ceffyl cryfaf yn tynnu mwy o'r baich', *BydAm* 1.175. Os felly, mae'n debygol mai cyfuniad o *rhan* + *gwedd* sydd yma, a'r *-dd* wedi ei cholli. **30**.89

rhastal, *GPC* 'Rac i ddal porthiant anifeiliaid, rhesel, cratsh, preseb, mansier'; cf. Jones, 'Termau Amaethwyr Dyffryn Edeirnion', 294, '*rhesel* (rack): lle i roddi gwair i geffylau neu wartheg. D[yffryn] C[lwyd]'. **37**.3

rhau [= **torch, troedog**] sydd am y fuddel i roi yr aerwy trwyddi, *GPC rhau*[2] 'Rhwymyn, cadwyn', *rhoi*[2] 'Cadwyn (mewn beudy); cylch haearn i glymu cadwyn wrthi'; Pen 308i, 133 *Rhou ll. Rhoueu: an Iron tow*, hefyd *Rhou hayarn: sug brenn* (JJ, *c*.1621). **36**.9

rhaw, rhaw balu. **43**.11, **45**.46

[ ] rhaw. Mae'n debygol mai gair am ran o raw sydd yma, yn dilyn **pen rhaw** a **throed rhaw**. Ai *coes rhaw*? **43**.32

rhaw bâl [= **pâl**, **rhaw ryforio**], rhaw balu, cf. *WOP* 'Rhawbal ... A kind of spade made all of one piece of wood, having the head rounded and edged with iron'. **43**.12; **rhaw bâl 45**.48

rhaw dân [= **llwy dân**], rhaw i dendio tân, llwyarn. **9**.79, **28**.11

rhaw ruglo, *WS* (1547) '*Raw ruglo ne Raw vwrw*: A shouell'. Ar *rhuglo* 'carthu, rhofio', gw. *GPC*. **43**.19, **45**.50

rhaw ryforio [= **rhaw bâl**, **pâl**], rhaw balu (*rhyforio* 'palu'), J 16, 12^r *Rhaw ryvorio. spade.* × *rh[aw] bâl* (HS, *c*.1600). **43**.12, **45**.49

rhawied, rhawiaid, llond rhaw. **43**.33

rhawn, blew ceffyl, *AB* (1707) 3b '*Rhaun*, Horse hair; and not us'd in Welsh for any other'. **67**.66, **96**.34; **rhawnyn**, *TJ* (1688) 'Hwŷnŷn, hoenyn, Rhawnŷn: *the hair of an Ox or Horses tail*'. **67**.67

rhawn baladr. Disgwylir enw aderyn yma rhwng **pitan** a **rhegen**, ond ni chafwyd hyd i aderyn o'r enw hwn. Ar *rhawn* am blu, gw. **rhawn y paun**. Ai paladr neu siafft pluen ('rachis')? **124**.105

rhawn y paun, plu'r paun, cf. *The Myvyrian Archaiology of Wales*, ail arg. (Denbigh, 1870), 897, *rhawn paun yn castellu*, mewn triawd yn enwi *Tri pheth na ŵyr neb yn y byd pa liw sydd arnynt*. **123**.52

rhedeg, gorchest a ddisgrifir yn Pen 56, 28 *rredeg* (llaw anh., 16g.), fel un o'r Pedair Camp ar Hugain. **49**.29; carlamu **67**.90 (am geffyl)

rhediad, carlamiad ceffyl. **67**.92

rhedyn, cf. *LlS* (1574) 109 *Rhedyn ... Ffilix yn Llatin, Brake ne Fferne yn Saesonaec a Rhedyn yn Camberaec*. **122**.154

rhedyn Mair. Yn *GPC* nodir y gall olygu y rhedyn gwryw, *Dryopteris filix-mas*, fel yn *LlS* (1574) 149 *Redyn gwr ryw y rhein a elwir Rhedyn Mair*; neu'r rhedyn benyw, *Athyrium filix-femina*, fel yn J 16, 15^v *Rhedyn Mair. Dryopteris ... Rhedyn Mair. filix fœmina* (HS, *c*.1600). **122**.155

rhedyn y maes, tebyg mai rhedyn cyffredin yw hwn, cf. Pen 296, 113^v (JJ, 1606), ond ni chafwyd hyd i enghraifft arall o'r enw. **122**.156

rhefr, rectwm, rhan isaf y coluddyn mawr, neu'r pen ôl. **7**.135; **96**.53 (ceffyl)

rheffyn [= **tennyn**, **cebyst**], rhaff, cebystr i glymu ceffyl. **37**.6; **rheffyn 45**.89

rhegen, *GPC* 'Sofliar, *Coturnix coturnix*; unrhyw un o amryw fathau o adar bach y gors tebyg i'r gwtiar, sy'n perthyn i'r teulu *Rallidæ*'. **124**.106

rhes, rheng o ysgyfarnogod neu eu cynefin? Ni roddir yr ystyr hon i *rhes*[1] yn *GPC*, ond gw. **rhesfa**. 77.16

rhesel, *GPC* 'Rac (yn enw[edig] i ddal porthiant anifeiliaid), rhastl, mansier, preseb'; *WS* (1547) '*Resel*: A cratche, racke'. 37.4

rhesfa, ?cynefin ysgyfarnogod; cf. *GPC rhesfa*[2] 'cynefin defaid', fel yn Llst 189 *Rhesfa Defaid ... A place where sheep lodge and lye for shelter* (1722), hefyd 'darn o gomin yn ffinio â hi [fferm] a hawl gan y ffermwr i droi ei anifeiliaid iddo'. Ansicr yw ei darddiad, ond fe'i cysylltir yn *GPC* â *rhosfa*[2] a *hysfa*, gan ddiffinio'r ddau fel 'cynefin defaid'. Cyfeiria F. G. Payne at le o'r enw *Hysfa* 'rhwng Gwastedyn a Rhiw Gwraidd' yn *Crwydro Sir Faesyfed* (Llandybïe, 1968), 100, 'Y mae'r enw Hysfa yn ddiddorol. Y mae'n debyg gennyf mai'r un yw â "rhesfa" Brycheiniog ac "ysfa" Morgannwg sef darn o gomin gerllaw ffermdy y gellir troi da'r fferm iddo.' Y tir y tu hwnt i ffiniau'r fferm oedd hwn felly, ac efallai fod John Jones wedi codi'r gair yn y de, gw. tt. 12–13. 77.18

rhesg, hesg. Deilla'r ffurf o gamraniad *yr hesg* > *rhesg*, gw. td. 38, a **hesg**. 122.157

rhesod [= **marwydos**], marwor. 9.55

rhester [= **llaesod**], llaesodr, cf. *GPC* 'ym Morg[annwg] defnyddir *rester*, *restar* yn yr ystyr "the standing in the cowshed" '. 36.13

rhesu, ansicr. Ai ymgasglu mewn **rhesfa** (am ysgyfarnogod)? 77.17

rheswydd llogel gw. **rheswydden logel**

rheswydden gant [= **rheswydden logel, gwawr logel, gwawr do, gwawr ystlys, gwawr gant, gwawr dâl, ceien**]. *GPC rheswydd* 'Distiau, trawstiau, tulathau' a *cant*[2] 'pared, plaid, mur amgylchynol'; gw. **cant**. A gyfeirir yma at walbant, 'wall-plate', neu bren y walbant sy'n derbyn ceibrau'r to, 'eaves-beam'? 8.82

rheswydden logel [= **gwawr logel, gwawr do, gwawr ystlys, gwawr gant, gwawr dâl, ceien, rheswydden gant**]. Cyfuniad cyfystyr, yn ôl pob tebyg, â **rheswydden gant**. Gw. hefyd **llogel**. 8.82; **rheswydd llogel** [*u.*] **rheswydden logel** [= **gwawri, gwawre** [*u.*] **gwawr**] 8.83

rheswydden pen tŷ *ll.* **rheswydd pen** [**tŷ**] [= **tulath** *ll.* **tulathau**; **haelasen** *ll.* **haelas**], dist neu drawst ar y to. Cf. Pen 228iii, 112[r] *Templum ... rheswydh, tulathœ ar draws y cyplœ, sparrys ar y rhai y rhodhir yr ais* (TW, 1604–7). 8.92

rhethren *ll.* **rhethri** [= **sbarysen** *ll.* **sbarrys**; **ceibren** *ll.* **ceibr**], *GPC rhethren* 'Gwaywffon, picell, ... ffon, polyn'; mae'n debygol felly mai at un o'r pyst neu'r trawstiau mewn adeiladwaith tŷ y cyfeirir. 8.94

rhew 2.79, **118**.14; *ll.* **rhewogydd** 2.87

rhew crimpog, cf. *GPC crimprew* 'Rhew neu farrug caled llym'. **2**.86
rhewedig, wedi rhewi. **118**.18
rhewi (am y tywydd). **2**.80, **118**.15
rhewiad, cyflwr rhewedig. **118**.19
rhewlyd, rhewllyd, *WS* (1547) '*Rewlyd*: Frosty'. **2**.82, **118**.16
rhewog, rhewllyd. **2**.81, **118**.17
rhewogydd gw. **rhew**
rhewynt, gwynt rhewllyd. **2**.45
rhican *ll*. **rhicannod** [= gwylan ieuanc]: *a yong gull* ('a young gull'). Tebyg mai'r *hucan* sydd dan sylw yma (am *yr hucan > rhucan* drwy gamraniad, gw. td. 38), sef *GPC* 'Gwylan (gefnddu neu lwyd), copsyn y môr'; *TJ* (1688) 'Huccan, gŵylan lŵyd: *a Sea Mew, Cob, or G[u]ll*'. **124**.107
rhid, pariad er mwyn epilio (am faharen); cf. **rhid maharen**. **69**.14
rhid bwch, pariad bwch â gafr er mwyn epilio; gw. **rhid**. **70**.6
rhid maharen, pariad maharen â dafad er mwyn epilio. **69**.15
rhidio dafad, paru â dafad er mwyn epilio (am faharen). **69**.17
rhidio gafr, paru â gafr er mwyn epilio (am fwch). **70**.9
rhidyll, hidl, 'sieve', sy'n fanach na'r **gogr** yn ôl y ddihareb yn *A el drwy r gwagr, mi ai daliav yn yr hidill*, Mos 204 (TW, *c*.1620). **28**.148, **35**.39, **45**.29, **56**.4
rhidyll ceirch, rhidyll i hidlo ceirch. **28**.147, **35**.41
rhidyll croes yw y rhidyll canolig, rhidyll i hidlo grawn. **35**.43
rhidyll haidd, rhidyll i hidlo haidd. **28**.146, **35**.40
rhidyll hil: y rhidyll mwyaf. Am yr elfen *hil*, cf. *GPC hilgeirch* '?Y ceirch a'r eisin sy'n weddill yn y gogr ar ôl gogryn; rhynion' (a *hil* naill ai'r un â'r enw 'had, hiliogaeth' neu'n ffurf dalfyredig ar *hiddl*). **35**.42
rhidyll lleiaf [= **rhidyll pilcorn, rhidyll mân**], rhidyll i hidlo grawn wedi ei silio; gw. **rhidyll piclorn**. **35**.44
rhidyll mân [= **rhidyll pilcorn, rhidyll lleiaf**], gw. **rhidyll lleiaf** a **rhidyll piclorn**. **35**.44
rhidyll pilcorn [= **rhidyll mân, rhidyll lleiaf**], *GPC pilcorn* 'Ŷd neu geirch wedi eu silio, rhynion; math o geirch nad yw eu heisin yn glynu wrth y grawn'; *OED pilcorn* 'Naked oats, *Avena nuda*'. **35**.44
rhidyllaid, rhidylled, llond rhidyll neu ogr o rawn. **35**.48
rhidylliad, y weithred o ridyllu grawn. **35**.46
rhidylliedig, wedi ei ridyllu (am rawn). **35**.47
rhidyllio, hidlo neu ogrwn grawn. **35**.45
rhinc: [Llad.] *coturnix*. Gair Hen Gernyweg, nid Cym., yw hwn a ddaw yn y pen draw o'r *Vocabularium Cornicum*: #519 *coturnis* gl. *rinc* (*OCV*

223 'quail'). Gw. hefyd J 16, 16ᵛ *Rhingc. a quayle, Coturnix × Sovriar* [*sic*]. Gw. y Rhagymadrodd, §3.6. **124**.108

y rhinllys, *GPC eirinllys* 'ysgol Fair, *Hypericum*' sef 'St John's wort'; Atod.3.288 *y Rinllys* a cf. *LlS* (1574) 30 *Yscol Vair … vn o rywogaethae yr Eirinllys*. Troes *eirinllys* > *y rhinllys* drwy gamraniad, gw. td. 38. **122**.206

rhip pladur [= **rhipan pladur, stric pren**], *GPC rhip* 'Darn hir o bren a irir â bloneg ac a orchuddir â swnd neu raean at hogi pladur neu gryman, stric' (1934); cf. *OED rip*, n.⁴ 'device used for sharpening the blade of a scythe'. 1934 yw dyddiad yr enghraifft gynharaf yn *GPC* (ond gw. *rhupai* a geir yn *WS* (1547)); a 1688 yw dyddiad yr enghraifft gynharaf yn yr *OED*. Gw. ymhellach ar **stric pren**. **31**.55

rhipan pladur [= **rhip pladur, stric pren**], gw. **rhip pladur** (ni restrir *rhipan* fel enw yn *GPC*). **31**.55

rhipannu pladur [= **hogi pladur**], hogi pladur â rhip. Ni cheir *rhipannu* yn *GPC*, ond cf. *rhipio* (dan *ripaf*²) 'hogi (pladur, &c.) â rhip'. **31**.57

rhisg, rhisgl coed a ddefnyddid yn ffynhonnell tannin ar gyfer cyweirio crwyn, *WS* (1547) '*Riscyl*: Barke'; J 16, 16ᵛ *Riscl … Barke or rinde* (HS, *c*.1600). *Rhisg* oedd y ffurf gynnar a thyfu a wnaeth yr *l* (gw. *GPC*). **62**.2

rhisglen: ***hatchin***, teclyn i gribo llin neu gywarch, heislan, heisyllt. Ni chafwyd hyd i enw Saes. *hatchin(g)* a fyddai'n addas yma, ond cf. *OED hatchel* 'An instrument with sharp pins or teeth for combing out flax, hemp, etc.' **27**.93

rhith, 'embryo, foetus', yn hytrach na 'had, sberm', gan ei fod yma'n dilyn ***llestr y plant***. 7.130; sberm pysgod. **125**.31

rhocys, hocys, 'mallow(s)', cf. *LlS* (1574) 96 *Yr Hockys … Malua yn Llatin, a Mallowe yn Saesonaec ar Hockys yn Camberaec*. Ar *yr hocys* > *y rhocys* drwy gamraniad, gw. td. 38 ac *GPC rhocos*. **122**.158

rhodl, *GPC* 'llwy grochan, lletwad, uwtffon', hefyd llwy i droi. **16**.13; **rhodol 28**.96

ll. **rhodys** [*u*.] **rhoden**, gwiail ar gyfer toi. Gair benthyg yw *rhòd* o'r Saes. *rod* 'gwialen', &c., gw. *GPC ròd, rhòd*, ond ni restrir y ffurf luosog *rhodys* yno. Ar y terfyniad lluosog -*ys* o'r Saes., gw. tt. 38–9. **8**.121

rholbren, 'rolling-pin'. **15**.77, **28**.87

rholyn *ll*. **rholys**, rholyn (o wlân neu edafedd), ?pellen. Ar y ffurf luosog *rholys*, cf. **rhodys**. **27**.51; *bach.* **rholysyn 27**.52

rhonell, cynffon ceffyl, J 16, 18ʳ *Rhonell. horse taile*. **67**.68, **96**.35

rhosfawn, mawn rhostir; gw. **dyfnfawn**. **29**.8

rhuad, brefiad (buwch). **68**.92

rhuchduren llygad, **neu dros lygad**. Ffurf anhysbys, ond tebyg mai gair ydyw am fagl ar lygad, cataract, sef cyfuniad o *rhuch(en)*, GPC 'magl neu bilen (ar lygad)', + elfen ansicr (?*GPC duryn* 'unrhyw flaen, &c., tebyg i big neu drwyn'). **46**.59

rhudd, coch, browngoch. **109**.39 (am fwng, rhawn a thalgudyn ceffyl); **114**.9 (am gi); **130**.18 (y lliw)

rhuddgoch, coch neu goch porfforaidd, cringoch. **114**.10 (am gi); **130**.45 (y lliw)

rhudding derw, rhuddin neu graidd derwen, Pen 228iii, 33^r *Robur ... cryfdwr, rhudhing derw* (TW, 1604–7). **121**.112

rhudding yw, rhuddin neu graidd ywen. **121**.199

rhuddion, rhynion, sil, J 16, 17^v *Rhuddion. Branne* (HS, *c*.1600). **15**.55

rhuddlas, glas cochlyd, porffor. **130**.65

rhuddlwyd, llwyd a gwawr goch arno, browngoch. **130**.63

rhuddwyn, gwyn a gwawr goch arno, pinc. **130**.62

rhugledig, wedi ei rofio. **43**.21

rhugliad, rhofiad. **43**.22

rhuglo, rhofio, clirio â rhaw; cf. **rhaw ruglo**. **43**.20

rhuglog, ?wedi ei glirio â rhaw. Ni roddir yr ystyr hon i *rhuglog* yn GPC. **43**.23

rhuo, brefu (am fuwch), WS (1547) '*Ruo*: Roore'. **68**.91

rhwd o dir yw 64 o lathennau yn bedrogl, 64 llathen sgwâr, *GPC rhwd*^{2} 'mesur arwyneb tir sy'n cyfateb i chwarter acer'; WS (1547) '*Rwd mesur*: A rodde'. Daw o'r Saes. *rood*, gw. EEW 186. Meddai Alfred N. Palmer, 'Hen Fesurau Tir Cymru', *Y Llenor*, 7 (Gorffennaf 1896), 40, 'Gelwir y mesur trigain a phedwar o lathenni ysgwar yng Nghymru'n "rhwd sgwar", tra'n y parthau cyfagos yn Lloegr fe'i gelwir "the Welsh rood," "the square rood," neu "the digging rood." Fe'i defnyddir gan mwyaf ynglŷn â thyfu cloron neu godi'r donnen las.' **47**.46

rhwd yw wyth llath, sef mesur hyd o 24 troedfedd. Gw. *GPC rhwd*^{2} 'Mesur tir yn amrywio rhwng pum llath a hanner ac wyth llath', cf. esboniad Lewis Morris, LWLM 40: 'Rhwd, a Rod of 8 yards to measure Hedges, which is ye pole or Perch for Hedge measure'; hefyd Jones, 'Geirfa Saer Cerrig', 180, '*rhwd* ... uned mewn mesuriadau, sef wyth llath. Telid am godi wal gerrig yn ôl y rhwd.' **47**.7

rhwmp, taradr neu ebill mawr; cf. *LlI* §140.25 *Rvmp* (td. 161 'large auger'); Pen 188, 201 *Rhwmp: Taradr mawr* (TW, *c*.1590–1620). **53**.29

rhwmsi [*ll*.] **rhwmsiaid**, amrywiad ar *rhwnsi*, GPC 'Ceffyl marchogaeth, ceffyl pwn, ceffyl cryf' (*OED rouncy*, n.^{1}); Pen 169, 315 *rwmsi, march cryf* (RhM, *c*.1580). **67**.14

y rhwnc, anadliad trwm a thrafferthus, 'wheeze, death rattle'. **46**.45

rhwningen *ll*. **rhwning**, gellygen, peren fawr, cf. J 16, 19ᵛ *Rhwningen × Gerllygen* (HS, *c*.1600); Pen 188, 204 *Gelhic: per bychein; Rwning: per mawr* (TW, *c*.1590–1620). **121**.57

rhwy, **rhwyf**, brenin, pennaeth, J 16, 19ʳ *Rhwy. × Brenin. Rex* (HS, *c*.1600). **51**.20

rhwyad [= **penhwyad**], penhwyad, 'pike', J 16, 19ʳ *Rhwyad × Penhwyad* (HS, *c*.1600). Awgrymir yn *GPC rhwyad* mai drwy gamraniad, *yr hwyad > y rhwyad*, y cafwyd y ffurf; gw. td. 38. **125**.186

rhwyd *ll*. **rhwydau**, rhwyd bysgota. **125**.6

rhwyf gw. **rhwy**

rhwyfanaeth, brenhiniaeth. **51**.21

rhwyfaniad, teyrnasiad. **51**.22

rhwyfanog, brenhinol. **51**.24

rhwyfanol, brenhinol. **51**.23

rhwyll [= **ffelys**]: **dur i ladd tân**, *steele to strick fier* ('steel to strike fire'), *GPC* 'dur a drewir yn erbyn callestr'. Cynnau neu daro tân yw ystyr *lladd tân* yma. **9**.28

rhwymyn ffust [= **tyniad ffust**], carrai neu strapyn lledr yn cysylltu dau ben ffust, sef y teclyn a ddefnyddid i ddyrnu ŷd; gw. **gwialenffust**, **ialffust**. **35**.15

rhwymyn ysgub, cortyn neu reffyn i rwymo ŷd yn ysgub, cf. *GPC rheffyn ysgub* 'Ar lafar yng nghanolbarth Cered[igion]'. **31**.124

rhwysg caseg, cyflwr caseg yn gofyn march. **67**.33

rhwystr, cwlwm neu ddryswch mewn edafedd, *WS* (1547) '*Rwystyr*: Tanglyng'. **59**.57

rhwystredig, wedi ymffurfio'n glymau (am edafedd). **59**.61

rhwystriad, cwlwm neu ddrysiad (mewn edafedd). **59**.60

rhwystro, mynd yn glymau neu'n ddryswch (am edafedd). **59**.58

rhyca, cynaeafu neu gardota rhyg. **31**.180

rhych, rhigol, cwys a wneir gan aradr. **30**.128

rhychdyren gw. **rhuchduren**

rhychor, yr ych ar y dde mewn pâr, *GPC* 'Ych neu geffyl sy'n cerdded y rhych wrth aredig (sef y gorau o'r pâr dan yr iau, gthg. *gwelltor*)'. **30**.129

rhychori, cerdded ar y dde mewn pâr wrth aredig (am ych); gw. **rhychor**. **30**.130

rhychwant yw o flaen y fawd i flaen yr hirfys, **neu naw bodfedd o fesur**, *GPC* 'Uned hyd (tua naw modfedd) seiliedig ar y pellter rhwng blaen y fawd a blaen y bys bach wedi eu hymestyn'; *WS* (1547) '*Rychwant*: A spanne'. **47**.11

rhydain, carw ifanc. **75**.3

rhyddlwyd gw. **rhuddlwyd**

rhyforiad, rhawiad, y weithred o balu neu gloddio. **43**.18

rhyforio, palu, cloddio. Gw. *GPC* lle awgrymir ei fod yn hen air cytras â *rómar, ruamor* 'paliad' mewn Gwyddeleg Canol. **43**.17

rhyfyrthi: **math ar bysg yn y môr tebyg i egin llysywod**, tebyg mai cyfeirio at 'sand-eels' a wneir yma, cf. **llamrïod**. Ni chafwyd enghraifft arall o'r enw *rhyfyrthi* am bysgod, ond cf. *GPC rhyferthi* 'Rhyferthwy, ffrydlif': a yw'n bosibl fod y gair hwnnw yn cael ei ddefnyddio yma am o haig o fân bysgod sy'n cyd-symud gyda'i gilydd yn y môr? Cf. yr enw *môr-dywys* am 'wymon' (yn llythrennol, 'yr hyn a dywysir gan y môr'), Pen 308i, 206 *Mordowys: llysie yn y mor* (JJ, c. 1618). **125**.187

rhyg, 'rye', *LlS* (1574) 145 *Rhŷc … Secale yn Llatin, Rye yn Saesonaec, a Rhŷc yn Camberaec*. **122**.159; *ll.* **rhyg** [*u.*] **rhygyn 31**.165

rhygog, toreithiog mewn rhyg. **31**.166

rhygyng, cerddediad hamddenol ceffyl, J 16, 13ᵛ *Rhygyng. ambling* (HS, *c*.1600). **67**.81

rhygyngiad, cerddediad hamddenol ceffyl. **67**.83

rhygyngog, yn cerdded yn hamddenol (am geffyl). **67**.84

rhygyngol, yn cerdded yn hamddenol (am geffyl). **67**.85

rhygyngu, cerdded yn hamddenol (am geffyl), *WS* (1547) '*Rygyngy*: Amble'. **67**.82

rhyn, oer, rhynllyd, J 16, 16ʳ *Rhŷn. Chilling. Rigor* (HS, *c*.1600). **118**.10

rhynedig, rhynllyd, wedi fferru. **118**.12

rhyniad, y weithred o rynnu neu fferru. **118**.13

rhynion [= **talch**], *WS* (1547) '*Rynnyon*: Grotes'; *GeirGeg* 64 '*rhynion … cnewyllyn y geirchen ar ôl tynnu'r plisgyn oddi arni … groats*'. Gw. ymhellach ar **blawd ceirch**. **15**.54; **rhynion 42**.58

rhynnu, fferru, *WS* (1547) '*Rynny*: Starue'. **118**.11

rhypl, teclyn tebyg i grib i drin llin, heislan, cf. *OED ripple*, n.² 'A toothed or hooked implement; *spec[ifically]* one resembling a comb, for removing seeds from flax or hemp'. Ni restrir *rhypl* na'r tarddeiriau isod yn *GPC*. **27**.63

rhypledig, wedi ei gribo â **rhypl** (am ffibrau llin neu gywarch). **27**.65

rhypliad, y weithred o gribo ffibrau llin neu gywarch â **rhypl**. **27**.66

rhyplo llin, defnyddio **rhypl** i dynnu'r hadau allan o ffibrau llin; cf. *OED ripple*, v.¹ 'To pass (flax or hemp) through a comb … in order to remove the seeds'. **27**.64

rhythonen *ll.* **rhython**: **crogen gocys**, *GPC rhython* 'Cocos (wedi eu tynnu o'u cregyn)'. Mae'n bosibl fod hwn yn un o'r geiriau a glywodd John Jones ym Morgannwg, cf. *TR* (1753) '*Rhython*, cockles, in Glamor[gan]', yn ogystal â dyfyniadau diweddarach yn *GPC*. **125**.188

sach, cwdyn i ddal grawn, *WS* (1547) '*Fettan ne sach*: A sacke'. **28**.156, **35**.66, **45**.43

sachaid, **sached**, llond sach. **35**.68

sachedig, wedi ei roi mewn sach. **35**.71

sacheidio, rhoi mewn sach. **35**.69

sachlen [= **ffetan**], sach, sach fechan, Pen 228iii, 38^r *Saccus ... Sach, phettan, sachlen* (TW, 1604–7), yn hytrach na sachlïain, fel yn J 16, 36^v *Sachlen. sackecloth* (*c.*1600). **28**.158, **35**.67; **sachlen 45**.44

sachlennaid, **sachlenned** [= **ffetanaid**, **ffetaned**], llond sach fechan. **35**.72

sadell *ll.* **sadellau**, cyfrwy pwn, *WS* (1547) '*Sadell*: A packe sadel'. Daw o'r Saes. Canol *sadel* 'saddle'; am Saes. -*el(l)* > Cym. -*ell*, cf. *macrell* o'r Saes. Canol *makrel(l)* 'mackerel', a gw. *EEW* 244. **37**.86; **sadell 45**.79; *bach.* **sadellan** [= **sadellig**] **37**.87; **sadellig** [= **sadellan**] **37**.87

sadelledig, a chyfrwy pwn arno (am geffyl). **37**.90

sadelliad, y weithred o osod cyfrwy pwn ar geffyl. **37**.89

sadellog, a chyfrwy pwn arno (am geffyl). **37**.91

sadellu, gosod cyfrwy pwn ar geffyl. **37**.88

saer *ll.* **seiri 53**.1 (coed); **saer 58**.2 (maen)

saer maen *ll.* **seiri main 58**.1

saer pren, 'carpenter'; mae'r cyfuniad yn hŷn na *saer coed*, yn ôl tystiolaeth *GPC*. **53** (pennawd)

saernïaeth, gwaith neu grefft saer, *WS* (1547) '*Saerniaeth*: Carpentars crafte'. **53**.4 (saer coed); **58**.3 (saer maen)

saets, 'sage', *Salvia officinalis*; hefyd Atod.1.162 *Paralusifagum: y Saeds: Asalegia*, Atod.3.294 a cf. *LlS* (1574) 59 *Saeds ... Saluia yn Llatin, Sage yn Saesonaec a Saeds yn Camberaec y gelwir*. Ar ffurf y llawysgrif, *saeds*, gw. td. 43. **122**.160

saets mynydd, saets gwyllt (*GPC*), cf. *LlS* (1574) 144 *Saeds gwyllt ... Ambrose yn Sasonaec ac wrth y Phrancaec y dyscwn y ei galw yn Saeds gwylltion ne Saeds y mynydd ar hen enwæ Cambereic ynt y Vedwen chwerw, ne y Chwerwlys*. Gw. hefyd Atod.1.10, Atod.3.295 *Saeds gwyllt: abrosianum* ac ymhellach *MWMT* 516 n. 191. **122**.161

saeth *ll.* **saethau**, saeth i'w saethu â bwa, 'arrow'. **50**.2, **57**.3

saeth asgellog, saeth adfachog, saeth ac iddi bigyn yn wynebu am yn ôl ar ei blaen; cf. *OED barb*, n.[1] 'A sharp process curving back from the point of a piercing weapon (e.g. an arrow or spear, which have two, a fish-hook, which has one), rendering its extraction from a wound, etc., more difficult'; cf. **saeth lydan**. **50**.11; **saeth asgellog**: *a barbed arw* ('a barbed arrow'). **57**.19

saeth gŵyr, saeth y cysylltir y plu wrthi â chwyr, 'waxed arrow'. Darganfuwyd dros 3,500 o saethau ar fwrdd y *Mary Rose*, a suddodd yn 1545, a'u plu wedi eu cysylltu â chwyr. Ceir llun ohonynt yn *https://maryrose.org/meet-the-soldiers*. **50**.10, **57**.9

saeth lydan, saeth ac iddi ben llydan, *OED broad arrow* 'An arrow fitted with a broad arrowhead'. Esbonia Gervase Markham, *The Art of Archerie* (London, 1634), 103–4, 'The Ancients … vsed two sorts of heads, the one … had two points of Barbes looking backward to the Steele, & the Feathers which is the same, which we call heere in England a broad Arrow-head'. **50**.9; **saeth lydan**: *a brod arw* ('a broad arrow'). **57**.18

saethedig, wedi ei saethu â bwa (am saeth). **50**.15, **57**.15

saethiad, y weithred o saethu saeth â bwa. **50**.14, **57**.14

saethog, yn ymwneud â saethu â bwa. **57**.16

saethol, yn ymwneud â saethu â bwa. **50**.16, **57**.17

saethu, saethu saeth â bwa. Rhestrir *saythv* (â bwa saeth) yn un o'r Pedair Camp ar Hugain yn Pen 56, 28 (llaw anh., 16g.), llawysgrif y bu John Jones yn copïo testunau ohoni. **49**.28, **50**.13, **57**.12

saethydd, saethwr â bwa a saeth. **57**.11

saethyddiaeth, crefft saethu â bwa a saeth, *WS* (1547) '*Saethyddieth*: Archery'. **57**.13

safn [= **gene**], ceg. Fel y nodir yn *GPC*, fe'i ceir gan amlaf am geg anifail neu am swch mochyn, cf. *WS* (1547) '*Safyn*: A snowte', ond 'weithiau'n ddifr[ïol] wrth gyfeirio at berson'; gw. hefyd **gwefl**, **ysgyfarn**. 7.30; **safn 96**.2 (ceffyl)

saffrwm gwyllt: [Llad.] *affidillus*, *GPC saffrwm gwyllt*, *saffrwm afrywiog* 'safflower, bastard saffron, *Carthamus tinctorius*'; a gw. *OED* †*mock-saffron*. Ymhellach ar *affodillus*, gw. **cennin y brain**, ac *OED affodill*. Gw. hefyd Atod.1.61, Atod.3.296. **122**.165

saig *ll*. **seigiau**, cwrs o fwyd, J 16, 36ʳ *Saig. a messe* (HS, *c*.1600). **14**.95

sail, sylfaen, grwndwal, *WS* (1547) '*Sail*: Fundation'. **58**.6

sail faen, carreg sylfaen (yn hytrach, efallai, na 'sylfaen o faen'), neu ffurf ar *seilfaen* (a nodir fel amrywiad ar *sylfaen* yn *GPC*). **8**.72

sailio, &c., gw. **seilio**, &c.

saim, braster, bloneg hwch. **101**.9

saithor: [Llad.] *mergus*. Gair Hen Gernyweg, nid Cym., yw hwn a ddaw yn y pen draw o'r *Vocabularium Cornicum*: #511 *mergus* ┼ *mergulus* gl. *saithor* (*OCV* 220 'gannet, cormorant'). Gw. y Rhagymadrodd, §3.6. **124**.109

salter [= **halener**], llestr dal halen ar fwrdd bwyd (*GPC salter*[1]). **28**.45

sane y gog, sanau'r gog, botas y gog, clychau'r gog; cf. *D* (1632) '*Hosanau'r gôg* vid. Cennin y brain' a gw. **cennin y brain**. **122**.162

sarff *ll*. **seirff**, neidr fawr, o bosibl yng nghyswllt testunau brudiol, cf. **y wadd**. **95**.9

sarth: ?**ai** *mulbery* ('mulberry'), *GPC* 'Unrhyw un o ddwy goeden, *Sorbus domestica* a *S[orbus] torminalis*, sy'n perthyn i'r griafolen', 'service or wild service tree, sorb'. Mae'n amlwg o'r gofynnod nad yw John Jones yn sicr pa goeden yw'r *sarth*, ond go brin y gellid ei chysylltu â'r 'mulberry', sef y forwydden o'r tylwyth *Morus*. **121**.76

sathru gŵydd, paru â gŵydd, cf. *OED tread* 'Of the male bird: To copulate with (the hen)'. Daw'r enghraifft gynharaf o *sathru* yn yr ystyr hon yn *GPC* o ddywediad diarhebol yn *ML* ii, 411 'Siccr y sathr hen geiliog' (1761). **123**.37

sawdl, 'heel' (troed). **7**.92

sawdl *ll*. **sodlau car**, ?rhan waelod neu ran ôl cerbyd; cf. **sodli car**. Ni cheir yr ystyr benodol hon yn *GPC*, ond cf. *OED heel*, n.[1] 'The rear, lower end, or base of something; a part protruding from this'. **32**.9

sawdl drws [= **colyn drws**], y postyn y cysylltir drws iddo, *OED heel post* 'A post to which a gate is attached and about which it swings'. **8**.149

sawdl esgid, 'heel of a shoe'. **63**.7

sawell [= **lwfer**], *GPC* '(Corn) simnai, twll mwg'; Pen 169, 319 *ssawell: Lwver* (RhM, *c*.1580); Pen 228ii, 63[v] *Fumarium ... Twlh y mwg, sawelh, Lwuer* (TW, 1604–7). **9**.15

sbarlings, brwyniaid, math o frithyllod bychain, *Osmerus eperlanus*, 'smelts'. Ni cheir *sbarlings* yn *GPC*, a gwelir mai gair Saes. ydoedd i Lewis Morris (*c*.1745) yn LlGC 24052E, 298: *Brwyniaid: These in wales are called in English Sparlings which is mere Eperlanus*. **125**.197

sbarrys odyn, ceibrennau neu 'rafters' mewn odyn y rhoddir haen o wellt drostynt, gw. **pilwellt** a **llinwedd**. **18**.18

sbarysen *ll*. **sbarrys** [= **rhethren** *ll*. **rhethri**; **ceibren** *ll*. **ceibr**], *GPC sbarrys* 'Ceibrennau', 'rafters'; Jones, 'Geirfa Saer Cerrig', 180, '*sbarsan ...* ll. *sbaras*. Y trawstiau sy'n ymestyn o grib y to at y walpad'. **8**.94

sbawd, cig ysgwydd anifail, o'r Saes. *spauld*, yn yr ystyr 'a shoulder of an animal used for food', gw. *OED*, lle nodir y ffurfiau Saes. Canol *spaude*, *spawde*, &c.; cf. *WVBD* 474 'shoulder (of animals), especially of sheep; also of pigs ... In sense "shoulder of mutton" long since obsolete'. **21**.21 (eidion); **dwy sbawd 21**.6 (eidion); **2 sbawd 22**.17 (mochyn); **23**.5 (mollt); **26**.5 (llo)

sbelwad, *GPC ysbelwad* 'Rhathiad (ar groen), cig noeth, wlser'; *WS* (1547) '*Spelwi*: Chafe'. **46**.122

sbigod *ll.* **sbigodau**, *GPC* 'Pèg bychan neu dopyn, yn enw[edig] ar gyfer twll aer casgen'; Pen 308i, 108 *Pinn: spigod* (JJ, *c*.1621). Cf. *OED spigot* 'A small wooden peg or pin used to stop the vent-hole of a barrel or cask'. **13**.60; **sbigod 16**.57; *bach*. **sbigodyn 13**.61

sbodol bren, ffon neu bastwn pren i guro cywarch neu lin, Pen 188, 240 *yspodol*, Swingle (TW, *c*.1590–1620) (*OED swingle*, n.¹ 'A wooden instrument resembling a sword, used for beating and scraping flax or hemp so as to cleanse it of woody or coarse particles'). Gw. **ysbodol** a **llaw sbodol**. **28**.137

sbyrlasau, preniau i gynnal gwŷdd, *GPC sbwrlas* 'Cynhalbren, ateg, prop, trawst, bar'; J 16, 44ᵛ *Spwrlas. fulcrum* (HS, *c*.1600). **59**.24

scoul: [Llad.] *milvus*. Gair Hen Gernyweg, nid Cym., yw hwn a ddaw yn y pen draw o'r *Vocabularium Cornicum*: #498 *milvus* gl. *scoul* (*OCV* 215 'kite'). Gw. y Rhagymadrodd, §3.6. **124**.110

sebon, sebon golchi dillad, &c., a fyddai, yn y cyfnod hwn, yn gymysgedd o frasterau a sylweddau alcalïaidd cryf, megis wrin (sy'n cynnwys amonia) a lludw, wedi eu berwi ynghyd. **19**.24

sebon pren eirin, hefyd Pen 308i, 120 *Sebon prenn per eirin* (JJ, *c*.1621). Cf., o bosibl, *OED plum-tree gum*, a'r dyfyniad yno o 1772, '*A Beautifying Wash*. Put into a cucurbit five pints of French brandy, ... three ounces of Plumb-tree-gum, two ounces of Litharge of Silver.' **121**.74

sebon ysgwrio, sebon i lanhau gwallt neu farf. **66**.13

sebonedig, a sebon wedi ei ychwanegu (at drwyth golchi dillad). **19**.27

seboni, gorchuddio â sebon, glanhau dillad â sebon. **19**.25

seboniad, golchiad dillad â sebon. **19**.26

sebonog, yn cynnwys sebon. **19**.28

sechi, sachu, rhoi mewn sach, *WS* (1547) '*Sechi*: Sacke'; J 16, 39ʳ *Sechu. to stuffe* (HS, *c*.1600). **35**.70

sefnig, oesoffagws, corn gwddw, *WS* (1547) '*Sefnig*: Wesant'. **7**.112; **96**.46 (ceffyl)

seidr, y ddiod a wneir gan amlaf ag afalau, ond hefyd â ffrwythau eraill; gw. **seidr y criawol** a hefyd ar **afal cidodyn**. **13**.51

seidr y criawol, seidr aeron coed criafol. Ar goed criafol, o deulu'r *Sorbus*, gw. **pren ceri**. Defnyddid yr aeron gynt at wneud seidr:

' "Cider" did not originally mean a drink made from apples. The word comes from Late Latin *sicera*, a rendition of the biblical Hebrew *shekhar*, a word used for any strong drink', gw. 'Rowans, Whitebeams and Service Trees', *https://bit.ly/2Enha8X* (14 Mawrth 2010). **121**.223

seidyn, colsaid, sef 'Darn haearn main tebyg i golyn sy'n cydio bôn llafn pladur (neu ryw arf cyffelyb) yn sawdl y goes' (*GPC*); *TJ* (1688) 'Said, seidŷn: *a Tang, or that part that goeth into the Haft of any Weapon or Tool*'. **50**.23

seidyn ebill, y rhan o lafn yr ebill sy'n cysylltu â'r carn; gw. **seidyn**. **53**.36

seigiedig, wedi ei weini. **14**.99

seigio, darparu neu weini bwyd. **14**.96

seigiog, yn cynnwys nifer o seigiau. **14**.98

seigiol, yn cynnwys nifer o seigiau. **14**.97

seigiwr, un sy'n darparu neu'n gweini bwyd. **14**.100

seilddar, *GPC* 'Trawst (derw), piler, cynhalbren, postyn (a yrrir i'r ddaear i gynnal seiliau)'. **8**.76

seildderi melin, pyst cynhaliol melin, cf. Peate, 'Traethawd ar Felinyddiaeth', 298, *Melinidd sy yn addo … kynal y paladyr yn vnion … rac toro o ystlys yr adenydd ar y sildar* (1543). **42**.46

seilfaen, seilfaenu gw. **sylfaen, sylfaenu**

seiliad, y weithred o seilio neu o osod ar sylfaen. **58**.9

seiliedig, wedi ei seilio neu ei osod ar sylfaen. **58**.8

seilio, gosod sail neu sylfaen, gosod ar sylfaen, grwndwalu. **58**.7

seilog, ac iddo sail neu sylfaen. **58**.10

seldrem o ŷd, *BydAm* 4.32 'Y sypyn o ŷd unfon cyn ei rwymo'n ysgub, sypyn o ŷd wedi ei ladd a'i gynnull, ac yn barod i'w rwymo'n ysgub. Yn draddodiadol hanner ysgub oedd *seldrem*, rhoid dwy at ei gilydd i wneud ysgub.' Ni cheir tarddiad i *seldrem* yn *GPC*, ond gan ei fod yn rhagflaenu **dram o ŷd yw tri dyrned**, tybed ai ffurf ar *dram* yw'r ail elfen? Gw. **dram** lle awgrymir ei gysylltu â'r Gernyweg '*Dram*. A swathe of cut corn', sef gair o dras Celtaidd. **31**.112

senog *ll*. **senogiaid**: **pysgod sydd yn magu yn y llynnoedd**, pysgodyn dŵr croyw anhysbys. **125**.189

sentri gw. **ystol Fair**

seren: [Llad.] *stella ll*. **sêr, sŷr** [Llad.] *stellae* **1**.55

seren gynffonnog, comed. **1**.60

serennog, llawn sêr. **1**.59

serennol *ll*. **serenolion**, serog, llawn sêr. **1**.56

serennu, disgleirio gan sêr. **1**.57

serlwy, *GPC* '?Clwstwr o sêr, cytser'. Mae'n bosibl ei bod yn ffurf gywasgedig ar *serloyw*, cf. Pen 298, 214 *Chwyd awyr: Serloyw, amhuredd awyr* (JJ, 1618); ond fel ansoddair 'disglair (gan sêr)' yn unig y disgrifir *serloyw* yn *GPC*. **1**.58

serlwyad sêr, clwstwr o sêr, sêr mewn cytser. Ni cheir *serlwyad* yn *GPC*, ond gw. **serlwy**. **1**.72

setys, gwrychoedd, perthi; cf. *GPC sietin* lle nodir *s(i)etys* yn ffurf luosog, gan gysylltu'r ffurf *setys* yn arbennig â sir Ddinbych. Daw'r elfen *set* o'r Saes., fel yn *quickset* am wrych wedi ei blannu â choed ifanc, yn enwedig y ddraenen wen neu ddu: *OED quickset*, n.[1]. **43**.39; *u*. **setysen 43**.40

setysedig, wedi ei blannu (am wrych). **43**.38

setysiad, planiad gwrych. **43**.36

setysog, wedi ei amgylchynu gan wrych (e.e. am gae). **43**.37

setysu, plannu gwrych (gw. **setys**). **43**.35

sew [= **potes**, **cawl**], cawl, stiw (yn cynnwys cig, llysiau, &c.); mae'n fenthyciad o'r Saes.: *OED †sew*, n.[1] 'Pottage, broth; a mess of pottage'. Canmolwyd Siân Cyffin o Groesoswallt gan Guto'r Glyn am ei gallu i roi blas da ar *sew* drwy ei dewis o berlysiau: *GG.net* 97.57–60 *Lliwio sew â llysieuoedd, / Llaw Siân ar y llysiau oedd*. **14**.65

sewlyd, o natur sew, fel cawl. **14**.78

sewol, o natur sew, fel cawl. **14**.76

seythu gw. **saethu**

sgadan neu sgaden: *hearings* ('herrings') *ed*. **pennog**, ysgadan, 'herrings'. Awgryma Lewis Morris (*c*.1745) yn LlGC 24052E, 311, mai gair deheuol oedd *ysgaden/ysgadan* yn cyfateb i'r *pennog* gogleddol (gw. **pennog**). **125**.194; *u*. **sgadenyn**: *a hearinge* ('a herring') *ll*. **sgaden 125**.195

sgimer, teclyn i sgimio neu i dynnu haen o fraster, &c., oddi ar arwyneb hylif; *GeirGeg* 150 '*sgimer* ... math o soser denau, o bren masarn, a ddefnyddid i godi hufen oddi ar wyneb y llefrith. Byddid yn tywallt y llefrith i bedyll arbennig a'i adael yno am o leiaf ryw ddeuddeg awr i hufennu ... *skimmeri*.' **14**.35, **28**.71

sgimio, tynnu haen o fraster, &c., oddi ar arwyneb hylif, yn enwedig hufen oddi ar wyneb llefrith; gw. **sgimer**. **14**.37

sglatiad, gorchuddiad to â llechi. **8**.112

sglatiedig, wedi ei orchuddio â llechi (am do). **8**.111

sglatio, gorchuddio to â llechi neu sglaits. **8**.110

sglatysen *ll*. **sglatys**, llechen neu deilsen doi, *WS* (1547) '*Ysclatyssen*: A sclate'. Gw. *GPC sglat* am amrywiol ffurfiau'r enw, ac ar y terfyniad lluosog *-ys* o'r Saes., gw. tt. 38–9. **8**.99

sglatysu, gorchuddio to â llechi. **8**.109
sglatyswr, un sy'n toi â llechi, slater. **8**.108
sgolpen [*ll.*] **sgylp** [= **aseth** *ll.* **esyth**], pric toi, 'thatching-rod', gw. *GPC sgolp* lle nodir *sgylp* yn un o'r ffurfiau lluosog; hefyd Pen 308i, 7 *Asseth: a Skilp ll. Esyth*, 138 *Scolpa: kasgly essyth* (JJ, *c*.1621). **8**.123
sgrafell, ysgrafell, crib i gribo ceffyl i gael gwared ar fŵd, &c., 'currycomb'. **37**.16
sgrafelledig, wedi ei gribo ag ysgrafell (am geffyl). **37**.19
sgrafelliad, y weithred o ysgrafellu neu gribo ceffyl. **37**.18
sgrafellu, ysgrafellu, cribo ceffyl ag ysgrafell. **37**.17
sgubenna, ysgubenna, ?cardota am ysgubau, ?llunio ysgubau o ŷd, &c., wrth gynaeafu. Ni cheir mohono yn *GPC*, ond daw yma rhwng **ceircha** ac **yta**. **31**.183
sgwrio llestri, *WS* (1547) '*Yscwrio*: Scoure'. Gall olygu glanhau llestri yn gyffredinol, caboli llestri metel, &c.; cf. *OED scour*. **14**.109
sgyfaint gw. **ysgyfaint**
sgym- gw. **sgim-**
sgytffol: math ar bysg sydd yn debyg i wennol gwŷdd, ac y sydd yn magu y bron alarch, sef *cuttlebone*. Cesglir mai'r ystifflog 'cuttlefish' yw'r *sgytffol*; ni restrir yr enw yn *GPC*, ond mae'n debygol fod cysylltiad rhwng y ffurf a'r Saes. *scuttle fish* 'cuttlefish'; cf. *OED scuttle*, n.[4]. Gw. ymhellach ar **bron alarch**. **125**.196
sgytffol-gwd: math arall ar **sgytffol** ac y sydd grwn ac nid yw'n magu y bron alarch. Cyfranna'r **bron alarch** ('cuttlebone') at hynofedd yr ystifflog ('cuttlefish'), ond gan ei fod yn gymharol fregus, ni all wrthsefyll pwysau dros tua 200 metr o ddyfnder, felly mae mathau eraill o *cephalopoda*, megis yr octopws a'r sgwid, yn defnyddio systemau gwahanol ar gyfer hynofedd: gw. Danna Staaf, *Squid Empire: The Rise and Fall of the Cephalopods* (New England, 2017), 111–12. Cymerir mai at un o'r *cephalopoda* eraill hyn y cyfeirir, un â chorff *sydd grwn*. Gw. **sgytffol**. **125**.203
siaffyr, padell dwymo, *GPC* 'Padell dân, rhyw fath o ddysgl dwymo'; J 16, 40[r] *Siaffer. chaffing dishe*. Cf. *WWills* 28 '*Chafer* A small closed, transportable brazier containing burning charcoal or hot ash, on which a cha[f]ing dish was placed'. **14**.60; **siaffyr** [= **tanllest**] **28**.69
siaprwd, gair anhysbys, a ddaw ar ôl **senog** ac o flaen **sil**. Efallai fod cyswllt rhyngddo a'r gair *siwrwd* 'darnau bychain', &c. (*GPC*), yma am *sil*, sef mân bysgod. Cf. hefyd *GPC iwrwd* a ddefnyddir am bentwr o bethau byw, fel morgrug, cynrhon, &c., ym Mhenllyn. **125**.190
siasbi [= **gwisgadur**, **corn ysgidiau**], siasbin, corn esgidiau, sef teclyn i

helpu'r droed i mewn i esgid, o'r Ffrangeg *chaussepied*, cf. J 16, 40[r] *Siaspi ... chauspied* (HS, *c*.1600). **28**.31

sibwydd: [Llad.] *abies*, cf. *GPC sybwydd* 'pinwydd', a'r enghraifft gynharaf yn *WOP*. Ond gair Hen Gernyweg, nid Cym., yw hwn a ddaw yn y pen draw o'r *Vocabularium Cornicum*: #700 *abies* gl. *adlen vel sibuit* (*OCV* 302–3 'aspen, fir'). Gw. hefyd Pen 297, 198[v] *Abies: Aidlen, Sibwydd* (JJ, 1606) a'r Rhagymadrodd, §3.6. **121**.247

sicio, mwydo dillad, trwytho, *GSG* 49 '*Sicio*.–"Sicio golchi," sef *mwydo* neu *soegi*'. Am y ffurf, cf., o bosibl, *EDD seak* 'the process of scouring or washing' (gogledd swydd Efrog). **19**.8

sidanwydd, *GPC* '(Pren caled sidanaidd gloyw) amryw fathau o goed, yn enw[edig] *Chloroxylon swietania* o'r India, a *Zanthoxylum flavum* o India'r Gorllewin' (a'r dystiolaeth gynharaf 1848); *OED satinwood* (1773). Ai coeden wahanol sydd gan John Jones mewn golwg? **121**.240

siglbren [= **cambren**]. Ni cheir *siglbren* yn *GPC*, ond yr un gair yw ag *GPC sgilbren, ysgilbren* 'Cambren (ar aradr, trol, &c.), tinbren'. 1815 yw dyddiad yr enghraifft gynharaf o *sgilbren* yno, a chysylltir yr elfen gyntaf yn betrus â *sgil*[1] 'cefn'. Ond ai *siglbren, sigylbren*, fel sydd gan John Jones yma, oedd y ffurf wreiddiol, yn cyfateb i'r Saes. *swingletree* (*sig(y)l* = *swingle*)? Cf. *OED swingletree* 'In a plough, harrow, carriage, etc., a crossbar, pivoted at the middle, to which the traces are fastened, giving freedom of movement to the shoulders of the horse or other draught-animal'. O dybio bod yr elfen gyntaf yn cael ei hynganu'n ddeusill (fel yr awgrymir gan y sillafiad *sigyl* yn y testun, a chan y ffurf yn Pen 308i, 73–4 *Kambren: sygilbren* (*c*.1621)), a bod prif acen y goben yn y cyfuniad *sigylbren* wedi symud i'r *-y-*, yna gellid tybio datblygiad megis *sígylbren > sigýlbren > sgýlbren > sgilbren*. Ond cynigir yn Jones, 'Creffteiriau Amaethwyr Dinbych', 40, y gall mai llygriad o *esgeirbren* yw'r gair, ffurf a geir hefyd, meddir, gan Iolo Goch, *GIG* 28.62 *Gwasgarbridd gwiw esgeirbren*. **31**.17

siglbren dau farch [= **cambren crwsedd**], sgilbren fawr. Gw. **siglbren** a cf. *BydAm* 4.31 ar y *sgilbren fawr* a elwir hefyd 'cambren rhannu', 'cambren mantol'; esbonnir yno, 'I bwrpas bachu gwedd wrth yr aradr, yr og, ayyb, y mae'r "*sgilbren* fawr", ac i bwrpas rhannu'r baich o dynnu.' **31**.16

sil, y plisgyn allanol a wahenir oddi wrth y grawn, eisin, us, cf. *WOP* '*Sîl* ... the cleansing or hulling of grain'. **42**.53; *bach*. **silyn 42**.56

sil yw yr henw cyffredin ar bob math o bysgod mân cyn dyfod i'w henw priodol, megis sil penwaig, sil gleisiaid. Pysgod ieuanc, 'fry'. Dyma ddisgrifiad da o fân bysgod, sy'n tueddu i edrych yn debyg i'w gilydd cyn iddynt ddatblygu nodweddion eu rhywogaeth wrth aeddfedu. **125**.191; **silyn: un o'r sil 125**.192

sil penwaig: *sprates* ('sprats'), penwaig ifanc. **125**.193

sil pysgod, pysgod ifanc neu rawn pysgod, J 16, 40ʳ *Sîl. ova piscium, Spawne, Eisyn Sil* (HS, *c*.1600). **125**.29

siliad, *GPC siliad*² 'Grawn wedi ei blisgo; grawn i'w falu, mâl', neu'r weithred o blisgo grawn. **42**.55; **siliad** [= **pilcorn**] **42**.57

silio, plisgo, tynnu'r plisgyn oddi ar rawn wrth eu malu, cf. Peate, 'Traethawd ar Felinyddiaeth', 300, *Gossod y velin i valu ac i silio yn ddivai* (1543); *Cwm Eithin* 118 'I silio rhaid oedd codi ychydig ar y garreg ucha yn y felin, fel y byddai bron ddigon o le i'r geirchen basio rhwng y ddwy garreg heb ei malu – yn unig torri'r plisgyn heb falu'r gronyn; a chan fod y geirchen yn galed ar ôl y crasu deuai'r plisgyn i ffwrdd yn gyffredin yn ddau ddarn; a hawdd oedd gwahanu'r rhynion oddi wrth yr eisin wedyn gyda gograu neu fath o wyntyll fechan.' **42**.54

silyn gw. **sil**

simne, simnai, *WS* (1547) '*Fumer, simnai*: A chymnay'. **9**.16

singls, teils pren, cf. *OED shingle* 'A thin piece of wood having parallel sides and one end thicker than the other, used as a house-tile'. **8**.101

sioclyn *ll*. **sioclynnod**, mochyn ifanc (o bosibl o'r Saes. *suckling*), Pen 308i, 119 *Sonw: sioclyn gwrw hanner blwydd, tyrchyn* (JJ, *c*.1621); J 16, 40ʳ *Sioclyn × Soclyn*, 41ᵛ *Soclen. Porceta* (HS, *c*.1600) (*L&Sh porceta* 'once littered sow'). Ni cheir mohono yn *GPC*, ond cf. yno'r ffurf ddiweddarach *swclyn* 'ebol sugno' (1838–9). **71**.33

sirig. Mae'n dilyn **perwydd** yma. Ar y cyfuniad *siric a perwit* yn Llyfr Du Caerfyrddin, gw. Haycock, *Blodeugerdd Barddas*, 43–4, lle nodir y byddem yn disgwyl i *siric* yno fod yn wrthgyferbyniol o ran ei ystyr i *perwit*: 'da fuasai medru ei gysylltu â'r gair *sur* (cf. Hen Saes. *sūr*), gan fod coed gwylltion dwyn ffrwythau sur'; ond fel y nodir, mae hynny'n groes i'r esboniad arferol ar y gair, sef ei fod yn dod o'r Llad. *serica* 'sidan' (*GPC*). **121**.27

sirion, sirian, ceirios. **121**.235

sirion cochion, ceirios cochion. **121**.236

sirion duon, ceirios duon. **121**.237; **sirion duon** [= **ceirioes**] **121**.239

sirionwydd, coed sirian, coed ceirios. **121**.231

sisial, gair anhysbys, o bosibl am us grawn. **15**.57

siswrn, siswrn i dorri gwallt neu farf. **66**.28

sitenna, gêm anhysbys a leolir yma ar ôl **nawtwll**, sef gêm seiliedig ar gael pêl i darged (*OED nine holes* 'Any of various games of skill involving nine target holes, spots, etc.') a chyn **pedoli'r gaseg**, gêm lle teflid pedolau at darged. **49**.19

sled *ll*. **ysledi**, car llusg; gw. *BydAm* 1.184 'Amrywiai'r car llusg yn ei ffurf o ranbarth i ranbarth. Ceid ar y naill law yr un a lusgai'n gyfangwbl ar hyd y ddaear gyda gosail neu wadn dan ei ganol ac a dynnid gan geffyl mewn tresi … Ar y llaw arall ceid y car llusg â'r gosail dan ei du ôl a llorpiau yn y blaen i fachu'r ceffyl, gyda craits neu riplen ar ei du ôl ac un lai ymlaen ac yn union tu ôl i'r ceffyl, i gadw'r llwyth gwaith neu ŷd yn ei le' (gw. hefyd **yslediaid**). **34**.1; **sled 45**.11

smwcan, smwclaw, *GPC smwcan*[1] 'glaw mân, gwlithlaw'. **2**.63

smwt cannwyll, huddygl, staen du a gynhyrchir wrth losgi cannwyll; gw. *GPC smwt*[2] (1846) ac *OED smut* 'Soot or sooty matter' (1693). **13**.80

smwt gafr, trwyn smwt gafr; cf. *GPC smwt*[1]. **100**.4

smwt hydd, trwyn smwt hydd; cf. *GPC smwt*[1]. **75**.19

snît *ll*. **snitiaid**, ysnid, gïach (o'r Saes. *snite*), Pen 308i, 34 *Giach: Snit* (JJ, *c*.1621) a J 16, 42ᵛ *Snît: snipe, Gallinago minor* (HS, *c*.1600). **124**.111

snwffer, *GPC* 'glaniadur, tociwr canhwyllau' (1828); *OED snuffer*, n.[1] 'An instrument used for snuffing, or snuffing out, candles, etc.' **13**.82, **28**.42

sociad, crasiad trwyadl wrth wneud bara; gw. **socio**. **15**.37

sociedig, wedi ei grasu'n drwyadl; gw. **socio 15**.36

socio, crasu'n drwyadl (*GPC*), cf. *OED soak* 'To bake (bread, etc.) thoroughly' (a'r enghraifft gynharaf o 1686). **15**.35

sodli car, ?gosod sawdl ar gerbyd neu ei drwsio, gw. *GPC sodli* (1803) ac ymhellach **sawdl** 'rhan waelod neu ran ôl cerbyd'. **32**.10

soeg, *GPC* 'Gweisgion sy'n weddill ar ôl bragu, gwneud gwin, &c. (yn enw[edig] fel bwyd moch)'. **16**.59

soeg moch, gweddillion ar ôl bragu fel bwyd i foch; gw. **soeg**. **38**.3

sofl, *GPC* 'Bonion (yn enw[edig] ŷd) a adewir mewn cae ar ôl medi'r cnwd'. **31**.122

soflog, yn llawn sofl neu fonion (am gae ar ôl medi). **31**.123

sonw: porchell gwrw hanner blwydd oed, Pen 308i, 119 *Sonw: sioclyn gwrw hanner blwydd, tyrchyn* (JJ, *c*.1621) a gw. **sioclyn**. Ni chafwyd hyd i enghraifft arall o *sonw*. **71**.43

sowdl gw. **sawdl**

sowser *ll*. **sowserau**, soser, dysgl fas a chron ar gyfer dal saws, &c., yn wreiddiol. **14**.118; **sowser 28**.86

sowsered, sowseraid, llond soser. **14**.119

staca yw pedwar cyfor, *GPC staca*[1] 'Uned fesur sych o amrywiol faint' (1725), cf. *WOP* '*Ystaca* … a measure of capacity, equal to 5½ bushels, used in Glamorgan; but in the neighbouring parts it is called "Tel" '. (Yr un gair, mae'n debyg, yw *stac* yn 47.42 **pedwar hobed a wna stac neu lestred**.) 47.38

stafell *ll*. **stefyll**, ystafell, ?ystafell wely. Dyma bennawd y rhestr hon sy'n cynnwys geiriau am ddodrefn yr ystafell wely, gan gynnwys y gwahanol fathau o welyau a dillad gwely. 11.1; *bach*. **stafellan** 11.7; **stafellig** 11.8

stafelledig, wedi ei roi mewn ystafell. 11.9

stafelliad, arhosiad mewn ystafell. 11.10

stafellog, yn cynnwys ystafelloedd, yn aros mewn ystafell. 11.3

stafellol, yn perthyn i ystafell. 11.4

stafellu, ystafellu, aros mewn ystafell, gosod mewn ystafell. 11.2

startsh, powdwr gwyn i galedu a sythu dillad, &c.; cf. **can syth**, **syth**. Daeth yn boblogaidd iawn yn yr 16g. pan oedd hi'n ffasiwn gwisgo coleri stiff a ryffls. Yn ôl cyfarwyddyd Llad. o'r 15g., un dull o wneud startsh oedd berwi *bran* mewn dŵr a'i adael i fwydo am dridiau; gw. H. A. Auden, *Starch and Starch Products* (London, 1922), 3–4; cf. *Herball* (1633) 835 'The most pure and white starch is made of the roots of Cuckowpint; but most hurtfull to the hands of the Laundresse that hath the handling of it, for it choppeth, blistereth, and maketh the hands rough and rugged, and withall smarting.' Ar ôl **startsio**, defnyddid **cabolfaen** i lyfnu â chaboli'r dilledyn. 19.40

startsio, trin dillad, &c., â **startsh**. 19.42

stên, *GPC ystên*[1] 'Piser, bwced, pot, llestr', &c.; Jones, 'Termau Amaethwyr Dyffryn Edeirnion', 295, '*stên*: llestr mawr ar ffurf "cylinder" a dwy glust iddo, at gario llaeth'. 28.114

stican [= **llwy**], llwy bren, J 16, 45[r] *Sticcan* × *llwy* (HS, *c*.1600); daw o'r Hen Saes. *sticcan*, cyflwr traws *sticca* 'stick', yn yr ystyr 'A spoon or stirrer'; gw. *OED stick*, n.[1]. 14.69

sticanaid, **sticaned**, llond stican, llond llwy bren. 14.74

sticaneidio, gweini â llwy bren. 14.75

stocan gw. **stwcan**

stocaniad, y weithred o osod ŷd yn styciau; gw. **stwcanu**. 31.121

stôl gw. **ystôl**

stôl cerwyn, stondin i gynnal cerwyn fragu; ?cf. *WWills* 13 '*Ale Stool* Stand for a cask of ale'. 16.16, 28.100

storc: [Llad.] *ciconia*. Gair Hen Gernyweg, nid Cym., yw hwn a ddaw yn y pen draw o'r *Vocabularium Cornicum*: #502 *ciconia* gl. *storc* (*OCV* 216–17 'stork'); gw. y Rhagymadrodd, §3.6. 124.112

stric pren [= **rhip pladur**, **rhipan pladur**], rhip bren i hogi pladur (gw. **rhip pladur**), cf. *GPC stricbren* (20g., sir y Fflint) a *BydAm* 4.101

'Darn o bren rhyw ddwy fodfedd sgwâr a thua phymtheng modfedd o hyd oedd y *stric*, ei flaen wedi ei naddu'n gymharol fain ac yn y pen arall dwrn i afael ynddo a hwnnw'n un â'r *stric*. Byddai ei baratoi ar gyfer hogi'r bladur yn ddefod gyson sawl gwaith y dydd. Taenid saim (saim gŵydd fynychaf) ar ei bedair ochr, yna gwesgid y pedair ochr yn eu tro i risial grud cymharol fân a daenid i'r pwrpas ar ddarn o ledr.' Gw. **carreg grud** a **maen grud**. **31**.55

strodur, *GPC ystrodur* 'Cyfrwy, yn enw[edig] un ar gyfer cludo paciau neu gynnal siafftiau trol, &c.', J 16, 45ᵛ *Strodur. cartesadell* (HS, *c*.1600). Cf. hefyd Jones, 'Creffteiriau Amaethwyr Dinbych', 40, '*strodur*: y peth a ddodir ar gefn ceffyl i redeg tres drosto'. Gw. y tarddeiriau o dan **ystrodur-**. **45**.78

strodur hir, gw. **strodur**. **37**.97

stut: [Llad.] *culex*. Gair Hen Gernyweg, nid Cym., yw hwn a ddaw yn y pen draw o'r *Vocabularium Cornicum*: #538 *culex* gl. *stut* (*OCV* 232 'gnat, midge'). Gw. y Rhagymadrodd, §3.6. **124**.113

stwc, cunnog, twba (at wneud cwrw, &c.), *WS* (1547) '*Ystwck ne grwck*: A payle'; *GeirGeg* 156 '*ystwc, stwc* ... math o fwced pren o waith y cowper ag un o'r estyll yn hwy na'r gweddill i gydio ynddi. Fe'i defnyddid i odro ac i gario dŵr ... *a wooden pail*.' **28**.111

stwcan, **stocan**, **yw pum ysgub**, *GPC stwc*² 'Nifer o ysgubau wedi eu gosod yn eu sefyll yn erbyn ei gilydd mewn cae i sychu (weithiau hefyd ag ysgubau eraill yn gapan arnynt)'; gw. **ystwc**. **31**.115

stwcanu, gosod ysgubau ŷd at ei gilydd yn eu sefyll mewn cae i sychu; gw. hefyd **stocaniad**. **31**.120

stwffwl [= **haeddel fawr, troed haeddel ar wedd troed**], bachyn ar aradr. Mae'r cofnod blaenorol yn Pen 308i, 144 *Troedhaeddel: stwffwl aradr ar wedd troed* (JJ, *c*.1621) yn awgrymu mai *stwffwl aradr ar wedd troed* ddylai'r darlleniad cywir fod. Ar ystyr *stwffwl* yma, cf. J 16, 45ʳ *Stwffl. penffestr. plowe tayle* (HS, *c*.1600) (*OED plough-tail* 'The rear or handles of a plough'). **30**.56

stwffwl gwely. Ymysg ystyron *stwffwl* ceir 'postyn, cynhalbren, planc, trestl' (*GPC*) sy'n bosibl yma yng nghyswllt gwely, cf. J 16, 45ʳ *Stwffwl. planke* (HS, *c*.1600). **11**.18

stwffwl haearn, i ddal neu i dderbyn yr hesben, neu i dderbyn bollt haearn: *a stapl* ('a staple'), clicied, bachyn, *WS* (1547) '*Ystwffwl drws*: Staple of a dore'; *OED staple*, n.¹ 'A short rod or bar of iron or other metal bent into the form of a U or of three sides of a rectangle, and pointed at the ends, to be driven into a post, plank, wall, or other surface, in order to serve as a hold for a hasp, hook, or bolt to secure a door'. **8**.154

stwffwl hesben, gw. **stwffwl haearn**. **8**.168

stwnd, *GPC* 'Casgen, twba agored (yn enw[edig] at ddarllaw), cerwyn'; cf. *CIech* 80 *kwrw ne'r bir ... wedi j hidlo a'i roddi mewn barile ne ystynttie* (1545). **28**.113

sucan, diod alcoholaidd gwan, diod fain, yma'n dilyn **seidr** a **gwirod**, cf. *WS* (1547) '*Suckan ne ddiot vain*: Smal drinke' (*OED small drink* 'Beer, ale, etc., of a weak, poor, or inferior quality'). **13**.53

sucanach, ?mathau amrywiol o winoedd gwan, neu ddiod o ansawdd isel yn gyffredinol (os dyna grym yr ôl-ddodiad -*ach*); gw. **sucan**. **13**.56

sucanu, sucana, hel diod, diota; gw. **sucan**. **13**.55

sucanwr, diotwr, meddwyn, *WS* (1547) '*Suckanwr*: A dronkarde'. **13**.54

sudronen: [Llad.] *fucus*. Gair Hen Gernyweg, nid Cym., yw hwn a ddaw yn y pen draw o'r *Vocabularium Cornicum*: #531 *fucus* gl. *sudronen* (*OCV* 229–30 'drone'). Gw. y Rhagymadrodd, §3.6. **124**.114

sug gw. **syg**

sugno, sugno llaeth. **67**.48 (am ebol); **68**.41 (am lo)

suran tair dolen, suran y coed, 'wood-sorrel'; cf. **suran y gog**. **122**.163

suran y gog, 'wood sorrel'; cf. **suran tair dolen**, a hefyd Atod.1.160 *Panis cuculi: Suran y gog: Alelia*, Atod.3.304; *LlS* (1574) 105 *Suran goc ... Alleluyia Cockowes meate, ne Woodsorell yn Saesonaec a Suran y goc yn Camberaec ... Llyseun isel ydyw ... a thair dalen bychain val i'r meillion gwnion a chyfwng dwfn y rhythynt a blas sur arnaddunt*. **122**.164

surdoes [= **lefen**], lefain, eples, *WS* (1547) '*Surdoes*: Souredoughe'. Gw. *GSG* 3 '*lefain ... yw surdoes ac eples, a arferid gynt, ac nid burym, bydded wenith, haidd, rhyg, neu geirch – surdoes oedd yr oll.*' **15**.58

swch, llafn pigog aradr, wedi ei leoli y tu ôl i'r cwlltwr, sy'n tyrchu o dan wyneb y pridd i droi'r gŵys. **30**.67

swmbwl, J 16, 42^v *Swmbwl. pricke. Stimulus* (HS, *c*.1600); *BydAm* 4.117 'y ffon flaenfain a ddefnyddid gynt i annog ychain yn eu blaenau wrth aredig'. **30**.92

swmbwliad, symbyliad, cymhelliad ychen ymlaen â gwialen. **30**.94

swmbwliedig, symbyledig, wedi ei gymell ymlaen â gwialen (am ychen). (*GPC* 1819). **30**.95

swmbwlio, symbylu, annog neu gymell ychen ymlaen â gwialen. **30**.93

swmer, prif drawst tŷ, nenbren, *OED summer* n.^{2} 'A horizontal load-bearing beam'. **8**.88

swsgengl, torgengl, tordres. Ni cheir mohono yn *GPC*, ond cf. J 16, 42^v

Swsgengl. sursingle (HS, *c*.1600); *OED surcingle* 'A girth for a horse or other animal; *esp.* a large girth passing over a sheet, pack, etc. and keeping it in place on the animal's back'. **37**.13

swsgengliad, y weithred o osod torgengl (**swsgengl**) ar geffyl. **37**.15

swsgenglu, gosod torgengl (**swsgengl**) ar geffyl. **37**.14

swslïen, swslïain. Ni chafwyd enghraifft arall o'r gair hwn, ond cf. **swsgengl**. Ai lliain i'w osod ar gefn ceffyl, cf. *OED saddlecloth*? **37**.12

sybwll, merddwr, Pen 309i, 1182 *Sybwll: Pwll budur, Suglen, pwll savedic brwnt* (JJ, 1623–4), gan ddilyn Pen 169, 320 *ssybwll, pwll savedic brwnt* (RhM, *c*.1580). **5**.126

sych (am y tywydd). **2**.8

sychbilen, *GPC sych bilen* 'cataract (of the eye)' neu o bosibl llygaid sych, diddagrau (*xerophthalmia*), gw. *MWMT* 316. **46**.55

sychin, tywydd sych (< *sych* + *hin*). **2**.7

sychni, sychder o ran y tywydd. **2**.9

sychu, sychu gwallt neu farf ar ôl ei olchi. **66**.21

sychwynt, gwynt sych. Am y coed ym mis Mai, meddai'r bardd Rhys ap Tudur o Fôn, ar ddiwedd y 14g., *Rhag sychwynt poeth a'u noethai / Nawdd Mair ar neuaddau Mai!* (*GMBen* 14.27–8). **2**.46

syg [= **tid**], cadwyn, tres i rwymo ych wrth yr iau, Pen 308i, 139 *Sug: os o brenn vydd, tid ne gadwyn ne rou os o haiarn vydd* (JJ, *c*.1621); *TR* (1753) '*Sŷg*, a chain … Pl. *Sygiau* chains; also the traces of draught-horses'; cf. **rhau**. **30**.74

syg march [= **tresi**], cadwyn neu dres ceffyl, yn enwedig ceffyl gwedd neu geffyl tynnu, Pen 308i, 6 *Sug march: hors trases* (JJ, *c*.1621); gw. **syg**. **31**.15

sylfaen *ll.* **sylfain**, grwndwal, carreg sylfaen; gw. hefyd **sail faen**. **58**.4; **seilfaen 58**.11

sylfaenu, gosod sylfaen, gosod ar sylfaen. **8**.73; **58**.5; **seilfaenu 58**.12

symudliw, lliwiau amrywliw neu gyfnewidiol, *WS* (1547) '*Ysmudliw*: Chaungeable color'. **130**.52

syth, startsh, *WS* (1547) '*Syth*: Starche'; gw. **can syth** a **startsh**. **59**.62

sythedig, wedi ei startsio (am ddilledyn, &c.). **59**.65

sythiad, y weithred o startsio dillad, &c. **59**.64

sythu, startsio dillad, &c. **59**.63

tabler, *GPC* 'Gêm fwrdd i ddau ac iddynt bymtheg o ddarnau bob un a symudir yn ôl tafliad dis(iau), ffristial, taplas, ?hefyd gynt am gemau eraill tebyg'; *OED †tabler*, n.[1] 'A backgammon board; a chessboard. Hence: the game of backgammon'. Ymhellach ar gemau bwrdd o'r cyfnod, gw. *Gwerin Ffristial* 188. **49**.44

tad *ll.* **tadau**, tad. **6**.61, **117**.134; **tad 6**.82, **117**.149; ?cyndad, hynafiad. **117**.146

tad bedydd 6.70, **117**.164

tad yn y gyfraith, tad yng nghyfraith. **6**.72, **117**.162

tad-cu [= **tad-da**, **taid**], taid. **6**.83; **tad-cu 117**.150

tad-da [= **tad-cu**, **taid**], taid. **6**.83

tadedig, ?wedi ei ddynodi'n dad. **6**.68

tadiad, ?dyfodiad yn dad. **6**.69, **117**.138

tadmaeth, tad maeth. **6**.71, **117**.161

tadog *ll.* **tadogion**, tad, noddwr. **6**.63; **tadog 117**.135

tadogaeth, tadolaeth. **6**.65, **117**.139

tadogi, pennu tadogaeth. **6**.64

tadogiad, y weithred o bennu tadogaeth. **6**.67

tadol *ll.* **tadolion**, (un) tebyg i dad. **6**.62; **tadol 117**.136

tadu, dod neu fod yn dad. **6**.66, **117**.137

tadws, tadwys, tad, hefyd Pen 308ii, 71 *Tadus: dde Seir* (JJ, *c*.1621). **67**.59 (stalwyn); **68**.48 (tarw); **69**.49 (hwrdd); **70**.27 (bwch gafr); **tadwys 117**.140 (tad dynol)

taeliwr *ll.* **taelwriaid, taelwried**, teiliwr, gwneuthurwr dillad. **61**.1

taelwriaeth, teilwriaeth, y grefft neu'r gwaith o wneud dillad, *WS* (1547) '*Taylwrieth*: Taylers crafte'. **61**.2

taenell ddellt, basged wedi ei gwneud o esyth neu wiail. **28**.174

taeog *ll.* **taeogion**: [Llad.] *rusticus*, gwerinwr, un gwladaidd, neu ddeiliad caeth i'r tir (yn y Cyfreithiau). **51**.57

taflfaen, cf. *GPC carreg dafl* 'sling stone, stone for throwing from a sling', *llech(en) dafl(u)* 'quoit, discus', a gw. **taflu taflfaen**. **5**.66

taflod *ll.* **taflodydd: lle i fwrw gwair a gwellt uwch ben anifeiliaid mewn boidy neu farchdy**, taflod wair. Cf. *BydAm* 4.13 'Y groglofft uwchben beudy lle cedwir gwair iddo fod yn hwylus i'w fforchio i resel y gwartheg trwy agoriad pwrpasol yn y llawr'. **36**.3

taflod gene, rhan uchaf y geg. **7**.36

taflu gordd, taflu morthwyl (fel camp). **49**.33

taflu taflfaen, taflu carreg dafl (fel camp). **49**.34

tafod 7.32; **21**.2 (eidion); **22**.2 (mochyn); **1 tafod 22**.24 (mochyn); **y tafod 25**.4 (carw); **96**.3 (ceffyl)

tafod gwaeg [= **bys gwaeg**], tafod bwcl, Pen 308i, 33 *Gwaeg: Bwkwl a gwaell ne davod ynddo*, 40 *Gwachel gwaeg, yw gwaell ne dafod bwkwl* (JJ, *c*.1621). **37**.79

tafod y ci, 'hound's-tongue', *Cynoglossum officinale*; J 16, 152^v *Tavod y Ci. Cynoglossa* (HS, *c*.1600); *Llysieuwr* 92 *Lingua Cannis ... a henwir* *yn Lloegyr howndys twng, ynGhymrv tauod y ki* (EG, *c*.1545); *LlS* (1574) 77 *Tafod y ci* ... *Lingua canina yn Llatin, Houndes tongue ne Dogges tongue yn Saesonaec*. **122**.169

tafod y llo, llysieuyn anhysbys. Ai'r un â **tafod yr eidion**? **122**.170

tafod y llwdn. Meddai'r milfeddyg Rhisiart Owen wrthyf (ehebiaeth, Mehefin 2020): 'Tybiaf mai *hippomane* yw *tafod y llwdn*. Mae'n bresennol ym mrych pob caseg, yn yr *allantois*, ac fe'i gwelir amser llydnu, fel darn o iau meddal o siâp tafod. Casgliad ydyw o weddillion treuliadau trefn droethol y llwdn tra fu yn y groth ac fe'i hystyrid gynt yn affrodisiac. Mae pob math o goelion gan gynnwys ei fod yn tyfu ar dalcen y llwdn. Nid yw hynny'n bosibl. Posibilrwydd arall yw mai dafedyn ydyw a welir weithiau ar dalcen neu rannau eraill corff llwdn newydd anedig.' **96**.73

tafod yr edn: *bigle* ('bugle'), *GPC tafod yr edn* 'stitchwort, *Stellaria holostea*; chickweed, *Stellaria media*'; hefyd Atod.1.30, 121 *Lingua sevina: Tafod yr edyn*, Atod.3.306, 307 a cf. *WS* (1547) '*Tafod yr edyn*: Chycke wede'; J 16, 153^r *Tavod yr edn. Gramen. Agrestis. stitchworte* (HS, *c*.1600); *LlS* (1574) 50 *Tafod yr edyn* ... *Gramen yn Llatin, Great grasse yn Saesonaec*. Ceir ffurf ychydig yn wahanol gan Elis Gruffydd, *Llysieuwr* 183, Stitshwrt: Yr hwn a henwai'r Saesson ynn yr hen amser brydis [sic] twng, ynGhymrv tauod yr yderyn ne lyshie'r gwaiw (*c*.1545). Dichon nad yr un yw ag *OED bugle*, n.[1] 'Any of numerous herbaceous plants of the Old World genus *Ajuga* (family Lamiaceae). **122**.166

tafod yr eidion, cf. *GPC llysiau'r ychen* 'plants of the borage family, esp. borage, *Borago officinalis*, and various kinds of bugloss'; gw. hefyd *Llyssie yr ychen* yn Atod.1.35 *Buglossi: Llyssie yr ychen*, 122, Atod.2.3, Atod.3.232, 234, 235. Dichon mai'r un yw â *thafod yr ych* a enwir gan Elis Gruffydd: *Llysieuwr* 92 *Lingua Bouis: Y llyshiewyn yn Lloegyr a elwir oxtwng or lang de bif, ... tauod yr ych ynn y Gymraeg, yr hwn a dyf yn gyfredin mewn meusudd a gardde* (*c*.1545). **122**.167

tafod yr hydd, 'hart's-tongue', cyfieithiad o'r enw Llad. *lingua cervina*, fel y Ffrangeg *langue de cerf*. Cyfeiria naill ai at fath o redyn, *Asplenium scolpendrium*; neu'n fwy tebygol yma at y perlysieuyn *Levisticum officinale*, 'lovage'; gw. hefyd Atod.1.119 *Levistigwm: tafod yr hydd*, Atod.3.308; *LlS* (1574) 61 *Hartes tongue yn Saesonaec. Tafod yr hydd yn Camberaec y gelwir*. **122**.168

tafod yr oen, math o blantaen, *GPC* '(various species of) plantain, lamb's tongue, *Plantago*'; J 16, 153^r *Tavod yr Oen. Arnoglossa* (HS, *c*.1600); *LlS* (1574) 15 *Y Plantan* ... *Y mae rhyw Phranc* ... *a výn bod rhyw* *canolic or Plantan a ei alw y mae ar enw Groec Arnoglosson sef Tafod yr oen*. Am ei rinweddau meddyginiaethol, gw. *MWMT* 475. **122**.171

tafod yr ych: *soles*, **math ar bysg tebyg i wadn esgid**, *GPC* 'sole, ?turbot'. Am yr enw Cym., *tafod yr ych*, cf. Lewis Morris (*c*.1745) yn LlGC 24052E, 235: *A sole. In Wales Tafod yr Ŷch, or the Ox's Tongue.* **125**.198

tafol, dail tafol; hefyd Atod.1.159, Atod.3.309 *y Tafol: Padela*; J 16, 152^v *Tavol. docke* … *Rumex* (HS, *c*.1600); *LlS* (1574) 88 *Tafol* … *Rumex yn Llatin, A Docke yn Saesonaec. Tafolen yn Camberaec.* **122**.172

tafol Mair, naill ai 'bloodwort, red dock', *WS* (1547) '*Tafolen vair*: Blode worte'; neu 'patience dock, *Rumex patientia*', *LlS* (1574) 88 *Tafol* … *Pedwar rhyw Tafol y sydd sef y cyntaf a elwir* … *Pacience yn Saesonaec ac Tafolen Vair yn Camberaec.* **122**.173

tagell, plyg llac o groen islaw'r gên. 7.42; 'dewlap'. **97**.4 (eidion)

tagell ceiliog, *TR* (1753) '*Tagell* … *Tagellau ceiliog*, a cock's wattles'. **123**.30

tahoc: [Llad.] *rocea*. Gair Hen Gernyweg, nid Cym., yw hwn a ddaw yn y pen draw o'r *Vocabularium Cornicum*: #550 *rocea* gl. *talhoc* (*OCV* 237–8 'roach, dace'). Gw. y Rhagymadrodd, §3.6. **125**.199

taid [= **tad da, tad-cu**] 6.83; **taid** *ll*. **teidiau** 117.141

tail, tom (gwartheg) yn enwedig ar gyfer ei ddefnyddio'n wrtaith, *WS* (1547) '*Tail*: Dunge'. **30**.27, **36**.33, **68**.80

tair bodfedd yn y balf, *GPC palf* 'mesur hyd cyfwerth â thair modfedd', cf. *LlI* §90.19 *teyr motued en llet e palyf*. **47**.3

tâl [= **talcen**], talcen. 7.14; **96**.12 (ceffyl)

talcen [= **tâl**] 7.14; **96**.12 (ceffyl)

talch [= **rhynion**], rhynion, blawd ceirch bras, sef y grawn noeth wedi tynnu'r plisg, sef yr **eisin sil**; a gw. **blawd ceirch**. **15**.54

y dalfraith: *the botts* ('the bots'). Ni ddaethpwyd o hyd i enghraifft arall o'r gair hwn am y bots, sef clefyd a achosir gan gynrhon parasitig yn system dreulio ceffyl. **104**.18

talgudyn, cudyn hir o fwng ceffyl sy'n disgyn dros ei dalcen. **67**.64, **96**.24

talp *ll*. **talpennau** [= **carfan** *ll*. **carfanau**], rhan o'r og, cf. *BydAm* 4.141, '*talpau* … Tri darn yr og gyffredin, tri darn yr oged sig-sag. Ar lafar yn Nyfed, "*talpau'r oged*" '. Ni cheir yr ystyr hon yn *GPC*. **31**.3

talwyn [= **march bal**], am geffyl ac iddo dalcen gwyn, cf. Pen 308i, 119 *Serenwyn: y^t hath a white starr in the forehead*, hefyd 136 *Rhien wen ar dal march: a wheit strip or lyst down the nose of a horse* (JJ, *c*.1621). Ystyrid ceffyl a *seren wen yn i dal ne fal adain wen ar hyd i dal* yn hardd yn ôl traethawd ar geffylau, Pen 86, 140 (1575–1600). **109**.31

tân *ll.* **tanau** 5.140; **tân**: [Llad.] *ignis ll.* **tanau** 9.36

tân bendiged, tân bendigaid, 'erysipelas, Saint Anthony's fire' (*GPC*), yma'n dilyn **tân iddw**. Cyfieithiad yw'r enw o *ignis sacer*. Gallai *tân bendigaid* ac *ignis sacer* hefyd olygu 'gangrene', J 16, 152ʳ *Tân bendigaid* × *Cîg drŵg* (HS, *c*.1600), a gw. *MWMT* 328. **46**.72

tân iddw, *GPC* 'erysipelas, Saint Anthony's fire', J 16, 152ʳ *Tan-iddw. a running sore. Erysipelas* (HS, *c*.1600); cf. **tân bendiged**. Roedd yn un o nifer o afiechydon, fel gowt, a barai i'r croen fynd yn goch a phoeth, gw. *Prif Feddig* 24 'Tân iddwf, sydd fâth o Ffefer yn torri allan yn Chŵydd côch poenus, llawn o linorod, parhai sy wedi, yn troi yn Godennau, ar yr Wyneb, neu ryw ran arall o'r Corph. Pa gyflymaf y bo'r torriad allan, lleiaf i gyd o berigl.' **46**.71

tanboeth, chwilboeth, eiriasboeth. **5**.145, **119**.31

tanbren, *GPC* 'Dernyn o goed tân'. Ond mae'n debycach mai'r ystyr yma, ar ôl **fforch dân** ac o flaen **rhac glo**, yw ffon i dendio'r tân, cf. *OED fire stick* 'a long implement used for stirring a fire; a poker'. **15**.25

tanedig, taenedig, wedi ei wasgaru ar gae (am ŷd neu wair). **31**.62

tanfa o ŷd *ll.* **tanfâu**, taenfa neu wasgariad ŷd neu wair mewn rhenc neu res ar gae. **31**.111

taniad, taeniad neu wasgariad ŷd neu wair ar gae. **31**.63

tanllestr, padell dwymo, 'chafing-dish' yn hytrach na J 16, 152ʳ *Tanllestr. lanterne* (HS, *c*.1600). **14**.61; **tanllest** [= **siaffyr**] (ar -*str* > -*st*, gw. td. 37). **28**.69

tanllwyth, tân mawr. **5**.146, **9**.40

tanllyd, yn llosgi. **5**.144

tanog, tanllyd. **5**.143

tanol, tanllyd. **5**.142, **9**.39

tanu dyrnaid, **tanu dyrned**, taenu neu wasgaru dyrnaid o ŷd, gw. *GPC tanaf*¹; *WS* (1547) '*Tany*: Sprede'. **31**.110

tanu gwair, taenu neu wasgaru gwair; gw. *GPC tanaf*¹. **31**.60

tanwydd, cynnud, coed tân (< *tân* + *gwŷdd*). **29**.9

tapin *ll.* **tapinau**, blanced, cwrlid, Pen 308i, 145 *Tapin*: Kwrlid (JJ, *c*.1621); J 16, 152ᵛ *Tapin* × *Huling* (HS, *c*.1600). **11**.43; **tapin 28**.28; *bach.* **tapinan 11**.45; **tapinyn 11**.46

tapinog, wedi ei orchuddio gan gwrlid. **11**.54

tapinwr, gwneuthurwr cwrlidau, J 16, 152ᵛ *Tapi[n]wr* × *Hulingwr, Cwrlidwr* (HS, *c*.1600). **11**.51

taradr *ll.* **terydr**, ebill y saer, *GPC* 'Erfyn ac iddo flaen ar ffurf sgriw a ddefnyddir i durio tyllau mewn pren'. **53**.30

taradr dwy fodfedd, ebill dwy fodfedd (saer). **53**.50

taradr dwy fodfedd a hanner, ebill dwy fodfedd a hanner (saer). **53**.51

taradr perfedd, ebill canolig (saer), *LlI* §140.25 *Tarader perued* (td. 161 'auger, awl'). **53**.31

taradr tair modfedd, ebill tair modfedd (saer). **53**.52

tardd dŵr, tarddiad dŵr, ffynnon. **5**.92

tarddedig, yn tarddu (am ddŵr o ffynnon, &c.). **5**.95

tarddiad dŵr, ffrydiad dŵr, ffynhonnell dŵr. **5**.94

tarddu: *to breake out* ('to break out'), torri allan (am blorynnod, brech, &c.). **46**.107

tarddu dŵr, ffrydio neu ffynhonni dŵr. **5**.93

tarian, 'shield'. **50**.30

taring, aros (mewn lle), preswylio. **8**.51

tario, aros (mewn lle), preswylio. **8**.49

tarw *ll*. **teirw**, *WS* (1547) '*Bwla, tarw*: A bull'. **68**.61

tarwhaid, gair o'r Cyfreithiau, *GPC* 'Yr ail haid o wenyn i adael y cwch', cf. *LlI* §135.1–2 *guerth taruheyt, xii.k'*. **126**.11

tawel, llonydd (am y tywydd). **2**.51

tawelog, llonydd (am y tywydd). **2**.53

tawelwch, llonyddwch (o ran y tywydd). **2**.52

tawlbwrdd, gêm fwrdd, o bosibl gwyddbwyll. Am drafodaeth ar ei ystyr yn y Cyfreithiau a thestunau diweddarach, gw. y drafodaeth yn *Gwerin Ffristial* 185–205. Cf. J 16, 158ʳ *Towlbwrdd* × *Bwrdd ffrystial. chesse boorde*; hefyd Pen 56, 29 *chware towlbwrdd* (llaw anh., 16g.), lle'i rhestrir yn un o'r Pedair Camp ar Hugain. **49**.47

teidiog, a chanddo daid. **117**.142

teidiol, nodweddiadol o daid, fel taid. **117**.143

teied [= **tyed, tyaid**], teiaid, llond tŷ neu lond tai. **8**.8

teilfforch [= **fforch garthu**], cf. *BydAm* 4.158 'Fforch garthu pedwar pig crwn a blaenfain a ddefnyddir i garthu beudy, i lwytho tail i'r drol, ayyb'. **36**.26

teiliad, y weithred o drin tir â thail neu wrtaith. **30**.30

teiliedig, wedi ei drin â thail neu wrtaith (am dir). **30**.29

teiliog, wedi ei drin â thail neu wrtaith (am dir). **30**.31

teilo, rhoi tail neu wrtaith (ar dir). **30**.28

teils, teils toi. **8**.103

teim gwlltion: *piliol mountaine* ('puliol mountain'), gruwlys, *GPC teim gwyllt(ion)* 'wild thyme, *Thymus polytrichus*'. Am y Saes. *piliol mountaine*, cf. *OED* †*puliol* 'Either of two aromatic herbs of the family *Lamiaceae* (*Labiatae*), pennyroyal, *Mentha pulegium*, and wild thyme, *Thymus serpyllum*'. Gw. hefyd Atod.1.173, Atod.3.315 a cf. *Llysieuwr*

141 *Pulegium Munttanun ... pulial mynydd* (EG, *c*.1545). Gw. **tîm dofion. 122**.175

teios, tai bychain neu dlawd, Pen 308i, 123 *Tios: tai tylodion diystyr, bythod* (JJ, *c*.1621). **8**.4

teisban, cwrlid, blanced, tapestri. Mae'n debygol mai gair a gafwyd o'r Cyfreithiau yw hwn, cf. *LlI* §144.5 *Teyspan* (td. 162 'coverlet, quilt'). Daw'r dystiolaeth ddiweddarach yn bennaf o eiriaduron, J 16, 154^r *Teisban. covering* (HS, *c*.1600); *TJ* (1688) 'Teisban, brethŷn llawn lluniau ... *a Tapestry*'. **11**.57, **28**.29; *bach.* **teisbannyn 11**.58

teisbannog, a chanddo gwrlid; gw. **teisban. 11**.59

teisen, cacen, torth wastad, bara ceirch ('oatcake', &c.), *WS* (1547) '*Teisen:* A cake' a gw. *OED cake* am ystod eang ei ystyron. Gw. hefyd **gyrru teisen. 15**.73; **teisen** [= **oesoden**] **15**.90

teisenna, gwneud teisennau neu eu cardota, yn hytrach nag *GPC* '(Ym)ffurfio'n delpyn neu'n haenen galed' (1800). **15**.104

têl, llestr i ddal mesur sych, *GPC* 'Mesur sych amrywiol ei faint, llestr yn dal y cyfryw fesur'. Yn ôl Henry Salesbury roedd yn gymesur â *storaid* 'llond hestor' (J 16, 45^r *Storaid* × *Têl* (HS, *c*.1600)), ac yn ôl William Owen Pughe, ag *ystaca*, *WOP* '*Ystaca* ... a measure of capacity, equal to 5½ bushels, used in Glamorgan; but in the neighbouring parts it is called "Tel" '. **28**.163; **têl yw dau gwarter** (ond **4 chwarter i'r têl** meddir yn **47**.36). **47**.29

teler, cf. **bwa teler**. Ni cheir *teler* yn *GPC*, ond cf. *OED tiller*, n.^{2} 'In a cross-bow: The wooden beam which is grooved for reception of the arrow, or drilled for the bolt or quarrel; the stock.' **57**.45

templ. Ai 'sedd' y gwŷdd, yma'n rhagflaenu **y radd**, sef o bosibl y droedfainc? Cf. *GPC teml* (a'r ffurf amrywiol *templ*) lle dyfynnir *AB* (1707) 238c '*Temhyl*, A seat' (1707). Posibilrwydd arall yw ffurf Gym. ar *OED temple*, n.^{3} 'A contrivance for keeping cloth stretched to its proper width in the loom during the process of weaving ... In the hand-loom, a pair of flat rods, having toothed ends which caught the selvedge on each side'. **59**.45

tennyn [= **cebyst, rheffyn**], rhaff, cadwyn, penffrwyn ceffyl. **37**.6; **tennyn 45**.90

tenyn, tân bychan. **5**.141

tep [= **capan ffust**], cap ar ben ffust, *GPC tep*^{1} 'penguwch (ffust)', 'flail-cap'. **35**.14

têr, llestr i ddal mesur **tered** sy'n cyfateb, yn ôl John Jones (**47**.21), i hanner hobaid. Go brin, efallai, mai *GPC têr*^{2} yw hwn, o'r Saes. *tare* 'The weight of the wrapping, receptacle, or conveyance containing goods, which is deducted from the gross in order to ascertain the net weight' (*OED tare*, n.²), gan fod y dystiolaeth dros yr ystyr honno'n ddiweddar ac o gyd-destun chwareli yn *GPC*. **28**.165; **têr, llestr o hanner hob 47**.21

terch: *the bum hole*, twll casgen, 'bung-hole'; *terth* yw darlleniad y llawysgrif yma, cf. y rhestrau blaenorol yn Pen 299, 720 *Terth: Bwng kostrel, mwng* (JJ, 1618/19) a Pen 308ii, 39 *Terth: dde bwm hol* (JJ, *c*.1621). Mae'n debygol mai ffurf wallus yw ar *terch*, yn sgil camgopïo *t* am *c*, gwall digon cyffredin. Am yr ystyr, gw. *GeirfaWLl* dan *Terch: bwng krostrel* [*sic*] (WLl, 1567 × 1574); *WS* (1547) '*Terch*: Bung'. Ar *bum*, ffurf amrywiol ar *bung*, cf. *EDD bum*, sb.2 lle nodir *bum hole* 'a bung hole' (Gwlad yr Haf). **16**.52

tered: **hanner hobed**, teraid, llond **têr** sy'n gyfartal, meddai, i lond hanner hobed; gw. **têr**. **47**.22

terfenydd buwch, cyflwr buwch yn gofyn tarw, cf. Jones, 'Creffteiriau Amaethwyr Dinbych', 40, '*terfenydd*: am fuwch yn ei gwres'. **68**.28

terfenydd tarw. Defnyddir *terfenydd* fel arfer am fuwch yn gofyn tarw (neu hefyd am anifail benyw arall, gw. *GPC*), cf. **terfenydd buwch**. Mae'n bosibl fod John Jones wedi camddehongli'r gair yn *Lll* §156.19–21 *Ny deleyr dale y teyru o hanner haf hyt Aust nac ar yt nac ar wellt, canys en er amser hunnu y byd teruenyd e guarthec prouaduy* (td. 162 'in heat'). **68**.62

terfyn [= **eirionyn tir, ffin tir**], ffin neu oror tir. **30**.47

terfynedig, a chanddo derfynau, o fewn terfynau. **30**.50

terfynedigaeth, terfyn, ffin. **30**.51

terfyniad, ffin, terfyn. **30**.49

terfynog, ac iddo derfynau. **30**.52

terfynol, yn ffurfio terfyn. **30**.53

terfynu, llunio terfyn (am ddarn o dir), ffinio. **30**.48

terrig, *GPC* 'Llym, llymdost, creulon, didostur'. Gan ei fod yn rhagflaenu **perfigedd**, tybed ai enw ar losg eira ydyw yma, ac a yw'n perthyn i *GPC tarugo* 'Gwneud neu fynd yn ddolurus (yn enw[edig] am y croen ar dywydd oer)'? **46**.112

teru mêl, hidlo mêl, gwneud mêl yn *dêr*, sef yn glir a gloyw, 'clarify' (*GPC têr*¹), Pen 308i, 143 *Tery: Tw strayn*; *Tery mel: to strayn honi* (JJ, *c*.1621). **126**.20

tes, gwres yr haul, heulwen, *WS* (1547) '*Tes*: Heet'. **2**.15

tes sblennydd, heulwen lachar. **2**.18

tesach. Ai tywydd braf (< *tes* + *-ach*) yw'r ystyr yma, yn dilyn **tes sblennydd**? Mewn ystyr ffigurol 'anlladrwydd', &c., yn unig y'i ceir yn *GPC*, cf. J 16, 155ᵛ *Tesach. wantonnesse* (HS, *c*.1600). **2**.19

tesog, poeth, heulog. **2**.17

teth, teth (caseg), *WS* (1547) '*Teth*: A tete'; a gw. Pen 308ii, 69 *Teth buwch, davad gafr, kasseg a phob bann ond merch* (JJ, *c*.1621), lle awgrymir mai gair a ddefnyddid yng nghyswllt anifeiliaid ydoedd. Ai *titen* oedd y gair arferol yng nghyswllt merch? Cf. *WS* (1547) '*Titen bron gwraic*: A tete'. **67**.50; **68**.40 (buwch)

teth *ll*. **tethau buwch 97**.11

teth dafad 69.39

teth gafr 70.24

teth y gaseg 96.76

tethau tor, yma yng nghyswllt hwch. Ar *tor*, gw. *GPC tor*² '(Rhan uchaf) y bol(a)' a gw. **torllwyth**. **101**.12

teulu [= **tylu**], tylwyth (*teulu* < *teilu* 'tai' + 'llu', gyda chymathiad *i..u* > *u..u*, gw. td. 38). **8**.9

teuluol, yn perthyn i deulu. **8**.17

teuluwr [= **tyluwr**], perchen tŷ, penteulu, J 16, 155ʳ *Teuluwr. house houlder* (HS, *c*.1600). **8**.13

teuluẅriaeth, rheolaeth ar gartref a fferm; gw. **teuluyddiaeth**. **8**.14

teuluydd, ?perchen tŷ, ?amaethwr; gw. **teuluyddiaeth**. **8**.15

teuluyddiaeth, perchnogaeth a rheolaeth dros dŷ a fferm, hwsmonaeth; gw. **offer teuluyddiaeth**. **8**.16

tew, llond ei groen. **7**.142

teyrn *ll*. **teyrnoedd**, **teyrnedd**, brenin, llywodraethwr. **51**.11; *b*. **teyrnes** *ll*. **teyrnesau 51**.12

teyrnas, brenhiniaeth. **51**.13

teyrnasedig, ?wedi (ei) deyrnasu. **51**.16

teyrnasiad, brenhiniaeth. **51**.15

teyrnasog, brenhinol, a chanddo frenin. **51**.17

teyrnasol, brenhinol. **51**.18

teyrnasu, llywodraethu. **51**.14

tid [= **syg**], cadwyn, haearn o bosibl, i rwymo ych wrth yr iau, Pen 308i, 139 *Sug: os o brenn vydd, tid ne gadwyn ne rou os o haiarn vydd* (JJ, *c*.1621) **30**.74; *ll*. **tidau 45**.14

tidedig, wedi ei rwymo â chadwyn. **30**.76

tidiad, rhwymiad â chadwyn. **30**.77

tidio, rhwymo â chadwyn. **30**.75

tidog, wedi ei gadwyno. **30**.78

tidol, wedi ei gadwyno. **30**.79

tîm dofion, *Y Bywiadur* 'teim y gerddi, *Thymus vulgaris*'. Cf. *LlS* (1574) 154 *Thymus yn Llatin, Thyme yn Sasonaec. Teim yn Camberaec.* Cymharodd Lewys Glyn Cothi hynawsedd Tomas ap Phylip o gastell Pictwn i'r tîm: *GLGC* 91.41–2 *Tomas fal tîm sy felys, / tymyr i holl wŷr y llys*. Gw. **teim gwlltion**. **122**.174

tin, pen-ôl, *WS* (1547) '*Tin*: An ars'. **7**.79

tin march, pen-ôl march. **96**.69

tinboeth, *GPC* 'Tingoch, *Phœnicurus phœnicurus*; coch y berllan, *Pyrrhula pyrrhula*', a'r enghraifft gynharaf yno o *D* (1632). **124**.115

tinbren y llwyfen, sgilbren (gw. **siglbren**) neu 'Astell ar gefn cart, trol, &c., y gellir ei chodi a'i gostwng er mwyn hwyluso llwytho', 'tailboard' (*GPC*), *BydAm* 4.170 '*tincart* ... Darn ôl tynnu a rhoi cart, caead trol (Môn), y rhan ôl o'r drol (cart) a dynnir i ffwrdd i bwrpas dadlwytho tail, erfin, cerrig, ayyb'; gw. **llwyfen**. **33**.21

y dinllwyd, *GPC* 'dail arian, tansi gwyllt, *Potentilla anserina*'; *TJ* (1688) 'y Dinllwŷd, llwŷd y dîn, y dorllwyd, tansi gwŷllt ... wild Agrimony, wild Tansey, Cudwort, Starewort'. **122**.184

tinsigl y gŵys, *GPC* '(pied) wagtail, *Motacilla (alba yarrellii)*'; *WS* (1547) '*Tin sigyl y gwys dderyn*: Wagtayle'. **124**.116

tinwyn y gŵys, o bosibl y 'pied wagtail', sef aderyn o'r un teulu â **tinsigl y gŵys**. Ni cheir *tinwyn y gŵys* yn *GPC* ond cf. *OED pied wagtail* 'a white wagtail of the subspecies *M[otacilla] alba yarrelli*'. **124**.117

tir [= **grwn**, **cefn**], daear, pridd. **30**.11

tiriad, glaniad, dyfodiad i dir, neu o bosibl y weithred o durio neu dyrchu mewn pridd; gw. **tirio, tiriog** a **turiad**. **30**.14

tirio, *GPC tiriaf*[1] 'Glanio, dod i dir, dwyn i dir', neu ffurf amrywiol ar *turiaf* (*GPC tiriaf*[2], isod **turio**), tyrchu, cloddio; *WS* (1547) '*Turio val llwdyn hwch*: Wrote'. **30**.13

tiriog, a chanddo dir, perchennog tir, *WS* (1547) '*Tiriog*: Landed', neu wedi ei dyrchu, cloddiog; gw. **tirio**. **30**.12

to, to tŷ. **8**.104

y doddedig las, cf. Pen 296, 114[v] (JJ, 1606). Ni chafwyd enghraifft arall o'r enw llysieuyn hwn. **122**.185

y doddedig wen, 'lesser celandine, pilewort, *Ranunculus ficaria*' (*GPC*); *BNP* (1633) '*Y Doddedic wenn*. Pilewort'. **122**.186

toddi bloneg: *to melt the greace* ('to melt the grease'), math o afiechyd mewn ceffyl lle mae'r anifail yn dihoeni a dirywio'n gyflym; ni cheir cyfeiriad ato yn *GPC* ond cf. *Cyf Profedig* 256 '*Cirio, Darfod, toddi ei Floneg. (Molten Grease.)* ... Nid mynych y canfyddir yr anhwyl hwn yn y wlad, ond y rhan amlaf ar geffylau a fyddo yn cael eu gyru yn greulon, mewn cerbydau a chadeiriau, a chan ryw ddynion dideimlad ... Bydd hyn i'w adnabod yn gyffredinol, naill ai yn rhyddni parhâus a salwch yn ei ganlyn, a'r ceffyl yn fyr ei wynt, hefyd yn lluddedig ac anesmwyth, yn codi a gorwedd i ddangos fod gofid o'i dufewn.' Am y Saes., cf. *OED melt*, v.[1] 'to waste away', hefyd *to melt one's grease* 'to exhaust one's strength by violent efforts' dan *grease*. **104**.17

toead, to, defnydd toi, *AB* (1707) 239a '*Toat*, The covering of a House, whether Slat, Thatch, Shingles, or Lead'. **8**.107

toëdig, wedi ei doi. **8**.106

toes, 'dough' **15**.68; *u.* **toesen**, talp o does. **15**.72

toesedig, wedi ei wneud yn does, tebyg i does. **15**.70

toesi, gwneud toes, mynd yn does. **15**.69

toesog, toeslyd. **15**.71

toi, gosod to (ar dŷ, &c.), J 16, 158ʳ *Toi. to thatche, thacke or cover* (HS, *c*.1600). **8**.105

toi caseg, paru â chaseg, Pen 308i, 143 *Toi kasseg: tw kovyr a mar* (JJ, *c*.1621); cf. *OED cover*, v.[1] 'Of a stallion: To copulate with (the mare); rarely of other animals'. **67**.35

tom, ysgarthiad. **7**.145; **tom** [= **baw**] **101**.10 (hwch)

tom moch [= **baw moch**], tail moch. **71**.42

top maneg, rhan uchaf y faneg a orchuddia'r arddwrn a rhan isaf y fraich; cf. *OED top*, n.[1] 'The gauntlet part of a glove' (1817). **64**.15

topan eddi, ffluwch o wlân; cf. disgrifiad Robin Clidro o drwyn y cybydd, T. H. Parry-Williams (gol.), *Canu Rhydd Cynnar* (Caerdydd, 1932), 165, *ac ar i drwyn y tyfodd toppan eddi*. **59**.69

topan o [ ], o bosibl *topan o lin*, sef topan neu ffluwch o lin. **27**.87

topio, tynnu'r pennau oddi ar wenith, haidd, &c., cf. *OED top*, v.[1] 'to cut or break off the head ... or ear of (a plant)'. **35**.61

topio cannwyll, tocio neu dorri wic cannwyll. **13**.81

topion, brig (ŷd, &c.), blaenion; cf. **topio**. **35**.62

tor, bol, rhan uchaf y bol. **7**.64

torch [= **rhau**, **troedog**] *sydd am y fuddel i roi yr aerwy trwyddi*, *GPC* 'coler a roddir o gwmpas gwddf anifail, penffrwyn'. **36**.9; **torch** **30**.72

torch milgi, coler milgi. **73**.63

torch pladur, *GPC torch* 'Cylch o haearn sy'n cydio llafn pladur wrth y coes neu'r troed' (gydag enghreifftiau ar lafar yn unig yn yr ystyr hon); cf. *BydAm* 4.193 'Y cylch haearn ar fôn coes y bladur i ddal bachyn (colsant) y llafn yn ei le, amgarn coes y bladur'. **31**.52

toredig, wedi ei dorri. **31**.73 (am wair); **44**.20 (am bren)

toreth, cnwd, cynnyrch, cyflawnder cynnyrch. **42**.66

torethog, toreithiog, ffrwythlon, Llst 189 *Torethog, Fruitfull, plentifull, bringing forth much fruit* (1722). **42**.67

y torfaen: [Llad.] *saxifragia*, GPC 'Unrhyw un o amryw fathau o blanhigion bychain o'r tylwyth *Saxifraga*', a'r enw Cym. yn gyfieithiad o'r Llad. *saxifragia* 'yn torri cerrig' (gan ei fod yn tueddu i dyfu rhwng holltiadau mewn cerrig). Gw. hefyd Atod.1.197 *Saxifragia: Color y brain: y Tormaen*, Atod.3.316 ac *WS* (1547) '*Tor mayn*: Saxefrage'; J 16, 159ʳ *Torvaen. Saxifragia* (HS, *c*.1600); *LlS* (1574) 104 *Tórmaen ... Philipendula yn y Llatin gyphredin ac yn Saxonaec. ac Tormaen yn Camberaec*. Sylwer bod ffurf John Jones (gyda'r treiglad i'r ail elfen, *torfaen*) yn cyfateb i ffurf Henry Salesbury yma, nid i un William Salesbury; gw. td. 35. **122**.207

torfagl, GPC 'Unrhyw un o amryw fathau o blanhigion bychain o'r tylwyth *Euphrasia*, a ddefnyddid gynt at anhwylderau ar y llygaid': *tor* 'toriad, darfyddiad' + *magl* (cf. **magl ar lygad**). Gw. hefyd Atod.1.87 *Eufraxia: Efros y Dorfagl: Gwlydd Mair*, 218, Atod.3.67, 68. **122**.176; **y torfagl 122**.208

torgengl, cengl neu strap o gwmpas canol (*tor* 'bol') ceffyl, 'bellyband'. **37**.68

torgochied: **math ar frithyllied sydd yn magu mewn llynnoedd safadwy a thorrau cochion uddunt**. GPC 'Brithyll bychan o'r tylwyth *Salvelinus*, yn enw[edig] *Salvelinus alpinus*, ac yn benodol *Salvelinus alpinus perisii* sy'n byw yn rhai o lynnoedd gogledd Cymru'. Fe'u disgrifiwyd gan John Leland yn hanes ei daith drwy Gymru yn yr 16g.: Lucy Toulmin Smith (gol.), *The Itinerary in Wales of John Leland in or about the years 1536–1539* (London, 1906), 82, 'Linne Dolbaterne ... Linne Peris ... In these 2. pools be redde bely fisches caullid Thorgoughe ... There be also of them yn Llin Tarthennyne [= Cwellyn], and in Llin Boladulinne [= Baladeulyn]'; cf. J 16, 159ʳ *Torgochiad. Rubellio. vel Turdus. pyscod llyn dôl Padarn* (HS, *c*.1600). **125**.200

toriad, y weithred o dorri neu'r hyn a dorrir. **31**.72 (gwair); **44**.21 (coed)

torllwyth, torraid, llwyth bol, llond nyth (o fleiddiaid bach). **82**.6

torllwyth gast, torraid gast, nythaid o gŵn bach. **73**.19

torllwyth o berchyll, nythaid o foch bach. **71**.15

torllwyth o gathod, nythaid o gathod bach. **79**.14

torllwythog, yn llwythog o gŵn bach (am ast feichiog). **73**.20

torogaidd, beichiog (am ast). **73**.18

torogi cath, beichiogi cath. **79**.12

torogi gast, beichiogi gast. **73**.15

torogi hwch, beichiogi hwch. **71**.12
torogiad, beichiogiad (gast) **73**.17
torogrwydd, beichiogrwydd. **73**.16 (gast); **82**.5 (bleiddiast)
torogrwydd cath, beichiogrwydd cath. **79**.13
torogrwydd hwch, beichiogrwydd hwch. **71**.14
torri, torri brethyn â gwellaif i wneud dilledyn. **61**.4
torri coed, cwympo neu docio coed. **44**.18
torri gwair, lladd gwair. **31**.71
torri pren, cwympo coeden, mae'n debyg, yn hytrach na thorri coed ar gyfer deunydd adeiladu, coed tân, &c. **44**.8
tostedd, clefyd y maen, 'lithiasis', sy'n effeithio'n arbennig ar y system droethol; cf. **maen tosedd**; *WS* (1547) '*Tostedd, haint*: The stone'. Awgrymodd y milfeddyg Rhisiart Owen wrthyf (ebehiaeth, Mehefin 2020) y gall olygu 'stangury, dysuria' yn gyffredinol: 'Un o'r rhesymau cyffredin sy'n achosi troethgur/tostedd yw troethgarreg, ond nid yr unig reswm. Dyna pam na ddylid awgrymu bod *tostedd* = clefyd y maen, ond mae clefyd y maen yn dangos arwyddion o dostedd.' **46**.23; **y tostedd 104**.4 (ceffyl); **105**.3 (gwartheg)
tow- gw. **taw-, tyw-**
töwr, un sy'n toi neu'n gosod to. **8**.125
trabaeddu, ymdrybaeddu, gorchuddio ei hun â mŵd (am fochyn). **71**.7
tradwy, y trydydd dydd ar ôl heddiw. **4**.32, **120**.61
traed gwely, gwaelod y gwely, mewn cyferbyniad â **penn gwely**. Fel y gwelir yn *GPC traed gwely*, *troed gwely* 'foot of a (the) bed', y lluosog *traed* a geid yn arferol yn y cyfuniad ers talwm. **11**.21
tragwres, gwres mawr, tywydd poeth iawn. **5**.200
tranc, marwolaeth. **120**.92
trawst [= **gwinben**], ceibren hir mewn tŷ, sydd fel arfer yn cynnal adeiladwaith uwch ei ben. **8**.90
y trawst bychan [= **gwinben tŷ**], ceibren (llai na **trawst**) mewn tŷ, sydd fel arfer yn cynnal yr adeiladwaith uwch ei ben. **8**.91
trengi, marw. **120**.93
treillio cored neu rwyd: *to tak fish out of a nett or were* ('to take fish out of a net or weir'). *GPC treillio* '(Ceisio) casglu neu godi pysgod, &c., o waelod afon, môr, &c., â threillrwyd' (o'r Saes. *trail* 'drag', &c.). Argae i ddal pysgod yw *cored*, cf. *OED weir* (lle ceir ffurfiau megis *were*, &c., o'r 17g.). **125**.17
treisiad, anner, heffer, Pen 308i, 126 *Treissiad: Heffyr* (JJ, *c*.1621); gw. hefyd **tresiadfuwch**. **68**.57
trennydd, y diwrnod ar ôl yfory. **4**.31, **120**.60

trensiwr *ll*. **trensiwriau**, *GPC* 'Plât neu ddysgl (bren) ar gyfer bwyd', 'trencher'. **13**.68; **trensiwr 28**.47

tresel gw. **trestl**

y tresgl, *Y Bywiadur* 'tresgl y moch, *Potentilla erecta*, tormentil'. **122**.209

tresglen *ll*. **tresglennod**, *GPC* 'Unrhyw un o amryw fathau o adar cân o deulu'r *Turdidæ*, yn enw[edig] *Turdus viscivorus*, brych y coed'. **124**.118

tresgli, trysgli, brech, plorod neu haint ar y croen, cf. Pen 228ii, 27^r *Exanthemata* ... *y vrech wenn, Crucunæ, trysgli, pendhunot* (TW, 1604–7). **46**.100

tresi [= **syg march**], *GPC tres*^{3} 'Un o ddwy strap, cadwyn, neu raff a ddefnyddir i gysylltu coler ceffyl, ych, &c., â cherbyd, aradr, &c.' **31**.15; **tresi 45**.15

tresiadfuwch [= **aneirfuwch**]: **buwch ar y llo cyntaf**, treisiadfuwch, buwch ifanc heb eto fwrw llo; gw. hefyd **treisiad**. **68**.19

trestl *ll*. **trestelau**, bwrdd trestl (mewn gweithdy crydd), *GPC trestl* 'Fframwaith ... a ddefnyddir i gynnal astell neu estyll at wahanol ddibenion (yn enw[edig] fel bwrdd), bwrdd a wneir fel hyn', a gw. yno am y lluosog *trestelau*. **9**.89, **28**.4; **tresel**, am y ffurf heb y *t*, fel y'i hyngenir heddiw, cf. J 10, 163^v *Tresle* (HS, *c*.1600) a gw. td. 37. **63**.29

trestlaid, llond bwrdd trestl. **9**.90

tri amser: **amser a fu**, **amser y sydd**, **ac amser a fydd**, tri amser sef y gorffennol, y presennol, a'r dyfodol. **120**.54

tri hyd y gronyn haidd yn y fodfedd, ymadrodd o'r Cyfreithiau: *LlI* §90.19 *try hyt gronyn heyd yny uoduet*. Esbonia Lewis Morris, *LWLM* 38, 'Measures of Length ... took their beginning from a Barley Corn a very uncertain measure which I suppose hath made the measures of different countries, so much to differ.' **47**.2

trigfa, preswylfa, cartref. **8**.36

trigfan, preswylfa, cartref. **8**.48

trigiant, preswyliad. **8**.44

trigo, byw fel preswylydd. **8**.43

triwel, trywel, teclyn i osod morter, *WS* (1547) '*Trwel*: Trowell'. **58**.33

trochedig, wedi eu mwydo (am ddillad). **19**.10

trochi, mwydo dillad mewn **lleisw**, trwytho. **19**.9

trochiad, y weithred o fwydo dillad, trochfa. **19**.11

troed 7.95; yng nghyswllt y cigydd, **pedwar troed**, **4 troed 22**.7, 21 (mochyn); *ll*. **y traed 21**.18 (eidion); **23**.16 (mollt); **traed 26**.9 (llo)

troed bwyall, coes neu handlen bwyall. **53**.19; **troed bwyall** [= **menybr bwyall**] **53**.23

troed gard, coes neu handlen card gwlân; gw. **gard**. **27**.46

troed haeddel ar wedd troed [= **haeddel fawr, stwffwl**]. Awgryma darlleniad Pen 308i, 144 *Troedhaeddel: stwffwl aradr ar wedd troed* (JJ, *c*.1621) fod gwall yma, ac mai'r darlleniad cywir fyddai *troedheddel, stwffwl aradr ar wedd troed.* Cf. *BydAm* 4.226 '*troed-haeddel* ... Enw ar fath o haeddel aradr bren a fyddai yn ffurf y goes a'r troed dynol. Byddai'r arnodd wedi ei forteisio drwy goes yr haeddel a throed yr haeddel wedi ei hoelio, â hoelion pren, i wadn yr aradr.' Ymhellach, gw. *AradrGym* 59–60. **30**.56

troed pladur, coes neu handlen pladur. **31**.51

troed rhaw, coes neu handlen rhaw. **43**.31

troedfedd, deuddeg bodfedd yw, troedfedd = 12 modfedd. **47**.4

troedfedd bedrogl yw 144 bodfedd bedrogl, troedfedd sgwâr = 144 modfedd sgwâr. **47**.49

troedffust, y rhan o'r ffust y gafaelir ynddi; gw. **ffust, gwialenffust** a **ialffust**. **35**.12

troedio bwyall, gosod handlen neu goes ar fwyall. **53**.20

troedlas, troedlath turn y cowper, 'treadle'; gw. **roden turn**. **55**.15; *ll.* **troedlasau**, troedlathau gwŷdd y gwehydd, cf. Peate, 'Termau'r Ffatrïoedd Gwlân', 94. **59**.25

troedog [= **rhau, torch**] **sydd am y fuddel i roi yr aerwy trwyddi**. *BydAm* 4.226 '*troedog* ... Dolen yr aerwy sydd am y fuddel yn y beudy, y ddolen fawr haearn sydd am y "polyn preseb" ac yn rhan o'r aerwy neu'r gadwyn y rhwymir y fuwch â hi, ac yn caniatáu i'r fuwch godi a gostwng ei phen yn ddidrafferth'; gw. hefyd **aerwy a throedog**. **36**.9

troedog og, y gadwyn rhwng yr og a'r cambren, cf. Pen 308i, 112 *Penrhaw oged: troedoc oc / y did rhwng yr og ar kambren* (JJ, *c*.1621). **31**.5

y droedrudd: [Llad.] ***herba Roberti***, *GPC* 'Unrhyw un o amryw fathau o blanhigion o'r tylwyth *Geranium*, pig yr aran, yn enw[edig] llys y llwynog, *Geranium robertianum*'; gw. hefyd Atod.3.73. **122**.187

troell, troell nyddu. **27**.2, **59**.40; *bach.* **troellan** [= **troellig**] **27**.20; **troellig** [= **troellan**] **27**.20

troell fawr, troell i nyddu gwlân. Dyfeisiwyd y droell nyddu yn y 14g., ac fel yr esbonia Geraint J. Jenkins, *WWInd* 53–4, 'In reality, the spinning wheel represented the mechanization of the spindle [**cogail**] and whorl [**chwarfan**].' Ceir disgrifiad manwl gan Hugh Evans o droell fawr ei nain yn *Cwm Eithin* 87–8 'Yn gyntaf yr oedd mainc fechan o tua dwy droedfedd o uchter a thair troed iddi; ar ei chanol yr oedd post tua dwy droedfedd o uchter, ac *extro* bychan yn ei dop. Yr oedd olwyn neu gant y droell wedi ei wneud yn hollol ar lun olwyn cerbyd, ond ei fod yn ysgafn iawn. Lled y cant neu y cylch oedd tua chwe modfedd a'i drwch tuag wythfed ran o fodfedd; yr oedd post arall a fforch yn ei dop ar un pen i'r fainc a thwll drwyddo. Gosodid y chwarfan yn y fforch, a gwthid y werthyd trwy'r twll yn y fforch a thrwy y chwarfan. Yna gwneid strap neu felt o edau wlân, wedi ei gordeddu i fyned o amgylch y cylch a'r chwarfan. Troid y cant â'r llaw trwy roddi bys rhwng yr edyn. Gan fod y cylch tua thair troedfedd neu ragor ar ei draws, a'r chwarfan heb fod yn ddim ond tua modfedd a hanner, yr oedd y werthyd yn mynd yn gyflym iawn. Rhwymid pen un o'r rholiau [gwlân] wrth y werthyd, a dechreuid nyddu trwy roddi tro cyflym i'r cant ag un llaw, a dal y rholyn yn y llaw arall.' **27**.3, **28**.130

troell fechan, troell nyddu fechan. Yn *GPC troell fach*, ar sail tystiolaeth ddiweddarach, cysylltir y droell fechan â nyddu llin. **27**.4, **28**.131

troelli ŷd, troelli neu gylchdroi ŷd mewn rhidyll. **35**.60

troet: [Llad.] *turtur*. Gair Hen Gernyweg, nid Cym., yw hwn a ddaw yn y pen draw o'r *Vocabularium Cornicum*: #514 *turtur* gl. *troet* (*OCV* 221 'starling', lle esbonnir *turtur* yn wall am *turdus* 'thrush' yng ngeirfa Hen Saes. Aelfric). Gw. y Rhagymadrodd, §3.6. **124**.119

trol, cert, Pen 308ii, 7 *Trol: a Trowl* (JJ, *c*.1621). **32**.17, **45**.8

trolaid, **troled**, llwyth trol, Pen 308ii, 7 *Trolaid: a trowlfull* (JJ, *c*.1621). **34**.10; **troliaid**, **trolied 35**.4

troorydd. Teclyn anhysbys yn efail y gof, o bosibl ar gyfer *troi* gwrthrych; fe'i rhestrir ymysg offer y gof yn Llyfr Du'r Waun (13g.), *LlI* §141.3 (td. 163 'vice (?)'), ond nid oes tystiolaeth ei fod yn air byw erbyn oes John Jones (*GPC*). **52**.32

troorydd troell. Ai teclyn i droi olwyn troell? **27**.96

troslath [= **llysowbren**, **pislath**], darn o bren yn gwahanu gwartheg mewn beudy, yn ôl pob tebyg, neu efallai'r gwter garthu y tu ôl iddynt; gw. **llysowbren**. Diweddarach, a gwahanol, yw'r *troslath* a restrir yn *GPC*. **36**.21

trosol, *GPC* 'Bar (mawr haearn neu bren), yn enw[edig] un a ddefnyddir fel lifer, bollt, polyn, ffon, pastwn'; *WS* (1547) '*Trosol*: A barre'; Pen 228ii, 257ʳ *palangæ ... Gwifiæ neu drosolion y godi coet defnydh, treiglgoet y vwrw lhongae yr lann ne r dwr* (TW, 1604–7). **45**.67

trosol drws, bar drws. **8**.159

trosol haearn, bar neu bastwn haearn, 'crowbar'. **45**.68, **58**.34

trosol pren, bar neu bastwn pren. **45**.69

trostan gribo, *WS* (1547) '*Trostan*: A pole'. Mae ei leoliad o flaen **cribau** a **llysie'r cribe**, a ddefnyddiai'r pannwr i godi nap ar frethyn, yn awgrymu trawst o ryw fath a oedd yn rhan o'r broses honno. **60**.19

trothau [= **gwadnau**], trothwy, rhiniog drws, Pen 308i, 143 *Trothe drvs: a threshold* (JJ, *c*.1621). **8**.77; **trothau** [= **gwadn**, **hiniog**] **8**.140

trowedd gw. **trywedd**

trowynt, corwynt. **2**.44

trud: [Llad.] *tructa*. Gair Hen Gernyweg, nid Cym., yw hwn a ddaw yn y pen draw o'r *Vocabularium Cornicum*: #547 *tructa* gl. *trud* (*OCV* 236 'trout'). Gw. y Rhagymadrodd, §3.6. **125**.201

trull, *GPC* 'Llestr gwin, cwpan gwin … (geir.) larder, cell fwyd, pantri, bwtri, seler'. Dyma bennawd y rhestr hon, sy'n ymwneud â diodydd, a gweini diod (yn hytrach na bwyd); mae'n bosibl, felly, mai 'seler (win, &c.)' yw ei ystyr. Yn nhraean olaf y rhestr ceir geirfa'n ymwneud â chanhwyllau ar y bwrdd, gan yr ystyrid goleuo a diffodd canhwyllau, o bosibl, yn rhan o ddyletswyddau'r trulliad. **13**.1

trulliad, *GPC* 'Bwtler, tywalltwr neu weinydd (diod)'; lle daw'r enghraifft gynharaf o'r Cyfreithiau, *LlI* §18.1, 7–8 *e trullyat … a dele trullyav e llyn a rody e pavb herwyd e delyho*. **13**.2; *b*. **trulliades 13**.3

trulliadaeth, y weithred neu'r grefft o dywallt neu weini diod; ni cheir mohono yn *GPC*. **13**.4

trulliadiad. Ni cheir berf *trulliadu* 'gweini diod' yn *GPC*, ond o ragdybio berf o'r fath, ystyr *trulliadiad* fyddai'r weithred o weini diod. Ond mae'n debygol mai ffurf wallus yw hon. **13**.5

trulliadol, ?yn ymwneud â gwaith y tywalltwr neu'r gweinydd diod. **13**.6

trum, grwn (mewn cae); gw. **grwn**. **30**.123; *bach*. **trumen 30**.123

trumiad, y weithred o dorri cwys. **30**.126

trumiedig, wedi ei droi'n gwysi (am dir). **30**.127

trumio, *GPC* 'cefnu (tir, pridd, &c.), grynio, torri cwys'. **30**.124

trumiog, gryniog, llawn cwysi (am dir). **30**.125

trwmgwsg, cwsg trwm. **10**.17

trwmhun, cwsg trwm. **10**.9

trwmhuno, cysgu'n drwm. **10**.10

trwmhunog, yn cysgu'n drwm, cysgwr trwm. **10**.11

trwnc, troeth, piso. Astudid ansawdd trwnc er mwyn asesu iechyd, *Études* **8**.368 *trwy ansodeu y trwngk y gellir adnabot beieu dyn* (*c*.1400). **7**.144

trwnclestr [*ll*.] **trwnclestri**, pot piso. Ar *-estr* > *est*, gw. td. 37. **11**.72; **trwnclest 28**.180

trwp, *GPC* 'Llestr, dysgl, basn, bowlen, cunnog (odro), twb golchi, cerwyn'; *WS* (1547) '*Trwp*: A basen'. Mae ei leoliad yma rhwng **cornogyn** a **noe** yn awgrymu basn o faint canolig. **28**.121

trwyn 7.22; **96**.9 (ceffyl)

trwynffrwyn, y rhan o ffrwyn ceffyl a â dros y trwyn, 'noseband'. **37**.46

trwynwynt. Ni cheir mohono yn *GPC*; tybed a yw'n cyfateb i'r Saes. *headwind*, *OED* 'A wind blowing from directly in front (of a ship, vehicle, person, etc.)? Cf. yr ymadrodd *gwynt ffroen yr ych* a oedd 'Ar lafar gynt gan y porthmyn yn y De' (*GPC*), am wynt o'r dwyrain. **2**.41

trwyth, troeth i olchi dillad; gw. **lleisw**. **19**.15

trwythedig, wedi eu mwydo (am ddillad) mewn troeth neu leisw. **19**.17

trwythiad, troethiad, y weithred o droethi neu biso (am geffyl). **98**.5

trwythiad, y weithred o fwydo dillad (mewn troeth), trochiad, neu'r sylwedd y trochir dillad ynddo, troeth. **19**.18

trwytho, troethi, piso (am geffyl). **98**.4

trwytho, mwydo dillad mewn troeth neu **leisw** i'w golchi. **19**.16

trwythog, wedi eu mwydo mewn trwyth neu leisw (am ddillad). **19**.19

trybedd, teclyn teircoes neu drithroed i ddal llestr, *GeirGeg* 154 '*trybedd* ... stand haearn a thair coes iddi i ddal crochan, padell bres neu radell etc. uwchben tân ... *tripod*'. **15**.22, **16**.8, **28**.74; *bach*. **trybeddan** [= **trybeddig**] **15**.23; **trybeddig** [= **trybeddan**] **15**.23

tryfer, *GPC* 'Picell driphen (at drywanu pysgod)'. **125**.22

trym, trym- gw. **trum, trum-**

y dryw: **egrmwnt**, cf. *GPC llysiau'r dryw* 'common agrimony, *Agrimonia eupatoria*'; sef egrmwnt, agrimoni. Gw. hefyd Atod.1.70, Atod.3.74; *LlS* (1574) 57 *Y Tryw ... Eupatorium yn Llatin, Agrymonie yn Saesonaec. a Llysæ yr Tryw, nei Cahwlyn y mel nei ar ol arall Cólyn y mêl yn Camberaec*. **122**.188

trywedd, ôl, llwybr (ysgyfarnog), *WS* (1547) '*Trywedd*: Sent' ac yn arbennig y dyfyniad o lawysgrif Iolo Morganwg yn *GPC trywydd*, 'Llr C 17, 19, *Trywydd*, the sent of a hare, fox, &c.' **77**.22

tuad, tuog, tulu, &c., gw. **tyad, tyog, tylu**, &c.

tud, tir, daear, bro. **5**.7, **30**.15

tudlen *ll*. **tudlennau**, map (< *tud* 'gwlad' + *llen* 'dalen'), J 16, 157ᵛ *Tudlen. Mappa* (HS, *c*.1600); Pen 228ii, 183ᵛ *Mappa ... Mappa mundi, Tudlenn, llvn y byt* (TW, 1604–7). **5**.10

tudwedd, tir, daear. **5**.8, **30**.16

tudweddol, yn perthyn i'r tir neu i'r ddaear. **5**.9

tudded [= **twyg**], cas gobennydd. **28**.21; *bach*. **tuddedyn**, gorchudd, cwrlid. **11**.40

tudded clustog *ll*. **tuddedau** [= **twyg clustog** *ll*. **twygau**], gorchudd clustog, cas gobennydd. **11**.37

tulath *ll*. **tulathau** [= **rheswydden pen tŷ** *ll*. **rheswydd pen**; **haelasen** *ll*. **haelas**], trawst, ceibr, dist, *WS* (1547) '*Tuylath*: A rafter'. Gw. Jones, 'Geirfa Saer Cerrig', 180, '*tulath ... ll. tulatha*. Y trawst sy'n rhedeg yn llorwedd ar draws y to o un talcen i'r llall, "cross-beam". Fel arfer dwy a geir o boptu i'r crib.' **8**.92

turiad *ll*. **turiadau**, gweithred moch yn turio neu dyrchu. **71**.37

turio, *GPC* 'tyrchu am (fwyd, &c.) gan ddefnyddio'r trwyn, &c. (am anifeiliaid, yn enw[edig] moch)'; *WS* (1547) '*Turio val llwdyn hwch*: Wrote'; gw. hefyd **tirio**. **71**.36

turn, *GPC* 'Peiriant sy'n troi gwrthrych pren ... fel y gellir ei naddu i'r siâp a fynnir drwy ddal erfyn yn ei erbyn', 'lathe'. Mae'n debygol mai turn polyn, y 'pole lathe', sydd gan John Jones mewn golwg, cf. *TCC* 62: 'The driving power for this piece of equipment was supplied by a horizontal ash or larch pole anchored firmly to the ground at its butt. A piece of string joined the free end of the pole to the foot treadle, being passed around the lathe chuck first. When the treadle was pressed, the pole bent, the chuck turned, only to spring back again as the foot was removed. On each forward motion of the block of wood, the gouge or chisel was applied.' Gw. hefyd **roden turn**, **llinin turn** a **troedlas**. **55**.3

turnen, turn, neu gwrthrych pren wedi ei naddu ar durn. **28**.115

turniad, y weithred o naddu pren ar **durn**. **55**.6

turniedig, wedi ei naddu ar **durn**. **55**.5

turnio, naddu pren ar **durn**, *WS* (1547) '*Turnio*: Turne'; gw. **turn**. **55**.4

turniog, ?wedi ei siapio gan **durn**. **55**.7

turnor *ll*. **turnorion**, turniwr, naddwr pren, *WS* (1547) '*Turnor*: A turnar'. Cf. *Cwm Eithin* 100, lle esbonnir mai gwaith y 'Turnal (Turner), neu saer gwyn ... oedd gwneuthur llestri llaeth, y trwnsiwr 'menyn, y scimer, noe, cawgiau, y gwpan glust, llwyau preniau, y printar – offeryn i farcio'r pwys menyn fel y gellid ei adnabod oddi wrth ei nod.' Gw. J. Geraint Jenkins, 'Bowl Turners and Spoon Carvers', *Folk Life*, 1 (1963), 35–42. **55**.1

turnorieth, turnoriaeth, y grefft o durnio pren, *WS* (1547) '*Turnorieth*: Tornars crafte'. **55**.2

tuth, trot ceffyl, *WS* (1547) '*Tuth*: Trot'. **67**.75

tuthiad, y weithred o drotian (am geffyl). **67**.78

tuthiedig, wedi ei farchogaeth ar drot (am geffyl). **67**.77

tuthio, trotian (am geffyl), marchogaeth ar drot, *WS* (1547) '*Tuthio*: Trot'. **67**.76

tuthiog, yn trotian (am geffyl). **67**.79

tuthiol, yn trotian (am geffyl). **67**.80

twb, *GPC* 'Llestr agored llydan (crwn) ac iddo waelod fflat'. **28**.108

twca, cyllell fawr, *WS* (1547) '*Twcka*: A thwytell' (*OED whittle*, n.[2] 'A knife, esp. one of a large size, as a carving-knife, a butcher's knife').

Mewn ffugfarwnad i'r töwr Ieuan, a lithrodd ar do gan ddisgyn i'w farwolaeth, cyfeiria Ieuan Gethin at Dacyn (?Dafydd ab Edmwnd) yn cerdded heibio corff Ieuan a dwyn ei *dwca* (*GIGeth* 5.40). **28**.173

ll. **twigys** [*u.*] **twigysen**, brigau at doi. Ar y terfyniad lluosog -*ys* o'r Saes., gw. tt. 38–9. **8**.122

twnffed: *a tuning dish* ('a tunning-dish'), twmffat, twndish, cf. *OED tunning-dish, tun-dish* 'A wooden dish or shallow vessel with a tube at the bottom fitting into the bung-hole of a tun or cask, forming a kind of funnel used in brewing'. **16**.54; **twnffed 28**.103

twrch *ll.* **tyrchod**, mochyn a besgir i'w ladd, *WS* (1547) '*Twrch*: A hogge'. **71**.30; **twrch: sydd ynddo o olwythion i'w hysu**. Dyma bennawd y rhestr hon sy'n enwi'r darnau o gig (*golwythion*) i'w bwyta (*ysu*) a geir o fwtsiera baedd neu fochyn. **22**.1; *bach*. **tyrchyn 71**.31

twrlla: **twrch pasgedig**, mochyn wedi ei besgi, cf. Pen 228ii, 311ᵛ *porcus saginatus, Twrlha sef yw Twrch lhadh, tew* (TW, 1604–7); ond gthg. *GPC* 'Marmot, leming, llygoden y maes, hefyd yn *dros[iadol]*'. Mae'n amlwg mai mochyn wedi ei besgi yw'r ystyr i John Jones a Thomas Wiliems, ac mae'n debygol mai dyna'r ystyr yn rhai o'r dyfyniadau eraill yn *GPC* (yn enwedig lle disgrifir y *twrlla* yn *dorllaes*). Ond awgryma Henry Salesbury mai anifail lled-chwedlonol ydoedd: J 16, 160ᵛ *Twrlla. Pryv o vaint y wâdd a'i gevn yn ddu, ei ystlysau yn ruddion, a'i dór yn wyn. Aml ydyw em muroedd ffrithoedd yr Ennig vawr* (HS, c.1600). Cyfeiriodd Mary Burdett-Jones, 'Dau Eiriadur Henry Salesbury', *Cylchgrawn Llyfrgell Genedlaethol Cymru*, 26 (1989–90), 245, at sylw yn Caerdydd 4.330, 215 sy'n cysylltu cyfeiriad gan Salesbury â gwaith Konrad Gesner, *Historia Animalium*: *Twrlla. pryf o vaint twrch daiar ... Mus montanus S. Hieronymo in S. Biblijs medd H. Sal. consule Conr. Gesnerum*. **38**.4; **twrlla 71**.32

twrnel, twb, cerwyn, bowlen, cf. Jones, 'Geiriau Llafar Gwlad', 24, '*twrnel*, twb at ysgaldio mochyn ac at halltu'r cig' (sir y Fflint); *OED turnel* 'A tub; *esp.* a shallow oval tub'. **15**.60, **28**.107

twyg [= **tudded**], cas gobennydd. Gw. *GPC twyg* lle nodir ei fod yn gytras â'r Llydaweg *toagenn* 'cas (gobennydd)', y ddau o'r Llad. *thēca* 'amlen, cas, clawr'. **28**.21; *bach*. **twygyn 11**.41

twyg bwrdd [= **carped**], gorchudd bwrdd, lliain bwrdd. **28**.32

twyg clustog *ll*. **twygau** [= **tudded clustog** *ll*. **tuddedau**], cas gobennydd; gw. **twyg**. **11**.37

twym, twymyn, gwres, poethder. **5**.188; **twym 119**.14; **twymyn 119**.15

twymnedig, twymedig, wedi ei gynhesu neu ei boethi. **5**.192; **twymnedig 119**.17

twymnedigaeth, cynhesiad, poethiad. **5**.193
twymniad, cynhesiad, poethiad. **5**.191, **119**.18
twymno, cynhesu, poethi. **5**.189, **119**.16
twymno ffwrn, cynhesu ffwrn. **15**.28
twymyn gw. **twym**
twymyn mynydd, math o glefyd mewn gwartheg, cf. Pen 308i, 48 *Haint y mynydd* (JJ, *c*.1621), y cyfeirir ato hefyd gan William Salesbury yn *WS* (1547); *GPC haint y mynydd* 'a kind of infectious disease, esp. of cattle and sheep, murrain (lit. mountain disease)'. Mae'n bosibl ei fod yn cyfateb i'r hyn a eilw'r Sais yn *moor ill* (*OED* 'Disease seen in livestock (esp. cattle) grazing on moorland, or attributed to this') a achosir gan y parasit *babesia*. Prin yw'r cyfeiriadau at *twymyn y mynydd*, ond gw. *Cyf Profedig* 104–5 '*Twymyn y Mynydd. Rhwymiad* ... Mae'r Saeson yn gwahanu y clwyf hwn ... dan dri o wahanol glwyfau; y rhai a alwant yn gyffredin Clwy'r Coed (*Wood evil*) Clwy'r Corsydd (*Moor-ill*) a'r Bellen-rwym, neu'r Sypyn-rwym (*Clue bound, or Fardel bound*).' Mae'n amhosibl gwybod pa glefyd yn union sydd gan John Jones mewn golwg, a byddai ei gysylltu â *chlwy rhedyn* yn bosibilrwydd arall: *BydAm* 1.277 'Afiechyd ar wartheg ... mewn canlyniad i fwyta rhedyn sy'n cynnwys elfennau carsinogenig ... Nodweddir yr afiechyd gan dwymyn neu wres uchel a diferlif gwaed aml.' **105**.7
twysog *ll*. **twysogion**, tywysog, *WS* (1547) '*Twysoc*: A prynce'. **51**.29
twysogaeth, tywysogaeth, *WS* (1547) '*Twysogaeth*: Principalitie'. **51**.31
twysoges *ll*. **twysogesau**, tywysoges, *WS* (1547) '*Twysoges*: A pryncesse'. **51**.30
twysogiad, tywysogaeth. **51**.32
tŷ: [Llad.] *domus ll.* **tai**, [*lls.*] **teiau**, tŷ, cartref; gw. hefyd **teios**. **8**.1; **tŷ** ?ystafell **11**.15
tŷ annedd [= **anhedd-dy**], preswylfa, cartref. **8**.20
tŷ coed, tŷ wedi ei wneud o bren. **8**.75
tŷ gwreang, tŷ bonheddwr ifanc, tŷ ysgwïer. Gw. *GPC gwreang* (< *gŵr + ieuanc*) 'gŵr ifanc o fonedd'. **8**.61
tŷ maen, tŷ wedi ei godi â cherrig. **8**.67
tŷ tario [= **tŷ trigo**], tŷ annedd, cartref (*tario* = 'preswylio, trigo'). **8**.35
tŷ trigo [= **tŷ tario**], tŷ annedd, cartref. **8**.35
tyad, ?y weithred o godi neu sefydlu tŷ. **8**.2
tydded gw. **tudded**
tyed, tyaid [= **teied**], tyaid, llond tŷ. **8**.8
tyle, gwely, man cysgu; cf. *Welsh House* 83, 'The Word used in *Breuddwyd Rhonabwy* for a raised bed-platform is *tyle* ... it can be best

interpreted as "raised platform" ... on which bedding was generally laid.' **11**.14

tylinedig, wedi ei dylino (am does). **15**.63

tyliniad, y weithred o dylino (toes). **15**.64

tylino, gweithio toes i wneud bara. **15**.62

tylinog, ?wedi ei dylino (am does). **15**.65

tylinwr, un sy'n tylino, pobydd. **15**.67; *b*. **tylinwraig 15**.66

tylu [= **teulu**], tylwyth. **8**.9

tyluaeth, teuluaeth rheolaeth ar gartref, gofal tŷ. **8**.19

tyluedd, tyluaidd, teuluol. **8**.18

tyluog, teuluog, yn perthyn i deulu. **8**.11

tyluwr [= **teuluwr**], teuluwr, perchen tŷ, penteulu. **8**.13

tylwyth, teulu, preswylwyr tŷ. **8**.10

tylwythog, yn perthyn i'r teulu neu i'r cartref. **8**.12

tylluan *ll*. **tylluanod**, *WS* (1547) '*Tylluan*: An houle'. **124**.120

tymhoraidd, tymhorol, amserol. **120**.21

tymhorol, yn perthyn i dymor arbennig. **120**.20

tymor, tymor mewn blwyddyn. **120**.19; *ll*. **tymhorau 3** (pennawd)

2 tynewyn, *GPC* 'Ystlys corff rhwng yr asennau a'r glun'; cf. *OED flank*, n.[1] 'The fleshy or muscular part of the side of an animal', yma yng nghyswllt darnio mochyn gan gigydd. **22**.20

tyniad *ll*. **tyniadau mynciäu** [= **dwrn mynci** *ll*. **dyrnion myncïon**], *LlLlM* 103 '*tyniadau*: y ddwy gadwyn y bachir un pen iddynt wrth y *mwnci* a'r pen arall wrth fachau ar y llorpiau. Y rhain sy'n cymryd y pwysau wrth i'r ceffyl dynnu'; gw. hefyd **mynci**. **31**.12

tyniad ffust [= **rhwymyn ffust**], 'gewyn' i gysylltu dau bastwn **ffust**, sef teclyn a ddefnyddid i ddyrnu ŷd, cf. *GPC tyniad*[1]. **35**.15

tynnu ar heisyllt, tynnu cywarch neu lin drwy **heisyllt** neu grib. **27**.89

tynnu diod, tynnu diod o gasgen neu faril. **13**.63

tyog, ?a chanddo dŷ, yn berchennog tŷ. **8**.5

tyogaeth, ?preswyliaeth tŷ. **8**.6

tyogiad, ?preswyliwr tŷ. **8**.7

tyol, yn perthyn i dŷ neu i deulu, teuluaidd (*GPC* 1772). **8**.3

tytmwy *ll*. **tytmwyau** [= **llanged** *ll*. **llangedau**], bwcl neu glasb a ddefnyddir i rwymo ceffyl, Pen 309i, 1262 *Tytmwy: Derbynniad penn kengl* (JJ, 1623–4). **37**.61

tytmwyad [= **llangediad**], ?y weithred o rwymo ceffyl. **37**.64

tytmwyedig [= **llangedig**], wedi ei rwymo (am geffyl). **37**.65

tytmwyo [= **llangedu**], *GPC* 'Clymu, rhwymo, ... byclu, botymu'. **37**.62

tytmwyog [= **llangedog**], wedi ei glymu neu ei rwymo (am geffyl). **37**.63

tywel *ll.* **tywelau**, lliain sychu. **13**.70; **tywel 28**.40; **66**.15 (siop barbwr)
tywod, swnd. **58**.18
tywydd [= **hin**] **2**.1
tywydd eirïog [= **hin eirïog**], tywydd eira. **2**.29
tywydd garw [= **hin arw**], tywydd garw. **2**.4
tywydd gwlyb [= **hin wlyb**], tywydd glawiog. **2**.12
tywydd gwntog [= **hin wntog**], tywydd gwyntog. **2**.28
tywydd mwll [= **hin fwll**], tywydd trymaidd. **2**.24
tywydd oer [= **hin oer**] **2**.26
tywydd rhewog [= **hin rewog**], tywydd rhewllyd. **2**.30
tywydd teg [= **hin deg**], tywydd braf. **2**.3
tywydd tesog [= **hin desog**], tywydd poeth. **2**.22
tywyllnos, nos dywyll. **4**.47
tywyn haul, tywyniad haul. **1**.40
tywynedig, yn tywynnu, disglair. **1**.75
tywyniad, disgleiriad, pelydriad. **1**.77
tywyniad haul, disgleirdeb haul, pelydriad haul. **1**.70
tywynnol, yn tywynnu neu'n disgleirio. **1**.76
tywynnu, disgleirio. **1**.74
ll. **tywys** [*u.*] **tywysen gwenith**, **haidd a rhyg**, brig coesyn gwenith, haidd neu ryg, cf. *WS* (1547) '*Tywysen o yd*: An ere of corne'. **31**.187
uchedydd [= **ehedydd**]: *a lark*. Datblygodd *uchedydd* yn amrywiad cynnar ar *ehedydd* dan ddylanwad yr arddodiad *uch* 'uwch'; gw. hefyd **hedydd**. **124**.121
uchelwr *ll.* **uchelwyr**: [Llad.] *magnates*, bonheddwr. Gellid dehongli *magnates* fel ffurf Lad. neu Saes. **51**.53
ucher, yn gynnar gyda'r nos. **4**.92; **ucher: o'r 6 ar y gloch uchod hyd 9 ar y gloch yw yr ucher, yn dair awr**, rhwng chwech a naw o'r gloch gyda'r hwyr. Cyfeiria 'uchod' at y tabl, td. 142. **120**.51
uffernwynt, gwynt uffern, gwynt erchyll neu wynt poeth iawn. **2**.47
ulw, lludw, marwor. **5**.173
ulw llien [= **ysbwrn**]: *tynder* ('tinder'), *GPC ulwlïain* 'Lliain golosged, tender' (a'r unig enghraifft yno o eiriadur *Walters* (1794)); cf. *OED tinder* 'Any dry inflammable substance that readily takes fire from a spark and burns or smoulders; esp. that prepared from partially charred linen'. **9**.26
ll. **us** [*u.*] **usyn**, us, peiswyn, plisgyn grawn, siaff. **31**.193
usach, us, mân us; cf. **manusach**. **31**.195

uwch corf, rhan uchaf y neuadd gynt, yn ôl y Cyfreithiau Cymreig; cf. *LlI* §5.1–2 *Petwar cadeyryavc ar dec esyd yn llys, petwar onadunt ys coryf a dec uwch coryf*. **9**.10

warndwns *u*. **warndysen**, *GPC wardwn* 'Math o ellygen goginio', *OED warden*, n.[2] 'An old variety of baking pear' (*wardun*, &c., mewn Saes. Canol); *Cotgrave* (1611) '*Poire de garde*. A Warden, or Winter Peare; a Peare which may be kept verie long'. Ai amrywiad tafodieithol yw *warndwns*, gydag *n* wedi tyfu rhwng yr *r* a'r *d* (gw. td. 37)? **121**.59

weithian, ar hyn o bryd, o hyn allan, *WS* (1547) '*Weithyan*: Nowe than'. **120**.76

wermod lwyd, *Y Bywiadur* '*Artemisia absinthium*, wormwood'; hefyd Atod.1.2 *Absinthium: wormwood: y wermod lwyd*, Atod.3.332 a cf. *Llysieuwr* 12 *Absynthium: Y llyshiewyn ynn y Gymraeg a'r Saesnaeg a ellwir* [sic] *werrmod, yr hwn ysydd llyshiewyn kyfredin ymhob gwlad, a'i rinwedd ef ysydd vawr* (EG, *c*.1545). **122**.177

wermod wen, *GPC* 'feverfew, *Tanacetum parthenium*'; hefyd Atod.1.88 *Ffebrifuga: y wermod wenn*, 164, Atod.3.333, 344 ac *WS* (1547) '*Wermod wenn*: Fedder fewe'. **122**.178

wers, am ysbaid (ffurf dreigledig *gwers* 'tro, ysbaid' â grym adferfol), Pen 308i, 152 *Wers: a while* (JJ, *c*.1621). **120**.80

whitlingyn *ll*. **whitling**, *GPC chwitlyn* 'Pysgodyn a berthyn i'r gwyniedyn a'r penfras a chanddo groen dulas'; benthyciad o'r Saes. *whitling*. Cf. Lewis Morris (*c*.1745) yn LlGC 24052E, 285: *The Whiting, in welsh Whitlin Gwyn*. **125**.202

winiwn, wynwyn, nionyn. *WS* (1547) '*Wynwyn, llyseun ddyryr gwragedd wrth eu llygait er kymel[l] wylo pan vo meirw eu gwyr*: An onyon'; *LlS* (1574) 83 *Oinion ... Cepa yn Llatin, an Onion yn Saesonaec ac Oinion yn Camberaec yw ei enw*. **122**.179

[ ] **wrest**. Yma rhwng **llif osod** a **gosod llif**. Ai *saw wrest*? Cf. *OED wrest*, n.[1] a'r dyfyniad yn 6c o 1688, 'Wrest, is that by which Saw Teeth are set'. Os felly, ymddengys nad oes gair Cym. cyfatebol yma, a all awgrymu bod John Jones yn dilyn rhestr Saes. pan gododd y gair i Pen 308i, 192, ond iddo fethu darllen y gair cyntaf yn y ffynhonnell honno. Ceir geiriau eraill (cyfystyron) Saes. yn y rhestr hon: sef 82 *a plan bytt*, 84 *a ffôr plan*, 85 *a smodding plan*, 86 *a dsiounter*. **53**.63

wrthdradwy, ffurf dreigledig *gwrthdradwy*. Ni cheir mohono yn *GPC*, ond fel y mae *gwrthdrennydd* yn golygu'r diwrnod cyn ddoe (*gwrth* 'y gwrthwyneb i' + *trennydd* 'diwrnod ar ôl yfory'), sef echdoe, tybir bod *gwrthdradwy* yn golygu tri diwrnod yn ôl o heddiw (*gwrth* + *tradwy* 'tridiau ar ôl heddiw'). Cf. *WOP* '*Gwrthdradwy*, ... The fourth day past' (a chymryd ei fod yn cyfri heddiw yn y swm). Disgrifia John Davies (1632) *gwrthdrennydd* fel ffurf lafar ('vulgò'), ac mae'n bosibl fod y ffurfiau eraill a gofnodir yma (**wrthdradwy** ac **wrthechdoe**), hefyd yn ffurfiau nas cofnodwyd gan y geiriadurwyr cynnar oherwydd tybio eu bod yn rhy llafar ac ansafonol. **120**.62; **wrthtradwy 4**.33

wrthechdoe, ffurf dreigledig *gwrthechdoe*. Ni cheir mohono yn *GPC*, ond ar lun *gwrthdrennydd* 'echdoe' (*gwrth* 'y gwrthwyneb i' + *trennydd* 'y diwrnod ar ôl yfory', *GPC*), disgwylid bod *gwrthechdoe* yn golygu 'drennydd', sef y diwrnod ar ôl yfory. Gw. hefyd **gwrthdradwy**. 4.37

wy *ll*. **wyau**, *WS* (1547) '*Wi / ne / wy*: An egge'. **123**.11

wyau clwcod, wyau pwdr. **123**.16 (iâr); **123**.44 (gŵydd)

wyau goredig, wyau clwc neu wedi eu deor. **123**.15 (iâr); **123**.43 (gŵydd)

wybr, awyr, ffurfafen, cwmwl. **1**.63; *bach*. **wybren** *ll*. **wybrennau 1**.64

wybrennaidd, awyrol, cymylog. **1**.67

wybrennog, awyrol, cymylog. **1**.65

wybrennol, awyrol, cymylog. **1**.66

wyneb: [Llad.] *facies* **7**.29

ŵyr, ŵyr (gwrywaidd). **6**.91; **ŵyr** *ll*. **wyrion 117**.183; **ŵyr**, wyres; cf. disgrifiad Dafydd ap Gwilym o'i gariad o Wynedd, *DG.net* 130.27–8 *Ac o Wynedd pan henyw, / Ac ŵyr i haul awyr yw*. **6**.95, **117**.188

wythnos *ll*. **wythnosau 4**.18; **wythnos 120**.14

wythnosol, bob wythnos (*GPC* 1675). **4**.19

ych *ll*. **ychen**, *WS* (1547) '*Ych*: An oxe'. **68**.58

ŷd addfed, ŷd aeddfed sy'n barod i'w gynaeafu; ar *ae* > *a* yn safle'r goben, gw. td. 36. **31**.47

ŷd glas, ?ŷd anaeddfed nad yw'n barod i'w gynaeafu. **31**.48

ŷd yn ei gors, ?ŷd ar galaf (cyn ei gynaeafu). **31**.43

ydlam, ydlan, *GPC ydlan* 'Buarth neu iard lle cedwir tasau o ŷd, gwair, gwellt, &c., gardd ŷd, cadlas; granar'. Er bod John Jones yma'n trin y ddau air yn amrywiadau ar ei gilydd, mae'n debygol mai ffurf ar *adlam* yw *ydlam*: cf. *GPC adlam*[1] 'ysgubor, granar'; cf. **ydlamu**. **31**.160

ydlamu, rhoi mewn ydlan (am ŷd, &c.); naill ai gwall neu amrywiad ar *ydlannu*, neu ynteu ffurf amrywiol ar *adlamu* 'rhoi mewn ysgubor', gw. ar **ydlam** (ond ni cheir y ferf *adlamu* yn yr ystyr hon yn *GPC*). **31**.161

yfory 4.30, **120**.59

yleni, eleni, y flwyddyn hon, *WS* (1547) '*Eleni*: Thys yere'. **120**.64

yllynedd, y flwyddyn ddiwethaf. **120**.63

ymaelyd [= **ymafelyd**], ymaflyd codwm, gw. **ymafelyd**. **49**.35

ymafelyd [= **ymaelyd**], ymafaelyd, ymaflyd codwm, 'wrestle'. Fe'i henwir yn un o'r Pedair Camp ar Hugain yn Pen 56, 28 *ymavyl* (llaw anh., 16g.). **49**.35

ymdrabaeddu, ymdreiglo mewn mŵd (am fochyn). **71**.8

ymdwymno, **ymdwyno**, ymgynhesu, mynd yn boethach. **5**.190

ymennydd, *WS* (1547) '*Emenydd*: Brayne'; yma yng nghyswllt y cigydd. **24**.6 (oen bras); **26**.3 (llo)

ymenyn, **ymenyn-** gw. **emenyn**, **emenyn-**

ymgyfathrachu, uno trwy briodas, *WS* (1547) '*Ymgyfathrachy*: Be alyed'. **117**.215

ymgynhesu, cynhesu. **119**.13

ymhiniog *ll.* **ymhiniogau**: **post drws, dau ymhiniog sydd, ôl a blaen**, amhiniog, post drws, Pen 308i, 153 *ymhiniog y drws: y post blaen ir drws* (JJ, *c*.1621), sef y 'fore post', y postyn pellaf oddi wrth y bachyn. Cf. Jones, 'Geirfa Saer Cerrig', 179, '*hiniog* ... coedyn ochr neu ystlys ffrâm y drws' oedd 'hen ystyr y gair hwn sydd wedi datblygu'n *rhiniog* yn golygu'r trothwy'. **8**.138; **ymhiniog**: *the fore post of the dore* ('the fore-post of the door'). **8**.137

ymlyniad *ll.* **ymlyniaid**, ci hela, bytheiad. **73**.32

ymolchi 13.71, **66**.16

ymsychu, ei sychu ei hun. **13**.72, **66**.22

ymwresogi, ymgynhesu. **5**.201, **119**.8

yn awr, 'nawr. **120**.72

yn ehegr, ar unwaith; gw. *GPC ehegyr, ehegr.* **120**.75

yn gynhyrchol, yn bresennol. **120**.74

yn lleigys, yn fuan, ar unwaith, *WS* (1547) '*Yn lleigys*: Sone, anon'. **120**.82

yn y lle, yn fuan, yn syth, *WS* (1547) '*Yny lle*: Sone'. **120**.78

yn y man, yn fuan, cyn hir. **120**.79

yr owran, 'rŵan; amrywiad ar *awran < yr awr hon*. **120**.73

yr yrwest [= **yr wrwst, y crwmp, y cramp**], cwlwm gwythi, y cyflwr o fod wedi cyffio. Ni cheir y gair yn *GPC,* ond tebyg mai ffurf amrywiol ar *yr wrwst* (*GPC gwrwst*) ydyw. **46**.93

ysbaengi, sbaniel. **73**.49

ysbaengi dŵr, sbaniel dŵr, *OED water spaniel* 'Any of several varieties or breeds of spaniel, used esp. for retrieving waterfowl; a dog of such a variety or breed'. **73**.50

ysbaid, cyfnod o amser. **120**.86

ysbardun ceiliog, 'cockspur'. **123**.31

ysbas, ysbaid o amser, ennyd (o'r Saes. *space*). **120**.87

ysbodol, ffon neu bastwn i guro cywarch neu lin, J 16, 44ʳ *Spodol. swingle*;

OED swingle, n.[1] 'A wooden instrument resembling a sword, used for beating and scraping flax or hemp so as to cleanse it of woody or coarse particles'. Gw. hefyd **sbodol bren, llaw ysbod, llaw sbodol**. **27**.78

ysbodoli, curo neu bwyo cywarch neu lin ag **ysbodol**, cf. *OED swingle*, v.[1] 'To beat and scrape (flax or hemp) with a swingle, in order to cleanse it of the coarser particles'. **27**.79

ysbodolog, wedi ei guro ag **ysbodol** (am gywarch neu lin). **27**.80

ysbûr, panel neu bared, yn aml o wiail, i wahanu dwy ran ystafell, Pen 308i, 169 *yspur: kyfwng o goed a gwial ne beth arall rhwng dwy ystavell: a particione* (JJ, *c*.1621). **9**.92; **ysbur**: *a particione between two chambers* ('a partition between two chambers'). **9**.100

ysbwrn [= **ulw lliain**]: *tynder* ('tinder'), coed tân, *WS* (1547) '*Yspwrn*: Fyre wod, tynder'. **9**.26

ysbyddad [*ll*.] **ysbeddyd**, draenen wen, llwyn drain, *WS* (1547) '*Yspaddat*: Hawethornel'. **121**.134; *bach*. **ysbyddaden 121**.135

ysbyddaden wen, draenen wen. **121**.138

ysbyddadlwyn, llwyn o ddraenen wen. **121**.139

ysgadenyn *ll*. **ysgaden** *ed*. **sgadan** gw. **sgadan** a **sgadenyn 125**.96

ysgafn, o ŷd mewn ysgubor, *GPC ysgafn*[3] 'Tas, rhic, stwc; pentwr, cruglwyth'; *WS* (1547) '*Yscafyn o yd ne wair*: A mowe' (*OED mow*, n.[1] 'A stack of hay, corn, beans, peas, etc.; *esp*. a heap of grain or hay in a barn'). **31**.152; **ysgafn** [= **misgafn**] **35**.6

ysgafnedig, wedi ei dasu mewn ysgubor (am ŷd, &c.). **31**.154

ysgafniad, casgliad o ŷd, &c., mewn ysgubor. **31**.155

ysgafnog, wedi ei dasu mewn ysgubor (am ŷd, &c.). **31**.156

ysgafnu, pentyrru neu dasu ysgubau ŷd, &c., mewn ysgubor; gw. **ysgafn, o ŷd mewn ysgubor**. Cf. Jones, 'Geiriau Llafar Gwlad', 24, '*ysgafnu*, gwneud dâs ŷd' (sir y Fflint). **31**.153; **ysgafnu** [= **misgafnu**] **35**.7

ysgâl, *GPC ysgâl*[1] 'Llestr, cwpan, bowlen, dysgl, basn, plât, padell'; *WS* (1547) '*Yscal, ffiol vawr*: A boule'; cf. *OED scale*, n.[1] 'A drinking-bowl or cup'. **28**.124

ysgaldiad, llosgiad. **119**.43

ysgaldiedig, wedi ei ysgaldio neu ei losgi. **119**.42

ysgaldio, 'scald', llosgi (e.e. poethi llaeth, &c., nes ei fod ar fin berwi), *WS* (1547) '*Yscaldio*: Scalde'. **119**.44

ysgall, *WS* (1547) '*Y[s]call*: Thystyll'. **122**.210

ysgall Mair, *GPC* 'milk thistles, *Silybum marianum*'; hefyd Atod.1.208 *Silestris: y Teilys gwyllt: Ysgall Mair*, Atod.3.345 a cf. *LlS* (1574) 21–2 *Yscallddrain gwýn ... vn rhyw sydd a elwir yn gyphredin Carduus*

Mariae yn Llatin Our Ladies thystle yn Saesonaec. ac Yscal[l] Mair nei/r/ llaeth yscall yn Camberaec. **122**.211

ysgarwydden [= **aerwy a throedog**], math o droedog i glymu anifail, Pen 308i, 29 *Escerwden: aerwy a throedoc* (JJ, *c*.1621). Ni chafwyd enghraifft arall: ai cyfuniad o *esgair* 'coes' + *gwydden* 'pren'? **72**.18

ysgaw [*u.*] **ysgawen**, coed ysgaw, 'elder trees'; cf. *LlS* (1574) 26 *Yscaw … Sambucus yn Llatin, An Elder tree nei a Boure tree yn Saesonaec ac Yscaw yn Camberaec.* **121**.224

ysgidowgwyll, ysgudogyll, pila gwyrdd, 'siskin' (*GPC ysgudogyll*); TJ (1688) 'Ysgidogŷll, Aderun tebig i linosen. *a Bird called a Siskin*'. **124**.124

ysgithr *ll.* **ysgithredd**, dant hir a phigog. **71**.34 (mochyn); **101**.2 (hwch); *ll.* **ysgithredd 96**.6 (ceffyl)

ysgithrog, â dannedd hir a phigog. **71**.35 (mochyn); **96**.7 (ceffyl)

ysgol, ysgol ddringo. **45**.94

ysgrin, sgrin, panel neu bared i wahanu dwy ran ystafell. **9**.91

ysgrythedig, yn crynu (gan oerfel). **118**.22

ysgrythiad, cryniad (gan oerfel). **118**.21

ysgrythog, yn crynu (gan oerfel). **118**.23

ysgrythu, crynu (gan oerfel). **118**.20

ysgub [= **ysgubell**], ysgubell, brwsh. **14**.110, **28**.73; *bach.* **ysguban** [= **ysgubellan, ysgubellig**] **14**.123

ysgub yw dwy ddram, sypyn o ŷd wedi ei glymu ynghyd; gw. **dram o ŷd**. **31**.114

ysgub fedi, sypyn o ŷd wedi ei fedi a'i glymu ynghyd. **31**.108

ysgubedig, wedi ei ysgubo, wedi ei lanhau â brwsh neu ysgub. **14**.112

ysgubell [= **ysgub**], ysgub, brwsh. **14**.110, **28**.73; *bach.* **ysgubellan** [= **ysguban, ysgubellig**] **14**.123; **ysgubellig** [= **ysguban, ysgubellan**] **14**.123

ysgubiad, y weithred o ysgubo neu lanhau â brwsh neu ysgub. **14**.113

ysgubo, clirio neu lanhau â brwsh neu ysgub. **14**.111

ysgubor *ll.* **ysguboriau**, granar, adeilad i gadw grawn, gwellt, &c. **35**.1

ysguthan *ll.* **ysguthanod**, colomen wyllt. **124**.125

ysgwîr, *GPC ysgwîr*[3] 'Sgwaryn (saer, &c.)', a *sgwaryn* 'offeryn ar lun T neu L a ddefnyddir gan saer, &c., i sicrhau bod rhywbeth yn sgwâronglog neu'n syth'; daw o'r Saes. Canol *squire* (*OED square*). **53**.101

ysgwyd, tarian. Roedd yn air cyffredin yn y farddoniaeth gynnar ond nid oes tystiolaeth yn *GPC* ei fod yn air byw erbyn oes John Jones. **50**.32

ysgwydd 7.43; **96**.27 (ceffyl)

ysgwydd gudyn, cudyn o fwng ar ysgwydd ceffyl. **67**.65, **96**.25

yr ysgyfaint, *WS* (1547) '*Yscyfaint*: Lyghtes'. **23**.11 (mollt); **sgyfaint** 7.114 (dynol); **ysgyfaint 24**.9 (oen bras); **26**.12 (llo); **ysgyfent 96**.48 (ceffyl)

yr ysgyfaint (a'r *-h-* yn y llawysgrif, *yscyfhaint*, o bosibl dan ddylanwad y gair *haint*), haint ar ysgyfaint ceffyl, neu 'ysgyfeinwst, llynmeirch', 'strangles, glanders' (*GPC*); cf. *OED strangles* 'A disease in horses and other animals, characterized by inflamed swellings in the throat'. **104**.8

ysgyfarn [= **clust**], clust dynol; ond clust anifail yn ôl Henry Salesbury: J 16, 43^r *Scyvarn. eare of a beast. Auris* (HS, *c*.1600). **7**.10

ysgyfarnog *ll*. **ysgyfarnogod**, *WS* (1547) '*Yscyfarnoc*: An are'. **77**.1

ysgyrion, priciau tân. **29**.10

ysgyrioni, torri coed yn briciau tân. **29**.11

ysgythredig, wedi ei thocio neu ei digeincio (am goeden). **44**.22

ysgythriad, y weithred o docio neu o ddigeincio coeden. **44**.23

ysgythru, tocio, digeincio (coed), Pen 309i, 1353 *yskythru: Torri bric koed* (JJ, 1623–4); *WS* (1547) '*Yscrythry*: Croppe, loppe'. **44**.19

ysledi gw. **sled**

yslediaid, llwyth sled. **34**.11

ystaen, tin, piwter, *WS* (1547) '*Ystaen, ryw vetel*: Pewter'. **128**.5

ystalwyn *ll*. **ystalwyniaid**, stalwyn, march. **67**.13

ystarn [= **pynoreg**], cyfrwy pwn, Pen 308i, 153 *ystarn: Paksadl: sadell*, 169 *ystarn: panorec ne sadel* (JJ, *c*.1621). **37**.92; **ystarn 45**.81

ystarnedig, ac iddo gyfrwy pwn (am geffyl). **37**.94

ystarnog, ac iddo gyfrwy pwn (am geffyl). **37**.95

ystarnol, ac iddo gyfrwy pwn (am geffyl). **37**.96

ystarnu, gosod ystarn, rhoi cyfrwy pwn ar geffyl. **37**.93

ystlum *ll*. **ystlumod**, J 16, 45^v *Stlum. flittermouse. reremouse. Backe* (HS, *c*.1600), a *backe* yn ffurf gynharach ar *bat*. **124**.126

ystlys, ochr y corff. **7**.76; y rhan rhwng asennau a morddwyd ceffyl. **96**.31

ystlys bwyall, ochr bwyall. **53**.15

ystlysfwrdd, bwrdd ar ystlys neu ochr ystafell. Wrth ddychanu cybydd o Faelor, cyfeiriodd Tudur Penllyn at *ystlysfwrdd gwrdd, gwyn* lle roedd bwyd yn brin iawn, *lle anaml ancwyn*, gw. Roberts, *Gwaith Tudur Penllyn*, 47. **9**.82

ystlyswynt, asgellwynt, gwynt yn chwythu o'r ochr; *TJ* (1688) 'Asgellwynt, ystlyswynt: *A side-wind*'. **2**.42

ysto, ystof, *GPC* 'Yr edafedd yn eu hyd ar y gwŷdd a weithir yn gyfrodedd i'r anwe', *WS* (1547) '*Ysto*: The warpe'. **59**.7

ystofi defaid. Ansicr yw ystyr *ystofi* yng nghyswllt defaid, ond mae ei leoliad yn yr eirfa yn awgrymu gair yn ymwneud â chrynhoi defaid er mwyn eu corlannu. Byddai 'trefnu' yn bosibl, sef ystyr ffigurol *GPC ystofi*[1], lle gwelir enghreifftiau o'i ddefnydd am drefnu neu reoli brwydr neu fyddin. Llai tebygol, efallai, yw *GPC ystofi*[3] 'dofi, darostwng', ond cf. yr enghraifft yno o'r 16g. yng nghyswllt dofi cŵn, yn yr ystyr o beri i gŵn ildio neu gael eu darostwng i ewyllys dyn. **69**.4

ystofiad, y weithred o **ystofi defaid**. **69**.5

ystôl *ll*. **stolion**, sedd, *WS* (1547) '*Ystol i eistedd arnei*: A stole'; gw. hefyd **stôl cerwyn**. **9**.93; **stôl 28**.7

ystol Fair: **sentri** ('centaury'), *GPC ysgol Fair* 'Saint John's wort, centaury'; hefyd Atod.1.53, 77 *Erba Johanna: ac erba perforata: yr Eirinllys: Yscol Fair*, Atod.2.5, Atod.3.91, 353, 360 *Ystol Fair: Centri*. Cf. *LlS* (1574) 30 *Yscol Vair ... Greate Saint Iohns Wort yn Saesonaec ac Ysgol Vair yn Camberaec*. Mae'n bosibl mai gair Cym. yw *sentri* (*GPC sentri*[1]) yma yn hytrach na ffurf ar y Saes. *centaury*. **122**.212

ystôl gyngrod, stôl neu stondin ar gyfer dal gwerthyd i ddirwyn edafedd llin neu gywarch; gw. **cyngrod**. **27**.106, **28**.143

ystroduriad, gosodiad cyfrwy paciau ar geffyl; gw. **strodur hir**. **37**.99

ystrodurio, gosod cyfrwy paciau ar geffyl; gw. **strodur hir**. **37**.98

ystrodurog, ac iddo ystrodur neu gyfrwy paciau (am geffyl); gw. **strodur hir**. **37**.100

ystwc *ll*. **ystyciau** [= **cogwrn** *ll*. **cogyrnau**], *GPC ystwc*[2] 'Nifer o ysgubau wedi eu gosod yn eu sefyll yn erbyn ei gilydd mewn cae i sychu (weithiau hefyd ag ysgubau eraill yn gapan arnynt)'; *WS* (1547) '*Ystwck, cogwrn o yd*: Shocke of corne, stacke' ac *EDD stook*, sb.1 'A shock of corn consisting of a varying number of sheaves, most often ten or twelve'. Gw. hefyd **stwcan**. **31**.125

ystyciad [= **cogyrniad**], gosodiad ysgubau yn ystyciau; gw. **ystwc**. **31**.129

ystycied [= **cogyrned**], ystyciaid, ystwc o ŷd; gw. **ystwc**. **31**.127

ystyciedig [= **cogyrnedig**], wedi eu ffurfio'n ystyciau (am ysgubau); gw. **ystwc**. **31**.128

ystycio [= **cogyrnu**], *GPC* 'Gosod (ysgubau) yn styciau'; gw. **ystwc**. **31**.126

ystyllen *ll*. **ystyllod**, **ystyllennod**, ystyllen, astell. **8**.131

ystyllen bridd [= **boch astell**], y rhan o'r aradr sy'n troi'r pridd wrth aredig. Dyma'r *ystyllen bren a drôi bridd* y cyfeiriodd Lewys Glyn Cothi ati mewn cywydd i'r aradr, *GLGC* 236.32. **30**.61

ystyllod dirwyn, *GPC ystyllen (d)dirwyn* 'yarn-winder, winding blade', *WS* (1547) '*Ystyllod dirwyn*: Blades'. **27**.105, **28**.142

ystyllodi, gosod ystyllod. **8**.132

ystyllodiad, gosodiad ystyllod. **8**.133

yswain, ysgwïer, uchelwr. **51**.47
yswinas, llid crawnllyd yn y corn gwddf a'r tonsiliau, 'quinsy' (o'r Saes. Canol *squinase*); ceir *yswinas* a *swinasse* yn *Llysieuwr* 30 *gouid o wraid y tauod, yr hwn a elwir swinasse*, 56 *yswinas* (EG, *c*.1545). **46**.53
yta, cynaeafu neu gardota ŷd. **31**.184
ywen, coeden yw, Pen 309i, 1365 *ywen: Prenn glas, Pren yw* (JJ, 1623–4). **121**.196
yys gw. **us**

Peniarth 307, 21: un o batrymau inc John Jones

Mynegai i Eiriau Ychwanegol

Mynegai dethol i eiriau mewn cyfuniadau a diffiniadau. Cyfeirir at y cofnodion yn Rhan II: Mynegai Nodiadol lle nodir lleoliad y gair/geiriau yn y testun.

adar, aderyn *gw.* dybryen; pwffins
addfed *gw.* ŷd addfed
aelodau *gw.* eidion
aerwy *gw.* bwa aerwy; dôl aerwy; gwarrog aerwy; rhau; torch; troedog
aethnen *gw.* pren aethnen
afan *gw.* pren afan
afon *gw.* bwrw rhwyd; gosod rhwyd; hardd
afrywiog *gw.* buwch afrywiog
afu *gw.* hangwen
agalen *gw.* hogi cryman ag agalen
agos yn *gw.* morbysg
anghenraid *gw.* caul
anghyfrwys *gw.* gellgi anghyfrwys; milgi anghyfrwys
aing *gw.* gaing
ais *gw.* hoelion ais
alarch *gw.* bron alarch
amgyffra, amgyffred 'cynhwysa' *gw.* crennog; hob; pèg
amrwd *gw.* cig amrwd
amser a fu *gw.* tri amser
amser a fydd *gw.* tri amser
amser y sydd *gw.* tri amser
amyd *gw.* blawd amyd
anifel, anifeliad, anifeliaid, anifeiliaid *gw.* ced; cynilyn; glawty; gollwng gwaed anifel; lladd anifel; peiriannau anifeliaid; penty; pislath; taflod
annedd *gw.* glawty; penty; tŷ annedd
anterth *gw.* pryd anterth
ar wedd *gw.* troed haeddel
ar y gloch *gw.* anterth; borau; echwydd; gosber; nawn; pylgain; ucher

aradr *gw.* cebyst aradr; cledde aradr; clust aradr; gwerthyd aradr; gwŷdd aradr; llyffant aradr; olwynion yr aradr
arf *gw.* bwyall arf
arfwng *gw.* eidion
arian *gw.* cwpan arian
aris *gw.* gaing aris
arth *gw.* cenau arth
Arthur *gw.* chwys Arthur
arwain, arweinir *gw.* blobys, ced; cynilyn; gafr
asgellog *gw.* abad; saeth asgellog
asgwrn *gw.* manwnion
astell *gw.* boch astell
atherig *gw.* cath atherig
aur *gw.* mwyn aur
awel *gw.* cloig yr awel
awr *gw.* yn awr
Awst *gw.* mis Awst
baban *gw.* chware buarth baban
bach *gw.* dyn bach
bachau *gw.* bwrw bachau; gosod bachau
bad *gw.* bwrw rhwyd
Bangor *gw.* afal pêr Bangor
bal *gw.* march bal
banw *gw.* cadell fantach; cath fanw; cywarch banw; ffithell; hwyfell; llamhidydd; llo banw; moelrhon; oen banw; penfelen fanw
barc *gw.* pwll y barc
barf *gw.* cribo barf
barils *gw.* mainc barils
bastio *gw.* pren bastio
bawd *gw.* rhychwant
bedw *gw.* cae bedw; canawon bedw; coed bedw; gwŷdd bedw

bedydd *gw.* brawd bedydd; chwaer fedydd; mab bedydd; mam fedydd; merch fedydd; tad bedydd
bendiged *gw.* dail y fendiged; tân bendiged
berw *gw.* cig berw
berwedig *gw.* cig berwedig
berwi *gw.* maidd of; maidd oflyd; maidd syml
bila gwyn *gw.* morcath
bilyn *gw.* aderyn y bilyn; pwffins
biswail *gw.* cleddau biswail
bisweilio *gw.* pislath
blaen *gw.* cufydd; chwarthor blaen, rhychwant
blas *gw.* abad; pennog gwyllt
blawd *gw.* cafn blawd; godded
blawr *gw.* march blawr
bleddyn *gw.* afal bleddyn
blew *gw.* cneifio gwallt a blew; gafr; rhaff flew
blewog *gw.* hardd; moelrhon
blif *gw.* maen blif
blingo *gw.* crud blingo
blith, blithion *gw.* buwch flith; dafad flith; gafr flith; gwartheg blithion
bloneg *gw.* eidion; morbysg; toddi bloneg
blwydd, blynedd, blwyddyn *gw.* buwch afrywiog; buwch rywiog; chwarter blwyddyn; gaflaw; hanner blwyddyn; sonw
bocs *gw.* coed bocs; pren bocs
bodfedd, modfedd *gw.* dyrnfedd; dyrnfedd gorniog; ebill hanner modfedd; ebill modfedd; ebill modfedd a hanner; morlas; palfed; rhychwant; tair bodfedd yn y balf; taradr dwy fodfedd; taradr dwy fodfedd a hanner; taradr tair modfedd; tri hyd y gronyn haidd; troedfedd

bodfedd bedrogl *gw.* troedfedd bedrogl
bodiog *gw.* gefel fodiog
boidy *gw.* taflod
bollt *gw.* paladr bollt; pen bollt; stwffwl haearn
brag *gw.* crasu brag
brân *gw.* cennin y brain; crafanc y frân; esgid y frân; garlleg y brain; gellyg y brain
bras *gw.* cig bras; oen bras
bras wnied *gw.* gleisiad
breci *gw.* hidlo breci
brenin *gw.* clwy y brenin; llys brenin; pysgodyn y brenin
bresych *gw.* afal bresych; afal pêr bresych
breuan *gw.* maen breuan
breuant *gw.* corn breuant
brith *gw.* eidion brith; march brith
brithyllied *gw.* torgochied
bron alarch *gw.* sgytffol; sgytffol-gwd
bronfraith *gw.* celiog bronfraith
brwydau *gw.* llygaid y brwydau
brwyn *gw.* cannwyll frwyn
brych *gw.* brithyll brych; ci brych; eidion brych; penci brych
brychgoch *gw.* eidion brychgoch
buarth baban *gw.* chware buarth baban
buddel *gw.* gwaddon; rhau; torch; troedog
buddele *gw.* gwarrog
bugeilrhes *gw.* bara bygilres
bugel *gw.* pwrs y bugel
buwch *gw.* aneirfuwch; cyflodawd buwch; cyfloi buwch; dowydd buwch; gwasnaethu buwch; gwasodrwydd buwch; piw buwch; pwrs buwch; terfenydd buwch; teth *ll.* tethau buwch; tresiadfuwch

bwa *gw*. corn bwa; enylu y bwa;
   gwlwf y bwa; llinin bwa
bwbach *gw*. cusan bwbach
bwcled *gw*. chware cledde a bwcled
bwch *gw*. rhid bwch
bwlas *gw*. eirin bwlas
bwn *gw*. aderyn y bwn
bwrdd *gw*. twyg bwrdd
bwrw, bwrir *gw*. ci coeg; esgid y
   frân; llamhidydd; moelrhon; taflod
bwtias *gw*. prenie bwtias
bwyall *gw*. cil bwyall; crau bwyall;
   gwegil bwyall; lled bwyall;
   menybr bwyall; menybru bwyall;
   min bwyall; troed bwyall; troedio
   bwyall; ystlys bwyall
bwyd *gw*. caul; dysgleidio bwyd;
   llien bwyd
bwysiel *gw*. chwarter yw pedwar
   bwysiel
bychan, bechan *gw*. cod fechan;
   codwen fechan; corelling; gelling;
   llygoden fechan; pennog bychan;
   trawst bychan; troell fechan
bygilres *gw*. bara bygilres
bynawyd *gw*. amgarn bynawyd; carn
   bynawyd; llafn bynawyd
byr *gw*. clwy byr
byw *gw*. blobys; dybryen,
   llamhidydd
cacen *gw*. bara cacen
cadache *gw*. pryfed cadache
cader Fyrddin *gw*. crib cader Fyrddin
cadw *gw*. llaeth cadw
Cadwgan *gw*. crogen Gadwgan;
   crwban
cae *gw*. brych y cae
caead *gw*. bilwg caead
caerau *gw*. haul gaerau
cafn blawd *gw*. godded
caib *gw*. bwyall gaib; maneg caib
calan gaeaf *gw*. gleisiad

calan Mai, Clanmai *gw*. gleisiad
calch *gw*. carreg calch; cerrig calch;
   pwll calch
calon *gw*. clustiau'r galon; hangwen;
   haint calon; lliengig calon
callestr *gw*. carreg callestr; maen
   callestr
cam *gw*. bwyall gam
cambren *gw*. gwanas cambren
camog *gw*. bwrw'r gamog; ffithell;
   gleisiad
can *gw*. bara can
can sur *gw*. bara can sur
canel *gw*. glo canel
cannwyll, canhwyllau *gw*. diffoddi
   cannwyll; gole cannwyll; haearn
   canhwyllau; padell ganhwyllau;
   smwt cannwyll; topio cannwyll
canol *gw*. iewydd
canolig *gw*. rhidyll croes
canrhyg *gw*. bara canrhyg
cant *gw*. both cant; gwawr gant;
   rheswydden gant
canu *gw*. ceiliog canu
car *gw*. braich car; ceibren car;
   cingyllt car; cledr car; cledde car;
   creffynnau [*u*.] creffyn car;
   cysegffon car; ebill ffon car; ebill
   modfedd; echel car; ffon car;
   gwsbren car; llyrf car; olwynion
   car; rhaff gar; sawdl *ll*. sodlau car;
   sodli car
carfan fawr *gw*. clicied y garfan fawr
carfan isa *gw*. awel y garfan isa
carn, carnau *gw*. bwrw ei garnau;
   eidion; llyffant y carn
carred *gw*. gwsbren car
carthu *gw*. fforch garthu
carw, ceirw *gw*. bref carw; corn
   carw; corn y carw; pys y ceirw
caseg *gw*. cyfebru caseg; dowydd
   caseg; ffenestr caseg; gwnadrwydd

caseg; llaeth y gaseg; llamu caseg; pedoli'r gaseg; piw y gaseg; pwrs caseg; rhwysg caseg; teth y gaseg; toi caseg
caseg hesb *gw*. gwilog
castellu *gw*. paun yn castellu
castr *gw*. eidion
cat *gw*. chware cat i'r wern
cath, cathod *gw*. barf cath; cenau cath; clust y gath; danadl y gath; edderig cath; edderigedd cath; pân cath; torllwyth o gathod; torogi cath; torogrwydd cath
cath bigog *gw*. morcath
cath felen *gw*. morcath
cathod môr *gw*. rai
cau *gw*. gaing gau
cawl *gw*. ffiol gawl
caws *gw*. hen gaws
cedenog *gw*. gafr gedenog
cefn *gw*. cwlwm prudd; glain cefn
cegid *gw*. ederyn y cegid
cengl, cenglau *gw*. gwe cenglau, gwaeg cengl
ceiliog, celiog *gw*. crib celiog; march coch y ceiliog; tagell celiog; ysbardun ceiliog
ceilliau *gw*. cwd ceilliau
ceilliog *gw*. march ceilliog
ceiniogog *gw*. march glas ceiniogog; march gwinau ceiniogog
ceirch *gw*. bara ceirch; blawd ceirch; cloche ceirch; crasu ceirch; peiswyn ceirch; rhidyll ceirch
celyn *gw*. coed celyn; grawn celyn
cenllyst *gw*. bwrw cenllyst
cerdded *gw*. car cerdded; godded; manwnion
cerddin *gw*. criawol
ceri *gw*. pren ceri
Cernyw *gw*. brân Cernyw

cerrig *gw*. clawdd cerrig; gwrachen y cerrig
certwyn *gw*. car certwyn; cist certwyn; fforch certwyn; rhaff gertwyn
cerwyn *gw*. stôl cerwyn
cesair *gw*. bwrw cesair
cetherig *gw*. cath cetherig
ceulaid *gw*. pelen geulaid
ci *gw*. rhannau drws
ci, cŵn *gw*. blew ci; cath; ci coeg; cynffon ci; esgid y frân; ewinedd traed ci; ffenigl y cŵn; ffoenigl y cŵn; gwâl ci; gwaled o gŵn; llosgwrn ci; llwyd y cŵn; penllinyn ci; tafod y ci
ci coeg, cŵn coegion *gw*. ci brych; ci glas; ci pigog; esgid y frân; penci brych
ci glas *gw*. abad
cidodyn *gw*. afal cidodyn
cig *gw*. bache cig; berwi cig; diferion cig; difyn o gig; dryll o gig; ffrio cig; golwyth o gig; gweill cig; padell gig; pobi cig; rostio cig
cist *gw*. clo cist; creffynnau cist; ffyn y gist; gwaelod y gist
cladd *gw*. gleisiad
claddu *gw*. gleisiad; pysg yn claddu
Clanmai *gw*. gleisiad
clawdd *gw*. brest clawdd; clais clawdd; ffiled clawdd; gwaelod clawdd; gwar clawdd
clawr *gw*. rhannau llestr
cledr dwyfron *gw*. clefyd cledr dwyfron
cledd *gw*. llafn cledd
cleddau unllaw *gw*. chware cleddau unllaw
cledde a bwcled *gw*. chware cledde a bwcled

cledde a dager *gw.* chware cledde a dager
cledde a tharian *gw.* chware cledde a tharian
cledde deuddwrn *gw.* chware cledde deuddwrn
clefyd *gw.* manwnion
clo *gw.* bollt clo; gast clo; hesben clo cist
clo llyffant *gw.* bwa clo llyffant
clocian *gw.* iâr yn clocian
cloch *gw.* ar y gloch
cloigio *gw.* iewydd
clomen *gw.* afal pig y glomen
clust *gw.* rhannau llestr
clustiau, clustie *gw.* crogen marthychen
clustog *gw.* tudded clustog; twyg clustog
clwcod *gw.* wyau clwcod
clwt y torddu *gw.* morcath
clwy *gw.* bagadau; clefyd Tegla; manwnion
clwydau odyn *gw.* pilwellt
cnau, cneuen *gw.* cibinne cnau; cynhwyllyn cneuen; ederyn y cnau; gwisg cneuen; gwisgïo cnau; gwlw'r gneuen; plisg cnau
cnawd *gw.* manwnion
cneifio *gw.* bwrdd cneifio; gwellau cneifio
cnodig *gw.* eidion cnodig
cocys 'cockle' *gw.* crogen gocys; rhythonen
cocys 'cogiau' *gw.* hoelion cocys; olwyn gocys
coch, cochion *gw.* afal costard coch; bara coch; brech goch; buwch goch; carw coch; cenlli goch; danadl cochion; dŵr coch; eidion coch; eirin cochion; ffenigl cochion; gwrachan goch; helygen goch; hobi goch; march coch; meillion cochion; mintys cochion; pennog coch; sirion cochion; torgochied
coch y ceiliog *gw.* march coch y ceiliog
cochlwyd *gw.* march cochlwyd
cochrudd *gw.* march cochrudd
cod fawr *gw.* clytiau y god fawr
cod y llyfrau *gw.* dafad
codi *gw.* bwrw rhwyd; manwnion
coed *gw.* bwyall goed; cath goed; ceiliog coed; clomen goed; clwy y coed; cryman coed; diosg coed; dirisgo coed; diwreiddio coed; glesyn y coed; iâr goed; llwydwyn y coed; peithyne coed; plannu coed; pys y coed; torri coed; tŷ coed
coeg, coegion *gw.* ci coeg; ci pigog; esgid y frân; gene goeg
cog *gw.* gwas y gog; gwnied y gog; sane y gog; suran y gog
conglog *gw.* byriallu conglog
colyn *gw.* rhannau drws
colyn uchaf *gw.* ci; iou
coll, collen, cyll *gw.* coed coll; cynawon cyll; oddfyn collen
copyn *gw.* pry copyn
corddi *gw.* gordd gorddi
corddyn *gw.* llif corddyn; rhannau llestr
cored *gw.* treillio cored neu rwyd
corelling *gw.* gelling
corf *gw.* is corf; uwch corf
corn, cyrn *gw.* berdysen, cimwch; cranc glas; cwpan corn; crogen marthychen; crwban; cwpan corn; osgl corn; rhannau llestr
corniog *gw.* dyrnfedd gorniog; gafr gorniog
cors *gw.* ŷd yn ei gors

cort *gw*. rhaff gort
costard *gw*. afal costard; afal costard coch; afal costard gwyn; afal costard llwyd
cosyn *gw*. caws
crafangau *gw*. aderyn du
cranc *gw*. cranc gwisgi; crwban
crasu *gw*. gyrru torthau; moldio torthau
cregyn Teganwy *gw*. cranc glas
creigia *gw*. dybryen
cren *gw*. cyrnog, ne cren
cri *gw*. bara cri
criawol *gw*. coed criawol; grawn criawol; pren criawol; seidr y criawol
criawolen *gw*. cerddinen
crib celiog *gw*. crib celiog
crib march *gw*. crib march
cribe *gw*. llysie'r cribe
cribo *gw*. trostan gribo
crimog *gw*. crimp crimog
crimpog *gw*. rhew crimpog
Crist *gw*. llygaid Crist
croch *gw*. glaw croch; glawio yn groch
crochan, crochon *gw*. bache crochan; cadwyn crochan; caead crochan; clawr crochan; dail crochan; haearn crochan
croen *gw*. barcio croen; calchu y croen; gogr croen; gwagr croen; manwnion; moelrhon
croes *gw*. bwa croes; rhidyll croes
crogen, cregyn *gw*. crogen marthychen; crogen Teganwy; llygaid maharen; môr-gyllell
crogen Cadwgan *gw*. crwban
crogen gocys *gw*. rhythonen; crogen Gadwgan
crogen las, cregyn gleision *gw*. cranc gwisgi; crogen Gadwgan; crogen Teganwy
crogen las leiaf *gw*. cranc gwisgi
croth *gw*. abad; llamhidydd; moelrhon
croyw *gw*. bara croyw; draenog dŵr croyw; dŵr croyw; llaeth croyw; llaeth enwyn croyw
crwbs *gw*. crwban
crwn *gw*. moldio pob peth tew a chrwn; sgytffol-gwd
crwsedd *gw*. cambren crwsedd
crych *gw*. ebill crych; gwimbill crych
cryd *gw*. clefyd y cryd
cryhyr *gw*. crychyr
cryman *gw*. hogi cryman ag agalen
cryman garw *gw*. llifo cryman; llysie'r cryman garw
cryman llydan *gw*. llysie'r cryman llydan
cryman pen ffon *gw*. bilwg drysi
crynu *gw*. cryd crynu
cu *gw*. mab cu; merch gu
cudyn *gw*. egwyd gudyn; eidion; ysgwydd gudyn
cudyn egwyd *gw*. eidion
cul *gw*. cig cul
cwart *gw*. ffioled
cwarter *gw*. têl
cweiriedig *gw*. emenyn cweiriedig
cweirio *gw*. abad; caseg i gweirio llin; caul
cwlwm *gw*. llysie'r cwlwm
cwlltwr *gw*. cyll y cwlltwr
cŵn bysgod *gw*. ci coeg
cŵn môr *gw*. rai
cwpl, cyplau *gw*. coes cwpl; gwawre; llogel; paladr cwpl
cwpwrdd *gw*. mwys, nester, olmari

cwrel *gw*. maen cwrel
cwsg *gw*. bara cwsg
cwyr *gw*. cannwyll gŵyr; pwys y cwyr; saeth gŵyr
cwys *gw*. tinsigl y gŵys; tinwyn y gŵys
cyfebr *gw*. caseg gyfebr; dafad gyfebr; ewig gyflo a'i chyfebr; gafr gyfebr
cyfelin *gw*. pwys y gyfelin
cyflo *gw*. buwch gyflo; ewig gyflo
cyfnod *gw*. glain y cyfnod
cyfor *gw*. staca
cyfrodedd *gw*. edau gyfrodedd
cyfrwy *gw*. bwa cyfrwy; corn cyfrwy; eisteddle cyfrwy; panel cyfrwy; pren cyfrwy
cyfrwys *gw*. gellgi cyfrwys; milgi cyfrwys
cyfyrder, cyfyrderw *gw*. ceifn plant y cyfyrder; ceifnblant y cyfyrderw; plant y cyfyrderw
cyff *gw*. clo cyff
cyngrod *gw*. ystôl gyngrod
cylchau *gw*. bwrw cylchau; rhannau llestr
cyllell *gw*. môr-gyllell
cymal, cymalau *gw*. cryd cymalau; manwnion
cymar *gw*. camog; eog; ffithell; hwyfell; oriau; rhanne; rhanwe
cymynai *gw*. blociau
cymysgedig *gw*. pennog gwyllt
cynffonnog *gw*. seren gynffonnog
cynhafaidd *gw*. hin gynhafaidd
cynhaig *gw*. gast gynhaig; llwynoges gynhaig
cynhyrchol *gw*. yn gynhyrchol
cynnud *gw*. bwyall gynnud; glo cynnud
cynswllt *gw*. gellgi yn ei gynswllt; milgi yn ei gynswllt

cyntedd *gw*. parth
cyriog *gw*. eingion gyriog
cytuno *gw*. eidion
cywarch *gw*. blaenion cywarch; carth cywarch; edau gywarch; ederyn y cywarch; esgyn cywarch; had cywarch; pilio cywarch; pilionen *ll*. pilion cywarch
cywion *gw*. deor cywion
chwart *gw*. cornogyn; paeol
chwarter pwys *gw*. hanner chwarter pwys
Chwefror, Chwefrol gw. mis Chwefror
chwegwyr *gw*. ffristial chwegwyr
chwelcysen *gw*. cimwch
chwelydr *gw*. ebill chwelydr; ebill hanner modfedd
chwerwber *gw*. afal chwerwber
chwied *gw*. llysie'r chwied
chwirligwgan *gw*. chware chwirligwgan
chwith *gw*. lleden chwith
chwiwell *gw*. camog
chwys *gw*. clwy chwys
da *gw*. afal cidodyn; mam dda; manwnion
daear *gw*. clustie'r ddaear; eiddew y ddaear; llamhidydd
dafad, defaid *gw*. bagadau; brych dafad; bugail defaid a geifr; corddlan defaid a geifr; corlannu defaid; cyfebru dafad; deuor dafad; dowydd dafad; gafr; garglymu moch a defaid; hwch; llygaid maharen; pwrs dafad; rhidio dafad; teth dafad; ystofi defaid
dafadennog *gw*. llyffant du dafadennog
dager *gw*. chware cledde a dager
dail *gw*. briwo dail; hacio dail; potes dail

dal, daly *gw*. cloig tidau; gelling; stwffwl haearn
dan rid *gw*. dafad dan rid; gafr dan rid
dan rwysg *gw*. caseg dan rwysg
danas *gw*. bwch danas; ewig ddanas; gafr ddanas
danheddog *gw*. og ddanheddog
dannedd *gw*. gennog
darllaw *gw*. cafn darllaw
debyg *gw*. cwngren
defnydd *gw*. y pedwar defnydd
dellt *gw*. basged ddellt; gogr dellt; gwagr dellt; taenell ddellt
deor *gw*. gŵydd yn deor; iâr yn deor
derbyn *gw*. ci; cien; dolen drws; gwregys tŷ; iou; stwffwl haearn
derw *gw*. afalau derw; cigyn derw; coed derw; gwnning derw; gwŷdd derw; marchredyn y derw; pren derw; rhudding derw
deuddwrn *gw*. cleddau deuddwrn, chware cledde deuddwrn
deuor *gw*. dafad yn deuor; gafr yn deuor
diddos *gw*. cledren ddiddos
dieithr *gw*. cath; cŵn
dieithro *gw*. eidion
difalcio *gw*. caib difalcio
diflino *gw*. nos
digoedi *gw*. caib digoedi
dillad *gw*. mwydo dillad
diod *gw*. cwpan diod; gillwng diod; tynnu diod
dirgeledig *gw*. clwyf dirgeledig
dirwyn *gw*. ystyllod dirwyn
dodwy *gw*. aderyn du
dof, dofion *gw*. adar dof; bwraeds dofion; clomen ddof; garlleg dof; orpin dof; tîm dofion
dôl, dolau *gw*. gwsbren car; gwimbill dolau

dôl ych *gw*. caead; gwisg; gwrŷf
dolefain *gw*. carreg ddolefain
dolen *gw*. rhannau llestr; suran tair dolen; pum nolen
dolur *gw*. llecheden o ddolur
dolur ar lygad *gw*. dolamech
dôr *gw*. bariau y ddôr; cilddor; colyn y ddôr; rhannau drws
draenog *gw*. brath draenog
drain *gw*. cae drain; llwyn drain; perth o ddrain
dram *gw*. ysgub yw dwy ddram
dros ben *gw*. pwyth dros ben
dros fin *gw*. pwyth dros fin
dros nos *gw*. gosod rhwyd
drws *gw*. agori drws; bache y drws; bariau drws; cap y drws; cau drws; cei y drws; ci y drws; cleddau drws; clo drws; cloi y drws; colyn drws; datgloi y drws; dolen drws; gïau drws; rhannau drws; sawdl drws; trosol drws; ymhiniog
drycin *gw*. caseg y drycin
drydwy *gw*. aderyn y drydwy
dryntol *gw*. rhannau llestr
drysi *gw*. bilwg drysi
drysni *gw*. hafladdu
du, duon *gw*. aderyn du; afal caled du; breci du; cacwn duon; clwy du; cogyrnod duon; delien ddu; egnod duon; eirin duon; gof du; helygen ddu; llechwen fuchudd; llyffant du dafadennog; malwen ddu; march du; mis du; nos du; pwding duon; sirion duon
duddrain *gw*. blodau duddrain; drain y duddrain; eirin duddrain
dulas *gw*. march dulas
dulwyd *gw*. march dulwyd
dur *gw*. nodwydd ddur; nodwydd ddur driochr
dur i ladd tân *gw*. ffelys; rhwyll

durudd *gw.* march durudd
Duw *gw.* glöyn Duw
dŵr *gw.* berwr dŵr; code dŵr; gwennol y dŵr; helyg y dŵr; ladlau dŵr; llychlyn y dŵr; llyffant y dŵr; llygoden y dŵr; melin ddŵr; mintys y dŵr; mwyalchen y dŵr; neidr y dŵr; olwyn ddŵr; tardd dŵr; tarddiad dŵr; tarddu dŵr; ysbaengi dŵr
dŵr croyw *gw.* draenog dŵr croyw
dwybig *gw.* chware ffon ddwybig; ffon ddwybig
dwyfron *gw.* carfan ddwyfron; clefyd cledr dwyfron
dwylaw, dwylo *gw.* cwlwm prudd; chware dwylo gwnion; chwarae pêl ddwylo
dwyrau *gw.* haul dwyrau
dydd *gw.* llygaid y dydd; plygain ddydd
dyddiau *gw.* er ys dyddiau
dyfrol *gw.* mân bryfed ehedol, ymlusgol a dyfrol
dyle *gw.* hoelion dyle
dyli *gw.* bwrw o'r dyli
dylifo *gw.* cafn dylifo; fforch ddylifo; hoelion dylifo; pyst dylifo
dyrchafad *gw.* gwely dyrchafad
dyre *gw.* march dyre
dyrnaid, dyrned *gw.* dram o ŷd, tanu dyrnaid
dyrnu *gw.* llawr dyrnu
ebill *gw.* carn ebill; llwy ebill; llysiewyn ebill; paladr ebill; pen ebill; seidyn ebill
ebill tro *gw.* ebill trohidyn neu trohidyll
ebol, ebolion *gw.* gwisg yr ebol; haint yr ebolion; llestr yr ebol
ebran *gw.* cafn ebran
Ebrill *gw.* mis Ebrill
Ebrillaidd *gw.* hin Ebrillaidd
ebrwydd *gw.* bwrw rhwyd
echdoe *gw.* cyn echdoe
echel *gw.* clytiau echel; clytio echel; hoelion echel; pinnau echel
echwydd *gw.* pryd echwydd
edafedd *gw.* pinned o edafedd
edau nodwydd *gw.* edefyn
edn *gw.* tafod yr edn
eddi *gw.* topan eddi
egin llysywod *gw.* rhyfyrthi
egrmwnt *gw.* dryw
egwyd *gw.* cudyn egwyd; eidion; ewin *ll.* ewinedd egwyd; hoel yr egwyd
ehedol *gw.* mân bryfed ehedol, ymlusgol a dyfrol
ehegr *gw.* yn ehegr
eidion *gw.* bref eidion; corn *ll.* cyrn eidion; cwlwm prudd; dafad; gwindias eidion; oriau; pothell; rhanne; rhanwe; tafod yr eidion
eiddew *gw.* coed eiddew; grawn eiddew; gwŷdd eiddew; pren eiddew
eiddiorwg *gw.* pren eiddiorwg
eirin *gw.* cerrig eirin; coed eirin; cynhwyllyn main eirin; gwŷdd eirin; main eirin; sebon pren eirin
eirïog *gw.* hin eirïog; tywydd eirïog
eiste *gw.* aderyn du; mainc eiste
eithin *gw.* crec yr eithin;
elin *gw.* cufydd
ellyn *gw.* egalen ellyn
encyd *gw.* er ys encyd
enille *gw.* bwyall enille
enwair *gw.* gwialen enwair
enwyn *gw.* llaeth enwyn; llaeth enwyn croyw; llaeth enwyn sur
eog *gw.* gelling; gleisiad; hwyfell
erbyn *gw.* gleisiad

erwydd *gw*. rhannau llestr

esgid, ysgidiau, ysgeidie *gw*. cefn esgid; cloig esgid; clustie esgid; corn ysgidiau; cynion ysgidie; gwnïo esgid; pwytho esgid; sawdl esgid; tafod yr ych

esgid y frân *gw*. ci coeg

estronol *gw*. gwaed estronol

euraid *gw*. yr olch euraid

ewig *gw*. clust yr ewig; llo ewig

ewyn *gw*. malu ewyn

ffa *gw*. blawd ffa; coden

ffalwm *gw*. gwynt ffalwm

ffawydd *gw*. cnau ffawydd; coed ffawydd; gwŷdd ffawydd; pren ffawydd

ffenestr *gw*. bwtwal; lawnsed

ffioled *gw*. cyfor yw tair ffioled; peced yw pedwar ffioled; pedwar chwart

ffion ffrwyth *gw*. dail y ffion ffrwyth

ffithell *gw*. camog; gleisiad

ffon *gw*. bilwg drysi; cryman pen ffon; horling pen ffon

ffon car *gw*. ebill ffon car; ebill modfedd

ffon ddwybig *gw*. chware ffon ddwybig

ffon hir *gw*. chware ffon hir

ffon llidiart *gw*. ebill ffon llidiart; ebill modfedd a hanner

ffraeth *gw*. gwynt ffraeth

Ffrangeg *gw*. llygoden Ffrangeg

Ffraid *gw*. cribe san Ffraid

Ffrainc *gw*. gwenith Ffrainc

ffrâm *gw*. llif ffrâm

Ffrengig *gw*. berwr Ffrengig; cneuen Ffrengig; collen Ffrengig; odyn Ffrengig

ffrio *gw*. padell ffrio

ffrisio *gw*. bwrdd ffrisio

ffrwyn *gw*. afwyn ffrwyn; cernau ffrwyn; gwaeg *ll*. gwaegau ffrwyn; haearn ffrwyn; penrhwym ffrwyn; rest ffrwyn

ffust *gw*. capan ffust; rhwymyn ffust; tyniad ffust

ffwrn *gw*. moldio torthau i'w crasu yn y ffwrn; twymno ffwrn

ffytbys *gw*. coden

gadael *gw*. gosod rhwyd

gaeaf *gw*. gleisiad

gaeafaidd *gw*. hin aeafaidd

gaflaw *gw*. gleisiad

gafr, geifr *gw*. barf gafr; blew gafr; bugail defaid a geifr; bugail geifr; ceden gafr; corddlan defaid a geifr; corddlan geifr; corlannu geifr; cyfebrwydd gafr; pwrs gafr; rhidio gafr; smwt gafr; teth gafr

gannog *gw*. hardd

gard *gw*. dannedd gard; troed gard

garw *gw*. carreg arw; cryman garw; hin arw; llysie'r cryman garw; maen garw; tywydd garw

gast *gw*. ci yn ymgymharu â gast; torllwyth gast; torogi gast

gefail *gw*. ffymbrell

gên *gw*. carrai yr ên

gene *gw*. taflod gene

genwair *gw*. bach genwair; gwialen enwair

glain *gw*. fforch y glain; llinin y glain

glas, gleision *gw*. bendigaid las; bòd glas; brech las; carreg las; ci glas; cranc glas; cranc gwisgi; crogen Gadwgan; crogen las; crogen Teganwy; gwrachan las; gŵydd las; llech las; lleden las; march glas; march glas ceiniogog; toddedig las; ŷd glas

glasddu *gw*. march glasddu

glaswyn *gw*. march glaswyn

gleisiad *gw.* eog; ffithell; gaflaw; hwyfell; morlas
gleisiad ieuanc *gw.* camog
gleisiadeg *gw.* gleisiad
gleisiaid *gw.* sil
glin *gw.* llygoden y glin; padell glin
glo *gw.* rhac glo
gofer *gw.* llwyfen ofer
gogr *gw.* cant gogr; gwaelod gogr; gwaelodi gogr
golchi *gw.* maen golchi
goleuo *gw.* bwtwal; lawnsed
golwythion *gw.* eidion; llo; mollt; twrch
gôr *gw.* iâr ôr
gorchaw *gw.* nai ap gorchaw; nith
gordd *gw.* taflu gordd
gordderch *gw.* mab ordderch; merch ordderch
goredig *gw.* wyau goredig
Gorffennaf *gw.* mis Gorffennaf
gorwedd *gw.* gwawre; llogel
gosber *gw.* pryd gosber
gosod *gw.* haearn gosod; llif osod; pric gosod
gradell *gw.* gyrru torthau
gradd *gw.* cribin radd
grain *gw.* padell â grain
grawn *gw.* criawol
grewys *gw.* march grewys
grining *gw.* afal grining
grisial *gw.* maen grisial
gronyn haidd *gw.* tri hyd y gronyn haidd
grud *gw.* carreg grud; maen grud
gwadn esgid *gw.* tafod yr ych
gwaed *gw.* dannodd waed; gollwng gwaed; piso gwaed
gwaed anifel *gw.* gollwng gwaed anifel
gwaedling *gw.* llysie'r gwaedling
gwaeg *gw.* bys gwaeg; tafod gwaeg

gwaelod *gw.* rhannau llestr
gwahanol *gw.* clwy gwahanol
gwair *gw.* bach gwair; bera o wair; cario gwair; carred o wair; casglu gwair; cocyn, o wair; cribinio gwair; cywain gwellt a gwair; das o wair; fforch wair; gwana o wair; gwasgaru gwair; lladd gwair; llwyth o wair; mwdwl; mydylu gwair; taflod; tanu gwair; torri gwair
gwal *gw.* bwtwal; lawnsed
gwallt *gw.* cneifio gwallt a blew; cudyn o wallt
gwarddrws *gw.* rhannau drws
gwasod *gw.* buwch wasod
gwayw *gw.* blaen y gwayw; meigraen wayw
gwden *gw.* iewydd; lleffethyr gwden
gwedd *gw.* gyrru gwedd
gweddw *gw.* gŵr gweddw; gwraig weddw
gwegil *gw.* cnwch gwegil
gwely *gw.* cort gwely; cortio gwely; erchwyn gwely; ffyn gwely; gwaelod gwely; llen gwely; nen gwely; pen gwely; post gwely; stwffwl gwely; traed gwely
gwellau *gw.* cyllell y gwellau; echel y gwellau; modrwy y gwellau
gwellt *gw.* basged wellt; bwlan gwellt; ced; cynilyn; cywain gwellt a gwair; fforch wellt; myncyn gwellt; pilwellt; taflod
Gwener *gw.* die Gwener
gwenith *gw.* bara gwenith drwyddo; blawd gwenith; can gwenith; col; peillied gwenith; tywys
gwenithfaen *gw.* carreg gwenithfaen; llechwen wenithfaen; maen gwenithfaen
gwennol *gw.* cist y wennol; gwadnau

y wennol; llygad y wennol; maen gwennol; pìn y wennol; pinned gwennol; pric y wennol; sgytffol

gwenwynig *gw.* blobys

gwenwynllyd *gw.* cath felen

gwenyn *gw.* afal pêr y gwenyn; cwch gwenyn; haid o wenyn

gwern *gw.* cynafon gwern; chware cat i'r wern; had y gwern

gwerni *gw.* bòd y gwerni

gwerthyd law *gw.* chwarfan gwerthyd law

gwestfil *gw.* cyff gwestfil; cŷn gwestfil; cyswllt westfil

gwiail *gw.* basged wiail

gwialen *gw.* pladriad

gwialog *gw.* gwestfil gwialog

gwibiad *gw.* iddw gwibiad

gwichiedyn *gw.* berdysen

gwimbill *gw.* llwy gwimbill

gwinau *gw.* march gwinau; march gwinau ceiniogog; march gwinau torllwyd

gwineuddu *gw.* eidion gwineuddu; march gwineuddu

gwineugoch *gw.* eidion gwineugoch; march gwineugoch

gwineurudd *gw.* march gwineurudd

gwisg *gw.* berdysen; cimwch; cranc glas; crwban

gwisgi *gw.* cnau gwisgi; cranc gwisgi

gwlân *gw.* cribau gwlân; edau wlân; gafr; hifio gwlân

gwlf *gw.* corn gwlf

gwlyb *gw.* hin wlyb; tywydd gwlyb

gwmon *gw.* brithyll gwmon

gwn *gw.* maen gwn

gwnfil *gw.* coed gwnfil; had y gwnfil

gwniad, gwnied *gw.* bras wniad; caseg wniad; gleisiad

gwniad y gog *gw.* gleisiad

gwntog *gw.* hin wntog; tywydd gwntog

gwraig *gw.* daw gan ei wraig

gwreang *gw.* tŷ gwreang

gwriog *gw.* gwraig wriog

gwrthfawr *gw.* maen gwrthfawr

gwrw *gw.* cath wrw; ci pigog; cywarch gwrw; eog; llo gwrw; oen gwrw; penfelen wrw; sonw

gwrych *gw.* cŵn

gwrysg *gw.* cae gwrysg

gwydrin *gw.* cwpan gwydrin

gŵydd, gwyddau *gw.* celiog gŵydd; cut gwyddau; gwasarnu gŵydd; sathru gŵydd

gwŷdd *gw.* sgytffol

gŵyl Mihangel *gw.* gelling

gwyllt, gwlltion *gw.* adar gwlltion; bwraeds gwlltion; bystwn gwyllt; cafn gwyllt; clomen wyllt; dannodd wyllt; garlleg gwyllt; gwayw gwyllt; gwilffri wyllt; gŵydd wyllt; helyg gwlltion; hwyad wyllt; orpin gwyllt; pennog gwyllt; prosper; saffrwm gwyllt; teim gwylltion

gwyn, gwen, gwnion *gw.* afal costard gwyn; afal gwyn ochrog; bara gwyn; bila gwyn; brech wen; caws gwyn; chware dwylo gwnion; danhadlen wen; eirin gwnion; gold gwyn; helygen wen; lleden wen; malwen wen; manwnion; march brith; march gwyn; meillion gwnion; pryfed gwnion; pwding gwnion; toddedig wen; wermod wen; ysbyddaden wen

gwynt *gw.* cafod o wynt; melin wynt

gŵyr *gw.* graddau gwŷr

gwyrf *gw.* emenyn gwyrf

gwythi *gw.* cwlwm gwythi

haearn, heyrn *gw.* carreg haearn; ci;
    crud haearn; cynion heyrn;
    chwnnogl haearn; gradell haearn;
    gwimbill hoel haearn; iou;
    llechwen haearn; llyffethyr haearn;
    melin haearn; mwyn haearn;
    pentan haearn; stwffwl haearn;
    trosol haearn
haeddel *gw.* llaw haeddel; troed
    haeddel
haf *gw.* gleisiad
hafaidd *gw.* hin hafaidd
hangwen *gw.* pen mollt a'i hangwen
haidd *gw.* blawd haidd; col; rhidyll
    haidd; tri hyd y gronyn haidd;
    tywys
halen *gw.* crwth halen
hallt *gw.* dŵr hallt; emenyn hallt;
    pennog hallt
hanner *gw.* cyfelin; taradr dwy
    fodfedd a hanner
hanner blwydd oed *gw.* sonw
hanner hob *gw.* hestor; têr
hanner hobed *gw.* hestored; tered
hanner llath *gw.* cufydd
hanner modfedd *gw.* ebill hanner
    modfedd
hanner nos *gw.* borau
hardd (e.) *gw.* gennog
haul *gw.* tywyn haul; tywyniad haul
hebog *gw.* hwyedig hebog; llysie'r
    hebog
heidio *gw.* gwenyn yn heidio
heisyllt *gw.* tynnu ar heisyllt
hela *gw.* ffon hela
helyg *gw.* afal helyg; cynawon helyg;
    glas helyg; gwŷdd helyg; molwern
hen *gw.* emenyn hen
henas *gw.* crogen henas
henw cyffredin *gw.* ci coeg; rai; sil

hesb, hysbion *gw.* buwch hesb; dafad
    hesb; gafr hesb; gwartheg hysbion;
    gwilog
hesben *gw.* stwffwl hesben
hestor *gw.* crennog; pèg
hestored *gw.* peged
hidlo *gw.* gogr hidlo
hifio *gw.* gwlân hifio
hil *gw.* rhidyll hil
hir, hirion *gw.* bilwg drysi; bwa hir;
    ffon hir; lawnsed; llif hir; môr-
    gyllell; strodur hir
hirfys *gw.* cufydd; rhychwant
hob *gw.* hestor; pèg; ter
hobed *gw.* bwysiel; crennog;
    hestored; pedwar pedwaran;
    peged; tered
hoel haearn *gw.* gwimbill hoel
    haearn
hogi *gw.* maen hogi
hollt hir *gw.* lawnsed
howni *gw.* edau a howni
huno *gw.* nos
huwch *gw.* gogr huwch
hwch *gw.* llawd ar hwch; moelrhon;
    torogi hwch; torogrwydd hwch
hwyad, hwyaid *gw.* celiog hwyad;
    cywion hwyaid
hwyfell *gw.* eog; gleisiad
hyd *gw.* cwlwm prudd; morlas; tri
    hyd y gronyn haidd
Hydref *gw.* mis Hydref
hydd *gw.* ban hydd; bref hydd; corn
    hydd; llwdn hydd; smwt hydd;
    tafod yr hydd
Hyddfref *gw.* mis Hydref
hyddgwn *gw.* coed hyddgwn
iachâ, iacheiff, iacheir *gw.* cwlwm
    prudd; manwnion
Iago *gw.* crogen Iago

iâr *gw*. celiog iâr; cocwyo iâr; llygad iâr
iau *gw*. dôl iau; fforch iau; iewydd; pont iau
Iddewon *gw*. brech yr Iddewon
iddw *gw*. tân iddw
Ieuan *gw*. llysie Ieuan
ieuanc, iefainc *gw*. abad; camog; gwylan ieuanc
iewyddon *gw*. cloig tidau
ilio *gw*. llestr ilio
Ionawr, Ionor *gw*. mis Ionawr; mis Ionor
Iou *gw*. die Iou
ir *gw*. croen ir; pennog ir
isa *gw*. awel y garfan isa; carfan isa
iwrch *gw*. cwlwm iwrch
lasie *gw*. pryfed lasie
lladd tân *gw*. callestr; ffelys; rhwyll
llaeth *gw*. moelrhon
llafn cyllell *gw*. môr-gyllell
llafn hir gw. bilwg drysi
llamhidydd *gw*. abad; llo llamhidydd
llanw *gw*. blobys
llanw môr *gw*. gosod rhwyd
llath *gw*. cufydd; gwialen; gwialen pladriad; gwryd
llathen, llathennau *gw*. cyfelin; rhwd o dir
llaw *gw*. basged law; bilwg llaw; breuan law; crafellin law; cwlwm prudd; chwarfan gwerthyd law; gwerthyd law
llawr *gw*. cant tŷ; cweirio llawr
llech, llechen *gw*. bara llech; gyrru torthau i'w crasu ar lech a gradell; llechwen fuchudd; llechwen wenithfaen; maen llechen
lledfegin *gw*. llamhidydd
lledhesb *gw*. buwch ledhesb
llefrith *gw*. llaeth llefrith
lleigys *gw*. yn lleigys

llestr, llestri *gw*. bwrdd llestri; cyfor; golchi llestri; hestor; hob; pèg; rhannau llestr; sgwrio llestri; têr
llestred *gw*. hobed
llew *gw*. cenau llew
llewyrchu *gw*. lloer yn llewyrchu
lli *gw*. corddyn lli
llidiart *gw*. ebill ffon llidiart; ebill modfedd a hanner
llien *gw*. ulw llien
lliengig *gw*. hangwen
llif *gw*. gosod llif
llifo *gw*. maen llifo; llifo cryman
llin *gw*. afal llin; blaenion llin; brac llin; carth llin; caseg i gweirio llin; deisyn o lin; dyll llin; edau lin; ederyn y llin; rhyplo llin
llinin *gw*. llygad y llinin
lliw, lliwiau *gw*. march brith
lliwydd *gw*. pren lliwydd
llo *gw*. aneirfuwch; buwch afrywiog; buwch rywiog; bwrw llo; caul llo; gwisg y llo; llestr y llo; moelrhon; tafod y llo; tresiadfuwch
llodig *gw*. hwch lodig
lloer *gw*. llewyrch lloer; llewyrchiad lloer
llog *gw*. gwas llog
llogel *gw*. cant tŷ; gwawr logel; rheswydden logel
lludw *gw*. gwrach y lludw
Llun *gw*. die Llun
llunio *gw*. cyllell lunio
llusg *gw*. car llusg
llwdn *gw*. bwrw llwdn; gwisg y llwdn; llestr y llwdn; magu y llwdn; moelrhon; tafod y llwdn
llwy *gw*. cŷn llwy; ebill llwy
llwyd, llwydion *gw*. egnod llwydion; eidion llwyd; helyg llwydion; march llwyd; mintys llwydion; pry llwyd; wermod lwyd

llwyd llygoden *gw*. march llwyd llygoden
llwyd-ddu *gw*. march llwyd-ddu
llwydwyn *gw*. march llwydwyn
llwyf, llwy' *gw*. bwa llwy'; rhaff lwyf
llwyfen *gw*. paladr y llwyfen; tinbren y llwyfen
llwynog *gw*. bysedd y llwynog
llydan *gw*. bwyall lydan; cryman llydan; cŷn llydan; llysie'r cryman llydan; saeth lydan
llyfn *gw*. gennog; hardd
llyfrau *gw*. cod y llyfrau
llyffant *gw*. bwa clo llyffant; clo llyffant; clwy'r llyffant
llyffant carn *gw*. eidion
llyffethyr *gw*. clo y llyffethyr; egwyd y llyffethyr; pont y llyffethyr
llygad, llygaid *gw*. dolamech; llym y llygaid; maen llygad; magl ar lygad; maglu llygad; rhuchduren llygad
llygad dafad *gw*. llygaid maharen
llygoden *gw*. clust y llygoden; crogen marthychen; march llwyd llygoden
llymeirch *gw*. cwngren
llymrig *gw*. blobys
llyn *gw*. bwrw rhwyd; gosod rhwyd
Llyn Tegid *gw*. gwnied Llyn Tegid
llynnau, llynnoedd *gw*. draenog dŵr croyw; hardd; senog; torgochied
llys *gw*. gof llys; neuadd llys
llysywen *gw*. cwngren
llysywod *gw*. rhyfyrthi
Llywelyn *gw*. llysie Llywelyn
macrell *gw*. pennog gwyllt
maen, main *gw*. bwa main; bwrw maen; callestr; cyfogi, y felin (neu y main); drws maen; ffenest faen; godded; goleuer faen; llechwen wenithfaen; llygad y maen; saer maen; sail faen; tŷ maen
maen du *gw*. llechwen fuchudd
maen llifo *gw*. llifo cryman
maes *gw*. gwylan y maes; llygoden y maes; moron y maes; rhedyn y maes
maeth *gw*. mab maeth; merch faeth
magu, mag *gw*. abad; berdysen; ci coeg; cimwch; cranc glas; cranc gwisgi; crwban; cwngren; draenog dŵr croyw; esgid y frân; gwilog; gwyddelgranc; moelrhon; senog; sgytffol; sgytffol-gwd; torgochied
maharen *gw*. llygaid maharen; rhid maharen
Mai *gw*. gelling; mantell Fai; mis Mai
maidd *gw*. caib maidd; llwy faidd
main eirin *gw*. cynhwyllyn main eirin
Mair *gw*. afal pêr Mair; byriallu Mair; clomen Fair; chwys Mair; eirin Mair; helyg Mair; llysie Mair; mantell Fair; pedere Mair; rhedyn Mair; tafol Mair; ysgall Mair; ystol Fair
malu *gw*. arfal mawr; penbleth mawr
malwen *gw*. crogen marthychen
mân *gw*. ffris mân; gelling; gogr mân; molwern; rhidyll mân
maneg *gw*. bawd maneg; bodio maneg; bys maneg; fforchadau maneg; llunio maneg; palf maneg; top maneg
mantach *gw*. cadell fantach
march, meirch *gw*. aelodau march; cacwn y meirch; crib march; dyre march; egnod y meirch; egwyd march; eirin y meirch; melin feirch; mwng march; pedrain

march; siglbren dau farch; syg march; tin march
marchdy *gw.* taflod
marchogion *gw.* clwyf y marchogion
marmor *gw.* maen marmor
marthychen *gw.* crogen marthychen
masarn *gw.* coed masarn; pren masarn
mawr *gw.* arfal mawr; brech fawr; cod fawr; codwen fawr; carfan fawr; clicied y garfan fawr; clytiau y god fawr; crogen Gadwgan; eingion fawr; haeddel fawr; penbleth mawr; troell fawr
Mawrth *gw.* die Mawrth; mis Mawrth
Medi *gw.* mis Medi
medi *gw.* ysgub fedi
meitin *gw.* er ys meitin
mêl *gw.* colyn y mêl; diliau mêl; teru mêl
melin *gw.* arfal mawr; cerwyn y felin; cronfa melin; cyfogi, y felin (neu y main); ffos melin; maen melin; paladr melin; penbleth mawr; pige melin; rhagodfa melin; seildderi melin
melyngoch *gw.* march melyngoch
melyn, melen, melynion *gw.* blobys; cacwn melynion; cath felen; caws melyn; clwy melyn; cryd melyn; eidion melyn; gold melyn; llyffant melyn; march melyn
melynllwyd *gw.* eidion melynllwyd; march melynllwyd
melynwyn *gw.* march melynwyn
melysber *gw.* afal melysber
men *gw.* cist y fen
Menni *gw.* mis Menni
mennydd *gw.* pilionen mennydd
merch, merched *gw.* daw gan ferch; gweithgell merched

Merchyr *gw.* die Merchyr
mererid *gw.* maen mererid
mesur *gw.* crennog; rhychwant
migymguddied *gw.* chware migymguddied
Mihangel *gw.* gelling
Mihefin *gw.* mis Mihefin
milgi *gw.* torch milgi
minddu manddell *gw.* chware minddu manddell
miod *gw.* bara miod
moch *gw.* baw moch; cafn moch; cenfaint o foch; clwy y moch; crau moch; cut moch; cŵn; garglymu moch a defaid; gryngian moch; gwâl moch; gwaled o foch; gwrychen *ll.* gwrych moch; mehin moch; soeg moch; tom moch
moel *gw.* gafr foel
moelrhon *gw.* abad
moldio *gw.* bwrdd moldio
mollt *gw.* pen mollt a'i hangwen
môr *gw.* abad; bwrw rhwyd; cath môr; celiog môr; ci coeg; draenog y môr; dybryen; gosod rhwyd; gwrachen y môr; gwylan y môr; helyg y môr; iâr fôr; llamhidydd; llygaid maharen; moelrhon; neidr y môr; piogen y môr; rai; rhyfyrthi
morbysg *gw.* berdysen
morcath *gw.* abad; cath bigog; cath felen; clwt y torddu
moresg *gw.* rhaff moresg
mort *gw.* gleisiad
muchudd *gw.* llechwen fuchudd; maen muchudd
mud *gw.* dannodd fud; parlys mud
mulwel *gw.* abad
mwg *gw.* corn mwg
mwng *gw.* eidion
mwll *gw.* hin fwll; tywydd mwll
mwstard *gw.* breuan fwstard

mwyalch *gw.* celiog mwyalch
myn *gw.* gwisg y myn; llestr y myn
mynci *gw.* bronbwyth mynci; dwrn mynci; gwarbwyth mynci
myncïau *gw.* tyniad *ll.* tyniadau myncïau
mynor *gw.* maen mynor
mynydd *gw.* celiog mynydd; chwibanogl y mynydd; iâr fynydd; saeds mynydd; twymyn mynydd
Myrddin *gw.* crib cader Fyrddin
mysg *gw.* llaeth mysg
mystylowyn *gw.* maen mystylowyn
nadd *gw.* carreg nadd; maen nadd
nawn *gw.* pryd nawn
neidr *gw.* gwaell y neidr
neuadd *gw.* drysor neuadd
newydd *gw.* blaen newydd; emenyn newydd; lleuad newydd
nillig *gw.* bwyall enille
nodwydd *gw.* blaen y nodwydd; crau y nodwydd; edefyn; gosod nodwydd
nos *gw.* borau; gosod rhwyd;
nythan' *gw.* dybryen
ochrog *gw.* afal gwyn ochrog
odyn *gw.* carthen odyn; pibell yr odyn; pilwellt; sbarrys odyn
oddyno *gw.* gleisiad
oen, ŵyn *gw.* bwrw oen; cwtio ŵyn; erthylu oen; gwisg yr oen; llestr yr oen; meillion yr ŵyn; picio oen; tafod yr oen
oer *gw.* ffynnon oer; hin oer; tywydd oer
of *gw.* maidd of
ofer *gw.* carfanau ofer
oflyd *gw.* maidd oflyd
og *gw.* cleddau og; cwplysau ogau; daint og; troedog og
ôl *gw.* chwarthor ôl
ôl a blaen *gw.* ymhiniog

olwyn *gw.* cod *ll.* code yr olwyn; gwerthyd olwyn; ladle yr olwyn
olwynog *gw.* aradr olwynog; berfa olwynog; car olwynog
onn *gw.* cleddyddau yr onn; coed onn; gwŷdd onn; pillwydd onn; pren onn
owran *gw.* yr owran
paill *gw.* cwd paill
pâl *gw.* rhaw bâl
paladr, pelydr *gw.* cerne y paladr; haul belydr; rhawn baladr
palet *gw.* chware palet
palf *gw.* tair bodfedd yn y balf
pandy *gw.* cyff pandy
pannu *gw.* gyrdd pannu
papur *gw.* melin bapur
pario *gw.* cyllell bario
Paris *gw.* cannwyll Baris
parth *gw.* llys y barth
pasgedig *gw.* twrlla
paun *gw.* castelliad paun; rhawn y paun
pec *gw.* hob
peced *gw.* cwarter; ffioled; hobed
pedol *gw.* hoel pedol
pedoli *gw.* gefel bedoli; morthwyl pedoli
Pedr *gw.* bugail Pedr; cennin Pedr
pedrain *gw.* eidion
pedrogl *gw.* acr o dir; bwtwal; llathen bedrogl; rhwd o dir; troedfedd bedrogl
pedwaran *gw.* cwart
pedwerydd *gw.* ffioled; gleisiad
peillied *gw.* bara peillied
peithinglog *gw.* cleddau y peithinglog
peithyn *gw.* dannedd y peithyn; pais y peithyn
peithynau *gw.* cosbau y peithynau; ffyn y peithynau

pêl draed *gw*. chware pêl draed
pêl ddwylo *gw*. chware pêl ddwylo
pen, pennau *gw*. cien; crib pen; cribo pen; crogen marthychen; gwarrog
pen blaen *gw*. abad
pen ffon *gw*. bilwg drysi; cryman pen ffon; horling pen ffon
pen ôl *gw*. abad
pen tai *gw*. llysie pen tai
pen tŷ *gw*. rheswydden pen tŷ
pen ystondarddau *gw*. cien
pendoll *gw*. llysywen bendoll
penfrith *gw*. pry penfrith
penffestyn *gw*. miswrn y penffestyn
pengaead *gw*. pwdingen pengaead
pengoch *gw*. manwnion
penllwyd *gw*. gaflaw; gleisiad
pennog *gw*. bwyall bennog
pennog bychan *gw*. penogyn
penty *gw*. parth
penwaig *gw*. mwys o benwaig; sil; sil penwaig
penwyn *gw*. bòd penwyn
pêr *gw*. afal pêr; afal pêr Bangor; afal pêr bresych; afal pêr Mair; afal pêr y gwenyn
perchyll *gw*. ael o berchyll; aelu perchyll; naeled o berchyll; torllwyth o berchyll
perfedd *gw*. taradr perfedd
perthi *gw*. eirin perthi
pewter *gw*. crogen pewter
picin *gw*. cornogyn; paeol
pìg *gw*. caib pìg
pig *gw*. afal pig y biog; afal pig y glomen; caib pig
pigog *gw*. cath bigog; ci pigog
pilcorn *gw*. rhidyll pilcorn
pilcot *gw*. gwrachen y cerrig
pilion *gw*. bysied o bilion
pinnau *gw*. cafn pinnau; cecys pinnau; noe y pinnau

piog *gw*. afal pig y biog
pisgwyn *gw*. pren pisgwyn
piswydd *gw*. coed piswydd
pladriad *gw*. gwialen pladriad
pladur *gw*. caing pladur; coes pladur; dwrn pladur; hogi pladur; rhip pladur; rhipan pladur; rhipannu pladur; torch pladur; troed pladur
plan *gw*. pren plan
plant *gw*. ceifn plant y cyfyrder; llestr y plant
plas *gw*. neuadd plas
plisg *gw*. crwban
plu *gw*. gwely plu
plwc *gw*. bilwg plwc
plwm *gw*. melin blwm; mwyn plwm
pobedig *gw*. cig pobedig
pobi *gw*. afal cidodyn; clawr pobi; pren pobi
poeth *gw*. cryd poeth
popty *gw*. bara popty
porchell gwrw *gw*. sonw
post *gw*. cilddor; ffymbrell; ffymbren
post drws *gw*. ymhiniog
potes *gw*. ffiol botes
powdwr *gw*. melin bowdwr
pren, preniau *gw*. bwrw pren i lawr; ced; ci; cloig tidau; cwpan pren; cymynu pren; cynilyn; chwnnogl bren; desgil bren; gordd bren; gwarrog; gwawre; gwsbren car; iou; llogel; llyffethyr pren; molwern; oddfyn; plannu pren; saer pren; sbodol bren; stric pren; torri pren; trosol pren
pren dsuniper *gw*. meryw
pren eirin *gw*. sebon pren eirin
pres *gw*. mwyn pres
presio *gw*. haearn presio
pridd *gw*. cladd o bridd; clawdd pridd; cwpan pridd; desgil bridd;

llech bridd; peithyne pridd; ystyllen bridd

priod *gw*. gŵr priod; gwraig briod; mab priod; merch briod

priodol *gw*. gŵr priodol; gwraig briodol; sil

profadwy *gw*. buwch brofadwy

prudd *gw*. cwlwm prudd

pryf, pryfed *gw*. bagadau; gwlanbryf; mân bryfed ehedol, ymlusgol a dyfrol

pryf gwyn pengoch *gw*. manwnion

pupur *gw*. breuan bupur

pwys *gw*. chwarter pwys; gwraig bwys; oriau; rhanne; rhanwe

pys *gw*. coden; blawd pys

pysg (*u. a ll.*), pysgodyn, pysgod *gw*. abad; cawell pysgod; cimwch; cladd y pysgod; corff y pysgodyn; cranc glas; crogen marthychen; crogen y pysgodyn; crwban; cwngren; gaflaw; gelling; gwyddelgranc; hardd; hela pysg; llamhidydd; llyw pysgodyn; moelrhon; morbysg; morlas; pen y pysgodyn; pennog gwyllt; rhyfyrthi; senog; sgytffol; sil; sil pysgod; tafod yr ych

pysg cregyn *gw*. llygaid maharen

pysgod mân *gw*. sil

Risiart *gw*. aderyn Risiart

rhaff *gw*. gwsbren car

Rhagfyr *gw*. mis Rhagfyr

rhan *gw*. ffioled

rhaw *gw*. pen rhaw; troed rhaw

rhawn *gw*. gogr rhawn; gwagr rhawn

rhedeg *gw*. botwm rhedeg

rhedegog *gw*. dŵr rhedegog; iddw rhedegog

rhedyn *gw*. celiog rhedyn; hafladdu

rhefr *gw*. pwdingen refr

rheswydden logel *gw*. ceien dalcen; gwawr dâl

rhew *gw*. hoel rew

rhewog *gw*. hin rewog; tywydd rhewog

rhid *gw*. dafad dan rid; gafr dan rid

rhidyll canolig *gw*. rhidyll croes

rhidyll mwyaf *gw*. rhidyll hil

rhith *gw*. blobys

rhost *gw*. cig rhost

rhudd *gw*. blobys; march rhudd

rhuddgoch *gw*. march rhuddgoch

rhuglo *gw*. rhaw ruglo

rhumog *gw*. chware rhumog

rhwd *gw*. acr o dir

rhwyd *gw*. basglau y rhwyd; bwrw rhwyd; gosod rhwyd; treillio cored neu rwyd

rhwymo *gw*. gwsbren car

rhwysg *gw*. caseg dan rwysg

rhyforio *gw*. rhaw ryforio

rhyg *gw*. bara rhyg; blawd rhyg; can rhyg; col; peillied rhyg; tywys

rhyw *gw*. gaflaw; gelling

rhywiog *gw*. buwch rywiog

rhywogaeth *gw*. abad; cath bigog; cath felen; ci brych; ci glas; clwt y torddu; morcath; penci brych

Sadwrn *gw*. die Sadwrn

Saesonaeg *gw*. hardd

saeth *gw*. asgell saeth; bôn-gawiad saeth; edenydd saeth; gwlwf saeth; paladr saeth; pen saeth

safadwy *gw*. torgochied

safn *gw*. llyffant

san Ffraid *gw*. cribe san Ffraid

sarth *gw*. pren sarth

sblennydd *gw*. haul sblennydd; tes sblennydd

sbodol *gw*. llaw sbodol

sbyddad, sbeddyd *gw*. coed sbyddad

seidr *gw*. afal cidodyn
seilbren *gw*. gwaddon
sentri *gw*. ystol Fair
sew *gw*. ffiol sew
sgytffol *gw*. sgytffol-gwd
siagys *gw*. pwdingen siagys
sil *gw*. gleisiad
sil gleisiaid *gw*. sil
sil penwaig *gw*. sil
simnai gefail *gw*. ffymbrell, ffymbren
sirion *gw*. blodau sirion; coed sirion; gwŷdd sirion; pren sirion
stabl *gw*. pìn stabl
stac *gw*. hobed
stocan *gw*. stwcan
stric y llestr *gw*. cyfor
styffylog *gw*. cist styffylog
styllod *gw*. rhannau llestr
Sul *gw*. die Sul
sur *gw*. afal sur; bara can sur; llaeth enwyn sur
surgeirch *gw*. bara surgeirch
sych *gw*. moelrhon
syfydlog *gw*. dŵr syfydlog
syml *gw*. maidd syml
syrthio yn y clwy *gw*. clefyd Tegla
syth *gw*. can syth
sythu *gw*. brwys sythu
Tachwedd *gw*. mis Tachwedd
taeog *gw*. bwth taeog
taflfaen *gw*. taflu taflfaen
tafod *gw*. llyffant
tagell *gw*. dafad
tair dolen *gw*. suran tair dolen
tâl *gw*. bwrdd tâl; gwawr dâl
talcen *gw*. ceien dalcen
talgudyn *gw*. eidion
talm *gw*. er ys talm
talwyn *gw*. eidion talwyn
tân *gw*. anhuddo tân; callestr; ceiliagwyddi tân; cynnu tân; diffoddi tân; ffelys; fforch dân; gefel dân; golau tân; goleuad tân; goleuni tân; goleuo tân; llwy dân; rhaw dân; rhwyll
tan derfenydd *gw*. buwch tan derfenydd
taradr *gw*. llwy taradr
tarddu, tardda, terddiff *gw*. gwres yn tarddu; manwnion
tarian *gw*. chware cledde a tharian
tario *gw*. tŷ tario
taro *gw*. corddyn taro
tarw *gw*. terfenydd tarw
teg *gw*. hin deg; tywydd teg
Teganwy *gw*. crogen Teganwy
Tegid *gw*. gwnied Llyn Tegid
Tegla *gw*. clefyd Tegla
teilo *gw*. caib teilo; certwyn deilo
teimlo *gw*. blobys
teisen *gw*. gyrru teisen
têl *gw*. chwarter
teler *gw*. bwa teler
tene *gw*. gyrru pob peth tene
tennis *gw*. chware tennis
terch *gw*. clawr terch
terfenydd *gw*. buwch tan derfenydd
tesog *gw*. hin desog; tywydd tesog
teuluyddiaeth *gw*. offer teuluyddiaeth
tew *gw*. moldio pob peth tew a chrwn
tidau, tidiau *gw*. cloig tidau; iewydd
tîm gwylltion *gw*. prosper
tinfoel *gw*. breuan dinfoel
tinwyn *gw*. bòd tinwyn
tir *gw*. acr o dir; diwyllio tir; eirionyn tir; ffin tir; moelrhon; rhwd o dir
to *gw*. aderyn y to; gwawr do; maen to
toll *gw*. ffiol doll
tom *gw*. costog tom; crothell y dom; gwrachen y dom
tor *gw*. llaeth tor

tor, torrau *gw.* tethau tor, torgochied
torddu *gw.* clwt y torddu
torllwyd *gw.* march gwinau torllwyd
torrog *gw.* bleiddies dorrog; cath dorrog; gast dorrog; hwch dorrog; llwynoges dorrog
torthau *gw.* gyrru torthau; moldio torthau
tostedd *gw.* maen tostedd
traeth *gw.* gosod rhwyd; nodwydde'r traeth
tranc *gw.* heb dranc
traws *gw.* cwlwm prudd
trech *gw.* oriau; rhanne; rhanwe
trigo *gw.* tŷ trigo
triochr *gw.* nodwydd ddur driochr
tro *gw.* gwimbill tro
troed, traed *gw.* bagadau; bawd troed; bys troed; cŵn; chware pêl draed; ewin *ll.* ewinedd traed; ewinedd traed ci; gwadn troed; mwnwgl troed; pren troed; pryf yn y traed; troed haeddel ar wedd troed
troedfedd *gw.* llathen; llathen bedrogl
troedog *gw.* aerwy a throedog
troell *gw.* adenydd troell fechan; bwrdd troell; cant troell; clustiau troell; echel troell; ffyn y droell; gwas troell; hoel troell; llinin troell; mainc troell; morwyn troell; troorydd troell
trohidyn, trohidyll *gw.* ebill trohidyn neu trohidyll
trol *gw.* gwely trol
trosol *gw.* bwrw trosol; dolen drws;
trothau *gw.* rhannau drws
turn *gw.* cŷn turn; llinin turn; roden turn
twll *gw.* bwtwal
twrci *gw.* celiog twrci; cywion twrci; iâr dwrci

tŷ *gw.* cant tŷ; crib tŷ; cyntedd tŷ; dodrefn tŷ; glawty; gwinben tŷ; gwregys tŷ; nen tŷ; rheswydden pen tŷ
twrch *gw.* twrlla
tŷ annedd *gw.* glawty; penty
tyddyn *gw.* brân dyddyn
tylino *gw.* cafn tylino
tynnu *gw.* cwlwm prudd; dysgubrwyd
tywynnu *gw.* haul yn tywynnu
tywyrch *gw.* clawdd tywyrch
uchelwr *gw.* plas uchelwr
ungorn *gw.* edau ungorn
un gerdded â/ag *gw.* cath; cŵn; dafad; eidion; gafr; hwch
unllaw *gw.* cleddau unllaw; llif unllaw
unnos *gw.* craith unnos
untuog *gw.* cyfrwy untuog
urddol *gw.* marchog urddol
urddolaeth *gw.* marchog urddolaeth
urddoli *gw.* marchog urddoli
urddoliad *gw.* marchog urddoliad
uwd *gw.* maen uwd
warndwns *gw.* pren warndwns
whw *gw.* odyn whw
y fowdwst *gw.* brath y fowdwst
y 'llyllon *gw.* menig y 'llyllon
ych, ychen *gw.* caead; ewin ych; galw ychen; gwisg; gwrŷf; gyrru ychen; iau ychen, llygad yr ych; tafod yr ych
ŷd *gw.* brân yr ŷd; bras yr ŷd; cocyn; cocynnu ŷd; dasu ŷd; dram o ŷd; dyrnaid o ŷd; dyrnu ŷd; gafr o ŷd; gafru ŷd; gwellt; llafur ŷd; lloried o ŷd; medi ŷd; mennaid o ŷd; mwdwl; mwydo ŷd; mydylu ŷd; pilwellt; seldrem o ŷd; tanfa o ŷd; troelli ŷd; ysgafn
ymadrodd *gw.* cloch ymadrodd

ymenyn, emenyn *gw.* cweirio emenyn; cweiriad ymenyn
ymgymharu *gw.* ci yn ymgymharu â gast; llwynog yn ymgymharu â llwynoges
ymhiniogau *gw.* rhannau drws
ymlaen *gw.* pwyth ymlaen
ymlusgol *gw.* mân bryfed ehedol, ymlusgol a dyfrol
ymysgar *gw.* eidion; mollt
yn ei gilydd *gw.* pwyth yn ei gilydd
yn ei gynswllt *gw.* milgi yn ei gynswllt
yn ôl *gw.* pwyth yn ôl
yn y gyfraith *gw.* brawd yn y gyfraith; chwaer yn y gyfraith; mab yn y gyfraith; mam yn y gyfraith; merch yn y gyfraith; tad yn y gyfraith
yn ymyl *gw.* crogen Teganwy
yrwest *gw.* yr yrwest
ysbarrys *gw.* gwawre; llogel
ysbeddyd, ysbyddad *gw.* blodau ysbeddyd; drain ysbeddyd
ysbod *gw.* llaw ysbod
ysbodol *gw.* carth ysbodol
ysbwrn *gw.* blwch ysbwrn
ysgabiws *gw.* caswenwyn
ysgall *gw.* llaeth ysgall
ysgaw *gw.* grawn ysgaw; pabwyren ysgaw; pren ysgaw
ysgithredd *gw.* eidion
ysglodion *gw.* blociau
ysgub, ysgubau *gw.* picio ysgubau; rhwymyn ysgub; stwcan
ysgubor *gw.* ysgafn
ysgwrio *gw.* sebon ysgwrio
ysgŵt *gw.* cafn ysgŵt
ysgwydd *gw.* crafell ysgwydd
ysgwydd gudyn *gw.* eidion
ysgyfarnog *gw.* gwenith ysgyfarnog; llysie'r ysgyfarnog
ysgyfen *gw.* hangwen
ysgyffling *gw.* bara ysgyffling
ysled *gw.* cleddyddau yr ysled; ffyn ysled; goselau yr ysled; llyr' yr ysled; muriau yr ysled; pen ysled; penrhwym yr ysled
ysmwythder *gw.* nos ynsoden *gw.* cwlwm prudd
ystaen *gw.* cwpan ystaen; desgil ystaen; mwyn ystaen
ystafell, stafell *gw.* gwas stafell; lluddias ystafell; morwyn stafell
ystlys *gw.* gwawr ystlys
ysto *gw.* crib yr ysto
ystondarddau *gw.* cien
ystyllen ôl *gw.* cilddor
ystyrsion *gw.* pysgodyn y brenin
ysu *gw.* eidion; llo; mollt; twrch
yw *gw.* bwa yw; coed yw; gwnning yw; pren yw; rhudding yw

Llyfryddiaeth

ab Owain, Steffan, *Pen-blwydd Mwnci, Gogyrogo a Char Gwyllt* (Llanrwst, 2016)
Albala, Ken, *Food in Early Modern Europe* (Westport, 2003)
Ashton, John, *The History of Bread: From Pre-historic to Modern Times* (London, 1904)
Auden, H. A., *Starch and Starch Products* (London, 1922)
Awbrey, Gwen, *Blodau'r Maes a'r Ardd ar Lafar Gwlad* (Llanrwst, 1995)
Bangley, Betty, *A Sure Method of Improving Estates by Plantations of Oak, Elm, Ash* (London, 1728)
Bartlett, Vernon, *The Past of Pastimes* (London, 1969)
Best, Michael R. (gol.), *Gervase Markham: The English Housewife (1615)* (Montreal & Kingston, 1994)
Beverley Smith, Llinos, ' "In Praise of Card and Dice-players": Two Early-Sixteenth-Century Cywyddau on Gaming', *Studia Celtica*, 50 (2016), 119–31
Blandford, Percy W., *Country Craft Tools* (Newton Abbot, 1974)
Bradley, Richard, *Of Plants; their Description and Use with their Culture and Management*, 2 gyf. (London, 1747)
Brady, Lindy, 'Booklet Ten of Peniarth 359: An Early Modern English Astrological Manual Encoded through Welsh Phonology', *Studia Celtica*, 45 (2011), 159–83
Bromwich, Rachel (gol. a chyf.), *Trioedd Ynys Prydain*, pedwerydd arg. (Cardiff, 2014)
Burdett-Jones, Mary, 'Dau Eiriadur Henry Salesbury', *Cylchgrawn Llyfrgell Genedlaethol Cymru*, 26 (1989–90), 241–50
Burdett-Jones, Mary, 'Arloeswyr Geiriadura Cymraeg', yn G. Angharad Fychan, Andrew Hawke ac Ann Parry Owen (goln), *Trysordy'r Iaith* (i ymddangos)
Burdett-Jones, Mary T., 'Diarhebion Cymraeg a Thomas Wiliems o Drefriw', *Traethodydd*, 1997, 37–47
Calvert, E., *Shrewsbury School Regestum Scholarium, 1565–1635: Admittances and Readmittances* (Shrewsbury, ?1892)
Considine, John, *Small Dictionaries and Curiosity: Lexicography & Fieldwork in Post-Medieval Europe* (Oxford, 2017)
Considine, John, *Sixteenth-Century English Dictionaries* (Oxford, 2022)
Cotgrave, Randle, *A Dictionarie of the French and English Tongues* (London, 1611)

Curl, J. S., *Oxford Dictionary of Architecture and Landscape Architecture*, ail arg. (Oxford, 2006)

Daniel, R. Iestyn (gol.), *Gwaith Llawdden* (Aberystwyth, 2006)

Davies, A. Eleri (gol.), *Gwaith Deio ab Ieuan Du* (Caerdydd, 1992)

Davies, Hugh, *Welsh Botanology* (London, 1813)

Davies, J. H. (gol.), *The Letters of Lewis, Richard, William and John Morris of Anglesey (Morrisiaid Mon) 1728–1765*, 2 gyf. (Aberystwyth, 1909)

Davies, John, *Dictionarium Duplex* (Llundain, 1632)

Davies, W. Beynon, 'Gwerineiriau Rhan Isaf Dyffryn Aeron', *Bwletin y Bwrdd Gwybodau Celtaidd*, 4 (1927–9), 287–304

Davies, Walter, *General View of the Agriculture and Domestic Economy of North Wales* (London, 1810)

Davies, Walter, *General View of the Agriculture and Domestic Economy of South Wales* (London, 1814)

Day, Jennifer P., 'Arfau yn yr Hengerdd a Cherddi Beirdd y Tywysogion', traethawd PhD, Prifysgol Aberystwyth, 2010

Day, Jenny, 'Ewin o ddur, onn a ddwg: Y Rhest Gwaywffon a'r Beirdd', *Dwned*, 25 (2019), 11–46

Deshayes, Albert (gol.), *Dictionnaire Étymologique du Breton* (Douarnenez, 2003)

Diverres, Paul, *Meddygon Myddveu* (Paris, 1913)

Duffin, Christopher J., 'Chelidonius: The Swallow Stone', *Folklore*, 124 (2013), 81–103

Edgar, Iwan Rhys (gol.), *Llysieulyfr Salesbury* (Caerdydd, 1997)

Edwards, Alaw Mai ac A. Cynfael Lake (goln), *Detholiad o Faledi Huw Jones* (Aberystwyth, 2010)

Edwards, Huw Meirion (gol.), *Gwaith Madog Dwygraig* (Aberystwyth, 2006)

Edwards, Huw Meirion (gol.), *Gwaith y Nant* (Aberystwyth, 2013)

Edwards, J. ac E., *Y Cyfarwyddyd Profedig i bob Perchen Anifeiliaid*, ail arg. (Wyddgrug 1837)

Edwards, Thomas (gol.), *Geirlyfr ... Saesoneg a Chymraeg*, ail arg. (Treffynnon, 1864)

Elias, G. Angharad, *Yr Ail Lyfr Du o'r Waun: Golygiad Beirniadol ac Eglurhaol o Lawysgrif LlGC Peniarth 164 (H)* (Caergrawnt, 2018)

Elias, Twm, 'Llên Gwerin a Byd Natur', *Llafar Gwlad*, 143 (2019), 14–15

Evans, D. Silvan, *An English and Welsh Dictionary*, 2 gyf. (Denbigh, 1852; 1858)

Evans, D. Silvan (gol.), Lewis Morris, *Celtic Remains* (London, 1878)

Evans, Hugh, *Cwm Eithin* (Lerpwl, 1931)

Evans, J. Gwenogvryn Evans, *Report on Manuscripts in the Welsh Language* (London, 1898–1910)

Evans, John, *Y Prif Feddiginiaeth* (Amwythig, 1759)

Faraday, Michael, 'The Council of the Marches', yn Ron Shoesmith ac Andy Johnson (goln), *Ludlow Castle its History & Buildings*, arg. estynedig (Little Logaston, 2018), 69–82

Fisher, John (gol.), *William Salesbury, Kynniver Llith a Ban, 1551* (Cardiff, 1931)

Forrest, H. E., *The Vertebrate Fauna of North Wales* (London, 1907)

Foster Evans, Dylan (gol.), *Gwaith Hywel Swrdwal a'i Deulu* (Aberystwyth, 2000)

Foster Evans, Dylan (gol.), *Gwaith Rhys Goch Eryri* (Aberystwyth, 2007)

Fynes-Clinton, O. H., *The Welsh Vocabulary of the Bangor District* (Oxford, 1913)

Gerarde, J., *The Herball, or Generall Historie of Plantes* (London, 1597; 1633)

Görlach, Manfred, *Introduction to Early Modern English* (Cambridge, 2020)

Graves, Eugene van Tassel (gol.), 'The Old Cornish Vocabulary' (University Microfilms, University of Michigan, Ann Arbor, Michigan, 1962)

Griffiths, Bruce, 'Chwynnu Ffurfiau Ffug', *Y Naturiaethwr*, 3 (Mehefin 1998), 16–17

Gruffydd, R. Geraint, 'Yr Iaith Gymraeg mewn Ysgolheictod a Diwylliant 1536–1660', yn Geraint H. Jenkins (gol.), *Y Gymraeg yn ei Disgleirdeb: Yr Iaith Gymraeg cyn y Chwyldro Diwydiannol* (Caerdydd, 1997), 339–64

Gruffydd, R. Geraint ac R. Julian Roberts, 'John Dee's Additions to William Salesbury's Dictionary', *Trafodion Anrhydeddus Gymdeithas y Cymmrodorion*, 2001, 19–43

Guy, Ben, 'Writing Genealogy in Wales, *c*.1475–*c*.1640: Sources and Practitioners', yn J. Eickmeyer *et al.* (goln), *Genealogical Knowledge in the Making: Tools, Practices, and Evidence in Early Modern Europe* (München, 2019), 99–125

Gwyndaf, Robin ac Andrew Hawke, 'Dyfrydws', *Bwletin Llên Natur*, 133 (Mawrth 2019), 6

Grzybowski, Stefan ac Edward A. Allen, 'History and Importance of Scrofula', *The Lancet*, 346 (1995), 1472–4

Hamling, Tara a Catherine Richardson, *A Day at Home in Early Modern England. Material Culture and Domestic Life, 1500–1700* (New Haven, 2017)

Harding, Christopher *et al.*, *Imprisonment in England and Wales: A Concise History* (London, 1985)

Hart, John, *An Orthographie, conteyning the due order and reason, how to write or paint thimage of mannes voice* (London, 1569)

Haycock, Marged (gol.), *Blodeugerdd Barddas o Ganu Crefyddol Cynnar* (Llandybïe, 1994)

Hughes, Mairwen, 'Y Diwydiant Môr-hesg yn Niwbwrch, Môn' (Rhan 1 a 2), *Y Naturiaethwr*, 8 (2017), 9–22; 9 (2018), 29–34

Hüllen, Werner, *English Dictionaries, 800–1700: The Topical Tradition* (Oxford, 1999)

Hunter, J., *A Complete Dictionary of Farriery & Horsemanship* (Dublin, 1796)

Huws, Daniel, *A Repertory of Welsh Manuscripts and Scribes, c.800–c.1800*, 3 cyf. (Aberystwyth, 2022)

Huws, Daniel a Gruffudd Antur, *Rhestr John Jones Gellilyfdy o Berchnogion Llawysgrifau* (Aberystwyth, 2022)

Jago, Frederick W. P., *The Ancient Language, and the Dialect of Cornwall* (Truro, 1882)

Jenkins, J. Geraint, 'The Cooper's Craft', *Gwerin*, 1 (1957), 149–60

Jenkins, J. Geraint, *The English Farm Wagon* (Lingfield, 1961)

Jenkins, J. Geraint, 'Bowl Turners and Spoon Carvers', *Folk Life*, 1 (1963), 35–42

Jenkins, J. Geraint, 'Traditional Methods of Dyeing Wool in Wales', *Folk Life*, 4 (1966), 64–74

Jenkins, J. Geraint, *The Welsh Woollen Industry* (Cardiff, 1969)

Jenkins, J. Geraint, 'Commercial Salmon Fishing in Welsh Rivers', *Folk Life*, 9 (1971), 29–60

Jenkins, J. Geraint, 'Cockles and Mussels: Aspects of Shellfish-Gathering in Wales', *Folk Life*, 15 (1977), 81–95

Jenkins, J. Geraint, *Traditional Country Craftsmen*, arg. diwygiedig (London, 1978)

Johnston, Dafydd (gol.), *Gwaith Iolo Goch* (Caerdydd, 1988)

Johnston, Dafydd (gol.), *Iolo Goch Poems* (Llandysul, 1993)

Johnston, Dafydd (gol.), *Gwaith Lewys Glyn Cothi* (Caerdydd, 1995)

Jones, Bedwyr Lewis, *Iaith Sir Fôn* (Bangor, 1983)

Jones, Bedwyr Lewis, *Blas ar Iaith Llŷn ac Eifionydd* (Capel Garmon, 1987)

Jones, Carys A. *et al.*, 'Hinsawdd Hanesyddol: Potensial Ffynonellau Dogfennol Cymru', *Gwerddon*, 6 (2010), 35–54

Jones, D. Gwenallt (gol.), *Yr Areithiau Pros* (Caerdydd, 1934)

Jones, Dafydd Glyn (gol.), *Canu Twm o'r Nant* (Bangor, 2010)

Jones, E. D., 'The Brogyntyn Welsh Manuscripts, VII', *Cylchgrawn Llyfrgell Genedlaethol Cymru*, 6 (1949–50)

Jones, F. W., 'Termau Amaethwyr Dyffryn Edeirnion', *Bwletin y Bwrdd Gwybodau Celtaidd*, 1 (1921–3), 289–96

Jones, Glyn E., 'Geirfa Saer Cerrig', *Bwletin y Bwrdd Gwybodau Celtaidd*, 24 (1970–2), 171–80

Jones, Huw, *Cydymaith Byd Amaeth*, Cyfrol 1: *abal–cywsio* (Llanrwst, 1999); Cyfrol 2: *chwa–lyri* (Llanrwst, 2000); Cyfrol 3: *llac–rhywogaeth* (Llanrwst, 2001); Cyfrol 4: *Sabrina–Zetor* (Llanrwst, 2001)

Jones, Ida B. (gol. a chyf.), 'Hafod 16 (A Medieval Welsh Medical Treatise)', *Études celtiques*, 7 (1955–6), 46–75, 270–339; *Études celtiques*, 8 (1958–9), 66–97, 346–93

Jones, Islwyn (gol.), *Gwaith Hywel Cilan* (Caerdydd, 1963)

Jones, John, *Gwerin-eiriau Sir Gaernarfon* (Pwllheli, 1907)

Jones, Nesta, ' "Mr Jones" and Francis Tate', *Trafodion Anrhydeddus Gymdeithas y Cymmrodorion*, 1968, 99–109

Jones, T. Gwynn, 'Geiriau Llafar Gwlad', *Cymru*, 46 (1914), 21–4

Jones, T. Gwynn, 'Creffteiriau Amaethwyr Dinbych', *Bwletin y Bwrdd Gwybodau Celtaidd*, 1 (1921–3), 38–43

Jones, T. Gwynn, 'The Welsh Bardic Vocabulary', *Bwletin y Bwrdd Gwybodau Celtaidd*, 1 (1921–3), 310–33

Jones, T. Gwynn, 'Peniarth Glossaries', *Bwletin y Bwrdd Gwybodau Celtaidd*, 2 (1923–5), 135–48

Jones, Thomas, *Y Gymraeg yn ei Disgleirdeb* (Llundain, 1688)

Jones, Thomas, 'Mis Menni', *Bwletin y Bwrdd Gwybodau Celtaidd*, 8 (1935–7), 332–3

Jones, Tom, 'Yr Eog (*Salmo Salar*)', *Y Naturiaethwr*, 7 (2000), 18–19

Jones-Edwards, William, *Ar Lethrau Ffair Rhos* (Aberystwyth, 1963)

Lake, A. Cynfael (gol.), *Gwaith Siôn Ceri* (Aberystwyth, 1996)

Lake, A. Cynfael (gol.), *Gwaith Raff ap Robert* (Aberystwyth, 2013)

Lake, A. Cynfael, ' "O gedais lythr yn eisiau": Llawysgrif Peniarth 67 a'i Disgynyddion', *Llên Cymru*, 37 (2014/15), 1–18

Lake, A. Cynfael (gol.), *Gwaith Hywel Dafi* (Aberystwyth, 2015)

Latham, Ronald E. *et al.*, *Dictionary of Medieval Latin from British Sources* (Turnhout, 2015), https://logeion.uchicago.edu/

Lewis, Barry J. a Twm Morys (goln), *Gwaith Madog Benfras ac Eraill* (Aberystwyth, 2007)

Lewis, Barry J. ac Eurig Salisbury (goln), *Gwaith Gruffudd Gryg* (Aberystwyth, 2010)

Lewis, C. T. ac C. Short (goln), *A Latin Dictionary* (Oxford, 1922)

Lewis, Frank, 'Gwerin Ffristial a Thawlbwrdd', *Trafodion Anrhydeddus Gymdeithas y Cymmrodorion*, 1941, 185–205

Lewis, Henry (gol.), *Delw y Byd* (Caerdydd, 1928)
Lewis, Timothy, *A Welsh Leech Book* (Liverpool, 1914)
Linnard, William, *Welsh Woods and Forests: A History* (Llandysul, 2000)
Luft, Diana, *Medieval Welsh Medical Texts* (Cardiff, 2020)
Lyte, Henry, *Niewe Herball* (London, 1578)
Lhuyd, Edward, *Archæologia Britannica* (Oxford, 1707)
Lhuyd, Edward, *Parochialia*, atodiad i *Archaeologia Cambrensis*, 1901–11
Lloyd, David, *Ludlow Castle* (Ludlow, d.d.)
Lloyd, Nesta, 'John Jones, Gellilfdy', *Cylchgrawn Cymdeithas Hanes Sir y Fflint*, 24 (1969–70), 5–18
Lloyd, Nesta, 'A History of Welsh Scholarship in the First Half of the Seventeenth Century with Special Reference to the Writings of John Jones, Gellilyfdy', traethawd DPhil, Prifysgol Rhydychen, 1970
Lloyd-Jones, J. (gol.), *Geirfa Barddoniaeth Gynnar Gymraeg* (Caerdydd, 1931–63)
Markham, Gervase, *Cheape and Good Hvsbandry for the vvell-Ordering of all Beasts, and Fowles, and for the generall Cure of their Diseases* (London, 1614)
Markham, Gervase, *The Art of Archerie* (London, 1634)
McMahon, April, 'Restructuring Renaissance English', yn Lynda Mugglestone (gol.), *The Oxford History of English* (Oxford, 2014), 180–218
Meager, Leonard, *The Compleat English Gardner*, degfed arg. (London, 1704)
Minsheu, John, *Ductor in Linguas* (London, 1617)
Morgan, Menna, 'Hanes Geiriaduraeth yng Nghymru o 1547 hyd 1914', traethawd PhD, Prifysgol Bangor, 2002
Moxton, Joseph, *Mechanick Exercises, or the Doctine of Handy-Works*, trydydd arg. (Llundain, 1703)
Muldrew, Craig, *The Economy of Obligation* (Basingstoke, 1998)
O'Rahilly, Cecile, 'A Welsh Treatise on Horses', *Celtica*, 5 (1960), 145–60
Overton, Mark, Jane Whittle, Darron Dean ac Andrew Hann, *Production and Consumption in English Households 1600–1750* (London, 2004)
Owen, David, *Blodau Arfon* (Caerlleon, 1842)
Owen, Henry (gol.), *The Description of Penbrokshire by George Owen* (London, 1892)
Owen, Hugh (ed.), *The Life and Works of Lewis Morris (Llywelyn Ddu o Fôn) 1701–1765* (d.ll., 1951)
Owen[-Pughe], William, *Geiriadur Cynmraeg a Saesoneg: A Welsh and English Dictionary* (Llundain, 1793–1803)

Owen[-Pughe], William, *Cynghorion Priodor o Garedigion* (Llundain, 1800), sef ei gyfieithiad o waith Saesneg Thomas Johnes o'r Hafod, *A Cardiganshire Landlord's Advice to His Tenants* (Bristol, 1800)

Palmer, Alfred N., 'Hen Fesurau Tir Cymru', *Y Llenor*, 7 (Gorffennaf, 1896), 33–46

Palmer, Alfred N., 'Ancient Welsh Measures of Capacity', *Archaeologia Cambrensis*, 13 (1913), 225–52

Parry, Thomas, 'Y Marwfis, y Mis Du', *Bwletin y Bwrdd Gwybodau Celtaidd*, 9 (1937–9), 40–2

Parry-Jones, David, *Welsh Country Upbringing*, ail arg. (London, 1949)

Parry Owen, Ann (gol.), *Gwaith Gruffudd ap Maredudd ap Dafydd III: Canu Amrywiol* (Aberystwyth, 2007)

Parry Owen, Ann (gol.), *Gwaith Ieuan Gethin* (Aberystwyth, 2013)

Parry Owen, Ann *et al.* (goln), *Gwefan Guto'r Glyn* (Aberystwyth, 2012)

Parry-Williams, T. H., *The English Element in Welsh* (London, 1923)

Parry-Williams, T. H. (gol.), *Canu Rhydd* Cynnar (Caerdydd, 1932)

Payne, Ffrancis, *Yr Aradr Gymreig* (Caerdydd, 1954)

Payne, Ffrancis G., 'Plygu Gwrych', *Y Llenor*, 15 (1936), 24–9

Payne, Ffrancis G., *Crwydro Sir Faesyfed* (Llandybïe, 1968)

Payne-Gallwey, R. (1848–1916), *The Book of the Crossbow* (New York, 1996)

Peate, Iorwerth C., *Y Crefftwr yng Nghymru* (Aberystwyth, 1933)

Peate, Iorwerth C., 'Traethawd ar Felinyddiaeth', *Bwletin y Bwrdd Gwybodau Celtaidd*, 8 (1935–7), 295–301

Peate, Iorwerth C., *Diwylliant Gwerin Cymru* (Lerpwl, 1942)

Peate, Iorwerth C., *The Welsh House*, ail arg. (Liverpool, 1944)

Peate, Iorwerth C., 'Termau'r Ffatrïoedd Gwlân', *Bwletin y Bwrdd Gwybodau Celtaidd*, 16 (1954–6), 93–4

Peate, Iorwerth C., 'Geirfa'r Saer', *Bwletin y Bwrdd Gwybodau Celtaidd*, 16 (1954–6), 94–5

Pierce, Gwynedd, *Dan y Bargod: Rhai o Enwau Ardal Cwm Rhymni* (Caerdydd, 1990)

Pierce, Gwynedd O. a Tomos Roberts (goln), *Ar Draws Gwlad 2* (Llanrwst, 1999)

Powell, Nia, 'Robert ap Huw: Clerwr Gwyllt o Fôn', *Hanes Cerddoriaeth Cymru*, iii (1999), 5–29

Prys, R. I., *Geiriadur Cynaniadol Saesneg a Chymraeg* (Dinbych, 1857)

Ray, John, *A Collection of English Words not Generally Used* (London, 1737)

Raymond, Stuart A., *Words from Wills and Other Probate Records 1500–1800* (Bury, 2004)

Richards, Melville, 'Some Fishing Terms in Welsh Place-Names', *Folk Life*, 12 (1974), 9–19

Richards, Thomas, *Antiquae Linguae Britannicae Thesaurus ... Welsh–English Dictionary* (Briste, 1753)

Roberts, Brynley F., 'Edward Lhwyd in Cornwall', *Studia Celtica*, 53 (2019), 133–52

Roberts, Brynley F., *Edward Lhwyd c.1600–1709* (Caerdydd, 2022)

Roberts, Enid, 'Eisteddfod Caerwys, 1567', *Trafodion Cymdeithas Hanes Sir Ddinbych*, 16 (1967), 23–61

Roberts, Enid (gol.), *Gwaith Maredudd ap Rhys* (Aberystwyth, 2003)

Roberts, Enid P., 'Llys Coedymynydd', *Cylchgrawn Cymdeithas Hanes Sir y Fflint*, 36 (2003), 82–95

Roberts, Richard Glyn, *Diarhebion Llyfr Coch Hergest* (Aberystwyth, 2013)

Roberts, Sara Elin, *Llawysgrif Pomffred* (Boston, 2011)

Roberts, Thomas (gol.), *Gwaith Tudur Penllyn* (Caerdydd, 1958)

Rollinson, William, *The Cumbrian Dictionary of Dialect, Tradition and Folklore* (Otley, 1997)

Rowlands, Eurys, 'Mesur Tir: Land Measurement', *Studia Celtica*, 14/15 (1979–80), 270–84

Rowlands, Eurys I. (gol.), *Gwaith Lewys Môn* (Caerdydd, 1975)

Russell, Paul, 'The Laws of Court from Latin B', *The Welsh King and his Court* (Cardiff, 2000)

Russell, Paul, 'Culhwch's Weaponry: *Penntireg* and *Enilleg*', *Études celtiques*, 38 (2012), 259–69

Salesbury, William, *A Dictionary in Englyshe and Welshe* (Llundain, [1547])

Schäfer, Jürgen, *Early Modern English Lexicography, Volume I: A Survey of Monolingual Printed Glossaries and Dictionaries 1475–1640* (Oxford, 1989)

Sefton, A. M., 'The Great Pox that was ... Syphilis', https://doi.org/10.1046/j.1365-2672.2001.01494.x (2008)

Shoesmith, Ron a Nick Appleton-Fox, *Porter's Lodge, Ludlow Castle, Shropshire* ([Hereford], 1992)

Skeel, Caroline A. J., 'The Council of the Marches in the Seventeenth Century', *The English Historical Review*, 30 (1915), 19–27

Smith, Peter, *Houses of the Welsh Countryside* (London, 1975)

Smith, Peter ac M. Bevan-Evans, 'A Few Reflections on Gellilyfdy and the Renaissance in North-Eastern Wales', *Cylchgrawn Cymdeithas Hanes Sir y Flint*, 24 (1969–70), 19–43

Smith, Sir Thomas, *De recta & emendata linguæ Anglicæ scriptione* (Lvtetiæ, [1568])

Staaf, Danna, *Squid Empire: The Rise and Fall of the Cephalopods* (New England, 2017)
Stearn, William T. (gol.), John Ray, *Dictionariolum trilingue Editio Prima 1675* (London, 1982)
Stephens, Roy, 'Gwaith Wiliam Llŷn', PhD Cymru [Aberystwyth], 1983
Stephens, Roy, 'Geirfâu Wiliam Llŷn', *Llên Cymru*, 15 (1984–8), 308–19
Stobart, Anne, *Household Medicine in Seventeenth-Century England* (London, 2016)
Swann, H. K., *A Dictionary of English and Folk-Names of British Birds* (London, 1913; ffacsimili, Wakefield, 1977)
Thomas, Alan R., *The Linguistic Geography of Wales* (Cardiff, 1973)
Thomas, Beth a Peter Wynn Thomas, *Cymraeg, Cymrâg, Cymrêg ... Cyflwyno'r Tafodieithoedd* (Caerdydd, 1989)
Thomas, Thomas, *Dictionarium: summa fide ac diligentia accuratissime emendatum* (Cantabrigiæ, 1606)
Thornbury, Walter, 'The Fleet Prison', *Old and New London: Volume 2* (London, 1878), 404–16, http://www.british-history.ac.uk/old-new-london/vol2/pp404-416
Tibbott, Delwyn, 'Astudiaeth Destunol ac Ieithyddol (gyda Geirfa) o *Lysieuwr* Elis Gruffydd (Llawysgrif Cwrtmawr 1, tt. 165–321)', traethawd MA Prifysgol Cymru [Aberystwyth], 1957
Tibbott, S. Minwel (gol.), Elis Gruffydd, *Castell yr Iechyd* (Caerdydd, 1969)
Tibbott, S. Minwel, 'Coginio Traddodiadol: Bara Ceirch a Rhai Bwydydd Eraill', *Amgueddfa*, 20 (1975), 13–27
Tibbott, S. Minwel, *Geirfa'r Gegin* (Caerdydd, 1983)
Toulmin Smith, Lucy (gol.), *The Itinerary in Wales of John Leland in or about the years 1536–1539* (London, 1906)
Turner, William, *The Names of Herbes in Greke, Latin, Englishe, Duche & Frenche* (London, 1548)
Vaughan, Rowland, *Yr Ymarfer o Dduwioldeb* (1630; adarg. Caerdydd, 1930)
Walters, John, *An English–Welsh Dictionary* (London, 1770–94)
Wiliam, Aled Rhys (gol.), *Llyfr Iorwerth* (Cardiff, 1960)
Wiliam, Eurwyn, *Traditional Farm Buildings in North-East Wales 1500–1900* (Cardiff, 1982)
Wiliam, Eurwyn, *Hen Adeiladau Fferm* (Llanrwst, 1992)
Wiliam, Eurwyn, *Y Bwthyn Cymreig* (Aberystwyth, 2010)
Williams, D. G., *Casgliad o Lên Gwerin Sir Gaerfyrddin* (1895; adarg. Caerfyrddin, 1996),
Williams, David Moelwyn, *Geiriadur Gwerinwr* (Dinbych, 1975)

Williams, G. J. (gol.), Gruffydd Robert, *Gramadeg Cymraeg* (Caerdydd, 1939)

Williams, G. J., *Edward Lhuyd ac Iolo Morganwg: Agweddau ar Hanes Astudiaethau Gwerin yng Nghymru* (Caerdydd, 1964)

Williams, G. J. ac E. J. Jones (goln), *Gramadegau'r Penceirddiaid* (Caerdydd, 1934)

Williams, Ifor (gol.), *Canu Llywarch Hen* (Caerdydd, 1935)

Williams, Ifor (gol.), *Canu Aneirin* (Caerdydd, 1938)

Williams, Ifor, '*Vocabularium Cornicum*', *Bwletin y Bwrdd Gwybodau Celtaidd*, 11 (1941–4), 1–12, 92–100

Williams, Ifor, *Enwau Lleoedd* (Lerpwl, 1945)

Williams, J. E. Caerwyn (gol.), *Llên a Llafar Môn* (Llangefni, 1963)

Williams, J. E. Caerwyn, 'Thomas Wiliems, y Geiriadurwr', *Studia Celtica*, 16/17 (1981–2), 280–316

Williams, J. E. Caerwyn, *Geiriadurwyr y Gymraeg yng Nghyfnod y Dadeni* (Caerdydd, 1983)

Williams, J. E. Caerwyn a Peredur I. Lynch, *Gwaith Meilyr Brydydd ac Eraill* (Caerdydd, 1994)

Williams, O. ac I. Jones, *Y Geirlyfr Cymraeg*, cyfrol I (Llanfair-Caereinion, 1835)

Williams, Pat (gol.), *Gesta Romanorum* (Cardiff, 2000)

Williams, Stephen J. a J. Enoch Powell (goln), *Llyfr Blegywryd* (Caerdydd, 1961)

Willughby, Francis, *De Historia Piscium Libri Quatuor* (Londinensis, 1685; ail arg. [1740]); ceir copi o'r gyfrol gyda nodiadau Lewis Morris arno yn LlGC 24052E, *http://hdl.handle.net/10107/4627942*

Winter, Christine, 'Prisons and Punishments in Late Medieval London', traethawd PhD, Royal Holloway, Prifysgol Llundain, 2012

Withals, John, *A shorte dictionarie for yonge begynners* (London, 1553); *A shorte dictionarie for yonge beginners*, ail arg. (London, 1568), *https://historicaltexts.jisc.ac.uk/*

Zim, Rivkah, 'Writing Behind Bars: Literary Contexts and the Authority of Carceral Experience', *Huntington Library Quarterly*, 72:2 (Mehefin 2009), 291–311